O DIREITO
DA LIBERDADE

O DIREITO DA LIBERDADE
A leitura moral da Constituição norte-americana

Ronald Dworkin

Tradução
MARCELO BRANDÃO CIPOLLA

Revisão técnica
ALBERTO ALONSO MUÑOZ

SÃO PAULO 2019

Esta obra foi publicada originalmente em inglês com o título
FREEDOM'S LAW
por Harvard University Press, Cambridge, USA.
Copyright © 1996 by Ronald Dworkin.
Publicado por acordo com Harvard University Press.
Copyright © 2006, Livraria Martins Fontes Editora Ltda.,
Copyright © 2018, Editora WMF Martins Fontes Ltda.,
São Paulo, para a presente edição.

1ª edição 2006
2ª edição 2019

Tradução
MARCELO BRANDÃO CIPOLLA

Revisão técnica
Alberto Alonso Muñoz
Acompanhamento editorial
Luzia Aparecida dos Santos
Revisões gráficas
Sandra Garcia Cortés
Maria Regina Ribeiro Machado
Dinarte Zorzanelli da Silva
Produção gráfica
Geraldo Alves
Paginação
Moacir Katsumi Matsusaki

Dados Internacionais de Catalogação na Publicação (CIP)
(Câmara Brasileira do Livro, SP, Brasil)

Dworkin, Ronald, 1931-2013.
    O direito da liberdade : a leitura moral da Constituição norte-americana / Ronald Dworkin ; tradução Marcelo Brandão Cipolla ; revisão técnica Alberto Alonso Muñoz. – 2ª ed. – São Paulo : Editora WMF Martins Fontes, 2019. – (Biblioteca jurídica WMF)

    Título original: Freedom's law : the moral reading of the american constitution.
    Bibliografia.
    ISBN 978-85-469-0246-0

    1. Direito – Filosofia 2. Estados Unidos – Direito constitucional – Aspectos morais e éticos 3. Estados Unidos – Direito constitucional – Interpretação e construção I. Muñoz, Alberto Alonso. II. Título. III. Série.

19-23407   CDU-340.4(73).009.14

Índices para catálogo sistemático:
1. Constituição norte-americana : Leitura moral : Direito público   340.4(73).009.14

Cibele Maria Dias – Bibliotecária – CRB-8/9427

Todos os direitos desta edição reservados à
Editora WMF Martins Fontes Ltda.
Rua Prof. Laerte Ramos de Carvalho, 133 01325-030 São Paulo SP Brasil
Tel. (11) 3293.8150 e-mail: info@wmfmartinsfontes.com.br
http://www.wmfmartinsfontes.com.br

Índice

Introdução: A leitura moral e a premissa majoritária 1

I. VIDA, MORTE E RAÇA 61
   1. *Roe* em perigo 67
   2. Um veredicto adiado 93
   3. O que diz a Constituição 115
   4. A confirmação de *Roe* 190
   5. Acaso temos o direito de morrer? 209
   6. A lei da mordaça e a ação afirmativa 235

II. EXPRESSÃO, CONSCIÊNCIA E SEXO 261
   7. A imprensa levada a julgamento 267
   8. Por que a liberdade de expressão? 311
   9. Pornografia e ódio 344
   10. As palavras de McKinnon 363
   11. Por que a liberdade acadêmica? 390

III. JUÍZES 417
   12. Bork: a responsabilidade do Senado 423
   13. O que significou a derrota de Bork 440
   14. Bork faz a sua autópsia 459
   15. A indicação de Thomas 489

16. Anita Hill e Clarence Thomas 513
17. Learned Hand... 529

Publicações originais 555
Índice remissivo 559

Para Robert Silvers

O DIREITO
DA LIBERDADE

*Introdução: A leitura moral
e a premissa majoritária*

Uma confusão constitucional

Os diversos capítulos deste livro foram publicados separadamente no decorrer de vários anos e tratam de várias questões constitucionais. A maioria foi escrita no contexto de amargas controvérsias sobre a Constituição. Na verdade, o livro discute quase todos os grandes problemas constitucionais dos últimos vinte anos, entre os quais o aborto, a ação afirmativa, a pornografia, as questões raciais, a homossexualidade, a eutanásia e a liberdade de expressão. Alguns capítulos tratam de decisões particulares da Suprema Corte norte-americana, inclusive de decisões famosas, como as do caso *Roe vs. Wade*, no qual a Corte pela primeira vez reconheceu um direito ao aborto, do caso *Cruzan*, no qual teve de decidir se os cidadãos têm o direito constitucional de optar pela própria morte em determinadas circunstâncias, e do caso *New York Times vs. Sullivan*, no qual mudou drasticamente o sentido da liberdade de expressão nos Estados Unidos. Outros capítulos tratam de assuntos mais gerais. O Capítulo 3, por exemplo, avalia a famosa alegação de que muitos dos "direitos" constitucionais que a Suprema Corte identificou nas últimas décadas, inclusive o direito ao aborto, não estão na verdade "enumerados" na Constituição, mas foram inventados pelos próprios juízes.

O livro como um todo tem um objetivo maior e mais geral. Ilustra um método particular de ler e executar uma constituição política, método esse que chamo de leitura *moral*. A maioria das constituições contemporâneas expõe os direitos do indivíduo perante o governo numa linguagem extremamente ampla e abstrata, como a Primeira Emenda à Constituição norte-americana, que estabelece que o Congresso não pode fazer nenhuma lei que diminua a "liberdade de expressão". A leitura moral propõe que todos nós – juízes, advogados e cidadãos – interpretemos e apliquemos esses dispositivos abstratos considerando que eles fazem referência a princípios morais de decência e justiça. A Primeira Emenda, por exemplo, reconhece um princípio moral – o princípio de que é errado que o governo censure ou controle o que os cidadãos individuais dizem ou publicam – e o incorpora ao direito norte-americano. Assim, toda vez que surge uma questão constitucional nova ou controversa – a de saber, por exemplo, se a Primeira Emenda autoriza que se elaborem leis contra a pornografia –, as pessoas encarregadas de formar uma opinião sobre o assunto devem decidir qual a melhor maneira de compreender aquele princípio moral abstrato. Devem decidir se o fundamento verdadeiro do princípio moral de condenação da censura, na forma em que esse princípio foi incorporado ao direito norte-americano, se aplica também ao caso da pornografia.

A leitura moral, assim, insere a moralidade política no próprio âmago do direito constitucional[1]. Mas a moralidade política é intrinsecamente incerta e controversa; por isso, todo sistema de governo que incorpora tais princípios a suas leis tem de decidir quem terá a autoridade suprema para compreendê-los e interpretá-los. No sistema norte-

---

1. Algumas correntes do pensamento jurídico, como os movimentos "realista" e de "estudos críticos do direito" surgidos nas últimas décadas, dão ênfase ao papel da política, mas por um motivo cético: afirmam que, se o direito depende da moralidade política, não pode reivindicar para si nenhuma verdade, validade ou força "objetivas". Rejeito essa afirmação cética e já procurei refutá-la em outros escritos. Ver, por exemplo, *Law's Empire* (Harvard University Press, 1986) [trad. bras. *O império do direito*, São Paulo, Martins Fontes, 1999].

americano atual, essa autoridade cabe aos juízes e, em última instância, aos juízes da Suprema Corte. Por isso, os críticos da leitura moral da Constituição dizem que essa leitura dá aos juízes o poder absoluto de impor suas convicções morais ao grande público. Em síntese, procurarei explicar por que essa grosseira acusação não tem fundamento. Mas, antes, pretendo esclarecer que, na prática, a leitura moral não tem nada de revolucionária. Na mesma medida em que os juristas e juízes norte-americanos seguem uma estratégia coerente qualquer para interpretar a Constituição, eles já fazem uso da leitura moral. Espero que este livro deixe isso bem claro.

Isso explica por que os acadêmicos e jornalistas têm tanta facilidade para rotular os juízes de "liberais" ou "conservadores": a melhor explicação das diferenças entre seus padrões de decisão está na diferente compreensão que eles têm dos grandes valores morais inseridos no texto da Constituição. Os juízes cujas convicções políticas são conservadoras naturalmente interpretam os princípios constitucionais abstratos de maneira conservadora, como fizeram nos primeiros anos deste século, quando supunham, erroneamente, que certos direitos reais e contratuais são fundamentais para a liberdade. Os juízes cujas convicções são mais liberais tendem naturalmente a interpretar os mesmos princípios de maneira liberal, como fizeram nos anos de ouro da corte Warren. A leitura moral, em si mesma, não é um programa ou estratégia intrinsecamente liberal nem intrinsecamente conservadora. É verdade que, em décadas recentes, mais juízes liberais do que conservadores consideraram inconstitucionais determinadas leis ou atos normativos. Mas isso aconteceu porque os princípios políticos conservadores em geral favoreciam ou pelo menos não condenavam peremptoriamente as medidas que, nessas décadas, puderam, dentro dos limites da sensatez, ser acusadas de inconstitucionalidade. Essa generalização tem suas exceções. Os conservadores, em virtude de seus princípios morais, desaprovam fortemente os programas de ação afirmativa descritos no Capítulo 6, que garantem certas vantagens para os membros de minorias que se candidatam a uma vaga na universidade ou a um emprego; e os juízes conservadores não hesitaram em seguir seu entendimento sobre o que a leitura moral exige em casos como esse[2]. Essa leitura nos ajuda a identificar e explicar, além disso, não só esses padrões de grande escala, mas também certas diferenças mais sutis de interpretação constitucional que se aplicam tanto para os conservadores quanto para os liberais. Os juízes conservadores que atribuem um valor particular à liberdade de expressão, ou consideram-na particularmente importante para a democracia, tendem, mais do que os conservadores em geral, a estender a proteção oferecida pela Primeira Emenda também aos atos de protesto político, mesmo para causas com as quais não concordam, como demonstra a decisão da Suprema Corte que protege cidadãos que queimaram a bandeira norte-americana[3].

Repito, pois, que a leitura moral não é revolucionária na prática. Em seu trabalho cotidiano, advogados e juízes instintivamente partem do princípio de que a Constituição expressa exigências morais abstratas que só podem ser aplicadas aos casos concretos através de juízos morais específicos. Mais adiante, vou tentar deixar claro que essa é a única opção que eles têm. Mas se um juiz reconhecesse abertamente a leitura moral ou admitisse que é essa a sua estratégia de interpretação constitucional, esse seria um fato revolucionário; e até mesmo os juristas e juízes que quase a reconhecem não chegam efetivamente a fazê-lo e tentam encontrar outras definições – geralmente metafóricas – para sua prática. Por isso, existe uma diferença notável entre o papel efetivo da leitura moral na vida constitucional norte-americana, por um lado, e sua reputação, por outro. Foi ela que inspirou todas as grandes decisões constitucionais da Suprema Corte, e também algumas de suas piores decisões.

---

2. *Adarand Constructors, Inc. vs. Pena*, 115 S. Ct. 2097 (1995).
3. *Texas vs. Johnson*, 491 U.S. 397 (1989).

INTRODUÇÃO

Mas quase nunca chega a ser reconhecida como uma influência, nem mesmo por especialistas em constituição, e quase nunca é abertamente defendida pelos juízes cujos argumentos seriam incompreensíveis de qualquer outro ponto de vista. Muito pelo contrário, a leitura moral costuma ser descartada como uma corrente "radical" que não seria adotada por nenhum constitucionalista sensato. É evidente que as opiniões dos juízes sobre a moralidade política influenciam suas decisões constitucionais; e, embora fosse fácil para eles explicar essa influência pelo fato de a Constituição exigir uma leitura moral, eles nunca o fazem. Antes, indo contra toda evidência, eles negam a influência e procuram explicar suas decisões de outras maneiras, aliás constrangedoramente insatisfatórias. Dizem, por exemplo, que estão dando eficácia a obscuras "intenções" históricas ou apenas expressando uma "estrutura" constitucional geral porém inexplicada, que supostamente seria compreensível de maneira não-moral.

Não é difícil explicar esse descompasso entre o papel real e a reputação. A leitura moral está tão profundamente arraigada na prática constitucional e é, dos pontos de vista político e jurídico, tão mais sedutora do que as alternativas coerentes que a ela se apresentam, que não pode ser abandonada de uma hora para a outra, sobretudo quando estão em jogo importantes princípios constitucionais. Por outro lado, a leitura moral é desairosa dos pontos de vista intelectual e político. Ela parece eliminar a importantíssima distinção entre direito e moral, pondo o direito na dependência dos princípios morais que por acaso são adotados pelos juízes de determinada época. Parece ainda constranger de modo grotesco a soberania moral do povo – parece tirar das mãos do povo e entregar a uma elite profissional as grandes questões que definem a moralidade política e que o povo teria o direito e o dever de avaliar e decidir por si mesmo.

É essa a origem da paradoxal contraposição entre a prática constitucional corrente nos Estados Unidos, que depende quase exclusivamente da leitura moral da Constituição, e a teoria constitucional corrente, que rejeita por completo essa leitura. Essa confusão teve graves efeitos na política. Os políticos conservadores buscam convencer o público de que os grandes casos constitucionais não giram em torno de profundas questões de moralidade política (e eles giram, sim), mas em torno de uma questão muito mais simples: se os juízes devem mudar a Constituição por decreto ou deixá-la como está[4]. Por algum tempo, essa visão das divergências constitucionais foi aparentemente aceita até mesmo por alguns liberais. Estes diziam que a Constituição é um documento "vivo" que tem de ser "atualizado" para fazer frente a novas circunstâncias e sensibilidades. Diziam que tomavam uma atitude "ativa" perante a Constituição, o que sugeria uma tendência de reforma, e aceitavam a caracterização que John Ely dava de sua posição: caracterizava-a ele como uma posição "não-interpretativa", o que dava a entender que se preferia a invenção de um novo documento à interpretação do antigo[5]. Na verdade, como veremos, esse entendimento da divergência nunca foi acertado. Nunca houve um debate teórico para se saber se os juízes devem interpretar a Constituição ou modificá-la – quase ninguém, na realidade, adotava este último ponto de vista; debatia-se, isto sim, como ela devia ser interpretada. Porém, os políticos conservadores exploraram aquele entendimento simplificado da questão e não obtiveram de seus adversários uma resposta à altura.

---

4. Ver Antonin Scalia, "Originalism: The Lesser Evil", *The University of Cincinati Law Review*, vol. 57 (1989), pp. 849-65.

5. Ver John Hart Ely, *Democracy and Distrust: A Theory of Judicial Review* (Harvard University Press, 1980). O livro de Ely teve larga influência, não em virtude de sua distinção entre as atitudes interpretativa e não-interpretativa perante a Constituição, que felizmente já não é muito utilizada, mas porque ele foi um dos pioneiros da idéia de que certas restrições constitucionais não devem ser entendidas como um prejuízo, mas sim como um auxílio à democracia. Creio que ele estava errado em limitar essa categoria aos direitos constitucionais que podem ser entendidos como adjutórios dos procedimentos constitucionais e não como direitos mais substantivos. Ver meu artigo "The Forum of Principle", em *A Matter of Principle* (Harvard University Press, 1985) [trad. bras. *Uma questão de princípio*, São Paulo, Martins Fontes, 2000].

A confusão, porém, arrasta também os políticos. Estes prometem indicar e confirmar juízes que respeitem os devidos limites de sua autoridade e deixem a Constituição em paz, mas como essa idéia não representa de modo acertado as escolhas com que os juízes têm de se defrontar na prática, os políticos freqüentemente se decepcionam. Ao deixar a presidência em 1961, Dwight Eisenhower, que havia condenado o que chamou de "ativismo judicial", declarou a um jornalista que, na presidência da república, só havia cometido dois grandes erros – e ambos estavam na Suprema Corte. Referia-se ao Presidente da Suprema Corte, Earl Warren, que era um político do Partido Republicano quando Eisenhower o indicou mas que depois presidiu a um dos períodos mais "ativistas" da história daquela, e ao juiz William Brennan, outro político que era juiz de um tribunal estadual quando Eisenhower o indicou e que se tornou, na época moderna, um dos adeptos mais liberais e explícitos da leitura moral da Constituição.

Os presidentes Ronald Reagan e George Bush mostraram-se ambos profundamente escandalizados com o fato de a Suprema Corte "usurpar" os privilégios do povo. Afirmaram-se determinados a só indicar para a Suprema Corte juízes que não desafiassem a vontade popular, mas a respeitassem. Junto com os que os apoiaram na corrida à presidência, condenaram especificamente a decisão do caso *Roe vs. Wade*, tomada pela Corte em 1973, que protegia o direito ao aborto, e prometeram que os juízes que indicassem a reverteriam. Mas surpreendentemente (como explicamos no Capítulo 4), quando chegou a oportunidade para tal, três dos juízes que Reagan e Bush haviam indicado votaram não só para confirmar a dita decisão como também para fornecer-lhe novos fundamentos jurídicos que se baseavam de modo ainda mais evidente na leitura moral da Constituição. É comum que as expectativas dos políticos que indicam juízes sejam frustradas dessa maneira, pois os políticos não compreendem o quão profundamente a leitura moral, por eles deplorada, está de fato inserida na prática do direito constitucional. Seu papel fica eclipsado quando as convicções pessoais do juiz concordam com a legislação cuja constitucionalidade está em causa – quando um juiz considera moralmente admissível que a maioria da população torne o aborto um crime, por exemplo. Mas é possível se perceber com evidência o quanto a leitura moral é difundida quando as convicções de princípios de algum juiz – identificadas, postas à prova e talvez modificadas pela experiência e pelo diálogo – se inclinam num sentido oposto, uma vez que então, para aquele juiz, garantir a Constituição significa dizer à maioria da população que ela não pode ter o que quer.

As audiências do Senado que se seguem à indicação de um juiz para a Suprema Corte tendem à mesma confusão. Atualmente, esses acontecimentos são minuciosamente acompanhados e amplamente divulgados pelos meios de comunicação, e muitas vezes são transmitidos pela televisão. Oferecem ao público uma excelente oportunidade para participar dos procedimentos constitucionais. Porém, a dissonância entre a prática real e a teoria convencional rouba da ocasião boa parte do valor que poderia ter. (As sabatinas realizadas depois que o presidente Bush indicou o juiz Clarence Thomas para a Suprema Corte, discutidas no Capítulo 15, são um exemplo bem claro disso.) Tanto os indicados quanto os legisladores fingem que casos constitucionais difíceis podem ser decididos de maneira moralmente neutra pela simples obediência ao "texto" do documento, de tal modo que seria descabido propor ao indicado quaisquer perguntas acerca de sua moralidade política. (Ironicamente, nos anos que antecederam a sua indicação, o juiz Thomas deu mais apoio explícito à leitura moral do que praticamente qualquer outro jurista constitucional; como explicamos no Capítulo 15, ele insistia em que os conservadores adotassem essa estratégia de interpretação e a pusessem a serviço de uma moral conservadora.) Qualquer reconhecimento público da leitura moral – qualquer sinal de simpatia pela idéia de que os dispositivos constitucionais são princípios morais que devem ser aplicados por meio de um juízo moral – seria um

INTRODUÇÃO

ato de suicídio por parte do indicado e um motivo de embaraço para os que lhe fazem perguntas. Nos últimos anos, só as sabatinas (discutidas na Parte III) que culminaram na derrota de Robert Bork exploraram a fundo as questões constitucionais de princípio, e só o fizeram porque as opiniões do juiz Bork sobre o direito constitucional eram tão evidentemente influenciadas por uma moralidade política radical que suas convicções simplesmente não podiam ser ignoradas. Nos procedimentos para a confirmação dos atuais ministros Anthony Kennedy, David Souter, Thomas, Ruth Bader Ginsburg e Stephen Breyer, entretanto, a antiga ficção foi posta novamente num vergonhoso lugar de honra.

Mas o resultado mais grave dessa confusão está no fato de o público norte-americano não compreender o verdadeiro caráter e importância de seu sistema constitucional. Como já afirmei em outros textos, o ideal norte-americano de um governo sujeito não somente à lei, mas também a princípios, é a contribuição mais importante que nossa história já deu à teoria política. Outros países e culturas sabem disso, e o ideal norte-americano tem sido cada vez mais adotado e imitado de forma consciente em outras partes do globo. Mas nós mesmos não somos capazes de reconhecer nossa contribuição, de orgulhar-nos dela e de cuidar dela como devíamos.

Esse juízo parecerá extravagante e até perverso para muitos juristas e cientistas políticos. Para eles, o entusiasmo pela leitura moral dentro de uma estrutura política que atribui aos juízes a suprema autoridade em matéria de interpretação é elitista, antipopulista, anti-republicano e antidemocrático. Como veremos, essa idéia se baseia num pressuposto bastante difundido, mas pouco estudado, acerca de um vínculo que existiria entre a democracia e a vontade da maioria, pressuposto esse que, aliás, a história dos Estados Unidos sempre rejeitou. Quando compreendemos melhor a democracia, vemos que a leitura moral de uma constituição política não só não é antidemocrática como também, pelo contrário, é praticamente indispensável para a democracia. Não quero dizer que a democracia só existe quando os juízes têm poder para deixar de lado as idéias que a maioria das pessoas têm acerca do que é bom e justo. Muitos arranjos institucionais são compatíveis com a leitura moral, inclusive alguns que não dão aos juízes o poder que têm na estrutura norte-americana. Mas nenhum desses diversos arranjos é, em princípio, mais democrático do que os outros. A democracia não faz questão de que os juízes tenham a última palavra, mas também não faz questão de que não a tenham. Estou avançando muito em meu argumento, porém. Antes de voltar à questão de por que a leitura moral tem sido tão mal interpretada, tenho de falar um pouco mais sobre o que ela é.

A leitura moral

Os dispositivos da Constituição norte-americana que protegem os indivíduos e as minorias da ação do Estado encontram-se sobretudo na chamada Declaração de Direitos – as primeiras emendas apostas ao documento – e nas emendas acrescentadas depois da Guerra Civil. (Vou usar às vezes, de modo pouco preciso, a expressão "Declaração de Direitos" para me referir a todos os dispositivos da Constituição que estabelecem os direitos individuais, como as partes da Décima Quarta Emenda que protegem as prerrogativas e imunidades dos cidadãos e garantem-lhes o devido processo e a igualdade de proteção da lei.) Muitos desses dispositivos estão vazados numa linguagem moral excessivamente abstrata. A Primeira Emenda se refere ao "direito" de liberdade de expressão, por exemplo; a Quinta Emenda, ao processo "devido" aos cidadãos; e a Décima Quarta, a uma proteção "igual". Segundo a leitura moral, esses dispositivos devem ser compreendidos da maneira mais naturalmente sugerida por sua linguagem: referem-se a princípios morais abstratos e, por referência, incorporam-nos como limites aos poderes do Estado.

INTRODUÇÃO 11

É claro que existem discordâncias sobre a maneira correta pela qual esses princípios morais abstratos devem ser reenunciados a fim de tornar o seu sentido mais claro para nós e de nos ajudar a aplicá-los a controvérsias políticas mais concretas. Eu, particularmente, sou favorável a uma determinada maneira de enunciar os princípios constitucionais num nível o mais geral possível, e, no decorrer de todo este livro, tento defender essa maneira de concebê-los. Creio que os princípios estabelecidos na Declaração de Direitos, tomados em seu conjunto, comprometem os Estados Unidos com os seguintes ideais políticos e jurídicos: o Estado deve tratar todas as pessoas sujeitas a seu domínio como dotadas do mesmo status moral e político; deve tentar, de boa-fé, tratar a todas com a mesma consideração (*equal concern*); e deve respeitar todas e quaisquer liberdades individuais que forem indispensáveis para esses fins, entre as quais (mas não somente) as liberdades mais especificamente declaradas no documento, como a liberdade de expressão e a liberdade de religião. Mas outros juristas e doutrinadores que também são favoráveis à leitura moral podem formular os princípios constitucionais, mesmo num nível muito geral, de maneira diferente e mais limitada; e embora este capítulo introdutório tenha o objetivo de explicar e defender a leitura moral, e não as minhas interpretações feitas a partir dela, tenho de dizer algo sobre como escolher entre as formulações concorrentes.

É evidente que a leitura moral não é adequada para a interpretação de tudo quanto uma constituição contém. A Constituição norte-americana inclui muitos artigos e dispositivos que não são nem especialmente abstratos nem vazados na linguagem dos princípios morais. O Artigo II, por exemplo, especifica que o Presidente deve ter pelo menos trinta e cinco anos de idade; e a Terceira Emenda estabelece que o Estado não pode aquartelar soldados nas residências de civis em tempo de paz. Este último dispositivo pode até ter sido inspirado por um princípio moral: os que o escreveram e homologaram podem, por exemplo, ter querido dar efeito a um princípio que protegesse o direito dos cidadãos à privacidade. Mas a Terceira Emenda não é em si mesma um princípio moral: seu *conteúdo* não é um princípio geral de privacidade. Assim, o primeiro questionamento da minha interpretação dos dispositivos abstratos pode ser formulado deste modo: de que provas ou argumentos disponho para afirmar que o dispositivo de igualdade de proteção da Décima Quarta Emenda (por exemplo), que declara que nenhum estado pode negar a nenhuma pessoa a mesma (*equal*) proteção da lei, tem como conteúdo um princípio moral, embora a Terceira Emenda não tenha?

Trata-se de uma questão de interpretação ou, se preferir, de tradução. Temos de procurar encontrar uma linguagem nossa que capte da melhor maneira possível e em termos que nos pareçam claros o conteúdo do que os "autores" quiseram dizer. (Os estudiosos da Constituição usam a palavra "autores" [*framers*] para designar, de maneira um tanto ambígua, as diversas pessoas que redigiram e aprovaram um artigo ou dispositivo constitucional.) A história é um elemento essencial para esse projeto porque, para saber o que uma pessoa quis dizer quando disse alguma coisa, temos de saber algo acerca das circunstâncias em que ela se encontrava quando disse aquilo. Porém, não encontramos nada na história que nos permita ter dúvidas acerca do que os autores da Terceira Emenda quiseram dizer. Dadas as palavras que utilizaram, não podemos, sem fugir da sensatez, pensar que eles estabeleceram um princípio moral qualquer, mesmo que acreditemos que foram inspirados por um tal princípio. Eles disseram o que as palavras que usaram normalmente serviriam para comunicar: não que a privacidade deve ser protegida, mas que os soldados não devem ser aquartelados em residências em tempo de paz. O mesmo processo de raciocínio, porém – a idéia de o que os autores supostamente quiseram dizer quando usaram tais e tais palavras –, nos faz chegar a uma conclusão oposta acerca dos autores do dispositivo da igualdade de proteção. Sem dúvida, a maioria deles tinha expectativas bastante claras

INTRODUÇÃO

acerca de quais seriam as conseqüências legais e jurídicas da Décima Quarta Emenda. Queriam que esta pusesse fim a algumas das mais chocantes práticas discriminatórias contra os negros do período da Reconstrução. É certo que não esperavam que ela proibisse a segregação racial oficial nas escolas – muito pelo contrário, o mesmo congresso que adotou o dispositivo de igualdade de proteção conservou a segregação no sistema escolar do Distrito de Colúmbia. Mas os autores não *disseram* nada acerca das leis discriminatórias contra os negros, da segregação nas escolas, da homossexualidade ou da igualdade entre os sexos – não disseram nada, nem contra nem a favor. Disseram apenas que a "igual proteção da lei" era necessária, o que evidentemente configura um princípio muito geral e não uma qualquer aplicação concreta deste.

Os autores quiseram, pois, pôr em vigor um princípio geral. Mas que princípio é esse? Para responder a essa outra pergunta, é preciso elaborar diversas interpretações da expressão "igual proteção da lei", cada uma das quais possa ser reconhecida como um princípio de moralidade política que teria merecido o respeito daqueles autores. Depois, temos de nos perguntar qual dessas interpretações pode mais sensatamente ser atribuída a eles, dado tudo o que sabemos. A determinação de que cada uma dessas possibilidades possa ser reconhecida como um *princípio* político é absolutamente essencial. A fim de entender os esforços de um estadista para estabelecer um princípio constitucional geral, não podemos atribuir a ele algo que nem ele nem nós reconheceríamos como um princípio possível. Mas mesmo essa restrição ainda nos deixa com muitas possibilidades em aberto. Certa vez se debateu, por exemplo, se no dispositivo de igualdade de proteção os autores só pretendiam estipular o princípio político fraco de que as leis devem ser impostas de acordo com sua formulação, de tal modo que os benefícios legais conferidos a qualquer pessoa, inclusive um negro, não pudessem ser negados, na prática, para ninguém.

Porém, a história aparentemente nos leva a concluir de maneira decisiva que os autores da Décima Quarta Emenda não tiveram a intenção de estabelecer um princípio tão fraco quanto esse, que daria aos estados liberdade para discriminar os negros como bem entendessem, desde que o fizessem abertamente. Seria muito improvável que os congressistas da nação vitoriosa, procurando entender as conquistas e as lições dadas por uma guerra terrível, se contentassem com algo tão limitado e insípido; e não devemos pensar que eles o fizeram, a menos que a linguagem não nos faculte nenhuma outra interpretação plausível. De qualquer modo, a interpretação da Constituição não deve levar em conta somente o que os próprios autores pretendiam dizer, mas também a prática jurídica e política do passado; e já se estabeleceu por meio de precedentes irrevogáveis que o princípio político incorporado na Décima Quarta Emenda não é esse princípio extremamente fraco, mas algo mais robusto. Uma vez admitida essa idéia, porém, deve-se concluir que o princípio é algo *muito* mais robusto, pois a única alternativa de tradução para o que os autores efetivamente *disseram* no dispositivo de igualdade de proteção é um princípio de abrangência e força surpreendentes: o princípio de que o Estado deve tratar todos, sem exceção, como dotados do mesmo status, e deve tratá-los com a mesma consideração.

Os exemplos substantivos dados em capítulos subseqüentes detalham um pouco mais essa explicação sumária do papel da história e da linguagem para se entender os significados da Constituição. Mas mesmo nesta breve discussão já mencionamos duas restrições importantes que limitam agudamente a liberdade de ação que a leitura moral confere aos juízes enquanto indivíduos. Em primeiro lugar, de acordo com essa leitura, a interpretação constitucional tem de partir do que os autores disseram; e, do mesmo modo que nossos juízos sobre as palavras de amigos e desconhecidos têm de basear-se em informações específicas sobre eles e sobre o contexto em que foram ditas, o mesmo vale para nosso entendimento do que os autores disseram.

INTRODUÇÃO

Por isso, sem dúvida alguma, a história é um fator pertinente. Mas só o é num sentido particular. Consultamos a história para saber o que eles pretendiam *dizer*, e não quais *outras* intenções eles tinham, o que é uma questão muito diferente. Não temos necessidade de saber, por exemplo, o que eles previam ou queriam que acontecesse em decorrência de terem dito o que disseram; nesse sentido, o objetivo deles não faz parte do nosso estudo. Como veremos no Capítulo 3 e em outros, essa é uma distinção importantíssima. Somos governados pelo que nossos legisladores disseram – pelos princípios que declararam – e não por quaisquer informações acerca de como eles mesmos teriam interpretado esses princípios ou os teriam aplicado em casos concretos.

Em segundo lugar, mas na mesma ordem de importância, a interpretação constitucional sob a leitura moral é disciplinada pela exigência de *integridade* constitucional discutida em diversos trechos deste livro e exemplificada, por exemplo, no Capítulo 4[6]. Os juízes não podem dizer que a Constituição expressa suas próprias convicções. Não podem pensar que os dispositivos morais abstratos expressam um juízo moral particular qualquer, por mais que esse juízo lhes pareça correto, a menos que tal juízo seja coerente, em princípio, com o desenho estrutural da Constituição como um todo e também com a linha de interpretação constitucional predominantemente seguida por outros juízes no passado. Têm de considerar que fazem um trabalho de equipe junto com os demais funcionários da justiça do passado e do futuro, que elaboram juntos uma moralidade constitucional coerente; e devem cuidar para que suas contribuições se harmonizem com todas as outras. (Em outro texto, eu disse que os juízes são como escritores que criam juntos um romance-em-cadeia no qual cada um escreve um capítulo que tem sentido no contexto global da história[7].) Mesmo um juiz que acredita que a igualdade econômica é

---
6. Para uma discussão geral da integridade no direito, ver *Law's Empire*.
7. Ver *Law's Empire*, p. 228.

uma exigência da justiça abstrata não pode, em seu trabalho de interpretação, concluir que o dispositivo de igualdade de proteção significa que a igualdade de riqueza ou a propriedade coletiva dos meios de produção são exigências da Constituição, pois essa interpretação simplesmente não se harmoniza com a história dos Estados Unidos, com a prática norte-americana e com o restante da Constituição.

O juiz também não pode, sem fugir à plausibilidade, pensar que a estrutura constitucional deixa a seus cuidados mais do que certos direitos políticos básicos e estruturais. O juiz pode até ser de opinião de que uma sociedade verdadeiramente comprometida com a igualdade de consideração forneceria recursos especiais aos deficientes, ou garantiria a todos um acesso seguro a parques recreativos, ou ainda proporcionaria tratamentos médicos heróicos e experimentais, por mais caros ou incertos que fossem, para qualquer pessoa cuja vida tivesse a mínima possibilidade de ser salva. Mas o juiz violaria a integridade constitucional se tratasse essas determinações como elementos do direito constitucional. Os juízes devem submeter-se à opinião geral e estabelecida acerca do caráter do poder que a Constituição lhes confere. A leitura moral lhes pede que encontrem a melhor concepção dos princípios morais constitucionais – a melhor compreensão, por exemplo, de o que realmente significa a igualdade moral dos homens e das mulheres – que se encaixe no conjunto da história norte-americana. Não lhes pede que sigam os ditames de sua própria consciência ou as tradições de sua própria classe ou partido, caso esses ditames ou tradições não se encaixem nesse conjunto histórico. É claro que os juízes podem abusar de seu poder – podem fingir observar a integridade constitucional e na verdade infringi-la. Mas o fato é que os generais, presidentes e sacerdotes também podem abusar de seu poder. A leitura moral é uma estratégia aplicável por advogados e juízes que ajam de boa-fé, e nenhuma estratégia de interpretação pode ser mais do que isso.

Saliento as restrições da história e da integridade porque elas mostram o quanto é exagerada a queixa comum de que a leitura moral dá aos juízes um poder absoluto para impor a todos nós suas próprias convicções morais. Macaulay estava errado quando disse que a Constituição norte-americana tem uma grande vela mas não tem âncora[8], e estão errados também os críticos que afirmam que a leitura moral transforma os juízes em reis-filósofos. Nossa Constituição é uma lei e, como toda lei, está ancorada na história, na prática e na integridade. A maioria dos processos judiciais – até mesmo a maioria dos processos constitucionais – não é difícil. A arte comum do juiz lhe dita a resposta e não deixa espaço algum para os caprichos das convicções morais pessoais. Mesmo assim, não devemos exagerar o peso dessa âncora. Entendimentos muito diferentes, ou mesmo contrários, de um único princípio constitucional – de o que realmente significa tratar homens e mulheres como iguais, por exemplo – podem se harmonizar com a linguagem, os precedentes e a história, e ambos podem atender a esse critério; os juízes sensatos devem então decidir por si mesmos qual das concepções mais honra o seu país. Por isso, embora seja hiperbólica a queixa comum de que a leitura moral dá um poder ilimitado aos juízes, ela é verdadeira o suficiente para deixar de cabelos em pé os que crêem que esse tipo de poder judiciário é incompatível com uma forma republicana de Estado. A vela da Constituição é bem grande, e muitos temem que seja grande demais para um navio democrático.

Qual é a alternativa?

Por causa disso, juristas e constitucionalistas, tanto os práticos quanto os que se dedicam à teoria, vivem ansiosos para encontrar outras estratégias de interpretação constitucional que dêem menos poder aos juízes. Já exploraram

---

8. Thomas Babington, Lorde Macauley, carta a H. S. Randall, 23 de maio de 1857.

duas possibilidades diferentes, as quais serão ambas discutidas mais adiante. A primeira e a mais franca admite que a leitura moral é correta – que a Declaração de Direitos só pode ser compreendida como um conjunto de princípios morais. Mas nega aos juízes a autoridade suprema de fazer a leitura moral – não admite que eles tenham a última palavra, por exemplo, para dizer se a mulher tem o direito constitucional de optar pelo aborto ou se a ação afirmativa trata todas as raças com mesma consideração. Deixa reservada para o povo essa autoridade de interpretação. Não se trata, de modo algum, de uma combinação de duas idéias contraditórias. Como eu disse, a leitura moral é uma teoria acerca de o que a Constituição significa, e não acerca de quem deve nos dizer o que ela significa.

Essa primeira alternativa nos dá uma chave para a compreensão dos argumentos de um grande juiz norte-americano, Learned Hand, de quem falo no Capítulo 17. Hand pensava que os tribunais só devem tomar para si a autoridade suprema na interpretação da Constituição quando isso é absolutamente necessário para a sobrevivência do Estado – quando os tribunais devem servir de árbitros entre os outros poderes do Estado, sob pena de cair-se no caos das divergências sobre competência e jurisdição. Nenhuma necessidade desse tipo obriga os tribunais a comparar os atos do legislativo com os princípios morais da Constituição, e por isso Hand pensava que os juízes não devem reivindicar para si essa autoridade. Embora essa idéia tenha sido, em outra época, uma possibilidade em aberto, hoje já faz tempo que a história a sepultou; a prática já estabeleceu que os tribunais têm a responsabilidade de declarar a sua melhor compreensão daquilo que a Constituição proíbe e agir segundo essa compreensão[9]. Se a concepção de Hand tivesse sido aceita, a Suprema Corte não poderia ter decidido

---

9. Para uma boa discussão sobre a evolução da idéia de revisão judicial das normas nos Estados Unidos, ver Gordon Wood, "The Origins of Judicial Review", *Suffolk University Law Review*, vol. 22 (1988), p. 1293.

o que decidiu no famoso caso *Brown*, de 1954: que o dispositivo de igualdade de proteção torna ilegal a segregação racial nas escolas públicas. Em 1958, evidentemente arrependido, Hand disse que tinha de considerar errada a decisão do caso *Brown*, e teria de ter a mesma opinião acerca das decisões posteriores da Suprema Corte que expandiram a igualdade racial, a independência religiosa e as liberdades pessoais, como a liberdade de adquirir e usar contraceptivos. Hoje em dia, quase todos consideram que essas decisões não só estão corretas do ponto de vista legal como também constituem exemplos brilhantes da nossa estrutura constitucional funcionando em sua melhor forma.

Como eu disse, a primeira estratégia alternativa aceita a leitura moral. A segunda alternativa, a chamada estratégia "originalista" ou da "intenção original", não aceita. A leitura moral insiste em que a Constituição significa o que seus autores quiseram dizer. O originalismo insiste em que ela significa o que eles queriam que sua linguagem *fizesse*, e isso, como eu já disse, é uma coisa completamente diferente. (Mas existem alguns originalistas, entre os quais Antonin Scalia, um dos juízes mais conservadores que atualmente compõem a Suprema Corte, que não têm certeza dessa distinção[10].) Segundo o originalismo, os grandes dispositivos

---

10. O juiz Scalia, da Suprema Corte, insiste em que as leis sejam impostas de acordo com o significado de suas palavras, e não com aquilo que, segundo os dados históricos, os legisladores esperavam ou queriam que fossem as conseqüências legais concretas da lei que elaboraram. Ver Scalia, "Originalism". Mas ele também insiste em limitar cada um dos dispositivos abstratos da Declaração de Direitos ao sentido que eles supostamente teriam quando de sua promulgação, de tal modo que, por exemplo, a proibição de "castigos cruéis e incomuns" da Oitava Emenda, adequadamente interpretada, não proibiria a flagelação pública, uma vez que esse tipo de castigo era usual na época em que a Oitava Emenda foi adotada. Scalia admite que os juízes contemporâneos não devem considerar a flagelação constitucional, uma vez que isso seria escandaloso atualmente, mas faz questão de afirmar que os dispositivos de devido processo e de igualdade de proteção não devem ser usados para derrubar leis que eram comuns na época em que os mesmos dispositivos foram postos em vigor. Suas opiniões sobre o direito constitucional só se coadunam com sua teoria geral da interpretação das leis se partirmos do pressuposto de que a melhor tradução contemporânea daquilo que foi dito pelos autores

da Declaração de Direitos não devem ser interpretados como exposições dos princípios morais abstratos que eles descrevem de fato, mas como referências, em código ou disfarçadas, aos pressupostos e expectativas que os próprios autores tinham acerca da correta aplicação daqueles princípios. Assim, não se deve entender que o dispositivo de igualdade de proteção exige a igualdade de status em si, mas sim que ele exige aquilo que os próprios autores pensavam ser a igualdade de status, e isso tudo apesar de que, como eu disse, os autores evidentemente pretendiam declarar o primeiro critério e não o segundo. A decisão do caso *Brown* que acabo de mencionar ilustra claramente essa distinção. A decisão da Corte era claramente exigida pela leitura moral, pois hoje em dia é óbvio que a segregação oficial nas escolas não é compatível com a igualdade de status e a igualdade de zelo para com todas as raças. Mas a estratégia originalista, se aplicada com coerência, teria exigido a conclusão oposta, porque, como eu disse, os autores do dispositivo de igualdade de proteção não acreditavam que a segregação escolar, que eles mesmos praticavam, era uma negação da igualdade de status, e não esperavam que um dia ela viesse a ser vista como tal. A leitura moral insiste em que eles não chegaram a compreender plenamente o princípio moral que eles mesmos puseram em forma de lei. A estratégia originalista traduziria essa falta de compreensão numa lei constitucional permanente.

Essa estratégia, como também a primeira alternativa, condenaria não só a decisão do caso *Brown* como também diversas outras decisões da Suprema Corte que hoje são vistas por muitos como paradigmas de boa interpretação constitucional. Por isso, hoje em dia quase ninguém adota a estratégia originalista em sua forma pura. O próprio Robert Bork, que ainda é um dos seus mais aguerridos defensores,

---

da Oitava Emenda não é que os castigos cruéis e incomuns são proibidos – sendo que é isso que sua linguagem claramente dá a entender –, mas que os castigos que na época eram considerados cruéis e incomuns eram proibidos, uma interpretação que não temos motivo absolutamente nenhum para aceitar.

restringiu seu apoio a ela durante a sabatina do Senado que se seguiu à sua indicação para a Suprema Corte – admitiu que a decisão do caso *Brown* tinha sido correta e disse que até mesmo a decisão que a Corte tomou em 1965, garantindo o direito de uso de contraceptivos, estava correta quanto a seus resultados, embora não tenhamos motivo algum para pensar que os autores de qualquer dispositivo constitucional correlato a quisessem ou aprovassem. Além disso, a estratégia originalista é tão indefensável em princípio quanto é indigesta em seus resultados. A substituição da linguagem abstrata do dispositivo de igualdade de proteção por uma cláusula legal concreta e detalhada seria tão ilegítima quanto a substituição dos termos concretos da Terceira Emenda por um princípio abstrato de privacidade, ou quanto a interpretação da determinação da idade mínima do Presidente como expressão de um princípio geral de incapacidade das pessoas com menos de trinta e cinco anos.

Por isso, embora muitos políticos e juízes conservadores tenham apoiado o originalismo, e alguns, como Hand, tenham sido tentados a pôr em dúvida a idéia de que os juízes devem ter a última palavra sobre as exigências da Constituição, a verdade é que tanto uma estratégia quanto a outra têm pouquíssimo apoio na prática. Não obstante, a leitura moral quase nunca é explicitamente defendida e muitas vezes é explicitamente condenada. Se nenhuma das duas alternativas que descrevi é efetivamente adotada pelos que desprezam a leitura moral, qual é a alternativa que eles têm em mente? A surpreendente resposta é: nenhuma. Os constitucionalistas costumam dizer que temos de evitar dois enganos opostos: o da leitura moral, que dá um poder demasiado aos juízes, e o do originalismo, que faz da Constituição contemporânea uma extensão morta do passado. Segundo eles, o método correto está numa espécie de via do meio que opere um justo equilíbrio entre a proteção dos direitos individuais essenciais e a obediência à vontade popular. Mas eles não nos dizem qual é esse justo equilíbrio nem qual a balança que devemos usar para encontrá-lo. Asseveram que a interpretação constitucional deve levar em conta não só a filosofia moral ou política, mas também a história e a estrutura geral da Constituição. Mas não dizem por que a história ou a estrutura – que, como já afirmei, são pressupostas pela leitura moral – devem figurar nesse método de uma maneira diferente ou adicional; não dizem também qual é essa maneira diferente nem qual deve ser a meta ou critério geral de interpretação constitucional que nos deve conduzir na busca de uma estratégia de interpretação diferente[11].

Por isso, embora se ouça muitas vezes o apelo a uma estratégia constitucional intermediária, esse apelo ainda não foi atendido, exceto através de inúteis metáforas sobre equilíbrio e estrutura. Isso é extraordinário, sobretudo em vista do tamanho e do ritmo de crescimento da bibliografia sobre a teoria constitucional norte-americana. Se é tão difícil criar uma alternativa à leitura moral, por que se esforçar para isso? Numa conferência, um famoso constitucionalista que insiste na suposta existência de uma estratégia interpretativa intermediária entre o originalismo e a leitura moral anunciou que, embora não houvesse ainda descoberto essa estratégia, passaria o restante de sua vida a procurá-la. Por quê?

---

11. Alguns doutrinadores procuraram defender uma estratégia "intermediária" que, segundo esperam, não exige uma resposta a essas perguntas. Dizem que não devemos olhar nem para as opiniões ou expectativas concretas dos autores, como faz o originalismo, nem para os princípios muito abstratos a que dá atenção a leitura moral, mas para algo situado num nível intermediário de abstração. O juiz Bork, por exemplo, ao explicar por que a decisão do caso *Brown* estava correta apesar de tudo, disse que os autores do dispositivo de igualdade de proteção adotaram um princípio geral o suficiente para condenar a segregação oficial nas escolas, independentemente do que os próprios autores pensavam a esse respeito, mas não geral o suficiente para proteger os homossexuais. Porém, como digo no Capítulo 14, não há nenhuma maneira não-arbitrária de escolher um nível particular de abstração para a formulação de um princípio constitucional que não o próprio nível declarado pelo texto. Por que, por exemplo, deveríamos escolher como princípio intermediário um que proíba qualquer discriminação racial em vez de um que permita uma ação afirmativa em favor de um grupo anteriormente em desvantagem? Ou vice-versa?

Já respondi a essa pergunta. Os juristas partem do pressuposto de que as restrições que a Constituição impõe aos processos políticos majoritários são antidemocráticas, pelo menos nos casos em que essas restrições são impostas pelos juízes; e a leitura moral parece tornar essa afronta ainda pior. Se, porém, não existe na prática nenhuma alternativa real à leitura moral, e se fracassaram os esforços para se encontrar até mesmo a formulação teórica de uma alternativa aceitável, seria bom reexaminar esse pressuposto. Como já disse, procurarei mostrar que ele não tem fundamento.

Afirmei que o debate entre os constitucionalistas e os juízes nunca teve o objetivo de decidir se os juízes devem mudar a Constituição ou se devem deixá-la em paz. Sempre girou em torno de como a Constituição deve ser interpretada. Felizmente, e apesar da retórica dos políticos, esse fato é hoje reconhecido pela maioria dos constitucionalistas; eles reconhecem também que a própria questão da interpretação depende de uma controvérsia política, pois a única objeção substantiva à leitura moral é a de que ela ofende a democracia. Assim, pensa-se em geral que o debate acadêmico tem por objeto o quanto a democracia pode ser comprometida para que outros valores, entre os quais os direitos individuais, sejam protegidos. Um dos lados se declara ardoroso defensor da democracia e ansioso para protegê-la, ao passo que o outro se considera mais sensível às injustiças que a democracia às vezes produz. Em muitos sentidos, porém, a nova visão do debate é tão confusa quanto a antiga. Procurarei convencer você de que o debate constitucional deve ser visto sob uma luz completamente diferente: não como um debate acerca do grau em que a democracia deve curvar-se perante outros valores, mas sim acerca do que a democracia realmente é.

A premissa majoritária

Democracia significa governo do povo. Mas o que significa isso? Nenhuma definição explícita de democracia se estabeleceu em definitivo entre os cientistas políticos ou no dicionário. Muito pelo contrário, a realidade da democracia é objeto de profundas controvérsias. As pessoas discordam acerca de quais técnicas de representação, quais modos de distribuição do poder entre as esferas municipal, estadual e federal, qual periodicidade eleitoral, quais modalidades de eleição e quais outros arranjos institucionais constituem a melhor versão possível da democracia. Porém, por trás desses conhecidos debates sobre a estrutura da democracia, existe, na minha opinião, uma profunda disputa filosófica acerca do *valor* ou do *objetivo* fundamental da democracia; e uma determinada questão abstrata é crucial para essa disputa, embora isso nem sempre seja reconhecido. Devemos aceitar ou rejeitar o que vou chamar de premissa majoritária?

A premissa majoritária é uma tese a respeito dos *resultados* justos de um processo político: insiste em que os procedimentos políticos sejam projetados de tal modo que, pelo menos nos assuntos importantes, a decisão a que se chega seja a decisão favorecida pela maioria dos cidadãos ou por muitos entre eles, ou seja, pelo menos a decisão que eles favoreceriam se dispusessem de informações adequadas e de tempo suficiente para refletir. Esse objetivo parece perfeitamente razoável, e muita gente, talvez sem refletir o bastante, tomou-o como expressão da própria essência da democracia. Essas pessoas acreditam que os complexos arranjos políticos que constituem o processo democrático devem direcionar-se para essa meta e tomá-la como critério: a meta de que as leis geradas pelo complexo processo democrático e os cursos de ação por ele seguidos sejam, no fim, os aprovados pela maioria dos cidadãos.

A premissa majoritária não nega que os indivíduos têm importantes direitos morais que devem ser respeitados pela maioria. Não está necessariamente amarrada a uma teoria coletivista ou utilitarista segundo a qual esses direitos não têm sentido. Em algumas comunidades políticas, porém – no Reino Unido, por exemplo –, considerou-se que a premissa majoritária exige que a comunidade se submeta às idéias da maioria sobre quais são esses direitos individuais e sobre o melhor modo de respeitá-los e garanti-los. Às vezes se diz que o Reino Unido não tem constituição, mas isso é um erro. O Reino Unido tem uma constituição escrita e outra não escrita, e esta última consiste, em parte, numa compreensão tácita de quais são as leis que o Parlamento não pode aprovar. Faz parte da Constituição britânica, por exemplo, a proteção da liberdade de expressão. Mas até há pouco tempo parecia natural para os juristas britânicos que nenhum outro grupo senão uma maioria política, agindo através do Parlamento, decidisse o que essa proteção significa e se ela deve ser alterada ou rejeitada, de tal modo que, quando é clara a intenção do Parlamento britânico de impor restrições à expressão, os tribunais britânicos não têm poder para invalidar o que o Parlamento fez. Isso porque a premissa majoritária e a concepção majoritária de democracia por ela produzida têm sido elementos mais ou menos tacitamente aceitos da moralidade política britânica desde há mais de cem anos.

Nos Estados Unidos, porém, a maior parte dos que pensam que a premissa majoritária traz em si a definição e a justificação últimas da democracia aceitam mesmo assim que em certas ocasiões a vontade da maioria *não* deve predominar. Concordam em que a maioria não deve ser sempre a juíza suprema de quando o seu próprio poder deve ser limitado para protegerem-se os direitos individuais, e aceitam que pelo menos algumas das decisões da Suprema Corte que repudiaram leis populares, como aconteceu com a decisão do caso *Brown*, foram corretas. A premissa majoritária não exclui exceções desse tipo, mas insiste em que, nesses casos, mesmo que uma atenuação do governo da maioria se justifique de maneira global, essa atenuação é algo lamentável do ponto de vista moral. Em outras palavras, a premissa supõe que, quando uma maioria política não pode fazer o que quiser, isso é *sempre* injusto, de tal modo que a injustiça permanece mesmo quando existem fortes razões que a justifiquem.

Se rejeitarmos a premissa majoritária, precisaremos de uma explicação diferente, e melhor, do valor e da finalidade da democracia. Vou defender agora uma explicação – que chamo de concepção constitucional da democracia – que efetivamente rejeita a premissa majoritária. Segundo essa explicação, o fato de as decisões coletivas serem sempre, ou normalmente, as decisões que a maioria dos cidadãos tomaria se fossem plenamente informados e racionais não é nem uma meta nem uma definição da democracia. O objetivo que define a democracia tem de ser diferente: que as decisões coletivas sejam tomadas por instituições políticas cuja estrutura, composição e modo de operação dediquem a todos os membros da comunidade, enquanto indivíduos, a mesma consideração e o mesmo respeito. É certo que essa explicação alternativa do objetivo da democracia exige uma estrutura de Estado muito semelhante à exigida pela premissa majoritária. Exige que as decisões políticas do dia-a-dia sejam tomadas por agentes políticos escolhidos nas eleições populares. Porém, a concepção constitucional requer esses procedimentos majoritários em virtude de uma preocupação com a igualdade dos cidadãos, e não por causa de um compromisso com as metas da soberania da maioria. Por isso, não opõe objeção alguma ao emprego deste ou daquele procedimento não-majoritário em ocasiões especiais nas quais tal procedimento poderia proteger ou promover a igualdade que, segundo essa concepção, é a própria essência da democracia; e não aceita que essas exceções sejam causa de arrependimento moral.

Em suma, a concepção constitucional de democracia assume em relação ao governo majoritário a atitude descrita a seguir. A democracia é um governo sujeito às condições – podemos chamá-las de condições "democráticas" – de igualdade de status para todos os cidadãos. Quando as instituições majoritárias garantem e respeitam as condições democráticas, os veredictos dessas instituições, por esse motivo mesmo, devem ser aceitos por todos. Mas quando não o fazem, ou quando essa garantia e esse respeito mostram-se deficientes, não se pode fazer objeção alguma, em nome da democracia, a outros procedimentos que garantam e respeitem as condições democráticas. Entre essas condições incluem-se sem dúvida, por exemplo, a exigência de que os cargos públicos devem, em princípio, ser acessíveis em igualdade de condições às pessoas de todas as raças e grupos. Se existisse uma lei pela qual só os membros de uma determinada raça pudessem se candidatar aos cargos públicos, não caberia nenhum custo moral – não haveria motivo algum para arrependimento moral – se um tribunal que gozasse do poder constitucional de fazê-lo derrubasse essa lei por ser inconstitucional. Nessa ocasião, provavelmente a premissa majoritária seria comprometida; mas embora isso seja motivo de arrependimento pela concepção majoritária de democracia, não o é pela concepção constitucional. É claro que pode haver desacordo quanto a saber quais são, na realidade, as condições democráticas, e quanto a saber se uma determinada norma as ofende ou não. Mas, de acordo com a concepção constitucional, não teria cabimento levantar-se objeções, sob a alegação de que tal prática seria antidemocrática, a que a decisão final acerca dessas questões fosse reservada a um tribunal; isso não teria cabimento porque essa objeção parte do princípio de que as leis em questão respeitam as condições democráticas, e é exatamente esse o assunto que está em questão.

 Espero que agora esteja claro que a premissa majoritária tem exercido uma influência poderosa – ainda que freqüentemente discreta – sobre a imaginação dos constitucionalistas e advogados constitucionais nos Estados Unidos da América. Só esse diagnóstico pode explicar a quase unanimidade da opinião de que falei há pouco: a idéia de que a revisão judicial das normas compromete a democracia, a tal ponto que a questão central da teoria constitucional tem de ser a de saber se e quando esse comprometimento é justificado. Essa opinião é filha de uma concepção majoritária da democracia e, portanto, é neta da premissa majoritária. É ela que motiva a já mencionada busca sem fim por uma estratégia interpretativa "intermediária" entre a leitura moral e o originalismo, e é ela que exerce seu poder de tentação e leva grandes teóricos a construir uma série de epiciclos ptolomaicos na tentativa de reconciliar a prática constitucional com os princípios majoritários.

Assim, existe uma questão complexa de moralidade política – a validade da premissa majoritária – no âmago dessas antigas discussões sobre a constitucionalidade. As discussões permanecerão confusas até o momento em que essa questão for identificada e analisada. Podemos, de passagem, observar o quanto a premissa majoritária tem exercido sua influência também em outros importantes debates políticos, entre os quais a urgente discussão nacional sobre a reforma das campanhas eleitorais. Até agora, essa discussão tem sido dominada pela idéia de que a democracia é melhor quando atende melhor à premissa majoritária – quando é projetada de modo que garanta cada vez mais a produção de decisões coletivas que reflitam as preferências da maioria. A infeliz decisão da Suprema Corte em *Buckley vs. Valeo*, por exemplo, que derrubou leis que limitam os modos pelos quais os ricos podem gastar seu dinheiro em campanhas políticas, baseou-se numa teoria da liberdade de expressão que tem suas origens nessa concepção de democracia[12]. Na verdade, a degeneração da democracia que se tem feito sentir de modo tão patente nas últimas eleições não poderá ser sustada até desenvolvermos uma concepção mais sofisticada de o que a democracia realmente significa.

Na maior parte do restante deste capítulo, avaliarei argumentos contrários e favoráveis à premissa majoritária. Por

---

12. *Buckley vs.Valeo*, 424 U.S. 1 (1976). Mais à frente na Introdução, vou afirmar que o autogoverno democrático só pode se realizar por meio de um processo político deliberativo que não pode acontecer quando se impõem limites aos gastos das campanhas políticas, especialmente os gastos com propaganda política na televisão. Num artigo a ser publicado, intitulado "Television and Democracy", afirmo que a decisão *Buckley* deve, portanto, ser reconsiderada, por ser incompatível com a melhor interpretação de o que é a democracia norte-americana.

enquanto, porém, não vou examinar a fundo, mas apenas mencionar, um argumento evidentemente medíocre a seu favor, argumento esse que, segundo temo, adquiriu ampla circulação. Ele parte de uma forma vanguardista de ceticismo moral segundo a qual os valores e princípios morais não podem ser objetivamente verdadeiros, mas limitam-se a representar poderosas concatenações de gosto ou interesse próprio, ou dos interesses de uma classe, raça ou sexo. Nesse caso, segundo o mesmo argumento, os juízes que afirmam ter descoberto uma verdade moral estão mergulhados na ilusão, e o único processo político justo é aquele que entrega todo o poder nas mãos do povo. Esse argumento é duplamente falacioso. Em primeiro lugar, uma vez que a sua conclusão, favorável à premissa majoritária, é em si mesma uma afirmação moral, ele é autocontraditório. Em segundo lugar, por motivos que tentei explicar em outros escritos meus, essa forma vanguardista de ceticismo é incoerente.

Na verdade, os argumentos mais poderosos em favor da premissa majoritária são eles mesmos baseados numa moralidade política. Podem ser distinguidos e agrupados em três categorias que correspondem às três virtudes revolucionárias do século XVIII – igualdade, liberdade e comunidade –, e são essas idéias políticas mais básicas que temos de explorar agora. Se a premissa se sustentar, é porque é corroborada pela melhor concepção possível de pelo menos um desses três ideais, talvez dos três. Temos de examinar o que está por trás da democracia a fim de considerar, à luz dessas virtudes e valores mais profundos, qual concepção de democracia – a concepção majoritária, baseada na premissa majoritária, ou a concepção constitucional que a rejeita – é a mais sólida. Mas primeiro precisamos fazer uma outra distinção importante, e a faremos agora.

Nós, o povo

Costumamos dizer que, numa democracia, o governo é feito pelo povo; queremos dizer que o povo coletivamente faz certas coisas – eleger seus líderes, por exemplo – que nenhum indivíduo sozinho faz ou pode fazer. Existem, porém, dois tipos de ação coletiva, a estatística e a comunitária; e nossa opinião a respeito da premissa majoritária pode vir a ser determinada por nossas conclusões acerca de qual é o tipo de ação coletiva que o governo democrático exige.

A ação coletiva é estatística quando aquilo que o grupo faz é uma função, geral ou específica, de algo que os membros individuais do grupo fazem sozinhos, ou seja, daquilo que fazem sem pensar que estão agindo *enquanto* grupo. Podemos dizer, por exemplo, que ontem o mercado de moedas estrangeiras derrubou o preço do dólar. Trata-se aí, sem dúvida, de um tipo de ação coletiva: só a ação conjunta de um grande grupo de banqueiros e especuladores pode afetar de modo substancial o câmbio monetário. Mas quando nos referimos a uma entidade coletiva, como o mercado de moedas, não estamos nos referindo a uma entidade que existe de fato. Sem mudar em absoluto o sentido de nossas palavras, poderíamos fazer uma afirmação declaradamente estatística: poderíamos dizer que a combinação dos efeitos das diversas transações em moeda estrangeira fizeram cair o preço do dólar no último pregão.

Mas a ação coletiva é comunitária quando não pode ser reduzida a mera função estatística das ações individuais, quando pressupõe um *agente* coletivo especial e distinto. Ela acontece quando os indivíduos agem juntos de forma que fundam suas ações separadas num ato ulterior unificado que, encarado em seu conjunto, é um ato *deles*. O exemplo da culpa coletiva, bastante batido mas ainda emocionalmente forte, nos proporciona uma ilustração útil. Muitos alemães (inclusive entre os nascidos depois de 1945) sentem-se responsáveis pelo que a Alemanha fez, e não somente pelo que outros alemães fizeram. Essa sensação de responsabilidade parte do pressuposto de que eles mesmos estão ligados de alguma forma ao terror nazista, uma vez que pertencem ao país que cometeu esses crimes. Mas vamos dar um exemplo mais agradável. Uma orquestra pode tocar uma sinfonia, coisa que nenhum músico isolado pode fazer; mas o que temos aí não é mera ação coletiva estatística, pois para que o desempenho da orquestra seja bem-sucedido é essencial não só que cada músico toque de acordo com sua partitura, acompanhando o ritmo determinado pelo regente, mas que também os músicos toquem *como* uma orquestra, tendo cada qual a intenção de contribuir para o desempenho do grupo e assumindo cada qual uma parte da responsabilidade coletiva por esse desempenho. A atuação de um time de futebol também pode ser uma ação coletiva comunitária semelhante a essa.

Já distingui duas concepções de democracia: a democracia majoritária e a constitucional. A primeira aceita a premissa majoritária e a segunda a rejeita. A diferença entre a ação coletiva estatística e a comunitária nos permite traçar uma segunda distinção, desta vez entre duas interpretações da idéia de que a democracia é um governo "do povo". (Em breve vou tratar do vínculo que une as duas distinções.) A primeira interpretação é estatística: numa democracia, as decisões políticas são tomadas de acordo com os votos ou desejos de uma função – uma maioria ou uma pluralidade – de cidadãos individuais. A segunda interpretação é comunitária: numa democracia, as decisões políticas são tomadas por uma entidade distinta – o povo *enquanto tal* – e não por um conjunto qualquer de indivíduos encarados um a um. A idéia de Rousseau do governo pela vontade geral é um exemplo da concepção comunitária de democracia. A interpretação estatística do governo do povo é muito mais comum na teoria política norte-americana. A interpretação comunitária nos parece misteriosa e pode até assumir ares de um perigoso totalitarismo. Nesse caso, minha referência a Rousseau não terá contribuído para afastar essas suspeitas. Nas duas seções seguintes, porém, vou defender a idéia de que os dois argumentos supostamente mais fortes em favor da premissa majoritária pressupõem a interpretação comunitária. Pressupõem-na, mas apunhalam-na pelas costas.

Acaso o constitucionalismo põe em risco a liberdade?

Segundo a premissa majoritária, uma virtude moral importante se perde ou se compromete quando uma decisão política contradiz aquilo que a maioria dos cidadãos preferiria ou julgaria correto se todos pudessem refletir baseados em informações suficientes. Precisamos procurar identificar qual é esse preço moral. O que é que se perde ou se compromete? Muita gente acha que a resposta é: a igualdade. Daqui a pouco vou tratar dessa resposta aparentemente natural, mas vou começar com uma idéia diferente: a idéia de que, quando determinados dispositivos constitucionais (como os contidos na Declaração de Direitos) limitam os poderes de ação de uma maioria, é a liberdade da comunidade que fica comprometida[13].

Evidentemente, essa idéia faz apelo ao que Isaiah Berlin e outros chamaram de distinção entre liberdade positiva e liberdade negativa, e àquilo que Benjamin Constant chamou de liberdade dos antigos, distinguindo-a da dos modernos. É o tipo de liberdade que os estadistas, revolucionários, terroristas e humanitaristas têm em mente quando insistem em que a liberdade deve incluir o direito de "autodeterminação" ou o direito do "povo" de governar a si mesmo. Uma vez que a idéia de que os direitos constitucionais comprometem a liberdade faz apelo à liberdade positiva, e não à negativa, pode-se dizer que ele põe os dois tipos de liberdade um contra o outro. Segundo esse ponto de vista, o constitucionalismo protege as liberdades "negativas", como a liberdade de expressão e a "privacidade", à custa da liberdade "positiva" da autodeterminação.

Isso significa, no entanto, que esse argumento de que agora tratamos, o qual gira em torno de idéia de liberdade, baseia-se não numa interpretação estatística do governo do

---

13. Ver, p. ex., Jürgen Habermas, "Reconciliation through the Public Use of Reason: Remarks on John Rawls' Political Liberalism", *Journal of Philosophy*, vol. 92 (março de 1995), p. 109.

"povo", mas numa interpretação comunitária deste. Segundo a interpretação estatística, o controle do indivíduo sobre as decisões coletivas que afetam sua vida é medido pelo seu poder de, sozinho, influenciar de algum modo o resultado; numa grande democracia, o poder de qualquer indivíduo sobre as decisões nacionais é tão pequeno que não se pode dizer que as restrições constitucionais chegam a diminuí-lo num grau objetável. Muito pelo contrário, as restrições impostas à vontade da maioria podem até aumentar o controle que cada indivíduo tem sobre o próprio destino. Segundo a interpretação comunitária, porém, a liberdade não depende de uma relação entre o governo e os cidadãos considerados separadamente, mas da relação entre o governo e todo o conjunto de cidadãos considerados em sua coletividade. Nessa concepção, a liberdade positiva é aquela que vigora quando o "povo" controla aqueles que o governam, pelo menos em última análise, e não o contrário; e é essa a liberdade que se afirma comprometida quando se impede que a maioria faça valer a sua vontade.

Discuto em primeiro lugar essa defesa da premissa majoritária porque ela é a mais poderosa do ponto de vista emocional. A autodeterminação é a idéia política mais poderosa – e perigosa – da nossa época. As pessoas querem com todas as suas forças ser governadas por um grupo ao qual pertencem, e não só isso: deve ser também um grupo com o qual possam identificar-se de modo particular. Querem ser governadas por membros da mesma religião, raça, nacionalidade ou comunidade lingüística, e não por um outro grupo qualquer; e vêem como tirania qualquer comunidade política que não atenda a esse pré-requisito, por mais que essa comunidade seja justa e satisfatória de outros pontos de vista.

Trata-se, em parte, de uma mesquinha questão de interesse próprio. As pessoas pensam que as decisões tomadas por um grupo que em sua maioria partilha dos seus pontos de vista serão melhores para elas. Mas o grande poder desse ideal esconde-se num nível mais profundo. Reside na convicção semi-inconsciente de que as pessoas são livres quando governam a si mesmas, apesar do fato de que, num sentido estatístico e na qualidade de indivíduos, elas não são livres de maneira alguma, pois têm de curvar-se com freqüência à vontade alheia. Para nós, modernos, a chave dessa liberdade dos antigos está na democracia. Como disse John Kenneth Galbraith: "Quando as pessoas põem a cédula na urna, ficam *ipso facto* vacinadas contra a sensação de que o governo não pertence a elas. Passam então a aceitar, em alguma medida, que os erros do governo são seus próprios erros, que as aberrações do governo são suas próprias aberrações, que qualquer revolta será uma revolta contra elas mesmas."[14] Pensamos que somos livres quando trocamos nossa própria vontade pela vontade de uma maioria, mas não quando nos curvamos perante um monarca ou o *ukase* de qualquer aristocracia baseada no sangue, na fé ou no mérito. Não é difícil ver o poder judiciário como uma aristocracia que reclama para si a dominação. Learned Hand comparou os juízes adeptos da leitura moral da Constituição a "um bando de guardiães platônicos" e disse que não toleraria ser governado por um tal corpo de elite nem mesmo se fosse perfeitamente capaz de escolher os mais aptos para a tarefa[15].

Mas, por mais poderosa que seja a idéia do autogoverno democrático, ela também é profundamente misteriosa. Em que medida sou *livre* – ou seja, em que medida se pode afirmar que governo a *mim mesmo* – quando tenho de obedecer às decisões de outras pessoas, mesmo que pense que essas decisões são erradas ou injustas para mim e para minha família? O que importa que muitas pessoas considerem essas decisões corretas, sábias e justas se *eu* não necessariamente as considero como tais? Que espécie de liberdade é essa? A resposta a essas dificílimas perguntas parte da con-

---

14. John Kenneth Galbraith, *The Age of Uncertainty* (Houghton Mifflin, 1977), cap. 12.
15. Learned Hand, *The Bill of Rights* (Harvard University Press, 1958), p. 73.

cepção comunitária de ação coletiva. Se sou um membro real de uma comunidade política, o ato dessa comunidade é, num sentido pertinente, um ato meu, mesmo que eu tenha defendido o contrário e votado contra ele; do mesmo modo, a vitória ou derrota de um time do qual faço parte é uma vitória ou derrota minha, mesmo que minha contribuição individual não tenha influenciado o resultado. Essa é a única concepção que nos permite pensar que, na qualidade de membros de uma democracia plena, nos governamos a nós mesmos.

Entretanto, pode-se pensar que essa explicação só faz tornar ainda mais misteriosa a idéia de autogoverno coletivo, uma vez que ela faz apelo a duas outras idéias que em si mesmas parecem obscuras. O que significa ser um membro *real* de uma comunidade política? E em que sentido o ato coletivo de um grupo pode ser também um ato de cada um dos membros? Trata-se de questões morais, e não metafísicas ou psicológicas: para respondê-las, não temos de descobrir os elementos fundamentais da realidade nem saber distintamente por que as pessoas se sentem responsáveis por um ato do grupo ao qual pertencem. Temos de identificar um vínculo entre um indivíduo e um grupo pelo qual seja *justo* que o indivíduo seja considerado responsável pelos atos do grupo, e pelo qual o próprio indivíduo possa coerentemente se considerar como tal. Vamos juntar todas essas idéias no conceito de participação moral, pelo qual nos referimos ao tipo de participação numa comunidade política que acarreta o autogoverno. Se a verdadeira democracia é o governo do povo, então, no sentido comunitário de autogoverno, a verdadeira democracia é baseada na participação moral.

Nesta seção, estamos tratando do argumento segundo o qual o preço moral que temos de pagar quando a premissa majoritária é transgredida é um preço de liberdade. Já lançamos luz sobre esse argumento: segundo ele, o povo governa a si mesmo quando a premissa majoritária é obedecida, e qualquer comprometimento dessa premissa é um comprometimento do autogoverno. Porém, esse "majoritarismo" só garante o autogoverno quando todos os membros da comunidade em questão são seus membros morais; e a premissa majoritária não admite uma tal restrição. Os judeus alemães não eram membros morais da comunidade política que tentou exterminá-los, muito embora tenham votado nas eleições em que Hitler chegou à chancelaria; assim, o Holocausto não foi um ato de autogoverno por parte deles, mesmo que a maioria dos alemães o tenha aprovado. Os católicos da Irlanda do Norte, os nacionalistas do Cáucaso e os separatistas do Québec acreditam que não são livres porque não são membros morais da comunidade política correta. Não quero dizer que as pessoas que negam a própria participação moral em sua comunidade política sempre estejam certas. Como eu já disse, o teste é moral e não psicológico. Mas elas não estão erradas pelo simples fato de terem o mesmo poder de voto que as outras numa estrutura majoritária constituída.

Quando descrevi a concepção constitucional de democracia, contrapondo-a à concepção majoritária que reflete a premissa majoritária, disse que a concepção constitucional pressupõe certas condições democráticas. São essas as condições que têm de ser atendidas para que a tomada de decisões pela maioria possa reivindicar para si um privilégio moral automático diante de outros procedimentos de decisão coletiva. Acabamos de chegar à mesma idéia por um outro caminho. As condições democráticas são as condições de participação moral numa determinada comunidade política. Nesse caso, podemos afirmar agora uma conclusão bastante importante: a liberdade positiva não é sacrificada de modo algum quando a premissa majoritária é ignorada. E mais ainda: a liberdade positiva aumenta na medida mesma em que a premissa majoritária é rejeitada em favor da concepção constitucional de democracia. Se é verdade que o autogoverno só é possível dentro de uma comunidade que atenda às condições de participação moral (uma vez que só nesse caso é que temos o direito de falar de um governo "do povo" num sentido plenamente comunitário, e não no estéril sentido estatístico), precisamos de uma concepção de democracia segundo a qual a democracia só existe quando essas condições são atendidas.

Quais são as condições de participação moral, e portanto de liberdade positiva, e portanto da democracia segundo a concepção constitucional? Já procurei descrevê-las em outra publicação e aqui vou me limitar a resumir minhas conclusões[16]. Existem dois tipos de condições. O primeiro tipo é *estrutural*: são condições que determinam o caráter que a comunidade como um todo tem de ter para que possa ser considerada uma verdadeira comunidade política. Algumas dessas condições estruturais são essencialmente históricas. A comunidade política não pode ser somente nominal: tem de ter sido estabelecida no decorrer de um processo histórico que tenha produzido fronteiras territoriais suficientemente reconhecidas e estáveis. Muitos políticos, sociólogos e cientistas políticos acrescentariam outras condições estruturais a essa condição bastante limitada: fariam questão, por exemplo, de que os membros da comunidade política partilhassem a mesma cultura e a mesma história política; de que falassem a mesma língua, tivessem os mesmos valores etc. Alguns exigiriam também certas condições psicológicas: que os membros da comunidade tivessem a tendência predominante de confiar uns nos outros, por exemplo[17]. Não vou tratar agora das interessantes questões levantadas por esse rol de condições, pois é o segundo conjunto de condições que mais nos interessa a esta altura.

Esse conjunto é o das condições de *relação*: elas determinam como um indivíduo deve ser tratado por uma comunidade política verdadeira para que possa ser um membro moral dessa comunidade. Uma comunidade política não pode fazer de nenhum indivíduo um membro moral se não der a essa pessoa uma *participação* em qualquer decisão coletiva,

---

16. Ver *Law's Empire* e "Equality, Democracy, and Constitution: We the People in Court", *Alberta Law Review*, vol. 28 (1990), p. 324.

17. Ver Robert Putnam, *Making Democracy Work: Civic Traditions in Modern Italy* (Princeton University Press, 1993).

um *interesse* nessa decisão e uma *independência* em relação à mesma decisão. Em primeiro lugar, toda pessoa deve ter a oportunidade de modificar de algum modo as decisões coletivas, e a magnitude do seu papel – a magnitude das modificações que ela pode operar – não deve ser estruturalmente fixa ou limitada na suposta proporção do valor, do talento ou da capacidade da pessoa, nem da suposta integridade de suas convicções ou gostos. É essa a condição que insiste no sufrágio universal, em eleições efetivas e na representação, embora não estipule que sejam esses os únicos meios de decisão coletiva. A mesma condição insiste, como sustentam vários capítulos da Parte III, na liberdade de manifestação e de expressão para todas as opiniões, não somente nas ocasiões políticas formais, mas também na vida informal da comunidade.

Prescreve, além disso, uma interpretação da liberdade de manifestação e de expressão que se centra na participação dessa liberdade nos processos de autogoverno, participação essa que gera, para diversas questões – entre as quais a questão de saber se os gastos excessivos com campanhas eleitorais são uma violação dessa mesma liberdade –, respostas muito diferentes das que seriam produzidas no contexto de uma concepção majoritária de democracia.

Em segundo lugar, o processo político de uma comunidade política verdadeira deve expressar alguma concepção de igualdade de consideração para com os interesses de todos os membros da comunidade, o que significa que as decisões políticas que afetam a distribuição de renda, de benefícios e de encargos devem ser compatíveis com uma tal igualdade de consideração. A participação moral acarreta uma reciprocidade: um indivíduo não pode ser um membro a menos que seja tratado pelos outros como tal, ou seja, a menos que as conseqüências de qualquer decisão coletiva para sua vida sejam consideradas tão importantes quanto as conseqüências da mesma decisão para a vida de todas as outras pessoas. Assim, a concepção comunitária de democracia explica uma intuição que muitos têm: a idéia de que uma sociedade em que a maioria despreza as necessidades e perspectivas de uma minoria é não só injusta como ilegítima.

A terceira condição – a independência moral – deve ser mais controversa do que as duas primeiras. Em minha opinião, porém, ela é essencial para expressar um aspecto da participação moral que pode não ficar explícito numa determinada interpretação das duas primeiras condições. A idéia fundamental que agora exploramos – de que a liberdade individual é promovida pelo autogoverno coletivo – parte do princípio de que os membros de uma comunidade política podem encarar uns aos outros como sócios num empreendimento conjunto, como os membros de uma orquestra ou de uma equipe de futebol, todos os quais partilham o mesmo trabalho e o mesmo destino, ainda que o empreendimento como um todo seja conduzido de uma maneira com a qual nem todos concordem. O regente da orquestra pode decidir, por exemplo, como a orquestra vai interpretar uma peça em particular: é preciso que a aceitação dessa decisão seja obrigatória para todos, e o regente é o único que se encontra na posição adequada para tomar a decisão. Ao aceitar que uma outra pessoa tenha essa responsabilidade, os músicos não sacrificam nenhum elemento essencial do controle que têm sobre a própria vida; mas isso já não seria assim se o regente quisesse determinar, por exemplo, não só como os violinistas devem tocar sob o seu comando, mas também o padrão de gosto musical que devem cultivar em sua vida particular. Ninguém que aceitasse a responsabilidade de decidir por si mesmo suas questões de gosto musical poderia considerar-se sócio de um empreendimento conjunto que se propusesse a decidir essas questões para ele.

Isso também é verdade, e de modo mais evidente ainda, para as questões políticas. Na Parte I, em que discutiremos questões fundamentais de vida, morte e responsabilidade pessoal, tentaremos demonstrar por quê. As pessoas que assumem a responsabilidade pessoal por decidir qual o tipo de vida que mais prezam podem mesmo assim aceitar que as questões de justiça – acerca de como equilibrar os interesses de todos os cidadãos, que são diferentes e às vezes conflituosos – sejam decididas coletivamente, de modo que uma única decisão possa ser encarada por todos como dotada de autoridade. Não há nada nessa idéia que ponha em xeque a responsabilidade do indivíduo de decidir por si mesmo que vida viver, dados os recursos e oportunidades que lhe restam depois de tomadas as decisões coletivas. Assim, mesmo quando seus pontos de vista são derrotados, ele pode considerar-se unido aos outros num esforço conjunto para resolver essas questões. Seria diferente, porém, se a maioria se arrogasse o direito de decidir o que ele deveria pensar ou dizer acerca dessas decisões, ou quais deveriam ser os ideais ou valores a orientá-lo na hora de votar ou de decidir o que fazer com os recursos que lhe foram atribuídos. A pessoa que acredita deter a responsabilidade pelos valores centrais de sua vida não pode entregar essa responsabilidade a um grupo, mesmo que disponha de um voto igual aos outros nas deliberações desse grupo. Portanto, a comunidade política verdadeira é uma comunidade feita de agentes morais independentes. Ela não pode determinar o que seus cidadãos devem pensar a respeito de política ou ética, mas deve, por outro lado, propiciar circunstâncias que lhes permitam chegar a crenças firmes em matéria de ética e política através de sua própria reflexão e, por fim, de sua convicção individual.

Igualdade?

Embora o argumento da liberdade seja, do ponto de vista emocional, o argumento mais forte que pode ser apresentado em favor da premissa majoritária, o argumento da igualdade é mais conhecido. A dimensão de igualdade que aí está em questão é provavelmente a da igualdade política, pois no majoritarismo não há nada que possa promover automaticamente qualquer outra forma de igualdade – em especial, não há nada que favoreça a igualdade econômica. É verdade que, se a estrutura de uma sociedade é piramidal (ou seja, se a proporção de pessoas aumenta à medida que se desce na escala econômica), o sufrágio universal e as decisões majoritárias podem até promover uma igualdade econômica maior. Mas nos Estados Unidos e em outros países capitalistas avançados, onde o perfil de distribuição da população por renda é hoje muito diferente, as pessoas que fazem parte da maioria costumam votar para proteger sua própria riqueza contra as exigências dos que se encontram em pior situação.

Assim, o argumento de que a igualdade fica comprometida quando a premissa majoritária é ignorada tem de fazer apelo a um conceito qualquer de igualdade política. Mas que conceito seria esse? Isso depende de qual das duas interpretações de ação coletiva nós escolhemos. Se consideramos o governo "do povo" como mera questão estatística, a igualdade em questão é a igualdade política dos cidadãos considerados um a um. Essa igualdade certamente não existia na época em que as mulheres não podiam votar e era posta em xeque pelo sistema eleitoral da Inglaterra vitoriana, que na prática dava mais votos a quem havia feito a universidade. Mas qual é a métrica que usamos quando emitimos esses juízos? O que *é*, na verdade, a igualdade política segundo o conceito estatístico de ação política coletiva?

Talvez nos surpreendamos ao constatar que a igualdade política não pode ser adequadamente definida como uma igualdade de *poder* político, pois não dispomos de nenhuma definição de "poder" que possa tornar a igualdade de poder um ideal desejável, quanto mais realizável[18]. Suponhamos que o poder político seja compreendido como uma medida do impacto político, entendido este do seguinte modo: meu impacto político, enquanto cidadão norte-americano, depende de quanto o fato de eu ser favorável a uma deter-

---

18. O argumento apresentado nos parágrafos seguintes é um resumo de um argumento mais longo tirado de um artigo que não faz parte desta coletânea: "Equality, Democracy, and Constitution: We the People in Court."

minada decisão política faz aumentar a probabilidade prévia de ser essa a decisão coletiva, sem levar em conta as opiniões que os outros cidadãos têm ou possam vir a ter. Numa democracia representativa, o impacto simplesmente não pode ser igual para todos: a probabilidade prévia de que uma medida comercial seja aprovada tem de ser mais sensível às opiniões de um senador qualquer do que às minhas. De qualquer modo, a idéia de impacto não abarca nenhum conceito de poder político que tenha apelo intuitivo, pois o impacto não depende de algo que na verdade é o fator mais importante de desigualdade de poder político nas democracias modernas: a desigualdade de riqueza, que dá a certas pessoas imensas oportunidades de influenciar a opinião pública. Ross Perot e eu só temos um voto cada um, mas ele pode comprar horas e horas de programação de TV para persuadir os outros de suas opiniões, ao passo que eu não posso comprar nem um minuto.

Isso nos sugere uma idéia melhor: o poder político não é uma medida do impacto, mas sim da influência política, compreendida como o meu poder de afetar as opiniões dos outros. Mas a igualdade de influência é evidentemente um objetivo que não tem atrativo nenhum – além de ser irrealizável. Não queremos que a riqueza afete as decisões políticas, mas não queremos isso porque a riqueza é distribuída de maneira injusta e desigual. Quanto à influência, queremos sim que ela seja desigual na política, e por outros motivos: queremos que as pessoas que têm as melhores opiniões, ou que são capazes de apresentar suas opiniões de maneira mais eloqüente, detenham mais influência. Não poderíamos eliminar essas fontes da desigualdade de influência sem transformar grotescamente nossa sociedade, e uma tal transformação significaria o fim, e não a vitória, da deliberação em nossa vida política.

Temos de começar de novo. Pelo modelo estatístico de ação coletiva, a igualdade política não pode ser definida em função do poder, mas sim do *status* de que falei quando tratei das condições do autogoverno democrático. O sufrágio exclusivamente masculino e os votos universitários não eram igualitários porque pressupunham que certas pessoas tinham mais condições ou mais direito do que outras de participar das decisões coletivas. Mas a mera autoridade política – o poder ligado aos cargos políticos para os quais todos são, em princípio, elegíveis – não está ligada a nenhum pressuposto desse tipo. É por isso que o poder especial dos ocupantes de cargos públicos não destrói a verdadeira igualdade política (e, quanto a isso, não faz diferença que esses ocupantes sejam eleitos diretamente ou não). Muitos políticos que não são eleitos, mas nomeados, dispõem ainda assim de grande poder. Um embaixador norte-americano no Iraque pode criar uma Guerra do Golfo, e o presidente do Banco Central Norte-Americano pode deixar a economia de joelhos. Não há nenhuma premissa de status não-igualitária – nenhuma concepção de cidadãos de primeira e de segunda classe – nos arranjos que produzem esse poder. Também não existe nenhuma premissa não-igualitária nos arranjos que dão a certos juízes norte-americanos, nomeados e aprovados por políticos eleitos, a autoridade última sobre a jurisdição constitucional.

Assim, a interpretação estatística da ação política coletiva não justifica a idéia de que a igualdade política fica comprometida toda vez que a vontade da maioria é frustrada. E, quando temos em mente a interpretação estatística, essa idéia é tola de qualquer modo. Num país democrático de dimensões continentais, o poder político de cada cidadão é microscópico de qualquer ponto de vista, e a diminuição desse poder que pode ser atribuída às restrições que a Constituição impõe à maioria é ainda mais insignificante. Mas o argumento igualitário em favor da premissa majoritária parece inicialmente mais promissor quando o desvinculamos da interpretação estatística da ação coletiva e o reformulamos do ponto de vista da interpretação comunitária. Desse ponto de vista, a igualdade não depende de nenhuma relação existente entre os cidadãos considerados um por um, mas de uma relação entre os cidadãos em seu conjunto, considerados coletivamente como "o povo", e seus governantes. A igualdade política é aquele estado de coisas em que, em última análise, é o povo que governa os governantes, e não o contrário. Apresenta-se assim um argumento menos tolo em favor da idéia de que a revisão judicial das normas ou qualquer outro enfraquecimento da premissa majoritária prejudica a igualdade política. Pode-se dizer que, quando os juízes aplicam dispositivos constitucionais para derrubar normas que o povo criou através de seus representantes, já não é o povo quem governa.

Porém, esse argumento é idêntico ao que consideramos na última seção: ele apela de novo aos ideais da autodeterminação política. A liberdade positiva e o senso de igualdade que extraímos da interpretação comunitária de "nós, o povo" são exatamente as mesmas virtudes. (E isso não surpreende, uma vez que a liberdade e a igualdade são, em geral, dois aspectos do mesmo ideal, e não, como se costuma pensar, dois ideais opostos[19].) As objeções que levantei na última seção, e que são fatais para toda e qualquer tentativa de fundamentar a premissa majoritária na liberdade positiva, são igualmente decisivas contra o mesmo argumento quando, em vez da liberdade, ele brada pela igualdade.

Comunidade?

Em anos recentes, os adversários da leitura moral começaram a fazer apelo à terceira virtude revolucionária – a comunidade (ou fraternidade) – e não mais à liberdade ou à igualdade. Afirmam que, como a leitura moral deixa as decisões políticas mais fundamentais a cargo de uma elite de profissionais de direito, ela enfraquece a noção de comunidade perante o povo e rouba deste a noção de que todos estão juntos no mesmo barco. Mas a palavra "comunidade" é

---

19. Ver meu artigo "What is Equality? Part 3: The Place of Liberty". *Iowa Law Review*, vol. 73 (1987), pp. 1-54.

usada com muitos sentidos diferentes e pode se referir a emoções, práticas e ideais diversos; é importante, por isso, saber qual destes está em jogo neste tipo de argumento. Como vêm dizendo os filósofos desde a época de Aristóteles, é uma verdade evidente que as pessoas gostam de ter em comum com as outras seus projetos, sua língua, suas diversões, suas idéias e suas ambições. É claro que uma boa comunidade política vai atender a esse interesse[20], mas muitos interesses que as pessoas têm podem ser mais bem atendidos por comunidades não-políticas, como grupos religiosos, profissionais e sociais. Os dispositivos restritivos da Constituição norte-americana não limitam nem tolhem o poder do povo de formar comunidades como essas; muito pelo contrário, alguns dispositivos aumentam esse poder. É o caso da proteção do direito de associação e da proibição da discriminação religiosa contidas na Primeira Emenda. Mas os comunitaristas e outros que fazem apelo à idéia de comunidade para defender a premissa majoritária têm outra coisa em mente. Não estão pensando nos benefícios gerais de relações humanas próximas, que podem ser garantidos em muitas formas comunitárias diferentes, mas sim nos benefícios especiais que existiriam – tanto para as pessoas enquanto indivíduos quanto para a sociedade política como um todo – quando os cidadãos, movidos por um determinado espírito, se dedicam deliberadamente à atividade política.

Não estamos falando aí do espírito recomendado por uma outra tradição de cientistas políticos que vêem a política como o comércio por outros meios, ou seja, como uma gigantesca arena na qual os cidadãos isolados buscam vantagens para si próprios através de grupos de ação política que defendem interesses especiais. Na opinião dos comunitaristas, esse "republicanismo dos grupos de interesses" é uma perversão do ideal republicano. Eles querem que as pessoas participem da política na qualidade de agentes mo-

---

20. Ver meu artigo "Liberal Community", *California Law Review*, vol. 77 (1990), p. 479.

rais que promovem não os seus interesses específicos, mas sim suas diversas concepções do bem comum. Supõem que, caso possa existir uma democracia deliberativa nesses moldes, não só as decisões coletivas serão melhores como também os cidadãos levarão uma vida melhor – uma vida mais virtuosa, plena e satisfatória.

Os comunitaristas afirmam com insistência que esse objetivo é posto em risco pela revisão judicial das normas, especialmente quando essa revisão é tão extensa quanto a leitura moral quer que ela seja. Mas os mesmos comunitaristas baseiam-se para tanto num pressuposto duvidoso, embora quase nunca seja questionado: a idéia de que a discussão pública da justiça constitucional ganha em qualidade e as pessoas ficam mais mobilizadas para o debate deliberativo quando essas questões não são decididas pelos tribunais judiciais, mas sim pelo legislativo. Esse pressuposto pode ser considerado impreciso pelos mais diversos motivos. Evidentemente, não existe um vínculo necessário entre o impacto político que o processo majoritário atribui a cada eleitor em potencial, por um lado, e a influência que esse eleitor pode ter sobre cada decisão política, por outro. Alguns cidadãos, por meio de sua contribuição para a discussão pública do assunto, podem ter mais influência sobre uma decisão judicial do que teriam sobre uma decisão legislativa por meio de seu voto solitário. E, mais importante ainda, não existe um vínculo necessário entre o impacto ou a influência política de um cidadão e o benefício ético que ele garante para si através de sua participação na discussão ou deliberação pública. No debate público generalizado que precede ou sucede uma decisão judicial, a qualidade da discussão pode ser melhor e a contribuição do cidadão pode ser mais cuidadosa e mais genuinamente movida pela idéia de bem público do que na guerra política que culmina com uma votação do legislativo ou mesmo com um plebiscito.

A interação entre todos esses fenômenos – impacto, influência e uma participação pública dotada de valor ético – é uma questão empírica complexa. Como acabei de dizer, em certas circunstâncias os cidadãos podem ser mais capazes de exercer as responsabilidades morais da cidadania quando as decisões finais saem do âmbito da política comum e ficam a cargo dos tribunais, cujas decisões supostamente dependem de princípios e não do peso dos números nem do equilíbrio da balança política. No Capítulo 17, vou falar mais extensamente sobre os motivos disso, e por isso vou me limitar a resumi-los aqui. Embora o processo político que conduz a uma decisão legislativa possa até ser um processo de alta qualidade, muitas vezes isso não acontece, o que é aliás comprovado pelos recentes debates sobre a reforma do sistema de saúde e o controle de armamentos ocorridos nos Estados Unidos. Mas, mesmo quando o debate é esclarecedor, o processo majoritário estimula a adoção de soluções de meio-termo que põem em segundo plano importantes questões de princípio. Já os processos legais constitucionais, por sua vez, podem provocar e de fato já provocaram uma discussão pública generalizada sobre a moralidade política. O caráter deliberativo do grande debate norte-americano sobre os direitos civis e a ação afirmativa, que começou na década de 1950 e continua até hoje, pode ter sido determinado em parte pelo fato de as questões terem sido objeto de decisão judicial; e a discussão sobre *Roe vs. Wade*, de que trataremos na Parte I, pode, apesar da amargura e da violência que a cercam, ter produzido um entendimento mais profundo da complexidade das questões morais – um entendimento mais profundo do que aquele que a política por si só teria facultado.

Quanto a mim, afirmo que a revisão judicial das normas pode ser um modo superior de deliberação republicana sobre alguns assuntos – mas o afirmo com uma certa hesitação, como uma possibilidade, pois não creio que dispomos de informações suficientes para afirmar categoricamente quer isso, quer o contrário disso. Não obstante, dou ênfase a essa possibilidade porque o argumento comunitarista simplesmente a ignora, e pressupõe, sem nenhuma prova a seu favor, que o único tipo de "participação" política que existe, ou o tipo mais benéfico, é a eleição de representantes que depois fazem as leis. O caráter das últimas eleições norte-americanas e dos debates e deliberações no legislativo nacional e nos legislativos estaduais nestes últimos tempos está longe de ser uma comprovação dessa idéia. É claro que temos de ter o objetivo de melhorar a política comum, pois uma atividade política de base ampla é essencial não só para a justiça como também para a dignidade. (Como eu disse, o ato de repensar o que é a democracia é uma parte essencial desse processo.) Mas, para avaliar os efeitos da revisão judicial das normas sobre a democracia deliberativa, não podemos fingir que o que deveria acontecer realmente aconteceu. De qualquer modo, porém, como deixo claro no Capítulo 17, o fato de as grandes questões constitucionais despertarem e orientarem a deliberação pública depende, ao lado de muitas outras coisas, também do modo pelo qual essas questões são concebidas e tratadas pelos advogados e juízes. É dificílimo acontecer um debate nacional útil sobre princípios constitucionais quando as decisões constitucionais são consideradas exercícios técnicos de uma arte misteriosa e altamente conceitual. Seria mais fácil tal debate acontecer se a leitura moral da Constituição fosse reconhecida de modo mais aberto pelas opiniões jurídicas e dentro dessas opiniões.

Obviamente, não quero dizer que só os juízes devem discutir os mais elevados princípios políticos. Também o poder legislativo é um guardião dos princípios, inclusive dos princípios constitucionais[21]. O argumento apresentado nesta seção só pretende demonstrar que o ideal de comunidade não corrobora a premissa majoritária nem refuta a leitura moral; não mais do que a liberdade e a igualdade, os dois membros mais velhos da brigada revolucionária. Temos de deixar de lado a premissa majoritária e, com ela, a concepção majoritária de democracia. Ela não é uma concepção

---

21. Ver *Law's Empire*, cap. 6.

coerente de o que é a verdadeira democracia, e certamente não é a concepção norte-americana.

E agora?

Numa democracia decente e operante, como é o caso dos Estados Unidos, as condições democráticas estabelecidas na Constituição se realizam suficientemente na prática para que não haja injustiça em se atribuir aos legislativos locais e ao nacional os poderes de que efetivamente dispõem na estrutura atual. Antes, a democracia seria inviabilizada por qualquer mudança constitucional que desse a uma oligarquia de especialistas não-eleitos o poder de derrubar e substituir qualquer lei que lhes parecesse insensata ou injusta. Mesmo que os especialistas sempre melhorassem a legislação rejeitada – sempre estipulassem, por exemplo, um imposto de renda mais justo do que o aprovado pelo legislativo –, haveria uma perda de autogoverno, e tal perda não seria compensada pelos méritos das decisões deles. Mas a situação é completamente diferente quando existem motivos plausíveis para se querer saber se uma determinada lei, regulamento ou programa de governo solapa ou enfraquece o caráter democrático da comunidade, e a estrutura constitucional propõe *essa* questão a um tribunal de justiça. Suponhamos que o legislativo aprove uma lei que considere crime alguém queimar a sua própria bandeira dos Estados Unidos como sinal de protesto[22]. Suponhamos que essa mesma lei seja contestada sob a acusação de tolher o autogoverno democrático na medida em que restringe a liberdade de manifestação, e que um tribunal aceite a acusação e derrube a lei. Se a decisão do tribunal estiver correta – se a lei que proíbe a queima da bandeira efetivamente viola as condições democráticas estabelecidas na Constituição, segundo a formação e a interpretação que foram dadas a essas

---

22. Ver *Texas vs. Johnson*.

condições no decorrer da história dos Estados Unidos –, ela não é antidemocrática de modo algum, mas, pelo contrário, faz prevalecer a democracia. Nenhum valor moral se perdeu, pois ninguém, nem individual nem coletivamente, ficou em pior situação em nenhuma das dimensões que acabamos de esboçar. Ninguém perdeu o poder de participar da comunidade autogovernante, pois na verdade esse poder aumentou para todos. Ninguém teve a sua igualdade comprometida, pois a igualdade, no único sentido cabível que podemos dar a essa palavra, se fortaleceu. Ninguém perdeu as vantagens éticas conferidas pela sua participação no processo deliberativo, pois todos tiveram a oportunidade de participar da discussão pública sobre os méritos e deméritos da decisão. Se o tribunal não tivesse cumprido seu papel – se a lei continuasse em vigor –, todos estariam em pior situação em todas as dimensões da democracia, e seria uma perversão ver isso como uma vitória democrática. É claro que, no momento mesmo em que chegamos à conclusão de que a decisão do tribunal foi errada, tudo o que acabei de dizer se torna falso. A democracia de fato fica prejudicada quando um tribunal dotado de autoridade toma a decisão errada a respeito das exigências das condições democráticas – mas não fica mais prejudicada do que quando uma legislatura majoritária toma uma decisão constitucional errada que continua de pé. A possibilidade de erro é simétrica. Assim, a premissa majoritária é confusa e deve ser abandonada.

Estas conclusões são importantes. Elas demonstram o quanto é falacioso o argumento popular de que, uma vez que a revisão judicial das normas é antidemocrática, a leitura moral, que torna ainda pior o dano infligido à democracia, deve ser rejeitada. Porém, é essencial termos em mente os limites de nossas conclusões. Não dispomos ainda de um argumento positivo *a favor* da revisão judicial das normas, quer na forma que essa instituição assumiu nos Estados Unidos, quer em outras formas. Simplesmente desenhamos um quadro equilibrado dentro do qual as diversas estruturas institucionais de interpretação das condições democráticas possam digladiar-se, livres de qualquer falha ou pressuposto. A dificuldade verdadeira e profunda da democracia, posta a nu pelas discussões constitucionais, é que ela é um esquema de governo *incompleto* do ponto de vista de seus processos. Não pode prescrever os processos pelos quais se poderia saber se as condições que ela exige para os processos que de fato prescreve estão sendo atendidas.

Como a comunidade política que tem por meta a democracia deve fazer para saber se as condições democráticas existem ou não? Deve ter por lei fundamental uma constituição escrita? E essa constituição, deve ela descrever uma concepção a mais detalhada possível das condições democráticas, procurando assim antecipar, num código constitucional, todas as questões que poderiam surgir? Ou deve estabelecer concepções muito abstratas das condições democráticas, como fazem a Constituição norte-americana e muitas outras constituições contemporâneas, deixando a cargo das instituições, de geração em geração, a interpretação desse texto? Neste último caso, quais devem ser essas instituições? Devem ser as instituições parlamentares ordinárias e majoritárias, como há tanto tempo insiste a Constituição britânica? Ou devem ser câmaras constitucionais especiais, cujos membros são eleitos para mandatos talvez muito mais compridos do que os mandatos parlamentares, ou são eleitos de maneira diferente? Ou será que devem consistir numa hierarquia de tribunais, sistema que John Marshall considerou natural em *Marbury vs. Madison*?

A comunidade pode combinar essas várias respostas de diferentes maneiras. A Constituição norte-americana, como notamos, associa certos dispositivos muito específicos (como o que proíbe o aquartelamento de soldados nas residências de civis em tempos de paz, por exemplo) com os dispositivos majestosamente abstratos que são o principal objeto de discussão deste livro. Nos Estados Unidos já é ponto pacífico que a Suprema Corte tem autoridade para tornar uma lei inválida se esta for considerada inconstitucional. Mas é claro que isso não nega a responsabilidade paralela dos legisladores de fazer os seus próprios juízos constitucionais e recusar-se a aprovar leis que não lhes pareçam conformes à Constituição. E, se os tribunais têm o poder de fazer valer determinados direitos constitucionais, isso não significa que possam impor todos esses direitos. Alguns constitucionalistas norte-americanos, que primam pelo excesso de imaginação, afirmam, por exemplo, que o poder dos tribunais federais de declarar os atos de outras instituições inválidos por serem inconstitucionais é limitado: segundo essa concepção, os tribunais teriam poder para dar eficácia a vários direitos, princípios e critérios criados pela Constituição, mas não todos[23].

A leitura moral é compatível com todas essas soluções institucionais ao problema das condições democráticas. Ela é uma teoria que trata de como certos dispositivos constitucionais devem ser interpretados ou "lidos" – de quais perguntas devem ser feitas e respondidas para que possamos saber o que esses dispositivos significam e exigem. Não é uma teoria sobre quem deve fazer essas perguntas ou quem deve dar a resposta a ser aceita por todos. Por isso, a leitura moral é só uma parte – uma parte importante – de uma teoria geral da prática constitucional. O que diremos sobre as demais questões, aquelas questões institucionais acerca das quais a leitura moral não tem nada a dizer?

Para decidi-las, não vejo outra alternativa senão a de usar um cálculo de resultados em vez de um critério procedimental. A melhor estrutura institucional é aquela que produz as melhores respostas para a pergunta (de caráter essencialmente moral) de quais são efetivamente as condições democráticas e que melhor garante uma obediência estável a essas condições. É necessário levar em conta um sem-número de considerações práticas, e muitas delas po-

---

23. Ver Lawrence G. Sager, "Fair Measure: The Legal Status of Underenforced Constitutional Norms", *Harvard Law Review*, vol. 91 (1978), p. 1212, e Chistopher L. Eisgruber e Lawrence G. Sager, "Why the Religious Freedom Restoration Act is Unconstitutional", *N.Y.U. Law Review*, vol. 69 (1994).

dem favorecer fortemente a idéia de que a própria legislatura eleita decida quais são os limites morais do seu poder. Porém, outras considerações podem favorecer a conclusão oposta; entre elas, podemos mencionar o fato de que os legisladores são vulneráveis a pressões políticas dos mais variados tipos, tanto pelo lado financeiro quanto pelo lado político propriamente dito, de tal modo que o poder legislativo não é o veículo mais seguro para a proteção dos direitos de grupos pouco populares. É de se esperar que as pessoas discordem quanto a qual é, no todo, a melhor estrutura, e por isso, em certas circunstâncias, precisem de um procedimento de decisão para resolver essa questão; mas é exatamente esse procedimento que não pode ser fornecido pela teoria da democracia. É por isso que a concepção inicial de uma constituição política é um assunto tão misterioso; e é por isso também que parece natural insistir na idéia de que tudo foi decidido por uma maioria absoluta ou mesmo por quase unanimidade. Essa insistência não nasce de uma concepção qualquer de justiça procedimental, mas da noção empírica de que, de outro modo, não poderia haver estabilidade.

A situação é muito diferente quando não estamos fundando uma nova prática constitucional, mas sim interpretando uma prática estabelecida. Nesse caso, a autoridade já foi distribuída pela história e os detalhes da responsabilidade institucional dependem de uma interpretação e não de uma criação a partir do nada. Nessas circunstâncias, a rejeição da premissa majoritária nos liberta para procurar a melhor interpretação com a mente mais aberta: não temos nenhuma razão de princípio que nos obrigue a encaixar nossas práticas num molde majoritário qualquer. Se a interpretação mais direta da prática constitucional norte-americana mostra que nossos juízes são dotados da autoridade interpretativa final e que eles, em sua maioria, compreendem a Declaração de Direitos como uma constituição de princípios – se é essa a melhor explicação das decisões que os juízes efetivamente tomam e que o público em sua maioria aceita –, não temos motivo algum para resistir a essa leitura e nos esforçar para encontrar outra que pareça mais compatível com a filosofia majoritária.

Comentários e avisos

Não revisei os ensaios que compõem o restante deste livro, exceto para corrigir alguns erros de referência. É tentador falar das coisas depois que elas já aconteceram, e em vários casos eu mudaria agora meus argumentos e especialmente minhas previsões. Uma revisão substancial também teria evitado a repetição constante que inevitavelmente caracteriza as coletâneas de ensaios. Os argumentos e exemplos são às vezes apresentados em mais de um ensaio (embora tomem formas diferentes e, segundo espero, tenham melhorado no decorrer do tempo). Mas a maioria dos ensaios originais foi objeto de comentários de outros autores e, se eu os modificasse agora, isso poderia causar confusão.

Este livro não é, de maneira nenhuma, um manual de direito constitucional. O número de casos discutidos é relativamente pequeno e não procuro provar minhas afirmações fazendo referência a fontes secundárias. Os constitucionalistas e os juristas discordam em matéria de teoria constitucional não pelo fato de alguns terem lido mais casos do que os outros ou por terem-nos lido com mais cuidado, mas porque discordam acerca das questões de filosofia e teoria do direito para as quais chamo a atenção aqui. Por isso, os poucos casos discutidos são apresentados mais como exemplos de certos princípios do que como uma tentativa de se derivar um princípio de um grande número de casos concretos.

Também não discuto de modo aprofundado a doutrina técnica do direito, a não ser quando isso é absolutamente necessário. Todos os ramos do direito, o direito constitucional inclusive, fazem uso de mecanismos e categorias especialmente inventados para disciplinar os princípios jurídicos abstratos dentro de um vocabulário técnico. Os princípios, porém, resistem a uma tal disciplina, e os conceitos técnicos têm uma vida bibliográfica limitada – e, em geral, muito curta. Cada um deles começa como uma estratégia útil e modesta que demonstra as conseqüências de certos princípios gerais para um conjunto limitado de problemas. Porém, alguns criam vida própria e se tornam tiranos senis cujos cuidados de saúde vão criando mais problemas do que soluções até o momento em que são finalmente mandados para o túmulo – *sans teeth, sans everything*" – por um juiz criativo que encontrou um novo conceito. O esquema de três "níveis de atenção" – "rigoroso", "relaxado" e "intermediário" – que a Suprema Corte usou por décadas em suas decisões sobre a igualdade de proteção, por exemplo, foram muito úteis no passado por oferecer pressupostos operantes sobre a discriminação, pressupostos que apontavam, ou não, para prováveis lacunas na observância dessa igualdade. Mas ele já não funciona. Este livro deixa de lado essas construções doutrinárias e se concentra nos princípios subjacentes aos quais eles supostamente servem.

Gostaria, por fim, de responder a uma objeção que já foi contraposta aos meus argumentos e que menciono antes que seja levantada novamente. Afirma-se que os resultados que derivo da leitura moral nos casos constitucionais particulares coincidem magicamente com minhas preferências políticas pessoais. Como disse um comentador, meus argumentos sempre parecem ter um final feliz. Ou pelo menos um final liberal – meus argumentos tendem a ratificar as decisões da Suprema Corte que são geralmente consideradas decisões liberais e a rejeitar como errôneas aquelas que são geralmente vistas como conservadoras. Isso parece suspeito, pois costumo insistir na idéia de que direito e moral são duas coisas diferentes e que a integridade jurídica muitas vezes impede um jurista de encontrar o direito onde ele gostaria de encontrá-lo. Nesse caso, por que a Constituição norte-americana, segundo o meu suposto entendimento, é um triunfo tão uniforme do pensamento liberal contemporâneo?

Em primeiro lugar, devo deixar claro que nem sempre meus argumentos são favoráveis a pessoas, atos e instituições que aprovo ou admiro. Na Parte II, defendo os pornógrafos, os queimadores de bandeira e os neonazistas, e na Parte I defendo um direito geral ao aborto, muito embora creia, por razões de que já falei num outro livro, que mesmo o aborto nos primeiros meses de gravidez é muitas vezes um erro ético[24]. Também não vejo na Constituição todos os princípios importantes do liberalismo político. Em outros textos, por exemplo, defendo uma teoria da justiça econômica que exigiria uma redistribuição substancial da riqueza nas sociedades economicamente desenvolvidas[25]. Algumas constituições nacionais de fato procuram estipular um certo grau de igualdade econômica como um direito constitucional, e certos juristas norte-americanos procuraram demonstrar que também a nossa Constituição pode ser entendida desse modo[26]. Mas eu não fiz isso; pelo contrário, fiz questão de afirmar que a integridade exclui qualquer tentativa de deduzir tal resultado dos dispositivos morais abstratos da Declaração de Direitos ou de qualquer outra parte da Constituição.

Porém, embora a objeção esteja errada ao supor que, na minha opinião, a Constituição diz exatamente o que eu quero ouvir, devo sobretudo me opor à outra premissa que ela afirma – de que a leitura moral deve se envergonhar quando aqueles que a aceitam chegam a um final feliz em sua interpretação constitucional. É claro que minhas opiniões constitucionais são influenciadas por minhas convicções de moralidade política. O mesmo acontece com as opiniões de juristas mais conservadores e mais radicais do que eu. Como demonstra o Capítulo 6, os juízes conservadores

---

24. Ver meu livro *Life's Dominion: An Argument about Abortion and Euthanasia* (Knopf, 1993) [trad. bras. *Domínio da vida: aborto, eutanásia e liberdades individuais*, São Paulo, Martins Fontes, 2003].
25. Ver "What's Equality?" partes 1 e 2, em *Philosophy and Public Affairs* (1981).
26. Ver Frank Michelman, "On Protecting the Poor through the Fourteenth Ammendment", *Harvard Law Review*, vol. 83 (1969).

estão sempre mais dispostos do que os liberais a usar a linguagem moral abstrata da Décima Quarta Emenda para derrubar programas de ação afirmativa; e a visão radical da Primeira Emenda discutida na Parte II não é menos movida por instintos políticos do que minha própria visão liberal.

Não só admito como afirmo categoricamente que as opiniões constitucionais são sensíveis às convicções políticas. Se não fossem, como eu já disse, não poderíamos classificar os juristas como conservadores, moderados, liberais ou radicais, nem mesmo aproximadamente como fazemos hoje. O que queremos saber, antes, é se essa influência é indevida. A política constitucional tem sido atrapalhada e corrompida pela idéia falsa de que os juízes (se não fossem tão sedentos de poder) poderiam usar estratégias de interpretação constitucional politicamente neutras. Os juízes que fazem eco a essa idéia falsa procuram ocultar até de si próprios a inevitável influência de suas próprias convicções, e o que resulta daí é uma suntuosa mendacidade. Os motivos reais das decisões ficam ocultos tanto de uma legítima inspeção pública quanto de um utilíssimo debate público. Já a leitura moral prega uma coisa diferente. Ela explica por que a fidelidade à Constituição e ao direito *exige* que os juízes façam juízos atuais de moralidade política e encoraja assim a franca demonstração das verdadeiras bases desses juízos, na esperança de que os juízes elaborem argumentos mais sinceros, fundamentados em princípios, que permitam ao público participar da discussão.

Por isso, é claro que a leitura moral encoraja juristas e juízes a interpretar uma constituição abstrata à luz de sua concepção de justiça. De que outro modo poderiam responder às perguntas morais que essa constituição abstrata lhes dirige? Se uma teoria constitucional reflete determinada postura moral, isso não é motivo nem de surpresa, nem de ridículo, nem de suspeita. Seria uma surpresa – e seria ridículo – se não refletisse. Só uma forma inacreditavelmente tosca de positivismo jurídico – uma forma que aliás foi repudiada por Herbert Hart, o maior positivista de nosso século – poderia produzir esse tipo de isolamento[27]. É certo que o texto e a integridade impõem restrições importantes, que tenho sublinhado no decorrer de toda esta discussão. Mas embora essas restrições conformem e limitem os efeitos das convicções de justiça, elas não podem simplesmente eliminar esses efeitos. A leitura moral faz questão de afirmar que essa influência não é maléfica na medida em que é abertamente reconhecida e em que as mesmas convicções são identificadas e defendidas honestamente, ou seja, através de argumentos baseados em princípios e não de *slogans* superficiais ou metáforas batidas.

Este livro de fato apresenta uma visão liberal da Constituição norte-americana. Apresenta argumentos baseados nos princípios liberais e afirma que são eles que proporcionam a melhor interpretação da tradição constitucional que herdamos e que hoje está depositada sob a nossa guarda. Creio, e procuro demonstrar, que é a opinião liberal a que melhor se enquadra em nossa estrutura constitucional, a qual, afinal de contas, foi construída na era dourada do pensamento liberal. Não que meus argumentos sejam irresistíveis; mas espero que, se alguém quiser resistir a eles, o faça da maneira correta: apontando-lhes as falácias ou desenvolvendo princípios diferentes – mais conservadores ou mais radicais – e mostrando que esses princípios são melhores por estarem fundamentados numa moralidade superior ou mais praticável, ou por serem de algum outro modo mais justos ou mais sábios. Já é tarde demais para ouvir de novo a antiga arenga dos covardes: a de que os juízes não são responsáveis pela produção de argumentos como esses, ou não são competentes para produzi-los, ou que a tentativa de fazê-lo vai contra a democracia, ou que a tarefa deles é fazer cumprir a lei e não especular sobre moral. Essa velha arenga também é filosofia, mas é má filosofia. Quem a defende faz apelo a conceitos – de direito e de democracia – dos quais não tem nem sequer a mínima compreensão.

---

27. H. L. A. Hart, *The Concept of Law*, "Pós-escrito" à edição de 1994 (Oxford University Press, 1994).

INTRODUÇÃO

A busca de finais felizes faz parte da natureza da interpretação jurídica em si, e especialmente da interpretação constitucional[28]. A única alternativa seria a busca de um final infeliz, pois, uma vez rejeitado o originalismo em sua forma pura, já não existe uma precisão neutra. Dizer como as coisas são significa, até certo ponto, dizer como elas devem ser. E que ponto é esse? Afinal de contas, a história da interpretação da Constituição norte-americana inclui a lamentável decisão *Dred Scott* da Suprema Corte, que tratava os escravos como uma espécie de propriedade, e as decisões de "direitos de propriedade" do século XX, que quase puseram abaixo o *New Deal* de Roosevelt. Quão feliz é a história que se conta? Essa pergunta será proposta em muitos capítulos deste livro e só pode ser respondida por argumentos interpretativos detalhados, como os oferecidos nesses mesmos capítulos. Porém, a responsabilidade política e intelectual, além da pura e simples alegria, são fatores que favorecem o otimismo. A Constituição é a vela moral do barco norte-americano e temos de nos ater à coragem da convicção que enche essa vela: a convicção de que todos nós podemos ser cidadãos de uma república moral. Trata-se de uma fé nobre, e só o otimismo pode fazê-la valer.

---

28. Ver *Law's Empire*.

I
Vida, morte e raça

Três ensaios desta parte falam sobre o aborto, a questão que há décadas tem dominado o debate constitucional nos Estados Unidos. Acaso a mulher tem o direito de abortar o feto de que está grávida, caso julgue correto ou necessário esse ato? Quando e até que ponto o Estado pode regulamentar o aborto? Trata-se de questões importantíssimas para os mais diversos grupos e interesses – para os grupos de direitos da mulher, que as encaram sob o prisma da igualdade, para as instituições e movimentos religiosos, para quem o aborto é uma terrível impiedade, e sobretudo para as mulheres consideradas individualmente, muitas das quais, pobres e desamparadas, encontram-se em circunstâncias trágicas e vêem a questão do aborto antes de mais nada como uma questão de liberdade individual. Nenhuma questão constitucional pareceu tão importante para tanta gente em épocas anteriores, nem mesmo, talvez, as grandes questões de direitos civis das décadas de 1950 e 1960.

A decisão que a Suprema Corte tomou em 1973 no caso *Roe vs. Wade*, pela qual as mulheres têm o direito de abortar nos primeiros dois trimestres de gravidez, pareceu aos olhos de muitos juristas – e não somente aos que são contrários ao aborto por motivos morais – ter ido longe demais na via do governo pelo Judiciário. A Constituição não diz nada de explícito sobre o aborto e, embora certas decisões passadas da Suprema Corte – em particular a decisão de que as pessoas têm o direito de usar anticoncepcionais – aparentemente tivessem alguma relação com o assunto, o fato é que, na opinião desses juristas, a Corte não tinha o direito de decidir uma questão social e política tão renhida quanto era, na época, a questão do aborto. Essas dúvidas acerca do correto papel ocupado pela Suprema Corte no Estado logo passaram a fazer parte do debate público generalizado sobre o aborto, e as pessoas, nessa controvérsia que envolvia a Corte e a Constituição, tomavam o partido que melhor refletia (não só quanto às tendências, mas também quanto à paixão) as suas convicções acerca da questão maior que estava em jogo. Assim, nesses trinta anos, a teoria constitucional tornou-se inextricavelmente ligada à questão do aborto, e essa questão não só domina esta parte do livro como também surge em outras partes, especialmente nas discussões sobre os juízes que apresentamos na Parte III.

O ensaio do Capítulo 1 foi publicado pela primeira vez em 1989, dezesseis anos depois da decisão de *Roe*. A composição da Suprema Corte havia mudado, principalmente em virtude das nomeações conservadoras feitas pelo presidente Reagan em seus dois mandatos. O estado do Missouri havia contestado *Roe* em um novo processo, *Webster vs. Reproductive Health Services*, e a administração Bush havia unido forças com o Missouri e pedido formalmente que a Corte derrubasse a decisão de *Roe*. Escrevi o ensaio depois da sustentação oral das provas do caso, mas antes da decisão. O Capítulo 2 foi escrito naquele mesmo ano, mas depois de a Corte ter tomado e publicado sua decisão, confirmando diversas restrições que o Missouri havia imposto sobre o aborto mas recusando-se a derrubar expressamente a decisão de *Roe*. Afirmei nesse ensaio que *Roe* havia sobrevivido incólume e permanecia totalmente em vigor, embora outros constitucionalistas tenham feito questão de dizer que ela havia sido praticamente rejeitada.

A grande batalha ainda não tinha sido travada. Em 1992, só um dos juízes que havia votado a favor do direito ao aborto em *Roe* – o juiz Harry Blackmun, que havia redigido o voto majoritário naquele caso – permanecia na Suprema Corte. Dois outros firmes defensores da decisão – os ministros William H. Brennan e Thurgood Marshall – haviam renunciado, e o presidente Bush, franco adversário de *Roe*, os havia substituído pelos ministros Souter e Thomas. Um novo caso relacionado com o aborto, *Casey vs. Planned Parenthood of Pennsylvania*, havia sido submetido à nova Corte, e a maioria dos comentadores achava que *Roe* seria derrubada sumariamente, ou pelo menos ficaria ainda mais enfraquecida. Escrevi o ensaio do Capítulo 3, que veio a público inicialmente como parte de um diálogo com o juiz Richard Posner, para defender a permanência de *Roe* e para recomendar uma justificativa diferente e mais poderosa dessa decisão, explicitamente baseada na leitura moral da Constituição. Esse capítulo antecipa alguns dos argumentos apresentados na Introdução, embora esta as insira, sob uma forma um pouco diferente, num argumento mais geral em favor da leitura moral e da concepção constitucional de democracia.

Para a surpresa da maioria dos comentadores, a Corte reafirmou *Roe* e lhe deu novos e melhores fundamentos, seguindo as diretrizes expostas no Capítulo 3 (o qual foi inclusive citado em uma das opiniões) mas sem fazer referência explícita a uma das bases doutrinais – a Primeira Emenda – ali mencionadas. No Capítulo 4, publicado em seguida à publicação da decisão, descrevi os vários votos incluídos na decisão do caso *Casey* e expliquei por que a mesma decisão representava uma confirmação evidente da leitura moral.

O aborto não foi a única questão de consciência e liberdade pessoal que figurou nas decisões jurídicas sobre a Constituição nas últimas décadas. O Capítulo 5 fala sobre uma outra questão desse tipo – a eutanásia. Discute a decisão tomada pela Suprema Corte em 1990 com relação ao triste caso *Cruzan*, no qual a Corte confirmou os direitos do estado do Missouri de estabelecer condições rigorosas para o modo pelo qual as pessoas, quando competentes, podem especificar os métodos que devem ser usados para lhes conservar a vida caso caiam num estado vegetativo permanente.

As várias opiniões que culminaram na decisão da Corte têm implicações que vão muito além das questões com que os juízes depararam imediatamente. Acrescentei, como adendo ao capítulo, um artigo curto que publiquei em 1994 no qual discuto uma decisão drástica e potencialmente revolucionária de um tribunal distrital de Seattle, que se baseou na decisão *Casey* para declarar a inconstitucionalidade das decisões dos estados de negar a doentes terminais, em toda e qualquer circunstância, a ajuda de um médico para suicidar-se. Numa decisão do juiz Noonan, que é um famoso teórico católico, o Nono Tribunal de Apelação reverteu essa decisão, e logo a Suprema Corte terá de haver-se com as difíceis questões suscitadas pelo tribunal distrital[1].

Embora o Capítulo 6 fale um pouco sobre o aborto, uma vez que discute o papel do procurador-geral de Reagan nos casos discutidos em capítulos anteriores, ele discute sobretudo uma questão diferente que também tem figurado com destaque nos debates constitucionais – a ação afirmativa. Trata-se mais uma vez de uma questão política, na medida em que os republicanos, agora poderosos, juraram restringir o mais possível os diversos programas através dos quais diferentes instituições têm procurado reduzir a balcanização da sociedade norte-americana, aumentando a quantidade e o destaque de mulheres e membros de grupos minoritários nos ambientes de trabalho, especialmente nas profissões especializadas. A questão é importante no debate constitucional não em virtude de sua magnitude social e política, mas também porque é uma questão que inclina os juízes de tendência política conservadora a basear-se na leitura moral da Constituição para derrubar decisões de instituições mais majoritárias, não por hipocrisia, mas porque, quando surge o que *aos olhos deles* lhes parece uma injustiça política, percebem o quanto essa leitura é poderosa e coerente. A decisão radical da corte em *Adarand Constructors, Inc. vs. Pena* (anunciada no dia 12 de junho de 1995) é um exemplo magnífico disso[2].

---

1. *Compassion in Dying vs. Estado de Washington*, 49 F. 3rd 586 (1995).
2. *Adarand Constructors, Inc. vs. Pena*, 115 S. Ct. 2097 (1995).

1. Roe *em perigo*

Em nossa época, nenhuma decisão judicial gerou tanto escândalo, tantas emoções e tanta violência física entre o público, e tantas críticas destemperadas entre os profissionais da área, quanto a decisão que a Suprema Corte tomou em 1973 no caso *Roe vs. Wade*, na qual declarou, por uma maioria de sete votos contra dois, que as mulheres têm o direito constitucional de fazer aborto nos primeiros estágios da gravidez[3]. De lá para cá, os grupos antiaborto e os conservadores em geral têm feito uma campanha obstinada e convicta para reverter essa decisão. Propuseram, sem sucesso, uma série de emendas constitucionais, patrocinaram projetos de lei derrotados pedindo que o Congresso declarasse que a vida do feto começa no momento da concepção, convenceram o presidente Reagan a nomear para os tribunais federais juízes contrários ao aborto, moveram campanhas políticas inteiras – estruturadas em torno desse único assunto – contra candidatos que apóiam o direito ao aborto e depredaram e bombardearam clínicas de aborto[4]. O público em geral se divide de diferentes maneiras na avaliação de

---

3. Segundo a decisão, o aborto não poderia ser considerado crime nos primeiros três meses de gravidez, e poderia ser considerado crime antes de o feto tornar-se viável, exceto quando necessário para proteger a saúde da mulher.

4. Sobre o caráter e os efeitos da controvérsia considerados em geral, ver Jane Maslow Cohen, "Comparison-Shopping in the Marketplace of Rights", *Yale Law Journal*, vol. 98 (1989), p. 1235.

diferentes aspectos da questão do aborto. Uma pesquisa nacional feita pelo *Los Angeles Times* relata que 61 por cento dos norte-americanos consideram que o aborto é um mal moral – 57 por cento incluem-no na categoria de assassinato – e, não obstante, 74 por cento crêem que "o aborto é uma decisão que cada mulher tem de tomar por si mesma".

A composição da Suprema Corte mudou drasticamente de 1973 para cá[5], e agora, no caso *Webster vs. Reproductive Health Services*, o estado do Missouri e o governo Bush pedem que a Corte reverta *Roe vs. Wade*. A assembléia legislativa do Missouri aprovou uma lei feita sob medida para desencorajar o aborto apesar dessa decisão. A lei, entre outras coisas, declara que a vida humana começa no momento da concepção; exige que os médicos, para determinar se um feto é capaz de sobreviver fora do útero antes de fazer um aborto, executem exames caros, desnecessários e às vezes perigosos; e proíbe a realização de qualquer aborto em hospitais ou instalações médicas que façam uso de bens possuídos, arrendados ou controlados pelo estado. Os tribunais federais inferiores declararam que todos esses dispositivos são inconstitucionais de acordo com *Roe vs. Wade*. O Missouri apelou à Suprema Corte, pedindo-lhe que revertesse aquela decisão ou, caso isso não acontecesse, que a condicionasse ou restringisse de tal modo que a lei missouriana passasse a ser constitucional.

As sustentações orais foram proferidas em 26 de abril de 1989, enquanto partidários de ambos os lados organizavam

---

5. Dos sete ministros que perfizeram a maioria para *Roe vs. Wade*, só restam três: Blackmun, que redigiu o relatório, Brennan e Marshall. O ministro Stevens, que entrou na Corte depois, já declarou que apóia plenamente a decisão. Os dois que discordaram da decisão *Roe* – o juiz Rehnquist, que hoje é primeiro-juiz, e o juiz White – reiteraram há pouco sua idéia de que a decisão foi errada, e o juiz Scalia já manifestou diversas vezes seu ceticismo em relação a direitos que não tenham uma base "textual". A juíza O'Connor discordou nos dois últimos casos em que grupos antiaborto buscaram, sem sucesso, limitar a força de *Roe*, mas não chegou a afirmar que a decisão deve ser revertida. São ela e o ministro Kennedy, o último nomeado por Reagan, que constituem o fiel da balança nessa questão.

manifestações prolongadas e barulhentas do lado de fora do edifício do tribunal. Charles Fried, que foi procurador-geral da administração Reagan e voltou agora a integrar o corpo docente da Faculdade de Direito de Harvard, defendeu em sua súmula de alegações a afirmação do governo Bush de que *Roe vs. Wade* deve ser descartada. Setenta e oito outras súmulas – mais do que em qualquer caso anterior – foram apresentadas pelos mais diversos grupos interessados na questão. Entre elas contam-se, por exemplo, considerações sobre vários aspectos do litígio apresentadas em nome de 25 senadores, de 115 deputados, da Associação Médica Norte-Americana e outras associações de médicos, de 281 historiadores, de 885 professores de direito e de um grande número de grupos antiaborto. Espera-se que a Corte apresente sua decisão antes do recesso de julho, mas é possível que tenhamos de esperar até o ano que vem. A decisão, seja ela qual for, há de frustrar e irritar milhões de norte-americanos.

Acaso o feto humano já é uma pessoa desde o momento da concepção? Essa questão tem sido debatida por teólogos, filósofos morais e pessoas comuns desde há muitos séculos. Não pode ser resolvida nem pela pesquisa jurídica, nem por provas científicas, nem pela análise conceitual; vai continuar dividindo as pessoas, como hoje divide os norte-americanos, enquanto houver divergências profundas sobre Deus, a moral e a metafísica. Por isso, a idéia de pedir que qualquer tribunal (mesmo a Suprema Corte) a decida parece excepcionalmente descabida, e penso que é esse o fato que mais explica o apelo imediato que muita gente encontra na noção de que a melhor maneira de decidir a questão do aborto é a maneira política, através do processo legislativo ordinário. Parece errado que os juízes de um único tribunal, por maioria, declarem uma resposta obrigatória para todos. Parece mais democrático e mais compatível com a complexidade natural do assunto que os diversos grupos de cidadãos norte-americanos possam decidir, através da ação política estadual, qual a solução que mais se conforma às suas próprias convicções e necessidades.

Essa primeira impressão, porém, é errônea sob diversos aspectos. Se a questão do aborto for deixada a cargo da política estadual, isso não significa que cada mulher vai poder decidir qual a solução que melhor se encaixa em *suas* convicções e necessidades. Significa que, se o *lobby* antiaborto for suficientemente forte num determinado estado, as mulheres daquele estado não terão essa oportunidade, como não tinham antes de *Roe vs. Wade*[6]. Não sabemos se naquela época realmente se faziam menos abortos em comparação com o número total de gestações, embora a maioria deles fosse ilegal. Mas sabemos que o número de mortes era muito maior: havia 40 por cento a mais de mortes relacionadas ao aborto antes de *Roe vs. Wade*[7]. Quem mais sofria eram os negros. Em Nova York, por exemplo, uma mulher negra tinha uma probabilidade nove vezes maior do que uma branca de morrer num aborto ilegal. É claro que, se *Roe vs. Wade* fosse revertida, as mulheres que dispusessem de recursos e conhecimento suficientes ainda poderiam decidir fazer aborto se viajassem para um lugar próximo e conveniente onde este não fosse contra a lei, como milhares de mulheres faziam antes de 1973 indo para a Inglaterra, por exemplo. Mas a mulher pobre que se visse grávida poderia ter de escolher entre o perigo de um aborto ilegal e a infelicidade que acompanha uma criança que ela não pode nem sustentar nem criar.

A primeira impressão é errônea não só do ponto de vista prático, mas também dos pontos de vista jurídico e ló-

---

6. Alguns estados já elaboraram leis fortemente antiabortistas para entrar em vigor assim que *Roe vs. Wade* for enfraquecida pela Suprema Corte, e diversos outros estados já declararam sua intenção de fazer o mesmo. Mesmo que a Corte não reverta pura e simplesmente a decisão, mas se limite a enfraquecer os direitos por ela garantidos ou a aceitar as restrições ao aborto propostas pelo Missouri como compatíveis com esses mesmos direitos, espera-se uma explosão de novas leis estaduais que mais uma vez ponham à prova a disposição da Corte de voltar atrás. Só uma reafirmação clara dos princípios básicos de *Roe vs. Wade* poderia tirar essa questão do *front* político imediato.

7. Erwin Chemerinsky, "Rationalizing the Abortion Debate: Legal Rhetoric and the Abortion Controversy", *Buffalo Law Review*, vol. 31 (1982), p. 106.

gico. A questão principal do debate em torno de *Roe vs. Wade* não é uma questão metafísica sobre o conceito de pessoa nem uma questão teológica sobre a existência da alma do feto, mas sim uma questão jurídica acerca da correta interpretação da Constituição, questão essa que, em nosso sistema político, *tem* de ser decidida de um jeito ou de outro pelo judiciário, pela Suprema Corte, e não politicamente. Trata-se da questão de saber se o feto é uma pessoa *constitucional*, ou seja, uma pessoa cujos direitos e interesses têm de ser considerados tão importantes quanto os de outras pessoas no esquema de direitos individuais estabelecido pela Constituição. É uma questão complexa e difícil e de fato envolve problemas de moral. Não obstante, é diferente da questão metafísica debatida pelos filósofos e teólogos; não há incoerência alguma em se pensar, por exemplo, que um feto é tão ser humano quanto um adulto ou que ele tem uma alma desde o momento da concepção, e que mesmo assim a Constituição, segundo a melhor interpretação que podemos lhe dar, não garante ao feto os mesmos direitos que garante a outras pessoas.

Os tribunais não podem se furtar a resolver a questão jurídica de saber se o feto é uma pessoa constitucional, pois é descabido pensar nos direitos constitucionais que alguém tem ou deixa de ter numa determinada área do direito constitucional sem decidir primeiramente *quem mais* teria direitos que o Estado deve ou também pode reconhecer. A Suprema Corte estabeleceu, por exemplo, que os cidadãos de cada estado têm a garantia constitucional de que as eleições estaduais serão conduzidas sob forma distrital, de tal modo que cada pessoa tenha direito a um voto, e os estados não podem solapar esse princípio atribuindo a categoria de "pessoa" a classes de entidades que a Constituição, quando adequadamente interpretada, não reconhece como tais. Um estado não pode declarar que as empresas são pessoas, por exemplo, e lhes atribuir votos em separado, diminuindo assim o poder dos votos das pessoas reais. A questão de saber se as empresas são pessoas constitucionais, e em que sentido o são – pessoas dotadas de direitos próprios –, foi muito debatida no decorrer da história constitucional norte-americana. Mas ninguém jamais duvidou de que, uma vez que essa questão afeta os direitos de todas as outras pessoas, ela deve ser decidida judicialmente no nível constitucional nacional. É claro que um estado pode promover os interesses de suas empresas das mais diversas maneiras. Mas não pode dotar-lhes de direitos que têm o efeito de diminuir os direitos constitucionais de que as outras pessoas gozam. Só a Constituição pode fazer isso[8].

Por isso, a questão de se saber quem é uma pessoa constitucional deve ser decidida no nível constitucional pela própria Suprema Corte, pois é um elemento necessário para se decidir quais são os direitos que qualquer pessoa tem; e a questão de saber se o feto é uma pessoa constitucional tem importância de primeira ordem no debate sobre o aborto. Em *Roe vs. Wade*, a Suprema Corte decidiu que o feto não é uma pessoa constitucional antes do nascimento, e, embora o voto vencedor tenha sido criticado por diversos juristas acadêmicos, ele é bastante convincente uma vez aceita essa premissa. As decisões anteriores da Suprema Corte haviam estabelecido que cada pessoa tem o direito constitucional

---

8. É claro que não tenho aqui a pretensão de afirmar que o feto não é nem mais importante nem mais sagrado do que uma empresa. Daqui a pouco vou insistir em que a significação moral de um feto deve ser clara e deve justificar qualquer regulação estadual do aborto que seja compatível com os direitos constitucionais. Só quero dizer que nenhum estado tem liberdade de negar ou restringir substancialmente os direitos que a Constituição estabelece, pospondo-os a direitos ou detentores de direitos que ela não reconhece. Num dos primeiros libelos contra *Roe vs. Wade*, um texto muito influente, John Hart Ely nos fez ver que, embora os cães não sejam pessoas sob o dispositivo de igualdade de proteção, um estado pode impedir manifestantes de matar cães sem por isso violar os direitos que a Primeira Emenda garante a esses manifestantes (Ely, "The Wages of Crying Wolf: A Comment on *Roe vs. Wade*", *Yale Law Journal*, vol. 92 [1973], p. 920). Mas, como observou Laurence Tribe, ninguém é obrigado a matar animais para exercer seu direito de liberdade de expressão, mas uma mulher grávida tem de abortar o feto para recuperar o controle sobre a sua participação na procriação. Ver Tribe, *American Constitutional Law*, 2ª ed. (Foundation Press, 1987), p. 1349.

fundamental de controlar seu próprio papel na procriação – havia-se decidido, por exemplo, que por esse motivo nenhum estado pode proibir a venda de anticoncepcionais. Se o feto não é uma pessoa constitucional, seu direito à vida não pode ser apresentado como justificativa para a negação daquele direito de controle depois que a mulher fica grávida, embora um estado ainda possa, evidentemente, proteger os interesses do feto de diversas outras maneiras.

Mas, se o feto é uma pessoa constitucional, a decisão de *Roe vs. Wade* está claramente errada, como admitiu o próprio voto da Corte naquela ocasião. A Décima Quarta Emenda declara que nenhum estado pode negar a qualquer pessoa a "igual proteção das leis". Se o feto está protegido por esse dispositivo, é evidente que o estado tem o dever de proteger a sua vida da mesma maneira que protege a vida das outras pessoas sob os seus cuidados, e, por esse motivo, pode afirmar que o direito da mulher de controlar o uso do seu corpo para a procriação termina – pelo menos quando sua saúde não está em causa – quando começa a gravidez. Aliás, seria difícil resistir a uma conclusão ainda mais contundente: a de que o estado não só pode como *deve* tomar essa atitude, de tal modo que estados como o de Nova York, que já havia permitido o aborto no começo da gravidez muito antes da decisão de *Roe vs. Wade*, estariam *proibidos* de fazer isso.

O dispositivo de igualdade de proteção exige que os estados estendam igualmente a todas as pessoas a proteção das leis contra o assassinato e a violência; se os fetos fossem pessoas constitucionais, toda legislação estadual que impusesse uma discriminação contra eles, permitindo o aborto, seria considerada "suspeita" à luz dos princípios de igualdade de proteção, e a Suprema Corte teria a obrigação de rever essa legislação para determinar se a justificativa oferecida pelo estado para essa discriminação era "convincente". Em alguns casos, seria: em caso de estupro ou incesto, talvez. Mas, se uma mulher tem consciência das conseqüências físicas e emocionais da gravidez e voluntariamente mantém relações sexuais ciente do risco de ficar grávida, o estado que permite que ela faça aborto não tem nenhuma justificativa convincente para tal, uma vez aceita a idéia de que o feto merece a mesma proteção legal. Isso porque um estado não está demonstrando a mesma consideração pela mãe e pelo feto quando permite que a mãe recupere sua liberdade corpórea à custa da vida do feto.

Como observaram vários juristas, é verdade que o direito em geral não exige que as pessoas façam nenhum sacrifício para salvar a vida de outra pessoa que precisa da ajuda delas. Ordinariamente, o cidadão não tem o dever legal de salvar um estranho do afogamento mesmo que possa fazê-lo sem correr riscos e despendendo um esforço mínimo[9]. Mas o aborto não se resume a um ato de negligência em relação às necessidades do feto; em geral, exige um ataque físico sobre ele. E, de qualquer modo, os pais são a exceção universal à doutrina de que as pessoas não têm o dever de salvar os outros. Eles têm o dever legal de cuidar de seus filhos, e, se o feto é uma pessoa desde a concepção, os estados não teriam justificativa alguma para estabelecer uma diferença entre um feto e um bebê. Se o estado não permite que um bebê seja morto ou abandonado em circunstâncias que provocariam inevitavelmente sua morte, também não poderia permitir o aborto[10]. Os ônus físicos,

---

9. Esses juristas afirmam que por isso as leis antiaborto são inconstitucionais mesmo que o feto seja considerado uma pessoa, e certamente rejeitariam minha afirmação mais forte de que, nesse caso, muitas leis que permitem o aborto seriam inconstitucionais. Esses argumentos jurídicos baseiam-se num artigo famoso e influente sobre a moral do aborto escrito por Judith Jarvis Thomson ("A Defense of Abortion", *Philosophy and Public Affairs*, vol. 1, n.º 1 [outono de 1971]). Thomson não procura provar que toda mulher tem o direito de abortar mesmo que o feto seja uma pessoa, mas só afirma que algumas têm esse direito, e admite que uma mulher que se arrisca voluntariamente a ficar grávida pode não tê-lo. Os argumentos jurídicos que aplicam as opiniões de Thomson ao direito constitucional são apresentados da melhor maneira possível, e de modo mais persuasivo, por Donald Regan em "Rewriting *Roe vs. Wade*", *Michigan Law Review*, vol. 77 (1979), p. 1569.

10. No artigo citado na nota anterior, Donald Regan questiona a analogia entre o aborto e o infanticídio sob a alegação de que os pais têm a opção de en-

emocionais e econômicos da gravidez são muito grandes, mas também o são os ônus da paternidade.

Sublinho esse ponto porque é importante observar que aqueles que pretendem que a Suprema Corte deixe a questão do aborto a cargo da decisão política dos estados já admitiram várias vezes que um feto *não* é uma pessoa constitucional. Na interpelação oral, o juiz Byron White perguntou a Charles Fried se, em sua opinião, havia "algum problema com o fato de um estado permitir o aborto". Fried respondeu: "Oh, não", e disse peremptoriamente que a Suprema Corte cometeria um grave erro se "constitucionalizasse" a questão em qualquer "ponto do espectro", exigindo o exame da constitucionalidade da legislação pró-aborto de um estado qualquer. Essa posição é totalmente despropositada, exceto quando partimos do princípio de que a própria Constituição não oferece proteção nenhuma à vida do feto[11].

Mas Fried não poderia ter dado outra resposta à pergunta de White. Se a Corte procurasse obrigar os estados relutantes a criminalizar o aborto, isso seria uma verdadeira loucura política; e nem o governo nem nenhum outro grupo responsável pediu que ela fizesse isso. Os danos infligidos à comunidade, à autoridade da Suprema Corte e à Constituição seriam muito maiores se ela procurasse obrigar os

---

tregar seus filhos para a adoção. Mas isso nem sempre é verdade: os filhos de famílias pobres e de minorias, em específico, podem não ser capazes de encontrar um lar adotivo, e seus pais, como é óbvio, não têm o direito de matá-los nem de abandoná-los em circunstâncias que produzirão inevitavelmente a morte, mesmo que na prática não tenham nenhuma outra alternativa.

11. Na sustentação oral, Fried disse que a Décima Quarta Emenda não "toma posição alguma" quanto a saber se o feto "não é somente uma vida em potencial, mas uma vida humana atual". Isso, como eu já disse, é verdade. Mas daí não se conclui que a emenda não toma posição quanto à outra questão que isolei: se o feto é ou não uma pessoa *constitucional*, ou seja, uma pessoa a quem um estado deve oferecer a mesma proteção legal que oferece a todas as outras. A Constituição, quando adequadamente interpretada, tem de assumir uma posição quanto a *essa* questão, pois a definição do âmbito de seus conceitos fundamentais faz parte de sua interpretação mínima obrigatória. E a posição de Fried só se torna coerente quando partimos do pressuposto de que, segundo a melhor interpretação, o feto não é uma pessoa constitucional.

estados a criminalizar o aborto do que se simplesmente deixasse a lei do jeito que está. Mas a Corte só tem um meio legítimo de evitar aquela inconcebível decisão: confirmando a decisão explícita de *Roe vs. Wade* de que o feto não é uma pessoa constitucional. Assim, a questão jurídica mais complexa e difícil do problema do aborto caiu fora da controvérsia por uma espécie de necessidade prática. Quando ponho em evidência esses argumentos práticos em favor da decisão, não estou querendo dizer que do ponto de vista jurídico ela não é correta. Pelo contrário, acredito que ela é.

É uma questão de interpretação das normas. O princípio de que o feto não é uma pessoa constitucional se harmoniza melhor com outras partes do nosso direito e também com nossa noção de como questões correlatas seriam decididas caso surgissem. Mesmo que o feto seja um ser humano, ele se encontra numa posição singular dos pontos de vista político e biológico, e isso por um motivo que pode ser considerado suficiente para que lhe seja negada uma participação na Constituição. Para proteger ou promover os interesses do feto, o estado só pode agir através da mãe, e para tanto só pode empregar meios que restringiriam necessariamente a liberdade dela de uma maneira que a Constituição não poderia impor a nenhum homem ou mulher: determinando sua dieta e outras atitudes íntimas e pessoais, por exemplo. Afora as leis antiaborto, em nosso direito existem poucos casos desse tipo de regulação da gravidez que seriam adequados se o feto fosse uma pessoa constitucional; e a Suprema Corte nunca aventou a possibilidade de que uma tal proteção fosse uma exigência constitucional.

Além disso, os melhores dados históricos de que dispomos demonstram que mesmo as leis antiaborto, que praticamente não existiam nos Estados Unidos antes de meados do século XIX, foram adotadas para proteger a saúde das mães e os privilégios dos médicos, e não em virtude de um reconhecimento dos direitos do feto[12]. Até os estados que ti-

---

12. Ver "Brief of 281 American Historians as Amici Curiae Supporting Appellees" em *Webster vs. Reproductive Health Services*. Vale a pena observar que

nham as mais rigorosas leis antiaborto antes de *Roe vs. Wade* não puniam o aborto com tanta severidade quanto castigavam o assassinato, coisa que teriam de fazer se o feto fosse considerado uma pessoa constitucional. Também não impunham penas à mulher que procurasse fazer um aborto em outro estado ou no exterior.

Por isso, a melhor interpretação do direito e da prática constitucionais norte-americanos corroboram a idéia de que o feto não é uma pessoa constitucional. Como eu disse, uma tal conclusão poderia ser aceita até mesmo por aqueles que consideram o aborto um pecado odioso: nem todos os pecados são ou podem ser punidos pela lei. Mas é evidente que terá mais facilidade de aceitá-la aquele que crê que nenhum ser humano tem direito moral à vida antes que tenha desenvolvido a consciência de que é um ser cuja vida se prolonga no tempo[13]. Supondo-se que esse estado só seja atingido algum tempo depois do nascimento, a conclusão interpretativa – de que o ser humano só se torna uma pessoa constitucional a essa altura de sua vida – parece ainda mais lógica.

Por isso, contra a afirmação de que as mulheres têm o direito constitucional de optar por um aborto no início da gravidez, não se pode aceitar como argumento a idéia de que o feto é uma pessoa constitucional cujo direito à vida sobrepujaria qualquer direito desse tipo. Já mencionei o argumento *favorável* à afirmação de que as mulheres têm o direito constitucional mencionado. Numa série de processos anteriores relacionados à esterilização, ao casamento e à

James Mohr, o historiador citado no parecer do governo em apoio à alegação de que as leis antiaborto são tradicionais nos Estados Unidos, é um dos signatários desse documento.

13. Para uma exposição e uma defesa desse ponto de vista, ver Michael Tooley, "Abortion and Infanticide", *Philosophy and Public Affairs*, vol. 2, n.º 1 (outono de 1972). Essa opinião, como é evidente, tem conseqüências importantes não só para as primeiras fases da vida, mas também para as últimas. Ver minha monografia *Philosophical Issues in Senile Dementia*, publicada pelo Escritório de Avaliação Tecnológica do Congresso dos EUA (U.S. Government Printing Office, 1987).

contracepção, a Suprema Corte reconheceu que todos os cidadãos têm o direito geral (baseado na garantia do devido processo legal prescrita na Décima Quarta Emenda) de tomar suas próprias decisões acerca das questões éticas e pessoais ligadas ao casamento e à procriação[14]. Em seu voto favorável à decisão da Corte em *Roe vs. Wade*, o juiz Blackmun fez grande uso dessas decisões anteriores, que vieram a ser conhecidas como decisões relacionadas à "privacidade". Afirmou ele que, embora o aborto suscite questões diferentes das suscitadas por esses outros assuntos, o princípio geral de que as pessoas têm o direito de controlar seu próprio papel na procriação evidentemente se aplica também ao aborto[15]. Nem o Missouri nem a administração Bush pediram que esses precedentes fossem anulados[16]. Na sustentação oral, Fried disse que a decisão de *Griswold vs. Connecti-*

---

14. Ver, por exemplo, *Skinner vs. Oklahoma*, 316 U.S. 535 (1942), *Griswold vs. Connecticut*, 381 U.S. 479 (1965), *Eisenstadt vs. Baird*, 405 U. S. 438 (1972). Ver também *Carey vs. Population Services International*, 431 U.S. 678 (1977). Em *Griswold vs. Connecticut*, a Corte determinou que nenhum estado poderia proibir os casais de usar anticoncepcionais. Em *Eisenstadt vs. Baird*, incluiu na categoria de "casais" também os que não são legalmente unidos em matrimônio; e, em *Carey vs. Population Services International*, decretou que nenhum estado poderia proibir a venda de anticoncepcionais a adolescentes.

15. Muitos juristas crêem que o resultado de *Roe vs. Wade* pode ser deduzido de um princípio talvez mais poderoso ainda – não do dispositivo de garantia do devido processo e dos precedentes relacionados à privacidade, mas do dispositivo de igualdade de proteção que mencionei anteriormente. Afirmam que, segundo esse dispositivo, as leis antiaborto devem ser consideradas suspeitas porque causam uma enorme desvantagem para as mulheres, aniquilando, em certas circunstâncias, a sua oportunidade de levar uma vida que qualquer homem poderia levar. O poder legislativo ainda é dominado por homens, muitos dos quais acreditam que as mães solteiras não são merecedoras de compaixão, mas de castigo, e poucos dos quais poderiam compreender plenamente o sofrimento delas, mesmo que o desejassem. Pode-se encontrar uma exposição especialmente eloqüente desse ponto de vista – e dos efeitos sociais das leis de aborto sobre as mulheres – em Sylvia A. Law, "Rethinking Sex and the Constitution", *University of Pennsylvania Law Review*, vol. 132 (1984), p. 955.

16. *Griswold vs. Connecticut* e os outros pleitos relacionados à contracepção tiveram papel de destaque nos debates de 1987 quando da malograda indicação de Robert Bork para a Suprema Corte. Bork havia escrito que essas decisões deveriam ser anuladas, e a tremenda impopularidade dessa idéia ajudou a persuadir a opinião pública a contrapor-se à sua indicação.

cut, que garantiu o direito à contracepção, estava correta e não deveria ser posta em causa. Disse ainda que *Roe vs. Wade* poderia ser revertida sem que esse pleito e os precedentes de privacidade fossem afetados, e que poderia ser puxada "como um único fio" do tecido em que estavam entremeadas essas decisões passadas.

Entretanto, nem do ponto de vista médico o aborto pode ser separado da contracepção, uma vez que o DIU e as pílulas anticoncepcionais mais seguras são métodos anticoncepcionais abortivos, ou seja, destroem os óvulos fertilizados. Por isso, a Corte não poderia determinar que o direito da mulher de controlar seu papel na procriação termina com o início da gravidez sem permitir *ipso facto* que os estados pusessem na ilegalidade os anticoncepcionais usados atualmente. Com isso, para todos os efeitos ficaria anulada *Griswold*, que na opinião do próprio Fried era uma decisão correta. E, mesmo que a contracepção e o aborto não coincidissem medicamente, não poderiam ser distinguidos em princípio uma vez aceita a idéia de que o feto não é uma pessoa constitucional.

As decisões anteriores da Corte sobre a privacidade só podem justificar-se a partir do pressuposto de que as decisões que afetam o casamento e a procriação são tão importantes, tão íntimas e pessoais, tão determinantes para o desenvolvimento da personalidade e o sentido da responsabilidade moral e tão estreitamente ligadas às convicções éticas e religiosas protegidas pela Primeira Emenda, que as pessoas têm de ter o direito de tomar essas decisões por si mesmas, consultando a própria consciência, em vez de deixar que a sociedade lhes imponha a sua decisão coletiva. A decisão a respeito do aborto é pelo menos tão íntima quanto qualquer outra que a Corte já protegeu. De certo modo é ainda mais íntima, pois envolve o controle da mulher sobre o próprio corpo e não somente sobre seus relacionamentos com outras pessoas; e a Constituição reconhece de diversas maneiras a intimidade especial da ligação de uma pessoa com sua própria integridade física[17].

---

17. Ver o artigo de Donald Regan citado na nota 9, acima.

Se o feto fosse uma pessoa constitucional, é evidente que o aborto poderia ser distinguido da contracepção não-abortiva, pois o estado poderia fazer apelo a um interesse especial pela proteção da vida do feto e ao seu direito de ser tratado com a mesma consideração que outras pessoas. Mas dado o pressuposto de que o feto não é uma pessoa constitucional, cai por terra essa razão para se distinguir o aborto da contracepção e de outras atividades permitidas pelas decisões que protegem a privacidade. Fried tentou distinguir os pleitos relacionados à contracepção baseado no fato de *Griswold vs. Connecticut* não ter feito apelo ao direito de controle sobre a procriação, mas sim à idéia de que a polícia só poderia impor a proibição do uso de anticoncepcionais fazendo busca no quarto do casal, o que não seria admissível. É verdade que um dos pareceres em *Griswold vs. Connecticut* mencionou essa razão para invalidar a proibição do uso de anticoncepcionais por parte dos casais. Mas é uma razão tola, não só porque a dita proibição poderia ser imposta sem que fosse preciso arrombar a porta dos quartos conjugais, mas também porque a Corte considerou válidas outras normas criminais que em tese seriam igualmente difíceis de fazer cumprir sem buscas ofensivas e inadmissíveis[18].

De qualquer modo, as últimas decisões ligadas à contracepção rejeitaram essa interpretação de *Griswold vs. Connecticut* e são incompatíveis com ela. Em *Einsenstadt vs. Baird,* o juiz Brennan, em parecer favorável à decisão, declarou da seguinte maneira a razão suficiente das causas de privacidade anteriormente decididas: "Se o direito à privacidade significa algo, é o direito do *indivíduo*, casado ou não, a estar

---

18. Há pouco tempo, a Corte validou uma norma que faz da sodomia um crime (*Bowers vs. Hardwick*, 106 S. Ct. 2841 [1986]). Em seu parecer em favor da decisão da Corte, o juiz White afirmava que o fato de os atos homossexuais acontecerem na privacidade do lar nada tem a ver com o assunto, e que as causas de contracepção não tratavam de atos privados nesse sentido, mas "eram interpretadas... de forma que conferissem ao indivíduo o direito fundamental de decidir se vai gerar um filho ou não", e portanto não tinham relação com a questão da sodomia homossexual.

livre da intromissão do Estado em assuntos que afetam fundamentalmente sua pessoa, como por exemplo a decisão de conceber ou dar à luz um filho."

E Potter Stewart, um dos juízes que discordaram no caso *Griswold*, uniu-se à maioria em *Roe vs. Wade* sob o pretexto de que, uma vez aceita a decisão de *Griswold* (como ele fez por já ser ela um precedente), *Roe vs. Wade* tem de ser aceita igualmente. A alegação de Fried, de que as decisões relacionadas à privacidade se baseavam tão-somente na inadmissibilidade de se fazer uma busca policial no quarto do casal, era bizarra demais para que ele pudesse defendê-la com confiança. Quando a ministra Sandra Day O'Connor lhe dirigiu uma pergunta direta – "O senhor afirma que não existe o direito fundamental à decisão de se ter um filho ou não?" –, tudo que ele pôde responder foi: "Eu hesitaria em formular esse direito em termos tão abstratos."

Portanto, parece bem forte o argumento do precedente em favor de *Roe vs. Wade*: os precedentes estabelecidos pela Suprema Corte consolidaram um direito constitucional do cidadão ao controle sobre a sua participação na procriação; e, se um feto não é uma pessoa constitucional, esse direito naturalmente se aplica também ao aborto. Mas temos de considerar agora os argumentos opostos apresentados pelos juristas (e inclusive pelos juízes que discordaram daquela decisão) que insistem em que *Roe vs. Wade* foi uma decisão errada e deve agora ser revogada. Dizem eles que o direito ao aborto foi "inventado pelos juízes" e "não tem ou quase não tem raízes reconhecíveis na linguagem e na estrutura da Constituição"[19]; ou afirmam que o direito "não tem lastro nenhum no texto de nossa Constituição nem em nenhuma doutrina constitucional aceita, e não pode ser sustentado pela 'tradição interpretativa da comunidade ju-

---

19. Juiz White, em *Bowers vs. Hardwick*. Ver a nota anterior. White não discordou somente em *Roe vs. Wade*, mas também em *Griswold vs. Connecticut*. O parecer do procurador-geral em exercício em *Webster vs. Reproductive Health Services* citou essas observações.

rídica'"[20]; ou declaram ainda que o direito não existe porque "a Constituição nada diz" sobre o tema do aborto[21].

Mas todas essas queixas pecam por petição de princípio. É claro que, se os juízes que decidiram *Roe vs. Wade* inventaram os direitos constitucionais que anunciaram, ou se esses direitos de fato não têm raízes na linguagem e na estrutura da Constituição, ou se não foram extraídos da Constituição por métodos de interpretação já comprovados pela tradição do direito – é claro que, se tudo isso fosse verdade, a decisão teria sido errada. Mas não podemos saber se essas queixas se justificam sem ter alguma teoria de como os juízes *devem* interpretar os dispositivos abstratos da Constituição, como por exemplo o dispositivo que estabelece o devido processo legal. Como os juízes devem decidir quais direitos têm e quais não têm "raízes" naquela linguagem abstrata?

As várias declarações do governo no caso *Webster* às vezes dão a entender uma determinada resposta a essa pergunta, uma resposta que nossa tradição jurídica rejeitou decididamente: a idéia de que a linguagem abstrata nunca deve ser interpretada de modo que evidencie um direito que os autores históricos do dispositivo abstrato não aceitariam. Segundo essas declarações, não se pode afirmar que a Décima Quarta Emenda inclui um direito ao aborto porque, na época em que essa emenda foi acrescentada à Constituição, leis antiaborto estavam sendo proclamadas por todo o país[22]. Mas o mesmo congresso que aprovou a Décima Quarta Emenda impunha a segregação racial nas escolas públicas do Distrito de Colúmbia, e ninguém tem coragem

---

20. Da petição apresentada pelo procurador-geral Fried em *Thornburgh vs. American College of Obstetricians and Gynecologists*, 416 U.S. 747 (1986).
21. Fried, na petição citada na nota 20.
22. O parecer dos historiadores de que falamos na nota 12 afirma que essas leis estatutárias foram aprovadas devido a uma preocupação com a saúde das mulheres, com os médicos e com a baixa taxa de natalidade dos não-imigrantes. Essas já não seriam justificativas admissíveis para leis antiaborto passadas agora.

de dizer que a decisão de *Brown vs. Board of Education*, segundo a qual a segregação viola os direitos garantidos por essa emenda, foi uma decisão errônea.

Os argumentos da administração Bush e do estado do Missouri também baseiam-se em diversos outros princípios de interpretação. Insinuam que se deve entender que a Constituição só contém os direitos que nela estão "enumerados", ou seja, os direitos explicitamente mencionados no texto. Ignora-se assim o fato de que a mesma situação legal pode ser descrita de diversas maneiras. Em 1952, a Suprema Corte decidiu que a polícia não pode fazer lavagem estomacal num suspeito para encontrar provas de um crime. Acaso devemos dizer que a Corte concluiu que o direito ao devido processo legal, mencionado no texto da Constituição, se aplicava aos fatos particulares daquele caso? Ou concluiu que as pessoas têm o direito de não sofrer lavagem estomacal, direito esse que é derivado da garantia do devido processo mas não está mencionado no texto? A diferença entre essas duas formulações é puramente verbal, e nenhuma das duas é melhor do que a outra.

De qualquer modo, se tivermos de rejeitar o direito ao aborto porque este não está mencionado na Constituição, teremos de rejeitar também um grande número de outros direitos constitucionais incontestes que os juristas costumam definir numa linguagem que tampouco se encontra no texto constitucional. Entre eles, podemos mencionar o direito ao uso de anticoncepcionais, que, segundo agora diz o governo, faz parte da Constituição apesar de a contracepção não ser mencionada no texto constitucional. Podemos mencionar também os direitos de votar, de contrair matrimônio, de viajar entre estados, de morar com a família extensa, de educar os próprios filhos em escolas particulares que atendam a certos critérios educacionais e de freqüentar escolas onde não haja segregação racial. Se todos esses direitos não são "enumerados" e, portanto, fazem parte do direito constitucional "inventado pelos juízes", *Roe vs. Wade* está em excelente companhia.

Numa de suas argüições preliminares, o governo responde a essa objeção com uma metáfora. Diz que o suposto direito ao aborto "se afasta mais do seu ponto de partida textual" do que esses outros direitos. Mas como podemos medir a distância entre um direito e a linguagem constitucional da qual ele é extraído? Como podemos saber que a distância entre o aborto e a linguagem constitucional do devido processo é maior do que a distância entre a contracepção ou a lavagem estomacal e essa mesma linguagem? Ou maior do que a distância entre os outros direitos "não enumerados" que arrolei e a linguagem constitucional que lhes serve de base?

Nossa tradição jurídica dá uma resposta muito diferente, menos metafórica e menos superficial, à questão de como os dispositivos constitucionais abstratos devem ser interpretados. Os juízes devem buscar identificar os princípios latentes na Constituição como um todo e nas decisões judiciais passadas que aplicaram a linguagem abstrata da Constituição, a fim de reafirmar os mesmos princípios em outras áreas e assim tornar o direito cada vez mais coerente. Desse modo, os princípios que serviram de base para se justificar direitos para um grupo ou numa determinada situação são estendidos na medida do possível a todas as outras pessoas a quem igualmente poderiam ser aplicados. Esse processo de jurisprudência foi usado em *Roe vs. Wade* para se afirmar que os princípios latentes nas decisões anteriores sobre esterilização, família e contracepção deveriam aplicar-se igualmente ao caso do aborto. Também essas decisões anteriores podem ser defendidas da mesma maneira: como elementos de um projeto maior da Corte, empreendido desde o começo do século, para a identificação e a imposição dos princípios implícitos no que a Corte chamava de "conceito de liberdade ordenada", ou seja, os princípios que devem ser reconhecidos por uma sociedade verdadeiramente comprometida com a liberdade e a dignidade individuais. O direito de controle sobre a própria participação na procriação encontra corroboração nesse projeto geral, e o mesmo se pode dizer das decisões específicas que protegem a privacidade, pois esse direito é importantíssimo para a liberdade moral, social e econômica das mulheres.

São esses os argumentos que devem ser rebatidos pelos adversários de *Roe vs. Wade*, e devem ser rebatidos da maneira tradicional, ou seja, explicando-se por que certos princípios diferentes dos já mencionados, e dos quais não se poderia deduzir um direito ao aborto, proporcionariam uma interpretação mais satisfatória da Constituição como um todo e das decisões passadas tomadas pela Corte sob essa mesma Constituição. É claro que juízes diferentes vão chegar a conclusões muito diferentes acerca de quais são os princípios que proporcionam a melhor interpretação da Constituição, e, como simplesmente não existe um ponto de vista neutro a partir do qual se possa provar qual é o lado que tem razão, cada juiz deve, no fim, apoiar-se em suas próprias convicções a respeito de qual é o melhor argumento. Mas essa é uma característica inevitável de um sistema político como o nosso, que concebe a sua Constituição como uma carta de princípios e não como uma coletânea de afirmações políticas distintas e particulares.

Sem dúvida, os críticos atuais de *Roe vs. Wade* não nos oferecem nenhuma alternativa. Uma vez que sua retórica falaciosa sobre "leis inventadas por juízes" e "novos direitos" não tem nenhuma base intelectual e racional, ela não nos fornece uma disciplina igual ou superior à do método interpretativo tradicional, pois este exige a apresentação de argumentos extensos e coerentes e não uma simples imposição de rótulos. Já a retórica falaciosa dá a qualquer advogado a liberdade de aceitar certos direitos constitucionais que hoje são populares, como o direito à educação não-segregada e o direito ao uso de anticoncepcionais, e ao mesmo tempo opor-se a direitos mais problemáticos do ponto de vista político, como o direito ao aborto, e tudo isso sem ter de explicar qual é na verdade a diferença entre o status constitucional desses dois tipos de direitos.

Embora a decisão de *Roe vs. Wade* tenha estabelecido que as mulheres, em princípio, têm o direito de controlar seu papel na procriação, ela acrescentou que os estados têm o interesse legítimo de proteger a "vida potencial", e que qualquer afirmação do direito constitucional da mulher a fazer um aborto tem de levar em conta esse interesse. Decidiu-se que no final da gravidez, quando o feto se torna capaz de sobreviver fora do útero, o interesse do estado se torna forte o suficiente para permitir que os estados regulamentem ou proíbam o aborto depois desse limiar, exceto se o aborto for necessário para proteger a saúde da mãe. Infelizmente, a Corte não explicou satisfatoriamente qual é o tipo de interesse que o estado pode ter pela "vida potencial", nem por que esse interesse fica mais forte ou mais legítimo depois de o feto tornar-se capaz de sobreviver fora do útero.

Como é óbvio, a Corte não quis dizer que o estado tem um interesse legítimo em aumentar a taxa de natalidade, pois esse interesse se aplicaria com a mesma força em todos os períodos da gravidez e, com efeito, autorizaria um estado a opor-se veementemente não só ao aborto, mas também à contracepção. A Corte também não quis dizer que os estados devem concluir por si mesmos que um ser dotado de vida potencial tem direitos próprios que teriam de ser protegidos. Como vimos, a Corte sustentou, e com razão, que a questão de saber se o feto é uma pessoa constitucional, e portanto uma pessoa cujos direitos são comparáveis aos direitos constitucionais das outras, deve ser decidida no nível constitucional e não pela legislação estadual; e concluiu então que o feto não é uma pessoa constitucional. Nesse caso, o que poderia significar o interesse do estado pela "vida potencial"?

Entre as respostas que levam em conta as decisões subseqüentes da Corte, a mais convincente é, na minha opinião, a seguinte: embora o feto não seja uma pessoa constitucional, ele é uma entidade que em nossa cultura é dotada de considerável importância moral e emocional, e os estados podem reconhecer e tentar proteger essa importância, sem porém reduzir de modo substancial o direito constitucional da mulher sobre o uso de seu próprio corpo. É cabível que o estado tenha medo dos efeitos que a liberalização do aborto possa ter sobre o respeito instintivo dos cidadãos pelo valor da vida humana e seu horror perante a destruição ou o sofrimento de seres humanos, valores esses que são essenciais para a conservação de uma sociedade justa e minimamente civilizada. Uma comunidade política em que o aborto se tornasse algo extremamente comum e fosse objeto de uma plena indiferença ética, como é a apendicectomia, seria certamente uma comunidade mais desumana e insensível, e talvez fosse mais perigosa.

O interesse do estado pela importância moral do feto aumenta com o desenvolvimento da gravidez e torna-se particularmente intenso depois do momento em que o feto é capaz de sobreviver fora do útero, quando já tem o aspecto de um bebê plenamente formado. É uma questão de semelhança[23]. O respeito instintivo das pessoas pela vida não tende a diminuir significativamente quando elas começam a considerar admissível o aborto de um óvulo recém-fertilizado, assim como não é diminuído quando elas aceitam a contracepção. Mas a investida contra os valores instintivos é quase tão cruel quando um feto de oito meses é abortado quanto seria se um bebê de uma semana fosse assassinado.

Por isso, o interesse do estado é maior depois daquele ponto em que o feto, dada a tecnologia moderna, torna-se capaz de sobreviver fora do útero, e a proibição do aborto voluntário depois desse ponto não sobrecarrega nem compromete significativamente o direito constitucional da mulher[24]. Esse direito é o direito de tomar por si mesma certas decisões fundamentais, e é atendido quando ela tem tempo suficiente, depois de constatada a gravidez, para decidir se

---

23. A importância da semelhança e de se compreender sob essa luz a preocupação da Corte com a viabilidade do feto é habilmente analisada por Nancy Rhoden em "Trimesters and Technology: Revamping *Roe vs. Wade*", *Yale Law Journal*, vol. 95 (1986), p. 639.

24. Aqueles casos em que a ameaça à saúde da mãe ou ao desenvolvimento do feto só é percebida depois desse momento merecem um tratamento constitucional diferente, como a própria Corte observou em *Roe vs. Wade*.

quer ter o filho e para fazer um aborto seguro e conveniente caso não queira[25]. Compreendida dessa maneira, *Roe vs. Wade* não contrapôs os direitos da mulher aos supostos direitos rivais do feto ou de qualquer outra pessoa. Antes, identificou um esquema de regulamentação que permite que os estados atendam às suas mais prementes necessidades sem comprometer substancialmente os direitos da mulher.

Para elaborar esse esquema, a Corte teve de escolher um determinado ponto ou período da gravidez a fim de torná-lo claro o suficiente para poder ser aplicado pelos juízes e outras autoridades[26]. Se tivesse dito simplesmente que o estado tem de dar à mulher um tempo "grande" ou "razoável" para decidir sobre o aborto depois de constatada a gravidez, teria deparado com uma sucessão de testes judiciais provocados pelos legislativos estaduais nos quais a linha de proibição seria traçada cada vez mais cedo, e teria assim de definir a linha de qualquer modo. A decisão da Corte de tomar a sobrevivência fora do útero como o evento crucial, o qual ocorre em geral entre a vigésima terceira e a vigésima quarta semana, tem muitos pontos em seu favor. Esse momento demarca um estágio distinto da gravidez, depois do qual a diferença entre um feto e um bebê prematuro já não depende do desenvolvimento, mas do ambiente em que cada qual se encontra. Uma vez que a viabilidade só ocorre depois do momento em que a mulher começa a sentir os movimentos do feto em seu ventre, ela tem tempo suficiente para decidir a respeito do aborto depois de constatar que está grávida. (As mães adolescentes, em especial, muitas vezes só descobrem que estão grávidas quando o bebê começa a se mexer; a

---

25. Noventa por cento dos abortos são realizados no primeiro trimestre de gravidez; só 1 por cento é feito depois da vigésima semana; e só 0,01 por cento no terceiro trimestre. Ver o "Brief of the American Medical Association [e os de várias outras associações de médicos] as Amici Curiae in Support of Appellees".

26. Para uma boa explicação da função tradicional da Corte de tornar os princípios aplicáveis através de uma determinada estratégia, ver Lawrence G. Sager, "State Courts and the Strategic Space between Norms and Rules of Constitutional Law", *Texas Law Review*, vol. 63 (1985), p. 959.

menstruação da adolescente às vezes é muito irregular ou mesmo inexistente antes da gravidez, de tal modo que esta não é constatada antes dos movimentos do bebê.)

Alguns críticos temiam que os avanços da tecnologia médica possibilitassem que os fetos pudessem viver fora do útero muito antes disso, o que obrigaria a Corte a mudar seu critério; num pleito anterior, a juíza O'Connor disse que, por esse motivo, o caso *Roe vs. Wade* estava em "rota de colisão" consigo mesmo. Mas, hoje em dia, o consenso dos médicos declara que esse temor não tem fundamento; segundo o resumo dos pareceres entregue no caso *Webster* pela Associação Médica Norte-Americana e outras associações de médicos, existe "um limite anatômico para a sobrevivência do feto entre a vigésima terceira e a vigésima quarta semanas de gestação... porque, antes [desse momento], o pulmão do feto não está maduro o suficiente para permitir a respiração normal ou mesmo a respiração com auxílio mecânico".

Uma decisão da Suprema Corte, e sobretudo uma decisão que reconheça direitos constitucionais individuais, não deve ser revogada a menos que seja evidentemente errada ou se tenha provado completamente inviável[27]. *Roe vs. Wade* não é errada, e muito menos evidentemente errada. O parecer do juiz Blackmun poderia ter sido mais claro sob alguns aspectos, e a Corte poderia ter escolhido outro evento da gestação que não a possibilidade de sobreviver fora do útero, mas que ocorresse mais ou menos na mesma época, como por exemplo o início do funcionamento neocortical, para demarcar o ponto a partir do qual o aborto poderia ser proibido[28]. Mas esses não são motivos suficientes para se solapar o direito constitucional, revogando a decisão agora. A Corte deve combater a todo custo a idéia cínica – já bas-

---

27. No caso *Webster vs. Reproductive Health Services*, cento e quarenta senadores e deputados norte-americanos entregaram um parecer na qualidade de *amici* no qual afirmavam que o respeito pelas leis se enfraqueceria se *Roe vs. Wade* fosse revogada.

28. Ver Gary B. Gertler, "Brain Birth: A Proposal for Defining When a Fetus is Entitled to Human Life Status", *Southern California Law Review*, vol. 59 (1986), p. 1061.

tante popular entre os que a criticam – de que o direito constitucional depende inteiramente de quem foi o presidente que nomeou os últimos juízes.

Se a Corte decidir (acertadamente) não revogar nem restringir substancialmente a abrangência de *Roe vs. Wade*, terá de decidir as questões constitucionais mais limitadas suscitadas pelo caso *Webster*. Como eu disse, os tribunais de primeira instância declararam a inconstitucionalidade de diversos dispositivos do estatuto do Missouri. Atualmente, o estado já não contesta algumas dessas decisões, e apresenta interpretações implausíveis e benignas de outros dispositivos para salvá-los da inconstitucionalidade. A grande controvérsia que ainda não foi resolvida diz respeito à proibição, por parte do estado, do uso de instalações públicas para a realização de abortos, mesmo quando os abortos são feitos por médicos particulares e custeados por particulares.

O estatuto define "instalações públicas" de maneira muito ampla: "qualquer instituição pública, instalação pública, equipamento público, ou qualquer bem público possuído, arrendado ou controlado por este estado ou por qualquer um de seus órgãos, autarquias ou subdivisões políticas". Assim, ficaria proibido o aborto no Centro Médico Truman em Kansas City – onde se realizaram 97 por cento de todos os abortos feitos no Missouri a partir de 16 semanas de gestação em 1985 –, não obstante o fato de esse centro médico ser um hospital particular administrado por empresas privadas, onde trabalha uma maioria de médicos independentes; o aborto seria proibido ali só porque o hospital se localiza num terreno arrendado por uma subdivisão política do estado[29].

Para defender o dispositivo, o Missouri apela a decisões anteriores da Suprema Corte. Em *Maher vs. Roe*[30], a Corte corroborou o direito do estado de financiar a assistência médica para o parto mas não para o aborto, e em *Poelker vs.*

---

29. Ver a súmula de alegações dos apelantes em *Webster vs. Reproductive Health Services*, p. 48.

30. *Maher vs. Roe*, 432 U.S. 464 (1977).

Doe[31] permitiu que um estado tivesse instalações para fazer partos, mas não abortos, num hospital público. A Corte disse que, embora os estados não possam proibir o aborto, também não precisam eles mesmos entrar no ramo. Os estados, pela Constituição, podem preferir o parto ao aborto e reservar fundos somente para o primeiro.

As decisões dos processos *Maher* e *Poelker* foram criticadas porque permitem que os estados desencorajem as pessoas de exercer seus direitos constitucionais. Mas mesmo que aceitemos essas decisões, elas não justificam a proibição ampla do Missouri. É claro que os estados não têm a obrigação de subsidiar ou apoiar o exercício de todos os direitos constitucionais, e, na distribuição de seus benefícios, podem seguir o curso que lhes agradar. Sem violar nenhum direito de liberdade de expressão, podem, por exemplo, publicar livros conservadores e se recusar a distribuir qualquer outro material político.

Mas os argumentos do Missouri deixam de lado outra distinção importantíssima. De fato, um estado pode se recusar a participar de um ato que não aprova, em circunstâncias nas quais seria o autor do ato ou seria tomado como tal. Pode, por exemplo, se recusar a distribuir críticas de seus próprios cursos de ação política, e ao fazê-lo não está violando nenhum direito de liberdade de expressão. Mas um estado não pode usar seu poder econômico ou seu controle de recursos essenciais para desencorajar os cidadãos de exercer seus direitos constitucionais numa circunstância em que o estado não seria visto como o autor ou um defensor das ações desses cidadãos. Uma prefeitura municipal não pode forçar as bancas de jornal de um *shopping center* construído em terreno público a só vender os jornais que ela aprovar. Não pode forçar os teatros aos quais fornece água, luz e proteção policial a só pôr em cartaz as peças que ela determinar.

Talvez só um estado que pague o aborto de suas cidadãs ou proporcione o aborto em hospitais públicos e gratui-

---

31. *Poelker vs. Doe*, 432 U.S. 519 (1977).

tos esteja se declarando neutro em relação ao aborto e ao parto ou possa ser compreendido como tal. Isso porque o estado é necessariamente o autor da destinação que dá ao seu dinheiro e de seus serviços de saúde pública. Mas é absurdo que um estado seja tomado como autor dos abortos realizados por médicos particulares e pagos com dinheiro de particulares, só porque o hospital em que esses abortos se realizam é custeado pelo estado de algum modo ou se localiza num terreno que, por acaso, pertence ao estado.

Na verdade, o Missouri não adotou essa rigorosa proibição porque quer evitar se declarar neutro a respeito do aborto, mas sim porque pretende tornar o aborto tão caro e dificultoso quanto possível a fim de desencorajar seus cidadãos de exercer seus direitos constitucionais. Para esse fim, impõe todas as medidas que seus governantes possam tomar e que os tribunais federais ainda não tenham condenado, inclusive medidas tão evidentemente inconstitucionais que os próprios procuradores de estado não se ocupam seriamente de defendê-las quando são atacadas. Isso é inadmissível: um estado não pode declarar guerra contra seu próprio povo só por estar irado com o fato de o povo ter o direito do seu lado.

Infelizmente, se a Suprema Corte der sinais de estar agora mais disposta a aceitar as restrições ao aborto do que esteve no passado, esse lamentável espetáculo há de continuar. Outros estados vão adotar normas positivas cada vez mais restritivas e vão provocar um número cada vez maior de testes judiciais para ver até onde a Corte pretende ir. Foi exatamente isso que Charles Fried previu no final da audiência de instrução. Pediu aos juízes que, mesmo que não revogassem *Roe vs. Wade*, pelo menos não dissessem nada "que fortalecesse ainda mais essa decisão como premissa segura para o raciocínio em ações futuras". Em prol da ordem, do decoro e sobretudo dos princípios constitucionais, os juízes devem se recusar a aceitar esse mau conselho.

29 de junho de 1989

2. *Um veredicto adiado*

No dia 3 de julho de 1989, a Suprema Corte tomou uma decisão em relação a *Webster vs. Missouri Reproduction Services*, o caso de aborto que durante vários meses foi tema de campanhas políticas, manifestações e debates públicos num grau nunca antes visto. Por cinco votos contra quatro, a Corte manteve todos os dispositivos da lei de restrição ao aborto elaborada pelo estado do Missouri que lhe foram apresentados, revertendo as decisões de tribunais federais de instância inferior que haviam declarado a inconstitucionalidade desses dispositivos.

O dispositivo mais importante do estatuto do Missouri proíbe terminantemente o aborto em qualquer "instalação pública", definida de maneira muito ampla como "qualquer instituição pública, instalação pública, equipamento público, ou qualquer bem público possuído, arrendado ou controlado por este estado ou por qualquer um de seus órgãos, autarquias ou subdivisões políticas". Uma vez que o estatuto proíbe o aborto em qualquer um desses casos, mesmo que o aborto seja pago com o dinheiro de um particular e executado por um médico particular, ele terá o efeito de negar o aborto a muitas mulheres pobres demais ou incapazes de encontrar um médico e um hospital que não tenham ligação alguma com o estado[32]. Trata-se de uma restrição gra-

---

32. Em seu voto, a juíza O'Connor chamou a atenção para a definição ampla de "instalação pública" e afirmou que algumas aplicações da lei – contra

ve e discriminatória, que, pelo que podemos esperar, será imitada por outros estados.

Não obstante, a decisão da Corte não chegou a restringir tanto o direito das mulheres a fazer aborto quanto os grupos antiaborto esperavam que ela fizesse. Tanto o estado do Missouri quanto a administração Bush haviam pedido à Corte que aproveitasse a oportunidade para revogar *Roe vs. Wade*, a famosa – e muito criticada – decisão que a Corte tomou em 1973 e pela qual foi derrubada a lei texana que proibia completamente o aborto exceto para salvar a vida da mãe. A Corte disse na época que os estados não podem proibir o aborto, exceto para proteger a mãe, antes do terceiro trimestre de gravidez. O parecer principal em *Webster*, escrito pelo primeiro-juiz William Rehnquist, afirma que a Corte não estava revogando *Roe vs. Wade* porque não estava determinando que os estados poderiam condenar o aborto como um crime mesmo no começo da gravidez. Mas o mesmo parecer também diz que a Corte estava abandonando a "rígida estrutura trimestral" de *Roe*, que proibia qualquer regulação do aborto antes do terceiro trimestre exceto para proteger os interesses da mãe. O parecer deixa em aberto a possibilidade de que a Corte venha a revogar *Roe* no futuro, e com efeito convoca os estados a pôr em vigor leis ainda mais restritivas do que a proposta pelo Missouri. A questão do aborto tem dominado toda a política estadual nos Estados Unidos desde que a decisão foi anunciada.

O voto de Rehnquist só foi aceito sem reservas por dois outros juízes – White e Kennedy. Uma vez que os juízes Scalia e O'Connor concordaram com o grupo de Rehnquist em que as leis do Missouri que restringem o aborto são

---

hospitais privados que arrendassem equipamentos ou terras do governo, por exemplo – poderiam ser inconstitucionais apesar da decisão da Corte em *Webster*. O'Connor votou pela manutenção da lei em face da acusação de inconstitucionalidade porque pensa que a aplicação "simples e direta" da lei aos abortos realizados em hospitais públicos comuns é admissível em vista dos precedentes. Seus senões são importantes porque seu voto foi essencial para a corroboração do estatuto.

constitucionais, a decisão de reverter o veredicto dos tribunais inferiores foi uma decisão de maioria e foi, portanto, uma decisão da Corte enquanto tal. Mas tanto Scalia quanto O'Connor rejeitaram partes importantes do voto do relator Rehnquist, e quatro juízes, unidos em torno de um voto violento e eloqüente escrito pelo juiz Blackmun, rejeitaram-no quase por completo. Assim, o voto vencedor representa plenamente a opinião de não mais do que três juízes, e é errado afirmar, como fizeram muitos comentaristas, que suas observações sobre *Roe vs. Wade* já mudaram o direito constitucional. Não obstante, o voto deve ser estudado cuidadosamente: ele nos mostra como um importantíssimo grupo de juízes vai votar em demandas futuras não só sobre o aborto, mas também sobre outras liberdades individuais que a Suprema Corte, nas últimas décadas, tem trabalhado para proteger contra as opiniões da maioria.

O juiz Scalia, num indignado voto concordante, disse que a corte se mostrava irresponsável por não revogar *Roe vs. Wade* desde já. Afirmou que a atitude de Rehnquist deixava os estados em dúvida quanto a seus direitos e submetia a Corte a uma pressão política contínua e inadequada. A juíza O'Connor, pelo contrário, criticou o voto de Rehnquist não por não tomar uma posição indefinida, mas por assumir uma posição definida demais a respeito de *Roe*. Disse ela que Rehnquist havia simplesmente inventado um falso conflito entre a lei do Missouri e a estrutura trimestral de *Roe vs. Wade*, e citou diversos argumentos de autoridade, entre os quais votos proferidos anteriormente pelo próprio Rehnquist, em favor da idéia de que a Suprema Corte não deve se pronunciar acerca de questões de direito constitucional que não são levantadas pelo caso em pauta. Asseverou: "Quando a constitucionalidade da lei do aborto aprovada por um estado depender de fato da constitucionalidade de *Roe vs. Wade*, teremos tempo mais que suficiente para reexaminar *Roe*, e o faremos com todo o cuidado."[33]

---

33. Atualmente, a juíza O'Connor parece ser o fiel da balança cujos votos e pareceres tenderão a determinar as decisões futuras a respeito do aborto.

O'Connor tinha toda razão[34]. Rehnquist afirmou que só uma seção da lei do Missouri era incompatível com a teoria de *Roe vs. Wade*: a seção 188.029, que exige dos médicos que, antes de fazer um aborto em qualquer mulher que lhes pareça estar grávida há vinte semanas ou mais, determinem se o feto é viável, empregando para tanto "todos os testes e exames médicos necessários para determinar a idade gestacional, o peso e a maturidade pulmonar do feto".

Os tribunais federais de instância inferior consideraram essa lei inconstitucional por exigir a realização de exames caros e às vezes perigosos, mesmo que do ponto de vista médico não sejam necessários. Se fosse essa a interpretação correta, o dispositivo seria inconstitucional por ser irracional, independentemente de *Roe vs. Wade*. Mas Rehnquist salvou-o com uma interpretação diferente: disse que, apesar de sua linguagem aparentemente imperativa, ele deve ser interpretado como uma exigência daqueles exames que só um médico "cuidadoso e prudente" realizaria naquelas circunstâncias[35]. Disse então que, uma vez que a lei exige

---

Observadores cuidadosos notaram que, no voto concordante que ofereceu neste caso, ela se mostra menos contrária do que em ocasiões anteriores a garantir às mulheres um direito substancial ao aborto. Mesmo em votos anteriores, porém, ela não parecia opor-se à idéia de que os estados não devem depositar um fardo "indevido" sobre a opção pelo aborto, e chegou a afirmar que toda disciplina legal que significasse na prática uma proibição total do aborto no início da gravidez (exceto para salvar a vida da mãe) poderia ser "indevida". Isso talvez explique, em parte, as críticas mordazes e paternalistas que o juiz Scalia fez ao voto concordante de O'Connor. Ele a ridicularizou por dizer que "o estado tem um interesse na vida potencial quando a viabilidade é possível" e tachou essa frase de "irracional" porque, como a viabilidade significa que a vida é possível, a possibilidade da viabilidade significa a possibilidade de uma possibilidade, o que é absurdo. O instinto lingüístico de O'Connor, porém, é melhor do que o de Scalia. Na literatura médica e jurídica, "viável" é o feto que atingiu aquele estágio de desenvolvimento físico, e particularmente de capacidade pulmonar, que torna possível a sua sobrevivência fora do útero. Por isso, é perfeitamente lógico dizer que a viabilidade é possível, e não garantida, quando não se sabe se um feto tem só vinte semanas ou até vinte e quatro semanas de idade gestacional.

34. Em seu voto divergente, o juiz Blackmun afirmou exatamente a mesma coisa, detalhando-a cuidadosamente.

35. O juiz Stevens, em seu voto divergente, criticou a interpretação de Rehnquist.

dos médicos que façam esses exames mesmo que tenham motivos para pensar que o feto não tem mais de vinte semanas, ele viola a estrutura rígida de *Roe vs. Wade*, visto que, caso se constatasse que o feto realmente não tinha mais de vinte semanas, o estado, pela exigência de exames, teria interferido num aborto de segundo trimestre, e *Roe* não permite essa interferência.

Trata-se de um argumento inacreditavelmente ruim. O próprio Rehnquist citou as constatações da instância inferior, de que "os médicos têm certeza absoluta de que um feto de 20 semanas *não* é viável" e que "uma idade gestacional de 23 semanas e meia a 24 semanas é a mais precoce em que existe uma possibilidade razoável de viabilidade". Mas acrescentou que a instância inferior "também constatou que poderia haver um erro de até 4 semanas na estimativa da idade gestacional... [e uma tal possibilidade de erro] justifica a realização de exames [quando os médicos têm motivos para pensar que o feto está com 20 semanas]". Nesse caso, ao contrário do que diz o argumento de Rehnquist, pode-se atribuir às exigências médicas do Missouri um objetivo perfeitamente concorde com a estrutura trimestral: aliás, esse objetivo *tem de* ser-lhes atribuído para que elas não sejam consideradas irracionais. O objetivo delas é que os médicos não façam irrefletidamente o aborto de um feto viável. Tanto a Associação Médica Norte-Americana quanto um grupo de médicos contrários ao aborto, em seus pareceres apresentados à Corte, evidenciaram que exames não invasivos e relativamente baratos, como o exame de ultra-som, podem confirmar o juízo de um médico de que um feto não chegou ainda a 24 semanas, habilitando-lhe assim a fazer por inferência as outras constatações que o estatuto lhe exige. Se o juízo se confirma, ele fica livre para fazer o aborto sem ter de fazer outros exames. Se não se confirma, o feto é capaz de sobreviver fora do útero e o Missouri pode proibir o aborto baseado na estrutura de *Roe vs. Wade*.

Roe vs. Wade admite que os estados têm um interesse "premente" pela prevenção do aborto de fetos viáveis, e permite assim que os estados adotem leis razoáveis para garantir que esses fetos não sejam abortados por negligência. A exigência de que os médicos realizem todos os exames que seriam feitos por um médico cuidadoso e prudente para confirmar a inviabilidade do feto é sem dúvida uma lei razoável que visa a esse fim. O juiz Blackmun, que proferiu o voto decisivo em *Roe vs. Wade*, disse em seu nome e em nome dos juízes Brennan e Marshall que, se a seção 188.029 fosse interpretada como Rehnquist a interpretava, ela seria claramente constitucional dentro da estrutura de trimestres; e o juiz Stevens, em seu voto divergente isolado, disse o mesmo. Até o parecer do Serviço Reprodutivo do Missouri, a instituição queixosa que contestou o estatuto, admitiu esse ponto. Afirmou que a interpretação que Rehnquist enfim adotou era implausível, mas disse que, caso a interpretação apresentada neste parágrafo fosse adotada, os queixosos já não teriam objeções a fazer contra o dispositivo.

Assim, Rehnquist não apresentou seu péssimo argumento na tentativa de reconciliar sua decisão com os precedentes judiciais, como costumam fazer os juízes, mas sim para demonstrar que a mesma decisão era *incoerente* com os precedentes; e isso é extraordinário. Chega-se irresistivelmente à conclusão de que ele se havia determinado desde antes a atingir de algum modo *Roe vs. Wade* sem revogá-la explicitamente. Para aqueles que se preocupam com o futuro do direito constitucional no que diz respeito aos direitos individuais, a questão que com mais força se impõe é: por que ele fez isso? Scalia sugeriu uma explicação deprimente na amarga predição de que o voto de Rehnquist será louvado, no futuro, como "um triunfo da capacidade de bem conduzir os negócios públicos no poder judiciário". É possível que Rehnquist tivesse a esperança de contentar o máximo número possível de partes envolvidas no debate sobre o aborto, afirmando ao mesmo tempo que a Corte deixava *Roe vs. Wade* "incólume" e refutava a lógica fundamental daquela decisão, ignorando essa contradição em termos.

O voto divergente de Blackmun, irado mas poderoso, sugere uma explicação diferente, menos salomônica e mais maquiavélica: Rehnquist, White e Kennedy de fato teriam a intenção de revogar *Roe* por completo e tirar das mulheres todos os seus direitos constitucionais à prática do aborto, mas não pretenderiam fazê-lo direta e francamente, tendo então de bater-se contra argumentos contrários e toda a força da opinião pública, senão indiretamente e aos poucos. Pode ser que Blackmun tenha razão[36].

Alguns comentaristas, porém, citam indícios em favor de uma interpretação mais favorável do parecer de Rehnquist[37]. Afirmam que Rehnquist e seus colegas podem ter atacado a estrutura de *Roe vs. Wade* para preparar o caminho para formular, em causas futuras, um novo conjunto de princípios que contrabalance de modo um pouco diferente os direitos do estado e os das mulheres: que dêem aos estados um poder maior de disciplinar o aborto do que sob a regência de *Roe vs. Wade*, e mesmo assim confirmem que a mulher tem o direito constitucional de decidir se quer ou não dar continuidade a uma gestação indesejada – bem entendido, um direito mais limitado do que o reconhecido por *Roe*.

Acaso encontramos indícios, no voto de Rehnquist, de que ele e os juízes que a ele se uniram pretendem garantir para as mulheres um direito limitado ao aborto? Segundo o voto, eles vêem o aborto como uma "faculdade protegida

---

36. O parecer de Rehnquist não desautoriza essa interpretação. Seu grupo não tinha os votos necessários para revogar *Roe vs. Wade* porque, neste caso, O'Connor deixou claro que não o faria. Se Scalia tivesse se unido a eles, os jornais teriam dado em manchete que a Corte, por cinco votos a quatro, havia decidido não repelir *Roe*. Por outro lado, se tivessem dito – como queria O'Connor – que o estatuto do Missouri é constitucional por ser perfeitamente compatível com *Roe* e outros precedentes, essa alusão formal a *Roe* pareceria confirmar seu lugar na jurisprudência constitucional. Por isso, o grupo de Rehnquist fez o que pôde fazer para prejudicar *Roe* nesta ocasião, afirmando que a Corte, pelo simples fato de aprovar a lei do Missouri, destruía os princípios que justificavam aquele precedente, embora não derrubasse a disciplina legal dele decorrente.

37. Ver a coluna de Anthony Lewis, *New York Times* (6 de julho de 1989).

pela cláusula do devido processo", e, na opinião deles, qualquer diferença entre essa linguagem e a afirmação de que as mulheres têm o direito fundamental de fazer aborto é "abstrata". Com isso, eles parecem reconhecer pelo menos uma certa proteção constitucional para o direito de escolha da mulher. Mas outros juristas têm medo do contrário disso: temem que a transição terminológica da linguagem da proteção de direitos para a linguagem das faculdades, longe de ser uma mudança puramente acadêmica, significa que o grupo de Rehnquist, no final, não vai aceitar nenhum limite significativo para o poder dos estados de disciplinar ou mesmo proibir o aborto.

Para compreender esse medo, temos de entender um elemento de prática constitucional. A Suprema Corte fez uma distinção entre dois critérios que usa para saber se um estado tem o poder constitucional de limitar a liberdade dos indivíduos a fim de levar a cabo um curso de ação ou um objetivo coletivo. O primeiro é o critério do "interesse premente", que foi usado em *Roe vs. Wade* e em outras causas onde estavam em jogo importantes liberdades pessoais e que só permite que a liberdade seja diminuída quando isso é necessário para a proteção de algum interesse importante do estado, qual seja, no caso, a proibição do aborto de fetos capazes de sobreviver fora do útero.

O segundo, muito mais fraco, é o critério da "relação racional" que a Corte usa para julgar a legislação econômica, e que só exige que o curso de ação proposto pelo estado seja "válido" ou "legítimo" e que haja alguma relação racional entre a limitação de uma faculdade e a promoção desse curso de ação. Na prática, a legislação estadual quase sempre passa no critério da relação racional, pois pode-se provar que quase qualquer lei tem relação com algum objetivo que um estado pode querer realizar. Mas as leis que limitam a liberdade quase nunca passam no critério do "interesse premente", pois sempre se podem encontrar meios menos restritivos pelos quais uma determinada opção política estadual pode se realizar. A proibição de protestos políticos impopulares facilitaria para o estado a conservação da ordem pública nas ruas, por exemplo, mas isso não seria suficiente para justificar uma proibição, pois o protesto político é protegido pelo critério do interesse premente e existem meios menos drásticos de se impedir a ocorrência de tumultos. Por isso, na prática, as causas constitucionais não são decididas *depois* de os juízes optarem por um dos dois critérios, mas no ato mesmo dessa opção. (Aconteceu às vezes de a Corte adotar um critério intermediário, mais exigente que o da relação racional e menos do que o do interesse premente. Foi isso que ela fez em certos casos de discriminação entre os sexos, por exemplo.)

A definição que Rehnquist propõe, do aborto como uma "faculdade", dá a entender que ele pretende empregar o critério mais fraco na decisão de futuras causas relacionadas ao aborto, pois isso faz eco ao parecer divergente que ele deu ainda na época da decisão de *Roe vs. Wade*[38]. Naquele parecer, ele disse ainda que o aborto é uma faculdade protegida pela cláusula do devido processo; e acrescentou:

> Mas essa faculdade não tem uma proteção absoluta contra a sua privação; a proteção diz respeito somente à privação

---

38. Num voto divergente proferido num caso anterior, o juiz White também disse que "o poder da mulher de optar pelo aborto é uma 'faculdade'", mas não é uma faculdade tão "fundamental" que possa justificar "algo mais do que um exame mínimo por parte do judiciário". Seu voto em *Griswold vs. Connecticut* também deve ser levado em conta. Numa nota ao Capítulo 1 deste livro, eu afirmei que, nesse caso, White havia discordado do voto vencedor. Eu estava errado. Deveria ter dito que ele não concordou com o raciocínio desse voto, que reconhecia um direito geral à privacidade, mas aceitou a conclusão, pois pensou que a proibição imposta por Connecticut ao uso de anticoncepcionais pelos casais unidos em matrimônio não tinha relação racional com o único objetivo alegado pelo estado: o de desencorajar o adultério. Embora tenha dito que o interesse do estado deve ser "premente" para justificar a limitação de direitos ligados à família e à procriação, deixou em aberto a possibilidade de ter aceito a lei se Connecticut afirmasse ter agido pela convicção de que a contracepção é imoral em si. Em *Bowers vs. Hardwick*, o próprio White escreveu o parecer da Corte, no qual aprovava um estatuto que criminalizava a sodomia homossexual por um motivo moral. Disse que o estado tinha o direito de impor a moralidade dominante.

sem o devido processo legal. O critério tradicionalmente aplicado à legislação social e econômica consiste em se avaliar se uma lei, como aquela que foi aqui posta em questão, tem uma relação racional com um objetivo válido do estado... Se a lei texana proibisse o aborto mesmo quando a vida da mãe corresse perigo, não tenho dúvidas de que, pelo critério [de relação racional] mencionado [acima], não se poderia identificar uma relação racional entre ela e um objetivo válido para o estado. Mas a anulação geral, por parte da Corte, de toda e qualquer restrição ao aborto durante o primeiro trimestre, simplesmente não pode ser justificada por esse critério.

Mesmo que a Corte resolva adotar o critério mais fraco da relação racional em algumas causas relacionadas ao aborto, isso não significa necessariamente que as mulheres já não terão nenhuma proteção constitucional. Isso porque, se um juiz da Suprema Corte aceitar esse critério, suas opiniões a respeito de quais são os objetivos válidos que um estado pode ter para disciplinar o aborto podem já trazer em si um reconhecimento de certos direitos, que sobreviverão portanto ao teste. Para ilustrar esse fato, basta nos lembrarmos da declaração de Rehnquist, segundo a qual uma lei que proibisse o aborto mesmo quando a vida da mãe corresse perigo não poderia ter relação racional com nenhum objetivo válido. Se definirmos o objetivo válido dos estados simplesmente como o de proteger a vida de todos os fetos, não poderemos negar que a proibição do aborto mesmo quando necessário para salvar a mãe guarda uma relação racional com esse objetivo. A conclusão de Rehnquist só procede se ele definir o interesse legítimo do estado de maneira mais estreita: como o interesse de proteger não todos os fetos, mas, no máximo, somente aqueles que podem ser protegidos sem colocar em risco a vida da mãe.

É claro que, sendo o interesse do estado definido desse modo, decorre daí imediatamente que toda mulher tem o direito de fazer um aborto se este for necessário para salvar sua vida – não porque o critério da relação racional ratifique ou justifique esse direito, mas porque o direito foi artificialmente inserido de antemão, na qualidade de um pressuposto que torna o critério da relação racional mais semelhante ao do interesse premente[39]. Por isso, mesmo que a maioria dos juízes da Corte decida passar a adotar o teste do critério racional nos casos relacionados ao aborto, eles ainda poderão reconhecer um direito significativo ao aborto, mais amplo que o direito da mulher de salvar sua própria vida. Basta que definam os interesses legítimos do estado de modo que já pressuponham na definição esses direitos ulteriores.

Por isso, é importante saber, a partir de uma análise do parecer de Rehnquist, se ele, White e Kennedy estão dispostos a definir desse modo os interesses legítimos dos estados; e começaremos nossa análise apontando os comentários que podem nos sugerir o contrário. Todos os juízes da Corte concordam que, em algum momento da gestação, o estado passa a ter aquilo que em *Roe vs. Wade* foi chamado de interesse legítimo pela proteção de uma "vida humana potencial". Mas essa alegação, tantas vezes reiterada, é ambígua, pois não deixa claro o caráter desse interesse. Em *Roe*, a Corte disse que o interesse só se torna premente quando o feto já é capaz de sobreviver fora do útero. O voto de Rehnquist em *Webster* pôs em xeque essa tese. Ele disse: "Não vemos por que motivo o interesse do estado pela proteção da vida humana potencial só deva tornar-se eficaz quando o feto se torna capaz de sobreviver fora do útero; não se justifica a existência de uma linha rígida que permite a disciplina estadual depois do ponto de viabilidade mas a

---

39. É claro que as mulheres têm o direito constitucional de fazer um aborto se isso for necessário para lhes salvar a vida. Mas Rehnquist não nos dá nenhuma razão para isso, e é difícil encontrar uma razão que seja compatível com sua linha geral de interpretação constitucional. Não há nada no texto da Décima Quarta Emenda ou, que eu saiba, na história legislativa de sua aplicação, que nos dê a entender que seus autores acreditavam que o dispositivo do devido processo poderia impedir um estado de preferir salvar um feto a salvar a mãe se a maioria dos cidadãos aprovasse essa escolha e a confirmasse com o voto. O fato histórico de as leis antiaborto terem aberto essa exceção não é prova de que os autores a vissem como uma exigência da garantia do devido processo.

proíbe antes desse ponto." Citou ainda esta observação de White num processo anterior: "Se o interesse do estado é premente depois do ponto de viabilidade, é igualmente premente antes desse ponto."

Essas observações talvez mostrem que Rehnquist e seus colegas têm uma concepção do interesse do estado pela vida potencial que eliminaria todo o direito das mulheres de controlar suas próprias gestações: o estado teria um interesse legítimo na prevenção da destruição de qualquer óvulo fertilizado, exceto quando tal destruição fosse necessária para salvar a vida da mãe. Se um estado tem o direito de buscar esse objetivo, ele pode, pelo critério da relação racional, proibir o aborto em qualquer estágio da gravidez, uma vez que a proibição total é uma medida razoável, e mesmo necessária, para impedir a destruição dos fetos[40]. Se a maioria dos juízes da Corte aceitasse essa análise no julgamento de um pleito futuro, os estados teriam a liberdade de voltar à era pré-*Roe*: uma mulher pobre demais para viajar para um estado onde o aborto fosse legal teria de escolher entre um aborto ilegal e inseguro e um filho indesejado que arruinaria sua vida.

Não obstante, apesar desse perigo evidente – o perigo de Rehnquist e seus colegas acalentarem essa concepção tétrica dos interesses legítimos de um estado –, o parecer deixa em aberto a possibilidade de eles elaborarem uma definição desses interesses que ainda reconheça um direito significativo ao aborto. Podem, por exemplo, aceitar que o estado só tem o interesse legítimo de proteger o feto através de meios que não neguem às mulheres uma boa oportunidade de pôr fim à gravidez, e podem portanto concluir que o estado não deve proibir completamente o aborto antes do

---

40. Com efeito, essa definição dos interesses do estado justificaria também a proibição dos métodos anticoncepcionais mais seguros e populares, que são abortivos, e das técnicas mais comuns de fertilização *in vitro*, nas quais vários óvulos são fecundados e a maioria deles é descartada; mas é provável que, se Rehnquist e seus colegas adotarem essa definição, eles procurarão evitar essas conseqüências, que são danosas do ponto de vista político.

ponto de viabilidade ou, talvez, antes de algum ponto anterior da gravidez, tardio o suficiente para que a mulher tenha a oportunidade razoável de tomar sua decisão. Afinal de contas, isso seria somente uma extensão – bastante significativa, por sinal – da restrição artificial de Rehnquist, pela qual o interesse do estado só tem por objeto aqueles casos em que a vida da mãe não está em risco[41]. Além disso, como só 0,5 por cento dos quase 1,6 milhão de abortos anuais são feitos hoje depois de vinte semanas de gestação, e só 3,7 por cento são feitos depois de dezesseis semanas, e como, ainda por cima, muitos desses abortos tardios são feitos em casos de emergência médica, Rehnquist e os outros poderiam autorizar a proibição total de quase todos os abortos num período bastante anterior ao preconizado por *Roe vs. Wade* sem que essa decisão viesse a ter grandes efeitos práticos.

Mas passariam então a insistir em que um estado tem *outros* interesses legítimos e igualmente válidos no decorrer de toda a gestação. Poderiam dizer, por exemplo, que o estado tem o interesse legítimo de proteger a saúde da mãe mesmo num aborto precoce, e que, portanto, o estado pode criar regulações médicas feitas de boa-fé em qualquer momento da gestação, ao contrário do que diz *Roe*, que proíbe

---

41. É essa, na verdade, a opinião adotada pela juíza O'Connor em pareceres anteriores. Ver a nota 33, acima. Há várias considerações em favor dessa definição restrita dos interesses do estado. Quase todos concordam, por exemplo, em que a prevenção da dor ou do sofrimento do feto é um objetivo adequado para os estados, e esse objetivo só se torna pertinente numa fase tardia do desenvolvimento do sistema nervoso fetal, que coincide aproximadamente com o momento em que o feto se torna capaz de sobreviver fora do útero. Ver Gary B. Gertler, "Brain Birth: A Proposal for Defining When a Fetus Is Entitled to Human Life Status", *Southern California Law Review*, vol. 59 (1986), p. 1061. E a maioria das pessoas concordaria que o estado deve se preocupar com a possibilidade de que a generalização do aborto de fetos plenamente desenvolvidos venha a tornar seus cidadãos menos sensíveis à morte e ao sofrimento em geral. (Discuto essa idéia sobre o interesse do estado pela vida potencial no Capítulo 1 deste livro.) É pouco provável que o aborto no começo da gravidez, o qual é praticamente indistinguível da contracepção, tenha o mesmo efeito brutalizante do aborto rotineiro de fetos plenamente formados, que não se distinguem dos bebês recém-nascidos.

tal regulação antes do segundo trimestre. (A observação de Rehnquist no parecer contrário à decisão de *Roe*, de que a cláusula do devido processo não justificaria uma "invalidação total de quaisquer restrições ao aborto durante o primeiro trimestre", seria compatível com essa visão.)

Poderiam dizer ainda que o estado tem o interesse legítimo de garantir que toda mulher que esteja pensando em fazer um aborto em qualquer estágio da gestação compreenda o peso moral dessa decisão, seus efeitos sobre outras pessoas que não ela mesma, e todos os motivos que seus pais, o pai da criança e a comunidade como um todo poderiam ter para se opor ao aborto. Aplicando-se o critério da relação racional a essa idéia, poder-se-ia concluir que, embora o estado não tenha o direito de proibir completamente o aborto antes de um ponto avançado da gestação, ele pode impor um período de espera obrigatório, ou exigir que os médicos forneçam às mulheres que pretendem fazer aborto um material informativo com argumentos contrários a essa decisão, ou ainda impor a exigência absoluta do consentimento dos pais mesmo no caso de adolescentes maduras, por exemplo – medidas essas que foram todas declaradas inconstitucionais pela Suprema Corte em decisões posteriores a *Roe vs. Wade* e que tomaram por base a autoridade desta última[42].

Não quero dizer que a revogação dessas decisões seja lógica ou desejável. É verdade que alguns dos casos pós-*Roe* podem ter ido longe demais, mas nenhuma disciplina legal que aumente significativamente a possibilidade de vir a se negar às mulheres uma oportunidade razoável de controlar sua vida de procriação – e pode ser esse o efeito de

---

42. Ver, por exemplo, *City of Akron vs. Akron Center for Reproductive Health*, 462 U.S. 416 (1982), na qual a Corte, por seis votos contra três, derrubou um período de espera obrigatório de vinte e quatro horas; e *Thornburgh vs. American College of Obstetricians and Gynecologists*, 416 U.S. 747 (1986), na qual, por cinco votos contra quatro, declarou inválida uma lei da Pensilvânia que obrigava os médicos a informar as pacientes dos riscos do aborto e de todas as opções de parto, adoção e cuidados infantis fornecidas pelo Estado.

um período de espera obrigatório ou da obrigatoriedade do consentimento dos pais – é compatível, a meu ver, com a melhor interpretação das exigências da Constituição. Também não estou profetizando que Rehnquist, White e Kennedy vão adotar a concepção relativamente moderada dos interesses legítimos do estado que descrevi agora há pouco em vez da concepção extrema que autorizaria os estados a proibir completamente o aborto, exceto em casos de emergência médica. O parecer de Rehnquist, em sua maior parte, não é um argumento fluente, mas uma série de asserções ambíguas e pouco desenvolvidas, que não nos permitem fazer uma previsão confiável[43]. (Pode ser que as divergências entre os três juízes tenham tornado impossível a publicação de um voto menos opaco.) Só quero dizer que essa abordagem relativamente moderada é perfeitamente com-

---

43. É significativo que o parecer não tenha feito eco à afirmação vazia feita por alguns colegas de Rehnquist no passado e repetida nos resumos de alegações do Missouri e da administração Bush: a de que a Constituição não contém doutrina alguma sobre a privacidade e que o direito reconhecido pela Corte em *Roe vs. Wade* tinha sido completamente inventado. Rehnquist, em vez de dizer isso, só apresentou duas críticas a *Roe*. Já discuti a primeira: a asserção obscura e injustificada de que o estado já tem um interesse suficiente pela gestação antes do momento da viabilidade. A segunda foi uma série de estranhas queixas de estilo constitucional: Rehnquist disse que os conceitos essenciais da estrutura de *Roe* – os trimestres da gestação e a viabilidade do feto – não se encontram na Constituição, que essa estrutura é muito rígida e produz distinções demasiado sutis e que ela transformou os tribunais em filiais dos conselhos de medicina.

Rehnquist não fez nenhum esforço para comparar *Roe*, sob esse aspecto, com outras importantes decisões constitucionais; e Blackmun, em seu parecer discordante, não teve dificuldade para identificar diversos exemplos de doutrinas constitucionais incontestes que usam conceitos que não constam do texto da Constituição – como uma doutrina poderia interpretar e formular a linguagem abstrata da Constituição caso se limitasse a repetir essa linguagem? – e se cristalizam em regras nítidas que podem ser aplicadas facilmente pelos cidadãos comuns e membros do judiciário em quase todos os casos, mas exigem a elaboração de distinções sutis nos casos mais difíceis. Se a decisão *Roe* tivesse sido menos rígida e declarasse que o aborto não poderia ser proibido a menos que o estado pudesse razoavelmente fazê-lo em vista dos interesses concorrentes, por exemplo, os juízes não teriam sido protegidos das distinções sutis; antes, estas seriam exacerbadas, e aí sim os tribunais se transformariam em salas de reunião do conselho de medicina.

patível, segundo me parece, com as palavras efetivamente contidas no voto.

De qualquer modo, neste semestre, esses juízes terão oportunidades mais que suficientes para esclarecer suas intenções. A Corte concordou em decidir três novas causas de aborto. Numa delas, entre diversas outras questões de grande gravidade, quer-se saber se um estado pode exigir de uma adolescente que avise ambos os pais antes de fazer um aborto (mesmo que seus pais sejam divorciados e um deles more numa cidade distante e não tenha responsabilidade nenhuma por ela) sem permitir que um juiz ou outro agente público a isente dessa obrigação se julgar que isso atende melhor aos interesses dela[44]. A exigência absoluta de notificar de antemão um pai ou mãe que não tem nem interesse nem responsabilidade pela filha não parece ter nenhuma relação racional com um interesse qualquer do estado em proteger os menores, promover a integridade familiar ou garantir que as adolescentes tenham informações adequadas acerca da gravidade moral do aborto e das alternativas ao aborto. Se Rehnquist, White e Kennedy aceitarem as alegações de Minnesota, terão adotado uma versão particularmente frágil de um critério já frágil por si mesmo.

Há uma outra causa nova que pode vir a ser ainda mais reveladora. O que está em jogo é uma lei do estado de Illinois, pela qual as clínicas que só fazem aborto no primeiro trimestre de gravidez terão de atender a critérios rigorosíssimos de sala de operações, equipamento, espaço, pessoal e outros detalhes que, na opinião da instância inferior, não têm absolutamente nenhuma justificativa do ponto de vista médico[45]. A obediência a esses critérios aumentaria imensamente o custo dos abortos feitos no primeiro trimestre de gravidez e inviabilizaria o funcionamento de muitas clínicas particulares de

---

44. *Hodgson vs. Minnesota*. O tribunal itinerante, por unanimidade, considerou que a exigência de notificar ambos os pais só poderia ser constitucional se um juiz pudesse isentar dela uma adolescente caso considerasse que a isenção atendia melhor aos interesses da menina. Minnesota está apelando dessa decisão.

45. *Turnock vs. Ragsdale*.

aborto. Como a decisão *Webster* permite aos estados proibir o aborto em qualquer hospital ou instalação pública, a confirmação da lei de Illinois teria, para muitas mulheres, o mesmo efeito de negar-lhes totalmente o direito ao aborto, mesmo no começo da gravidez. Não se pode dizer que essa lei tem alguma relação racional com qualquer objetivo, a não ser com o objetivo de revogar, na prática, a decisão de *Roe vs. Wade* no estado de Illinois. Se os três juízes votarem a favor da lei, terão confirmado as idéias de Blackmun acerca dos motivos que os levaram a adotar a posição que adotaram em *Webster*.

Em sua recapitulação, Rehnquist disse: "O objetivo dos julgamentos constitucionais é o de equilibrar, de um lado, aquilo que a Constituição deixa fora do alcance do processo democrático, e, do outro lado, aquilo que ela não deixa. Em nossa opinião, foi isso que fizemos hoje." Essa observação não explica o seu parecer, pois nele ele não diz nada acerca de qual deve ser esse ponto de equilíbrio; diz apenas que *Roe vs. Wade* não conseguiu realizá-lo. Mesmo assim, a observação nos faz lembrar do que dizem os juízes que pretendem revogar direitos constitucionais já estabelecidos: que suas decisões farão dos Estados Unidos um país mais democrático, pois devolverão o poder ao povo. Eles acreditam que todas as restrições à vontade da maioria são antidemocráticas, e que, portanto, será mais democrática uma teoria constitucional que diminua essas restrições.

Em favor da idéia de que a Constituição corrobora sua concepção do correto equilíbrio entre o poder democrático e as restrições constitucionais, eles não oferecem nenhum argumento nem da jurisprudência nem da história, mas somente afirmações desprovidas de justificativa. E sua noção de que a Constituição não passa de uma lista de diretrizes desconexas para a política comum foi rejeitada pelos autores originais da própria Carta Magna, cujas opiniões esses juízes afirmam seguir[46]. Mas, na esteira imediata da decisão

---

46. Ver o Capítulo 1 e meu livro *Law's Empire* (Harvard University Press, 1986), cap. 10.

Webster, a questão que se levanta é a seguinte: será que as decisões recentes da nova Suprema Corte, que diminuem a proteção constitucional oferecida aos indivíduos, terão os benefícios alegados por seus autores? Será que farão dos Estados Unidos um país mais democrático?

Os diferentes aspectos ou concepções do ideal democrático têm diferentes conseqüências para a divisão do poder entre as assembléias legislativas e os tribunais; uma decisão que torna a comunidade mais democrática de um determinado ponto de vista – porque aumenta o poder dos representantes eleitos pela maioria ou por uma pluralidade de eleitores – pode torná-la menos democrática de outro ponto de vista – porque diminui, por exemplo, a eficiência do processo político como meio de revelar e executar a vontade popular. O repentino predomínio da questão do aborto na política estadual e eleitoral em todas as regiões do país expulsou da pauta política uma série de questões econômicas e sociais importantíssimas. Os fundamentalistas e outros grupos antiaborto, que atenderam ao aceno da Corte, já estão preparando várias leis restritivas a ser apresentadas às assembléias legislativas estaduais de todo o país, leis que, segundo esperam, sobreviverão a todos os critérios que a Suprema Corte possa vir enfim a anunciar[47]. Esses grupos são minorias organizadas e dedicadas cuja ação política se centra num único assunto e que, em diversas partes do país, destroem os políticos que tomam por alvo de ataque. Se conseguem fazê-lo, isso não se deve à popularidade de seus pontos de vista, mas ao fato de a maioria dos eleitores estarem preocupados com várias questões e não estarem dispostos a deixar que sua política seja determinada por um assunto somente.

A decisão da Corte, portanto, obrigou os grupos preocupados com os direitos das mulheres a contra-atacar com sua própria política de um único assunto, na esperança de persuadir as mulheres em geral de que também elas devem concentrar os seus interesses políticos exclusivamente na

---

47. Ver *New York Times*, 1 (5 de julho de 1989).

questão do aborto. Esse contra-ataque há de fracassar em alguns estados e vencer em outros, e nos demais há de obrigar os grupos antiaborto a contentar-se com pequenas restrições ao aborto. Não sabemos se os republicanos vão lucrar politicamente com a canhestra tentativa de Bush de vincular essa questão à política partidária; muitos comentadores pensam que o partido do presidente sairá ferido não só em alguns estados como também em nível nacional, pois a maioria das mulheres que se tornaram adultas depois de *Roe vs. Wade* fica escandalizada com essa investida contra um direito que lhe parece perfeitamente natural e essencial para a independência social e financeira das mulheres.

De qualquer modo, a democracia norte-americana será empobrecida pela corrupção da política de um único assunto. As decisões políticas serão menos sensíveis à complexidade da vontade popular; quando os políticos são obrigados a tratar um determinado assunto como a única questão importante, os eleitores comuns têm muito mais dificuldade para expressar suas convicções e preferências ao longo de todo o espectro da realidade política[48]. Não quero dizer,

---

48. Quando se insiste em que as questões morais controversas sejam resolvidas pela política comum, podem-se produzir com isso também outras conseqüências prejudiciais à democracia. As questões morais têm, por exemplo, a peculiar tendência de gerar uma paralisia legislativa que só os tribunais, imunes às pressões dos grupos que defendem interesses especiais, podem romper. Antes de *Griswold vs. Connecticut*, em que a Suprema Corte declarou a inconstitucionalidade das leis que proibiam a contracepção, os legislativos dos estados em que a contracepção era ilegal teriam de enfrentar uma extrema dificuldade para mudar a lei.

Mesmo que essa decisão fosse revogada, porém, seria inconcebível que os estados voltassem a cogitar a possibilidade de impor uma proibição. Evidentemente, a decisão da Corte estabeleceu entre a lei e a vontade da maioria um acordo maior do que o que poderia ser obtido pelo processo eleitoral; e é possível que a mesma coisa seja verdade no que diz respeito ao aborto. A grande maioria dos estados proibia o aborto em diversos graus antes de *Roe vs. Wade*, mas nem mesmo os grupos antiaborto esperam que todos retomem o mesmo nível de proibição se *Roe* for revogada. Por isso, avaliando a questão do ponto de vista histórico, pode ser que a Corte, em 1973, tenha dissolvido um coágulo que congestionava a democracia, um coágulo causado pela convicção de certas minorias e pela apatia dos eleitores de classe média, que de qualquer modo saberiam o que fazer caso precisassem fazer um aborto.

como é óbvio, que a Suprema Corte deva excluir de seu programa qualquer assunto de política comum que lhe pareça estar recebendo uma atenção desproporcional ou que esteja, de alguma outra maneira, impedindo a democracia de funcionar como deve. Afirmo somente que, se a Corte tem bons motivos constitucionais para negar à maioria o poder de limitar certas liberdades individuais, essa decisão pode não prejudicar, mas favorecer os valores democráticos.

A questão de saber se a diminuição das proteções constitucionais favorece ou não a democracia nos conduz a um assunto ainda mais fundamental e mais importante. Desde o Iluminismo, os filósofos políticos vêm debatendo os méritos e deméritos de duas concepções antagônicas da democracia – o governo do povo, e não de uma aristocracia eleitoral qualquer. A primeira é a concepção majoritária: a maioria dos eleitores deve ter sempre o poder de fazer qualquer coisa que lhe pareça correta ou atenda aos seus interesses. A segunda é a concepção comunitária: insiste em que a democracia não é o governo da maioria, pela maioria e para a maioria, mas do povo, pelo povo e para o povo como um todo. A concepção comunitária de democracia exige que cada cidadão não somente tenha uma participação igual no governo, mas também receba deste o mesmo respeito e seja objeto da mesma consideração que os demais cidadãos. Segundo essa concepção, a democracia não é enfraquecida por um sistema de direitos individuais que garanta a integridade das necessidades e interesses básicos de cada pessoa; pelo contrário, ela precisa de um tal sistema. Para ela, a tirania da maioria não é um vício possível da democracia, mas a negação desta.

Um ataque radical aos direitos constitucionais estabelecidos promoveria a concepção majoritária de democracia, e o faria à custa da concepção comunitária; mas foi esta que os Estados Unidos escolheram quando o país nasceu, e é ela que a maioria dos cidadãos gostaria de conservar. As primeiras pesquisas de opinião indicam que a maioria dos norte-americanos consideraram errada a decisão do caso

Webster; e a surpreendente impopularidade do juiz Bork, indicado sem sucesso para a Suprema Corte em 1986, dá a entender que poucos norte-americanos aceitam sua idéia de que a política majoritária vulgar é o melhor instrumento para se decidir em que casos a maioria deve deixar que os indivíduos façam o que bem entenderem.

Há pouco tempo, numa palestra em que se comemorava o bicentenário da Revolução Francesa, François Furet disse que a evolução mais importante da teoria da democracia depois da Segunda Guerra Mundial foi a contínua transição – não só na Europa, mas em democracias de todo o planeta – de um sistema democrático majoritário para um sistema comunitário, no qual os direitos básicos de homens e mulheres são determinados por juízes a partir de uma constituição escrita e abstrata[49]. Com toda razão, não atribuiu essa importantíssima evolução às idéias da Revolução Francesa, mas às da Revolução Norte-Americana. Se os juízes que rejeitam *Roe vs. Wade* têm razão em alegar que a Constituição, adequadamente interpretada, dá às mulheres menos direitos de controlar a própria vida do que a Suprema Corte decidiu no passado, é evidente que estas nossas reflexões acerca da natureza da democracia não oferecem nenhum argumento em contrário. Mas também não ofere-

---

49. Quase todos os países europeus aceitaram a Convenção Européia de Direitos Humanos. A Corte Européia, sediada em Estrasburgo, é encarregada de interpretar a convenção e em diversas ocasiões recomendou a países soberanos que rejeitassem ou modificassem certas decisões de seus parlamentos. Dois terços dos países europeus incorporaram a convenção a suas próprias leis e deram a seus juízes o mesmo tipo de poder; hoje em dia, existe uma forte campanha para que a convenção seja incorporada até mesmo pelo Reino Unido, que está comprometido há mais de um século com a concepção majoritária e com o princípio de supremacia ilimitada do parlamento. No resto do mundo, muitas democracias, inclusive em países em desenvolvimento, estão caminhando na mesma direção: afastando-se do majoritarismo e rumando para a criação de instituições mais fortes de revisão judiciária das leis, que tomem como premissas e interpretem as garantias constitucionais abstratas. Em 1988, por exemplo, a Suprema Corte do Canadá declarou inválida a lei canadense que limitava o aborto, considerando que esta violava os direitos femininos garantidos pela Carta Canadense de Direitos e Liberdades.

cem nenhum argumento *favorável* à idéia deles ou de outras decisões recentes da Suprema Corte, que têm causado apreensão: a idéia de que a obediência a uma maioria temporária em matéria de direitos individuais faz dos Estados Unidos um país mais democrático. A concepção de democracia pressuposta por essas decisões é distante e brutal, e muitos outros países de firme tradição democrática atualmente a rejeitam como uma falsificação. Esses países fazem apelo à nossa liderança e ao nosso papel inspirador, e seria uma vergonha histórica se começássemos agora a deixar de lado nossa mais valiosa e característica contribuição à teoria da democracia.

28 de setembro de 1989

3. O que diz a Constituição

Pediram ao juiz Richard Posner e a mim que debatêssemos a questão dos direitos "não-enumerados". Estou em desvantagem, pois penso que a distinção entre direitos constitucionais enumerados e não-enumerados, pressuposta pela tarefa que nos foi confiada, não tem sentido nenhum. Vou explicar por quê, mas não seria justo se minha contribuição ao esperado debate se limitasse a essa explicação. Quando o assunto "direitos não-enumerados" entra na pauta de uma conferência, o público espera ouvir alguma discussão acerca do aborto, a questão constitucional mais violentamente debatida em nossos tempos. Por isso, quando a distinção entre direitos enumerados e não-enumerados estiver seguramente posta de escanteio junto com outros conceitos jurídicos ignominiosamente exilados para a terra da má filosofia, vou tentar explicar como essa questão constitucional deve ser resolvida.

A verdadeira Declaração de Direitos

Estamos comemorando a Declaração de Direitos, que para nós inclui as emendas feitas depois da Guerra Civil. Para começar, peço a você que, em sua imaginação, leia essa parte da Constituição. Certas partes da Declaração de Direitos são bastante concretas, como a Terceira Emenda, que proíbe o aquartelamento de tropas em tempo de paz. Outras se situam num nível médio de abstração, como a Primeira Emenda, que garante a liberdade de expressão, imprensa e religião. Mas certos dispositivos fundamentais estão formulados numa terminologia maximamente abstrata de moralidade política. A Décima Quarta Emenda, por exemplo, impõe a "igualdade" de proteção das leis, e assevera também que nem a vida, nem a liberdade, nem a propriedade de uma pessoa devem ser tomadas sem que se siga o "devido" processo legal. Em certos contextos, pode parecer que essa linguagem trata somente do procedimento – não restringe o tipo de leis que o Estado pode aprovar e impor, mas só estipula como ele deve aprovar e impor as leis que quiser. Entretanto, a história do direito rejeitou essa interpretação estreita; e, quando entendemos que os dispositivos constitucionais não são somente procedimentais, mas também substantivos, ficamos pasmos com a sua amplitude. Isso porque, nesse caso, a Declaração de Direitos não obriga o Estado a nada menos que tratar com a mesma consideração e o mesmo respeito todos os indivíduos sujeitos ao seu domínio, e a não infringir as liberdades mais básicas dos cidadãos, que, segundo um grande jurista, são as liberdades essenciais para a própria idéia de "liberdade ordenada"[50].

A leitura natural da Declaração de Direitos

Portanto, segundo a sua leitura mais natural, a Declaração de Direitos estabelece um corpo de princípios, alguns extremamente concretos, outros um pouco mais abstratos, e outros ainda de uma abstração quase ilimitada. Tomados em seu conjunto, esses princípios definem um ideal político: constroem o esqueleto constitucional de uma sociedade de cidadãos iguais e livres. Preste atenção em três caracte-

---

50. Benjamin Cardozo, juiz da Suprema Corte, em *Palko vs. Connecticut*, 302 U.S. 319, 325 (1937).

rísticas dessa notável arquitetura. Em primeiro lugar, esse sistema de princípios é abrangente, pois ordena tanto a igualdade de consideração quanto as liberdades básicas. Em nossa cultura, são essas as duas principais fontes de todas as afirmações de direitos individuais. Por isso, é estranho que uma pessoa que acredita que cidadãos livres e iguais deveriam ter a garantia de um determinado direito individual não pense também que a própria Constituição já contém esse direito, a menos que a história constitucional o tenha rejeitado de forma decisiva. Este é um fato importante dos raciocínios e julgamentos constitucionais, do qual vou voltar a tratar mais adiante.

Em segundo lugar, como a liberdade e a igualdade sobrepõem-se em grande medida, cada um dos grandes artigos abstratos da declaração de direitos é abrangente desse mesmo modo. Os direitos constitucionais particulares que decorrem da melhor interpretação do dispositivo de igualdade de proteção, por exemplo, provavelmente decorrem também da melhor interpretação da garantia do devido processo. Por isso (como nos lembrou o juiz John Paul Stevens[51]), a Suprema Corte não teve problema algum para determinar que, embora o dispositivo de igualdade de proteção não se aplique ao Distrito de Colúmbia, a segregação racial nas escolas era inconstitucional também nesse Distrito em virtude da garantia do devido processo da Quinta Emenda, que se aplica a ele. Com efeito, é muito possível que, mesmo que a Primeira Emenda não existisse, os tribunais norte-americanos já tivessem há muito tempo deduzido as liberdades de expressão, imprensa e religião das garantias de liberdades básicas da Quinta e da Décima Quarta Emendas.

Em terceiro lugar, a Declaração de Direitos parece, portanto, dar aos juízes um poder quase inacreditável. Segundo manda nossa cultura jurídica, os juízes – e sobretudo os juízes da Suprema Corte – têm a última palavra acerca da in-

---

51. John Paul Stevens, juiz da Suprema Corte, "The Bill of Rights: A Century of Progress", *U. Chi. L. Rev.*, vol. 59 (1992), pp. 13, 20.

terpretação da Constituição. Uma vez que os grandes artigos mandam apenas que o governo demonstre a mesma consideração e o mesmo respeito pelas liberdades básicas – sem especificar de modo mais detalhado o que isso significa e o que daí decorre –, cabe aos juízes declarar quais são as exigências concretas da igualdade de consideração e quais são efetivamente as liberdades básicas. Mas isso significa que os juízes são obrigados a responder a perguntas profundas, controversas e dificílimas de moralidade política que os filósofos, estadistas e cidadãos vêm debatendo há muitos séculos sem chegar a um consenso. Significa que todos nós, os outros, temos de aceitar as conclusões da maioria dos juízes da Suprema Corte, cuja compreensão dessas grandes questões não é maior que a sua ou a minha. Isso parece injusto; chega a meter medo. Muita gente pensa que os juízes dotados desse tipo de poder vão impor convicções liberais a uma maioria de pessoas menos liberais. Mas é igualmente possível que imponham convicções conservadoras a uma maioria menos conservadora, como a Suprema Corte fez em *Lochner vs. New York* e está fazendo de novo agora nas decisões relativas à ação afirmativa, por exemplo. O ressentimento que a maioria das pessoas sente em relação ao fato de juízes não eleitos terem um tal grau de poder atinge a todos, independentemente do partido.

O revisionismo constitucional

De qualquer modo, muitos constitucionalistas acadêmicos já pensam há muito tempo que sua principal tarefa consiste em provar para si mesmos, para as pessoas formadas em direito e para o público em geral que a Constituição não quer dizer aquilo que nela está escrito – que, quando adequadamente entendida, ela na verdade não atribui aos juízes esse poder extraordinário e aparentemente injusto. A estratégia revisionista é simples. Ela nega que a Declaração de Direitos tenha essa estrutura que, segundo eu disse, é a sua interpretação natural. Pretende pintar um quadro diferente dessa Declaração, como se ela não definisse o esqueleto de uma concepção geral de justiça, mas fosse somente uma lista obsoleta das exigências particulares que um pequeno número de pessoas, há muito tempo, por acaso considerava importantes. Tem a esperança de que a declaração de Direitos deixe de ser uma carta constitucional e se transforme num documento com a mesma textura e o mesmo tom de uma apólice de seguros ou um contrato padronizado de arrendamento comercial.

Sob um aspecto, esse esforço revisionista coletivo foi extraordinariamente bem-sucedido. Alcançou o triunfo orwelliano, realizou o sonho do publicitário político: conseguiu lançar sobre seus adversários as suas próprias vergonhas e vícios. Persuadiu quase todos de que aqueles que pretendem fazer da Constituição uma lista antiquada estão na verdade protegendo o documento, e que aqueles que obstinadamente afirmam que a Constituição quer dizer o que nela está escrito são os inovadores e usurpadores. Mesmo os juízes que aceitam a grande responsabilidade que a Constituição lhes impõe adotam os nomes dúbios que seus adversários revisionistas lhes atribuem. Chamam-se de "ativistas", ou "antiinterpretativistas", ou paladinos dos "direitos não-enumerados"; afirmam-se dispostos a "sair" das "quatro paredes" da Constituição para decidir os pleitos com base no "direito natural".

Sob esse importante aspecto político, o gigantesco esforço de revisar e diminuir a amplitude da Declaração de Direitos deu certo. Mas sob o aspecto substantivo, deu totalmente errado – não porque elaborou interpretações alternativas coerentes que não foram aceitas, mas porque não conseguiu elaborar absolutamente nenhuma interpretação alternativa coerente.

Uma das linhas revisionistas nem sequer tentou formular uma interpretação alternativa. Refiro-me ao que chamo de estratégia revisionista "externa", que não propõe uma explicação do que a Constituição realmente significa, mas a reescreve de modo que a torne mais compatível com aquela que, na opinião dos revisionistas, é a melhor teoria da democracia. Em sua versão reescrita, a Constituição deixa o máximo poder possível nas mãos do governo, sendo consistente com a genuína regra da maioria e com algo que o texto escrito da Constituição indubitavelmente proíbe. Learned Hand era adepto de uma versão dessa teoria[52] e John Hart Ely compôs sua formulação mais elaborada[53]. A estratégia revisionista externa não se incomoda de pecar por petição de princípio. O próprio nome "democracia" é o nome de uma abstração: existem muitas concepções diferentes de democracia, e os filósofos políticos debatem entre si para saber qual é a melhor. A concepção norte-americana de democracia é a forma de governo estabelecida pela Constituição, segundo a melhor interpretação desse documento. Por isso, peca por petição de princípio quem afirma que a Constituição deve ser emendada para se aproximar de uma forma supostamente mais pura de democracia[54].

Entretanto, a maior parte dos revisionistas procurou disfarçar seu revisionismo, apresentando-o como mera interpretação "melhor" da Constituição como ela é. Afirmam que a interpretação natural que descrevi – a idéia de que a Constituição garante os direitos exigidos pelas melhores concepções dos ideais políticos de igualdade de consideração e liberdade básica – não é, na verdade, a interpretação mais precisa. Asseveram que essa interpretação natural desconsidera este ou aquele fato semântico crucial, esta ou aquela propriedade da linguagem, da comunicação ou da interpretação lingüística que, uma vez captada, nos mostra

---

52. Ver, por exemplo, Learned Hand, *The Bill of Rights* (Harvard University Press, 1958).
53. Ver John Hart Ely, *Democracy and Distrust: A Theory of Judicial Review* (Harvard University Press, 1980).
54. Ver Ronald Dworkin, *A Matter of Principle*, cap. 2 (Harvard University Press, 1985); Ronald Dworkin, *Law's Empire*, cap. 10 (Harvard University Press, 1986); e Ronald Dworkin, "Equality, Democracy, and the Constitution: We the People in Court", *Alberta L. Rev.*, vol. 28 (1990), p. 28.

que a linguagem abstrata dos grandes dispositivos constitucionais não significa o que parece significar. Os especialistas em direito constitucional saquearam os armazéns da filosofia lingüística à procura de restrições semânticas que tenham essa característica e esse poder. Nesses armazéns eles encontraram, por exemplo, a importante idéia de que aquilo que os filósofos chamam de "sentido do emissor" de uma mensagem comunicativa pode ser diferente do sentido que o público receptor provavelmente atribuiria à mensagem caso não tivesse acesso a nenhuma informação específica sobre o emissor.

Alguns constitucionalistas procuram transformar essa idéia naquilo que se chama de uma teoria de interpretação constitucional baseada na intenção dos autores. Afirmam que os grandes artigos constitucionais não devem ser entendidos como declarações de exigências morais abstratas, como acontece quando são lidos de modo não-contextual, mas devem ser compreendidos num sentido diferente e muito menos amplo, determinado pela suposta "intenção" de um grupo presumido de "autores".

Essa idéia, porém, termina por destruir a si mesma, como mostra a malsucedida tentativa, empreendida por Robert Bork em seu último livro, de defendê-la (para fazer isso, ele teve de abandoná-la quase por inteiro)[55]. Temos de tomar o cuidado de fazer uma distinção da qual depende, de modo essencial, toda a idéia filosófica do "sentido do emissor": temos de distinguir, de um lado, aquilo que a pessoa quer dizer, e, de outro, o que ele espera, tem a expectativa ou acredita que serão as conseqüências, para o Direito, de ele dizer aquilo. Não há dúvida de que muitos dos autores tinham crenças diferentes das minhas no que diz respeito às exigências da igualdade ou do devido processo, do mesmo modo que minhas crenças são diferentes das suas.

---

55. Ver Robert H. Bork, *The Tempting of America: The Political Seduction of the Law* (Free Press, 1990) (especialmente os caps. 7, 8 e 13). Ver também o Capítulo 14 deste livro, no qual faço uma resenha do livro de Bork.

Para eles, as ordens abstratas acerca da igualdade e do devido processo legal, quando aplicadas a casos concretos, teriam implicações jurídicas diferentes das implicações que têm para nós. Mas não decorre daí que eles tenham querido dizer algo diferente do que você ou eu quereríamos dizer se usássemos as mesmas palavras que eles. Normalmente, nós não usaríamos essas palavras para dizer que o Estado não pode agir contrariamente às minhas ou às suas concepções de igualdade e justiça, mas sim para afirmar que não pode agir contrariamente às melhores concepções possíveis dessas virtudes. Todas as evidências (além do bom senso) mostram que é isso também que eles quiseram dizer: quiseram usar palavras abstratas no seu sentido normal, abstrato. Nesse caso, a investigação rigorosa do "sentido do emissor" só faz reforçar a ampla responsabilidade do judiciário que os revisionistas teriam a esperança de diminuir.

Direitos enumerados e direitos não-enumerados

A distinção sobre a qual eu deveria estar falando, entre direitos enumerados e não-enumerados, é só mais um esquema semântico que foi mal compreendido. Os constitucionalistas usam o termo "direitos não-enumerados" como designação coletiva de um conjunto determinado de direitos constitucionais reconhecidos ou controversos, como, por exemplo, o direito de locomoção, o direito de associação, e o direito à privacidade, do qual decorre o direito ao aborto, se é que este direito existe. Para eles, essa classificação estabelece uma importante distinção estrutural, como evidentemente dão a entender os termos "enumerados" e "não-enumerados". Se a Declaração de Direitos só menciona alguns direitos necessários para uma sociedade onde vigorem a igualdade de consideração e as liberdades básicas, e deixa alguns outros direitos por mencionar, é de se pensar que os juízes só têm o poder de impor os direitos que foram efetivamente mencionados ou "enumerados".

Alguns especialistas aceitam essa distinção mas negam a inferência relativa ao poder dos juízes. Afirmam que os juízes têm, sim, o poder de impor os direitos não-enumerados e dizem que a Suprema Corte fez isso várias vezes no passado. Mas os juristas que raciocinam dessa maneira dão muita razão a seus adversários que negam que os juízes possam ter esse tipo de poder. Os adversários podem dizer então que os juízes não têm autoridade para acrescentar novos direitos não-enumerados. E acrescentam: se deixarmos os juízes vagarem à vontade para além das "quatro paredes" da Constituição, teremos renunciado a toda esperança de limitar o poder do judiciário. É esse o argumento apresentado pelo juiz White em *Bowers vs. Hardwick*, por exemplo, para explicar por que a Corte não deveria reconhecer o direito à sodomia homossexual[56]. Ele disse que o direito constitucional inventado pelos juízes tornava-se particularmente suspeito quando já "não tem ou quase não tem raízes reconhecíveis na linguagem e na estrutura da Constituição"[57]; e provavelmente estava pensando não só no direito à sodomia homossexual, mas também no suposto direito ao aborto.

Assim, muitos entendem que a distinção entre direitos enumerados e não-enumerados reflete uma importante questão constitucional: a questão de saber se, e em que ocasiões, os tribunais têm autoridade para impor como legítimos direitos constitucionais aqueles direitos que não estão efetivamente enumerados na Constituição. Na minha opinião, porém, como eu disse desde o começo, essa questão é ininteligível, pois a suposta distinção simplesmente não tem sentido. Evidentemente, é verdadeira e importante a distinção entre o que consta e o que não consta de uma determinada lista. Digamos que o regulamento de um aeroporto estabeleça, por exemplo, que é proibido aos passageiros portar armas de fogo, facas e explosivos na bagagem de

---

56. 478 U.S. 186 (1986).
57. Idem, 193-194.

mão. Suponhamos ainda que os funcionários do aeroporto interpretem esse regulamento e cheguem à conclusão de que ele proíbe também as latas de gás lacrimogêneo, pelo fato de a estrutura geral do regulamento e a óbvia intenção que a ele preside proibirem o porte de todas as armas que, levadas a bordo, possam ser usadas para atos de seqüestro ou terrorismo. Teríamos razão de dizer que o gás lacrimogêneo não fazia parte da lista de objetos proibidos, e que é legítimo querer saber se os funcionários têm autoridade para acrescentar armas "não-enumeradas" à lista que lhes foi dada. Mas a distinção entre esses dois atos – de um lado, o de excluir revólveres, canivetes e granadas, e, de outro, o de excluir gás lacrimogêneo – depende de um pressuposto semântico: o de que o gás lacrimogêneo não se inclui na "referência" (como dizem os filósofos) nem de "armas de fogo", nem de "facas", nem de "explosivos".

Nenhum pressuposto comparável a esse explica a suposta distinção entre direitos constitucionais enumerados e não-enumerados. Como eu disse, a Declaração de Direitos é composta por princípios amplos e abstratos de moralidade política, que juntos abarcam, sob uma forma excepcionalmente abstrata, todas as dimensões da moralidade política que, em nossa cultura política, podem servir de base ou justificativa para um determinado direito constitucional individual. Na aplicação desses princípios abstratos a controvérsias políticas particulares, o que está em jogo não é uma referência, mas uma interpretação, e isso é muito diferente.

Pense, por exemplo, nos três argumentos constitucionais apresentados a seguir, todos muito controversos. Segundo o primeiro deles, o dispositivo de igualdade de proteção cria um direito de igualdade de consideração e de respeito, de onde se conclui que as mulheres têm o direito de ser protegidas contra qualquer discriminação sexual a menos que essa discriminação seja necessária para garantir importantes direitos do Estado. O segundo argumento reza que a Primeira Emenda garante um direito de protesto simbólico, de onde se conclui que os indivíduos têm o direito de queimar a bandeira norte-americana. E o terceiro diz que o dispositivo de igualdade de proteção protege as liberdades básicas e essenciais para o próprio conceito de "liberdade ordenada", entre as quais se inclui direito à privacidade; donde se conclui que as mulheres têm o direito constitucional de fazer aborto. Por convenção, admite-se que os dois primeiros são argumentos (bons ou maus) em favor de direitos enumerados: eles dizem que um determinado direito – o direito de não sofrer discriminação sexual ou de queimar a bandeira – é um caso particular de um direito mais geral que foi declarado no texto da Constituição sob uma forma adequadamente abstrata. Já o terceiro argumento é considerado diferente e mais suspeito, pois seria um argumento em favor de um direito não-enumerado. O direito que ele defende – o direito de abortar uma criança – teria uma relação mais tênue ou mais distante para com a linguagem da Constituição. Esse direito não estaria declarado nessa linguagem, mas estaria, na melhor das hipóteses, implícito nela.

Porém, essa distinção não se sustenta. Os três argumentos são argumentos interpretativos e excluem o tipo de restrição semântica pressuposto nessa distinção. Ninguém pensa que do simples sentido das palavras *"freedom of speech"** se pode concluir diretamente que as pessoas têm ou não têm a liberdade de queimar a bandeira. Ninguém pensa que do simples sentido das palavras "igualdade de proteção" se pode concluir que as leis que excluem as mulheres de certas profissões são constitucionais ou inconstitucionais. Tanto num caso como no outro, a conclusão não decorre do sentido das palavras, ao contrário do que ocorre no exemplo dado antes: do sentido de "armas de fogo" se pode concluir diretamente que essas palavras se referem aos revólveres, mas não ao gás lacrimogêneo. Além disso, os três argumentos não diferem entre si quanto ao modo de

---

* *Freedom of speech* se traduz em geral por "liberdade de expressão", mas seu sentido literal é "liberdade de fala" ou "liberdade de palavra"; vê-se portanto que não é automática a conclusão de que a queima da bandeira é autorizada por esse dispositivo da Constituição norte-americana. (N. do T.)

interpretação. Nenhuma das três conclusões (supondo-se que sejam lógicas) decorre da esperança, crença ou intenção histórica de um "autor", mas sim do fato de o princípio político que corrobora a conclusão ser o que melhor se enquadra na estrutura geral e na história do direito constitucional. Quem pensa que esse estilo de argumento constitucional é inadequado – quem pensa, por exemplo, que as expectativas dos autores têm de ter um peso maior do que o atribuído por essa concepção de argumento constitucional – terá reservas quanto aos três argumentos, e não somente quanto ao terceiro. Se essa pessoa abomina a idéia de um devido processo legal em sentido substantivo e por isso pensa que o terceiro argumento é errado, ela o rejeitará por ser errado, mas não porque o direito que ele afirma não é enumerado.

Respondendo a minhas observações, o juiz Posner constrói um diálogo socrático no qual o homem justo termina por reconhecer que na Primeira Emenda a palavra "*speech*" inclui a queima da bandeira, embora o próprio Posner admita que ele poderia ter sido igualmente conduzido à conclusão contrária[58]. Não constrói um diálogo paralelo no qual outro sujeito ingênuo é levado a concluir que o sexo é uma categoria suspeita sob o dispositivo da igualdade de proteção, embora seja fácil imaginar a linha que um tal diálogo poderia seguir. E seria igualmente fácil construir um terceiro diálogo que terminasse com a atônita constatação, por parte do homem justo, de que o aborto é mesmo, afinal de contas, uma liberdade básica protegida pela garantia do devido processo. Posner chega a insinuar que esse terceiro argumento poderia nos "afastar" mais do texto. Mas a metáfora da distância, nesse contexto, é perfeitamente opaca: não significa nem sugere nada. É inconcebível que Posner queira dizer, por exemplo, que o direito ao aborto está mais

---

58. Richard A. Posner, "Legal Reasoning from the Top Down and from the Bottom Up: The Question of Unenumerated Constitutional Rights", *U. Chi. Law Rev.*, vol. 59 (1992), pp. 433, 437-8.

distante da linguagem constitucional do que o direito de não sofrer discriminação sexual no mesmo sentido em que "gás lacrimogêneo" está mais distante do que "revólver" do sentido de "arma de fogo". "Revólver" está mais próximo porque o revólver *é* uma arma de fogo: "arma de fogo" se refere a revólver mas não se refere a gás lacrimogêneo. Porém, como nem o direito ao aborto nem o direito de não sofrer discriminação sexual decorrem do sentido textual das palavras, nenhum deles pode estar mais próximo ou mais distante do texto sob esse aspecto.

Às vezes se diz que a Constituição não "menciona" o direito de locomoção, o direito de associação ou o direito à privacidade, como se esse fato explicasse por que esses direitos são convencionalmente classificados como não-enumerados. Mas a Constituição também não "menciona" a queima da bandeira ou a discriminação sexual. O direito de queimar uma bandeira e o direito de não sofrer discriminação sexual se apóiam sobre a melhor interpretação de um direito mais geral ou abstrato que, este sim, é "mencionado". É verdade que a expressão "direito à privacidade" é em si mesma mais abstrata do que a expressão "direito de queimar a bandeira como ato de protesto", e que a primeira, por isso mesmo, figura mais do que a segunda nas conversas e nos escritos dos especialistas em direito constitucional. Mas esses fatos refletem certos acidentes (ou características altamente contingentes) do uso. Os especialistas consideraram útil a criação de um termo de grau médio de abstração – o direito à privacidade – para marcar um estágio da derivação de direitos concretos e particulares a partir dos direitos ainda mais abstratos que são nomeados no texto constitucional. Mas disso não se conclui que esses direitos concretos – entre os quais o direito ao aborto – estão mais afastados de seu princípio textual do que os direitos concretos – como o direito de queimar uma bandeira – derivados através de argumentos que não empregam termos de grau médio de abstração. Os constitucionalistas poderiam ter adotado os termos intermediários "direito de protesto simbólico" e "direito de igualdade sexual" da mesma maneira que adotaram "direito de privacidade". O fato de não o terem feito não é um capítulo dos mais profundos da história do direito constitucional.

Vou procurar ser mais claro. Não estou dizendo que a Suprema Corte deve impor não só os direitos enumerados como também os não-enumerados, do mesmo modo que, em minhas observações sobre o "sentido do emissor", eu não quis dizer que a Corte tem o direito de ignorar ou modificar as intenções dos autores. Estou dizendo apenas que a distinção entre direitos enumerados e não-enumerados, tal como é comumente empregada na teoria constitucional, não tem sentido, pois confunde as categorias de referência e interpretação.

Para terminar esta provocação, devo dizer que tenho a mesmíssima opinião a respeito de diversas outras distinções populares entre os constitucionalistas, que incluem aquelas que Posner apresenta em sua réplica. Ele distingue entre o que chama de um método de raciocínio jurídico "de cima para baixo" e outro "de baixo para cima", e também entre uma abordagem "ponto a ponto" e outra mais "holística". Aparentemente considera a segunda distinção mais importante do que a primeira. Embora afirme concordar comigo em que "o raciocínio de baixo para cima não tem muito valor"[59], pensa que estou errado em criticar a abordagem "ponto a ponto" de Bork[60] e que eu mesmo deveria tornar meus argumentos sobre o aborto mais explicitamente "holísticos"[61].

---

59. Idem, 435.
60. Idem, 439-440. Posner, para refutar minha afirmação de que Bork não tem uma filosofia constitucional coerente, afirma que Bork tem teorias acerca de determinados dispositivos, mas não acerca da Constituição como um todo. Porém, o fato é que Bork não é tão alheio a uma teoria geral quanto Posner afirma que ele é. Muito pelo contrário, ele assevera esposar uma teoria constitucional perfeitamente geral e abrangente. Afirma que não só os dispositivos particulares como toda a Constituição está resumida nas intenções dos autores, e argumenta em favor dessa teoria global apelando a uma única teoria global da democracia e a uma única explicação global de o que é o direito por sua própria natureza. Como afirmo no Capítulo 14, Bork não tem uma filosofia constitucional coerente – mas não porque não quer ter.
61. Posner, *U. Chi. Law Rev.*, vol. 59, pp. 444-5 (citado na nota 58).

Contudo, nenhuma das duas distinções tem sentido. Não podemos compreender um precedente particular, por exemplo, sem entender essa decisão como parte de um empreendimento mais geral; e, como expus detalhadamente em *O império do direito*, toda interpretação construtiva desse tipo tem de fazer uso das hipóteses teóricas características do que Posner chama de raciocínio de cima para baixo[62]. Ou seja, o raciocínio de baixo para cima também é automaticamente um raciocínio de cima para baixo. O mesmo exemplo invalida a distinção entre a interpretação constitucional ponto a ponto e a interpretação holística. A interpretação jurídica é intrinsecamente holística, mesmo quando meu alvo aparente não é um documento inteiro, mas um único artigo ou mesmo uma única frase. Todo intérprete tem de aceitar certas restrições interpretativas – suposições acerca do que torna uma interpretação melhor do que outra – e todo conjunto válido de restrições tem de ser coerente. Uma interpretação da Declaração de Direitos que afirme que um princípio moral contido num artigo é efetivamente rejeitado por outro artigo não é um exemplo de flexibilidade pragmática, mas de hipocrisia.

A integridade da lei

Onde estamos agora? Como eu disse, a interpretação mais natural da Declaração de Direitos parece dar aos juízes um poder enorme, até mesmo assustador. É compreensível que os juristas constitucionais e professores de Direito Constitucional se esforcem para domesticar a Declaração de Direitos, para dar-lhe uma interpretação menos ameaçadora, para transformá-la de uma concepção de justiça sistemática e abstrata numa lista de artigos isolados cuja relação de uns com os outros não é uma relação de princípio, mas de *pedi-*

---

62. Dworkin, *Law's Empire* (citado na nota 54). Ver particularmente pp. 65-8.

gree. Esses esforços, porém, sempre fracassam e estão fadados a fracassar, pois o texto e a história da Declaração de Direitos não são compatíveis com essa transformação. Mais ainda, estão fadados a fracassar de maneira paradoxal e catastrófica. Como as distinções semânticas nas quais eles se baseiam não têm um sentido coerente com o uso que lhes é dado, elas também não têm poder, por si mesmas, para definir um conjunto particular de direitos constitucionais. A história recente da Suprema Corte nos demonstra à saciedade que, para escolher quais direitos constitucionais vai impor, aquele juiz que alega basear-se no sentido pretendido pelo autor, na "enumeração" ou numa preferência pela interpretação pontual tem de partir de premissas que não guardam relação alguma com esses mecanismos semânticos, mas que são ocultadas pelo apelo feito aos mesmos mecanismos. A busca de limites para o poder do Judiciário termina por atribuir aos juízes um poder indisciplinado e arbitrário.

A réplica de Posner reconhece esse fato com típica franqueza. Posner diz que os mecanismos semânticos favorecidos pelos juristas conservadores "poderiam nos dar, no fim, um documento que só apresentasse respostas a perguntas que ninguém mais faz"[63], e que os juízes que dizem orientar-se por esses mecanismos inúteis necessariamente decidirão de acordo com seus próprios "valores pessoais"[64] – de acordo, segundo ele, com o que lhes faz "vomitar"[65].

---

63. Posner, *U. Chi. Law Rev.* vol. 59, 446 (citado na nota 58).
64. Idem, 449.
65. Idem, 447. Posner toma esta expressão – que dá novo significado à antiga tese realista de que o direito se reduz ao que o juiz comeu no café da manhã – de Holmes. Devo dizer que, embora compreenda a admiração hagiográfica de Posner por esse jurista, não sou eu mesmo um adepto dela. Os escritos de Holmes são como um sonho. Quando ele deixou de lado a idéia de que a Primeira Emenda se limita a uma condenação blackstoniana da restrição prévia e adotou uma concepção radicalmente diferente, passando a encará-la como um princípio muito mais abstrato e geral, essa conversão marcou época na história constitucional norte-americana. Porém, a maior parte dos epigramas de Holmes é como roupas coloridas e vivazes de pensamentos extremamente preguiçosos, e suas pretensões à filosofia (postas quase todas a serviço de uma forma tosca e profundamente cínica de ceticismo) nos deixam quase

Os valores pessoais do próprio Posner admitem que o artigo do devido processo seja "esticado" de forma que autorize a decisão *Griswold* e, se entendi bem, também *Roe vs. Wade*. Mas ele sabe que outros juízes têm um estômago mais forte quando se trata de a sociedade ditar a moral sexual: para eles, o "teste do vômito" vai resultar na proibição dos programas de ação afirmativa[66]. A idéia de que a Constituição não quer dizer o que nela está escrito nos leva à intragável conclusão de que ela não quer dizer absolutamente nada.

E o que fazer? Depois de duzentos anos, podemos finalmente crescer e começar a levar a sério a nossa Constituição, como fazem os muitos países que agora têm a pretensão de nos imitar. Podemos aceitar o fato de que nossa Constituição ordena, como matéria de direito fundamental, que os juízes, considerados em sua coletividade, empenhem todo o seu esforço para interpretar, reexaminar e revisar, de geração em geração, o esqueleto liberal de igualdade de consideração que é exigido pelos grandes artigos da Declaração de Direitos, em sua majestosa abstração. Vamos, então, deixar de lado a infrutífera busca por restrições mecânicas ou semânticas e buscar as verdadeiras restrições no único lugar onde de fato poderão ser encontradas: em bons argumentos. Vamos aceitar o fato de que os advogados, juízes e juristas honestos e bem-intencionados sempre vão discordar, às vezes profundamente, acerca das exigências da igualdade de consideração e de quais são os direitos essenciais e os meramente acidentais para a liberdade ordenada.

Então reconheceremos, no processo político de indicação e confirmação dos juízes federais, aquilo que desde já é evidente para qualquer observador: que os juízes da Constituição não podem ser neutros no que diz respeito a essas grandes questões, e que o Senado tem de negar a confirma-

---

com vergonha – acredito que isso é demonstrado pelas observações metafísicas que Posner inclui em sua nova coletânea dos escritos de Holmes. Ver Richard A. Posner, "Introduction", em Richard A. Posner, org., *The Essential Holmes* (University of Chicago Press, 1992), pp. xvii-xx.

66. Na nota 71 discuto as recomendações do próprio Posner.

ção aos indicados cujas convicções sejam demasiado idiossincráticas ou que se recusem a declará-las com franqueza. A maior parte das pessoas hoje concorda que o segundo estágio das sabatinas do juiz Thomas foi fisicamente repugnante. Mas o primeiro estágio o foi intelectualmente, pois o indicado e os senadores conspiraram para fingir que a filosofia não tinha nada que ver com a profissão de juiz; quiseram nos fazer crer que um juiz que afirmou ter abandonado suas convicções da mesma maneira que um corredor atira o excesso de roupas pelo caminho estava apto a exercer o cargo para o qual fora indicado[67].

O processo constitucional de indicação e confirmação é um elemento importante do sistema de restrições por meio do qual a Constituição efetivamente impõe uma disciplina ao poder judicial que ela mesma preconiza. Entretanto, os motores principais da disciplina não são políticos, mas intelectuais, e o ramo acadêmico do direito tem o dever de proteger essa disciplina intelectual, que ora se encontra ameaçada sob diversos aspectos. Evidentemente, não conseguiremos encontrar uma fórmula para garantir que todos os juízes cheguem à mesma resposta em processos constitucionais complexos, inéditos ou importantes. Nenhuma fórmula pode nos proteger contra um *Lochner*, que na opinião de Posner "cheira mal", ou contra um *Bowers vs. Hardwick*, que confirmou uma lei que torna a sodomia homossexual um crime. O mau cheiro dessas decisões não está num vício de jurisdição nem num excesso qualquer do poder judiciário. Depois de quase um século em que *Lochner* foi tratada como uma espécie de saco de pancadas, ninguém foi capaz de inventar um teste mecânico coerente pelo qual essa decisão não passe. O vício das más decisões está nos maus argumentos e nas más convicções; tudo o que podemos fazer contra elas é apontar como e onde os argumentos são falhos. Também não devemos perder mais tempo com a tola autocomplacência do direito acadêmico norte-americano: a

---

67. Ver Capítulo 15.

idéia – filosoficamente infantil – de que, como uma tal fórmula não existe, nenhuma concepção de igualdade e liberdade constitucional é melhor do que as outras e, portanto, o exercício da atividade dos juízes é um simples exercício de poder ou uma reação instintiva[68]. Muito pelo contrário, temos de insistir num verdadeiro princípio de poder, uma idéia contida no próprio conceito de direito: a idéia de que, quaisquer que sejam suas convicções acerca da justiça e da imparcialidade, os juízes têm também de aceitar um princípio superior e independente – o princípio da integridade[69].

A integridade no direito tem várias dimensões. Em primeiro lugar, insiste em que a decisão judicial seja determinada por princípios, não por acordos, estratégias ou acomodações políticas. Essa exigência aparentemente banal é muitas vezes ignorada. A posição atual da Suprema Corte sobre a questão sensível da ação afirmativa, por exemplo, não pode ser justificada por nenhum conjunto coerente de princípios, por mais conservador ou monótono que seja[70]. Em segundo lugar, a integridade se aplica verticalmente: se um juiz afirma que um determinado direito à liberdade é fundamental, deve demonstrar que sua afirmação é coerente com todos os precedentes e com as principais estruturas do nosso arranjo constitucional. Em terceiro lugar, a integridade se aplica horizontalmente: um juiz que aplica um princípio deve dar plena importância a esse princípio nos outros pleitos que decide ou endossa.

---

68. Ver Ronald Dworkin, "Pragmatism, Right Answers, and True Banality", em Michael Brint, org., *Pragmatism and Law* (1992). Ver Posner, *U. Chi. Law Rev.*, vol. 59, 447 (citado na nota 58).

69. No capítulo 7 de *Law's Empire* (citado na nota 54), discuto extensamente a questão da integridade.

70. Acredito que o professor Fried, ao defender essa posição em seu último livro, demonstrou inadvertidamente a sua incoerência. Ver Charles Fried, *Order and Law: Arguing the Reagan Revolution – A Firsthand Account* (Simon & Schuster, 1991). Ver também minha resenha desse livro, que está reproduzida no Capítulo 6 deste volume e foi publicada originalmente em *The New York Review of Books*, julho de 1991. E ainda a carta de Fried ao editor e a carta que escrevi em resposta, *The New York Review of Books* (15 de agosto de 1991).

É claro que nem a mais escrupulosa atenção à integridade, exercida por todos os juízes em todos os nossos tribunais, poderá gerar uma uniformidade de decisões judiciais, ou garantir que só sejam tomadas decisões que você aprove, ou impedir a tomada de decisões que você odeie. Nada pode garantir isso. O objetivo da integridade não é a uniformidade, mas um princípio: não somos governados por uma lista de direitos e deveres, mas por um ideal, e isso significa que a controvérsia é um elemento essencial da nossa vida em sociedade. Todo o mundo democrático inveja a nossa aventura constitucional e cada vez mais nos imita: em Déli, Estrasburgo, Ottawa, talvez mesmo no Palácio de Westminster e, amanhã ou depois, em Moscou e Joanesburgo. Em todos esses lugares, as pessoas parecem dispostas a aceitar o risco e as elevadas promessas do governo pelo ideal, uma forma de governo que criamos em nossa Constituição. Nós mesmos nunca confiamos plenamente nessa forma de governo. Mas, a menos que a deixemos completamente de lado, o que é impossível, temos de parar de fingir que não é essa a forma de governo que temos. Nossos melhores juristas acadêmicos gastariam melhor sua energia se elaborassem, testassem e avaliassem diferentes concepções de igualdade liberal para ver qual delas é a que melhor se enquadra em nossa história e nossa prática. Devem tentar orientar e constranger nossos juízes pelas críticas, argumentos e exemplos. Só assim poderemos verdadeiramente honrar a grande Constituição que criamos; só assim poderemos fazê-la prosperar[71].

---

71. Para Posner, minha teoria de um raciocínio constitucional baseado na integridade é "holística" e vai "de cima para baixo". Ele diz que ela é "ambiciosa demais, arriscada demais, controversa demais" (Posner, *U. Chi. Law Rev.*, vol. 59, 446 [citado na nota 58]). Diz que, quando os juízes são chamados a interpretar os grandes artigos morais abstratos da Constituição, devem reagir segundo determina a sua "consciência": só devem citar a linguagem moral abstrata desses dispositivos para derrubar aquilo que instintivamente lhes parece "terrivelmente injusto" (idem, 447). Para ele, o juiz não tem a obrigação de fornecer uma boa explicação, ou mesmo uma explicação ruim, de como e por que acredita que uma lei é injusta; também não tem de ter por objetivo uma coe-

VIDA, MORTE E RAÇA

Aborto: de que trata a discussão?

Vou começar agora a falar sobre o aborto, como prometi, e nessa discussão procurarei demonstrar o papel que a integridade deve desempenhar no raciocínio jurídico. De

---

rência de princípios nem consigo mesmo, de uma de suas decisões à seguinte, quanto mais com as decisões tomadas por outros juízes. As opiniões de Posner são, como sempre, impressionantes e poderosas. Mas como pode ele pensar que seus conselhos são menos "arriscados", ou menos tendentes a produzir decisões "controversas", do que o conselho mais comum de que os juízes façam pelo menos o melhor que puderem, segundo o tempo e os talentos de que dispõem, para disciplinar suas reações instintivas iniciais mediante a aceitação daquelas responsabilidades?

Será que Posner tem razão pelo menos quando diz que suas propostas são menos "ambiciosas" por serem menos "holísticas"? Ele diz que os juízes só devem decretar a inconstitucionalidade das leis por motivos morais quando houver "razões práticas prementes" que os autorizem a tanto (idem, 447). O adjetivo "prático" é uma das cortinas de fumaça mais habitualmente usadas pela filosofia pragmatista: tem o objetivo de afirmar, sem a necessidade de mais explicações, que as decisões morais podem ser tomadas sem que se faça apelo à "razão", mas somente à "experiência" (uma palavra de sonoridade mais terra-a-terra), sob a forma das necessidades sociais óbvias. Mas a extensa discussão que Posner faz de *Griswold* mostra que a proibição imposta por Connecticut aos anticoncepcionais não pecava por não ser prática, mas por não ser justa. Isso se aplica em quase todos os casos em que entram em jogo as susceptibilidades de um juiz posneriano: suas decisões não serão baseadas em seu bom senso prático, mas em suas convicções morais. Posner insiste, porém, em que suas convicções morais são "instintos" isolados, e não o produto de uma teoria constitucional abrangente. Mas a distinção nesse contexto não fica clara, pois as opiniões de um juiz sobre a justiça ou injustiça da proibição de anticoncepcionais, da limitação das horas de trabalho ou da ação afirmativa reflete e deriva de opiniões e atitudes muito mais gerais que também determinam suas reações a outras normas que ele compara "visceralmente" com este ou aquele artigo da Constituição – pelo menos se, em todas essas ocasiões, ele age de boa-fé. Se a reação imediata de um juiz realmente fosse um caso isolado – se fosse de fato mera resposta instintiva a determinado conjunto de fatos e não tivesse relação alguma com outros conjuntos – não seria de modo algum uma resposta da consciência, mas somente um capricho ou um tique nervoso.

Assim, a oposição que Posner estabelece entre o juízo ponto a ponto e o juízo holístico parece absurdamente exagerada. Ele usa o vocabulário da psicologia filosófica do século XVIII, contrapondo razão e paixão. Porém, não está pensando numa distinção epistemológica entre as diferentes faculdades mentais que os juízes podem usar, mas na diferença que existiria entre duas concep-

início, vou resumir as alegações sobre o status constitucional do aborto, alegações que defendi em outros escritos[72] e vou defender de maneira muito mais detalhada num livro que estou escrevendo sobre aborto e eutanásia[73]. Parto do princípio de que a mulher tem o direito constitucional de controlar o uso de seu próprio corpo. (Mais tarde tratarei da justificativa constitucional desse direito.) Logo, a mulher grávida tem o direito de fazer um aborto a menos que o governo de seu estado tenha uma razão legítima e importante para proibi-lo. Muita gente pensa que isso é efetivamente assim, e os defensores dessa tese não teriam dificuldade alguma para definir essa razão.

Dizem que o estado tem de tornar o aborto um crime para proteger a vida humana. É isso mesmo, com efeito, que muitos governantes e legisladores disseram nos preâmbulos das normas legais, nas fundamentações de petições apresentadas em processos e no decurso da retórica política. É essa também a razão que os juízes da Suprema Corte que discordaram da decisão *Roe vs. Wade*, ou que mais tarde declararam que ela estava errada, apresentam para justificar a proibição do aborto pelos estados. E mesmo os juízes e advogados que apóiam essa decisão dizem algo parecido com isso. No parecer determinante de *Roe vs. Wade*, o juiz Blackmun reconheceu que os estados tinham o interesse de proteger o que chamou de "vida fetal"[74]. Disse que o interesse do estado em proteger a vida não lhe dava uma razão

---

ções de responsabilidade judicial. Rejeita a integridade – pela qual os juízes devem se esforçar ao máximo para demonstrar de que modo suas decisões se baseiam em determinados princípios – em favor de um critério diferente, que os encoraja a deixar essa base no escuro. Na discussão sobre o aborto que vem a seguir, não afirmo que a integridade produz a única opinião plausível ou que possa pôr fim à controvérsia. Mas vou afirmar, em diversos momentos, que a integridade exclui certos jogos de acomodação que podem ser sugeridos pela política, pelo cansaço ou mesmo pela preguiça, jogos de acomodação que, segundo me parece, a licença ilimitada de Posner faria ocorrer.

72. Ver o Capítulo 1 deste livro.

73. Depois esse livro foi publicado com o título de *Life's Dominion: An Essay on Abortion, Euthanasia, and Individual Freedom* (Knopf, 1993).

74. 410 U.S. 113, 163 (1973).

premente para proibir o aborto antes do terceiro trimestre de gestação, mas admitiu que o interesse se estendia por toda a gravidez[75]. Porém, essa premissa na qual tantas pessoas se baseiam é perigosamente ambígua, pois o estado pode ter dois objetivos ou propósitos muito diferentes e que podem ambos ser qualificados como objetivos de proteção da vida humana. Boa parte da confusão que envolve a discussão jurídica e moral sobre o aborto advém de se ignorar essa ambigüidade. Considere a diferença entre dois tipos de razões que o Estado pode ter para proibir o assassinato dentro do seu território. Em primeiro lugar, o Estado tem a responsabilidade de proteger os direitos e interesses de seus cidadãos, e, para a maioria das pessoas, o principal entre eles é o interesse de permanecer vivas e o direito de não ser assassinadas. Vou dizer que essa é uma razão *derivada* para proibir o assassinato, pois ela pressupõe os direitos e interesses individuais e deriva deles. Mas o Estado às vezes alega uma razão muito diferente para proibir o assassinato. Às vezes, reclama para si não somente a responsabilidade de proteger os interesses e os direitos de seus cidadãos, mas também a de proteger a vida humana como um bem intrínseco, um valor em si mesmo, totalmente distinto do valor que tem para a pessoa que é dona da vida em questão ou para qualquer outra pessoa. Vou dizer que essa é uma responsabilidade *destacada*, pois não deriva dos direitos e interesses dos indivíduos particulares, mas é independente deles.

Se o Estado tem a responsabilidade destacada de proteger o valor intrínseco e objetivo da vida, suas leis contra o assassinato atendem simultaneamente à responsabilidade destacada e à derivada. Protegem os direitos e interesses das vítimas singulares e também reconhecem e respeitam o valor intrínseco da vida humana. Em alguns casos, porém, as duas supostas responsabilidades podem entrar em conflito: quando alguém quer se matar por estar sofrendo de uma dor terrível que os médicos não conseguem diminuir,

---

75. Idem, 162-164.

por exemplo, ou quando os parentes querem desligar os aparelhos mecânicos que conservam viva uma pessoa permanentemente inconsciente. Nesses casos, o suicídio ou o ato de desligar os aparelhos pode atender aos interesses da pessoa cuja vida vai terminar, na opinião dela ou de seus familiares. Não obstante, muita gente pensa que esses atos são errados, pois pensam que o ato deliberado de matar ou mesmo de deixar morrer alguém que poderia permanecer vivo por mais tempo é uma afronta ao valor intrínseco da vida humana. Nesses casos, as coisas podem ser muito diferentes quando as razões legítimas do governo para proteger a vida humana se limitam à responsabilidade derivada ou incluem também a responsabilidade destacada. Quando incluem também esta, o Estado pode proibir as pessoas de pôr fim à própria vida, mesmo que as próprias pessoas pensem que o melhor seria morrer.

Identificamos os dois motivos que podem ser apresentados por um estado que se proponha a proibir o aborto: um motivo derivado e um motivo destacado. O motivo derivado pressupõe que o feto já tem direitos e interesses. O motivo destacado não faz esse pressuposto, mas pressupõe que o valor intrínseco da vida humana já se faz presente na vida fetal. Você há de perceber que não estou apresentando nenhum desses dois motivos como alegações a respeito de quando a vida humana começa ou acerca de o feto ser ou não uma "pessoa", pois essas expressões enigmáticas não dissolvem a ambigüidade de que falei, mas ajudam a perpetuá-la.

Embora os cientistas discordem acerca do momento exato em que começa a vida de qualquer animal, parece inegável que, ordinariamente, o feto já é uma criatura viva singular no momento mesmo em que se implanta no útero, e já é humano na medida em que pertence à espécie *Homo sapiens*. Nesse sentido, é um organismo humano cuja vida já começou. Não decorre daí que já tenha direitos e interesses como aqueles que o Estado pode ter a responsabilidade derivada de proteger, nem tampouco que já incorpore o valor intrínseco da vida humana que o Estado pode ter a pretensão destacada de resguardar. Mas, quando as pessoas dizem que o feto já é um ser humano vivo, freqüentemente pretendem fazer uma dessas alegações, ou mesmo as duas.

"Pessoa" é um termo ainda mais ambíguo. Às vezes usamo-lo como um termo descritivo (e nesse uso ele é, de certo modo, um sinônimo de "ser humano") e às vezes como um termo de classificação moral, dando a entender que as criaturas às quais ele se aplica têm uma qualidade especial ou uma determinada importância moral que as distingue das demais espécies. Por isso, alguém que diz que um feto recém-concebido já é uma pessoa pode querer dizer simplesmente que já é membro da espécie humana, e não de outra espécie animal qualquer; e pode querer dizer não só que o feto já está vivo e é humano, mas também que já é dotado daquele tipo especial de importância moral. Porém, mesmo esta última afirmação tem a ambigüidade de que falei. Ela pode significar, por um lado, que o feto já é uma criatura dotada dos interesses e direitos morais que, em nossa opinião, as pessoas têm e as demais criaturas não têm; e pode querer dizer, por outro lado, que o feto já é uma criatura cuja vida tem a mesma importância moral intrínseca da vida de qualquer pessoa. Por isso, a clareza do debate público não melhora nem um pouco quando predominam as questões: "O feto é uma pessoa?" e "Quando começa a vida humana?" O melhor é evitar essa linguagem o máximo possível. Sugiro que consideremos, em vez disso, se os estados podem justificar a legislação antiaborto baseados numa das duas razões – derivada ou destacada – que descrevi.

Na opinião da maioria das pessoas, o grande debate constitucional sobre o aborto nos Estados Unidos trata unicamente, e de modo evidente, das razões derivadas. Pensam elas que a finalidade do debate é saber se o feto é uma pessoa no sentido de ter direito à vida. É por isso que um partido afirma, e o outro nega, que o aborto é um tipo de assassinato. (Alguns acrescentariam que a razão destacada de que falei é demasiado misteriosa ou metafísica até mesmo para ser compreendida, quanto mais para poder ser uma justificativa plausível de uma legislação antiaborto.) Essa visão da controvérsia parece predominar não só nos debates políticos, mas também nas discussões jurídicas e acadêmicas. Os juristas e filósofos querem saber se o feto é uma pessoa dotada de direitos. Querem saber se o aborto é moralmente admissível mesmo que o feto tenha o direito de viver. Mas quase todos eles partem do princípio de que, se ele não tem esse direito, não há sequer uma objeção moral a ser levada em conta.

Nas duas seções seguintes, vou avaliar o debate constitucional entendido dessa maneira conhecida e popular. Vou tomar a alegação de que os estados têm a responsabilidade de proteger a vida e vou entendê-la como a afirmação de que eles têm a responsabilidade derivada de proteger o direito à vida de um feto. Porém, vou defender a idéia de que, se encararmos a disputa sob essa óptica, a solução do debate constitucional será relativamente simples. Por esse princípio, *Roe* não só foi uma decisão correta como foi também óbvia, e seus muitos críticos estão evidentemente errados. Concluo daí que o debate constitucional sobre o aborto não tem como único objetivo saber se o feto tem direitos e interesses. Para que seja inteligível de algum modo, é preciso considerar que ele gira em torno da outra alegação que apresentei e que, conforme admiti, muitos podem considerar misteriosa: a alegação de que um estado pode reivindicar legitimamente para si a responsabilidade destacada de proteger o valor intrínseco da vida humana.

O feto é uma pessoa constitucional?

A Constituição dos Estados Unidos da América define aquilo que podemos chamar de população constitucional: estipula quem são os seres dotados de direitos constitucionais que devem ser respeitados e garantidos pelo Estado — os seres cujos direitos, portanto, o Estado deve levar em conta para diminuir ou limitar o âmbito dos direitos constitucionais de outros seres quando ocorre um conflito. Os estados, evidentemente, teriam uma razão derivada para proibir o aborto se a Constituição designasse o fato como uma pessoa constitucional, ou seja, como um ser dotado de direitos constitucionais equivalentes ao de uma mulher grávida. Nossa análise, portanto, deve partir de uma questão preliminar crucial: o feto é uma pessoa constitucional? Em *Roe vs. Wade*, a Suprema Corte deu a única resposta possível a essa pergunta: a resposta negativa. Se o feto é uma pessoa constitucional, os estados não só podem proibir o aborto, como também, pelo menos em determinadas circunstâncias, têm o dever de proibi-lo. Nenhum juiz da Suprema Corte e nenhum político importante sequer ousou apresentar essa idéia.

É verdade, como fizeram observar diversos juristas acadêmicos, que o direito, de modo geral, não exige de ninguém que faça um sacrifício para salvar a vida de outra pessoa que precisa do seu auxílio. De ordinário, uma pessoa não tem o dever legal de salvar um estranho do afogamento, mesmo que possa fazê-lo sem correr riscos e despendendo somente um esforço mínimo[76]. Mas o aborto, normalmente, não se resume a deixar de salvar o feto, implica um ataque físico sobre

---

76. Esses acadêmicos afirmam que, por essa razão, as leis antiaborto são inconstitucionais mesmo que o feto seja considerado uma pessoa, e certamente rejeitariam minha afirmação muito mais forte de que, se assim fosse, muitas leis que permitem o aborto seriam inconstitucionais. Os argumentos legais baseiam-se num artigo famoso e influente acerca da moralidade do aborto, escrito por Judith Jarvis Thomson: "A Defense of Abortion", *Phil. & Publ. Aff.*, vol. 1 (1971), p. 47. Os argumentos que aplicam as idéias de Thomson ao direito constitucional são apresentados de modo mais eloqüente e persuasivo por Donald H. Regan, "Rewriting *Roe vs. Wade*", *Mich. Law Rev.*, vol. 77 (1979), p. 1569. Thomson não afirma que todas as mulheres grávidas têm o direito de fazer aborto, mesmo que o feto seja uma pessoa, mas que somente algumas tem; e admite que a mulher que se expôs voluntariamente à gravidez pode não ter esse direito. De qualquer modo, seu argumento parte do princípio de que, mesmo que o feto seja uma pessoa e seja, portanto, o filho ou a filha de uma mulher, essa mulher, durante a gravidez, não tem mais obrigações morais para com o feto do que teria para com um estranho – para com um famoso violinista que ficasse ligado a ela durante nove meses, por exemplo, porque precisasse usar seus rins durante esse período a fim de não morrer.

o organismo fetal. E, de qualquer modo, os pais invariavelmente são uma exceção à doutrina geral. Os pais têm o dever legal de cuidar de seus filhos; se o feto fosse uma pessoa desde o momento da concepção, um estado que permite o aborto mas proíbe o infanticídio não teria justificativa alguma para fazer essa discriminação entre fetos e bebês[77]. Os ônus físicos, emocionais e econômicos da gravidez são intensos, mas os da paternidade o são igualmente.

Podemos supor, portanto, sem medo de errar, que a Constituição dos Estados Unidos da América não declara que o feto é uma pessoa constitucional cujos direitos podem entrar em concorrência com os direitos constitucionais de uma mulher grávida. Será que com isso os estados ficam livres para determinar que os fetos terão esse status dentro de suas fronteiras? Nesse caso, *Roe vs. Wade* poderia ser revogada sem problemas e sem exigir como impossível conseqüência política que os estados fossem obrigados a proibir o aborto. A Suprema Corte poderia dizer então que, enquanto alguns estados optam por declarar que os fetos são pessoas dentro da sua jurisdição, outros estados poderiam decidir o contrário.

Não há dúvida de que um estado pode proteger a vida de um feto de diversas maneiras. Pode enquadrar na categoria de assassinato o ato de uma terceira pessoa que intencionalmente mate um feto, como aconteceu em Illinois, por exemplo, ou pode considerar "feticídio" o ato de alguém que mate um feto que já se mexe por meio de um ferimento que seria assassinato caso resultasse na morte da mãe, como aconteceu na Geórgia. Essas leis não violam nenhum direito constitucional, pois ninguém tem o direito constitu-

---

77. No artigo citado na nota anterior, p. 1597, Regan questiona a analogia entre aborto e infanticídio afirmando que os pais têm a opção de dar seu filho para adoção. Mas isso nem sempre é verdade: os bebês de minorias raciais, especificamente, podem não encontrar um lar adotivo, e mesmo assim não se permite que seus pais, ainda que não disponham de nenhuma alternativa, os matem ou os abandonem em circunstâncias nas quais a morte se produzirá inevitavelmente.

cional de ferir e não ser punido[78]. As leis feitas para proteger os fetos podem ser escritas numa linguagem que sugira ou declare que o feto é uma pessoa ou que a vida humana começa no momento da concepção. Em sua primeira frase, por exemplo, a lei de Illinois declara que o feto é uma pessoa desde o momento da concepção[79]. Não pode haver nenhuma objeção constitucional a essa linguagem, desde que o direito não pretenda diminuir os direitos constitucionais de ninguém. A lei de Illinois deixa bem claro, por exemplo, que não pretende pôr em xeque nem modificar *Roe vs. Wade* enquanto essa decisão permanecer válida[80].

Com essa condição, a declaração de que o feto é uma pessoa não suscita mais complicações constitucionais do que as que surgem quando os estados declaram que as empresas são pessoas jurídicas e gozam de muitos direitos próprios das pessoas humanas, entre os quais o direito à propriedade e o direito de mover ações na justiça. Quando os estados declaram que as empresas são pessoas (coisa que todos os estados fizeram), trata-se de uma forma resumida de descrever uma complexa rede de direitos e deveres que não poderia ser descrita de nenhuma outra maneira; não pretendem limitar ou diminuir os direitos constitucionais que as pessoas de verdade teriam.

Já a idéia de que os estados têm liberdade para fazer do feto uma pessoa, justificando assim a proibição do aborto, é uma questão muito diferente. Essa idéia parte do princípio de que os estados podem limitar os direitos constitucionais de alguns ao acrescentar novas pessoas à população constitucional. Evidentemente, os direitos constitucionais de cada cidadão são muito afetados pela atribuição de direitos cons-

---

78. Há ainda uma outra questão, distinta dessas: se um estado violaria a Oitava Emenda caso punisse o feticídio com a pena de morte. Embora a pena de morte exista no estado de Illinois, a lei que torna assassinato a morte intencional do feto exclui a pena máxima como punição para esse crime. *Homicide of an Unborn Child*, Ill. Rev. Stat., cap. 38. P 9-1.2(d) (1989).

79. Lei do Aborto de 1975, idem, capítulo 38, P 81-21 (1).

80. Idem.

titucionais a outras pessoas ou coisas, uma vez que os direitos dos outros podem conflitar com os seus. Por isso, o poder de aumentar a população constitucional por meio de uma decisão unilateral equivaleria, na prática, ao poder de diminuir os direitos que a Constituição concede aos outros.

Se os estados pudessem não só tornar as empresas em pessoas jurídicas, mas também dotar cada uma dessas empresas do direito de voto, eles estariam prejudicando o direito constitucional de voto dos eleitores comuns, cujos votos seriam diluídos nos votos das empresas. Se os estados pudessem declarar que as árvores são pessoas e têm, portanto, o direito constitucional à vida, poderiam proibir a publicação de jornais e livros apesar da liberdade de expressão garantida pela Primeira Emenda, que jamais poderia ser compreendida como uma licença para matar. Se pudessem declarar que os primatas superiores são pessoas cujos direitos estivessem no mesmo pé dos direitos constitucionais dos outros, poderiam proibir os cidadãos de tomar remédios testados nesses animais. No momento mesmo em que percebemos essas conseqüências da idéia que estamos considerando, temos de rejeitá-la. Se o arranjo constitucional nacional não conta os fetos como parte da população constitucional, os estados não têm o poder de passar por cima desse arranjo; não podem, portanto, declarar que os fetos têm direitos constitucionais equivalentes aos das mulheres grávidas.

Não sei até que ponto Posner discorda dessa conclusão. Segundo ele, os estados podem criar novas pessoas constitucionais. Mas ele acrescenta que não sabe em que medida eles podem tratar os interesses dessas novas pessoas como se fossem os interesses de pessoas de verdade. Com isso, fica misteriosa a concepção que ele tem de o que é essa criação de novas pessoas constitucionais. Talvez ele queira apenas concordar comigo na idéia de que, embora os estados possam criar novas pessoas para os mais diversos propósitos, não podem por meio disso adquirir o poder de diminuir direitos constitucionais estabelecidos.

Essa posição seria coerente com os exemplos que ele apresenta. Ele diz, por exemplo, que os estados podem interpretar a propriedade e a liberdade de maneira que afetem os direitos procedimentais das pessoas assegurados pela garantia do devido processo[81]. Não se trata, porém, de diminuir os direitos constitucionais estabelecidos acrescentando-se novos detentores de direitos ao esquema constitucional. Trata-se, isto sim, de criar sob a legislação estadual novos direitos que, uma vez criados, atendem às condições vigentes de proteção constitucional sem diminuir os direitos constitucionais de outrem. Posner também diz que os estados podem decretar se "a morte significa morte cerebral" ou "um coração que parou de bater"[82], e que daí se deduz que podem "decidir quando a vida começa"[83]. É certo, como eu já disse, que os estados podem decidir, para os mais diversos efeitos, quando a vida começa e quando termina. Podem determinar o momento da morte cabível para a aplicação da lei da herança, por exemplo, assim como podem decretar que a vida começa antes do nascimento para permitir que as pessoas herdem através de um feto. Mas, através dessas decisões acerca de quando ocorrem a vida e a morte, não podem mudar os direitos constitucionais. Não podem, para se eximir de toda e qualquer responsabilidade sobre eles, declarar que os presidiários à espera da pena de morte já estão mortos, nem podem aumentar sua representação no Congresso declarando que estão vivos os cidadãos que residiram no estado e já morreram. Mas não consigo imaginar nenhum direito constitucional significativo que seja restringido quando um estado declara que a pessoa está morta quando seu cérebro morreu. Assim, nenhum dos exemplos de Posner dá a entender que ele realmente aceita a posição que rejeitei.

E ouso dizer que mesmo entre os mais encarniçados adversários de *Roe vs. Wade* há muitos que não a aceitam,

---

81. Posner, *U. Chi. Law Rev.*, vol. 59, 444 (citado na nota 58).
82. Idem.
83. Idem.

pois ela é incompatível com outras opiniões deles. O juiz Rehnquist, atual presidente da Suprema Corte, que fez parte da minoria divergente naquela decisão, "não tinha dúvidas" de que os estados, pela Constituição, não poderiam proibir um aborto necessário para salvar a vida de uma mulher[84]. É claro que, se um estado pudesse declarar que o feto é uma pessoa constitucional, poderia proibir o aborto mesmo que a gravidez pusesse em risco a vida da mãe, assim como normalmente proíbe que um inocente seja morto para salvar a vida de outro.

O feto tem interesses?

Pense, porém, no seguinte argumento. "Mesmo que o feto não seja uma pessoa constitucional e os estados não tenham o poder de torná-lo uma pessoa constitucional, um estado pode fazer leis para proteger os interesses do feto, assim como pode fazer leis para proteger os interesses dos cães, que também não são pessoas constitucionais." Os estados podem proteger os interesses de seres não-pessoais. Mas é difícil de acreditar que os estados possam apelar a esses interesses para justificar a redução significativa de um direito constitucional importante, como o direito da mulher grávida de controlar seu próprio corpo. Só pode fazer isso atendendo aos direitos de outras pessoas constitucionais, ou por alguma outra razão "premente".

Mas é importante perceber que esse argumento é falso também por outro motivo: o feto não tem interesses antes do terceiro trimestre de gestação. Nem todas as coisas que podem ser destruídas têm o interesse de não ser destruídas. O ato de quebrar uma bela escultura seria uma afronta terrível ao valor intrínseco que está presente nas grandes obras de arte, e também iria contra os interesses das pessoas que gostam de contemplá-la ou estudá-la. Mas a escultura não

---

84. 410 U.S., 173 (parecer discordante de Rehnquist).

tem interesses próprios; um ato selvagem de vandalismo não é uma injustiça cometida contra ela. Além disso, para se declarar que um ser tem interesses, também não basta que ele seja vivo e esteja no processo de transformar-se em algo mais amadurecido. Se uma minicenoura é colhida mais cedo do que uma cenoura comum para ser servida à mesa como iguaria, isso não vai contra os seus interesses. Isso não ocorre nem mesmo com coisas que vão se transformar em algo diferente ou mais maravilhoso. Uma borboleta é de longe mais maravilhosa do que uma lagarta, mas a lagarta não se beneficia de transformar-se em borboleta. E enfim, para que algo tenha interesses, também não basta que esteja em vias de se transformar num ser humano. Imagine que, no momento mesmo em que o dr. Frankenstein estivesse a ponto de puxar a alavanca que daria vida à coletânea de partes do corpo montadas na mesa à sua frente, uma pessoa escandalizada com aquele experimento quebrasse todo o aparelho. Quer aprovemos esse ato, quer o condenemos, ele não causou dano algum àquele amontoado de partes humanas, nem foi contra seus interesses, nem foi injusto para com ele.

Esses exemplos nos mostram que nada tem interesses se não tem ou teve alguma forma de consciência – não só uma vida física, mas também uma vida mental[85]. As criaturas que sentem dor têm evidentemente o interesse de não senti-la. Quando os animais são submetidos à dor, isso vai con-

---

85. É verdade que a doutrina católica diz hoje que o feto é dotado de uma alma eterna no momento da concepção e por esse motivo tem interesses. (No passado, a Igreja sustentava que Deus dava a alma ao feto algum tempo depois da concepção: depois de quarenta dias para um menino e oitenta dias para uma menina. Sustentava também que o aborto antes desse momento, embora imoral por violar o valor intrínseco da criação de Deus, não se equiparava ao assassinato. Laurence H. Tribe, *Abortion: The Clash of Absolutes* [Norton, 1990], p. 31.) Esse argumento vai contra minha afirmação de que nada que não tem cérebro pode ter interesses, mas não vai contra a afirmação mais geral de que nada pode ter interesses sem alguma forma de consciência, pois suponho que uma alma, que pode sofrer, é uma forma especial de consciência. Aquele que aceita essa idéia tem motivos para insistir em que o feto (ou, mais precisamente, a alma que ele contém) tem um interesse em continuar vivo. Mas os estados não têm o direito de agir movidos por dogmas teológicos.

tra seus interesses: é o que ocorre quando são pegos em armadilhas ou usados como cobaias de experimentos, por exemplo. Mas o feto só consegue sentir dor no final da gravidez, uma vez que antes disso o cérebro não está suficientemente desenvolvido. Mesmo os cientistas mais conservadores asseveram que o cérebro fetal não tem desenvolvimento suficiente para sentir dor antes da vigésima sexta semana de gestação, mais ou menos[86].

É claro que muitas coisas que vão contra os interesses das pessoas não lhes causam dor física. Meus interesses estarão sendo contrariados se alguém escolher outra pessoa para um emprego que eu quero, mover uma ação na justiça contra mim, bater no meu carro, escrever uma resenha condenando meu último livro ou lançar uma ratoeira melhor do que a minha e vendê-la mais barato, mesmo que eu não tenha consciência de que essas coisas aconteceram. Nesses casos, meus interesses não estarão em jogo por causa da minha capacidade de sentir dor, mas em virtude de um conjunto de capacidades diferente e mais complexo: de sentir alegria ou não, de formar afetos e emoções, ter esperanças e expectativas, sofrer decepções e frustrações. Não sei quando essas capacidades começam a se desenvolver, em forma primitiva, incipiente ou indefinida, nem nos animais nem nos seres humanos. É possível que os bebês humanos as tenham pelo menos numa forma primitiva, e o mesmo pode ocorrer com os fetos de final de gestação, cujos cérebros já estão plenamente formados. Mas é evidente que essas capacidades são impossíveis antes do desenvolvimento da capacidade de sensação, e, portanto, mesmo pelas estimativas

---

86. Ver Clifford Grobstein, *Science and the Unborn: Choosing Human Futures* (Basic Books, 1988): "Para dar uma margem segura que nos impeça de intervir numa possível sensibilidade primitiva, a maturação cortical que começa por volta da trigésima semana é um marco razoável até que tenhamos mais informações. Logo, como devemos tomar um cuidado extremo para respeitar e proteger a sensibilidade incipiente, uma fronteira provisória fixada na vigésima sexta semana deve nos dar segurança contra possíveis preocupações. Essa fronteira coincide com a definição atual de viabilidade fetal" (p. 130).

mais conservadoras, não existem antes da vigésima sexta semana de gestação.

Temos de tomar cuidado com um argumento bastante conhecido, mas falacioso: o de que o aborto seria contrário aos interesses do feto porque praticamente nenhuma pessoa que hoje está viva teria interesse em ter sido abortada. Quando um ser passa a ter interesses, passa também a ser verdade, retroativamente, que certos acontecimentos teriam contrariado esses interesses se houvessem ocorrido no passado. Vamos supor que foi bom para mim que meu pai não tenha sido enviado numa longa viagem de negócios no dia anterior à noite em que fui concebido, mas dois dias depois disso, como efetivamente aconteceu. Não se pode concluir daí que, se ele tivesse saído na data anterior, isso teria sido ruim para alguém. A pessoa para quem isso poderia ter sido ruim não existiria.

É claro que, no caso do aborto, existe algo – o feto – para quem se pode pensar que o aborto seria mau. Mas a existência do feto não afeta o argumento lógico. Se o fato de que eu não existiria se meu pai tivesse viajado dois dias antes não quer dizer que exista um ser para quem essa viagem teria sido ruim – o que é óbvio –, então se pode dizer a mesma coisa do fato de que eu não existiria se tivesse sido abortado. Para saber se o aborto vai contra os interesses do feto, temos de saber se o próprio feto tem interesses ou não, e não se aquele ser vai passar a ter interesses se não houver aborto.

Essa distinção pode ajudar a explicar algo que parece enigmático aos olhos de certos observadores. Muita gente que acredita que o aborto é moralmente admissível também pensa que a mulher grávida não deve fumar, beber ou comportar-se de maneiras que podem fazer mal à criança. Os críticos dizem que essa combinação de opiniões é contraditória: uma vez que matar uma pessoa é pior do que simplesmente feri-la, não se pode dizer que é errado fumar mas não é errado abortar. Porém, se uma mulher fuma durante a gravidez, vai existir depois uma pessoa cujos interesses terão sido gravemente prejudicados pelo comportamento dela.

Se ela aborta, não existirá ninguém cujos interesses terão sido contrariados.

O que realmente está em jogo em *Roe vs. Wade*

Dos argumentos que apresentei até aqui segue-se uma importante conclusão: Se a única questão controversa no debate constitucional fosse a de se determinar se os estados podem tratar o feto como uma pessoa cujos direitos se equiparam aos de uma mulher grávida, *Roe vs. Wade* seria uma decisão indubitavelmente correta. Mas essa não é a única questão controversa, e (embora poucos compreendam este fato) não é nem mesmo a questão mais importante que está por trás do debate nacional sobre a moralidade do aborto. É certo que a maioria das pessoas diz que tanto o debate moral quanto o debate legal giram em torno de uma questão relativa à personalidade moral, aos direitos ou aos interesses do feto. Mencionam, por exemplo, a questão de saber se o feto é uma pessoa metafísica ou moral, se tem interesses próprios ou não ou se seus interesses são comparáveis aos de uma mulher grávida, ou ainda outras questões desse tipo. Na verdade, porém, as opiniões da maioria das pessoas sobre a moralidade do aborto em diversas circunstâncias não têm sentido quando procuramos compreendê-las como decorrentes de um conjunto coerente de respostas que elas dão às questões relativas à personalidade jurídica, aos direitos ou aos interesses do feto.

A maioria das pessoas pensa, por exemplo, que o aborto é sempre problemático do ponto de vista moral e nunca deve ser realizado sem que haja um bom motivo para tanto; mas pensam também que às vezes ele é justificado. Alguns consideram-no justificado somente quando serve para salvar a vida da mãe. Outros grupos que se sobrepõem a esse mas não se identificam plenamente com ele pensam que o aborto se justifica também em outras circunstâncias: para proteger a mãe de danos físicos que não chegam a ameaçar a sua vida, por exemplo, ou em casos de estupro e incesto, ou ainda nos casos em que o feto é portador de alguma máformação. Certas pessoas para quem o aborto é sempre problemático do ponto de vista moral consideram-no justificado quando o nascimento de uma criança poderia restringir severamente as oportunidades da mãe de levar uma vida satisfatória. Muitos, além disso, pensam que a mulher grávida deve decidir por si mesma a respeito do aborto, mesmo em circunstâncias nas quais o considerariam moralmente inadmissível. Nenhuma dessas opiniões complexas decorre de uma resposta coerente à questão de saber se o feto é uma pessoa moral ou de como os seus interesses se comparam com os interesses de outras pessoas.

As idéias da maioria das pessoas a respeito do aborto só podem ser compreendidas como respostas a um conjunto de questões muito diferente. Elas partem do princípio de que a vida humana é dotada de um valor intrínseco e, pelo simples fato de ser humana, merece uma espécie de reverência. Pensam que, quando uma vida humana começa, é muito ruim – uma espécie de sacrilégio – dar-lhe um fim prematuro, particularmente quando isso ocorre através do ato deliberado de alguém. Esse pressuposto não parte da idéia de que a criatura cuja vida está em jogo é uma pessoa dotada de direitos e interesses, porque ele não pressupõe que a morte é algo mau para a criatura cuja vida vai terminar. Muito pelo contrário, é esse mesmo pressuposto que explica por que certas pessoas consideram o suicídio moralmente mau mesmo em circunstâncias nas quais pensam que seria melhor para a pessoa que se mata. A maioria das pessoas têm um ponto de vista parecido a respeito de outras coisas que consideram sacrossantas e que evidentemente não têm nenhuma personalidade moral: obras de arte, por exemplo, e determinadas espécies animais. Nossa atitude em relação à destruição da vida humana tem a mesma estrutura, embora seja muito mais intensa, o que é compreensível.

Embora a maioria das pessoas aceite a idéia de que a vida humana é sacrossanta e deve ser respeitada como tal, a comunidade norte-americana diverge quanto às exigências que esse respeito impõe nas circunstâncias que há pouco mencionei: estupro, incesto, má-formação fetal e aqueles casos em que a maternidade teria graves efeitos nocivos sobre a vida da mãe em potencial. Alguns norte-americanos pensam que o respeito pela vida exclui o aborto em algumas dessas circunstâncias, ou mesmo em todas; outros pensam que esse respeito autoriza e mesmo obriga ao aborto em algumas delas ou em todas[87]. Como afirmo em meu livro sobre aborto e eutanásia, essas diferenças refletem diferenças profundas nas concepções das pessoas acerca da importância relativa das contribuições divina, natural e humana para o valor intrínseco total de uma vida humana. Refletem também, como diz Kristin Luker, convicções diversas acerca do tipo de vida que as mulheres devem levar em nossa sociedade[88]. A opinião pública sobre esses temas é profundamente dividida. Porém, não se divide em dois grupos radicalmente opostos – um dos quais afirma que o feto é uma pessoa ao passo que o outro o nega–, mas de maneira muito mais complexa, pois os juízos acerca do fato de o aborto desonrar ou desrespeitar o valor intrínseco da vida em diversas circunstâncias envolvem uma larga variedade de questões independentes.

Por isso, em fim de contas, as duas proposições que considero incontestes – que o feto não é uma pessoa constitucional e que o estado não pode ampliar a categoria de pessoas constitucionais – não significam que a decisão de *Roe vs. Wade* estivesse correta. Nem as pinturas, nem as espécies de animais, nem os seres humanos futuros são pessoas constitucionais. Mas ninguém duvida de que o Estado pode atribuir um valor intrínseco à arte e à cultura, ou de que pode e deve agir para proteger o meio ambiente, as espécies animais ameaçadas e a vida das gerações futuras. A

---

87. *McRae vs. Califano*, 491 F. Supp. 630, 727-728 (E.D.N.Y.), revisto como *Harris vs. McRae*, 448 U.S. 297 (1980).
88. Kristin Luker, *Abortion and the Politics of Motherhood* (University of California Press, 1984), cap. 8.

maioria dos membros de uma comunidade pode determinar o recolhimento de tributos que serão usados para financiar museus; pode proibir as pessoas de demolir edifícios que pertencem a elas, caso estes sejam considerados de alto valor histórico ou arquitetônico; pode proibir atividades de indústria e construção que ponham em risco espécies ameaçadas ou façam mal às gerações futuras. Por que a maioria não deve ter o direito de impor uma convicção muito mais apaixonada – a de que o aborto é uma dessacralização do valor intrínseco que se liga a cada vida humana?

Assim, a questão constitucional mais difícil na controvérsia a respeito do aborto é esta: os estados podem reivindicar para si o interesse destacado de proteger a santidade ou o valor intrínseco da vida humana? Será que nossa Constituição permite que os estados determinem não só quais são os direitos e interesses que cabem às pessoas e como estes devem ser protegidos, mas também se a vida humana tem um valor intrínseco ou não, por que e de que maneira esse valor intrínseco (caso exista) deve ser respeitado? Não podemos procurar resolver essa questão da maneira rápida e rasteira preferida por alguns liberais: não podemos dizer que a decisão de uma mulher, de abortar ou não, só afeta a ela mesma (ou também, no máximo, o pai do feto) e que, portanto, a comunidade não tem absolutamente nada a dizer a respeito da decisão que ela toma. As decisões individuais inevitavelmente afetam os valores coletivos. O sentido do sagrado é em grande medida um sentido do tabu, uma espécie de horror coletivo perante a dessacralização, e não é fácil manter na mente das pessoas um tabu contra o aborto numa comunidade em que outras pessoas não só rejeitam o tabu como o transgridem abertamente, e especialmente quando recebem um apoio financeiro ou moral oficial. Numa comunidade como essa, é muito mais difícil para os pais criarem seus filhos de modo que os faça acreditar que o aborto é sempre uma dessacralização. É mais difícil do que seria numa comunidade onde o aborto fosse condenado como um crime.

Portanto, a questão constitucional que mencionei está na própria intersecção de duas tradições que às vezes se opõem, mas que fazem parte, ambas, da herança política norte-americana. A primeira é a tradição da liberdade religiosa e pessoal; a outra é uma tradição que dá ao Estado a responsabilidade pela guarda do espaço moral público no qual todos nós temos de viver. Boa parte do direito constitucional consiste na tentativa de reconciliar essas duas idéias. No caso do aborto, qual é o equilíbrio apropriado?

Os interesses legítimos do Estado

Uma das idéias que informaram tanto o parecer da maioria quanto o parecer contrário em *Roe* pode soar, para alguns, misteriosa: a idéia de que o estado tem um interesse em "proteger a vida humana". Atribuí agora um sentido particular a essa idéia. A comunidade tem o interesse de proteger a santidade da vida – de proteger a noção comunitária de que a vida humana em qualquer de suas formas é dotada de um valor intrínseco enorme – e por isso exige dos seus membros que reconheçam esse valor intrínseco em suas decisões individuais. Mas essa afirmação é ambígua. Pode referir-se a duas metas diferentes, e a distinção entre as duas é de extrema importância. A primeira é a meta da responsabilidade. O estado pode ter como meta fazer com que seus cidadãos tratem o aborto como um assunto grave do ponto de vista moral; que, ao tomar suas decisões, reconheçam quais são os valores fundamentais e intrínsecos que estão em jogo; e que, por fim, tomem essas decisões refletidamente, não por uma conveniência imediata, mas à luz de uma convicção meditada. A segunda meta é a da conformidade. O estado pode ter o objetivo de fazer com que todos os seus cidadãos obedeçam àquelas regras e práticas que, na opinião da maioria, melhor refletem e respeitam a santidade da vida; o estado pode querer, assim, que seus cidadãos só façam o aborto naquelas circunstâncias –

quando existem – em que, na opinião da maioria, o aborto é adequado ou pelo menos admissível.

As metas da responsabilidade e da conformidade não são somente diferentes: são antagônicas. Quando temos por meta a responsabilidade, temos, no fim, de deixar os cidadãos livres para tomar a decisão que lhes parecer correta, pois essa é uma das exigências da responsabilidade moral. Quando, por outro lado, temos por objetivo a conformidade, negamos aos cidadãos a possibilidade de tomar essa decisão. Exigimos que ajam de uma maneira que talvez seja contrária às suas convicções morais e não os encorajamos a desenvolver sua própria noção de quando e por que a vida é sagrada; antes, os demovemos disso.

A suposição tradicional de que os estados têm um interesse derivado em impedir a ocorrência de abortos, que já rejeitei, nubla a distinção entre os dois objetivos. Se o feto é uma pessoa, é claro que o interesse dominante do estado é o de proteger essa pessoa, assim como protege todas as outras pessoas. Nesse caso, o estado deve subordinar qualquer interesse de desenvolver a responsabilidade moral de seus cidadãos ao interesse de fazer com que os cidadãos cheguem a determinada conclusão moral ou pelo menos a expressem em suas ações: a conclusão de que é errado matar seres humanos.

Mas, quando mudamos o interesse do estado para o interesse de proteger um determinado valor intrínseco, a diferença e a oposição entre os dois objetivos põe-se em evidência. Como eu já disse, a santidade da vida é um valor altamente contestável. Suas exigências, nos casos particulares, são controversas: o que fazer quando um fato é deformado, por exemplo, ou quando o fato de ter um filho diminuiria gravemente as oportunidades de uma mulher realizar algo de valor em sua própria vida? Para proteger um valor contestável, será melhor que o estado encoraje as pessoas a aceitá-lo como tal, cientes de que recairá sobre elas mesmas a responsabilidade de decidir o que ele significa? Ou será que o melhor é que o próprio estado, pelo processo político, decida qual a interpretação mais cabível da noção controversa e obrigue todos a aceitar essa interpretação? A meta da responsabilidade justifica a primeira opção; a da conformidade, a segunda. Um estado não pode querer alcançar ambas as metas ao mesmo tempo.

Não consigo pensar em razão alguma, fundamentada num conceito plausível de igualdade de consideração ou liberdades básicas, pela qual o Estado não deva ter por objetivo que seus cidadãos tratem as decisões sobre a vida e a morte do ser humano como questões de grave importância moral. Os benefícios de um tal agir são evidentes e muito grandes. Por isso, a meu ver, a Constituição permite que os estados busquem atingir o objetivo da responsabilidade, mas sempre respeitando a distinção entre esse objetivo e o objetivo antagônico de coagir, de maneira total ou parcial, a decisão final dos cidadãos. Acaso um estado pode exigir que a mulher que quer fazer um aborto espere vinte e quatro horas antes da operação? Pode exigir que ela receba informações que expliquem a gravidade da decisão de fazer um aborto? Pode exigir que uma adolescente grávida consulte os pais ou algum outro adulto? Ou exigir que a mulher casada informe o marido, caso seja capaz de localizá-lo? Se um estado fornece serviços gratuitos de parto para os pobres, deve fornecer também serviços de aborto? Os constitucionalistas tendem a discutir essas questões como se todas elas fossem regidas pela decisão *Roe*, como de fato seriam caso a única dúvida pertinente fosse a de saber se o feto é ou não é uma pessoa. Se fosse essa a única questão – e *Roe* tem razão em dizer que o feto não é uma pessoa constitucional –, por que razão um estado poderia obrigar as mulheres que querem fazer aborto a esperar vinte e quatro horas ou a discutir a questão com um adulto? Com que fundamento o Congresso poderia dar ajuda às mulheres que querem ter filhos, mas não às que querem abortar?

As discussões dos meios de comunicação acerca da medida em que a Suprema Corte reformulou *Roe* com suas recentes decisões parte do pressuposto de que as questões de responsabilidade e as questões de conformidade estão unidas dessa maneira. Isso explica por que a decisão da Corte em *Webster*[89] foi vista por muitos como uma alteração de *Roe*[90], por que o *New York Times* disse que a recente decisão *Casey* do Terceiro Tribunal Itinerante (que aprovou uma abrangente lei estatutária da Pensilvânia) já supõe que *Roe* em breve será revogada[91] e por que tantos comentaristas esperam que a Suprema Corte, que já concordou em rever a decisão do Terceiro Tribunal, aproveite essa oportunidade para estreitar ainda mais o alcance de *Roe* ou mesmo revogá-la em definitivo, embora a Corte tenha pedido às partes que só mencionem as questões que foram efetivamente decididas pelo Terceiro Tribunal[92].

Muitos desses comentaristas dizem que *Roe* deu às mulheres um direito fundamental ao aborto, que só pode ser restringido se os estados dispuserem de uma razão premente para tal; dizem ainda que *Webster* enfraqueceu *Roe* e *Casey* a enfraquecerá ainda mais, na medida em que permitem aos estados que restrinjam esse direito sem que haja uma razão. Mas, quando compreendemos *Roe* como sugiro que a compreendamos, essa análise se torna simplista demais. O direito fundamental afirmado por *Roe* é um direito contra a conformidade. É o direito de que os estados não proíbam o aborto antes do terceiro trimestre, quer diretamente, quer impondo fardos indevidos sobre a opção da

---

89. *Webster vs. Reproductive Health Services*, 492 U.S. 490 (1989).

90. O professor Tribe, por exemplo, disse: "Se o direito constitucional é representado pelas decisões constitucionais, depois de Webster a decisão Roe não é mais a mesma." Tribe, *Abortion*, 24 (citado na nota 85).

91. Ver Michael de Courcy Hinds, "Appeals Court Upholds Limits for Abortions", *New York Times*, A1 (22 de outubro de 1991), que discute *Planned Parenthood vs. Casey*, 947 F. 2d 682 (3d Cir. 1991). Na verdade, a opinião da maioria dos juízes em *Casey* adotava a distinção entre responsabilidade e conformidade que acabei de defender e interpretava a prova do "fardo indevido" (*Webster*, 492 U.S., 529-531, parecer favorável de O'Connor) proposta pela juíza O'Connor de modo que já embutisse nela essa distinção.

92. Ver, por exemplo, Sheryl McCarthy, "Climactic Battle is at Hand", *Newsday*, 5 (22 de janeiro de 1992); "Washington Brief", *Natl. L. J.*, 5 (3 de fevereiro de 1992).

mulher pelo aborto. A decisão *Roe* considerada em si mesma não proibiu os estados de estimular a responsabilidade por parte da mulher em suas decisões, nem os proibiu de manifestar abertamente a opinião da maioria acerca do que é certo e do que é errado.

Nem por isso está resolvida a questão de saber se uma determinada norma – digamos, que estabelece um período de espera obrigatório, ou uma notificação ou consulta obrigatória – torna o aborto muito mais caro, perigoso ou difícil de efetuar e se, por isso, impõe um fardo indevido sobre o direito de não se conformar à opinião majoritária[93]. E é claro que penso que seria ingenuidade fingir que as recentes decisões da Corte não implicam nenhuma ameaça a *Roe*. As declarações passadas de pelo menos quatro juízes e as opiniões prováveis dos dois membros mais recentes da Corte são efetivamente ameaçadoras. Mas não melhoramos em nada a situação do direito fundamental reconhecido por *Roe* quando insistimos em que todas as decisões aplaudidas pelos grupos pró-vida equivalem automaticamente a uma outra pá de terra sobre o caixão de *Roe*.

A questão que realmente estava em jogo em *Roe*, e que se encontra de novo no próprio eixo do debate nacional, é a questão da conformidade. Eu disse que o Estado às vezes tem razão de coagir as pessoas a fim de proteger os valores da maioria: quando cobra tributos para investir em arte ou quando exige dos empresários que gastem dinheiro para não ameaçar determinadas espécies animais, por exemplo. E pergunto: por que o estado não pode proibir o aborto com base na mesma idéia – a idéia de que a maioria de seus cidadãos pensa que, exceto quando a própria vida da mãe está em risco, o aborto é uma ofensa intolerável ao valor intrínseco da vida humana?

---

93. Em *Casey*, o Terceiro Tribunal Itinerante, alegando seguir as orientações da juíza O'Connor, propôs que a prova pertinente seja a de saber se a lei impõe um "fardo indevido" sobre o direito de abortar da mulher que, depois de refletir, finalmente decidiu pelo aborto. 947 F. 2d, 695-697, 706-707.

Conformidade e coação

Para responder a essa pergunta, começo por apresentar três razões importantíssimas, e ligadas entre si, pelas quais a proibição do aborto é uma questão muito diferente da conservação, do zoneamento estético ou da proteção de espécies ameaçadas. Em primeiro lugar, os efeitos dessa proibição sobre a vida de indivíduos particulares – mulheres grávidas – é muito maior. Se a comunidade obriga uma mulher a ter um filho que ela não quer, a mulher já não tem domínio sobre o seu próprio corpo. O corpo lhe foi tomado e está sendo usado para fins com os quais ela não concorda. Trata-se de uma escravidão parcial, uma privação de liberdade muito mais grave do que a que se impõe aos cidadãos quando o que está em causa é a proteção de tesouros culturais ou de espécies ameaçadas. A escravidão parcial de uma gravidez forçada, além disso, é só o começo do preço a ser pago pela mulher a quem se nega o aborto. O ato de ter um filho destrói a vida de muitas mulheres, que já não podem trabalhar, estudar ou viver segundo suas preferências ou que não serão capazes de sustentar a criança. A adoção, mesmo quando é possível, pode não diminuir os danos. Para muitas mulheres, seria quase intolerável dar seu filho para que outros o amem e cuidem dele. É claro que esses diversos tipos de danos se intensificam se a gravidez começa em decorrência de um estupro ou incesto ou se a criança nasce com graves más-formações físicas ou mentais. Para muitas mulheres, essas conseqüências não são simplesmente indesejáveis: são terríveis, e elas fariam de tudo para evitá-las. Não podemos esquecer jamais que, antes de *Roe vs. Wade*, ocorriam muitos abortos nos estados em que o aborto era proibido. Esses abortos eram ilegais e muitos eram extremamente perigosos. Quando a mulher desesperada para fazer um aborto transgride o direito penal, pode pôr em risco sua própria vida. Por outro lado, se a mulher não transgride a lei, pode ter sua vida destruída e perder todo o respeito por si mesma.

Em segundo lugar, como eu já disse, existem em nossa cultura profundas discordâncias acerca de quais devem ser, perante o aborto, as atitudes da pessoa ansiosa por respeitar o valor intrínseco da vida humana. Não existem as mesmas discordâncias no caso dos demais valores que mencionei. Ninguém em sã consciência pode afirmar que o respeito pelas gerações futuras nos obriga a tornar o planeta inabitável para elas ou que o respeito pelas espécies animais às vezes nos obriga a permitir que elas se extingam. Quando o direito obriga as pessoas a sacrificar-se em nome desses valores, essa exigência tem por objeto, no máximo, algo que para elas não é importante, enquanto o é para o restante da comunidade. As pessoas não são obrigadas a tomar atitudes que lhes parecem não só desvantajosas para elas mesmas do ponto de vista pessoal, mas até eticamente inadmissíveis[94]. Já a mulher obrigada a ter um filho cuja vida será limitada por uma deficiência, ou que estará fadado a uma infância de miséria e a ter uma educação insuficiente, ou que vai prejudicar a vida da própria mãe – essa mulher não está sendo simplesmente forçada a fazer sacrifícios em nome de um valor do qual não partilha. Não: está sendo obrigada a ir contra suas próprias crenças acerca de o que é o respeito pela vida humana e o que esse respeito exige.

Em terceiro lugar, nossas convicções acerca de como e por que a vida humana é dotada de uma importância intrínseca (convicções das quais provém nossa opinião moral sobre o aborto) são elementos muito mais fundamentais de nossa personalidade moral total do que as outras convicções mencionadas. São decisivas para formar nossas opiniões sobre todos os assuntos ligados à vida e à morte, os quais não se limitam ao aborto mas abarcam também o suicídio, a eutanásia, a pena de morte e a objeção de consciência à guerra.

---

94. É claro que o governo às vezes força as pessoas a fazerem algo que lhes parece errado – pagar tributos para financiar uma guerra que consideram injusta, por exemplo. Mas, nesses casos, o governo justifica a coação fazendo apelo aos direitos e interesses de outras pessoas, e não a um valor intrínseco que, na opinião dos coagidos, exigiria na verdade a decisão oposta.

O poder delas, além disso, é maior ainda do que se poderia pensar, pois nossas opiniões acerca de como e por que a nossa vida é dotada de valor intrínseco influenciam de modo crucial todas as grandes opções que fazemos em nosso caminho de vida[95]. Mas é só em algumas pessoas que as opiniões sobre conservação arquitetônica ou espécies ameaçadas são tão fundamentais quanto aquelas para o restante da personalidade moral, tão intimamente entreligadas com as outras grandes convicções estruturais de suas vidas.

Essas interligações são mais evidentes na vida de pessoas religiosas no sentido tradicional. A ligação entre sua fé e suas opiniões sobre o aborto não é contingente, mas faz parte da própria estrutura da fé: as convicções sobre o aborto são sombras de convicções mais fundamentais acerca de por que a própria vida humana é importante, convicções essas que operam em todos os aspectos da vida dessas pessoas. Uma determinada religião, como o catolicismo, não poderia mudar seus pontos de vista sobre o aborto sem se tornar uma fé significativamente diferente, organizada em torno de uma noção diferente das bases e das conseqüências do caráter sacrossanto da vida humana. As pessoas que não são religiosas no sentido convencional também podem ter convicções gerais instintivas sobre o valor intrínseco da vida humana – a vida delas, por exemplo: se esse valor existe e, em caso afirmativo, como e por quê. Para quase todos essas convicções vêm à tona nos mesmos momentos críticos da vida, ou seja, nas decisões sobre reprodução, morte e guerra. O ateu que não crê num deus pessoal pode, não obstante, ter convicções ou pelo menos instintos sobre o valor da vida humana num universo frio e infinito, e essas convicções são tão amplas e tão fundamentais para a personalidade moral quanto as convicções de um católico ou de um muçulmano. São convicções que, nas palavras de um famoso voto proferido pela Suprema Corte, ocupam "na vida

---

95. Ver Ronald Dworkin, *Foundations of a Liberal Equality* (University of Utah Press, 1990), p. 1.

de seu possuidor um lugar equivalente ao da crença ortodoxa em Deus"[96].

Por esse motivo, podemos qualificar as crenças das pessoas acerca do valor intrínseco da vida humana (as crenças que embasam suas opiniões sobre o aborto) como crenças essencialmente religiosas. Mais tarde vou procurar defender essa idéia para fazer uma interpretação constitucional, alegando que essas crenças devem ser consideradas religiosas segundo o sentido da Primeira Emenda. Por enquanto, porém, não quero chegar a uma conclusão legal, mas filosófica. É verdade que, na opinião de muitos, nenhuma crença pode ser considerada religiosa se não pressupuser um deus pessoal. Mas muitas religiões estabelecidas – algumas formas do budismo e do hinduísmo, por exemplo – não incluem a crença num ser supremo. Quando deixamos de lado a idéia de que toda crença religiosa é uma crença num deus, já se torna bem difícil descobrir uma característica definida que seja exclusiva das crenças religiosas. Para classificar uma crença como crença religiosa, temos de aplicar uma prova menos rígida: temos de nos perguntar se o conteúdo dessa crença é semelhante ao das crenças propriamente religiosas[97]. De acordo com essa prova, a crença de que o valor da vida humana em si transcende o valor que ela tem para uma determinada criatura – a crença de que do ponto de vista do universo, por assim dizer, a vida humana tem um valor objetivo – é evidentemente uma crença religiosa, mesmo quando é adotada por pessoas que não crêem numa divindade pessoal. Na verdade, o objetivo mais fundamental das religiões tradicionais é fazer exatamente essa afirmação aos seus fiéis e revesti-la de alguma visão ou narrativa que torne essa crença inteligível e convincente.

A religião entendida dessa maneira vem solucionar o traço mais terrível da vida humana: nós vivemos e enfrenta-

---

96. *United States vs. Seeger*, 380 U.S. 163, 166 (1965).
97. Kent Greenawalt, "Religion as a Concept in Constitutional Law", *Cal. L. Rev.*, vol. 72 (1984), p. 753; George Freeman III, "The Misguided Search for the Constitutional Definition of 'Religion'", *Georgetown L. J.*, vol. 71 (1983), p. 1519.

mos a morte e não temos nenhuma razão evidente para pensar que nossa vida, e menos ainda o nosso modo de viver, muda a ordem das coisas sob algum aspecto. Já se propôs das mais diversas maneiras a questão existencial da importância objetiva ou intrínseca da vida humana. As pessoas se perguntam sobre o "sentido" ou o "objetivo" da vida, por exemplo. Como quer que seja formulada, essa questão é fundamental. Não pode ser respondida pela afirmação de que, se as pessoas viverem de um determinado modo – observando um determinado código moral, por exemplo, ou seguindo uma determinada teoria de justiça –, elas se tornarão mais seguras ou mais prósperas individual e coletivamente ou poderão realizar de maneira plena a natureza humana, entendida também de um modo particular. A questão existencial é mais profunda, pois o que se quer saber é se essas coisas mesmas têm alguma importância.

Desse modo, as crenças sobre a importância intrínseca da vida humana se distinguem de convicções seculares sobre a moral, a imparcialidade e a justiça. Estas últimas definem como os interesses antagônicos de pessoas particulares devem ser atendidos, equilibrados ou comprometidos. Raramente refletem uma concepção distintiva de por que os interesses humanos têm uma importância objetiva intrínseca, e muitas vezes nem pressupõem essa importância[98]. Isso explica por que pessoas dotadas de idéias muito diferentes sobre o sentido ou o objetivo da vida humana podem concordar quanto à justiça e pessoas que têm as mesmas idéias sobre esse problema religioso podem discordar drasticamente. É claro que muita gente acredita que a imparcialidade

---

98. John Rawls, por exemplo, distingue sua teoria da justiça daquilo que chama de esquemas religiosos ou éticos abrangentes; na opinião dele, as teorias políticas da justiça não pressupõem concepção alguma sobre o que é objetivamente importante. Em particular, não pressupõem a concepção de que é intrinsecamente importante que a vida humana continue ou prospere, nem de como ou por que isso seria importante, muito embora essas teorias políticas sejam evidentemente compatíveis com várias concepções desse tipo. Ver John Rawls, "Justice as Fairness, Political not Metaphysical", *Phil. & Publ. Aff.*, vol. 14 (1985), p. 223.

e a justiça só são importantes porque afetam o transcorrer de uma vida humana, que em si seria objetivamente importante[99]. Mas nem por isso suas idéias particulares sobre as exigências da justiça passam a ser idéias sobre por que ou de que maneira essa afirmação é verdadeira.

Para tentar responder àquela questão existencial mais profunda, as religiões estabelecem uma relação entre a vida humana individual e um valor objetivo transcendente. Declaram que todas as vidas humanas (ou, no caso das religiões mais fechadas, só as vidas dos crentes) têm uma importância objetiva que deriva de uma fonte de valores situada fora da experiência humana subjetiva: o amor de um criador ou redentor, por exemplo, ou a natureza como que personalizada e dotada do poder de conferir uma importância normativa e objetiva a tudo quanto dela provém, ou, ainda, uma ordem natural entendida de outra maneira tão transcendente quanto essa. Todas as pessoas que pensam que o aborto é moralmente problemático mesmo que o feto não tenha interesses aceitam a idéia de que a vida humana é dotada de um valor intrínseco e objetivo. Alguns pensam que ela é intrinsecamente importante porque foi criada por um deus; outros, porque é o triunfo da inventividade da natureza; outros, ainda, porque a complexidade e as promessas da vida humana têm por si mesmas o poder de fazer nascer em nós uma espécie de reverência. Em cada um desses grupos há pessoas que acreditam que, uma vez que a vida humana é dotada de uma importância intrínseca, o aborto é errado sempre ou quase sempre. Mas, nos mesmos grupos, outros chegaram à conclusão contrária: o aborto é às vezes necessário como ato de respeito ao valor intrínseco da vida[100]. Em todos esses casos, a crença a que se faz apelo é uma afirmação da idéia essencialmente religiosa de que a importância da vida humana transcende a experiência subjetiva.

---

99. Ver Dworkin, *Foundations of a Liberal Equality* (citado na nota 95).
100. *McRae*, 491 F. Supp., 690-702. Desenvolvo extensamente essa idéia no livro *Life's Dominion*.

O direito à autonomia na procriação

Essas três maneiras pelas quais o aborto se diferencia das outras questões que apelam para o conceito de valor intrínseco nos conduzem a uma interpretação do direito constitucional à privacidade, tantas vezes discutido. Esse direito constitucional limita o poder do estado de atingir a liberdade pessoal quando o estado não age para proteger os direitos ou interesses de outras pessoas, mas somente para salvaguardar um valor intrínseco. Existem três situações em que um estado não pode diminuir a liberdade pessoal a fim de proteger um valor intrínseco: (1) quando as decisões que ele proíbe são compromissos pessoais assumidos dentro de um campo essencialmente religioso; (2) quando não há acordo, dentro da comunidade, acerca de qual é a melhor maneira de proteger o valor em questão; e (3) quando a decisão tem um impacto muito grande, até mesmo desproporcional, sobre a pessoa que fica então impedida de decidir[101].

Devo dizer mais uma vez (embora você provavelmente já esteja cansado de ouvir) que o princípio de privacidade que acabei de definir não garantiria o direito ao aborto se o feto já fosse uma pessoa constitucional desde o momento da concepção. O princípio se limita àquelas circunstâncias em que o estado reclama para si a autoridade de proteger um valor intrínseco, e não os direitos e interesses de outra pessoa. Mas, uma vez aceita a idéia de que o feto não é uma pessoa constitucional, o campo de investigação jurídica passa a girar em torno de uma questão diferente: se o estado pode proibir o aborto a fim de respeitar o valor intrínseco da vida humana. Nesse caso, o princípio da privacidade se aplica de modo evidente.

---

101. Não quero dizer que não se possa defender um direito mais forte de autonomia pessoal com base na melhor interpretação da Constituição como um todo. Na verdade, acho que podemos afirmar um direito bem mais amplo. Mas não vou defender nenhum princípio mais amplo do que o que acabei de definir, pois ele é forte o suficiente para garantir um direito de privacidade que se pode entender como base de um direito à autonomia na procriação.

Ele se aplica porque as decisões éticas acerca da procriação passam nas provas que esse princípio fornece. É por isso que, pelo método comum de jurisprudência, as decisões quanto à procriação foram reunidas sob um princípio distinto que podemos chamar de princípio da autonomia na procriação. É esse princípio, compreendido como uma aplicação do princípio mais geral de privacidade, que fornece a melhor justificativa para as decisões da Suprema Corte sobre a contracepção, por exemplo. Na primeira causa que pode ser incluída nessa categoria – *Griswold vs. Connecticut*[102] – os juízes que formaram a maioria forneceram diversas justificativas para sua decisão. O juiz John Harlan disse que a norma que proibia os casais legalmente unidos em matrimônio de usar anticoncepcionais violava a Constituição porque só poderia ser imposta se a polícia revistasse os quartos conjugais, idéia que lhe pareceu contrária ao conceito de liberdade ordenada[103].

Essa justificativa não era cabível nem mesmo para a decisão de *Griswold* – a proibição da venda de anticoncepcionais poderia ser imposta sem que se revistassem os quartos dos casais, assim como a proibição da venda de drogas para casais, ou do uso de drogas por parte desses, poderia ser imposta sem uma tal busca. Tampouco foi cabível para as decisões posteriores da mesma categoria jurisprudencial. Numa delas, o juiz Brennan, falando em nome da Corte, ofereceu uma explicação diferente e mais geral. Disse: "Se o direito à privacidade significa algo, é o direito do *indivíduo*, casado ou não, a estar livre da intromissão do Estado em assuntos que afetam fundamentalmente sua pessoa, como por exemplo a decisão de conceber ou dar à luz um filho."[104]

Para mim, o princípio da autonomia na procriação é uma elaboração da idéia de Brennan. Esse princípio explica em que sentido as decisões individuais sobre a procriação

---

102. 381 U.S. 479 (1965).
103. Idem, 500 (parecer concordante de Harlan) (numa referência ao seu parecer discordante em *Poe vs. Ullman*, 367 U.S. 497, 539-545 [1961]).
104. *Eisenstadt vs. Baird*, 405 U.S. 438, 453 (1972) (grifo no original).

são, como ele disse, fundamentais. Muitas decisões, entre as quais as decisões econômicas, por exemplo, têm efeitos graves, que variam de pessoa para pessoa. As decisões sobre a procriação são fundamentais num sentido diferente, pois as questões morais em torno das quais giram essas decisões são religiosas no sentido amplo que defini mais acima. São questões relacionadas ao objetivo último e ao valor da vida humana. O poder do estado de proibir a contracepção só poderia ser defendido de modo cabível caso se supusesse um poder geral de determinar a todos os cidadãos quais são as exigências do respeito ao valor intrínseco da vida humana: de determinar, por exemplo, que as pessoas não tivessem relações sexuais sem a intenção de procriar.

Quando a Suprema Corte negou aos estados o poder específico de tornar a contracepção um crime, ela pressupôs o princípio mais geral de autonomia na procriação que estou defendendo. Isso é importante, pois quase ninguém acredita que as decisões sobre a contracepção possam um dia vir a ser revogadas. É verdade que Bork, em discursos e artigos publicados antes de sua indicação, contestou *Griswold* e outras decisões posteriores[105]. Mas, durante as audiências, deu a entender que *Griswold* poderia ser defendida com base em outros princípios[106].

Como eu já disse, a integridade da lei exige que os princípios necessários para embasar uma série de decisões que configuram precedente têm de ser aceitos também em outros contextos. É politicamente sedutora a idéia de aplicar o princípio de autonomia na procriação à contracepção (que, na opinião da imensa maioria das pessoas, os estados não têm o direito de proibir), mas não aplicá-lo ao aborto, que sofre a oposição violenta do poderoso eleitorado con-

---

105. Ver, por exemplo, Robert Bork, "Neutral Principles and Some First Amendment Problems", *Ind. L. J.*, vol. 47 (1971), pp. 1, 7-10.
106. Indicação de Robert H. Bork ao cargo de Juiz Auxiliar da Suprema Corte dos Estados Unidos, Audiências perante a Comissão Judiciária do Senado, 100º Congresso, 1ª Sessão, 250 (16 de setembro de 1987).Ver Ethan Bonner, *Battle for Justice* (Norton, 1989), pp. 221-2, 260.

servador. Mas o objetivo da integridade – o objetivo do direito considerado em si – é o de excluir soluções políticas desse tipo. Temos de ser um país de princípios: nossa Constituição deve ser uma expressão de convicções profundas, e não das estratégias táticas de juízes ansiosos para satisfazer as vontades do maior número possível de eleitores.

Evidentemente, a integridade não exige que os juízes respeitem princípios que consideram errados. Permite que a Corte declare, como já fez em diversas ocasiões, que uma determinada decisão ou linha de decisões estava errada pelo fato de os princípios que as determinaram serem incoerentes com princípios mais fundamentais embutidos na estrutura e na história da Constituição. A Corte não pode afirmar que todas as decisões tomadas no passado estavam erradas: com isso, a pretexto de garantir a integridade, os juízes a destruiriam. O poder de desconsiderar decisões passadas deve ser exercido com modéstia. Porém, também precisa ser exercido de boa-fé. A Corte não pode ignorar os princípios que justificam decisões que ela afirma aprovar, decisões que ela ratificaria se isso fosse necessário, decisões que praticamente ninguém, nem mesmo os críticos mais mordazes do desempenho passado desse tribunal, ousa agora condenar como erradas. As causas relativas à contracepção se incluem nessa categoria de decisões; seria perigoso e ilegal que a Corte ignorasse cinicamente os princípios pressupostos nessas causas ao tratar agora de causas relacionadas ao aborto.

Assim, a integridade exige um reconhecimento geral do princípio da autonomia na procriação e, portanto, do direito das mulheres de decidir por si mesmas não somente se querem conceber, mas também se pretendem dar à luz uma criança. Se você ainda está em dúvida, considere a possibilidade de que, num estado, a maioria dos eleitores pense que a continuidade da gravidez em certas circunstâncias representa um desrespeito pela santidade da vida – nos casos de deformação fetal, por exemplo. Se a maioria tiver o poder de impor a todos os seus próprios pontos de vista sobre a santidade da vida, o estado poderia exigir que uma mulher abortasse mesmo que isso fosse contra as suas convicções religiosas ou éticas – isso se o aborto já fosse tão conveniente e seguro quanto, por exemplo, as vacinações que, segundo agora se admite, os estados têm o poder de exigir.

É claro que, se o feto fosse uma pessoa com direito à vida, o fato de um estado ter o direito de proibir o aborto não autorizaria outro estado a exigi-lo. Mas quando sabemos que a questão em jogo na controvérsia do aborto é saber se o estado pode impor a todos uma interpretação canônica do valor intrínseco da vida, aquele raciocínio se aplica. É claro que seria intolerável que um estado exigisse o aborto para impedir o nascimento de uma criança malformada. Ao que parece, ninguém duvida de que essa exigência seria inconstitucional. Mas o porquê – por negar à mulher grávida o direito de decidir por si mesma o que a santidade da vida exige que ela faça em sua gravidez – se aplica exatamente da mesma maneira no caso oposto. Um estado ofenderia do mesmo modo a dignidade da mulher grávida se a obrigasse a tomar a decisão oposta, e o fato de essa decisão ser aprovada por uma maioria não justifica mais esse caso do que o outro.

Fontes textuais

Até agora, em meus argumentos, não recorri a nenhum dispositivo constitucional em particular. Porém, como eu disse, a estrutura geral da Declaração de Direitos é tal que qualquer direito moral tão fundamental quanto o direito à autonomia na procriação tem grande probabilidade de encontrar um lugar seguro dentro do texto da Constituição. E, de fato, podemos ter certeza de que um princípio fundamental como esse será protegido não só por um artigo constitucional, mas por vários, pois também é necessário, como eu já disse, que estes se sobreponham.

O direito à autonomia na procriação decorre de qualquer interpretação competente da garantia do devido processo e das decisões passadas da Suprema Corte nas quais esse dispositivo foi aplicado. Ao discutir as causas ligadas à contracepção, já expus os motivos que tenho para afirmar isso. Vou apresentar agora, porém, uma outra base textual desse direito, diferente da que já afirmei. A Primeira Emenda proíbe o governo de estabelecer qualquer religião de Estado e garante a todos os cidadãos a livre prática de suas próprias religiões. A Décima Quarta Emenda, que incorpora a Primeira, impõe aos estados a mesma proibição e a mesma responsabilidade. São esses dispositivos que garantem o direito à autonomia na procriação. Não quero dizer que a garantia que a Primeira Emenda dá a esse direito é maior do que a dada pelo devido processo. Muito pelo contrário, a garantia dada pela Primeira Emenda é mais complexa e menos fácil de demonstrar através dos precedentes. Vou assumi-la porque, como vou tentar demonstrar, ela decorre de um raciocínio natural e lança luz sobre uma dimensão importante do debate nacional sobre o aborto; e também, além disso, porque o raciocínio que a ela conduz ilustra tanto o poder quanto a força restritiva do ideal da integridade legal.

Seria natural para a maioria das pessoas situar a controvérsia sobre o aborto no contexto da Primeira Emenda, porque elas instintivamente percebem que essa controvérsia é, no fundo, uma questão religiosa. Entretanto, alguns leitores estarão temerosos de que eu esteja tentando ressuscitar um antigo argumento que hoje em dia é rejeitado até por alguns dos que o defenderam no passado. Segundo esse argumento, uma vez que a moralidade do aborto é uma questão controversa para os diversos grupos religiosos, uma vez que o aborto é declarado imoral e pecaminoso por certas religiões ortodoxas – com destaque para a Igreja Católica – mas é considerado admissível por outras, a antiga idéia da separação entre Igreja e Estado determina que o governo não faça nada a respeito dessa questão. Esse argumento de fato seria péssimo se os estados tivessem o direito de tratar o feto como uma pessoa dotada de direitos e interesses comparáveis aos de uma mulher grávida. Isso porque a função mais importante que incumbe ao Estado é a de identificar os direitos e interesses diversos e às vezes antagônicos das pessoas pelas quais é responsável e resolver como esses direitos podem ser equilibrados e esses interesses, atendidos. O Estado não tem razão alguma para renunciar a essa responsabilidade só porque (ou quando) a religião organizada também tem interesse pelas questões em jogo. As organizações e grupos religiosos contaram-se entre os mais determinados defensores do fim da escravidão e desde há séculos buscam a justiça social, a erradicação do sofrimento e das doenças e uma larga variedade de outros objetivos humanitários. Se a separação entre Igreja e Estado também o impedisse de tomar sobre si a responsabilidade de promover esses outros objctivos, essa doutrina paralisaria por completo a ação governamental.

Mas estamos supondo agora que a questão de saber se o feto é uma pessoa dotada de direitos e interesses próprios já foi resolvida, pelo governo secular, da única maneira que seria possível em nosso sistema constitucional. A questão constitucional de que ora tratamos é outra: se os estados podem mesmo assim proibir o aborto a fim de fazer valer uma opinião controversa acerca de quais são as atitudes exigidas pelo respeito ao valor intrínseco da vida humana. Não queremos saber quem tem direitos nem como os interesses conflitantes das pessoas devem ser equilibrados e protegidos. Se os estados não podem proibir nenhuma conduta pelo fato de desrespeitar o valor intrínseco da vida humana, isso não os impede de cuidar de suas responsabilidades normais. Muito pelo contrário, um dos deveres mais fundamentais do Estado, reconhecido pelas democracias ocidentais desde o século XVIII, é o de garantir às pessoas o direito de viver de acordo com suas próprias convicções religiosas fundamentais. Por isso, as razões para se rejeitar o péssimo argumento de que falei não se aplicam contra minha idéia de que a Primeira Emenda proíbe os estados de obrigar as pessoas a seguir em sua conduta uma visão oficial acerca das exigências da sacralidade da vida.

Temos de apresentar agora alguns argumentos favoráveis a essa idéia. Não existe acordo sobre como se interpretar os dispositivos da separação entre Igreja e Estado e da liberdade de prática, e as decisões da Suprema Corte a esse respeito não nos ajudam muito[107]. Não posso apresentar aqui uma análise extensa dessas decisões e, de qualquer modo, não tenho o objetivo imediato de compor um argumento jurídico completo e detalhado em favor da garantia dada pela Primeira Emenda; meu objetivo, antes, é o de indicar as principais linhas estruturais dessa garantia. Qualquer interpretação satisfatória dos artigos da Primeira Emenda referentes à religião tem de tratar de duas questões. Em primeiro lugar, tem de atribuir à expressão "liberdade de prática religiosa" um sentido preciso, explicando quais são as características que fazem de uma crença qualquer uma convicção religiosa e não um princípio moral não-religioso ou uma simples preferência pessoal. Em segundo lugar, tem de interpretar o sentido da separação entre Igreja e Estado, explicando a diferença entre os objetivos seculares e religiosos do governo.

Os casos difíceis surgem quando o Estado, com o objetivo secular de proteger e atender aos interesses de outras pessoas, restringe ou penaliza uma conduta determinada por convicções religiosas legítimas[108]. Nesses casos, os tribunais têm de decidir até que ponto o direito à liberdade de prática impede o Estado de adotar cursos de ação que lhe parecem mais propícios ao bem-estar secular da comunidade. Tudo muda de figura, porém, quando o Estado tem o objetivo único e exclusivo de apoiar um dos partidos que debatem uma questão essencialmente religiosa. Qualquer lei feita com essa finalidade e que tolhesse substancialmente a liberdade religiosa de alguém estaria transgredindo de uma só vez ambos os artigos religiosos da Primeira Emenda.

---

107. Ver Greenawalt, *Cal. L. Rev.*, vol. 72, p. 753 (citado na nota 97); Freeman, *Georgetown L. J.*, vol. 71, p. 1519 (citado na nota 97).
108. Podemos considerar como exemplo a decisão da Suprema Corte em *Smith vs. Employment Division*, 494 U.S. 872 (1990), quer concordemos com ela, quer não.

É claro que, se o feto fosse uma pessoa constitucional cujos interesses o Estado tivesse o direito e o dever de proteger, a proibição do aborto estaria incluída na primeira dessas duas categorias, independentemente do fato de as convicções sobre o aborto serem eminentemente religiosas. Uma lei desse tipo seria incontestavelmente constitucional: o direito à liberdade de prática não se aplicaria ao assassinato de um feto, como não se aplica a um sacrifício humano num ritual religioso. Mas o feto não é uma pessoa constitucional. Se, portanto, as convicções sobre as exigências do valor intrínseco da vida são sempre convicções religiosas, qualquer exigência de obediência por parte do Estado nesse campo equivaleria à tentativa de impor uma religião coletiva, e o caso recairia então na segunda categoria.

Em relação à Primeira Emenda, o que faz com que uma crença seja uma crença religiosa? A grande maioria dos estadistas que escreveram e ratificaram a Constituição no século XVIII pensaria que toda convicção religiosa pressupõe um deus pessoal. Porém, como aparentemente decidiu a Suprema Corte em *United States vs. Seeger*, essa restrição já não é aceitável como elemento de uma definição constitucional de religião, em parte porque nem todas as grandes religiões representadas neste país pressupõem um tal ser[109].

---

109. 380 U.S. 163. Em *Seeger*, a Corte não interpretou a Constituição, mas uma lei. Porém, como a decisão contradisse o objetivo manifesto dessa lei, os comentaristas pensaram que a Corte queria dizer que a lei só seria constitucional se fosse interpretada desse modo.

Num livro recente, Peter Wenz estabelece uma distinção entre opiniões religiosas e seculares que difere das duas distinções possíveis que menciono aqui (ele chama sua distinção de distinção "epistemológica"). Aceita a idéia tradicional de que a controvérsia sobre o aborto tem por tema saber se o feto é ou não é uma pessoa, mas insiste em que essa questão é de natureza religiosa porque não pode ser resolvida "por completo" com base em "métodos de argumentação que fazem parte do nosso modo de vida". Peter Wena, *Abortion Rights as Religious Freedom* (Temple University Press, 1992), p. 131. Concordo com a conclusão dele: de que o debate sobre o aborto é essencialmente um debate religioso, regido pela Primeira Emenda. Mas a prova que ele propõe não é aceitável, pois o governo é obrigado a tomar e impor decisões ligadas a uma larga variedade de questões morais acerca das quais as pessoas discordam pro-

Quando a idéia de religião é separada dessa exigência, porém, os tribunais passam a enfrentar uma dificuldade para distinguir entre a convicção religiosa e outros tipos de convicção. Existem duas possibilidades: uma convicção pode ser considerada religiosa por causa do seu conteúdo – porque trata de preocupações que podem ser identificadas como marcadamente religiosas – ou porque tem uma tremenda importância subjetiva para a pessoa, como têm as convicções religiosas ortodoxas para os crentes devotos. Em *Seeger*, a Corte deu a entender que um escrúpulo de consciência é religioso se ocupa, "na vida de seu possuidor, um lugar equivalente ao da crença ortodoxa em Deus no caso daquele a quem se pode legitimamente atribuir a objeção de consciência"[110]. Essa afirmação, considerada em si mesma, é ambígua. Pode querer dizer que uma convicção é religiosa se responde às mesmas perguntas que a religião ortodoxa responde para o crente, e temos aí a prova do conteúdo; mas pode querer dizer que é religiosa quando é abraçada com o mesmo fervor com que um fiel abraça uma religião ortodoxa, e temos aí a prova da importância subjetiva.

O parecer como um todo permanece indeciso e não esclarece qual dos dois sentidos, ou qual combinação dos dois, a Corte tinha em mente; e foi essa ambigüidade que prejudicou o desenvolvimento do direito constitucional nessa área. De qualquer modo, porém, a prova da importância subjetiva por si mesma é manifestamente inadequada para distinguir a convicção religiosa das demais convicções ou mesmo de preferências pessoais intensas. Mesmo as pessoas que têm uma religião ortodoxa costumam considerar outras convicções suas, como o patriotismo, tão importantes quanto a religião ou mesmo mais importantes. A prova do conteúdo é no mínimo necessária; talvez seja suficiente.

---

fundamente e que não podem ser resolvidas de modo empírico ou fazendo-se apelo a convicções partilhadas por todos ou a métodos que de algum outro modo "fazem parte" de um modo de vida coletivo.

110. Idem, pp. 165-6.

Eu disse antes que a crença na importância intrínseca e objetiva da vida humana tem um conteúdo distintamente religioso. As convicções que reafirmam essa importância intrínseca, fornecendo uma base objetiva para a defesa dos direitos e interesses do ser humano, desempenham o mesmo papel que as crenças religiosas ortodoxas desempenham para os que as aceitam. Vários teólogos citados pela Corte em *Seeger* afirmaram a mesma coisa. A Corte reproduziu a seguinte afirmação tirada do Esquema de um recente Concílio Ecumênico, por exemplo, chamando-a "uma declaração altamente significativa sobre a religião": "Nas várias religiões, os homens esperam encontrar respostas para os enigmas da condição humana: O que é o homem? Qual é o sentido e o objetivo de nossa vida?"[111]

Segundo me parece, com exceção da obsoleta suposição de que toda crença religiosa pressupõe a crença num deus pessoal, nenhuma definição plausível do conteúdo de uma crença religiosa poderia excluir as convicções sobre como e por que a vida humana é dotada de uma importância intrínseca e objetiva. Evidentemente, é essencial que qualquer pedra de toque do conteúdo religioso de uma crença admita que se faça uma distinção entre as crenças religiosas, de um lado, e as convicções políticas e morais não religiosas, de outro. Já expliquei, porém, de que modo a crença de que a vida humana é dotada de uma importância intrínseca e objetiva (e as outras crenças que a interpretam e dela decorrem diretamente) se diferenciam das opiniões da maioria das pessoas sobre a justiça política ou a justa distribuição dos recursos econômicos e outros[112].

Essa distinção foi posta em prática pela Suprema Corte quando do julgamento das causas de objeção de consciência. Em *Seeger*, a Corte presumiu que, se a Constituição permitia a dispensa de homens cuja oposição à guerra basea-

---

111. Ver "Esboço da declaração sobre as Relações da Igreja com os Não-Cristãos", no *Diário do Concílio* (Vaticano II, 3.ª Sessão, 1965), p. 282, citado em *Seeger*, 380 U.S., pp. 181-2 e n.º 4.
112. Ver o texto que acompanha as notas 98-100.

va-se numa religião teísta, permitiria igualmente a dispensa daqueles cuja objeção se fundamentava numa crença não teísta. Em *Gillette*, por outro lado, a Corte aprovou a recusa do Congresso de dar dispensa aos homens cuja oposição à guerra era seletiva, até mesmo àqueles cujas convicções contrárias a uma determinada guerra eram determinadas por sua religião[113]. Embora a Corte tenha oferecido várias fundamentações práticas para a distinção, nenhuma delas foi convincente. Na verdade, essa distinção só pode justificar-se – se é que pode – pela suposição de que embora a oposição plenária a toda e qualquer guerra seja baseada na convicção de que a vida humana como tal é sagrada (uma convicção caracteristicamente religiosa), a oposição seletiva normalmente se baseia em considerações políticas ou de justiça, que justificam a matança em determinados casos mas não em outros – considerações essas que não são de conteúdo religioso, mesmo quando confirmadas por um grupo religioso qualquer. Disse a Corte: "É praticamente infinita a variedade de crenças que podem incluir-se na rubrica 'objeção a uma guerra em particular'. Todos os fatores que podem determinar uma objeção qualquer a um determinado curso de ação governamental (uma objeção que não seja feita por motivos de consciência) também podem fornecer a base concreta de uma objeção que tenha suas raízes na religião e na consciência. Mas na verdade, considerando-se as situações possíveis, a oposição a uma guerra em particular tende mais a ser política, e a não ser feita por motivos de consciência, do que o contrário."[114]

Assim, tanto a idéia popular de que a questão do aborto é no fundo uma questão religiosa quanto a idéia de certos

---

113. *Gillette vs. Estados Unidos*, 401 U.S. 437.
114. Idem, 455 (omitimos as notas de rodapé). A Corte também corroborou (e assim, como se percebe depois de uma análise cuidadosa, apoiou a distinção entre a oposição seletiva e a oposição universal) a afirmação do governo de que a objeção a uma guerra específica necessariamente parte de um juízo "político e particular", "baseado nos mesmos fatores políticos, sociológicos e econômicos que o governo necessariamente leva em consideração" para decidir se vai mover guerra ou não. Idem, 458 (citação do resumo de alegações do governo).

advogados de que ela portanto está fora dos devidos limites da ação estatal são essencialmente fundamentadas, ainda que por razões mais complexas do que de ordinário se supõe. Elas repousam sobre uma interpretação natural – até mesmo irresistível – da Primeira Emenda: o Estado não tem o direito de prescrever o que as pessoas devem pensar sobre o objetivo último e o valor da vida humana, sobre os motivos pelos quais a vida é dotada de importância intrínseca e sobre como esse valor é respeitado ou violado nas diversas circunstâncias. Em sua réplica, Posner objeta que, se minha visão da amplitude do artigo da liberdade de prática estivesse correta, o Estado não poderia proibir "um esteta de alterar o exterior de sua casa de arquitetura histórica"[115]. Mas ele não entendeu meu ponto de vista: ao que parece, pensa que eu uso o critério da importância subjetiva para identificar as convicções religiosas. Na tentativa de reduzir ao absurdo meu argumento, ele observa que "a liberdade econômica é uma religião" para muitos libertários[116] e afirma que a tributação, a qual é particularmente malvista pelos libertários, estaria, na minha opinião, violando a liberdade religiosa deles.

Eu disse, porém, que as convicções sobre o valor intrínseco da vida humana são religiosas pelo seu conteúdo, não pela sua importância subjetiva. Uma lei que proíbe as pessoas de demolir as casas georgianas não suscita questões essencialmente religiosas, por mais que alguns preferissem substituí-las por pastiches pós-modernos. Isso porque essa lei não pressupõe nenhuma concepção particular de como e por que a vida humana é sagrada, nem assume posição em relação a nenhum outro assunto que tenha sido ligado à religião no decorrer da história[117]. É ainda mais óbvio que meu

---

115. Posner, *U. Chi. L. Rev.*, vol. 59, 444 (citado na nota 58).
116. Idem, 443.
117. Leis como essa suscitam outras questões sobre o conceito de valor intrínseco e, em certas circunstâncias extremamente incomuns, podem ir contra uma versão mais forte do princípio de privacidade (mais forte do que a versão que usei neste capítulo).

argumento não justificaria uma isenção de tributos para Milton Friedman determinada por sua fé no livre mercado. O governo recolhe tributos para atender a diversos interesses seculares dos cidadãos e não para declarar ou apoiar uma opinião particular sobre um assunto essencialmente religioso. Certo, é verdade que certas pessoas se negam a recolher os tributos por motivos nos quais estão implícitas suas convicções sobre o valor intrínseco da vida humana. Alguns se recusam por isso a pagar tributos que vão financiar a guerra, por exemplo. Em casos como esse, é plausível a idéia de que a tributação compulsória impede a livre prática da religião. Mas esse problema está incluído na primeira das duas categorias que distingui, e a imposição do equilíbrio apropriado garante a cobrança do tributo, dados o caráter limitado das restrições à liberdade de prática e a importância da tributação uniforme.

Concluo de tudo isso que o direito à autonomia na procriação, do qual decorre o direito de escolha em relação ao aborto, está bem fundamentado na Primeira Emenda[118]. Mas de fato, como eu disse, seria espantoso que um direito tão básico quanto esse não constasse da melhor interpretação da liberdade e da igualdade constitucionais. Ou seja, seria espantoso se os advogados que aceitam o direito não o considerassem fundamental para o conceito de liberdade ordenada e, assim, não o considerassem protegido pela garantia do devido processo; ou não o vissem como uma exigência da igualdade de consideração, sendo então garantido

---

118. Tenho de mencionar uma complicação. Eu disse que as decisões de muitas mulheres a respeito do aborto refletem convicções (mentalmente formuladas ou não) acerca do valor intrínseco da vida humana e do ato que melhor faria jus a esse valor – o aborto ou o nascimento de uma criança. Porém, isso não vale necessariamente para todas as mulheres que querem abortar, e por isso o artigo da liberdade de prática pode não ser uma defesa para todas. Mas os estados não conseguiriam formular provas apropriadas e praticáveis para fazer essa distinção entre as mulheres, e de qualquer modo a proibição seria a afirmação de uma posição essencialmente religiosa, mesmo naqueles casos em que colaborasse para impedir o aborto de alguém cujos motivos não fossem religiosos de nenhum ponto de vista.

pelo artigo da igualdade de proteção. Posner ridiculariza o fato de que os diversos estudiosos que afirmam o direito à autonomia na procriação encontraram para ele bases textuais diversas: ele diz que, a julgar pelo que eu digo, *Roe vs. Wade* "é o Judeu Errante do direito constitucional"[119]. Mas ele concordaria que não é uma vergonha para esse direito se os juristas discordam acerca do artigo constitucional que o embasa. Alguns constitucionalistas têm um gosto mórbido pelo asseio e pelo esmero: gostariam que os direitos se remetessem cada qual a um único dispositivo constitucional sem sobreposição alguma, como se a redundância fosse um vício da Constituição. Mas quando compreendemos que a Declaração de Direitos não é uma lista de remédios isolados elaborada por um escrivão parcimonioso, e sim a afirmação do compromisso com um ideal de governo justo, esse gosto excessivo pelo asseio perde o sentido: não haveria sentido algum em dizer que a liberdade religiosa não tem relação com a liberdade individual, ou que a proteção da liberdade de todos e cada um não tem relação com a igualdade.

Dignidade e consideração

Faço agora uma pausa e um rápido resumo. Temos de deixar de lado o modo tradicional de compreender o debate constitucional sobre o aborto. O objetivo desse debate não é saber se o feto é uma pessoa. Antes, quer-se saber se o Estado pode, e em que medida pode, impor uma visão oficial acerca da correta compreensão do significado da sacralidade da vida. Apresentei um direito constitucional – o direito à autonomia na procriação – que nega ao governo esse poder. Afirmei ainda que esse direito tem raízes profundas na história constitucional norte-americana. É ele o que melhor justifica as decisões das causas ligadas à "privacidade", entre as quais se incluem as causas de contracepção. Por con-

---

119. Posner, *U. Chi. L. Rev.*, vol. 59, 441 (citado na nota 58).

venção, entende-se que a fonte textual dessas decisões reside na garantia do devido processo, na Décima Quarta Emenda. Na minha opinião, pode-se situá-la igualmente nos artigos religiosos da Primeira Emenda.

Posner afirma que meu argumento é mais forte quando é interpretado de forma holística, ou seja, quando é visto como um argumento sobre aquilo que é exigido pela Constituição como um todo. Como eu já disse, não vejo diferença alguma entre a interpretação holística e a interpretação ponto a ponto da Declaração de Direitos. Mesmo assim, aceito o espírito da idéia dele – que é importante ressaltar o lugar que aquele direito ocupa não só na estrutura da Constituição, mas também em nossa cultura política de modo mais geral. Um dos pontos fundamentais dessa cultura é a crença na dignidade humana individual: a crença de que as pessoas têm o direito moral – e a correspondente responsabilidade – de encarar por si mesmas as questões mais fundamentais relativas ao sentido e ao valor de sua vida, respondendo-as de acordo com sua consciência e suas convicções. Foi essa idéia que motivou a independência e a igualdade racial, por exemplo. Os argumentos mais poderosos contra a escravidão antes da Guerra Civil e a favor da igualdade de proteção depois dessa guerra foram formulados segundo a linguagem da dignidade: para os abolicionistas, tanto os religiosos quanto os seculares, o aspecto mais cruel da escravidão estava no fato de ela negar ao escravo o direito de decidir por si mesmo as questões de valor. Aliás, a premissa mais básica de todo o nosso sistema constitucional – que o nosso governo não seja despótico, mas republicano – incorpora um compromisso com esse conceito de dignidade.

Assim, o princípio da autonomia na procriação, entendido em sentido amplo, tem de ser reconhecido e afirmado por qualquer explicação minimamente plausível da nossa cultura política. É também um princípio que gostaríamos de ver inscrito em nossa Constituição mesmo se a estivéssemos elaborando agora, a partir da estaca zero. Quero, porém, desautorizar desde já uma determinada interpretação do meu argumento, com a qual não concordo. Ele não pressupõe que as pessoas, quer enquanto indivíduos, quer enquanto membros de uma comunidade política, devam ser indiferentes às decisões sobre o aborto tomadas por seus amigos, vizinhos, concidadãos ou semelhantes. Muito pelo contrário: traz em si diversas razões pelas quais essa indiferença não deve existir. Como já observei, as decisões individuais tomadas em seu conjunto criam um ambiente moral que inevitavelmente influencia as atitudes dos que nele vivem. Assim, o respeito que uma pessoa tem pela sua própria vida e pela vida de seus familiares e amigos lhe dá motivos para se preocupar também com as opiniões dos estranhos acerca do valor intrínseco da vida humana. Além disso, nossa vontade de que as pessoas vivam bem não se limita nem deve se limitar a um interesse pela nossa vida e pela vida de nossos familiares. Não queremos que os outros, mesmo desconhecidos, levem uma vida que nos pareça frustrada e arruinada por um ato terrível de dessacralização.

Porém, a razão mais forte que temos para querer que os outros respeitem o valor intrínseco da vida humana, segundo as exigências que (a nosso ver) esse valor impõe, não é de modo algum nossa preocupação com nossos interesses e os de outras pessoas, mas sim nosso respeito pelo valor em si mesmo. Se as pessoas não atribuíssem uma importância transcendental ao ideal de que vidas humanas não sejam desperdiçadas no ato do aborto, elas não teriam a convicção veemente pressuposta pelo meu argumento. Por isso, é óbvio e natural que os norte-americanos para quem quase todos os atos de aborto são imorais tenham um interesse apaixonado pelo assunto: são insensíveis e estão errados os liberais que têm essas pessoas na conta de pervertidas que metem o nariz onde não deviam. Não obstante, temos de insistir em que a tolerância religiosa prevaleça também nesse campo, como teria de prevalecer em outros campos que, no passado, foram objeto de uma preocupação igualmente intensa, e foram considerados suficientemente importantes para motivar não só manifestações de rua, mas também verdadeiras guerras. A tolerância é o preço que temos de pagar pela nossa aventura de liberdade. Nossa Constituição nos obriga a viver numa comunidade em que nenhum grupo é considerado inteligente, espiritual ou numeroso o suficiente para poder decidir pelos outros as questões essencialmente religiosas. E, por fim, se for verdadeiro o nosso respeito pela vida alheia, teremos de admitir também que não pode ser boa a vida que é vivida contra as convicções da pessoa que a vive; que, quando impomos a uma pessoa certos valores que ela não pode aceitar, mas perante os quais tem de se curvar por medo ou prudência, isso não melhora em nada a sua vida, mas a torna pior.

Roe reavaliada

Temos agora de olhar de novo para *Roe vs. Wade*. O que *Roe* fez foram três coisas. Em primeiro lugar, reafirmou o direito constitucional da mulher grávida à autonomia na procriação e declarou que os estados não têm o poder de simplesmente proibir o aborto segundo o seu arbítrio. Em segundo lugar, reconheceu que, apesar disso, os estados têm um interesse legítimo em disciplinar o aborto. Em terceiro lugar, elaborou um regime detalhado para equilibrar aquele direito e esse interesse: declarou, *grosso modo*, que os estados não poderiam proibir o aborto por motivo nenhum no primeiro trimestre de gestação, só poderiam regular o aborto no segundo trimestre movidos por uma preocupação pela saúde da mãe e, por fim, poderiam proibir completamente o aborto depois do momento em que o feto se torna capaz de sobreviver fora do útero, ou seja, aproximadamente depois do início do terceiro trimestre. Temos de examinar essas decisões à luz do argumento que estivemos apresentando até agora.

Nosso argumento confirma a primeira decisão. No debate constitucional sobre o aborto, a questão principal não é a de saber se o feto é uma pessoa – *Roe* tinha toda razão de afirmar que o feto não é uma pessoa segundo o sentido da Constituição –, mas se os estados têm o poder legítimo de determinar como seus cidadãos devem respeitar o valor intrínseco da vida. Como qualquer interpretação competente da Constituição deve reconhecer o princípio da autonomia na procriação, os estados não têm o poder de simplesmente proibir o aborto por completo.

Roe também tinha razão no segundo ponto. Os estados de fato têm um interesse legítimo em disciplinar o aborto. Em *Roe* e em outras decisões judiciais, esse interesse permaneceu misterioso. Nossa explicação o identifica com o interesse legítimo de conservar um ambiente moral no qual as decisões sobre a vida e a morte, entre as quais a decisão quanto ao aborto, são levadas a sério e vistas como assuntos graves do ponto de vista moral.

Resta saber se *Roe* estava certa quanto ao terceiro ponto. Será que o esquema trimestral permite que os estados busquem realizar seus interesses legítimos e ao mesmo tempo protege suficientemente o direito de autonomia da mulher grávida? Já se disse, a título de crítica, que o esquema trimestral é arbitrário e demasiadamente rígido. Isso foi dito até por alguns juristas que aprovam a decisão mais estreita de *Roe*: que o estatuto texano era inconstitucional. Por que o ponto crucial é o momento da viabilidade? A questão pode ser formulada de duas maneiras. Podemos nos perguntar, em primeiro lugar, por que a viabilidade deve marcar o primeiro momento em que o estado tem o direito de proibir o aborto. Se pode proibir o aborto nesse momento, por que não mais cedo, como aparentemente deseja a maioria dos cidadãos de diversos estados? Mas podemos também nos perguntar por que a viabilidade deve marcar o final do direito de escolha da mulher. Se o estado não pode proibir o aborto antes do momento em que o feto se torna capaz de sobreviver fora do útero, por que pode proibi-lo depois? Ambas as questões, cada qual de uma direção, lançam uma acusação de arbitrariedade sobre a decisão da Corte. Vou tratar primeiro da segunda forma da questão. O que acontece no momento da viabilidade e que tira do direito ao qual até agora me referi – o direito à autonomia na procriação – o seu poder e a sua efetividade?

Há duas respostas a essa pergunta, e ambas poderiam figurar em qualquer defesa do esquema de *Roe vs. Wade*. Em primeiro lugar, no momento da viabilidade (mas não muito antes disso), o desenvolvimento cerebral do feto pode ser suficiente para permitir que sinta dor[120]. Por isso, nesse momento (mas não muito antes disso), podemos dizer sensatamente que um feto já tem interesses próprios. Devo enfatizar que isso não significa que é permitido a um estado declarar que o feto é uma pessoa nesse momento. A questão sobre quem é uma pessoa constitucional, com direitos constitucionais independentes que competem com os direitos de outros deve ser decidida nacionalmente, como sustentei. Mas um estado pode, entretanto, agir para proteger os interesses até mesmo de criaturas (por exemplo, animais) que não são pessoas constitucionais, desde que o faça respeitando os direitos constitucionais. No momento da viabilidade, portanto, o estado pode estabelecer um interesse derivado legítimo que é independente de seu interesse destacado, dando eficácia a sua concepção coletiva da santidade da vida.

Segundo, a escolha do ponto da viabilidade dá à gestante, na maioria dos casos, uma ampla oportunidade de refletir e decidir se ela considera ser a melhor solução, e ser certo, continuar sua gestação ou terminá-la. Muito poucos abortos são realizados durante o terceiro trimestre – não mais do que 0,001 por cento[121] –, e esse número é ainda menor quando excluímos os abortos de emergência necessários para salvar a vida da mãe, os quais ninguém desejaria proibir, nem mesmo no final da gravidez. É verdade que

---

120. Ver Grobstein, *Science and the Unborn*, pp. 54-5 (citado na nota 86).

121. *Facts in Brief: Abortion in the United States* (Alan Guttmacher Institute, 1991). Ver também Stanley K. Henshaw, "Characteristics of U.S. Women Having Abortions, 1982-83", em Stanley K. Henshaw e Jennifer Van Vort, orgs., *Abortion Services in the United States: Each State and Metropolitan Area, 1984-85* (Alan Guttmacher Institute, 1988), p. 23.

umas poucas mulheres – a maioria das quais são muito jovens – não têm consciência de sua gravidez até quase o final. Mas, em quase todos os casos, a mulher toma ciência de que está grávida e depois disso tem tempo suficiente para tomar uma decisão pensada antes do momento da viabilidade. Isso dá a entender que, quando um estado insiste em que a mulher tome uma decisão antes desse momento, ele não viola o direito de escolha das mulheres; e nos dá também uma boa razão pela qual os estados devem mesmo insistir nesse ponto.

Quase todos concordam em que o aborto se torna progressivamente mais problemático à medida que o feto se desenvolve e toma a forma de um bebê. Nesse processo, a diferença entre o feto e o bebê nascido passa a ter mais relação com o lugar em que eles estão do que com o seu estado de desenvolvimento. Essa convicção tão generalizada parece estranha quando partimos do princípio de que a moralidade do aborto depende de o feto ser ou não ser uma pessoa desde o momento da concepção. Porém, a crença se torna convincente quando percebemos que, se o aborto é errado, é porque viola a santidade da vida humana. A violação desse valor é maior quando a vida destruída se encontra em estágio mais avançado – quando, por assim dizer, o investimento criativo nessa vida já é maior. As mulheres que têm suficiente oportunidade para decidir a respeito do aborto no começo da gravidez, quando o impacto é menor, mas que na prática só o fazem no final, estão se mostrando indiferentes ao significado moral e social do seu ato. A sociedade, seguindo a decisão de seus membros, tem o direito de proteger sua cultura desse tipo de indiferença, desde que os meios empregados para isso não restrinjam o direito das mulheres grávidas a fazer uma escolha refletida.

A meu ver, essas duas respostas consideradas em seu conjunto explicam de modo convincente por que o Estado tem o direito de proibir o aborto (resguardadas certas exceções) depois do sexto mês de gravidez. Mas será que constituem uma resposta à outra pergunta? Por que o Estado não pode proibir o aborto mais cedo? A primeira resposta não justificaria uma data muito anterior, porque, como eu disse, é só por volta da vigésima sexta semana de gestação que o sistema nervoso central se desenvolve o suficiente para permitir a sensação de dor[122]. Mas será que isso é suficiente? A segunda resposta não depende da atribuição de interesses ao feto, e, por si mesma, parece justificar adequadamente o poder do estado de proibir o aborto depois de um período suficientemente longo. Será que as mulheres teriam oportunidade suficiente de exercer seu direito à autonomia se o aborto fosse proibido depois do quinto mês, ou do quarto, ou mesmo do terceiro?

Blackmun escolheu um momento da gravidez que lhe pareceu tardio o suficiente para dar às mulheres uma oportunidade justa de exercer o seu direito em circunstâncias normais. O mesmo momento tem outras duas razões em seu favor, ambas estão incorporadas à explicação que já dei. Como eu disse, todos os dados de que dispomos indicam que o momento em que o feto se torna capaz de sobreviver fora do útero é o primeiro momento em que se pode dizer que o feto passa a ter algum interesse próprio; é também um momento em que o desenvolvimento fetal chegou a um ponto tal que, caso se espere deliberadamente até depois desse momento, configura-se um desprezo tácito pelo valor intrínseco da vida. Esses três fatores tomados em conjunto indicam que a viabilidade é o ponto mais adequado para que, depois dele, o estado possa efetivamente fazer valer os seus interesses e a sua responsabilidade de proteger os interesses do feto. A decisão de Blackmun não deve ser revogada. É uma decisão tão importante que, depois de quase vinte anos, não deve ser revogada a menos que se mostre evidentemente errada, e isso não aconteceu. Muito pelo contrário: os argumentos em favor da escolha do momento de viabilidade como data-chave continuam tão convincentes quanto sempre foram.

---

122. Ver nota 86.

Mas é importante reconhecer que uma outra pedra-de-toque, que trouxesse a possibilidade de proibição para um momento mais precoce da gestação, teria sido igualmente aceitável se desse às mulheres tempo suficiente para exercer seu direito de pôr fim, pelo aborto, a uma gravidez indesejada. É claro que, quanto mais cedo fosse possível a proibição, tanto mais seria necessário abrir espaço para exceções realistas determinadas por motivos que a mulher não poderia ter descoberto antes. Suponhamos que a Corte, em vez do esquema fixo de *Roe*, não oferecesse outro esquema fixo, mas sim um critério constitucional formulado em função da idéia geral de razoabilidade, que fosse aplicado caso a caso pelos tribunais federais. Na prática, um tal critério poderia ter tido o efeito de determinar que toda proibição fosse inconstitucional se não desse às mulheres tempo suficiente para decidir acerca do aborto depois de constatar a gravidez, ou depois de ter acesso a informações médicas que indicassem uma má-formação do feto ou um risco maior para a mãe, ou ainda outros fatos ligados aos efeitos que a maternidade teria em suas vidas.

No fim, como Blackmun sem dúvida previu, a Corte teria tido de adotar padrões mais rígidos, indicando um ponto fixo da gravidez antes do qual, pelo menos preliminarmente, a proibição seria inconstitucional. Mas a Corte poderia também ter desenvolvido esses padrões aos poucos, talvez decidindo, a princípio, que qualquer lei que proibisse o aborto no segundo trimestre estaria sujeita a um exame rigoroso para se garantir que incorporasse as exceções necessárias para proteger o direito da mulher a fazer uma escolha refletida. Esse curso de ação ainda teria derrubado a lei texana que caiu em *Roe*. Derrubaria também as leis igualmente rigorosas que alguns estados, bem como o protetorado de Guam, adotaram recentemente na esperança de forçar a ocorrência do processo que dará fim a *Roe*.

Será que as coisas mudariam muito, na prática, se a Suprema Corte agora substituísse a estrutura rígida de *Roe* por uma avaliação caso a caso? Na verdade, esse tipo de avaliação talvez não viesse a diminuir muito o número de abortos legais. Em 1987, só 10 por cento dos abortos foram feitos no segundo trimestre[123], e muitos deles foram feitos por motivos de saúde ou outros que ainda seriam permitidos por qualquer lei que passasse no teste mais flexível que acabei de descrever. Se esse teste mais flexível fosse adotado, um trabalho de publicidade poderia instilar em muitas mulheres a noção do quanto é importante decidir e agir com rapidez. De qualquer modo, o desenvolvimento da tecnologia médica para o aborto pode daqui a pouco aumentar a porcentagem de abortos feitos bem no começo da gravidez. A pílula abortiva que está sendo desenvolvida na França, por exemplo, a RU 486, que possibilita um aborto seguro feito em casa num período muito precoce da gestação, dará às mulheres grávidas um método mais discreto de efetuar o aborto, caso se decidam e ajam a tempo[124]. É claro que, mesmo sob o critério mais flexível, nenhuma lei que proibisse essa pílula seria considerada constitucional.

Como eu já disse, creio que *Roe vs. Wade* não deve ser modificada de modo substancial. A linha divisória que ela impõe é bem clara e atende suficientemente ao interesse legítimo dos estados de promover uma atitude responsável em relação ao valor intrínseco da vida humana. Mas a linha mais importante, como eu também disse, é a linha que separa esse objetivo legítimo do objetivo da coação, que é ilegítimo. Se *Roe* sofrer emendas e se transformar em algo mais parecido com o que estive falando, isso será frustrante,

---

123. O Departamento do Censo norte-americano relata que 10 por cento dos 1.559.100 abortos oficiais feitos em 1987 ocorreram numa idade gestacional de treze semanas ou mais. U.S. Department of Commerce, Economics and Statistics Administration, Bureau of the Census, *The Statistical Abstract of the United States* (111ª edição, 1991), p. 71. Uma vez que só 0,001 por cento dos abortos são feitos depois de vinte e quatro semanas (ver nota 121 e o texto ao qual ela se refere), pode-se inferir que 9,99 por cento dos abortos legais realizados nos Estados Unidos em 1987 ocorreram no segundo trimestre.

124. A pílula RU 486 também pode diminuir a tensão no debate público, provocando a diminuição do número de clínicas de aborto que funcionam como um ímã para os manifestantes antiaborto, como aconteceu em Wichita.

mas tolerável. O que seria intolerável é que *Roe* fosse revogada por completo, que o direito constitucional à autonomia na procriação fosse inteiramente negado. Alguns leitores já são de opinião que as recentes nomeações de juízes para a Suprema Corte, bem como as últimas decisões anunciadas por esta, são sinal de uma era negra para a aventura constitucional norte-americana. Espero que esse juízo soturno seja prematuro. Porém, ele será confirmado de modo tristemente espetacular se a Suprema Corte declarar que os cidadãos norte-americanos não têm o direito de seguir suas convicções deliberadas para tomar as decisões mais íntimas, mais conscientes e mais religiosas que muitos deles terão de tomar na vida.

Inverno de 1992

4. A confirmação de Roe

A decisão da Suprema Corte para o processo *Planned Parenthood of Southeastern Pennsylvania et al. vs. Casey*, ação relacionada ao aborto decidida no dia 29 de junho de 1992, foi uma grande surpresa e deixou perplexos muitos observadores. Pode vir a se transformar numa das decisões mais importantes da Corte em nossa geração, não só por ter reafirmado e fortalecido o raciocínio que embasa a decisão que a Corte tomou em 1973 para o caso *Roe vs. Wade* – de que a mulher tem o direito constitucional de abortar até o feto tornar-se capaz de sobreviver fora do útero –, mas também porque três juízes reafirmaram uma determinada visão geral da natureza da Constituição, uma visão que, segundo esperavam os que os indicaram, eles deveriam ajudar a demolir. Os juízes Anthony Kennedy, David Souter e Sandra Day O'Connor, todos indicados por Ronald Reagan ou George Bush, e dois dos quais já haviam manifestado fortes ressalvas em relação a *Roe*, se uniram aos dois últimos juízes liberais, Harry Blackmun e John Paul Stevens, para reafirmar com força a decisão *Roe*. Por outro lado, esses mesmos três juízes indicados por Reagan e Bush também proferiram um voto favorável a certas regulamentações do aborto que os grupos antiaborto deploram e que Blackmun e Stevens, em votos independentes, quiseram derrubar.

Temos boas razões, expostas por Blackmun e Stevens, para discordar de certas partes da decisão dos três juízes, mas não devemos subestimar a importância, para as mulheres, da clara reafirmação que eles fizeram do direito básico ao aborto até o momento em que o feto se torna capaz de sobreviver fora do útero[125].

Eles expuseram seus pontos de vista num parecer conjunto que mereceu a discordância parcial do presidente da Suprema Corte, juiz William Rehnquist, e do juiz Antonin Scalia. Os pareceres destes dois foram endossados pelos juízes Byron White e Clarence Thomas[126]. O parecer discordante de Scalia, particularmente amargo e sarcástico, chamava a atenção para algo que muitos observadores já perceberam: os três juízes que assinaram o parecer conjunto, e que neste semestre rejeitaram as opiniões conservadoras ortodoxas não só sobre o aborto mas também sobre a liberdade de religião e vários outros assuntos[127], parecem ter formado uma força nova e surpreendente que reafirma uma atitude jurídica tradicional perante a interpretação constitucional, uma força que até agora frustrou o desejo da direita de diminuir o poder da Constituição de proteger os direitos individuais contra a vontade da maioria.

---

125. Num anúncio publicado no *New York Times* no dia seguinte à divulgação da decisão, a Associação Norte-Americana de Paternidade Planejada disse que "a decisão [do caso *Casey*] pode jogar todas as mulheres de volta ao lugar onde estavam há dezenove anos, antes de *Roe vs. Wade* ter dado fim aos horrores de beco". O objetivo do anúncio era conseguir apoio para a Lei de Liberdade de Escolha que vai ser votada pelo Congresso e que ainda é urgente e importante, uma vez que a decisão de *Casey* foi por meros cinco votos a quatro. Mas não é correto afirmar que um período de espera obrigatório de vinte e quatro horas antes do aborto é equivalente a se proibir o aborto por completo.

126. Linda Greenhouse, do *New York Times*, observou que, embora os quatro juízes tenham endossado os dois votos parcialmente divergentes, os votos na verdade são, sob diversos aspectos, incompatíveis um com o outro. Ver *New York Times*, A1, A15 (30 de junho de 1992).

127. Ver "Center-Right Coalition Asserts Itself", *Washington Post* (30 de junho de 1992). Em seu voto parcialmente divergente, Scalia referiu-se com amargura a *Lee vs. Weisman*, uma decisão recente na qual O'Connor, Kennedy e Souter uniram-se a Blackmun e Stevens para determinar que as orações feitas nas cerimônias escolares de graduação violam a separação entre Igreja e Estado imposta pela Primeira Emenda.

A decisão *Casey* versou sobre a Lei de Controle do Aborto adotada pela Pensilvânia em 1982. Entre outras coisas, a lei determina aos médicos que forneçam informações específicas às mulheres que pensam em fazer aborto, proíbe-os de fazer o aborto sem esperar vinte e quatro horas depois de a paciente receber as informações em questão, exige o consentimento dos pais para o aborto de uma menina adolescente (embora os juízes tenham a possibilidade de determinar que a menina já é madura o suficiente para tomar sua própria decisão) e exige das mulheres casadas que notifiquem seus maridos antes de abortar. Cinco clínicas de aborto e um médico abortista pediram na justiça uma declaração de inconstitucionalidade da lei por violar *Roe vs. Wade*. O tribunal federal distrital do Distrito Leste de Filadélfia concordou que a lei é inconstitucional e suspendeu todos os dispositivos dos quais os queixosos reclamavam. Mas o Terceiro Tribunal itinerante de Apelações reverteu substancialmente a decisão do tribunal distrital: concordou que a exigência de notificação do esposo é inconstitucional, mas negou a inconstitucionalidade de todos os demais dispositivos, mesmo partindo-se do pressuposto de que a decisão *Roe vs. Wade* é válida. Ambas as partes apelaram para a Suprema Corte: as clínicas alegavam mais uma vez que todas as restrições eram inconstitucionais e a Pensilvânia alegava que nenhuma delas era, nem mesmo a exigência de notificação do esposo.

O governo Bush entrou com uma petição em separado na qual instava a Corte a aproveitar a oportunidade para revogar *Roe vs. Wade* de uma vez, como aliás já haviam feito as administrações Reagan e Bush em cinco ocasiões anteriores. Muitos juristas e comentaristas esperavam que a Corte revogasse *Roe* em breve, pois pensavam que pelo menos dois dos quatro juízes recentemente nomeados – O'Connor, Kennedy, Souter e Thomas – iriam unir-se a Rehnquist, White e Scalia, todos os quais já se manifestaram contra a decisão, a fim de compor os cinco votos necessários para a revogação. A maioria dos observadores não esperava que a

Corte fosse fazer isso na decisão *Casey*, que poderia ser tomada sem uma revisão de *Roe*. Pensava-se que os juízes fossem esperar até o ano seguinte, depois da eleição, quando fossem julgar uma das leis que desafiam *Roe* de modo mais declarado[128].

O'Connor, Kennedy e Souter contrariaram essas duas previsões. Sustentaram a decisão do Terceiro Tribunal Itinerante, que aprovava a maioria das restrições legais da Pensilvânia mas derrubava a exigência de que as mulheres casadas notifiquem o marido[129]. Por outro lado, insistiram em reexaminar *Roe* no próprio caso *Casey* em vez de esperar – disseram que uma "jurisprudência da dúvida" faz mal à liberdade – e em reafirmar em vez de condenar a doutrina central de *Roe*[130]. Talvez não se faça justiça à coerência futura desses juízes se forem qualificados – como estão sendo agora, de forma exagerada, pelos meios de comunicação – como um novo centro moderado da Suprema Corte. Suspeito que vão divergir de novo no futuro, como já fizeram no passado, quando da avaliação de questões constitucionais específicas; e um ou outro entre eles, como já aconteceu no passado, tomará decisões que aos olhos dos liberais não parecerão moderadas, mas pura e simplesmente conservadoras.

Porém, como evidencia o parecer conjunto, os três juízes de fato parecem concordes no tocante a uma convicção

---

128. Leis totalmente incompatíveis com *Roe* (e com a decisão majoritária do caso *Casey*) foram oficializadas pelas assembléias legislativas de Louisiana, Utah e Guam. Essas leis estão agora sendo avaliadas pelas instâncias federais inferiores.

129. Como Rehnquist e Scalia também votaram em favor dos dispositivos aprovados pelo grupo de três juízes, a Corte aprovou-os por maioria apesar dos votos parcialmente divergentes de Blackmun e Stevens, que consideravam inconstitucionais alguns desses dispositivos. Uma vez que Blackmun e Stevens também votaram para derrubar a exigência de notificação do marido, foi essa a decisão da Corte apesar dos votos de Rehnquist e Scalia, favoráveis a essa seção da lei.

130. Rejeitaram, porém, o que chamaram de "rígido esquema trimestral" estabelecido por Blackmun em *Roe* para fazer valer essa doutrina central; além disso, ao sustentar a maior parte das restrições da Pensilvânia, revogaram certas decisões que a Suprema Corte tomou depois de *Roe* e nas quais restrições semelhantes haviam sido derrubadas.

importantíssima e fundamental que os separa dos quatro juízes conservadores que votaram pela revogação de *Roe*. O'Connor, Kennedy e Souter, com todas as suas forças, crêem que os principais direitos individuais protegidos pela Constituição não devem ser entendidos como uma lista de regras isoladas e limitadas, nascidas no passado de antigas soluções políticas e dotadas tão-somente da força que os políticos que as criaram esperavam que tivessem, mas sim como os elementos que definem um compromisso nacional global com a liberdade e a justiça.

Para concluir seu parecer conjunto, fizeram uma reafirmação eloqüente desse ideal. "Nossa Constituição é uma Aliança", disseram, "que veio da primeira geração de norte-americanos até nós e de nós corre rumo às gerações futuras... Aceitamos a responsabilidade de não nos furtar a interpretar o pleno sentido dessa Aliança à luz de todos os nossos precedentes." Disseram ainda que por causa disso a garantia do devido processo da Décima Quarta Emenda, que proíbe os estados de tolherem a liberdade dos indivíduos sem fazer valer o devido processo legal, deve ser compreendida como uma proteção de todas as liberdades pessoais mais fundamentais, quer estejam especificamente mencionadas em algum outro artigo da Constituição, quer não[131]. Admitiram que é preciso discernimento para submeter as coisas a esse critério e que os bons juízes podem discordar acerca de quais liberdades se contam entre as mais importantes. Mas seu parecer conjunto tem o grande mérito de ter fortalecido consideravelmente a base de argumen-

---

131. O voto conjunto cita aqui um voto do juiz John Harlan para o caso *Poe vs. Ullman*, de 1961, que a Corte mais tarde adotou em *Griswold* quando declarou a inconstitucionalidade da proibição da contracepção. Harlan insistia em que a "liberdade", segundo o sentido que essa palavra tem no contexto da noção de devido processo, não é uma série de liberdades isoladas e concedidas em determinados momentos históricos, mas "um contínuo racional que... determina – fato que aliás deve ser levado em conta por qualquer juízo racional e sensível – que certos interesses exigem um exame particularmente cuidadoso das necessidades estatais apresentadas como razões para o seu tolhimento". Ver 367 U.S. 497, 543.

tos favoráveis a *Roe*, acrescentando a essa um argumento importantíssimo que justifica o caráter fundamental da liberdade de escolha com respeito ao aborto – argumento esse que o parecer de Blackmun em *Roe* não pôs em relevo, mas que veio a primeiro plano depois de vinte anos de reflexões e debates sobre o aborto em nosso país.

Os três juízes reconheceram o fato de que o destino dos fetos é um assunto que, com toda razão, causa grande preocupação a um bom número de norte-americanos. Mas disseram também que, mesmo assim, as decisões a respeito do aborto merecem uma proteção constitucional especial, uma vez que envolvem "as escolhas mais íntimas e pessoais que a pessoa pode ter de fazer em toda a sua vida". Disseram: "No próprio coração da liberdade reside o direito de cada pessoa definir os seus próprios conceitos da existência, do sentido da vida, do universo e do mistério da vida humana."

O argumento resumido nessas palavras é complexo[132]. Como deixou claro o juiz Stevens em seu parecer independente, uma das premissas do argumento é que o feto não é uma pessoa dentro do sentido constitucional; a outra é que os estados não têm o poder de declará-lo uma pessoa dentro do seu território de modo que limitem os poderes dados às mulheres pela Constituição nacional. É evidente que, se um estado pudesse dizer que o feto é uma pessoa e protegê-lo da mesma maneira que protege as outras pessoas, o fato de a decisão da mulher sobre o aborto ser tomada com base em suas convicções metafísicas ou religiosas não permitiria que se negasse ao estado o poder de impedi-la de matar um ser que ele tem o direito e o dever de proteger.

Mas quando partimos do princípio de que o feto não é uma pessoa constitucional e que os estados não têm o poder de considerá-lo como tal, o fato de a decisão sobre o aborto implicar profundas convicções pessoais nos fornece um motivo suficiente para que o estado deixe essa decisão a

---

132. Você encontrará no Capítulo 3 uma explicação mais completa do caráter e das bases desse argumento, bem como da sua relação com o interesse do estado em disciplinar o aborto.

cargo da consciência individual. Certas pessoas que defendem intransigentemente a vida pensam que até o feto recém-concebido já é uma pessoa do ponto de vista moral. Outros adversários do aborto, embora não pensem que o feto recém-concebido seja uma pessoa (nem mesmo uma pessoa moral) ou que tenha direitos e interesses próprios, insistem, não obstante, em que ele incorpora um importante valor intrínseco, pois já é uma forma de vida humana, um estágio no desenvolvimento de uma pessoa plenamente formada; o aborto, por isso, seria incompatível com aquilo que o parecer conjunto chama de "reverência perante a maravilha da criação".

As pessoas que têm outra opinião a respeito do aborto e pensam que ele às vezes é justificado do ponto de vista moral não negam necessariamente que o feto incorpora um valor intrínseco. É mais possível que pensem que em certas ocasiões – o parecer conjunto menciona o caso em que uma criança vai levar uma vida de privações caso venha a nascer – é a própria "reverência" pela criatura humana que justifica o aborto.

Os três juízes declaram que seria errado que o estado fornecesse convicções coletivas oficiais acerca desses assuntos essencialmente éticos e religiosos e impusesse essas convicções às mulheres individualmente, obrigando-as a sofrer grandes danos pessoais em nome de crenças metafísicas específicas acerca do sentido ou do valor intrínseco da vida – crenças que elas pessoalmente não esposam. Toda sociedade propriamente comprometida com a liberdade deixará essas decisões a cargo da mulher enquanto indivíduo, que as tomará baseada em "sua própria concepção de seus imperativos espirituais". Nas palavras do parecer, "as crenças sobre esses assuntos não poderiam definir os atributos da personalidade caso fossem formadas mediante uma coerção do Estado".

Esse argumento não é importante somente porque proporciona uma base mais firme para a determinação de *Roe* de que as mulheres têm, pelo menos em princípio, o direito de tomar suas próprias decisões a respeito do aborto; também o é porque fornece uma base natural para a outra grande ambição do parecer conjunto: avaliar e redefinir o interesse concorrente do estado em regulamentar as decisões das mulheres sobre o aborto. O parecer de Blackmun em *Roe* admitia a existência desse interesse, mas não o definia satisfatoriamente. Em decisões posteriores, embora vários juízes tenham se referido a um suposto interesse do estado em regulamentar o aborto, o conteúdo desse interesse sempre permaneceu misterioso.

Afinal de contas, uma vez reconhecido o direito da mulher à liberdade de escolha em relação ao aborto, seria incoerente reconhecer também que o estado tem o interesse legítimo de proteger o direito à vida do feto da mesma maneira pela qual protege os interesses das pessoas comuns. Se o estado tivesse o direito de proteger a vida do feto desse modo, é claro que as mulheres não teriam direito a nenhuma liberdade de escolha em relação ao aborto. Mas, a partir das afirmações do parecer conjunto acerca de por que as mulheres têm esse direito – a partir da idéia de que uma decisão sobre o aborto implica as mais profundas convicções da mulher acerca da existência humana e do sentido cósmico da vida –, é perfeitamente natural concluir-se que o estado tem o interesse legítimo de tentar persuadir seus cidadãos a levar a sério as decisões sobre o aborto, a compreender que essas decisões envolvem questões morais fundamentais. O estado tem o direito de fazer valer esse interesse desde que não chegue a determinar aos cidadãos qual a decisão que devem tomar.

É esse o segundo grande mérito do voto conjunto: ele define claramente, e nesses mesmos termos, o interesse do estado em regulamentar o aborto. "O que está em jogo é o direito da mulher de tomar a decisão final, e não um suposto direito a permanecer isolada de todos os demais enquanto toma a decisão." Logo, "os estados têm a liberdade de promulgar leis que proporcionem uma conjuntura favorável para que a mulher tome uma decisão de significado tão profundo e duradouro". Além disso, é razoável que o estado parta do princípio de que a mulher tentada a fazer aborto esteja ao menos ciente dos argumentos contra o aborto que, na opinião de outros membros da comunidade, são importantes e convincentes. Desse modo, "mesmo nos primeiros estágios da gestação, o estado pode promulgar leis e regulamentações com a finalidade de encorajá-la a saber que existem argumentos sociais e filosóficos de grande peso em favor da continuação da gravidez".

Mas, sem dúvida alguma, não se pode permitir que um estado use esse interesse de levar os cidadãos a tomar decisões informadas e refletidas sobre o aborto como justificativa para obrigá-los a tomar por fim a decisão preferida da maioria, representada nesse caso pelo Poder Legislativo estadual. Por isso, o voto conjunto adotou a pedra de toque legitimada por O'Connor numa causa anterior: disse que uma regulamentação estadual do aborto é inconstitucional – mesmo quando não pretende ditar uma decisão final – se, através da criação de "obstáculos substanciais", tem a finalidade ou o efeito de impor um "ônus indevido" sobre a mulher que decide fazer aborto.

Evidentemente, a distinção entre uma lei que cria tais obstáculos e uma lei que só torna o aborto um pouco mais caro ou menos conveniente (o que é admissível segundo o voto conjunto) é muito difícil de se fazer na prática. O voto conjunto não teve dificuldade alguma para reconhecer como acertada a decisão do Terceiro Tribunal Itinerante, para quem a exigência de que a mulher casada notifique o marido antes de fazer um aborto é um ônus que sobrecarrega indevidamente sua decisão. Embora a lei da Pensilvânia previsse uma exceção para a mulher que tivesse um temor razoável de ser espancada pelo marido, os três juízes concordaram com o tribunal distrital, que disse que muitas mulheres têm motivos para temer também uma intimidação psicológica ou econômica[133].

---

133. Os três juízes acrescentaram aqui uma declaração importante e comovente, explicando por que os estados devem ter mais cuidados com a mulher

Por outro lado, o grupo também afirmou que não se havia demonstrado, pelo menos perante a Suprema Corte, que o período de espera obrigatório de vinte e quatro horas depois de o médico passar à paciente as informações prescritas impunha sobre a mulher um fardo indevido. As associações de mulheres ficaram especialmente iradas contra essa decisão. As clínicas haviam observado, em seus pareceres, que o período de espera obrigatório forçava as mulheres, especialmente as que moravam longe das clínicas de aborto, a fazer duas viagens em vez de uma só. Além de gastar mais dinheiro, elas talvez tivessem de explicar essas duas viagens a pessoas que não deveriam saber a respeito do aborto; e talvez suportar duas vezes os protestos dos manifestantes fora da clínica. As clínicas diziam que essa exigência poderia impedir certas mulheres de fazer aborto, mesmo que o quisessem.

Segundo o parecer conjunto, esse argumento é "perturbador"; a decisão da Corte a esse respeito mostrou uma hesitação que não foi posta em relevo pela maioria das reportagens de jornal. Deixou claro que o tribunal distrital não havia chegado a constatar abertamente que o período de espera obrigatório impunha "obstáculos substanciais", e afirmou que poderia vir a acatar uma tal avaliação numa ação futura. (Em seu voto independente, o juiz Blackmun disse sentir-se encorajado por essa observação, e torcia para que os tribunais distritais viessem efetivamente a fazer essa avaliação no futuro.) Porém, é possível que essa observação do voto conjunto não tenha sido tão sincera quanto pareceu – o tribunal distrital não chegou a usar a expressão "obstáculo substancial", mas deixava bem claro que o período de espera poderia impor obstáculos desse tipo.

---

grávida do que com o pai em potencial. Disseram: "Há um fato biológico inevitável: toda legislação estadual que trate da criança gestada por uma mulher terá um impacto muito maior sobre a liberdade da mãe do que sobre a do pai." E acrescentaram uma advertência: embora o estado possa reconhecer o interesse também do pai na gravidez, "não pode dar ao homem o tipo de domínio sobre sua esposa que os pais exercem sobre os filhos", e portanto não pode lhe atribuir o papel que por direito pode ser atribuído aos pais de meninas adolescentes.

De qualquer modo, o voto conjunto poderia ter explorado melhor a questão de saber se a Pensilvânia não seria capaz de alcançar exatamente o mesmo objetivo – induzir as mulheres a pensar seriamente nos argumentos contra o aborto – sem impor tantas dificuldades para as mulheres que moram longe das clínicas de aborto. No caso das mulheres que residissem a uma determinada distância da clínica, por exemplo, a Pensilvânia não poderia ter permitido que a informação em questão fosse transmitida pelo telefone pelo menos vinte e quatro horas antes do aborto? Os médicos, baseados em informações passadas pelo telefone, poderiam fazer um juízo provisório sobre a idade gestacional do feto; no dia do próprio aborto, poderiam confirmar ou refutar esse juízo e ainda apresentar às mulheres qualquer material gráfico que o estado deseje que seja visto pelas mulheres que pensam em fazer aborto; nesse momento, a mulher, refletindo sobre a conversa por telefone tida no dia anterior, ainda poderia mudar de idéia. Para que um estado tenha o poder constitucional de impor um tipo determinado de disciplina legal, como uma forma particular de período de espera obrigatório, ele tem de ter esgotado todas as alternativas anteriores que lhe permitiram alcançar substancialmente o mesmo resultado legítimo com menos efeitos colaterais lamentáveis.

O voto conjunto dá a entender (talvez com finalidade puramente metódica) que um ou dois juízes que o assinaram "pode" ter "reservas" acerca da correção da doutrina central de *Roe* – a idéia de que a mulher tem o direito constitucional de optar pelo aborto a qualquer momento antes de o feto tornar-se capaz de sobreviver fora do útero. Uma vez que os três juízes que o assinaram supostamente apóiam os fortes argumentos substantivos em favor dessa doutrina que constam do mesmo parecer, não sabemos quais poderiam ser essas reservas. Porém, vários segmentos do parecer sugerem a seguinte possibilidade, que existe ao menos em tese: embora os três juízes estejam convictos de que as mulheres têm o direito constitucional ao aborto e de que o interesse do estado em disciplinar o exercício desse direito se limita à tentativa de persuadir as mulheres a exercê-lo responsavelmente, pelo menos um membro do grupo acredita que a melhor solução para equilibrar esse direito com o interesse estadual conflitante estaria em permitir aos estados que proibissem completamente o aborto num momento anterior ao momento em que o feto se torna capaz de sobreviver fora do útero, como fazem muitas leis européias sobre o aborto[134].

Mas, quaisquer que sejam as reservas que um ou mais desses três juízes tenham sobre a doutrina central de *Roe* quando pensam sobre o assunto a partir do zero, o grupo todo se uniu em torno da idéia de que um sólido respeito pelo *stare decisis* – a tradição jurídica pela qual um tribunal não deve alterar levianamente suas decisões passadas – proibia qualquer reconsideração dessa doutrina no momento atual. Disse o parecer conjunto: "As reservas que alguns de nós podem ter quanto à doutrina central de *Roe* são menos importantes do que a teoria da liberdade individual que aqui apresentamos, associada à força do *stare decisis*."

O parecer dedica uma seção inteira à elaboração dessa última consideração. Afirma, em primeiro lugar, que toda uma geração de mulheres já tem como certo o direito ao aborto até o momento em que o feto se torna capaz de sobreviver fora do útero; diz que *Roe* "facilitou" às mulheres "a participação em pé de igualdade na vida econômica e social do País". Essa afirmação, entendida como um argumento em favor da confiança em decisões passadas, parece estranha. O fato de a regra de *Roe* ter aumentado a igualdade das mulheres é uma forte razão substantiva para que a decisão seja considerada boa, e não um motivo pelo qual deve ser protegida mesmo que originalmente não fosse aceitável. De qualquer modo, o argumento mais forte que o parecer oferece para que se respeite a força do *stare decisis* não é o argumento da injustiça para com os que confiam na preser-

---

134. No Capítulo 3, descrevo os argumentos em favor dessa solução de meio-termo.

vação de uma decisão passada, mas sim a idéia de que a revogação de *Roe*, quaisquer que fossem as conseqüências para os indivíduos particulares, seria antes de mais nada danosa para a integridade do direito e, portanto, para a própria legitimidade da Suprema Corte.

Trata-se de uma afirmação crucial, pois sublinha o compromisso do grupo com a opinião que já apresentei: que a Constituição não deve ser entendida como uma lista de regras isoladas e independentes, mas como uma carta de princípios que deve ser interpretada e imposta como um sistema coerente. Essa concepção da Constituição acarreta duas responsabilidades essenciais para o Judiciário. Em primeiro lugar, os juízes têm de decidir os casos particulares à luz de princípios gerais que possam ser responsavelmente associados ao texto dos artigos abstratos da Constituição, e têm de respeitar esses princípios mesmo quando as decisões por eles ditadas são controversas ou têm pouco apelo popular. Como deixaram claro os juízes O'Connor, Kennedy e Souter, foi essa responsabilidade que os orientou a aplicar também ao aborto o princípio firmado no caso *Griswold* e em outras causas que hoje são aceitas por unanimidade.

Em segundo lugar, para que a Corte seja compreendida como uma instituição jurídica e não como mais uma câmara política, esse grande poder dos juízes – o poder de relacionar princípios de tão ampla aplicação aos artigos constitucionais abstratos – deve ser disciplinado por um respeito pela integridade das decisões desse tribunal no decorrer do tempo. Segundo nos dá a entender o parecer conjunto, quando a Corte muda de idéia e afirma que errou no passado, ela perde em certa medida esse respeito; não pode fazer isso com demasiada freqüência, sob pena de minar a legitimidade que lhe é dada pelo *status* de ser um fórum não-eleito que baseia suas decisões em princípios.

Assim, a Corte deve hesitar em mudar de idéia e só deve fazê-lo quando o próprio objetivo geral da integridade de princípios exige a mudança. Como diz o voto conjunto, a integridade exigiu uma mudança nos dois casos mais célebres em que uma decisão anterior foi revogada: quando a Corte revogou a infame decisão *Lochner*, que negava aos estados o poder de melhorar as condições de trabalho ou intervir no mercado econômico para regulá-lo, e no caso *Brown*, de 1954, quando revogou a decisão de *Plessy vs. Ferguson*, segundo a qual nenhuma instituição pública segregada por raça violava o dispositivo da igualdade de proteção. Em ambos os casos, décadas de experiência haviam mostrado que a decisão passada era incoerente com princípios mais gerais adotados pelo direito e pela comunidade, princípios que diziam respeito tanto às responsabilidades morais do Estado quanto ao sentido social e psicológico da discriminação. A revogação era absolutamente necessária para proteger a coerência do direito constitucional como um todo. Segundo o voto conjunto, não existe uma tal justificativa para se revogar *Roe*: nada aconteceu para nos dar a entender que a garantia do direito da mulher ao aborto até a viabilidade do feto ofende mais princípios gerais de liberdade ou igualdade do que outras decisões anteriores. Assim, a revogação de *Roe* solaparia essa preciosa restrição geral oferecida pelos precedentes e não seria justificada pela regra de respeito aos princípios pressupostos pelas diversas decisões.

A importância desse compromisso com a concepção da Constituição como um sistema de princípios é sublinhada pelos votos divergentes de Rehnquist e Scalia, que são ardorosos defensores da concepção oposta. Insistem em que os direitos expressos na Constituição, entre os quais o direito dos cidadãos a só ter sua liberdade limitada mediante o devido processo legal, não passam de um conjunto de regras isoladas e independentes umas das outras, que nem pressupõem nem fazem apelo a princípios mais gerais. Dizem que a extensão desses direitos se limita às expectativas altamente específicas dos políticos que os criaram, e que os direitos, nesse sentido, devem ser interpretados de maneira que não condenem nenhuma das práticas políticas que estavam em vigor quando foram criados e adotados.

No início de seu voto divergente em *Casey*, Rehnquist declara sua firme crença na necessidade de revogação de *Roe*. Não faz nenhuma tentativa para contestar a alegação da maioria, de que *Roe* se apóia sobre princípios gerais implícitos nas decisões passadas da Corte sobre contracepção, casamento e educação privada. Só observa que, nessas decisões, não havia nenhum termo lingüístico que declarasse um direito "absoluto" de privacidade. Ao que parece, o que ele quer dizer é que, como nenhuma dessas causas tratava do aborto, este assunto não fora explicitamente resolvido por nenhuma decisão anterior[135]. Mas não decorre daí que o princípio pressuposto por essas decisões não se aplique também ao aborto. A maioria dos juízes da Corte afirma que ele se aplica.

Rehnquist afirma, como já afirmava, que o aborto é diferente da contracepção porque envolve a destruição de um feto; compara o aborto ao "disparo de uma arma de fogo, com a agravante de que, no caso, esta é disparada no corpo de outra pessoa". Essa alegação pressupõe, porém, que a Constituição habilita os estados a tratar o feto como uma pessoa, e Rehnquist não faz tentativa alguma para refutar as razões da maioria, cuidadosamente expostas por Stevens em seu voto, para pensar que os estados não podem fazer isso. Rehnquist também não explica como uma opinião que ele mesmo defende – que os estados não têm o direito de proibir o aborto quando a vida da mãe está em jogo – pode se compatibilizar com o suposto poder estadual de fazer do feto uma pessoa. Sem dúvida, os estados teriam o poder de proibir os médicos de "disparar uma arma" numa pessoa inocente, mesmo que fosse para salvar a vida de outra.

O juiz Scalia, em seu voto parcialmente divergente, deixa ainda mais claro o seu desprezo pela idéia de que a Constituição cria um sistema de princípios. Chega à conclu-

---

135. Deve-se observar, porém, que o parecer do juiz Brennan numa das causas ligadas à contracepção, *Eisenstadt vs. Baird*, 405 U.S. 438 (1972), parecer esse que representou a opinião geral da Corte, declarava que o direito à privacidade se estende não só à decisão da mulher de "conceber" um filho, mas também à sua decisão de "dá-lo à luz".

são de que o aborto não é protegido pela Constituição, "não por causa de algo tão elevado quanto minhas idéias sobre 'o conceito da existência, o sentido do universo e o mistério da vida humana'", mas sim "por dois fatos muito simples: (1) a Constituição não diz absolutamente nada a respeito do assunto; e (2) as antigas tradições da sociedade norte-americana permitiram que ele fosse legalmente proscrito". Evidentemente, a afirmação de que a Constituição não diz nada a respeito do aborto é pura e simplesmente falsa. A Décima-Quarta Emenda proíbe os estados de restringir a liberdade dos cidadãos sem submetê-los ao devido processo legal; e, neste caso como em qualquer outro que envolva esse dispositivo constitucional, o que temos de saber é se a legislação estadual não está fazendo exatamente isso. Se estiver, a Constituição diz algo a respeito: ela o proíbe. A maioria dos juízes afirma que, se aceitarmos os princípios que estão por trás das decisões passadas da Suprema Corte que todos aceitam, temos de admitir também que a proibição do aborto antes da viabilidade é uma negação da liberdade sem o devido processo legal. Scalia não diz nada que chegue a refutar ou mesmo pôr em xeque essa afirmação.

Assim, todo o argumento de Scalia gira em torno da idéia de que, como a maioria dos estados proibia o aborto antes de adotada a Décima Quarta Emenda, seria errado chegar à conclusão de que o dispositivo do devido processo nega aos estados o poder de proibir o aborto agora. Scalia se recusa a querer saber se as leis que proíbem o aborto, por mais populares que sejam ou tenham sido, violam outros princípios de liberdade mais gerais que estão contidos na linguagem abstrata da Constituição e nas decisões passadas da Corte. Desdenha esse tipo de investigação porque ela envolve um "juízo de valor". É claro que envolve. Como um tribunal qualquer poderia fazer valer esse mandamento moral abstrato da Constituição – de que os estados não podem violar as liberdades fundamentais – sem fazer juízos acerca de "valores"? Os juízes têm de fazer juízos desse tipo desde o momento em que o direito começou.

A Constituição exige que os tribunais façam juízos de valor, e é exatamente por isso que o voto conjunto de O'Connor, Kennedy e Souter dá tanta ênfase às restrições tradicionais que os membros de nossa tradição jurídica sempre observaram: integridade de princípios e respeito pelos precedentes. Scalia e Rehnquist rejeitam essas restrições. Mas é óbvio que as decisões deles refletem juízos morais da mesma maneira que as decisões da maioria, pois eles escolhem quais tradições devem aceitar como fatores de definição do conteúdo dos direitos constitucionais e quais devem rejeitar como incompatíveis com esse conteúdo predefinido. É de se pensar que ambos aceitam as decisões passadas da Corte que, baseadas na Décima Quarta Emenda, derrubaram várias formas de discriminação racial e de sexo que eram largamente praticadas quando a mesma emenda foi transformada em lei. Mas Scalia insiste em que as classificações raciais são diferentes da proibição do aborto porque são "contraditas por um texto" – o dispositivo de igualdade de proteção. Porém, esse dispositivo não condena explicitamente a separação das instituições públicas das diferentes raças nem a segregação racial nas escolas, ambas eram praticadas quando o dispositivo foi adotado; e, provavelmente, os que o adotaram não estavam sequer pensando na discriminação das mulheres.

Não há nada no parecer de Scalia que nos mostre por que ele não considera que as práticas de discriminação racial ou sexual que estavam em voga quando a Décima Quarta Emenda foi adotada não fixam o conteúdo dessa emenda ou por que ele adota a opinião oposta a respeito da prática de proibição do aborto. Nesse caso, como em outros dos quais já falei[136], a apresentação da Constituição como um simples conjunto de regras independentes e historicamente limitadas não passa de um disfarce para uma atitude judicial que não respeita princípio algum e se baseia tão-somente nas convicções políticas ou morais do juiz, o qual não se vê sujeito

---

136. Ver Capítulo 6.

às restrições que necessariamente se impõem quando a Constituição é tratada como uma carta de princípios.

A visão da Constituição como um conjunto de princípios não é uma opinião especificamente liberal ou moderada, mas sim uma convicção jurídica. O juiz Harlan, que era visto por quase todos como um juiz conservador, a adotava, e, como eu já disse, o fato de O'Connor, Kennedy e Souter a terem defendido em *Casey* e em outras decisões recentes não significa que as decisões futuras desses juízes vão sempre agradar aos liberais e desagradar aos conservadores. A concepção de uma Constituição de princípios favorece o direito constitucional ao aborto por todos os motivos de que já falei, e não é de surpreender que os mesmos juízes que rejeitam esse direito são também os que rejeitam essa concepção[137]. Porém, não existe um vínculo tão forte entre a idéia de que a Constituição é um sistema de princípios e as idéias liberais sobre muitas outras questões constitucionais controversas.

Entretanto, a visão da Constituição como um conjunto de princípios é um grande tesouro nacional que herdamos de nossos predecessores, e os partidários de todas as linhas políticas devem se unir para defendê-la e protegê-la. Muitos temiam que as recentes nomeações de juízes para a Suprema Corte, feitas por presidentes que rejeitavam expressamente essa visão da Constituição, haviam-na sepultado por pelo menos uma geração. Mas *Casey* e as outras decisões tomadas no final do último semestre demonstram que esse medo era prematuro e que a visão da Constituição como uma carta de princípios continua forte e operante.

Esse fato é por si mesmo uma homenagem ao grande peso emocional dessa concepção. Se um presidente nomeia juízes que amam e respeitam o seu ofício e a história deste, esses juízes se sentirão atraídos por essa concepção da Cons-

---

137. Em seu voto separado, o juiz Stevens observou que, dos quinze juízes da Suprema Corte que já trataram dessa questão, onze foram favoráveis a esse direito, e os quatro que o rejeitaram estão todos presentes na Corte agora.

tituição, independentemente das expectativas do presidente. O'Connor, Kennedy e Souter são somente os exemplos mais recentes dessa feliz realidade: os juízes Warren e Brennan foram nomeados por Eisenhower e Blackmun foi nomeado por Nixon. Esses exemplos bastam para provar o erro dos cínicos que dizem que, uma vez que as nomeações para a Corte têm motivação política, ela mesma não passa de mais uma instituição política.

Mas é claro que os presidentes que sabem o que querem, e que não se preocupam com mais nada, ainda podem nomear juízes que tenham a mesma visão mesquinha da Constituição que eles têm. O histórico do juiz Thomas demonstra o que um presidente desse tipo pode fazer. Não podemos esquecer que, na decisão *Casey*, quatro juízes proclamaram-se ainda dispostos a revogar *Roe vs. Wade* e a destruir a visão da Constituição como um conjunto de princípios, na qual aquela decisão se baseou. O juiz Blackmun, em seu voto, tomou a liberdade de nos alertar para o fato de que ele já tem oitenta e três anos de idade e não pode permanecer na Corte para sempre. Quando ele sair de lá, um presidente disposto a mudar o caráter de nossa Constituição pode fazê-lo com uma única nomeação. Certos comentaristas disseram que a decisão *Casey* havia tirado o aborto e a Suprema Corte dos debates entre os próximos candidatos a presidente. Isso não é verdade: muito pelo contrário, essa decisão põe em evidência a enorme importância de quem será o próximo juiz indicado para a Suprema Corte e de quem será o presidente a fazer essa indicação.

13 de agosto de 1992

5. Acaso temos o direito de morrer?

A tragédia de Nancy Cruzan já faz parte do direito constitucional norte-americano. Antes de sofrer um acidente de automóvel, em 1983, ela era uma mulher de vinte e quatro anos, recém-casada e cheia de energia. Por causa dos ferimentos, seu cérebro ficou privado de oxigênio por catorze minutos e ela entrou no que os médicos chamam de estado vegetativo permanente. Só a parte inferior do encéfalo continuou funcionando. Cruzan permanecia inconsciente e não percebia o ambiente à sua volta, embora manifestasse reações reflexas ao som e talvez a estímulos dolorosos. Era alimentada e hidratada por meio de tubos implantados em seu estômago, e outras máquinas cuidavam de suas outras funções corpóreas. Era regularmente lavada e colocada em diferentes posições, mas todos os seus membros estavam contraídos; as unhas dos dedos das mãos penetraram no pulso.

Por alguns meses depois do acidente, seus pais e aquele que então era seu marido quiseram que os médicos fizessem todo o possível para devolvê-la à vida. Mas quando ficou claro que ela permaneceria naquele estado vegetativo até a morte, que poderia demorar ainda trinta anos, os pais, que haviam assumido a responsabilidade legal por ela, pediram ao hospital do estado que retirasse os tubos e permitisse que ela morresse de imediato. Como o hospital se recusou a fazê-lo sem uma ordem judicial, os pais moveram uma ação num tribunal do Missouri, que nomeou um curador *ad litem* (um curador especial que deveria representá-la nesse processo) para oferecer a contestação para que o tribunal não autorizasse a morte. Depois de uma audiência, o tribunal concedeu o mandado judicial, alegando que Cruzan tinha interesse em poder morrer então com alguma dignidade em vez de continuar vivendo num estado de inconsciência.

O curador *ad litem* sentiu-se obrigado a apelar ao supremo tribunal do Missouri, embora tivesse dito ao tribunal que pessoalmente não discordava da decisão. Porém, o supremo tribunal estadual reverteu a decisão da instância inferior: afirmou que os responsáveis legais por Cruzan não tinham o direito de ordenar que a alimentação fosse suspensa sem apresentar provas "claras e convincentes" de que a própria Nancy Cruzan, quando ainda era capaz, havia manifestado interesse em não ser alimentada em circunstâncias como aquelas. Embora uma amiga se apresentasse para testemunhar que Cruzan, numa conversa logo depois da morte de sua avó, havia dito que não gostaria de ser conservada viva se não pudesse viver realmente, o supremo tribunal julgou que esse testemunho não era prova suficiente da decisão.

Os pais de Cruzan apelaram à Suprema Corte dos Estados Unidos: seus advogados alegaram que a decisão do Missouri ia contra o direito da moça de não se submeter a um tratamento médico indesejado. A Corte nunca havia se pronunciado sobre o quanto os estados têm a obrigação de respeitar esse direito. No dia 25 de junho de 1990, por cinco votos contra quatro, a Corte se recusou a reverter a decisão do Missouri: negou que Cruzan tinha um direito constitucional que poderia ser exercido por seus pais nessas circunstâncias.

O voto vencedor foi redigido pelo juiz Rehnquist, presidente da Suprema Corte, e apoiado pelos juízes Kennedy e White. Muitas reportagens e artigos de jornal sobre o caso declararam que, embora a Suprema Corte tivesse negado o pedido da família de Cruzan, havia não obstante dado o seu aval a um direito constitucional das pessoas legalmente capazes de decidir não serem mantidas vivas por meio da tecnologia médica. O *New York Times*, por exemplo, disse que a Corte havia decidido que "a Constituição protege a liberdade do indivíduo de rejeitar a tecnologia de sustentação da vida", e elogiou a Corte por esse "monumental exemplo de adaptação do direito às realidades da vida". A manchete do *Washington Post* dizia: "Corte decreta que desejos do paciente devem controlar o 'direito de morrer'."

É importante notar, porém, que Rehnquist cuidou de dizer que ele e os dois juízes que apoiavam seu voto não estavam decidindo que as pessoas têm o direito de morrer. Afirmou que estavam supondo esse direito de modo *hipotético*, "para todos os efeitos no que diz respeito a esta ação". Deixou claro que não sabia nem sequer se a liberdade de morrer com dignidade, no caso de um cidadão legalmente capaz, poderia ser restringida pelo direito constitucional dos estados de manter vivos os seus cidadãos[138]. Embora a lógica dos casos anteriores fosse favorável ao "interesse de liberdade" de uma pessoa legalmente capaz de recusar água e alimento administrados artificialmente, Rehnquist disse que "as drásticas conseqüências da negação de um tal tratamento devem também influenciar a investigação acerca da constitucionalidade da privação desse interesse".

Rehnquist disse que, mesmo partindo do princípio de que as pessoas têm o direito constitucional de se recusar a ser mantidas vivas caso entrem num estado vegetativo permanente, o Missouri não infringiu esse direito. Só fez questão de que as pessoas exercessem esse direito por si mesmas, ainda de posse da sua capacidade legal, fazendo, por exemplo, um "testamento relativo à vida". A Constituição dos Estados Unidos da América, segundo Rehnquist, não proíbe os estados de adotar exigências de provas tão rigorosas quanto as adotadas pelo Missouri. A Constituição não obrigava o

---

[138]. Na verdade, cinco juízes – a juíza O'Connor e os quatro que discordaram da decisão – declararam que os cidadãos têm esse direito. Mas um dos que discordaram, o juiz Brennan, já se aposentou, e não conhecemos a opinião do juiz Souter, que tomou o seu lugar.

Missouri a reconhecer o que a maioria das pessoas consideraria uma prova convincente das convicções de Cruzan: as afirmações sérias e aparentemente refletidas que ela fez a uma amiga íntima pouco depois da morte de um parente.

Embora os juízes O'Connor e Scalia tenham concordado em corroborar a decisão do supremo tribunal do Missouri, eles apresentaram votos independentes. O'Connor fez uma observação de grande importância prática: em vez de escrever um testamento que definisse exatamente o que não deveria ser feito para mantê-la viva, uma pessoa poderia preferir dar a outra pessoa – um parente ou amigo íntimo – o direito de tomar essa decisão caso surgisse a necessidade[139]. A juíza apresentou sua própria visão de por que a Constituição dá esse direito às pessoas e deixou claro que a decisão da Corte em relação aos pais de Cruzan não negava esse direito, uma vez que Cruzan não fizera nenhuma designação formal.

O voto concordante de Scalia tinha um caráter completamente diferente. Mais uma vez, ele reafirmou sua concepção extraordinariamente estreita dos direitos constitucionais: disse que a Constituição, quando adequadamente interpretada, permite que os estados façam qualquer coisa que não seja expressamente proibida. Uma vez que, na opinião dele, a Constituição "nada diz" sobre o direito do indivíduo a controlar sua própria morte, esse tipo de direito constitucional simplesmente não existe e as legislaturas estaduais têm liberdade para tomar a decisão que lhes aprouver na questão de o que fazer com as pessoas para mantê-las tecnicamente vivas. Scalia não deixou dúvidas acerca de qual seria, em sua opinião, a decisão de um legislativo estadual sábio: disse que nenhuma pessoa razoável gostaria de habitar um corpo que só estivesse vivo do ponto de vista técnico. Mas

---

139. No dia 1º de julho de 1990, a Assembléia Legislativa do estado de Nova York promulgou uma lei, a "lei da procuração de saúde", que possibilita esse tipo de delegação de poder. O governador Mario Cuomo afirmou que a decisão do caso *Cruzan* ajudou a desobstruir o projeto na Assembléia. Ver *New York Times*, 2 de julho de 1990.

disse também que a Constituição não exige que os estados sejam razoáveis ou compassivos.

O juiz Brennan discordou apresentando um voto assinado também pelos juízes Marshall e Blackmun. O voto de Brennan, um dos últimos que ele apresentou antes de se aposentar, foi um discurso de despedida que deixou ainda mais claro o quanto a sua inteligência e o seu humanitarismo farão falta na Corte. Ele apontou a principal falácia do voto de Rehnquist: é incoerente supor que as pessoas têm o direito constitucional de não receber cuidados médicos se não o desejarem, e ao mesmo tempo permitir que o estado imponha regras de prova que tornem praticamente impossível a descoberta dos desejos passados da pessoa que se tornou incapaz. Disse: "Até mesmo uma pessoa resolutamente determinada a evitar as terapias de apoio à vida em situações como a de Nancy ainda teria de saber que existe a figura legal do testamento relativo à vida, e teria de saber formulá-lo... Muitos abominam a idéia de um fim ignóbil, com o corpo deteriorado. Uma morte tranqüila e altiva, conservando a pessoa a sua plena integridade corpórea, é uma questão de extrema importância."

O juiz Stevens apresentou em separado o seu voto divergente. Criticou a maioria por não ter suficiente zelo pelos interesses de Cruzan e deu ênfase à base religiosa do pleito. Escreveu: "Não há quase nada que se possa afirmar com certeza a respeito da morte a menos que seja afirmado através da fé, e isso por si só já é razão suficiente para que seja protegida a liberdade de se deixar a cargo da consciência individual toda e qualquer decisão a respeito da morte."

Em agosto de 1990, os pais de Cruzan apresentaram ao tribunal inferior que havia inicialmente decidido em seu favor uma ação na qual alegavam ter obtido novas provas: três outras amigas de Cruzan haviam se disposto a testemunhar que também a elas ela havia dito que não gostaria de viver como um vegetal. Embora essas provas tivessem exatamente o mesmo caráter daquela que o supremo tribunal do Missouri antes considerara insuficientemente "clara e convincente", o procurador-geral do estado decidiu dessa vez não contestar a ação dos pais da moça. No dia 14 de dezembro, o tribunal deferiu o pedido. Dentro de poucos dias, cessaram a alimentação e a hidratação e Cruzan começou a receber remédios contra a dor. Morreu no dia 26 de dezembro.

Quando uma pessoa legalmente capaz se recusa a receber um tratamento médico necessário para salvar sua vida, os médicos e servidores do Poder Judiciário podem se ver diante de um dilema. Têm ao mesmo tempo a obrigação legal e ética de agir segundo os interesses do paciente e a de respeitar a sua autonomia, o seu desejo de decidir por si mesmo o que será feito de seu corpo. Essas obrigações podem conflitar, pois o paciente pode se recusar a fazer um tratamento que os médicos consideram essencial. Rehnquist introduziu nessa questão constitucional uma terceira consideração. Contrapôs a autonomia do paciente não só aos seus interesses, mas também ao interesse do *estado* de "proteger e preservar a vida". Na maioria dos casos, quando uma pessoa capaz recusa um tratamento que poderia lhe salvar a vida – quando recusa por motivos religiosos uma transfusão de sangue, por exemplo –, não existe diferença entre os seus interesses na opinião da maioria das pessoas e o interesse do estado em mantê-la viva, pois parte-se do princípio de que ela tem interesse em permanecer viva. Mas em alguns casos – quando o paciente está com muita dor, por exemplo, e já não pode viver por muito tempo nem se receber tratamento – o suposto interesse do estado em manter o paciente vivo pode entrar em conflito com os interesses do próprio paciente, não só na opinião dele mesmo como também na opinião da maioria das pessoas.

Uma vez aceita a idéia de que os interesses do estado serão atendidos caso se prolongue a vida até em casos como esses, duas questões constitucionais se apresentam. Será que o estado tem o poder constitucional de impor um tratamento médico para salvar a vida de uma pessoa contra a vontade dessa pessoa, ou seja, contrariando a sua autonomia, quando acredita que o tratamento atenderá melhor aos interesses da própria pessoa? E, em segundo lugar, será que o estado tem o poder constitucional de impor esse tratamento em vista dos seus próprios fins, mesmo admitindo que isso vai *contra* os interesses da pessoa em questão, ou seja, vai contra a regra geral de que os pacientes não devem receber um tratamento médico que lhes faça mal?

As leis da maioria dos estados norte-americanos parecem concordes em que a autonomia do paciente capaz será decisiva em quase todos os casos desse tipo, e os médicos não podem tratá-lo contra a sua vontade nem pelo bem dele nem pelo bem de algum interesse social em mantê-lo vivo. A Suprema Corte nunca chegou a decretar explicitamente que a Constituição obriga os estados a adotar essa posição; no caso em pauta, porém, como eu já disse, Rehnquist partiu do princípio hipotético de que é isso que ela exige.

No caso das pessoas inconscientes ou legalmente incapacitadas por qualquer outro motivo, que não exerceram o seu direito de autodeterminação quando podiam fazê-lo, a distinção entre seus interesses e o suposto interesse do estado em mantê-las vivas assume grande importância – e é isso que o parecer de Rehnquist afirma quando o examinamos com cuidado. Ele apresentou dois argumentos diferentes, posto que não claramente distintos, que explicam por que o Missouri tinha o direito de favorecer a conservação da vida das pessoas em coma mediante a exigência de provas "claras e convincentes" de que elas teriam preferido morrer. Seu primeiro argumento é um apelo aos interesses das pessoas incapazes. Ele diz que a apresentação de uma declaração formal da decisão de morrer, como condição para que sejam desligados os aparelhos, beneficia as pessoas que estão em coma. Beneficia-as porque as protege de responsáveis legais que poderiam trair-lhes a confiança e porque a decisão de manter os aparelhos ligados sempre pode ser revertida caso venham a surgir provas documentais de uma decisão formal em contrário. Já o segundo argumento é muito diferente: não faz apelo aos interesses das pessoas em coma, mas sim ao suposto interesse independente do Missouri em manter vivos esses pacientes. Rehnquist disse que um estado pode ter razões legítimas para proteger e preservar a vida, razões essas que "ninguém pode contestar". Logo, o Missouri, por motivos que só a ele interessam, teria o direito de favorecer a conservação da vida.

Rehnquist considera esses dois argumentos como cumulativos: pensa que, tomados em seu conjunto, eles justificam a regra de provas estabelecida pelo estado do Missouri. Eu, porém, vou considerá-los em separado, pois cada um deles suscita questões muito específicas; além disso, embora Rehnquist só mencione o segundo de modo oblíquo e de passagem, ele tem importantes implicações para outras questões constitucionais controversas, a do aborto inclusive. Por isso, merece ser estudado separadamente.

O parecer de Rehnquist trata principalmente do primeiro argumento: de que a regra de provas estabelecida pelo Missouri atende melhor aos interesses de milhares de pessoas que vivem num estado vegetativo permanente e não assinaram nenhum testamento relativo à vida quando tinham capacidade para tal. Isso não parece plausível. As ações e palavras passadas de muita gente que agora se encontra naquela situação deixam bem claro que essas pessoas teriam assinado um testamento relativo à vida caso pudessem ter previsto os acidentes que lhes sobreviriam. Foi isso que Nancy Cruzan fez em conversas com suas amigas. A regra estabelecida pelo Missouri não faz jus à autonomia dessas pessoas; antes, escarnece dela. Muitos outros, segundo dizem seus familiares e aqueles que melhor os conheciam, teriam decidido dessa maneira se tivessem chegado a pensar no assunto. A regra do Missouri lhes nega algo que eles provavelmente teriam preferido. Por que seria necessária uma regra que atinge a todos de modo tão indiscriminado? Não seria melhor deixar que as instâncias judiciárias inferiores decidissem cada caso segundo o peso das probabilidades, de tal modo que um tribunal pudesse decidir que, segundo os melhores dados disponíveis, Nancy

Cruzan teria preferido morrer? Aliás, foi isso que o tribunal de primeira instância decidiu no Missouri.

Embora Rehnquist admita que a regra rígida do Missouri possa às vezes produzir um "engano", diz também que a Constituição não exige que os estados adotem procedimentos que funcionem perfeitamente. Porém, quando ele diz que a regra do Missouri funcionaria de maneira geral em favor das pessoas incapazes, fica faltando o porquê: sua afirmação reflete o pressuposto de que normalmente as pessoas que estão em coma permanente preferem permanecer vivas, de tal modo que devem permanecer vivas a menos que haja provas decisivas de que teriam preferido o contrário. É verdade que, em certas situações, esse pressuposto é sensato. Um estado não precisa aceitar a afirmação de um membro devoto das Testemunhas de Jeová, por exemplo, de que um seu parente inconsciente preferiria não receber uma transfusão de sangue que o faria recuperar a consciência – mesmo que o estado aceitasse essa decisão caso o paciente estivesse consciente. Mas, em nossa opinião, a vida e a saúde têm uma importância tão fundamental que ninguém deve ter o poder de rejeitá-las em nome de outra pessoa.

Esse pressuposto já não vale quando a vida em questão é a semivida das pessoas imersas num estado vegetativo permanente. Esse tipo de vida não significa nada para ninguém. Sem dúvida existem pessoas que, num tal estado, prefeririam ser conservadas vivas indefinidamente em virtude de suas convicções religiosas: pensam elas que a decisão de não prolongar a vida ao máximo é um pecado contra Deus, por exemplo. Mas nem essas pessoas acham que *elas mesmas* teriam interesse em continuar vivas; imagino que, nessa situação, a maioria delas preferiria morrer o mais rápido possível, muito embora se fizesse todo o possível para prolongar a vida. A morte prematura lhes pareceria uma manifestação da misericórdia divina.

Mas Rehnquist se deixa fascinar a tal ponto pela idéia de que a vida é tremendamente importante até mesmo para as pessoas em estado vegetativo que chega a dizer, às vezes, que a demanda da família Cruzan é uma ação *contra* a filha. Diz que o estado tem o direito de ser um "escudo" que protege os incapazes, e cita aqueles casos em que a Suprema Corte exigiu que o governo tivesse provas "claras e convincentes" de um delito para poder deportar uma pessoa, privá-la da cidadania ou retirar dela o pátrio poder. Nesses casos, é adequado que o direito constitucional dificulte ao máximo a ação punitiva, uma vez que, como num julgamento criminal comum, um erro cometido contra o réu é muito mais grave do que um erro cometido a favor dele. O caso Cruzan, porém, não é litigioso. É a situação *dela* que os pais buscam aliviar, e a justiça nos preconiza somente uma coisa: a identificação mais clara possível de quais eram os desejos da própria Nancy Cruzan e de quais são os seus interesses agora.

Alguns dos argumentos de Rehnquist não dependem do pressuposto de que a pessoa em coma permanente em geral tem interesse em continuar viva, mas de um outro pressuposto tão implausível quanto esse: o de que a perpetuação da vida nessas circunstâncias nunca vai contra os interesses da pessoa vitimada. É essa a premissa do argumento segundo o qual, mesmo que as chances de recuperação sejam mínimas, é melhor manter vivo um paciente em coma do que deixá-lo morrer porque esta última decisão seria irreversível. Rehnquist parte do princípio de que uma pessoa na situação de Nancy Cruzan não perde nada por permanecer viva, de tal modo que, se houver a mínima possibilidade de ocorrer no futuro um tremendo avanço da medicina, por mais impossível que isso pareça agora, o paciente terá interesse em continuar vivo pelo maior tempo possível.

Se as únicas coisas que as pessoas quisessem evitar ou com as quais se preocupassem fossem a dor e outras experiências físicas desagradáveis, é claro que elas não se importariam em absoluto de deixar o corpo vivo caso entrassem em coma permanente. Mas as pessoas se preocupam com muitas outras coisas além dessas. Preocupam-se com sua dignidade e integridade e com o modo pelo qual os outros pensam nelas e se lembram delas. Muitas não querem que os parentes e amigos tenham de arcar com os ônus emocionais ou financeiros de lhes manter vivas. Outras se escandalizam com a possibilidade de obrigar os outros a gastar recursos que poderiam ser usados para o benefício de outras pessoas que levam uma vida consciente, uma vida de verdade.

Essas diversas preocupações explicam o horror que muitos sentem perante a idéia de existir por anos e anos como um vegetal, sem objetivo algum. A mera existência biológica, sem inteligência, sensibilidade ou sensação, não é algo que lhes deixa indiferentes, mas algo que consideram ruim, algo que faz mal à sua vida considerada como um todo. Foi essa a opinião que Nancy Cruzan expressou para sua amiga quando da morte de sua avó. Infelizmente, Rehnquist parece ter os ouvidos surdos a todas essas preocupações. De qualquer modo, o pressuposto do qual ele parte – o de que as pessoas não perdem nada quando se nega aos responsáveis a permissão para pôr fim à sua vida – não as leva em conta. Um grande número de pessoas, para dizer o mínimo, acredita no contrário: que a decisão de mantê-las vivas roubaria delas em definitivo a oportunidade de morrer com dignidade e manifestando alguma consideração pelos outros, e que a privação dessa oportunidade seria para elas uma perda grande e irreparável.

É claro que, em face da terrível importância de uma decisão de desligar os aparelhos, um estado pode impor rigorosas restrições processuais a tal decisão quando tomada por um médico ou um responsável legal. O estado pode exigir que o responsável demonstre, por exemplo, numa audiência perante um juiz, um comitê hospitalar ou outro corpo institucional, e sempre corroborado por provas médicas convincentes, que não existe a menor esperança de a vítima vir a recuperar sua capacidade legal. Pode ainda exigir que ele demonstre não haver nenhuma razão suficiente para se pensar que o paciente teria preferido continuar vivo à base de aparelhos. Pode também adotar precauções cabíveis para garantir que a decisão só seja tomada por pessoas que têm em vista os desejos e interesses do paciente; pode determinar, por exemplo, que a decisão não seja tomada por pessoas que teriam ganhos financeiros com a morte prematura do paciente. Embora essas restrições processuais possam aumentar a probabilidade de se manter vivo um paciente que desejaria morrer, pode-se considerar com plausibilidade que, de modo geral, elas atendem aos interesses dos pacientes sem comprometer a sua autonomia.

A família de Cruzan, porém, atendia a todos esses requisitos. Não há provas de que Nancy Cruzan tivesse quaisquer crenças religiosas que a levassem a preferir a morte a mera vida física. Muito pelo contrário, as conversas sérias que ela teve nos dão a entender com grande certeza – para dizer o mínimo – que ela se oporia vigorosamente à conservação de sua vida. Uma vez que o próprio estado do Missouri arcava com todos os custos de seu tratamento, a família não tinha incentivo nenhum para deixá-la morrer. Por isso, não se pode dizer que as regras de prova estabelecidas pelo estado atuaram em defesa dos interesses de Cruzan ou dos pacientes vegetativos de modo geral. Se a regra do Missouri é constitucional, deve ser por algum outro motivo.

Temos de examinar, portanto, o segundo argumento de Rehnquist, que é muito menos desenvolvido que o primeiro: a idéia de que o Missouri, para proteger os seus próprios interesses na preservação da vida, pode impor exigências de prova que contrariem os interesses de Cruzan e de outras pessoas permanentemente incapazes. Rehnquist diz que nesse caso não estão em jogo somente questões individuais, mas também questões "sociais" e "institucionais", e que ninguém pode "contestar" o interesse do Missouri "na proteção e preservação da vida humana".

Não há dúvida de que o Missouri apresentou esse argumento em vista da controvérsia do aborto, e pode ser que o próprio Rehnquist o tenha adotado com essa finalidade. Em *Webster vs. Missouri Reproductive Services*, ação relacionada ao aborto que foi decidida em 1989, o Missouri alegou seu interesse soberano em preservar toda vida humana como justificativa para se recusar a permitir que se realizassem abortos em instituições médicas financiadas pelo estado. Até *Roe vs. Wade*, a decisão de 1973 que reconheceu um direito limitado das mulheres ao aborto, admitia também que o estado tem um interesse legítimo em proteger a vida do feto. Naquela ocasião, o juiz Blackmun disse que o direito do estado de proteger o feto tem menos força do que o direito da mulher à privacidade durante os dois primeiros trimestres de gravidez; não obstante, afirmou também que o direito do estado adquirira força suficiente depois dessa data, a tal ponto que os estados poderiam pôr na ilegalidade a maioria dos abortos realizados no terceiro trimestre de gestação. Na decisão *Webster*, vários juízes disseram que, hoje em dia, o interesse do estado em proteger a vida humana é mais poderoso do que queria Blackmun e justifica regulamentações do aborto mais rigorosas do que as que ele permitia.

Não obstante, apesar do espaço importantíssimo que a idéia de um interesse legítimo do estado na preservação da vida humana ocupa hoje no direito constitucional, nem os votos emitidos pela Suprema Corte nem os livros de direito deram atenção suficiente às seguintes questões: o que é esse suposto interesse e por que é legítimo que o estado o faça valer? Um dos pontos mais obscuros diz respeito à aplicação desse interesse às questões que estavam em jogo no caso *Cruzan*. Evidentemente, é adequado que o governo se preocupe com o bem-estar de seus cidadãos, e por isso ele tem o direito de tentar impedir que eles sejam mortos ou que corram risco de morte por doenças ou acidentes. Mas o interesse óbvio e generalizado do estado pelo bem-estar de seus cidadãos não é razão suficiente para que ele preserve a vida de alguém numa situação em que o bem-estar dessa pessoa estaria em poder morrer com dignidade. Por isso, o interesse do estado que Rehnquist alegou como justificativa para a regra de provas estabelecida pelo Missouri (a qual, sem essa justificativa, não seria razoável de modo algum) deve ser um outro tipo de interesse, menos conhecido do que aquele: tem de fornecer um motivo para que as pessoas sejam obrigadas a aceitar um tratamento médico numa situação em que elas ou seus responsáveis legais têm bons motivos para crer que o melhor seria morrer.

Em seu voto concordante, o juiz Scalia diz que temos de partir do princípio de que os estados têm o direito constitucional de preservar a vida das pessoas mesmo contra os interesses destas; se assim não fosse, as conhecidas leis que criminalizam o suicídio ou a ajuda ao suicida seriam inconstitucionais, e ninguém duvida da validade delas. Como eu já disse, ele discorda do pressuposto hipotético de Rehnquist de que pelo menos as pessoas legalmente capazes têm o direito constitucional de se negar a receber um tratamento médico que lhes poderia salvar a vida. Porém, temos ainda dois outros motivos para suspeitar do argumento de Scalia.

Em primeiro lugar, seu pressuposto de que os estados têm o poder constitucional de proibir o suicídio em todas as circunstâncias é amplo demais e prematuro demais. É certo que tanto o suicídio quanto a prestação de auxílio ao suicida eram crimes segundo o direito consuetudinário, e Scalia recorre reiteradamente às idéias de William Blackstone, famoso jurista do século XVIII, em cuja opinião até mesmo uma pessoa que sofresse de uma doença fatal e tivesse de suportar dores horríveis cometeria um crime se acabasse com a própria vida. Porém, a história do direito constitucional nos dá inúmeros exemplos de restrições à liberdade que permaneceram válidas por longos períodos mas depois foram reexaminadas e declaradas inconstitucionais. Isso acontece quando os juristas e o público em geral desenvolvem uma compreensão mais cabal das questões éticas e morais pertinentes[140]. Isso tende a ocorrer quando a sustentação moral

---

140. O caso conhecido de Janet Adkins, que se matou com a máquina de suicídio do dr. Jack Kevorkian no compartimento traseiro da perua Volkswagen deste, nos chama a atenção para a grande complexidade moral do suicídio provocado pela doença e nos mostra até que ponto os norte-americanos se dividem em suas opiniões quanto a esse tipo de suicídio. Adkins tinha cinqüenta

da restrição era principalmente de natureza religiosa. Por muito tempo ninguém contestou a idéia de que os estados têm o poder de criminalizar a contracepção, por exemplo, até que em 1965, em *Griswold vs. Connecticut*, a Suprema Corte decidiu o contrário.

Quando as mudanças tecnológicas criam problemas completamente novos ou exacerbam problemas antigos, a prática costumeira é ainda menos confiável como diretriz em matéria de direito constitucional. Hoje em dia, os médicos são capazes de conservar a vida de seus pacientes em estágio terminal por um tempo que no passado recente pareceria inacreditável, e essas novas capacidades tornaram mais trágica e mais corriqueira a situação das pessoas que prefeririam morrer a continuar vivendo. Por isso, na próxima vez em que a Suprema Corte tiver de decidir se os estados têm o direito constitucional de proibir que uma pessoa

---

e três anos e estava começando a apresentar os primeiros sinais do mal de Alzheimer. Sua capacidade mental começara a diminuir – ela tinha dificuldade para contar os pontos no tênis e para falar as línguas estrangeiras que conhecia, por exemplo, embora quase não tivesse perdido sua capacidade física e, pouco tempo antes, tivesse vencido seu filho de trinta e três anos num jogo de tênis. Ainda estava atenta, era inteligente e não havia perdido o bom humor. Mas queria morrer antes que a irresistível doença piorasse; disse que a vida que logo teria de levar "não é de modo algum a vida que eu queria". Telefonou para Kevorkian, a quem havia visto na televisão discutindo a sua máquina de suicídio. Os dois se encontraram no estado de Michigan, onde o auxílio ao suicida não é crime. Lá, num quarto de hotel, ele gravou em fita uma conversa de quarenta minutos na qual ela deixava registrada a sua competência para decidir e o seu desejo de morrer. Dois dias depois, ela se deitou no compartimento traseiro do automóvel e ele lhe enfiou uma agulha na veia; depois, lhe disse qual botão deveria apertar para receber uma dose de uma substância letal. Os promotores públicos de Michigan acusaram Kevorkian de assassinato, mas o juiz o absolveu depois de ouvir a fita.

Esse caso suscita questões morais graves que estão ausentes do caso *Cruzan*. Aparentemente, Janet Adkins ainda poderia viver bem por vários anos; além disso, pode ser que o exame de Kevorkian não tenha sido extenso ou profundo o suficiente para excluir a possibilidade de que ela estivesse sofrendo de uma depressão temporária da qual poderia se curar enquanto ainda tivesse competência mental. É interessante observar que, dos 250 médicos que responderam a um artigo crítico publicado numa revista de medicina, cerca de metade aprovava o procedimento de Kevorkian, ao passo que os restantes o repudiavam.

nessa situação acabe com a própria vida, ou se um médico que ajuda essa pessoa está cometendo um crime (mesmo que o médico tome todas as precauções possíveis para ter certeza de que a pessoa decidiu suicidar-se de livre e espontânea vontade), ela terá de defrontar-se com uma situação muito diferente da que vigia quando se desenvolveram os princípios do direito consuetudinário sobre o suicídio. Parece prematura a declaração de Scalia de que o poder dos estados de proibir o suicídio não tem nenhuma exceção. O Estado tem o direito de tentar impedir as pessoas de se matar em diversas circunstâncias – num período de depressão severa mas transitória, por exemplo. Mas não se pode concluir daí que eles tenham também o direito de prolongar o sofrimento de alguém que sofre uma dor terrível e sem sentido.

De qualquer modo, é estranho classificar como suicídio a decisão de se rejeitar um tratamento médico que manteria a pessoa viva a um custo que, a ela e a outros, parece grande demais. Muita gente cuja vida poderia ser prolongada por uma amputação severa ou por uma grande cirurgia prefere morrer em vez de passar por esses tratamentos, e nem por isso se pensa que essas pessoas estão se suicidando. Parece claro que os estados não têm o poder constitucional de preconizar que os médicos empreendam esses tratamentos sem o consentimento do paciente e contra a vontade deste. As pessoas que se imaginam num estado de coma permanente vêem-se na mesma posição: sua vida biológica, num caso como esse, só poderia ser prolongada por um tratamento médico que lhes parece degradante, e elas só poderiam sobreviver num estado que lhes parece pior do que a morte. Por isso, é um erro considerar que a pessoa que assina um testamento relativo à vida está cometendo um suicídio hipotético. É um erro, e não só por esse motivo.

Mesmo que Scalia tivesse razão em dizer que o paciente consciente e capaz que recusa uma amputação para prolongar a vida deve ser tratado como um suicida, não se pode concluir daí que a pessoa que decide morrer caso entre num estado vegetativo permanente está de fato acabando com a própria vida, pois é no mínimo razoável que se creia que, para todos os efeitos, a pessoa em coma permanente já está morta.

Por isso, o argumento de Scalia não deve ser levado em consideração. Apesar da observação confiante de Rehnquist, de que ninguém pode "contestar" o interesse do Missouri em proteger e preservar a vida, ainda nos falta uma explicação de o que é esse interesse e de por que é legítimo que o Missouri busque fazê-lo valer. Poder-se-ia dizer que a conservação da vida das pessoas mesmo quando elas prefeririam morrer ajuda a promover na comunidade uma noção da importância da vida. Concordo que a sociedade é melhor e mais segura quando seus membros partilham a idéia de que a vida humana é sagrada e de que não se deve poupar nenhum esforço para se salvar vidas. As pessoas que não têm essa idéia podem se sentir mais dispostas a matar e terão menos motivos para sacrificar-se em prol da vida alheia. Esse me parece o melhor argumento em favor de que se permita aos estados que criminalizem o aborto voluntário de fetos de idade gestacional avançada, por exemplo[141]. Mas não é crível que a permissão da morte de um paciente em coma permanente, ao cabo de um processo que só teve em vista os desejos e interesses dele, venha a minar a noção comunitária da importância da vida.

Por isso, o estado não pode justificar a conservação da vida de pacientes em coma porque isso seria instrumentalmente necessário para desencorajar o assassinato ou estimular as pessoas a votar em favor da concessão de ajuda humanitária a povos necessitados. Se Rehnquist tem razão em dizer que o estado tem um interesse legítimo em preservar toda vida humana, isso não se justifica por um argumento instrumental qualquer, mas pelo próprio valor *intrínseco* da vida, a importância que ela tem por si mesma. A maioria das pessoas crê que a vida humana é dotada de im-

---

141. Ver Capítulo 1.

portância intrínseca, e talvez Rehnquist não sinta a necessidade de lançar luz sobre essa idéia ou justificá-la[142]. Não se sabe, porém, se elas aceitam essa idéia por motivos que corroborem seu argumento. Para certas pessoas, por exemplo, a vida tem um valor intrínseco porque é um dom de Deus; como eu disse, elas crêem que é errado não se esforçar para prolongar a vida, pois isso seria uma ofensa ao Criador, que sozinho pode decidir quando a vida deve terminar. Porém, a Constituição não permite que os estados justifiquem um determinado curso de ação com base numa doutrina religiosa; é necessária uma explicação mais leiga do valor intrínseco da vida a fim de dar sustentação ao segundo argumento de Rehnquist.

Será útil distinguir aqui duas formas que esse argumento leigo pode assumir. Na primeira, uma vida humana, em todas as suas formas e circunstâncias, é tida como um acréscimo singular e precioso que se faz ao valor do universo, de tal modo que esse valor global diminui quando uma vida é mais curta do que poderia ser. Essa idéia não convence. Mesmo se pensarmos que uma vida humana consciente, reflexiva e engajada é intrinsecamente valiosa, podemos duvidar de que uma vida vegetativa e inconsciente o seja.

A idéia de que todas as formas de vida são intrinsecamente valiosas também é desqualificada por uma outra razão. Se partirmos desse princípio, teríamos tantos motivos para prolongar as vidas já existentes quanto para trazer à luz novas vidas, aumentar a população. Afinal de contas, as pessoas que pensam que a arte é dotada de valor intrínseco têm motivos tanto para preservar as obras-primas que já existem quanto para encorajar a produção de novas obras-primas. Mas a maioria das pessoas que acham que a vida é dotada de importância intrínseca não chega à conclusão de que tem o dever geral de procriar ou encorajar a procriação. De qualquer modo, a decisão da Suprema Corte em *Gris-*

---

142. Não é minha intenção negar que a vida dos animais também tem uma importância intrínseca.

wold, que já é aceita por quase todos, sustenta que os estados não têm poder para proibir a contracepção.

As pessoas que acham que a vida é dotada de valor ou importância intrínseca mas não pensam que isso lhes dá alguma razão para aumentar a população compreendem o valor da vida de uma outra maneira, um pouco mais condicionada. A meu ver, o que elas pensam é que, uma vez que uma vida humana comece, é importantíssimo que ela transcorra bem, que seja uma boa vida e não uma vida ruim, uma vida bem-sucedida e não desperdiçada. A maioria das pessoas admite que a vida humana é dotada de uma importância intrínseca nesse sentido. Isso explica por que elas não buscam somente o prazer, mas buscam viver uma vida que valha a pena; explica também por que é tão trágico que um idoso, perto da morte, chegue à conclusão de que não pode se orgulhar da vida que levou[143]. Evidentemente, a idéia de

---

143. Não estou querendo dizer que existam muitas pessoas que reflitam com freqüência sobre a sua vida como um todo, ou que vivam de acordo com uma teoria geral sobre a vida boa e a vida má. A maioria das pessoas define o bem viver de maneira muito mais concreta: viver bem é ter um bom emprego, uma boa vida familiar, amizades calorosas e tempo e dinheiro para viajar ou se divertir, por exemplo. Penso que essas realizações e experiências concretas não dão só prazer para as pessoas, mas também as fazem sentir-se orgulhosas de si; e, quando um emprego dá errado ou uma amizade acaba, as pessoas não sentem só desprazer, mas também uma sensação de fracasso. Com exceção daquelas para quem a religião é importante, talvez, são poucas as que definem conscientemente a vida como uma oportunidade que pode ser aproveitada ou desperdiçada. Porém, as atitudes da maioria das pessoas em relação ao sucesso e ao fracasso parecem pressupor essa noção da importância da vida. A maioria pensa que é importante não só que a sua vida dê certo, mas também a vida dos outros: pensamos que uma das funções essenciais do Estado é a de estimular as pessoas a fazer algo de bom da vida em vez de simplesmente sobreviver; o Estado deve, além disso, proporcionar algumas das instituições – escolas, por exemplo – necessárias para que isso aconteça. Esses pressupostos são premissas da educação liberal e do limitado paternalismo que entra em jogo quando o estado proíbe as pessoas de usar drogas ou de desperdiçar sua vida de outras maneiras ou quando tenta impedir que as pessoas deprimidas ou desanimadas se matem, quando na verdade poderiam fazer sua vida valer a pena.

O fato de a vida humana ser dotada de um valor intrínseco nesse sentido – o fato de que, uma vez que uma vida humana comece, é importante que

que a vida é dotada de importância intrínseca neste outro sentido não pode justificar de maneira alguma que o estado adote o princípio de manter vivas as pessoas em coma permanente. O valor da vida dessas pessoas – o caráter da vida que levaram – não pode ser aumentado pelo mero prolongamento da vida nominal dos corpos que habitavam. Muito pelo contrário, isso torna pior a vida delas: pelos motivos que especifiquei acima, uma vez que a mente já esteja morta, não é uma coisa boa que nosso corpo seja medicado, alimentado e lavado como o objeto de uma solicitude inútil e aviltante. Por isso, o segundo argumento de Rehnquist é um tremendo fiasco: a idéia de que a vida humana é importante por si mesma, entendida no único sentido cabível dentro do nosso sistema constitucional, não corrobora, mas condena o modo de agir adotado pelo Missouri.

Como se deve usar a tecnologia que ora permite que os médicos conservem por anos e anos a vida de pessoas totalmente incapazes? Essa pergunta é relativamente nova. É claro que a Constituição dá aos estados uma grande liberdade para fixar os esquemas detalhados de regulação das decisões dos médicos e responsáveis legais. Porém, a mesma Constituição limita de diversas maneiras o poder dos estados; e é preciso que ela o faça para proteger a autonomia e os interesses mais fundamentais dos pacientes.

---

ela vá bem – evidentemente tem uma relação marcante, embora complexa, com a questão do aborto. No Capítulo 3 deste livro e no volume *Life's Dominion: An Essay on Abortion, Euthanasia, and Individual Freedom* (Knopf, 1993), falo sobre essa relação. Afirmo ali que a idéia de que a vida é dotada de valor intrínseco (no sentido especificado no texto) explica muitas atitudes que tomamos em relação ao aborto, inclusive a opinião, partilhada por muitos, de que até mesmo o aborto num estágio prematuro da gestação envolve graves problemas morais. Não se segue daí que o aborto seja sempre errado; com efeito, conclui-se às vezes que o aborto é moralmente recomendado ou mesmo obrigatório. Afirmo, além disso, que a idéia de que as noções morais a respeito do aborto derivam de um respeito pelo valor intrínseco da vida reforça a decisão da Suprema Corte em *Roe vs. Wade*: o estado não deve coagir as mulheres grávidas a adotar uma determinada opinião a respeito das exigências do respeito pelo valor intrínseco da vida.

No caso *Cruzan*, a Suprema Corte reconheceu, ainda que de modo hipotético, um elemento importante dessa proteção constitucional: admitiu que, em princípio, o estado não tem o direito de manter vivo um paciente em coma se isso for contra o desejo expresso do paciente de que, caso tal coisa lhe sobreviesse, lhe fosse permitido morrer. Mas, quando permitiu que o Missouri impusesse uma regra de provas que diminui substancialmente as chances de o paciente vir a receber o único tratamento que desejaria, a Corte minou o valor desse princípio. Pior ainda: a justificativa que o presidente da Suprema Corte ofereceu para a decisão baseou-se em dois princípios que, a menos que sejam rejeitados em breve, vão perturbar o desenvolvimento do direito constitucional. Por isso, vale a pena recapitular os argumentos que apresentei contra esses princípios.

Rehnquist partiu do princípio de que pelo menos a maioria das pessoas que entram num estado vegetativo permanente tem interesse em permanecer viva nessas condições. Mas a continuidade da vida não pode ser boa de modo algum para essas pessoas; pelo contrário, existem vários motivos pelos quais podemos considerar que seja ruim. Partiu, além disso, do princípio de que o estado pode ter suas razões legítimas para manter essas pessoas vivas, mesmo que admita que esse ato vai contra os interesses delas. Porém, esse juízo repousa sobre um perigoso erro de compreensão da idéia inconteste de que a vida humana é dotada de uma importância moral intrínseca. Quando desperdiçamos nossos recursos para prolongar uma forma de vida vegetal, inconsciente e meramente nominal, nós não promovemos essa idéia; pelo contrário, causamos-lhe dano.

O que está em jogo nessas questões não é só o direito de morrer ou mesmo o direito de abortar. Nas décadas seguintes, a questão do valor intrínseco da vida humana deverá ser intensamente debatida pelos filósofos, pelos juristas e pelo público em geral, e não só com respeito a esses problemas, mas também a outros, como por exemplo a engenharia genética. O direito constitucional vai estimular esse debate, o qual por sua vez se refletirá no desenvolvimento do direito constitucional; e embora ainda seja muito cedo para prevermos qual forma esse direito vai assumir, o parecer irracional de Rehnquist não representa um princípio muito auspicioso.

ADENDO

Um processo julgado no dia 3 de maio de 1994 em Seattle pode vir a se tornar o *Roe vs. Wade* da eutanásia. Em *Compassion in Dying vs. State of Washington*, a juíza Barbara Rothstein, do tribunal federal distrital, derrubou a lei que havia 140 anos proibia no estado de Washington o auxílio ao suicídio; declarou ainda que os pacientes legalmente capazes, que se encontrem na fase final de uma doença mortal, têm o direito constitucional de contar com a ajuda de um médico para se matar.

Em outras palavras, ela declarou a inconstitucionalidade das leis de quase todos os estados norte-americanos que consideram crime a assistência ao suicida. Mais uma vez, os tribunais se vêem no centro de uma amarga controvérsia moral e religiosa.

Há décadas que os norte-americanos discutem a questão da eutanásia. Numa votação apertada, em plebiscito, os estados de Washington e Califórnia há pouco tempo rejeitaram a regulamentação da eutanásia voluntária; outra lei desse tipo será submetida à votação popular no Oregon ainda este ano. Em Michigan, foi aprovada uma lei especial para impedir o Dr. Morte, Jack Kevorkian, de matar seus pacientes; mas um júri popular, mostrando o quão profunda é a compaixão do público pelos pacientes que morrem com dor, se recusou a condená-lo por violar a lei, embora ele próprio admitisse que o havia feito. Depois, o supremo tribunal de Michigan invalidou por motivos técnicos a lei especial. Ao mesmo tempo, porém, apresentou novas acusações de homicídio contra Kevorkian.

Se a sentença da juíza Rothstein (ou outra decisão semelhante) for confirmada pela Suprema Corte, a Constituição terá já resolvido de antemão uma parte desse debate: todos os estados serão obrigados a admitir que, embora possam regulamentar o suicídio auxiliado por médicos, não poderão proibi-lo sumariamente. Esse resultado há de escandalizar milhões de cidadãos conscienciosos para quem a eutanásia, em todas as suas formas, é uma abominação pura e simples. Nos Estados Unidos, as grandes controvérsias constitucionais são também grandes debates públicos, e é essencial que todos nós comecemos a pensar sobre as questões levantadas pela juíza Rothstein.

Ela disse que a sentença que a Suprema Corte proferiu em 1992 para *Planned Parenthood vs. Casey*, a qual reafirmava *Roe vs. Wade*, "quase" a obrigou a tomar a decisão que tomou. Segundo o voto principal de *Casey*, "os assuntos que envolvem as decisões mais íntimas e pessoais que uma pessoa pode ter de tomar no curso de toda a sua vida... são essenciais para a liberdade protegida pela Décima Quarta Emenda. No próprio coração da liberdade reside o direito de cada pessoa a definir o seu próprio conceito da existência, do sentido da vida, do universo e do mistério da vida humana". A juíza Rothstein observou, corretamente, que um moribundo dotado de capacidade legal é livre para apressar a própria morte, uma vez que essa liberdade, tanto quanto o direito da mulher a fazer um aborto, corresponde claramente à descrição das liberdades fundamentais dada em *Casey*.

Porém, muitos adversários da eutanásia tentam distinguir as duas questões apelando para o perigo de um suposto "efeito dominó". Dizem, por exemplo, que a eutanásia voluntária vai a tal ponto habituar os médicos com a morte que eles começarão a executar velhos doentes, indesejados pela família, cujos cuidados são dispendiosos mas que querem continuar vivos. Isso contradiz o senso comum: os médicos conhecem a diferença moral entre ajudar uma pessoa que implora para morrer e matar outra que pretende viver. Na verdade, o ato de ignorar a dor de pacientes moribundos que imploram pela morte tem mais probabilidade de embotar os instintos humanitários do médico.

Alguns críticos se preocupam com o que acontece na Holanda, onde certos médicos aplicaram injeções de veneno em pacientes terminais inconscientes ou incapazes que não haviam pedido explicitamente para morrer. Mas o voto da juíza Rothstein só se aplica ao chamado "suicídio assistido", que não pode ser solicitado de antemão, mas somente na hora; e mesmo que uma lei permitisse a aplicação de uma tal injeção em pacientes incapazes de tomar pílulas ou de se matar de outra maneira aparentemente indolor, ela poderia estipular a necessidade de um pedido feito na hora.

Segundo uma versão mais plausível do argumento do efeito-dominó, se a eutanásia for legalizada, os moribundos cujo tratamento é dispendioso ou complicado podem vir a pedir ajuda para se suicidar só porque se sentem culpados; além disso, os familiares podem tentar coagi-los ou envergonhá-los de forma que os levem a tomar essa decisão. Porém, os estados têm o poder inconteste de rejeitar todos os pedidos influenciados pela culpa, pela depressão, pela insuficiência de cuidados médicos ou por preocupações econômicas. (O queixoso nesse processo, a organização *Compassion in Dying*, só ajuda pacientes no estágio final de doenças fatais que repitam o seu pedido três vezes e não expressem nenhuma ambivalência ou incerteza.) Os estados também têm o poder de desencorajar suicídios de mau gosto e feitos em escala quase industrial, como os orquestrados pelo famigerado Kevorkian. Os pacientes só o procuram – e o júri só o absolve – porque não existe uma alternativa melhor.

Nenhum conjunto de regulamentações pode ser perfeito. Mas seria uma perversidade obrigar pessoas competentes a morrer cobertas de dor ou mergulhadas no estupor da analgesia só por esse motivo – aceitando-se um mal grande e conhecido para evitar o risco de um mal que só existe em nossas especulações. Na sentença do caso *Cruzan*, de que falamos acima, a Suprema Corte determinou que os estados respeitem uma forma qualquer de "testamento relativo à vida" que permita às pessoas especificar de antemão quais os procedimentos que não poderão ser usados para conservá-las vivas. Não obstante, também é possível que uma pessoa seja coagida ou humilhada de forma que a leve a assinar um tal documento. Por fim, ninguém pensa que o fato de alguns médicos administrarem deliberadamente a pacientes moribundos uma dose de analgésicos alta o suficiente para matá-los – um tipo de decisão encoberta que é muito mais sujeita ao abuso do que seria um esquema de eutanásia voluntária – seja razão suficiente para proibir a administração de todos os analgésicos perigosos a pacientes moribundos que estejam com muita dor.

Portanto, esses argumentos baseados num suposto efeito-dominó são extremamente fracos; parecem meros disfarces assumidos pelas convicções mais profundas que de fato movem a maioria dos adversários da eutanásia. O padre Matthew Habinger, presidente da *Human Life International*, tida como a maior organização "pró-vida" do mundo, condenou a sentença do caso *Compassion in Dying* num pronunciamento em que explicitou aquelas convicções mais profundas: "A caminhada rumo a uma filosofia completamente contrária à vida já pode ser mapeada facilmente: da contracepção ao aborto e deste à eutanásia. A partir do momento em que a vida não é mais tratada como um dom sagrado vindo de Deus, a sociedade inevitavelmente abraça a morte em todas as suas formas."

Desse ponto de vista, a eutanásia – mesmo que plenamente voluntária e racional – é errada porque a vida humana, além de ter um valor subjetivo para a pessoa que a vive, tem também um valor intrínseco e objetivo que é desrespeitado pela morte voluntária. É essa convicção que está por trás também da maioria das posições contrárias ao aborto. Muita gente, especialmente os que concordam com o padre Habinger em sua idéia de que a vida humana é um dom de Deus, pensam que a extinção voluntária desse dom (exceto, talvez, como forma de castigo) é sempre, em qualquer estágio, a mais profunda ofensa que se pode cometer contra o valor objetivo da vida.

Seria errado pensar, porém, que os que adotam uma atitude mais liberal com respeito ao aborto e à eutanásia são sempre indiferentes ao valor da vida. Antes, eles têm outras idéias acerca de o que significa respeitar esse valor. Pensam que em certas circunstâncias – quando um feto sofre de deformações severas, por exemplo – o aborto é um sinal maior de respeito pela vida do que o parto. E pensam que a morte digna é um sinal maior do respeito que o moribundo tem pela sua própria vida – ou seja, se encaixa melhor em sua idéia de o que há de realmente importante na existência humana – do que uma morte envolvida por uma longa agonia ou uma inconsciente sedação.

Nossa Constituição não toma partido nessa antiga disputa acerca do "sentido" da vida. Por outro lado, ela protege não só o nosso direito de viver, mas também o nosso direito de morrer à luz das nossas próprias convicções profundamente pessoais acerca do "mistério da vida humana". Insiste em que esses valores estão no âmago da personalidade e constituem um elemento essencial da liberdade; por isso, a maioria não pode decidir em que cada um deve acreditar. É evidente que as leis devem proteger as pessoas que recuam com horror perante a idéia de serem mortas mesmo que só tenham poucos e dolorosos minutos ou meses de vida. Porém, devem proteger também as pessoas que pensam o contrário: que seria escandaloso não poder sofrer uma morte mais calma e mais tranqüila com a ajuda de médicos em quem confiam. Obrigar uma pessoa a morrer de um modo que agrada aos outros, mas que, a seu ver, contradiz a sua própria dignidade, é uma forma grave, injustificada e desnecessária de tirania.

31 de janeiro de 1991
Adendo, 17 de maio de 1994

6. A lei da mordaça e a ação afirmativa

Os juristas de direita que Reagan nomeou para o Ministério da Justiça no começo de seu mandato prometeram operar uma "Revolução Reagan" no direito constitucional. Procuraram preencher todas as instâncias de tribunais federais com juízes que passaram nas mais rigorosas provas políticas para a nomeação judicial já usadas neste país; e pediram a esses juízes que proferissem sentenças que revertessem décadas e décadas de precedentes constitucionais, de modo que a Constituição deixasse de ser um importante fator de proteção dos direitos individuais e das minorias contra a intromissão injustificada da autoridade pública.

Essa revolução está começando a dar seus frutos. Em seus últimos acórdãos, a Suprema Corte (que agora parece estar seguramente dominada por juízes que os conservadores consideram politicamente corretos) repeliu ou diminuiu direitos constitucionais tradicionais de grande importância. Adotou, por exemplo, novas regras que limitam o número de vezes que os condenados à morte podem apresentar novas provas ou argumentos aos tribunais federais[144]; decidiu que, quando a polícia arranca uma confissão à força de um suspeito, isso às vezes pode não passar de um "erro inocente"[145]; rejeitou o uso de estatísticas claramente pertinentes

---

144. *McCleskey vs. Zant,* 59 U.S.L.W. 3782.
145. *Arizona vs. Fulminante,* 59 U.S.L W. 4235.

para se decidir se a questão da raça teve alguma relação com a condenação à morte de um réu negro[146]; concedeu aos estados o poder de restringir os abortos de maneira que prejudique especificamente as mulheres mais pobres e, num caso mais recente, *Rust vs. Sullivan*, declarou a constitucionalidade de um decreto do Executivo que proíbe os médicos que trabalham em qualquer clínica financiada por dinheiro do governo federal de discutir o aborto, oferecer informações a seu respeito ou mesmo indicar onde tais informações podem ser obtidas – isso tudo até mesmo para as mulheres que pedem especificamente para falar sobre o aborto e não têm acesso à opinião de outros médicos[147].

Essa última decisão é a que mais choca os constitucionalistas. Pela primeira vez, a Corte corroborou o poder do Estado de impor restrições não só ao que as pessoas que aceitam o dinheiro público podem fazer com esse dinheiro (restrições que, na maioria das vezes, têm a sua razão de ser), mas sobre o que essas pessoas podem dizer no exercício de sua atividade profissional. Chega-se assim quase a negar a liberdade de expressão, sobretudo numa sociedade como a nossa, em que a medicina, a pesquisa e a educação dependem tanto do dinheiro estatal/público.

Além de tudo, a Corte fez isso de maneira particularmente tosca: confirmou a interpretação que um burocrata da administração Reagan ofereceu para uma lei do Congresso que nunca se entendera nesse sentido, apesar de a juíza O'Connor, num mordaz voto divergente, ter lembrado que a Corte tradicionalmente evita interpretar os atos do Congresso de maneira que suscite questões constitucionais difíceis, a menos que o Congresso insista em que tem a intenção de suscitá-las.

---

146. *McCleskey vs. Kemp*, 481 U.S. 279. Embora os negros que matam brancos tenham muito mais probabilidade de ser condenados à morte na Geórgia do que os negros que matam negros ou os brancos que matam pessoas de qualquer raça, o Tribunal declarou que esse dado não vinha ao caso em se tratando de decidir se a questão da raça tinha tido alguma influência na sentença de morte proferida por um Tribunal da Geórgia contra um réu negro acusado de matar um branco.

147. *Rust vs. Sullivan*, 59 U.S.L.W. 4451.

O Congresso pode elaborar outra lei na qual declare que a interpretação do Executivo está errada, e provavelmente vai fazer isso. Mas Bush pode vetar essa nova lei, e uma minoria de congressistas "pró-vida" pode manter seu veto.

Não só essa decisão, mas todas as outras são revolucionárias: em cada uma delas, a Suprema Corte ignorou precedentes que valiam há décadas, e até há poucos anos essas sentenças seriam inconcebíveis. (Em 1981, por exemplo, os outros oito juízes votaram contra a proposta do juiz Rehnquist de limitar o número de vezes que um condenado à morte pode apelar para os tribunais federais.) Entretanto, os juristas conservadores dizem que, apesar da necessidade de se respeitar as decisões passadas da Corte, as novas decisões se justificam – aliás, se impõem – por uma questão de direito. Afirmam que as decisões passadas que estão sendo revogadas eram ilegítimas e resultavam do esforço de se modificar a Constituição de maneira que fizesse prevalecer um ponto de vista "liberal de esquerda".

Charles Fried, o último Procurador-Geral da República nomeado por Reagan, que há pouco tempo elogiou a decisão do caso *Rust*, fez a seguinte declaração no livro *Order and Law: Arguing the Reagan Revolution* (uma obra interessante e instrutiva, as memórias do tempo em que ocupou o cargo): "Os princípios da Revolução Reagan sempre foram claros: os tribunais devem ser mais disciplinados, menos ousados e menos políticos em sua interpretação das leis, especialmente da Constituição."

Mas por que as novas decisões da Corte seriam "mais disciplinadas" ou "menos políticas" do que as antigas? Afinal de contas, os dispositivos principais da Declaração de Direitos da Constituição são muito abstratos: dizem, por exemplo, que não se pode jamais negar o "devido processo" e que todas as pessoas devem receber "a mesma proteção" das leis, mas não especificam qual o processo devido nem o que se deve entender por igualdade de proteção. Quando se tomaram as decisões passadas que os revolucionários querem revogar, esses dispositivos abstratos não foram ignorados; foram interpretados de uma determinada maneira. As decisões anteriores pressupunham, por exemplo, que a condenação de uma pessoa com base numa confissão arrancada à força é uma negação do "devido processo", mesmo que sua culpa seja patente. Os revolucionários de Reagan interpretam de modo muito diferente os dispositivos abstratos da Constituição, e não basta simplesmente afirmar que suas interpretações são mais precisas ou menos políticas do que as antigas. Precisamos saber qual é a teoria de direito constitucional que poderia justificar essa afirmação.

Entre os revolucionários, foi Edwin Meese, Procurador-Geral de Reagan, que deu a resposta mais popular a essa pergunta. A mesma resposta foi depois apresentada por Robert Bork, que foi indicado por Reagan para a Suprema Corte mas não chegou a ser aprovado para o cargo. Ambos disseram que a Constituição só significa aquilo que seus autores queriam que sua linguagem abstrata significasse. Bork admitiu que os juízes de hoje devem usar de discernimento para aplicar às novas circunstâncias – como a escuta eletrônica, por exemplo – os princípios gerais que estavam na mente dos autores. Mas os princípios gerais em si mesmos devem ser deduzidos a partir das intenções deles; e, segundo Bork e outros conservadores, os autores não tinham em mente nenhum princípio que protegesse o aborto ou deixasse que assassinos pudessem adiar indefinidamente a execução da sentença capital apelando repetidamente aos tribunais federais.

Fried, que voltou a dar aula em Harvard, ridiculariza, com toda razão, essa teoria da "intenção original". Segundo ele, é impossível conhecer as opiniões dos autores da Constituição; além disso, os próprios autores achavam que elas não vinham ao caso. "O que eles promulgaram foi um texto público," acrescenta ele, "e é como um texto público que devemos procurar compreendê-lo." O livro mais recente de Robert Bork, *The Tempting of America*, no qual ele procurava defender aquela opinião, foi um fiasco tão retumbante que, como eu já disse em outro texto, pode ter decretado a morte da tese da intenção original como uma opinião séria entre os constitucionalistas[148].

Fried também rejeita um segundo argumento que os juristas conservadores costumam apresentar para justificar a revogação de decisões passadas. Dizem eles que a tradição anterior era antidemocrática porque, quando os juízes obrigam os estados a permitir o aborto ou a abandonar programas e decisões que põem as minorias em desvantagem, por exemplo, eles substituem os juízos dos ocupantes de cargos eletivos, eleitos democraticamente, pelos seus próprios juízos, e assim restringem o poder de autogoverno da maioria. Fried responde, com toda razão, que a pura e simples soberania da maioria deu origem a grandes tiranias no passado. De qualquer modo, esse argumento dos conservadores ignora completamente a questão de saber em que consiste propriamente a nossa forma de democracia quando é bem interpretada. A principal contribuição dos Estados Unidos para a ciência política é uma concepção de democracia segundo a qual a proteção dos direitos individuais é uma pré-condição para essa forma de governo, e não uma solução de meio-termo.

Por isso, uma das maiores credenciais de Fried é o fato de rejeitar as duas defesas mais comuns das medidas revolucionárias que ele mesmo aprova. Seu livro é importante porque ele adota uma tese de interpretação constitucional muito mais sofisticada e convincente. Diz que os juízes que fazem valer a Constituição devem interpretar o documento construtivamente, procurando identificar princípios gerais de moralidade política que proporcionem a melhor justificação para o documento como um todo – não artigo a artigo, mas em seu conjunto, concebido como uma estrutura fundamental para o governo justo. "Na interpretação da linguagem abstrata da Décima Quarta Emenda," diz ele, "devemos nos orientar pela Constituição como um todo. As garantias particulares especificadas na Declaração de Direitos são como os pontos de um gráfico cartesiano, que o juiz

---

148. Ver o Capítulo 14 e também Lawrence Sager, "Back to Bork", em *The New York Review of Books* (25 de outubro de 1990).

une através de uma linha para dar a imagem de uma função coerente e racionalmente convincente."

Fried admite que esse método de interpretação produzirá resultados diferentes nas mãos de juízes diferentes, pois os juízes cujas convicções políticas e morais são diferentes vão unir os pontos segundo princípios bastante diversos. Trata-se do mesmo método, segundo ele, que produziu *Roe vs. Wade*, a famosa sentença sobre o aborto que desagradou aos conservadores e que, ainda segundo Fried, "cobriu de ignomínia o raciocínio legal e jurídico" por ter sido baseada numa "concepção moral insuficiente" e porque o argumento legal que ligava essa concepção à Constituição era profundamente problemático. Mas ele diz que, ainda assim, esse método de interpretação é o único possível; e o bom raciocínio jurídico, o raciocínio conservador, não consiste no uso de um método diferente, mas sim no bom uso desse método: uma interpretação global da Constituição deve ser erguida sobre as bases de princípios claros e convincentes, os quais devem ser elaborados e aplicados com lógica e com cuidado.

Assim, nesse livro, o projeto de Fried – anunciado no subtítulo do livro – é o de oferecer outro argumento em favor da revolução Reagan: mostrar que, se ela se justifica, não é por ser a aplicação cega de alguma suposição sobre as intenções dos autores da Constituição nem de algum fetiche relativo à soberania da maioria, mas sim por ser a conseqüência natural de certos princípios políticos que se podem considerar embutidos na própria história constitucional da nação norte-americana. Trata-se de um projeto importantíssimo. Se pudermos identificar uma leitura moral da Constituição que seja plausivelmente conservadora, uma leitura que se proponha a justificar os novos rumos tomados pela Suprema Corte, o debate nacional sobre a Constituição subiria de nível. Poderíamos então decidir qual das duas concepções rivais – a nova ou a velha – tem mais poder de persuasão enquanto compreensão interpretativa de nossa história constitucional; poderíamos saber qual dos dois lados conseguiu transformar sua concepção em decisões legais concretas com mais coerência.

Devo acrescentar que *Order and Law* não é mera defesa dessa linha de jurisprudência. Contém as memórias políticas de uma fase da vida de Fried, e é muito bom e útil também nesse sentido. Com grande simplicidade e franqueza, ele nos conta que, enquanto ainda era um professor de direito em Harvard, com reputação de conservador, passou anos pleiteando um cargo na administração Reagan, até que por fim o conseguiu; que se tornou Procurador-Geral em exercício com a saída de Rex E. Lee, que fora criticado pelos conservadores por manter uma independência demasiada em relação à política do governo; que se curvou então perante a vontade da presidência, que lhe pediu que apresentasse perante a Suprema Corte, no contexto de um pleito relacionado ao aborto, um parecer no qual solicitava que a Corte revogasse *Roe vs. Wade*, muito embora nenhuma das partes envolvidas no processo houvesse exigido tal coisa; e que foi nomeado Procurador-Geral pouco depois disso, pois seu parecer o havia colocado "numa posição de liderança dentro do Ministério". Fried rememora as batalhas políticas que travou e os inimigos que conquistou dentro da administração, e defende sua idéia – violentamente criticada por pessoas que já ocuparam o mesmo cargo dentro do governo – de que o Procurador-Geral deve ser fiel às teorias constitucionais do Presidente, do mesmo modo que qualquer advogado deve ser fiel a seu cliente. O livro é lúcido, envolvente e excepcionalmente bem escrito. Porém, sua grande importância e sua principal ambição estão em seus argumentos jurídicos e filosóficos.

Esses argumentos se desenvolvem ao longo dos três capítulos nos quais Fried fala sobre aborto, raça e a divisão de poderes. Neste último, afirma que a lei dos representantes jurídicos independentes, que autorizou o Congresso a nomear procuradores especiais para investigar os escândalos Irã-Contras e Wedtech, era inconstitucional porque os procuradores não eram nomeados pelo Presidente e também não poderiam ser destituídos do cargo por ele; e defende a Comissão de Diretrizes Sentenciárias, que é constituída pelo Presidente mas é tida como parte do poder judiciário. Seus argumentos têm grande interesse teórico, mas ele admite que a Suprema Corte não aceitou a posição que em sua opinião seria a mais correta. Por isso, a parte essencial de sua defesa da revolução Reagan está nos capítulos sobre aborto e raça.

Fried foi o eixo da campanha da administração Reagan para persuadir a Suprema Corte a revogar *Roe vs. Wade*: como eu disse, ele defendeu essa posição uma vez quando era Procurador-Geral em exercício e outra vez, por nomeação especial, depois de ter voltado para Harvard. (Embora a Corte não tenha aceito seus argumentos nessas ocasiões, pode ser que venha a aceitá-los em breve.) Boa parte dos maiores críticos de *Roe vs. Wade* acusa os juízes que deram a sentença nessa ocasião de ter simplesmente inventado o direito à privacidade, que, segundo os juízes, garante a liberdade de escolha a respeito do aborto nos primeiros meses de gravidez. Segundo esses críticos, como a Constituição simplesmente não menciona a privacidade em nenhum de seus artigos, e como não temos provas de que seus autores pretendiam afirmar um tal direito, o direito à privacidade simplesmente não existe.

Fried, por outro lado, aceita o direito à privacidade e reconhece sua legitimidade e importância. Aprova o principal precedente que determinou a decisão da Corte em *Roe vs. Wade*: a sentença, proferida em 1965 para o caso *Griswold vs. Connecticut*, que proscreveu para os estados a proibição do uso de anticoncepcionais pelos casais legalmente unidos em matrimônio[149]. Além disso, Fried discorda – e isso é mais

---

149. Fried sublinha o fato de que a decisão *Griswold* foi muito influenciada por um voto divergente emitido pelo juiz Harlan em 1961 em *Poe vs. Ullman*, no qual ele afirmava um direito à privacidade. *Order and Law: Arguing the Reagan Revolution* (Simon and Schuster, 1991). Fried era assistente de Harlan naquela época e provavelmente ajudou a elaborar esse parecer.

significativo ainda – da decisão que a Corte tomou em 1986 para *Bowers vs. Hardwick*, que permite aos estados criminalizar a relação homossexual entre adultos que a praticam de livre e espontânea vontade. (A decisão *Bowers* foi tomada por cinco votos a quatro, e o juiz Powell, que integrou a maioria e de lá para cá se aposentou, disse há pouco tempo, numa aula que deu na Universidade de Nova York, que mudou de idéia e hoje em dia acha que a decisão foi errada.) Fried acha que o voto majoritário do juiz White naquele processo foi "assombrosamente severo" e que, embora a homossexualidade seja considerada imoral pela imensa maioria das pessoas e não envolva a intimidade de marido e mulher, como acontece em se tratando de contracepção, ela é um elemento privado do comportamento e é protegida pela Constituição quando esta é adequadamente interpretada.

Assim, Fried concorda que a Constituição reconhece um direito geral à liberdade de escolha em assuntos que não afetem diretamente outras pessoas – a liberdade até de se fazer escolhas que os outros considerem imorais. Mas por que, então, ele pensa que *Roe vs. Wade*, que aplicou esse princípio à questão do aborto, é um erro tão sério que deve ser revogada mesmo tendo estado em vigor por quase vinte anos? Ele reconhece o impulso moral que está por trás dessa decisão: afirma que a Corte "foi evidentemente movida pelo horrível espetáculo de mulheres – especialmente as mais pobres e ignorantes – que sofriam a mutilação e a morte na tentativa desesperada de pôr fim a uma gravidez indesejada". Mas disse que essa "convicção de retidão moral" não se baseia em nenhum princípio moral "amplo, simples e claro". Por que não? Por que não se baseia no princípio amplo, simples e claro da privacidade, que ao ver do próprio Fried torna inconstitucional a legislação contra os homossexuais? Por que o mesmo princípio não protegeria as mulheres de um destino terrível sofrido em nome de concepções filosóficas, éticas ou religiosas com as quais elas não concordam?

Para responder a essas perguntas, ele oferece um único argumento: diz que o "problema constitucional do aborto" é diferente porque "depende do fato de estar em jogo a vida de uma pessoa inocente"[150]. É claro que se a Constituição, quando corretamente entendida, de fato reconhece o feto como uma pessoa cuja vida está em jogo, o aborto se torna de fato uma questão muito diferente da homossexualidade e talvez até da contracepção. Porém, a Suprema Corte determinou que a Constituição não reconhece o feto como uma pessoa e Fried aceita essa conclusão como evidentemente correta: insiste em que a Constituição não toma partido quanto ao aborto, e isso não seria assim se ela declarasse que os fetos poderiam se beneficiar da igualdade de proteção da lei para todas as "pessoas", garantida pela Décima Quarta Emenda.

Fried afirma, porém, que, embora a Constituição não reconheça os fetos como pessoas, ela também não afirma categoricamente que eles não sejam pessoas, de tal modo que qualquer estado tem o poder constitucional de declará-los tais em seu território e assim proibir o aborto[151]. Ou seja, ele parte do princípio de que o estado tem o poder de incluir na categoria de pessoas outros seres que passariam assim a ter os mesmos direitos que a Constituição federal garante às

---

150. Ele repete assim um mau argumento que apresentou à Suprema Corte: que pelo menos o caso *Griswold* só tinha por objeto a legalidade da revista policial nos quartos de casais em busca de anticoncepcionais. Só um dos pareceres da maioria em *Griswold* mencionou esse motivo, e sentenças posteriores a *Griswold*, que na opinião de Fried foram corretamente decididas, decretaram também que o estado não pode proibir a venda de anticoncepcionais nas farmácias, proibição essa que certamente poderia ser imposta sem a invasão noturna de quartos conjugais. De qualquer modo, como Fried se propõe a apresentar os princípios morais que subjazem à revolução Reagan, ele tem de distinguir o aborto da contracepção de maneira um pouco mais profunda: se a decisão *Griswold* foi correta e importante para proteger a liberdade, mas *Roe vs. Wade* foi uma imposição ilegal de poder, a diferença entre as duas tem de estar em algo mais profundo do que a dúbia asserção de que a proibição da contracepção pode fazer com que a polícia se sinta tentada a invadir os quartos dos casais à noite.

151. Fried não explica por que, nesse caso, os estados não têm o direito de proibir o uso das pílulas anticoncepcionais mais seguras e populares de nossa época, que são abortivas, ou seja, fazem com que o feto recém-concebido seja expulso do útero.

pessoas reais, o que autorizaria assim o estado, em certos casos, a restringir ou modificar os direitos destas últimas.

Sem dúvida nenhuma, isso está errado: se um estado tivesse esse poder, ele poderia, pelo simples ato de reconhecer novas pessoas, minar os direitos mais fundamentais garantidos pela Constituição nacional. Os estados poderiam, por exemplo, declarar que as empresas são pessoas autorizadas a votar (pelo princípio de "uma pessoa, um voto") e assim diluir o poder de voto dos cidadãos comuns. Para que haja uma estrutura nacional de direitos constitucionais, é essencial que toda a população da comunidade constitucional – aqueles cujos direitos e interesses podem justificar a restrição dos direitos que a Constituição garante aos outros – seja fixada em nível nacional. Se as mulheres em princípio têm o mesmo direito de privacidade que, segundo Fried, é garantido aos casais legalmente unidos em matrimônio e aos homossexuais, os estados não podem subverter esses direitos pela invenção de novas pessoas (não reconhecidas como tais pelo esquema nacional de princípios) cujos supostos direitos viriam então a justificar um comprometimento do direito de privacidade.

Por isso, o único argumento que Fried oferece para provar que o aborto se enquadra numa categoria diferente parece muito fraco. Além disso, é um argumento no qual ninguém acredita, nem mesmo os críticos mais mordazes de *Roe vs. Wade*. Rehnquist, que se alinhou com a minoria discordante quando dessa decisão, admitiu que seria evidentemente inconstitucional que os estados negassem a uma mulher o direito de fazer aborto para salvar sua vida. Porém, se o estado pudesse fazer do feto uma pessoa, ele teria esse poder: em tese, ele poderia seguir a regra conhecida de que não é permitido sacrificar a vida de uma pessoa inocente para salvar a de outra[152]. E o próprio Fried, meras nove páginas depois de declarar sua opinião de que os estados têm o

---

152. Não quero dizer que os estados seriam obrigados a seguir essa regra. Ver o que digo sobre o assunto no Capítulo 1.

poder de dizer que o feto é uma pessoa, deixa claro que na verdade também não acredita nisso. Num trecho extraordinário, imagina que, depois que a Corte tiver finalmente revogado *Roe vs. Wade*, poderá encontrar um meio-termo aceitável que tirasse da questão do aborto toda a atenção que ela vem recebendo do poder judiciário:

> Depois de abandonar *Roe*, a Corte poderá, sem fugir à razão, fazer uma distinção entre as leis que proíbem terminantemente o aborto e aquelas que exigem um período de espera de alguns dias no decorrer dos quais a mulher deve considerar alternativas ao aborto que lhe devem ser informadas pela clínica; ou entre as leis que regulamentam os serviços de aborto e as que punem as mulheres que fazem aborto. Esta última distinção poderá ter uma importância prática considerável com a maior disponibilidade de medicamentos simples, administrados pela própria mulher, para induzir um aborto no início da gestação. Na verdade, os avanços da medicina poderão tornar inútil toda esta discussão constitucional.

Se a Suprema Corte aceitasse a opinião proclamada por Fried, de que os estados têm o poder de fazer do feto uma pessoa, não poderia de modo algum fazer essas distinções que ele imagina e aprova. Como a Corte poderia determinar que os estados, para proteger seres que eles mesmos consideram como pessoas, não fizessem senão pedir às mulheres que esperassem alguns dias antes de matá-los? Como poderia justificar uma regra que permite aos estados a criminalização do aborto feito em clínicas e hospitais, mas não em casa? Qual a diferença moral de que o aborto seja feito aqui ou ali? E, se os estados tivessem o poder de declarar que o feto é uma pessoa, como poderia a discussão constitucional se tornar inútil caso a ciência descobrisse um meio pelo qual a mulher pudesse abortar sozinha, sem a ajuda de ninguém? Por que os estados não teriam a liberdade de proibir, dentro de seu território, a prescrição e a venda de medicamentos cujo único objetivo é matar um ser considerado uma pessoa?

As soluções de meio-termo imaginadas por Fried, bizarras e moralmente arbitrárias, dão a entender não só que ele não crê em sua própria explicação de por que o direito à privacidade não se aplica ao caso do aborto, mas também que sua oposição a *Roe vs. Wade* talvez não se baseie em nenhuma questão de princípio. Ele reconhece que a preocupação do governo Reagan com o aborto é uma das "contradições e contracorrentes" da revolução. Pergunta: "Como a vontade de reduzir a intromissão do governo na vida das pessoas se compatibiliza com a questão do aborto?" E, no final do capítulo, diz que vê com pesar a atenção que o governo Reagan deu a essa questão. Diz que a "aparente obsessão" do governo "com esse tema tirou a atenção daquilo que, a meu ver, era o seu verdadeiro projeto: devolver a razoabilidade e a responsabilidade ao ofício dos juízes" – um comentário muito estranho, visto que ele já havia acusado *Roe vs. Wade* de ser um exemplo gritante de irresponsabilidade e irracionalidade.

É difícil não chegar à conclusão de que Fried, na verdade, pensava que o projeto de revogação de *Roe vs. Wade* tinha um objetivo exclusivamente político: algo que o governo havia prometido a uma grande parte de seus eleitores e que Fried, como advogado da administração, tinha portanto a responsabilidade de obter. De qualquer modo, sua tentativa de basear esse projeto em princípios constitucionais, numa interpretação da Constituição inteira como um sistema coerente de direitos morais, fracassou clamorosamente.

É muito claro que Fried se sentia pessoalmente mais entusiasmado pelo segundo elemento principal da revolução que discute: a mudança da lei de discriminação racial. Tanto a Constituição quanto a Lei de Direitos Civis que o Congresso promulgou em 1964 condenam em definitivo o que os advogados chamam de discriminação racial *subjetiva*: a proibição deliberada, e motivada pelo fator racial, da entrada de membros de minorias em escolas públicas, universidades e empresas. Muitos constitucionalistas de peso também afirmam que essas mesmas leis condenam igualmente a discriminação *estrutural*: os enrijecidos padrões sociais e econômicos da sociedade norte-americana, criados por séculos de injustiça, pelos quais a má educação, a modéstia das expectativas e um preconceito tácito e instintivo fazem com que a raça continue sendo um fator dominante a afetar as perspectivas de vida dos cidadãos enquanto indivíduos. Ainda hoje, as perspectivas de uma criança que não seja de raça branca são muito mais sombrias do que as de uma criança branca; e, embora isso resulte de séculos de injustiça e preconceito, continuaria acontecendo – um traço estagnado da práxis econômica e social – mesmo que todos os atos ilegais de discriminação subjetiva deliberada desaparecessem instantaneamente por milagre.

Na década de 1970 e no começo da de 1980, a Suprema Corte aparentemente aceitava a idéia de que a Lei dos Direitos Civis voltava suas baterias não só contra a discriminação subjetiva, mas também contra a estrutural, e que a Constituição reconhecia a erradicação da discriminação estrutural como um objetivo público de primeira importância. Podemos interpretar as decisões de então como reflexos de dois princípios fundamentais. O primeiro decretava a ilegalidade de quaisquer provas prévias ou procedimentos de contratação que perpetuam a discriminação estrutural mediante o oferecimento de um número desproporcionalmente pequeno de empregos aos não-brancos, em comparação com a população geral da qual saem as pessoas que buscam os empregos em questão – a menos que os empregadores possam demonstrar que essas provas ou procedimentos são requisitos indispensáveis de uma boa prática de negócios. A Corte enunciou esse princípio em *Griggs vs. Duke Power Co.*, em 1971, ocasião em que Warren Burger, presidente da Corte e nomeado por Nixon, afirmou em nome da maioria que "o objetivo do Congresso ao promulgar o Título VII [da Lei de Direitos Civis] é claro... Práticas, procedimentos ou provas neutros na aparência, e até mesmo neutros... quanto à intenção, não podem ser conservados se colaboram para 'congelar' o *status quo* criado por práticas discriminatórias anteriores".

O princípio do caso *Griggs* é amplamente admirado em outros países que lutam contra diferentes formas de discriminação: foi adotado pelo Reino Unido na Lei de Discriminação Sexual de 1975 e na Lei de Relações Raciais de 1976, por exemplo, e foi aproveitado pelo Tribunal de Justiça da Comunidade Européia como prova adequada para se saber se as condições de emprego, de salário e de proteção da previdência social são ilegais por promover ou perpetuar a discriminação por sexo.

O segundo princípio implícito nas decisões da Corte não era um princípio de obrigação, mas de permissão: permitia que tanto as instituições privadas quanto as públicas, em suas decisões de contratação e demissão, dessem alguma preferência a membros individuais dos grupos minoritários a fim de colaborar para a superação das conseqüências estruturais de gerações de injustiça. Evidentemente, a Corte se preocupava com os efeitos de programas como esses sobre os candidatos ou trabalhadores de raça branca que ficariam em desvantagem, e procurou encontrar as restrições adequadas. No famoso caso *Bakke*, por exemplo, decretou que, embora uma universidade estadual possa levar em conta a raça como um fator entre outros, não pode usar quotas rígidas para a admissão de minorias a fim de promover a diversidade racial dos estudantes[153].

As sentenças particulares nas quais a Corte aplicou esses dois princípios implícitos e os regulamentos que os diversos ministérios promulgaram para pô-los em prática foram complexos e amiúde criticados – por alguns, como demasiado rígidos ou suscetíveis de abuso político ou burocrático; por outros, como incapazes de proteger suficientemente as minorias. Mas a revolução Reagan em matéria de leis raciais não tem por objetivo melhorar a aplicação dos dois princípios, e sim, segundo a expressão de Fried, "lançar

---

153. Ver meu artigo "The *Bakke* Decision: Did It Decide Anything?", *The New York Review of Books* (17 de agosto de 1978); Cartas (28 de setembro de 1978).

luz" sobre a lei de maneira que extirpe completamente dela esses dois princípios e assim negue a idéia de que a discriminação estrutural seja incompatível com a visão que a Constituição tem de uma sociedade aceitável. Esse objetivo se evidencia em duas decisões recentes das quais Fried participou e que ele agora defende.

Em 1989, em *Wards Cove Packing Co. vs. Alioto*, o princípio *Griggs* foi gravemente comprometido[154]. As práticas de contratação de uma fábrica de enlatados do Alasca resultaram numa divisão entre dois tipos de trabalho, à qual correspondia uma divisão racial: os trabalhos difíceis, desagradáveis e mal pagos eram feitos predominantemente por não-brancos, ao passo que os cargos melhores e mais bem pagos, cujo trabalho se desenrolava longe da fábrica, estavam de posse sobretudo de brancos, que tinham, além disso, alojamentos e refeições de melhor qualidade. (O juiz Stevens, discordando do voto majoritário, qualificou o resultado como uma economia "colonial".) O Tribunal de Apelações estabelecera que à fábrica de enlatados, portanto, cabia o ônus de provar que as práticas de contratação que haviam produzido essa disparidade brutal eram necessárias para a integridade empresarial do negócio. A Suprema Corte discordou, pelos já notórios cinco votos contra quatro. O Juiz White, no voto acompanhado pela maioria, afirmou que o Tribunal de Apelações havia aplicado erroneamente o princípio *Griggs*, e aproveitou ainda a oportunidade para mudar completamente o princípio, invertendo o ônus da prova. Dali em diante, segundo ele, os não-brancos que reclamam da disparidade racial teriam antes de mais nada de "demonstrar que a disparidade de que se queixam resulta de uma ou mais das práticas de contratação que estão denunciando… e demonstrar especificamente que cada prática denunciada tem um impacto significativamente desigual sobre as práticas de contratação de brancos e não-brancos".

---

154. 448 U.S. 448.

A mudança do ônus da prova é de crucial importância. O princípio *Griggs*, em sua interpretação anterior, baseava-se na idéia de que as grandes disparidades raciais no mercado de trabalho, que perpetuam a discriminação estrutural, são más em si mesmas; logo, o Congresso teria tido a intenção de obrigar os empregadores a diminuir essas disparidades, a menos que pudessem demonstrar que os negócios os impediam de fazê-lo. Aceito esse princípio, uma vez que se prove que os processos e decisões de contratação da fábrica de enlatados, em seu conjunto, criaram uma "economia colonial", é à fábrica que cabe demonstrar que ela não poderia ter feito nada para evitar esse resultado sem sair da lógica do mundo comercial. Já segundo aquelas que parecem ser as novas regras da Corte, os queixosos, que dificilmente serão capazes de obter informações precisas sobre como são tomadas as decisões de contratação de uma empresa (as quais muitas vezes são subjetivas), têm de arcar com um ônus que lhes será quase sempre impossível suportar. Têm de identificar práticas particulares de contratação e provar que elas produziram determinados aspectos ou graus de desequilíbrio racial. Seria razoável que aos queixosos coubesse o ônus da prova se o objetivo da lei fosse somente o de impedir a discriminação subjetiva: nesse caso, talvez fosse justo que os reclamantes arcassem com o ônus de provar quais práticas particulares seriam, em sua opinião, sinais de uma preferência intencional. Mas esse ônus não cabe quando partimos do princípio – aparentemente rejeitado pela Corte – de que a discriminação estrutural é um mal em si mesma[155].

---

155. Tampouco se justifica o fato de a Corte ter chegado a essa conclusão pela inversão da antiga interpretação de uma lei feita pelo Congresso, que o próprio Congresso poderia ter rejeitado a qualquer tempo durante os últimos vinte anos. Vários congressistas, entre os quais o senador Danforth, do Missouri, e outros oito senadores republicanos, já iniciaram processos para reabilitar o princípio *Griggs*. Mas Bush pode vetar qualquer medida desse tipo, o que significa que a Corte e um número de congressistas suficiente para manter um veto encontram-se agora, neste assunto importantíssimo, em condições de anular uma decisão congressual estabelecida que, segundo a própria Corte reconhece, o Congresso tinha o direito de tomar.

A Corte parece ter minado de modo igualmente sério o seu segundo princípio: aquele que autoriza a ação afirmativa como mecanismo para se combater a discriminação estrutural. Muitas cidades norte-americanas adotaram programas de "reserva" para as minorias, que estipulam que uma certa porcentagem de contratos do governo seja reservada para firmas construtoras que sejam propriedade de não-brancos. Em *City of Richmond vs. Croson*, de 1989, a Corte derrubou um plano de reserva de Richmond, Virgínia, que reservava 30 por cento dos contratos, uma porcentagem anormalmente alta. Decidiu em favor de um construtor branco a quem se negara um contrato; estabeleceu que o programa de reserva negava os direitos do construtor segundo o dispositivo da igualdade de proteção, pois Richmond não conseguira provar que o fato de poucos empresários negros terem pleiteado ou assinado contratos de construção no passado fosse o resultado de uma discriminação racial exercida pela prefeitura ou por outros, senão somente das condições econômicas e da discriminação "social" geral[156]. Mais uma vez, quando partimos do princípio de que os programas de ação afirmativa têm o objetivo prático de aliviar a discriminação estrutural, temos aí uma decisão perversa. Uma hierarquia econômica em que o número de empresários negros é pequeno é uma garantia de perpetuação dessa forma de injustiça.

As associações de direitos civis e outras que se preocupam com os problemas raciais urbanos sentiram-se assim chocadas com a decisão da Corte, e um grupo de distintos reitores de faculdades de direito e constitucionalistas escreveu um artigo conjunto no *Yale Law Journal* instando as prefeituras municipais a interpretar a decisão *Croson* de forma estreita e a não desmanchar imediatamente seus programas de reserva[157]. Fried respondeu com um artigo seu no qual afir-

---

156. 448 U.S. 469.
157. A declaração dos acadêmicos aparece no *Yale Law Journal*, vol. 98, p. 1711, e a resposta de Fried, no *Yale Law Journal*, vol. 99, p. 155. Os acadêmicos dão sua réplica à resposta de Fried no *Yale Law Journal*, vol. 99, p. 163.

mava que, pelo contrário, a decisão era muito mais ampla do que reconheciam os reitores e professores, que realmente revolucionava a constitucionalidade da ação afirmativa e que, por fim, poderia de fato invalidar um grande número de programas de reserva[158].

Por isso, para o sucesso do projeto de Fried em *Order and Law*, é essencial que ele nos apresente, a partir de princípios básicos, uma defesa desse "esclarecimento" segundo o qual a Lei dos Direitos Civis exige que os queixosos provem qual a prática específica de contratação que pode ter causado uma disparidade racial no emprego, e prove também que, pela Constituição, uma instituição pública só pode levar a cabo programas de ação afirmativa quando puder provar que no decorrer da história existiu uma discriminação específica contra o grupo ora favorecido. Que princípio de justiça ou de direito individual ele pode encontrar embutido em nossa estrutura constitucional para justificar essas restrições ao poder do governo de reduzir a discriminação estrutural? Ele oferece um único argumento que pode ser entendido como uma resposta a essa pergunta. Diz que os princípios que a lei aparentava seguir no passado pressupunham uma sociedade coletivista e não individualista e constituíam "uma ameaça à liberdade e ao direito bá-

---

158. As afirmações extravagantes de Fried a respeito do âmbito dessa decisão podem ser um exagero deliberado. Não parecem compatíveis com a decisão posterior da Corte – o último parecer substantivo do juiz Brennan – num caso para o qual Fried apresentou um parecer mas que só foi decidido depois que ele voltou para Harvard, talvez tarde demais para ser mencionado no livro. Em *Metro Broadcasting Inc. vs. FCC*, 110 S.C. 2997, a Corte estabeleceu que o Congresso poderia, sem negar a Constituição, adotar programas com o objetivo de aumentar o número de membros de minorias raciais e étnicas que são donos de estações de rádio, e isso sem demonstrar que a falta de programas de rádio dirigidos às minorias resulta de uma discriminação específica exercida no passado, e não somente de meros fatores sociais. O voto da Corte sublinhava o papel de destaque do Congresso nacional no esforço de implementação da Décima Quarta Emenda; mas, como Fried admitiu num artigo posterior, essa decisão não poderia estar correta se, como ele afirma, *Croson* estabeleceu que a Constituição proíbe qualquer programa oficial de ação afirmativa, exceto sob as condições por ele descritas.

sico de cada pessoa de ser considerada como um indivíduo distinto e não como um simples membro do grupo ao qual o governo diz que ela pertence". Porém, essa declaração de um direito constitucional ou moral é ampla demais. Praticamente não existe nenhuma lei que trate as pessoas como indivíduos "distintos"; quase todas os tratam como membros de um ou outro grupo: as regras pelas quais alguém pode ser considerado um eleitor não levam em conta a maturidade individual de cada um, por exemplo, mas tratam do mesmo modo todos os que estão abaixo de uma certa faixa etária. Se o dispositivo da igualdade de proteção proibisse *toda e qualquer* classificação por grupos, todas essas leis seriam inconstitucionais, o que é absurdo.

Ao que parece, Fried quer dizer somente que as pessoas têm o direito de não ser tratadas como membros de grupos *raciais*. Ele não chega a explicar, porém, por que essa classificação seria automaticamente uma ofensa contra a liberdade se as pessoas podem ser classificadas segundo outras categorias que também não dependem de sua própria escolha, como por exemplo a idade, a faixa de renda, a formação educacional ou outras categorias usadas pelo Estado e pelas instituições privadas em lugar de avaliações mais individualizadas. É claro que as classificações raciais são intrinsecamente perigosas e devem ser objeto de um exame cuidadoso, pois podem refletir os preconceitos ou o puro e simples favoritismo daqueles que têm poder. Mas quando se insiste em que as classificações raciais são erradas não somente nessas circunstâncias, mas sempre e de modo intrínseco, temos aí, ao que parece, um ato de perversidade, pois o efeito desse rigor especial em relação à classificação racial é a perpetuação da discriminação estrutural, ou seja, daquela situação em que o destino dos indivíduos é tão dependente de sua raça que nossa sociedade tende a permanecer dividida em categorias raciais coletivistas.

Por isso, mais uma vez, a principal alegação de princípio de Fried não se sustenta. Além disso, essa alegação parece incompatível com o conjunto de sua posição teórica.

Isso porque Fried não se opõe a todos os programas de ação afirmativa baseados em critérios de raça. Assina embaixo da regra criada pela juíza O'Connor no voto majoritário do caso *Croson*, segundo a qual uma instituição pública pode usar classificações raciais se puder provar a existência, no passado, de uma discriminação racial específica contra o grupo que agora busca ajudar. Fried acha que Richmond, por exemplo, teria o direito de adotar um programa de reserva se fosse capaz de demonstrar que o pequeno número de empresas de negros que pleiteiam contratos de construção é devido a práticas discriminatórias específicas levadas a cabo no passado pela administração municipal ou pela iniciativa privada no setor de construção, muito embora as empresas que agora virão a se beneficiar do programa não sejam as mesmas que sofreram a discriminação no passado, e embora os empreiteiros brancos que ficarão agora em desvantagem não sejam os mesmos que saíram beneficiados pela discriminação.

Assim, Fried faz uma distinção entre aqueles casos em que os atos passados de discriminação podem ser especificamente identificados, e logo a ação afirmativa é permitida, e aqueles casos – mais freqüentes – em que as desvantagens sofridas pelos membros de minorias resultam de uma discriminação estrutural geral que se estende por todo o país, e em que, logo, a ação afirmativa deve ser proibida. Aos olhos de Fried e de outros, essa distinção pode parecer interessante como uma solução política de meio-termo na qual os que odeiam a ação afirmativa se acalmam mas ao mesmo tempo as minorias ganham alguma coisa. Essa solução, porém, não segue princípio algum, pois a distinção é arbitrária tanto do ponto de vista dos objetivos políticos legítimos quanto sob o prisma dos direitos constitucionais ou morais do indivíduo. Se uma comunidade sofre de discriminação estrutural, que lhe importa que ela tenha sido causada por atos específicos de discriminação da administração pública e da iniciativa privada ou pelo preconceito e pela injustiça mais largamente arraigados no corpo social? Acaso a erradicação dessa discriminação estrutural é mais urgente no primeiro caso do que no segundo? E por que os direitos dos cidadãos brancos, que seriam prejudicados pela ação afirmativa, valem menos no primeiro caso do que no segundo? Certamente, essa distinção não poderia se justificar se aceitássemos o princípio citado por Fried: que os indivíduos têm o direito fundamental de não ser tratados como membros de um grupo racial. Se os indivíduos têm esse direito, *todos* os programas que dão vantagens a alguns e as negam a outros por causa de sua raça o violariam; quando um branco se candidata a um emprego ou a um contrato de construção, a violação de seu direito não é mais justa pelo fato de outros brancos terem tratado mal os membros daquela minoria no passado. Por isso, considerada em si mesma, a idéia aceita por Fried e muitos outros conservadores – de que os programas de ação afirmativa se justificam quando surgem para "remediar" da maneira adequada a discriminação passada – ofende profundamente o princípio que ele cita como suposto fundamento da revolução na legislação racial. Parece não lhe sobrar nenhuma justificativa racional para sua posição.

Ele na verdade apresenta muitos argumentos contra a maioria dos programas de ação afirmativa e contra o princípio *Griggs*, mas esses argumentos não se baseiam em princípios fundamentais de justiça racial, e sim em considerações pragmáticas e políticas. À semelhança de outros conservadores, ele desaprova os efeitos colaterais econômicos, e outros, dos programas que atacam a discriminação estrutural. Fala, por exemplo, do ressentimento que esses programas provocam nos brancos que se sentem em desvantagem, do dano que podem causar à auto-estima de alguns negros e do dinheiro que muitos empresários podem perder por ter de se defender judicialmente de ações baseadas no princípio *Griggs*, o que, segundo ele, os leva a buscar um equilíbrio racial a qualquer preço para se precaver do problema. Diz que a revolução Reagan teve como um de seus principais objetivos impedir que os programas de ação afirmativa "distorcessem o sistema de oportunidades e recompensas do qual depende a moral de um sistema de livre iniciativa". Talvez esses argumentos sejam adequados para ser apresentados diante do Congresso e dos legislativos estaduais e municipais, mas, por maior que seja a paixão com que Fried e outros os defendam, eles não são argumentos constitucionais de princípio. Não dependem de princípios que Fried possa apresentar como elementos da Constituição, princípios que se evidenciam quando desenhamos as linhas que ligam um direito ao outro no gráfico constitucional.

Fried confessa que o governo teve de recorrer aos tribunais para suprimir a ação afirmativa porque estava claro que não iria obter isso do Congresso. "Com a perda do Senado nas eleições de 1986", diz, "qualquer alívio vindo do Legislativo tornou-se inconcebível, de modo que a Suprema Corte tornou-se o único campo em que podíamos apresentar nossas opiniões." Trata-se de uma afirmação reveladora: em assuntos relativos à raça, bem como no caso *Rust*, que já mencionamos, que tratava de liberdade de expressão e aborto, os revolucionários de Reagan tiveram para com a Corte a mesma atitude imprópria que imputam aos liberais do passado – trataram-na como se ela lhes oferecesse uma nova oportunidade de realizar objetivos legislativos, sem nenhuma relação com os princípios constitucionais, que não podiam se realizar de maneira mais democrática.

Como eu disse, o livro de Fried revela com franqueza as pressões políticas que a Casa Branca e os funcionários do Ministério da Justiça exerceram para influenciar suas decisões acerca de quais causas apresentar perante a Suprema Corte e de como defendê-las. Acerca de quando era Procurador-Geral em exercício, por exemplo, e resolveu apresentar um parecer no qual pedia à Suprema Corte que revogasse *Roe vs. Wade*, ele afirma: "Eu tinha certeza de que... não conseguiria fazer passar um parecer que fosse contra *Roe*, mesmo que estivesse convicto de que fosse essa a coisa certa a fazer." Também aceitou ignorar seus próprios pontos de vista com relação a outro assunto – se os queixosos que obtêm ganho de causa contra o governo estadual, acusado de tomar posse de propriedades suas sem compensá-los adequadamente, devem receber uma compensação pelas perdas em que incorreram enquanto o processo corria – e apresentou um parecer com o qual não concordava. (Pensou até em renunciar, mas chegou à conclusão de que a questão era demasiado "pequena" para isso.) Bateu pé firme em outro assunto, porém: recusou-se a alegar à Suprema Corte que seria ilegal que os sindicatos usassem as contribuições de seus membros para fins políticos, muito embora soubesse que sua decisão desagradaria tanto à Casa Branca quanto a vários grupos de direita e que faria bem em mudá-la.

Alguns leitores se surpreenderam com os relatos de Fried de como a política embaraçou seu discernimento. Muitos juristas acreditam que o procurador-geral tem a responsabilidade de interpretar e proteger a Constituição em si, e não a visão que dela tem o governo federal. Erwin Griswold, outro ex-procurador-geral da República, que foi reitor da faculdade de direito de Harvard por muitos anos, escreveu, ao resenhar o livro de Fried[159], que se preocupava com o quanto essa distinção parece ter sido ignorada na concepção que Fried tinha de seu cargo.

O que me preocupa mais ainda, porém, é o fato de Fried ter sido incapaz de nos apresentar a defesa da revolução Reagan que se propôs fazer, uma defesa baseada em princípios gerais. Como eu já disse, ele admite que uma tal defesa é necessária. Reconhece que os novos rumos tomados pela Suprema Corte não podem ser justificados por uma concepção constitucional que faça apelo à "intenção original" ou à suposta primazia da soberania majoritária na democracia. Porém, sua tentativa de dar uma justificativa mais coerente para as sentenças relativas ao aborto e à raça fracassa igualmente, apesar da grande habilidade de Fried e da sua formação filosófica.

---

159. *Constitution*, primavera/verão de 1991, p. 73.

Ainda não sabemos, portanto, se as deprimentes decisões da Suprema Corte que estão começando a mudar o caráter de nosso direito constitucional podem ser defendidas desse modo – não sabemos se podem ser vistas como aplicações de uma teoria geral e coerente, ainda que muito conservadora, da Constituição enquanto sistema moral. As novas sentenças são notavelmente concordes com os diversos objetivos políticos de uma boa parte do eleitorado de Reagan e Bush. É claro que ninguém haveria de considerar esse fato uma defesa suficiente; mas não sabemos se, do ponto de vista da jurisprudência, há algo mais convincente que se possa alegar em favor delas.

18 de julho de 1991

II
Expressão, consciência e sexo

A garantia que a Primeira Emenda dá à "liberdade de expressão ou da imprensa" é um dispositivo constitucional que evidentemente não pode ser entendido senão como um princípio moral abstrato. Os advogados e juízes que o aplicam a casos concretos têm de propor-se diversas questões de moralidade política e encontrar as respostas para elas. Qual o objetivo de uma garantia especial oferecida à palavra* e à imprensa? Será que esse objetivo se reduz à melhora do processo democrático ou se resume especialmente nisso? Será que essa liberdade é particularmente importante porque a liberdade da palavra e da imprensa garantem que o público terá as informações necessárias para governar a si mesmo? Ou será que a justiça exige que todos aqueles sobre os quais o governo democrático exerce seu domínio, mesmo os que têm opiniões minoritárias, de mau gosto ou preconceituosas, tenham a oportunidade ilimitada de influenciar os processos formais e informais pelos quais se tomam as decisões coletivas e se forma o ambiente político e moral? Será possível, ainda, que nenhuma dessas idéias esgote as principais justificativas estruturais desse direito especial? Todas essas perguntas são questões profun-

---

* *Freedom of speech* (lit.: "liberdade de palavra") se traduz normalmente por "liberdade de expressão", mas o vocábulo *speech* designa literalmente a fala ou a palavra. (N. do T.)

das porque implicam controvérsias sobre a natureza da democracia, controvérsias sobre as quais falei na Introdução.

Especialmente na segunda metade deste século, a Suprema Corte defendeu uma interpretação expansiva e essencialmente liberal da Primeira Emenda. Suas decisões foram criticadas tanto pela direita quanto pela esquerda, e os capítulos desta seção do livro defendem a concepção liberal centrista dos ataques vindos de ambos os flancos. O Capítulo 7 trata de dois processos nos quais dois generais famosos – William C. Westmoreland, que comandou as tropas norte-americanas no Vietnã, e Ariel Sharon, que comandou as forças israelenses no Líbano – exigiram indenização por calúnia e difamação por causa de reportagens que a seu ver foram injustas e imprecisas. Muitos grupos conservadores, furiosos com a suposta tendência liberal da imprensa, apoiaram os queixosos nesses dois processos judiciais e criticaram especialmente o principal obstáculo doutrinal que eles tiveram de enfrentar – a sentença anterior emitida pela Suprema Corte para *New York Times vs. Sullivan*, segundo a qual as pessoas públicas só podem receber indenização por calúnia e difamação se demonstrarem que o que foi dito a seu respeito, além de ser falso, foi publicado com a ciência da falsidade da informação ou com "temerária desconsideração" (*reckless disregard*) pela sua veracidade. Escrevi o ensaio para avaliar a acusação de temeridade feita nos dois processos, mas também para defender a regra *Sullivan*.

O Capítulo 8, resenha de um livro sobre a decisão do caso *Sullivan*, discute os seus antecedentes e a sua estrutura. Afirmo aí que a decisão teria sido melhor se o voto principal não tivesse girado tanto em torno da idéia instrumental de que a liberdade de expressão faz a democracia funcionar melhor, e mais em torno dessa outra idéia para a qual acabei de chamar a atenção: a idéia de que a liberdade de expressão é em si mesma um elemento constitutivo da justiça democrática[1]. Re-

---

1. No Capítulo 8, discuto um caso de expressão movida por ódio que ainda estava pendente na Suprema Corte. A Corte declarou que a lei em torno da

conheço ainda, nesse capítulo, que a regra *Sullivan* dificultou para muitos queixosos o procedimento de correção dos registros jornalísticos depois de terem sido injustamente acusados, e sugiro modificações na lei.

O Capítulo 9 trata de uma objeção muito diferente que se faz às leis derivadas da Primeira Emenda, uma objeção apresentada por grupos políticos muito diferentes. Continuo, a princípio, a discussão que comecei no Capítulo 8: considero a acusação de que a liberdade de expressão, tal como tem sido entendida tradicionalmente, entra em conflito com a igualdade, valor que seria diferente e mais urgente; por isso, a Constituição deveria ser reinterpretada de modo que não permitisse, pelo menos, a publicação de certas formas de pornografia ou de literatura dirigida contra raças ou grupos minoritários. Acrescentei um adendo a esse capítulo no qual discuto aquela que é, sem dúvida, uma das ocasiões em que mais nos sentimos tentados a exercer a censura: a afirmação absurda e escandalosa, ora tranqüilamente defendida por indivíduos e grupos em muitos países (a Alemanha inclusive), de que aquilo que se convencionou chamar de "Holocausto" nunca aconteceu e foi inventado pelos judeus e seus aliados.

Catharine MacKinnon se tornou a mais famosa defensora da idéia de que a liberdade de expressão deve ser restringida pelo bem da igualdade, e especificamente de que a pornografia não deve ser protegida por essa liberdade. No Capítulo 10, avalio os argumentos apresentados em seu livro *Only Words*. Em resposta à primeira publicação de minha resenha, MacKinnon escreveu uma carta ao editor; acrescento, como adendo ao Capítulo 10, a réplica que dei à sua carta, a qual pode ajudar a esclarecer os argumentos apresentados no capítulo. (Creio que o conteúdo da carta dela será suficientemente evidenciado pela minha resposta,

---

qual girava o processo – a qual imputava punições especiais para os crimes motivados pela raça – era inconstitucional porque limitava seu raio de ação a crimes motivados por opiniões específicas. Ver *R.A.V. vs. St. Paul.* Minnesota, 112 S. Ct. 2538 (1991).

mas os leitores podem consultar o texto dela no número de 3 de março de 1994 de *The New York Review of Books*.) O Capítulo 11, artigo muito recente, amplia a discussão de maneira que abarque não somente a liberdade de expressão, mas um outro ideal diferente: a liberdade acadêmica. Trata, assim, de um dos aspectos daquilo que passou a ser chamado de "politicamente correto".

7. *A imprensa levada a julgamento*

O último livro de Renata Adler, no qual ela derrama toda a sua fúria numa discussão de dois recentes processos por calúnia – *Westmoreland vs. CBS* e *Sharon vs. Time* –, trouxe de novo à tona as questões então tratadas e tornou-se por si só um acontecimento. Os processos, quando correram, chamaram muito a atenção do público e foram amplamente divulgados na imprensa norte-americana e estrangeira. Ambas as ações envolveram famosos generais, guerras impopulares e poderosas instituições da imprensa. No dia 23 de janeiro de 1982, a CBS levou ao ar um documentário sobre a guerra do Vietnã chamado *The Uncounted Enemy* [O inimigo não computado]. O documentário alegava denunciar "um esforço consciente – com efeito, uma verdadeira conspiração nos escalões mais altos da inteligência militar norte-americana – para suprimir e alterar informações críticas sobre o inimigo no ano anterior à ofensiva do Tet", e situava o general William C. Westmoreland, que comandou as forças norte-americanas no Vietnã, no próprio centro dessa "conspiração". Em fevereiro de 1983, a revista *Time* publicou uma reportagem de capa sobre o massacre de refugiados palestinos por tropas cristãs falangistas em Sabra e Shatila, no Líbano, depois do assassinato do líder falangista Bashir Gemayel. Segundo a reportagem, o general Ariel Sharon, então ministro da Defesa de Israel, teria supostamente "discutido com a família Gemayel a necessidade de os falangistas se vingarem pelo assassinato de Bashir".

Tanto Westmoreland quanto Sharon pediram indenizações milionárias. O litígio de Westmoreland foi financiado pela Capital Legal Foundation, instituição conservadora que entrou em contato com ele depois que vários escritórios de advocacia haviam se recusado a patrocinar sua causa. O principal advogado de Sharon, Milton Gould, ofereceu de graça os serviços de seu escritório. (Westmoreland afirmou que doaria em caridade toda a indenização que recebesse.) A CBS e a *Time* foram ambas representadas por Cravath, Swaine and Moore, um dos mais prestigiados escritórios de advocacia de Nova York. O advogado David Boies comandou a equipe que defendeu a CBS, e Thomas Barr comandou a que defendeu a *Time*. Os julgamentos correram ao mesmo tempo (o de Sharon começou depois e terminou antes) em pisos diferentes da United States Courthouse, em Foley Square, Manhattan, e foram presididos por dois juízes excepcionalmente hábeis – Pierre Leval no caso de Westmoreland e Abraham Sofaer (que agora é consultor jurídico do Ministério da Justiça) no de Sharon. Esses juízes mereceram a admiração irrestrita de todas as partes envolvidas nos processos e de todos os comentaristas que escreveram a respeito (pelo menos os que já li). Os queixosos arcavam com um ônus pesadíssimo. Em 1964, no famoso pleito *New York Times vs. Sullivan*, a Suprema Corte determinara que uma figura pública não pode receber indenização por calúnia a menos que prove não só que o que foi publicado a seu respeito é falso, mas também que foi publicado com "malícia efetiva", ou seja, com a ciência de que a informação era falsa ou com "temerária desconsideração" pela sua veracidade. No final do processo de Sharon, o júri decidiu que a afirmação de *Time* a seu respeito era falsa, mas que, como a revista não sabia que era falsa, ele não tinha direito à indenização. Westmoreland fez um acordo com a acusada logo antes do final do julgamento. Aceitou não receber indenização nenhuma – nem mesmo uma contribuição pelos gastos incorridos – e contentou-se com uma declaração da CBS segundo a qual a rede não tivera a intenção de chamá-lo de desleal ou antipatriótico.

Renata Adler é uma famosa jornalista, ensaísta e romancista. É também formada pela faculdade de direito de Yale, e portanto tem todas as credenciais necessárias para examinar esses processos e suas implicações. A maior parte do seu livro, *Reckless Disregard*, foi publicada inicialmente em 1986 em dois longos artigos do *New Yorker* nos quais ela dirigia fortes críticas à CBS, à *Time* e ao escritório Cravath. Disse que as causas não deveriam ter sido defendidas com tanta "agressividade" e que os réus cuidaram demasiado de proteger-se, desconsiderando a verdade ou falsidade do que diziam. Além disso, ela praticamente deu a entender, embora jamais de modo explícito, que por isso os litígios põem em questão a interpretação que a Suprema Corte deu à liberdade de imprensa garantida pela Primeira Emenda. Entra em questão assim a regra de "malícia efetiva" do caso *New York Times vs. Sullivan*, que, na opinião de Adler, dá à imprensa uma imunidade quase total contra as conseqüências de seus erros.

Tanto a CBS quanto a *Time* prepararam refutações dos artigos de Adler (a da CBS, que Cravath ajudou a preparar, tinha cerca de cinqüenta páginas) e as enviaram a William Shawn, editor-chefe de *The New Yorker*, pedindo a correção dos erros ou uma oportunidade de resposta. (Shawn rejeitou as refutações, recusou-se a publicar qualquer resposta e afirmou que sua revista estava contente com os artigos publicados.) A CBS também enviou sua refutação à editora Knopf, que iria publicar a versão em livro; e Adler, no epílogo que acrescentou à versão publicada do livro, acusa a CBS de ter feito isso para intimidar a ela e à Knopf, ameaçando-os sub-repticiamente de acusar a *eles* de calúnia na justiça. As respostas da *Time* e da CBS adiaram a publicação de *Reckless Disregard* pelo tempo necessário para que Adler verificasse a procedência de cada uma das acusações feitas contra ela.

De fato há muito que se admirar em *Reckless Disregard*. O livro pinta um quadro fascinante do conhecido ambiente dos tribunais, dos depoimentos e interrogatórios, e das manobras bem menos conhecidas ocorridas fora do tribunal, os depoimentos e as conferências paralelas entre o juiz e os advogados, que acontecem longe dos ouvidos do júri. (Segundo creio, Adler só esteve presente em algumas sessões do julgamento, e seus relatos provêm de um trabalho considerável – pelo qual ela merece nossos parabéns – de estudo das transcrições que, junto com alguns outros documentos que ela também deve ter estudado, chegam à formidável quantidade de centenas de milhares de páginas.) Ela apresenta depoimentos que devem liqüidar qualquer fé que seus leitores mais ingênuos ainda pudessem ter na astúcia dos serviços secretos do exército ou na infalibilidade da grande imprensa, e algumas de suas observações sobre a imprensa norte-americana contemporânea são como uma lufada de ar fresco num ambiente fechado. Os leitores que não forem especialistas em direito vão aprender muito sobre os aspectos legais da calúnia e da difamação, e, nas entrelinhas, vão aprender ainda mais sobre as leis que determinam quais as provas admissíveis num tribunal e como elas devem ser apresentadas. Muitas vezes, as imagens que Adler cria chamam a atenção: ela compara a gigantesca organização *Time*, por exemplo, que confiou no relato que um único jornalista obteve de suas "fontes confidenciais", a uma "inverossímil bailarina apoiada num único dedo do pé".

Mas Adler também costuma escrever numa prosa densa e pesada, com frases incrivelmente compridas, de sintaxe desnorteante. Além disso, escreve sobre os dois julgamentos ao mesmo tempo, alternando de um para o outro em estilo cinematográfico moderno, só aos poucos lançando luz sobre os dois litígios juntos. Embora esse estratagema tenha em tese o objetivo de dar a entender que o assunto dela é maior do que os dois processos, e que não é outra coisa senão o próprio estado atual do jornalismo e das leis relativas à imprensa, seu efeito predominante é o de obscurecer certas diferenças cruciais entre as duas ações e entre a situação, o desempenho e as realizações das duas organizações noticiosas. Por fim, a própria Adler muitas vezes cai nos próprios vícios jornalísticos de que tanto se queixa. *Reckless Dis-*

regard é marcado pela mesma parcialidade nos relatos, especialmente ao tratar de *Westmoreland*, e seu epílogo, em face de provas contrárias, manifesta a mesma intransigência que com razão condenaríamos na imprensa instituída.

A principal acusação de Adler está resumida no seguinte trecho:

> Nenhuma das duas ações deveria ter sido movida. E, uma vez movidas, nenhuma delas deveria ter motivado uma atitude tão agressiva por parte da defesa. E isso tudo porque nem o documentário de TV nem o parágrafo da revista deveria ter sido levado ao ar ou publicado. Quer a culpa seja de Cravath, quer dos réus, quer de uma instintiva loucura guerreira pela qual foram tomados o escritório de advocacia e seus clientes, a recusa de reconhecer ou mesmo de admitir a possibilidade de uma falha humana fez com que tanto a CBS quanto a *Time*, junto com seus representantes, não poupassem gastos nem tivessem, ao que parece, a menor dúvida ou escrúpulo para transformar ambos os litígios não numa competição de erros, mas de verdadeiras imposturas jurídicas e jornalísticas.

Não se sabe o que Adler quis dizer com a palavra "agressiva". Às vezes, ela parece fazer objeção sobretudo ao modo pelo qual os réus foram defendidos, ou seja, à conduta e às palavras evasivas das testemunhas da defesa e à atitude de grosseria e malícia que Adler viu nos advogados. Mas em outras ocasiões ela apresenta uma objeção mais grave e mais importante, que tem mais relação com a acusação, bastante séria, de "banalização" da Primeira Emenda, acusação que ela faz depois: Adler afirma que os réus não deveriam ter tentado provar a verdade do que haviam publicado ou levado ao ar, mas deveriam ter se atido à ausência de "temerária desconsideração pela verdade" no ato da publicação ou transmissão.

A primeira objeção – contra o modo de expressão dos réus e seus representantes – abriga por sua vez duas acusações bastante diferentes entre si, que devemos distinguir. A mais séria é que os jornalistas que se apresentaram como testemunhas da defesa obstruíram a busca pela verdade com suas palavras evasivas e até mesmo com a apresentação de depoimentos tortuosos, quando não abertamente falsos – como se, depois de movidas as ações, tudo o que importasse fosse ganhá-las a qualquer preço. (Embora ela dê a entender várias vezes que tanto as testemunhas da *Time* quanto as da CBS manifestaram esse mau comportamento, seus exemplos mais plausíveis são todos tirados do processo da *Time*.) Adler analisa de modo detalhado o testemunho de David Halevy, o jornalista israelense que era o "único dedo do pé" que a *Time* tinha em seu escritório de Jerusalém e que mudou várias vezes o que tinha a dizer a respeito de suas fontes de informação. Ela gasta várias páginas com o testemunho de Richard Duncan, chefe dos correspondentes de *Time*, que alegou não conseguir se lembrar do que havia na ficha pessoal de Halevy (a qual continha, na verdade, o registro de uma reportagem imprecisa que Halevy tinha feito no passado e pela qual fora advertido), uma falha de memória que Adler, com toda razão, considera improvável. Duncan também disse que, quando começou o processo, havia parado de fazer investigações sobre as fontes de Halevy porque "àquela altura a responsabilidade de fazer essas investigações já não cabia a mim, mas aos advogados".

Adler aproveita ao máximo essa atitude evasiva e essa aparente renúncia à responsabilidade, e tem toda razão de considerá-las lamentáveis. Mas infelizmente, segundo me parece, elas também são perfeitamente compreensíveis. Os executivos e repórteres da *Time* não se tornaram manhosos, silenciosos, cuidadosos ou preguiçosos porque a reportagem havia sido contestada – a revista conduzira com sucesso uma investigação cabal do erro anterior de Halevy e publicara uma retratação –, mas sim porque *Time* corria o risco legal de ter de pagar uma indenização de 50 milhões de dólares a um homem poderoso, dotado de recursos financeiros consideráveis e apoiado num forte apelo emocional.

Os litígios judiciais são de meter medo: podem ser perdidos mesmo com bons argumentos e, tanto no folclore quanto de fato, constituem uma situação perigosa na qual uma palavra descuidada ou um fato apresentado na hora errada podem ser implacavelmente aproveitados pelos advogados adversários para parecer muito mais prejudiciais ou incriminadores do que de fato são. O processo litigioso também é, num nível ainda mais baixo e mais dramático, profunda e inevitavelmente belicoso: o réu não se vê confrontado por um companheiro que junto com ele busca chegar à verdade, mas com um inimigo cujo objetivo declarado é o de esmagá-lo. A partir do momento em que se entra com a ação, o queixoso e o réu se travam, tanto de modo simbólico quanto de modo real, num processo cujo final, seja qual for (e mesmo que seja um acordo), será visto como a justificação de um lado e a humilhação do outro. Não é de surpreender que praticamente qualquer pessoa entre na defensiva (ou se torne zombeteira e arrogante, o que é quase a mesma coisa) quando ela ou sua equipe são levadas a julgamento, e se submeta docilmente às orientações dos advogados, os quais, por sua vez, devem aos clientes e aos colegas a responsabilidade de cumprir seu próprio papel nesse triste drama, combatendo fogo com fogo.

O litígio, em suma, tem uma cultura toda própria; e, para sermos justos, temos de comparar o comportamento dos funcionários e testemunhas da *Time* com os padrões dessa cultura, e não com os critérios superiores e mais atraentes da profissão jornalística considerada em si. Evidentemente, não estou aqui para defender a atitude evasiva e a falta de franqueza de que Adler fala; também concordo com ela em que teria sido admirável se todos os funcionários da *Time* tivessem levado a integridade jornalística consigo para dentro das fronteiras do litígio. O mais importante, porém, é que os queixosos também têm a sua parte de responsabilidade pelo sensacionalismo: como veremos, ambos os generais tiveram outras oportunidades de receber sua compensação, e, na própria decisão de mover ações em juízo, correram o risco de trocar a simples retificação dos registros históricos pela oportunidade de vingança no tribunal. Os processos *Westmoreland* e *Sharon* de fato evidenciam um defeito na jurisprudência da calúnia e difamação: não se trata, porém, de o direito ser demasiado favorável aos jornalistas, mas sim de que a publicidade advinda do julgamento e a perspectiva de receber uma quantia enorme a título de indenização são fatores que tentam os queixosos a levar a história aos tribunais.

Eu disse que as reclamações de Adler acerca da atitude dos réus continham duas acusações: a segunda é uma queixa muito mais difusa e raivosa, não só sobre o modo pelo qual os jornalistas se comportam no tribunal, mas sobre aquilo que esse comportamento revela sobre o que eles são enquanto pessoas:

> Já nos primeiros depoimentos do caso *Sharon*, ficou claro que as testemunhas que tinham qualquer tipo de relação com a profissão jornalística consideravam-se uma classe à parte, sucessivamente altiva, combativa, taciturna, digna de pena, desdenhosa, artificial e pedante, mas, acima de tudo, social e constitucionalmente arrogante, de uma maneira pouco inteligente e pouco educada. *Quem são* essas pessoas?... Acima de tudo, os jornalistas, enquanto testemunhas, pareciam pessoas por cuja mente jamais passara a idéia de envergonhar-se.

Não sei até que ponto essa opinião cheia de ira se formou durante as visitas – seletivas, creio eu – que Adler fez ao tribunal, até que ponto ela a construiu a partir da leitura das transcrições (que são famosas por não transmitir uma idéia exata da impressão que as testemunhas realmente passaram) ou até que ponto ela reflete a impressão geral que Adler formou de seus colegas ao longo de sua própria carreira de jornalista. Porém, é uma opinião que vai muito além dos dados que Adler nos apresenta. Para corroborá-la, ela recorre principalmente aos depoimentos de duas testemunhas: Halevy e George Crile, produtor do documentário da CBS.

Para usar uma das expressões prediletas de Adler, Halevy é o que é: um correspondente estrangeiro com espírito de pirata, que sem dúvida se sentiu pessoalmente ameaçado durante o julgamento (o próprio juiz Sofaer disse que ele de fato corria riscos) e que de fato teve uma atitude evasiva e enganadora. Mas, no testemunho citado por Adler, não encontrei nada de socialmente arrogante e nada que justifique as acusações de desdém e de falta de inteligência ou educação, ou a suposição de que ele se visse como membro de uma classe à parte. Sua "arrogância constitucional" se reduziu aos apelos, às vezes despropositados, que fez a uma lei do estado de Nova York (não é um dispositivo constitucional) feita para proteger os repórteres que não querem revelar suas fontes. E embora Adler encontre, no longo depoimento de Crile, passagens que o fazem parecer arrogante ou evasivo, e outras ainda em que ele foi muito além das perguntas que lhe foram feitas, nada que ela cita demonstra que ele tenha pouca inteligência ou educação. Vale a pena notar que sua imagem de Crile é contradita por uma das juradas de *Westmoreland*, Patricia Roth, professora que escreveu seu próprio relato do julgamento[2] e que considerou Crile uma pessoa paciente, persuasiva, franca e disposta a ajudar.

Porém, o que mais me preocupa aqui não são as alegações de Adler sobre o comportamento dos réus e de seus representantes em ambos os litígios, mas o que ela diz sobre o conteúdo das defesas. Acaso a *Time* e a CBS estavam erradas por tentar provar, nos tribunais, que o que haviam publicado ou levado ao ar era substancialmente verdadeiro? Tinham razão em pensar, como pensaram, que isso era necessário para proteger o papel da Primeira Emenda no jornalismo norte-americano? Ou será que essa decisão de fato banalizou a Primeira Emenda, como afirma Adler?

Bashir Gemayel foi assassinado no dia 14 de setembro de 1982. Sharon visitou os parentes de Gemayel em Bikfaya

---

2. *The Juror and the General* (Morrow, 1986).

no dia seguinte, expressando suas condolências e as do governo de seu país. Um dia depois, as forças de ocupação israelenses deixaram que tropas falangistas entrassem em dois acampamentos de refugiados no Líbano, onde os falangistas massacraram centenas de palestinos desarmados, entre os quais mulheres e crianças. A opinião internacional culpou Israel, cujo governo então constituiu uma comissão liderada por um juiz do Supremo Tribunal israelense, Yitzhak Kahan, para investigar a tragédia. A Comissão Kahan publicou seu relatório no dia 8 de fevereiro de 1983, com um apêndice que nunca veio a público. O relatório publicado atribuía a Sharon uma "responsabilidade indireta" pelo massacre e recomendava que ele renunciasse ao cargo, o que ele então foi obrigado a fazer.

O relatório Kahan fez a reportagem de capa da edição seguinte da revista *Time*. A reportagem tratava da constatação da responsabilidade indireta de Sharon por parte da comissão e acrescentava estas frases:

> *Time* ficou sabendo que [o secreto Apêndice B ao Relatório] contém mais detalhes acerca da visita de Sharon à família Gemayel no dia seguinte ao assassinato de Bashir Gemayel. Segundo se relata, Sharon disse aos Gemayel que o exército israelense estaria a caminho de Beirute ocidental e que esperava que as forças cristãs entrassem nos acampamentos de refugiados palestinos. Além disso, Sharon teria discutido com os Gemayel a necessidade de os falangistas vingarem a morte de Bashir, mas os detalhes dessa conversa são desconhecidos.

Sharon disse que essa afirmação era uma "calúnia de sangue" e moveu uma ação na qual pedia 50 milhões de dólares de indenização à *Time*.

David Halevy trabalhava para a *Time* em Jerusalém havia muitos anos, tinha excelentes ligações com membros do governo e das forças armadas israelenses (lutara como oficial ao lado de muitos daqueles que poderiam ser seus informantes, e ainda era um tenente-coronel da reserva) e, usando essas ligações, havia fornecido relatórios para muitas reportagens publicadas em *Time*, embora uma de suas informações – um dado de 1979 sobre um suposto problema de saúde do primeiro-ministro Menachem Begin – estivesse errada, como depois se comprovou. No dia 6 de dezembro de 1982, Halevy arquivara um memorando interno no qual relatava que, segundo sua fonte confidencial, Sharon, no encontro de pêsames, "dera à família Gemayel a sensação" de que "compreendia" a necessidade de vingança e que os israelenses nada fariam para impedi-la. Quando a reportagem de capa de fevereiro estava sendo escrita, a *Time* perguntou a Halevy se o Apêndice B, secreto, corroborava essa afirmação. Ele telefonou para sua "fonte" e depois relatou – ao que parece, fazendo com o polegar o sinal de "positivo" – que sim. William Smith, redator da *Time* em Nova York, mudou então a frase de Halevy – segundo a qual Sharon dera aos Gemayel a "sensação" de que Israel lhes compreendia a sede de vingança – para uma afirmação muito diferente e que foi publicada por *Time*: a de que Sharon havia "discutido" a vingança com eles.

Para defender-se da ação de Sharon, *Time* alegou não só que de boa-fé acreditava na veracidade do relato quando a reportagem foi publicada, mas também que o relato era de fato verdadeiro. Halevy foi a testemunha principal e não convenceu, pois mudava constantemente as alegações sobre a identidade e o número das fontes em quem confiara para escrever o memorando inicial. Depois de um hábil interrogatório – conduzido em parte pelo juiz Sofaer –, ele admitiu que não chegara a *pedir* à sua fonte que confirmasse se o Apêndice B de fato relatava aquilo que *Time* dizia. Admitiu que só havia "inferido" que o Apêndice B confirmava o seu memorando anterior, "lendo nas entrelinhas" do que sua fonte dava a entender. Pouco antes do final do julgamento, depois de um apelo direito de Sharon e mediante pacientes negociações entabuladas pelo juiz Sofaer, o governo israelense permitiu que advogados israelenses, representando ambas as partes, lessem na presença do juiz Kahan não só o

Apêndice B, mas também as notas e minutas acerca do encontro de Bikfaya que haviam sido submetidas à Comissão Kahan. O apêndice não continha nada do que *Time* alegara "ficar sabendo" que ele continha, e as notas e minutas não mencionavam nenhuma discussão sobre a vingança.

O juiz Sofaer deu instruções altamente específicas ao júri: pediu que cada uma das questões fosse considerada e decidida em separado. A declaração de *Time* difamava Sharon? Em caso afirmativo, os advogados de Sharon teriam conseguido demonstrar, por provas claras e convincentes, que era falsa a declaração de *Time* de que ele havia "discutido" a vingança com a família de Gemayel? E, nesse caso, teria *Time* publicado a matéria com "malícia efetiva", ou seja, sabendo que a informação era falsa ou demonstrando "temerária desconsideração" pela sua veracidade? O júri respondeu "sim" ao primeiro quesito. (*Time* dizia que sua declaração não tinha caráter difamatório porque, segundo dizia, a leitura mais natural da declaração não dava a entender que Sharon teria encorajado, instigado ou permitido os massacres, nem que ele soubesse que estes iriam acontecer. O júri discordou.) Dois dias depois, o júri respondeu "sim" também ao segundo quesito: chegou à conclusão de que *Time* estava errada não só em relação ao Apêndice B, o que a própria revista já admitira, mas também a respeito do encontro de Bikfaya. Depois de mais alguns dias de suspense, o júri respondeu "não" ao terceiro quesito, mas acrescentou (embora não se tivesse pedido que tomasse posição a esse respeito) que, na opinião dos jurados, "certos funcionários de *Time*, sobretudo o correspondente David Halevy, haviam agido com imprudência e negligência na obtenção e verificação das informações que acabaram por constar do parágrafo publicado".

Por isso, embora *Time* tenha perdido as duas primeiras batalhas e tenha ficado ferida na terceira, ela ganhou a guerra na justiça. Adler declara que *Time não* poderia ser considerada culpada de grave irresponsabilidade na preparação e publicação da reportagem:

Com a exceção de Halevy (uma exceção que se pode considerar relativamente pouco importante), que representou falsamente o número, a natureza e a confiabilidade de suas "fontes", todo o pessoal da revista *Time* se portou com profissionalismo e até com dignidade até o momento em que a reportagem chegou às bancas de jornal... Em outras palavras, até o momento da publicação e inclusive nesse momento, a posição de *Time* e o parágrafo por ela publicado estavam dentro das regras.

Essa avaliação me parece excessivamente generosa: as "falsas representações" de Halevy não foram "pouco importantes" nem se podem considerar como tais. E é certo que Harry Kelly, chefe do escritório de *Time* em Jerusalém, deveria ter pressionado Halevy para esclarecer o que suas diversas fontes efetivamente haviam revelado.

Adler absolve *Time* de qualquer acusação séria antes da publicação para sublinhar o fato de que sua queixa se dirige contra a conduta da revista depois da publicação, ou seja, depois de Sharon ter condenado a reportagem e entrado com a ação. Ela pensa que *Time* estava errada em tentar defender a verdade da reportagem, o que ela qualifica como uma tentativa de "garantir pela força" um furo de reportagem. Mas antes do julgamento, ao que parece, *Time* estava disposta a aceitar um acordo que teria introduzido importantes ressalvas no que havia sido dito na reportagem. Como *Time* insistia em que não tinha tido a intenção de dar a entender que Sharon encorajara, instigara, permitira ou previra os massacres, o juiz Sofaer propôs que a revista assinasse uma declaração nesse sentido como parte de um acordo. Segundo o assessor de imprensa de Sharon, que o acompanhou durante o processo e agora escreveu seu próprio livro[3], os advogados do general israelense tiveram

---

3. Uri Dan, *Against All Odds: The Inside Story of General Ariel Sharon's History-Making Libel Suit* (Simon and Schuster, 1987), pp. 105-9. Sharon afirmava que *Time* era culpada de uma "calúnia de sangue", o que sugere um ataque não só a ele pessoalmente, mas ao povo judeu como um todo.

grande dificuldade para persuadi-lo a aceitar sua versão corrigida dessa declaração. Sharon disse que não queria um acordo; queria punir a revista *Time*: "*Time* publicou uma calúnia de sangue a meu respeito. Como, diabos, se pode entrar em *acordo* a respeito de um assunto como esse? Uma calúnia de sangue – contra isso, é preciso *lutar*!" E quando os advogados de *Time* escreveram uma segunda versão da declaração, Sharon, segundo seu assessor de imprensa, se negou a prosseguir com as negociações[4]. Deu uma rápida olhada na declaração de *Time* e pediu a seus advogados que dissessem que nem a haviam mostrado a ele. "A *Time* quer guerra," declarou, "e é isso que eles vão ter – amanhã de manhã, no tribunal."[5]

Embora a reportagem de *Time*, ao que parece, tenha efetivamente feito as acusações caluniosas que depois a revista negou, o acordo proposto teria sido uma retratação suficiente; de qualquer modo, *Time* continuou a retratar-se no decorrer de todo o julgamento, negando ter tido a intenção de difamar. Por que, nessas circunstâncias, seria um gesto de arrogância da parte de *Time* defender uma declaração que ela ainda considerava substantivamente verdadeira: que a questão da vingança fora mencionada na reunião de Bikfaya? Por que a revista deveria admitir a falsidade de algo que considerava verdadeiro?

---

4. Adler não relata nenhum dos detalhes dessa tentativa de acordo e só afirma que foi *Time* que a "rejeitou", o que contradiz o relato de Dan.

5. Ao contrário da alegação de Uri Dan de que a versão da *Time* "não tinha semelhança alguma com o texto que Sharon aceitara com tanta relutância", a única diferença substancial entre ela e o primeiro texto é que afirmava que Sharon estava agora ciente, com base nas declarações feitas pelos funcionários da *Time* no decorrer das investigações, de que a revista não tivera a intenção de dar a entender que ele havia encorajado, permitido ou previsto os massacres. Não se sabe por que *Time* pediu que se acrescentasse esse pormenor – sua integridade jornalística não dependia das opiniões de Sharon sobre as suas motivações –, e a revista provavelmente estaria disposta a renunciar a ele no decorrer das negociações, e provavelmente o teria feito. De qualquer modo, se Sharon só estivesse preocupado com a precisão das alegações de *Time* a seu respeito, e não quisesse punir a revista, não teria se oposto firmemente ao prosseguimento das negociações de acordo, como Dan afirma que ele fez.

Numa passagem misteriosa, Adler diz: "À pergunta: 'Por que publicar a reportagem?', é fácil dar uma resposta: *Time* acreditava que ela era verdadeira. À pergunta: 'Por que defendê-la...?', a resposta de que *Time* ainda acreditava que ela era verdadeira já não é suficiente." Mas por que não é suficiente? É difícil isolar a resposta de Adler da passagem seguinte, densa e comprida, sobre a proibição de se prestar falso testemunho. Mas o que se conclui é o seguinte: a crença de *Time* não justificava a sua defesa porque a revista não fez esforço algum para assegurar a verdade da reportagem depois de esta ter sido contestada.

Não se pode dizer com certeza que Adler tenha motivos justos para fazer essa afirmação[6]. *Time* se fizera prisioneira da prática comum na qual se baseia atualmente boa parte do jornalismo investigativo: o recurso a fontes confidenciais. Os repórteres garantem às fontes que seus nomes não serão revelados a ninguém, nem mesmo aos jornalistas de escalão superior; ao ver deles, mesmo que tenham de ir para a cadeia por desacato, isso é necessário para poderem obter informações de pessoas que têm muito a dizer e muito

---

6. No julgamento, Duncan afirmou sob juramento que *ele mesmo* não fizera nenhum esforço para investigar as fontes de Halevy depois de o processo começar, pois "uma grande investigação" havia sido iniciada pelos advogados de *Time*. Não se segue daí que nenhum funcionário de *Time* tenha tentado conferir a veracidade da história antes de a ação ser movida (a primeira ação de Sharon, em Israel, foi movida menos de duas semanas depois da publicação do artigo) ou que *Time* teria tentado defender a reportagem em juízo mesmo que a investigação dos advogados demonstrasse que ela era falsa. Em sua carta ao *The New Yorker*, o editor-chefe de *Time*, Henry Grunwald, nega que não fez nenhuma investigação e observa que a própria Adler não quis entrevistar os funcionários ou os advogados da revista para verificar suas alegações. (No epílogo, ela diz que seu livro se baseia na freqüência ao tribunal e nas transcrições do julgamento e "não se propõe a relatar entrevistas", as quais não fariam parte do "gênero literário do relato de julgamento". Isso não explica de modo algum por que ela não tentou verificar, de modo perfeitamente natural, uma acusação seriíssima na qual se baseia boa parte de seus argumentos e que não poderia ser provada pelos simples registros do processo.) Adler deveria pelo menos ter dito o que a *Time* ou seus advogados poderiam ter feito, e não fizeram, para se convencer de que a reportagem, tal como fora apresentada, era verdadeira.

a perder caso se saiba que o disseram. Pelo menos desde Watergate, poucos comentaristas chegaram a questionar seriamente essa prática. Adler não a questiona, apesar de seus comentários azedos sobre Halevy; admite que, para publicar sua reportagem, *Time* agiu com dignidade e sem ferir as regras. Mas, assim como essa prática torna difíceis as verificações que um órgão de imprensa responsável pode fazer antes de publicar algo, também limita as verificações que pode fazer depois da publicação.

Se *Time* e seus advogados houvessem pressionado Halevy com tanta firmeza quanto ele foi pressionado durante o julgamento, para conhecer com certeza os fundamentos de sua alegação relativa ao Apêndice B, poderiam ter ficado sabendo que ele só havia inferido o que disse que o apêndice continha, e não o havia ouvido diretamente de sua fonte. Se a revista soubesse disso, deveria instruir o jornalista a ser franco nos depoimentos e durante o julgamento – coisa que, aliás, ele deveria ter feito de qualquer modo. Mas, como escreveu Henry Grunwald, editor-chefe de *Time*, numa carta enviada a certos jornalistas de outros órgãos da imprensa escrita logo antes do final do julgamento, o trabalho jornalístico muitas vezes se baseia em inferências tiradas a partir dos relatos de fontes inseguras (em sua carta, Grunwald lembra dos esquemas de inferência que Bob Woodward e Carl Bernstein usaram na reportagem sobre Watergate). No fim, como sabemos, Halevy se enganou em sua inferência, mas *Time* não teria como saber disso antes de seu advogado em Israel ter podido finalmente ler o apêndice secreto do Relatório Kahan.

De qualquer modo, a acusação importante feita contra Sharon era a de ter "discutido" a vingança no encontro de pêsames, e não de o Apêndice B afirmar isso. A leitura do relatório Kahan no final do julgamento não resolve essa questão em absoluto: algumas das notas e minutas consultadas pelos funcionários dos membros da comissão podem não ter sido repassadas à própria comissão, e a "discussão" de que Halevy fala pode não ter sido registrada em nenhuma minuta. *Time* afirmou, sem sofrer contradição, que as fontes confidenciais de Halevy se haviam mostrado confiáveis no decorrer de toda a campanha do Líbano; não há nada de estranho em que os editores tenham confiado no que Halevy disse a respeito de um homem cuja reputação estava longe de ser impecável e que, afinal de contas, nas partes públicas do relatório Kahan, havia sido considerado culpado de erros de discernimento extremamente graves, que tiveram conseqüências trágicas.

Logo antes do final do julgamento, quando a verdade sobre o Apêndice B já tinha sido revelada, *Time* pediu a Halevy que consultasse de novo sua fonte e o questionasse mais uma vez sobre o encontro de Bikfaya; e Halevy disse que a fonte confirmara a informação anterior. Esse modo de investigação pode parecer muito estranho – Wittgenstein imaginou um homem que não acreditou no que leu no jornal e por isso comprou outro exemplar para saber se era verdade –, mas de que outra maneira a revista poderia confirmar a verdade do relato de Halevy sem desrespeitar a prática de proteção das fontes confidenciais, ou seja, sem ir contra as regras que, segundo Adler, ela havia observado com "dignidade"?

É essa prática, mais do que qualquer arrogância institucional específica por parte de *Time*, que o caso *Sharon* põe em questão; e a análise de Adler inverte o caráter e a importância dos erros de *Time* antes e depois da publicação. Apesar das falhas ocorridas neste caso e em outros, o uso de fontes confidenciais já provou ser um meio precioso, talvez indispensável, de se lançar luz sobre as maquinações dos governos; mesmo assim, *Sharon* demonstra que os editores devem ser particularmente vigilantes na supervisão desse tipo de jornalismo[7]. Enquanto essa prática continuar sendo

---

7. Concordo com Adler em que as convenções para a transmissão de informações obtidas de fontes confidenciais (como, por exemplo, "*Time* ficou sabendo..." ["Time *has learned...*"]) dão uma demasiada aura de certeza às informações em questão. O desenvolvimento de novas convenções, como por exemplo "Disseram a *Time...*" ["Time *has been told...*"]), seria sinal de um respeito maior para com a verdade.

aceita pelos jornalistas norte-americanos, entretanto, não se pode dizer que um órgão de imprensa está errado – que ele "banaliza" a Primeira Emenda – por não se retratar de algo que ainda acredita honestamente ter sido transmitido por uma tal fonte ao seu repórter – uma retratação que seria movida pelo simples fato de a reportagem ter sido negada ou ter sido objeto de contestação na justiça.

Em 1966, Sam Adams era analista de informações da CIA no Vietnã. Baseado em dados diretos colhidos pelo serviço de informações, ele chegou à conclusão de que os relatórios oficiais sobre o tamanho das forças do inimigo postos em circulação pelo comando de Westmoreland subestimavam essas forças de modo grave e deliberado. Adams tornou-se ardoroso defensor dessa tese dentro da CIA; depois que saiu dessa organização, em 1973, se dedicou de modo quase obsessivo a prová-la; em 1975, apresentou suas opiniões num artigo publicado na *Harper's* e perante a comissão do Congresso, comandada pelo deputado Otis Pike, que estudava o serviço nacional de informações. A comissão admitiu que o tamanho da ofensiva do Tet não fora previsto porque os militares tinham uma "imagem reduzida do inimigo". O editor do artigo de Adams na *Harper's* era um jornalista chamado George Crile, que depois se tornou produtor da CBS. Crile achou que o artigo dava uma boa base para um documentário. Com a ajuda de Adams, preparou um rascunho do programa que tinha em mente e fez uma lista das testemunhas e entrevistas que, segundo Adams, poderiam dar apoio à tese em questão. A CBS, não sem certa hesitação, autorizou Crile a começar a fazer o documentário e permitiu que ele contratasse Adams como consultor pago.

Quando foi ao ar, *O inimigo não computado* foi muito convincente. Mike Wallace narrou a introdução e denunciou uma "conspiração nos mais altos escalões do serviço secreto do exército" para enganar o público norte-americano e o presidente dos Estados Unidos, Lyndon B. Johnson, quanto ao verdadeiro tamanho das forças do inimigo no Vietnã.

Wallace apareceu então entrevistando Westmoreland, que pareceu inseguro e fez concessões ao ponto de vista contrário ao seu. Adams repetiu então suas acusações.

O general Joseph A. McChristian, que fora o chefe de inteligência de Westmoreland até meados de 1967, deu apoio à idéia de Adams. Disse que preparou uma nota para a imprensa na qual comunicava uma estimativa muito maior do número de inimigos e que a mostrou a Westmoreland, que acabava de chegar de uma viagem de relações públicas aos Estados Unidos, onde dera declarações otimistas segundo as quais chegara a "hora da virada" na Guerra do Vietnã. Segundo McChristian, Westmoreland não lhe pediu nenhuma explicação do aumento das estimativas e lhe disse simplesmente que a nota seria mal compreendida e causaria problemas políticos. Outros oficiais do serviço de informações, de patente menor, como o coronel Gains Hawkins, que estava diretamente encarregado de preparar a "Ordem de Batalha" do inimigo, apareceram no documentário dizendo que, de uma maneira ou de outra, haviam sido impedidos de passar adiante estimativas do número de inimigos que lhes pareciam mais precisas.

Três dias depois de exibido o documentário, porém, Westmoreland convocou uma badalada entrevista coletiva na qual foi acompanhado por Ellsworth Bunker, embaixador de Johnson no Vietnã, por George Carver, oficial da CIA e principal responsável pelo serviço de informações militares no Vietnã, pelo general Philip Davidson, que substituiu McChristian no cargo de chefe de inteligência de Westmoreland, e pelo coronel Charles Morris, assistente de Davidson na época. Todos eles censuraram *O inimigo não computado*. Um longo artigo crítico sobre o documentário, publicado pelo *TV Guide*, revelou que Crile usara técnicas questionáveis de produção e edição para obter um programa de impacto.

Algumas dessas técnicas violavam as próprias diretrizes da CBS para a imparcialidade na TV aberta. Crile ensaiou perguntas e respostas com as testemunhas antes de filmar e entrevistou uma testemunha duas vezes, permitindo que ela assistisse ao registro das entrevistas com outras pessoas antes de responder às perguntas pela segunda vez. Não comunicou francamente a Westmoreland sobre o que seria a entrevista; e editou a entrevista com Westmoreland para cortar certas observações que poderiam tornar menos bombásticas as declarações do general. Cortou e emendou a resposta que uma testemunha dera a determinada pergunta para fazer parecer que era a resposta a uma pergunta totalmente diferente. Excluiu do documentário, por fim, várias entrevistas com oficiais de alta patente que argumentaram contra a tese ali veiculada. Um desses oficiais excluídos era Walt W. Rostow, assessor nacional de segurança de Lyndon Johnson.

Entre essas práticas, até as que não parecem tão erradas suscitam questões sérias e difíceis sobre a ética jornalística e o direito constitucional relativo à calúnia. Será que a defesa factual – na qual um jornal ou uma rede de televisão apresenta a defesa de uma certa idéia em que eles mesmos, de boa-fé, vieram a acreditar, ignorando ou subordinando todas as alegações ou argumentos em contrário – é uma parte aceitável do jornalismo? Se não for, será que a regra de "malícia efetiva" do caso *New York Times* deve ser revista de modo que os meios de comunicação possam ter de responder na justiça por perdas e danos advindos de uma tal apresentação parcial de uma hipótese, caso se venha a constatar que a hipótese era falsa? Será que os jornais e as redes de televisão devem ser tratados de forma diferente? Adler, porém, quase não tem nada a dizer acerca dessas questões, pois a principal queixa que faz contra a CBS não diz respeito ao fato de Crile ter moldado o programa segundo a sua tese. Ela diz: "Por mais que seja fácil, olhando para trás (e sobretudo com as provas disponíveis num processo judicial dessa magnitude), condenar um programa documentário de noventa minutos, todas essas decisões editoriais podem ter sido tomadas de boa-fé com base em algum tipo de convicção."

Sua principal queixa, que ela faz também contra a *Time*, diz respeito ao comportamento da CBS depois de ter sido citada. Adler diz que a CBS agiu de maneira agressiva e intransigente; comportou-se como se o simples fato de alguém, até mesmo ela própria, achar que ela estivesse enganada fosse uma afronta à sua elevada responsabilidade social e aos seus privilégios constitucionais. Mas, na verdade, a CBS reagiu às críticas de uma maneira que não se encaixa nessa descrição de arrogância e intransigência. Logo antes de Westmoreland entrar com a ação, ela lhe ofereceu uma oportunidade aparentemente adequada para levar ao ar as suas queixas: convidou-o, bem como aos outros oficiais graduados que o apoiavam, a participar de uma mesa-redonda na qual se discutiam a imparcialidade e a precisão do documentário *O inimigo não computado*, e a começar a transmissão com um discurso ininterrupto de quinze minutos para apresentar sua própria posição. (Adler não menciona esta prova contra a sua tese.) Westmoreland recusou o convite e preferiu mover a ação (decisão sobre a qual Adler deveria ter pensado antes de dizer que ele havia movido a ação em prol da verdade histórica).

Depois de publicado o artigo no *TV Guide*, a CBS conduziu sua própria investigação interna, com base na qual Van Gordon Sauter, então coordenador da CBS News, divulgou uma declaração pública na qual apontava erros editoriais e admitia que o programa teria sido melhor se não tivesse lançado mão da palavra "conspiração". Depois de começado o julgamento, a CBS fez uma proposta de acordo pela qual pagaria as custas e despesas processuais de Westmoreland e publicaria uma retratação parcial bem mais generosa do que a declaração inócua que, no fim, Westmoreland acabou aceitando. Westmoreland rejeitou a proposta: àquela altura do julgamento, ele queria uma retratação total, que a CBS, acreditando no que acreditava, não poderia fazer.

Adler não pôde lançar contra a CBS a acusação que lançou contra *Time*, a saber, a de não ter feito nada para investigar a verdade das acusações depois de contestada na justiça.

Em vez disso, ela afirma que a CBS não deveria ter continuado a acreditar na verdade de seu documentário, cuja falsidade, ao ver dela, havia sido provada para além de toda dúvida. Pode-se dizer que o documentário fazia duas afirmações distintas: que Westmoreland, no Vietnã, tentara enganar a imprensa e o público a respeito da quantidade de soldados do inimigo; e que tentara enganar seus próprios superiores militares e civis. Ao que parece, Westmoreland se ressentiu sobretudo da segunda acusação. Na petição inicial, seus advogados afirmaram que ambas as acusações eram falsas; mas, pouco antes de começar o julgamento, decidiram atacar somente a segunda. Por isso, o que Adler quer dizer é que, pela razão, a CBS não poderia continuar acreditando que Westmoreland procurara enganar seus superiores.

No decorrer de muitas discussões isoladas, ela apresenta quatro argumentos em favor dessa idéia: primeiro, que a tese da CBS era explicitamente absurda; segundo, que as testemunhas que negaram aquela tese e mostraram-se a favor de Westmoreland eram oficiais de alta patente do exército, ex-ministros e ex-membros do corpo de assessores do Presidente que, melhor do que ninguém, estavam em condições de saber o que tinha realmente acontecido; terceiro, que as principais testemunhas chamadas pela CBS foram liqüidadas pelo interrogatório dos advogados de Westmoreland durante o julgamento; e quarto, que se comprovou que uma das alegações do programa era efetivamente falsa e tinha sido simplesmente inventada por Crile e seus colegas para tornar o documentário mais empolgante.

Para corroborar a primeira acusação, ela diz que a tese da CBS, de que Westmoreland tentou enganar o presidente Johnson, era absurda porque os generais sempre exageram, e não minimizam, as forças do inimigo para seus superiores. Esse argumento ignora o fato mais óbvio e mais profundo que marcou essa peculiar guerra travada pelos Estados Unidos no Vietnã: especialmente nos meses que antecederam ao Tet, foi uma guerra que o povo norte-americano só estava disposto a tolerar se estivesse convicto de que pudesse ser vencida em pouco tempo sem que fossem convocados mais soldados e sem que o exército sofresse mais baixas do que já estava sofrendo. O próprio Westmoreland não fez esforço algum para ocultar a opinião de que as reportagens de imprensa segundo as quais os vietcongues eram mais fortes do que ele dizia eram danosas para sua campanha militar. Não é absurdo (embora talvez não seja verdade) que ele tenha pensado que, pelo bem dos Estados Unidos da América, deveria impedir que as novas estimativas da quantidade de forças inimigas chegassem à imprensa e ao público, mesmo que para isso tivesse de ocultá-las também de seus superiores. O primeiro argumento de Adler parte de uma generalização contradita pelas circunstâncias particulares da Guerra do Vietnã.

Seu segundo argumento beira a ingenuidade. De fato, Westmoreland foi defendido por pessoas que ocuparam altos cargos e que, coletivamente, tinham condições de saber a verdade acerca da maior parte das acusações da CBS. Essas pessoas afirmaram que nem Westmoreland nem ninguém jamais tentou esconder estimativas precisas sobre o tamanho das forças do inimigo. O que houve, segundo elas, foi uma discordância legítima dentro do exército, e por certo tempo entre o exército e a CIA, sobre como certos tipos de agentes do inimigo – em particular, guerrilheiros e aldeões disfarçados que plantavam as minas e armadilhas responsáveis por um bom número de baixas norte-americanas – deveriam ser classificados: se deveriam ser somados ao número de soldados comuns, como eram antes, ou se deveriam fazer parte de categorias independentes. As testemunhas afirmaram que isso pouco importava, desde que esse pessoal do inimigo estivesse efetivamente computado em alguma categoria.

Mas, caso tivesse ocorrido alguma tentativa de enganação, pelo menos algumas dessas testemunhas, entre as quais os principais subordinados de Westmoreland, teriam de ter participado do engodo; outras, como os funcionários do governo, teriam sido incompetentes por não terem descoberto a mentira. Não quero dizer que algum deles tenha efetivamente mentido. Pode ser, de fato, que tudo quanto disseram seja verdade. Ou talvez (como observou Rodney Smolla[8]) a passagem do tempo lhes tenha dado agora uma idéia diferente sobre as implicações de declarações e acontecimentos do passado, diferente da que observadores independentes poderiam ter tido na época. De qualquer modo, a CBS reuniu um grande número de outras testemunhas, entre as quais militares de patente inferior à dos defensores de Westmoreland, que estavam diretamente envolvidos no processo de coleta de informações e concordaram com a existência de um encobrimento deliberado dessas informações. Essas testemunhas disseram que os relatórios do serviço de inteligência foram alterados; duas delas chegaram a afirmar que Westmoreland se recusara a repassar as estimativas mais elevadas pelo simples motivo de que o relatório provocaria complicações políticas.

É claro que as testemunhas podem estar erradas; talvez não se lembrem bem do que aconteceu, talvez não entendam bem as declarações passadas e atos ambíguos de outras pessoas. Mas nada do que Adler cita dos depoimentos dos militares, por exemplo, mostra que eles não passam de homens fracassados, cheios de ressentimento pessoal contra Westmoreland, críticos da Guerra do Vietnã ou (para usar um dos termos de Adler) "esquerdistas". Pareciam ser soldados com uma noção de honra tão viva quanto a de Westmoreland. Alguns admitiram ter faltado com a responsabilidade ou com a iniciativa. E, para dizer o mínimo, não tinham mais razões para mentir do que seus superiores militares ou civis, a quem contradisseram. Ao preparar o documentário, Crile e seus colegas preferiram acreditar nos oficiais militares que disseram que os números haviam sido conscientemente alterados e não nos que disseram o contrário; e, como eu disse, a própria Adler admite que pode-

---

8. Rodney Smolla, *Suing the Press: Libel, the Media, and Power* (Oxford University Press, 1987).

riam ter chegado a essa conclusão de boa-fé. No julgamento, por fim, não aconteceu nada que obrigasse a CBS a descrer de suas principais testemunhas.

O terceiro argumento de Adler pretende negar essa última afirmação: na opinião dela, as testemunhas da CBS desmoronaram quando interrogadas pelos advogados da parte contrária. Na verdade, elas não se saíram muito pior do que as testemunhas militares de Westmoreland: alguns dos testemunhos que mais serviram à CBS foram extraídos do próprio Westmoreland e das testemunhas que lhe eram favoráveis, por meio dos hábeis interrogatórios de Boies. O argumento de Adler se centra nos testemunhos do general McChristian, cujo depoimento foi tido como especialmente penoso para Westmoreland pelo fato de serem ambos ex-alunos da academia militar de West Point, e do coronel Hawkins, que aparentemente impressionou bastante o júri. Ela examina de modo minuciosamente detalhado as partes supostamente embaraçosas dos depoimentos dessas duas testemunhas, prestando especial atenção aos seus problemas de dicção.

McChristian, em seu testemunho, disse que quando preparou um comunicado em que anunciava que o tamanho das forças inimigas era muito maior do que Westmoreland revelara em sua viagem aos Estados Unidos, o general comandante não lhe pediu explicações e limitou-se a dizer que o comunicado seria "politicamente explosivo", palavras que, segundo McChristian, "gravaram-se a fogo" em sua memória. Adler diz que o interrogatório dos advogados da parte contrária revelou que, antes do julgamento, McChristian dissera não conseguir se lembrar das palavras exatas que Westmoreland usara quando viu o comunicado. Segundo Adler, "com isso fica resolvido o assunto".

Porém, isso que parece uma importante vitória para Westmoreland se transformou, na opinião de alguns observadores, numa verdadeira calamidade para ele; é por isso que Bob Brewin e Sydney Shaw, no livro que escreveram sobre o julgamento, disseram que o testemunho de McChristian foi "potencialmente devastador"[9]. Isso porque Boies, em seu interrogatório, deixou claro não só que McChristian tomara como ponto de honra não citar textualmente a conversa que tivera com seu superior até ser obrigado a isso pelo juramento, mas também, o que foi muito pior, que Westmoreland havia telefonado a McChristian pouco antes ou logo depois de o documentário ir ao ar para lhe dizer, segundo anotações tomadas pelo próprio McChristian, que "achava que nossa conversa era particular e oficial, ainda mais tendo ocorrido entre colegas de West Point", e que "ele tinha levado nas costas o peso do Vietnã em nome de todos nós" – o que nos dá a entender que o próprio Westmoreland compreendia o caráter incriminador da conversa de 1967 sobre o comunicado. (McChristian não havia revelado o telefonema de Westmoreland à CBS ou aos advogados desta; sentia que a honra o obrigava a mantê-lo em segredo, e ele só veio a público quando todos os seus documentos, entre os quais havia um relato do telefonema de Westmoreland, foram reclamados por uma intimação submetida pelos advogados do general.)

Depois do julgamento, Westmoreland contestou a interpretação que McChristian havia feito de seu telefonema, e é possível que a própria Adler, a partir de suas transcrições, tenha chegado à conclusão de que McChristian estava procurando ocultar os motivos que o levaram a não revelar com antecedência os detalhes daquela conversa "explosiva". David Dorsen, um dos advogados de Westmoreland, de fato abalou outros aspectos do depoimento de McChristian em seu interrogatório. Mas se Adler simplesmente não menciona o depoimento de McChristian sobre a conversa telefônica, ao mesmo tempo que atribui grande importância ao fato de ele não ter dito com toda clareza quais palavras haviam ou não haviam se "gravado a fogo" em sua memória, é porque ela mesma tem um fraco pela manipulação de fatos.

---

9. Bob Brewin e Sydney Shaw, *Vietnam on Trial: Westmoreland vs. CBS* (Atheneum, 1987). Brewin cobriu o julgamento para *The Village Voice*.

Adler chama Hawkins de "rústico" e "bêbado" e dá a entender que seu depoimento, por mais interessante que tenha sido, não deu em nada. Segundo Hawkins, ele passou informações a Westmoreland duas vezes, em maio e junho de 1967, e o general, ao olhar para as cifras apresentadas, disse: "Que vou dizer ao Presidente? Que vou dizer ao Congresso? Qual será a reação da imprensa?" Hawkins afirmou ainda que sempre recebia de volta os relatórios enviados aos superiores, que os devolviam para que fossem reformulados; isso até o momento em que finalmente lhes pediu que lhe dissessem quais regras deveria seguir, pois então chegaria a números de que eles gostassem. Segundo os observadores, foi com certa vergonha que ele admitiu ter começado então a diminuir os números arbitrariamente a fim de mantê-los abaixo daquela que lhe parecia a máxima cifra aceitável; e deu a seus assistentes a ordem de fazer a mesma coisa.

Dorsen conseguiu demonstrar que, no que diz respeito aos relatórios passados a Westmoreland, a única coisa de que Hawkins se lembrava eram das afirmações dramáticas que já fizera; e Adler frisa que, embora repetidamente pressionado, ele não chegou a afirmar que recebera a ordem explícita de respeitar uma "posição do comando" quanto a um limite superior para as avaliações do tamanho das forças inimigas. As duas partes chegaram a um acordo antes de Hawkins terminar de dar o seu depoimento, mas, se ele não acrescentasse nada ao que já havia dito, o júri teria de decidir como interpretar sua confissão de ter alterado os números levantados. Não é crível que ele tenha feito isso por sua própria iniciativa. Acaso tinha razão de pensar que seus superiores, na medida em que freqüentemente se recusavam a aceitar os números maiores, queriam fazê-lo compreender que desejavam que ele respeitasse um limite superior, mesmo que não tenham dado ordens explícitas quanto a isso? Ou será que ele interpretou mal uma atitude que seria somente uma discordância, de boa-fé, em relação aos seus métodos de estimativa? Patricia Roth, a jurada que escreveu um livro, parece ter aceito a primeira alternativa: afirma que Hawkins foi uma testemunha particularmente prejudicial para o general. E Rodney Smolla diz: "Sem dúvida alguma... a testemunha que mais prejudicou Westmoreland foi o coronel Gains Hawkins."

Assim, o terceiro argumento de Adler – de que as principais testemunhas da CBS foram destruídas no interrogatório – não convence. Seu quarto argumento, ao que parece, é exemplo de algo ainda mais grave do que a manipulação de fatos. Segundo *O inimigo não computado*, o comando de Westmoreland suprimiu os relatórios que faziam referência à intensa infiltração de soldados norte-vietnamitas no Vietnã do Sul, pela Trilha Ho Chi Minh, nos meses que antecederam à Ofensiva do Tet, em 1968. Adler diz que, o que quer que se pense sobre as demais alegações do documentário, essa acusação em particular foi "pura e simplesmente desonesta"; que os produtores do programa não tinham prova nenhuma dessa alegação e simplesmente a inventaram para tornar o documentário mais interessante. Eis os argumentos que Adler apresenta para comprovar essa gravíssima acusação: "Em todas as 'listas', 'cronologias' e outras anotações [de Sam Adams] feitas até pouco antes de ele começar a trabalhar no documentário, por nenhuma vez ele (ou, aliás, qualquer outra pessoa) mencionou os mais de cem mil norte-vietnamitas que, segundo o programa, infiltraram-se no Vietnã do Sul nos cinco meses que precederam o Tet."

Na verdade, dois funcionários do serviço de informações que trabalharam no Vietnã – o tenente Bernard Gattozzi e o coronel (na época, major) Russell Cooley – haviam dito à CBS, em entrevistas feitas antes da exibição do documentário, que acreditavam que a infiltração crescera até o grau que depois foi divulgado. Junto com outro oficial da inteligência, o tenente Michael Hankins, os dois afirmaram a mesma coisa em seus depoimentos. E até um livro de referência da academia de West Point, publicado em 1969, usado até 1974 e introduzido como prova no julgamento, diz que o número de infiltrados era igual ou superior ao relatado pela CBS. O autor, general Dave Richard Palmer, escreveu: "Em novembro [de 1967], o número de homens infiltrados por mês chegara a cerca de 30.000."[10] Adler não menciona esse livro, embora Crile tenha dito em juízo que ele foi uma de suas fontes de referências.

Por isso, quer o número de infiltrados apresentado pela CBS seja verdadeiro, quer não – e esse número foi contestado no julgamento –, parece que a rede de televisão não o inventou num ato de "pura e simples desonestidade". Na contestação que Adler estudou antes de escrever a versão final de *Reckless Disregard*, a CBS citou as fontes dos números apresentados. A queixa principal de Adler, tanto contra a CBS quanto contra a *Time*, é que ambas se recusaram a reconhecer até mesmo os erros que ficaram comprovados. Mas, em seu epílogo, ela não fala absolutamente nada sobre os diversos argumentos com os quais a CBS procurou refutar a alegação de que havia agido com desonestidade no que se refere ao número de infiltrados. Adler discute Hankins, Gattozzi e Cooley, mas suas observações pecam, entre outras coisas, por não ter relação nenhuma com a questão crucial de se saber se a CBS agiu com desonestidade ao confiar nas afirmações desses três. Gattozzi, segundo Adler, sofria de um "bloqueio total da memória" até o momento em que Crile e Adams fizeram contato com ele, o que pode dar a entender que foram eles que lhe repassaram os números maiores. Mas Gattozzi, em seu depoimento, afirmou que foi ele quem tocou no assunto da infiltração com Adams, e não o contrário.

Adler diz que Hankins – que, ela mesma admite, era um especialista em infiltração – reconheceu que os números por ele apresentados eram baseados em novas técnicas que ele "não foi capaz de comprovar plenamente". Mas, como ela mesma deixa bem claro em outra parte do livro, o mesmo se pode dizer da opinião de qualquer pessoa sobre

---

10. Dave Richard Palmer, *Readings in Current Military History* (United States Military Academy, 1969), p. 102.

quase todos os aspectos das informações obtidas pelo exército sobre as forças inimigas, e não constitui prova de que a CBS agiu com desonestidade ao aceitar as conclusões de Hankins. Este testemunhou que "gritou: 'Assassinos!'" diante das restrições impostas a seus relatórios. Cooley testemunhou que acreditava na idoneidade dos métodos de Hankins e disse que os mesmos métodos nunca chegaram a ser contestados pelos superiores, que, não obstante, não aceitavam os resultados obtidos por eles.

Segundo Adler, Cooley nunca se encontrou face a face com Westmoreland, o que na verdade não põe em dúvida seu testemunho de que acreditava que os números fornecidos por Westmoreland fossem muito mais baixos do que os reais. Ela diz que "Gattozzi, de qualquer modo, contou ao major Russell Cooley o que achava ter ouvido de Hankins" – o que pode dar a entender que a idéia do aumento do número de infiltrados fosse de algum modo o produto de uma comunicação única, e talvez truncada, entre essas três testemunhas.

Na verdade, em seu depoimento, Cooley afirmou que foi o próprio Hankins, o especialista, quem lhe informou diretamente sobre a diminuição dos números nos relatórios oficiais; disse também que ele, Hankins e Gattozzi estudaram juntos a grande disparidade dos números e aquilo que lhes parecia ser a verdade, e não o fizeram uma ou duas vezes, mas continuamente – quero dizer, sempre. Não era que uma vez por semana eu recebia um comunicado de Mike Hankins. Todo dia, toda hora, a cada minuto, da meia-noite ao meio-dia, das três às oito da manhã, a qualquer hora nós estávamos falando sobre o problema, não só ele e eu, mas também Gattozzi.

Adler diz que preparou um documento (não incluído no epílogo do livro) no qual refuta a refutação da CBS. Pode ser que esse documento contenha outros dados que provem a alegação de que a CBS foi desonesta; mas o epílogo em si não substancia essa grave acusação.

Em suma, nenhum dos quatro argumentos segundo os quais a CBS sabia que o documentário continha informações falsas chega a provar essa tese – aliás, os quatro fracassam clamorosamente. Inclusive, certos observadores acharam que, longe de prejudicar a posição da CBS, o julgamento a fortaleceu muito[11]. A associação que Adler considera ímpia – a imprensa e seus advogados unindo forças para fazer uma investigação imensa, financiada por um orçamento muitíssimo maior do que a CBS jamais dedicaria à realização de um único programa e subsidiada pelas técnicas jurídicas da intimação, publicação, depoimento em juízo e contraditório – reuniu, muito mais do que o documentário original da CBS, uma quantidade de dados e provas extremamente convincentes de que os militares haviam sistematicamente enganado o público durante a Guerra do Vietnã. Quando o julgamento terminou com a virtual rendição de Westmoreland, os jurados foram entrevistados; as entrevistas dão a entender que, com base nos dados e argumentos apresentados até então, vários jurados pensavam que Westmoreland não havia conseguido demonstrar que as acusações da CBS eram falsas. Embora Patricia Roth não chegue a dizer qual teria sido seu voto, seu diário dá a entender que, quando terminou o julgamento, ela acreditava mais na CBS do que no general.

Não quero dizer, porém, que o caso *Westmoreland* mostre que é conveniente se tirar a história das universidades para levá-la aos tribunais. Depois de *Westmoreland*, temos mais informações do que de outro modo teríamos sobre os acontecimentos relacionados com a inteligência militar no Vietnã; é

---

11. Para uma apresentação mais completa dos dados e descobertas da CBS do que a fornecida por Adler, ver "The Strategy of Deception in the Vietnam War", *Philadelphia Inquirer Magazine* (27 de outubro de 1985), de David Zucchino, um repórter do *Inquirer* que cobriu cotidianamente o julgamento; e *Vietnam on Trial*, o livro de Brewkin e Shaw citado na nota 9. No livro citado na nota 8, Smolla diz que, mesmo depois do julgamento, observadores imparciais poderiam discordar acerca de quais opiniões estavam mais próximas da verdade: as de Westmoreland e dos poderosos que o apoiaram ou as da CBS e de suas testemunhas militares de patente inferior. Essa visão moderada não corrobora de modo algum a alegação de Adler de que ficou provada a falsidade da posição da CBS.

difícil de imaginar um grupo de historiadores acadêmicos que descobrisse todos os detalhes trazidos a público pela equipe de Cravath. Porém, o custo do julgamento foi incrivelmente alto; e, como disse o próprio juiz Leval quando dispensou os jurados, nem mesmo uma decisão unânime poderia jogar uma pá de cal sobre uma complexa controvérsia histórica.

Adler não acha que o julgamento fortaleceu a posição da CBS. Mas o que ela está querendo provar – lembremo-nos disso – não é simplesmente que os partidários de Westmoreland tinham a seu favor as provas históricas (o que ela tem todo o direito de pensar), mas sim que a CBS não poderia, racionalmente, continuar acreditando no que acreditava; e, com base nos argumentos e informações que apresenta em seu livro, ela não tem o direito de chegar a essa conclusão. Por isso, ela não tem provas de que a decisão da CBS de defender suas alegações é uma banalização da Primeira Emenda ou um caso particular de uma arrogância instituída e generalizada na imprensa norte-americana, arrogância essa que exigiria a reavaliação da jurisprudência constitucional da liberdade de imprensa.

Os comentários de Adler acerca da Primeira Emenda e da regra (definida em *New York Times vs. Sullivan*) de que um funcionário público tem de provar a "malícia efetiva" para ganhar um processo por calúnia e difamação são breves, obscuros e perigosos. Ela diz que no século XVIII, quando foi feita a Primeira Emenda, a imprensa consistia num certo número de periódicos pequenos que representavam uma larga gama de pontos de vista políticos radicalmente diferentes; e o público que lia esses periódicos esperava que os artigos neles publicados fossem parciais a um desses pontos de vista. Conclui daí que "a Constituição não poderia prever, no que diz respeito à imprensa, um poder, uma escala e, acima de tudo, uma unidade que decorre em parte, mas não inteiramente, do progresso tecnológico".

Evidentemente, ela não pretende afirmar aquela que parece ser uma das implicações naturais dessas observações: que a garantia de liberdade de imprensa oferecida pela Primeira Emenda não se estende de modo algum às instituições da imprensa moderna. Por outro lado, ela pretende que essas observações tenham alguma relação com seu ensaio; ao que parece, pensa que elas justificam uma medida menor de proteção do que a imprensa hoje reivindica para si, pelo menos nos processos por calúnia e difamação. Contudo, segundo me parece, ela não chega a dizer isso com todas as letras. De qualquer modo, esse ceticismo quanto à importância da liberdade de imprensa para a sociedade norte-americana contemporânea, o qual se depreende de suas observações, há de chamar a atenção de muitos leitores (já hostis a essa liberdade) como o aspecto mais importante de seu livro.

O que importa que a imprensa de hoje seja muito diferente, quanto ao caráter, o poder e a influência, das pequenas publicações e panfletos com que estavam familiarizados os legisladores do século XVIII? Pode ser que Adler esteja tentando apresentar o argumento falacioso segundo o qual o fato de "os autores não terem jamais imaginado" algo como a imprensa moderna é decisivo para a interpretação atual da Primeira Emenda. Esse argumento se baseia na tese obsoleta que o Procurador-Geral Messe fez de tudo para ressuscitar: que os dispositivos abstratos da Constituição, como a Primeira Emenda, só devem ser interpretados de modo que protejam indivíduos e instituições naquelas circunstâncias concretas que os estadistas que os criaram tinham em mente. Além de se basear nessa tese obsoleta, ele não nos fornece nenhuma prova de que os autores da Constituição pretendiam limitar a liberdade de expressão e de imprensa aos volantes e panfletos que lhes eram familiares[12].

Se a imprensa, em seu poder, seus recursos e sua influência, já ultrapassou em muito a situação em que estava

---

12. Para uma boa discussão da complexidade de qualquer argumento a respeito da intenção dos autores da Constituição, ver H. Jefferson Powell, "The Original Understanding of Original Intent", *Harvard Law Review*, vol. 98 (1985), p. 885.

no século XVIII, a verdade é que o Estado também se desenvolveu sobremaneira, não só no âmbito de suas operações e empreendimentos como também na capacidade de manter na surdina seus crimes e abusos. Com efeito, as duas instituições aumentaram seu poder juntas, numa espécie de simbiose constitucional: a influência da imprensa decorre em grande parte da justificada crença do público de que uma imprensa livre e poderosa serve para impor bem-vindas restrições às atitudes de segredo e desinformação por parte do Estado. A intenção mais básica dos autores da Constituição era a de criar um sistema equilibrado de restrições ao poder; o papel político da imprensa, agindo dentro de uma imunidade limitada em relação aos seus próprios erros, parece agora um elemento essencial desse sistema – pelo fato mesmo de a imprensa ser a única instituição dotada da flexibilidade, do âmbito e da iniciativa necessárias para descobrir e publicar as mazelas secretas do Executivo, deixando a cargo das outras instituições do sistema a tarefa de saber o que fazer com essas descobertas. Embora o escândalo Irã-Contras tenha vindo à luz depois da publicação de *Reckless Disregard*, ele proporciona um exemplo excelente do papel da imprensa na estrutura constitucional complexa e única desenvolvida pelos Estados Unidos da América.

Embora o documentário da CBS tenha sido maculado por erros dolosos de edição e por uma apresentação parcial, ele foi mais um exemplo desse papel da imprensa, pois, perante o público norte-americano, apresentou oficiais do exército sérios e aparentemente sinceros a dizer que seus superiores haviam enganado o povo numa guerra terrível que cobrou um grande preço da nação. Quer a história venha a dar razão a essas alegações, quer não, é evidente que o público tinha interesse em ouvir esses oficiais, e o jornalismo pode contar como um pequeno triunfo seu o fato de tê-los convencido a falar. Resta saber se a imprensa seria significativamente inibida se estivesse sujeita às regras ordinárias de calúnia e difamação, as que valiam antes de *New*

York Times vs. Sullivan. O juízo da Suprema Corte – que respondeu um "sim" a essa pergunta – parece correto: mesmo os mais ricos jornais e redes de televisão hesitariam antes de publicar alegações injuriosas que pudessem ser consideradas falsas por um júri, ou mesmo alegações verdadeiras, mas que os ditos jornais e redes de televisão não estivessem dispostos a defender em litígios caríssimos e prolongados movidos por figuras públicas financiadas por grupos políticos dotados de objetivos puramente políticos. De qualquer modo, foi essa a justificativa apresentada pela Suprema Corte no caso *New York Times*, e essa justificativa não é abalada mesmo que aceitemos as alegações de Adler acerca da imprensa arrogante e monolítica.

Adler diz que o caso *New York Times* foi "histórico", "justo" e "corretamente decidido"; mas diz também que foi "estranho" e "marcado por um raciocínio bastante descuidado" (ela não chega sequer a insinuar quais foram as ditas falhas de raciocínio), e que as decisões posteriores da Suprema Corte que desenvolveram a doutrina ali estabelecida produziram formulações tão "ininteligíveis" que "algo está gravemente errado"[13]. E no epílogo ela afirma (contradizendo-se, portanto) que a regra deve ser modificada; observa,

---

13. Ela se refere à tentativa que o juiz Byron White fez, num pleito posterior, de descrever de modo mais detalhado o estado de "temerária desconsideração" (*reckless disregard*). Dizia ele: "Deve haver provas suficientes que nos permitam chegar à conclusão de que o réu tinha sérias dúvidas acerca da verdade daquilo que publicou." (*St. Amant vs. Thompson*, 390 U.S. 727 [1967], p. 731.) Adler assevera (e depois, em seu epílogo, parece negar) que, quando White dizia "sérias dúvidas", queria dizer que qualquer pessoa que tem ciência de alguns argumentos contrários àquilo que vai publicar, ou que sabe que aquilo pode estar errado, é culpada de temerária desconsideração; e afirma ainda que os autores da Constituição não podem ter tido a intenção de desestimular essa espécie de dúvida de boa-fé e só proteger aqueles que publicam algo movidos por uma certeza absoluta e dogmática. Mas, como é óbvio (e como a própria opinião de White deixa bem claro), as "sérias dúvidas" que ele tinha em mente não são aquela noção de falibilidade normal, acadêmica e recomendável, mas uma atitude muito diferente: a atitude da pessoa que pensa que os argumentos contrários àquilo que vai dizer são tão fortes quanto os favoráveis, mas que o publica mesmo assim, desconsiderando as provas contrárias.

num tom moderado, que qualquer mudança operada pela Corte de Rehnquist seria provavelmente uma mudança radical para pior. Se Adler critica a regra *New York Times*, ela certamente não é a única; e, embora esteja assim na companhia de alguns fanáticos de direita que abominam a imprensa, tem a seu lado também diversos estudiosos sérios e juízes da Suprema Corte.

Os fatos do caso *New York Times* mostram por que o jornal recorreu à Suprema Corte depois de o pleito ter sido julgado. O *Times* publicara um anúncio, pago por uma organização de direitos civis, que continha algumas afirmações incorretas sobre a polícia de Montgomery, Alabama. O chefe da polícia de Montgomery processou o jornal num tribunal do Alabama, alegando calúnia e difamação, e o júri local lhe concedeu uma indenização de quinhentos mil dólares por perdas e danos. O júri recebera a seguinte instrução: a menos que o réu provasse que suas afirmações eram verdadeiras em cada mínimo detalhe, o queixoso tinha direito à indenização, muito embora o réu tivesse publicado suas alegações de boa-fé, ou seja, mesmo que acreditasse nelas.

Na Suprema Corte, o *Times* alegou que a regra de calúnia do Alabama, tal como fora aplicada nesse caso, feria a garantia dada pela Primeira Emenda contra quaisquer leis que limitassem a liberdade da imprensa[14]. Alguns advogados asseveram que, na verdade, a Primeira Emenda abole por completo a lei de calúnia e difamação, pois *qualquer* lei que permita um pedido de perdas e danos contra *qualquer* publicação diminui a liberdade de expressão. Com efeito, os juízes Hugo Black, William O. Douglas e Arthur Goldberg votaram para que a decisão do júri contra o *Times* fosse revertida pelo simples motivo de que, pela Constituição, nenhum estado tem o direito de conceder uma indenização por calúnia em virtude de qualquer coisa publicada que difame um ocupante de cargo público. Mas a maioria dos juízes da Corte rejei-

---

14. A Corte já havia decidido que, pela Décima Quarta Emenda, a Primeira Emenda se aplica não só à União Federal, mas também aos estados.

tou essa regra simples e, em vez dela, elaborou a regra da "malícia efetiva", mais complexa. A Corte afirmou que, como o queixoso de Montgomery ocupava um cargo público, e como as provas apresentadas não demonstravam nem que o *Times* sabia que as alegações contestadas eram falsas, nem que ele era indiferente à verdade ou falsidade delas, a decisão dos jurados do Alabama tinha de ser revertida.

Ninguém nega que a regra da malícia efetiva tem conseqüências amargas, pois priva muitas figuras públicas da compensação que lhes seria devida quando são publicadas coisas falsas a seu respeito. Mas esse não é o único preço da regra. Em *Herbert vs. Lando*, a Suprema Corte decidiu, com razão, que, se um queixoso não pode ganhar um processo por calúnia se não puder provar que o réu tinha uma determinada atitude mental quando fez a publicação – que acreditava que as informações publicadas eram falsas ou manifestou uma desconsideração temerária pela sua verdade ou falsidade –, o queixoso deve ter o direito de interrogar os repórteres, editores e executivos da instituição-ré tanto em depoimentos anteriores ao julgamento quanto no próprio banco das testemunhas, e de consultar, pelo menos em parte, as suas anotações e outros materiais preparatórios, a fim de poder determinar qual era, na realidade, sua atitude mental[15]. Esse aspecto da regra tem atrapalhado, e muito, as atividades normais e regulares dos jornais e redes de televisão acusadas na justiça de calúnia e difamação.

Porém, essas desvantagens patentes não bastam para provar que a regra de malícia efetiva do caso *New York Times* foi um erro; seus adversários têm ainda de demonstrar que existe um jeito melhor de conciliar o interesse do indivíduo por sua reputação com o interesse da coletividade pela transparência do governo. Adler não dá nenhuma contribuição válida ao debate sobre a regra da malícia efetiva – e perde assim uma preciosa oportunidade de fazê-lo –, pois

---

15. 441 U.S. 153 (1979).

parece repudiá-la, pelo menos em algumas de suas observações, sem oferecer nenhuma regra alternativa com a qual aquela pudesse ser comparada. Pior: muitas coisas que ela diz sobre a regra são tão confusas que só podem fazer piorar a compreensão que o público tem sobre esse problema.

Ela exagera desmesuradamente, por exemplo, o poder jurídico dessa regra. Acerca de Westmoreland e Sharon, Adler diz que "a principal questão legal, entretanto, era a seguinte: caso as alegações de qualquer um deles prevalecessem junto ao júri – o que já por si seria muito difícil –, a decisão, quase com certeza, seria revertida quando da apelação". E reitera essa notável opinião mais adiante no livro: "Em decorrência [da regra da malícia efetiva], ambos teriam perdido a causa, se não imediatamente, pelo menos em alguma instância de apelação." Mas já aconteceu de pessoas públicas ganharem processos por calúnia e difamação: a famosa vitória de Carol Burnett contra *The National Enquirer* foi sustentada no tribunal de apelação, embora sua indenização tenha sido reduzida; e quando William Tavoulareas, presidente da Mobil Oil, ganhou uma ação contra o *Washington Post* (em grande medida, ao que parece, porque o júri não compreendeu ou ignorou as instruções do juiz), a decisão foi corroborada pelo tribunal de apelação do Distrito de Colúmbia num acórdão com o qual concordou Antonin Scalia, que depois foi promovido para a Suprema Corte. (O pleito foi apresentado de novo perante a banca do tribunal itinerante do Distrito de Colúmbia, e a decisão desse tribunal, quando for proclamada, poderá ser levada em apelação diante da Suprema Corte.)

Se Adler tivesse razão no que diz a respeito da "principal questão legal", os dois juízes que ela louva teriam cometido erros jurídicos graves e caríssimos. Os dois réus, a *Time* e a *CBS*, alegaram "carência de ação" antes de as causas irem a tribunal; essa moção afirma que, mesmo que todas as alegações do queixoso fossem aceitas pelo júri, o queixoso ainda assim não teria um motivo legal válido para sua ação; logo, o juiz deveria poupar o tempo e o dinheiro de todos, declarando o julgamento inválido logo de saída. Se Adler tivesse razão, os juízes deveriam ter aceito ambas as moções; e os julgamentos, longos e dispendiosos, jamais teriam acontecido. Ela não se dá ao trabalho de apresentar, muito menos de rebater, os argumentos apresentados pelos juízes para negar as moções. Além disso, como eu já afirmei, ela mesma acredita que a CBS simplesmente inventou uma notícia para dar mais interesse ao seu documentário. Se Westmoreland tivesse apresentado provas claras e irrefutáveis de que isso acontecera, e se o júri tivesse aceitado essas provas e tomado sua decisão a partir delas, não temos motivo algum para suspeitar que o veredicto tivesse sido revertido quando da apelação[16].

Embora Adler não apresente sugestão alguma para diminuir as desvantagens da regra de malícia efetiva, ou para que esta seja emendada ou substituída, já houve quem apresentasse tais sugestões. O juiz Leval, por exemplo, depois do final do julgamento da CBS, propôs que, se uma figura pública tivesse objeções a algo que tivesse sido publicado a seu respeito por um órgão da imprensa escrita, da televisão ou do rádio, poderia submeter-se, junto com o órgão de imprensa em questão, a uma forma de arbitragem em que só estaria em questão a veracidade da reportagem, e não a boa-fé da imprensa; caso se constatasse que a matéria publicada era falsa, chegar-se-ia a um acordo no qual o ór-

---

16. Adler diz que, se o júri tivesse dado ganho de causa a Westmoreland ou Sharon, "os tribunais superiores simplesmente decidiriam que dentro da categoria 'servidor público' existe uma subcategoria, 'oficial militar de alta patente', que tem de arcar com um ônus de prova ainda mais pesado [do que o exigido pela regra do caso *New York Times*], ou talvez não tivesse sequer o direito de mover um processo por calúnia e difamação". Ela não cita nenhum precedente e nenhuma razão para prever que fosse essa a decisão, e não há nada nos pareceres da Suprema Corte que justifique tal asserção. O juiz Sofaer, comentando a argüição de carência de ação apresentada pela *Time*, rejeitou explicitamente a idéia de que os oficiais militares de alta patente têm de arcar com um ônus de prova especial. O juiz Leval disse que essa idéia não encontrava nenhum respaldo nos precedentes, embora tenha admitido que a CBS poderia defendê-la no final do julgamento.

gão de imprensa faria um anúncio público desse fato segundo uma forma estipulada pelo acordo. Essa idéia seria útil em certas circunstâncias – a arbitragem seria muito menos dispendiosa do que um julgamento que procurasse determinar não só a veracidade das afirmações, mas também as motivações dos editores e repórteres –, mas exigiria o consentimento de ambas as partes.

Há pouco tempo, o juiz White revelou que mudou de idéia acerca da regra *New York Times*, que antes endossava calorosamente[17]. Disse que a regra muitas vezes contraria um dos objetivos da Primeira Emenda, de proporcionar ao público um livre fluxo de informações, pois impede os ocupantes de cargos públicos de contestar as informações falsas e, assim, permite que a falsidade "polua" os registros a partir dos quais o público toma suas decisões. White apresentou várias sugestões. Uma delas não exige a modificação da regra *New York Times*: instrui-se o júri a pronunciar veredictos separados sobre as questões da veracidade e da malícia efetiva, de tal modo que uma figura pública possa ter pelo menos a satisfação e o benefício de ver publicada uma declaração de inocência, mesmo que a impossibilidade de provar a temerária desconsideração a impeça de obter uma compensação financeira. (Como eu disse, o juiz Sofaer usou essa técnica no caso *Sharon*, o que facultou a Sharon a obtenção de uma vitória "moral" pelo fato de o júri ter decretado que ele não havia conversado sobre vingança com os falangistas. O juiz Leval quis usar a mesma técnica em *Westmoreland*, mas – embora Adler não mencione esse fato – os advogados do general uniram-se aos da CBS para se opor à idéia.)

A aplicação das outras sugestões de White exigiria mais mudanças doutrinárias. Ele propõe, por exemplo, que mesmo um servidor público possa ganhar um processo por calúnia e difamação sem demonstrar a ocorrência de malícia efetiva caso só peça a compensação de perdas e danos no-

---

17. Ver seu parecer em *Dun & Bradstreet vs. Greenmoss Builders*, 105 S. Ct. 2939 (1985).

minais, ou o reembolso dos custos do processo e das perdas financeiras efetivas que possa ter tido. A decisão *New York Times* tinha o objetivo de proteger a imprensa das grandes indenizações punitivas, e a sugestão de White tem o mérito de impedir as exigências financeiras extravagantes mas permitir, ao mesmo tempo, que um servidor público difamado possa recuperar algo do que perdeu. Porém, os custos da defesa de uma acusação de calúnia e difamação, mesmo que esta se limite somente à questão da veracidade, são grandes demais, como demonstraram os processos *Sharon* e *Westmoreland*. Por isso, essa idéia de White poderia trazer de volta os efeitos que o medo de um possível litígio teria sobre a decisão de um jornal de publicar informações a que o público deveria ter acesso.

Talvez fosse melhor emendar a doutrina da decisão *New York Times* de maneira diferente e mais abrangente. Muitos estados (entre os quais a Califórnia) têm leis estatutárias segundo as quais, se um jornal é acusado de ter difamado e caluniado alguém e publica logo em seguida uma retratação tão proeminente quanto a reportagem original, essa retratação será defesa suficiente contra qualquer pedido de indenização punitiva. Essa estratégia pode ser ampliada e inserida no contexto jurídico da Primeira Emenda através do seguinte conjunto de regras. Uma figura pública que se proponha a contestar uma afirmação difamatória a seu respeito, que tenha sido publicada ou levada ao ar, terá primeiro de pedir ao órgão de imprensa que publique com destaque uma retratação rápida ou uma refutação razoável preparada pela pessoa atingida. Se o órgão de imprensa se recusar a fazer uma coisa ou a outra, a pessoa difamada pode pedir e ganhar na justiça uma indenização compensatória substancial, desde que convença o júri de que os dados citados ou fornecidos ao órgão de imprensa quando do pedido de retratação proporcionavam provas claras e convincentes de que a afirmação contestada era falsa.

Esse conjunto de regras tem algumas vantagens bem claras. Vamos supor que elas sejam adotadas. Se uma retratação ou refutação fosse publicada, ficaria neutralizada a preocupação de White com a corrupção dos registros públicos por uma falsa informação. Se isso não ocorresse, até um servidor público teria a oportunidade de se defender nos tribunais, e a questão que sob a regra *New York Times* se revelou um fardo pesadíssimo para os queixosos e um motivo de grandes gastos e perda de tempo para ambas as partes – a questão da atitude mental do réu quando do ato da publicação – não estaria em causa no litígio.

Os argumentos centrar-se-iam, em vez disso, na questão que, afinal de contas, é a decisiva: se a afirmação contestada pelo queixoso, com base nas provas por ele apresentadas para justificar sua contestação, continua sendo matéria de dúvida – caso em que o queixoso deve perder a causa – ou se demonstra que ela é claramente falsa – caso em que ele deve ganhar, pois a imprensa não deve negar à sua vítima a oportunidade de provar a falsidade daquilo que patentemente não é verdade. Sob essas regras, pelo menos sob alguns aspectos, a imprensa teria menos proteção do que tem sob a regra *New York Times*. Mas, caso fosse levada a julgamento, teria muito menos gastos e dificuldades, pois não teria de defender sua honestidade, sua boa-fé ou mesmo a razoabilidade de sua atitude quando da publicação. Teria liberdade para fornecer ao público as informações que lhe parecessem verdadeiras com base nos dados à disposição, sem sofrer o medo paralisante de que, caso dados mais confiáveis mostrassem depois que a informação veiculada era falsa, ela seria punida financeiramente por um litigante raivoso.

Existem, evidentemente, objeções a essas regras, mesmo na forma sumária sob a qual as descrevi. Seria necessário elaborar um critério adequado da suficiência de uma retratação ou da publicação de uma refutação; a experiência dos estados com as retratações dá a entender, porém, que esses critérios podem ser elaborados. Essas regras podem encorajar os jornais mais inescrupulosos a caluniar as pessoas à vontade, publicando alegremente suas retratações no dia seguinte. Esse perigo poderia ser evitado por um refinamento maior da lei, mas a irritação provocada por esses jornais talvez não fosse um preço alto demais a se pagar pela simplificação da lei de calúnia e difamação pela imprensa. As regras aqui sugeridas poderiam também ajudar a simplificar a lei de uma outra maneira: não vejo razão alguma pela qual elas não possam ser aplicadas não só às figuras públicas, mas também aos cidadãos particulares. A distinção entre figuras públicas e privadas e a tentativa de definir um critério separado que reja as ações de calúnia movidas pelas últimas têm causado muitas dificuldades[18], e seria muito benéfico que essa distinção fosse completamente eliminada.

Seria útil, por fim, considerar como os casos de Sharon e Westmoreland poderiam ter sido diferentes caso uma regra como essa estivesse em vigor. A proposta da CBS, de fazer uma mesa-redonda e transmiti-la pela televisão, abrindo-a com uma fala ininterrupta de Westmoreland por quinze minutos, poderia ter sido considerada uma oportunidade suficiente de refutação. Assim, o processo *Westmoreland* não existiria. A revista *Time* poderia ter se disposto a publicar a "interpretação" de suas observações oferecida antes do julgamento e durante este, com a qual ficavam neutralizadas as implicações mais negativas de sua reportagem. Uma vez que Halevy insistiu em que suas fontes continuavam confirmando sua versão do encontro de Bikfaya, a *Time* não teria admitido um erro na reportagem tal como reinterpretada. Mas teria fortes motivos para publicar ou relatar a negação de Sharon, junto com as de todas as testemunhas que o direito israelense lhe permitisse citar; e teria de deixar claro que não tivera acesso nem ao Apêndice B nem a nenhum relatório oficial sobre o encontro de Bikfaya. Isso porque os advogados provavelmente teriam dito à *Time* que, se as fontes de Halevy permanecessem confidenciais, o júri provavelmente chegaria à conclusão de que nenhuma pessoa racional poderia acreditar nos relatos em face das

---

18. Ver *Gertz vs. Robert Welch, Inc.*, 418 U.S. 323 (1974) e os casos aí citados e discutidos.

negações apresentadas. (Foi isso, no fim das contas, que o júri do caso *Sharon* efetivamente concluiu – embora o tenha feito, é certo, com a ajuda do relatório do juiz Kahan sobre os documentos de sua comissão.)

Assim, é possível que também o processo *Sharon* jamais tivesse acontecido; nesse caso, as regras hipotéticas teriam poupado muitas despesas e muitos esforços ao nosso poder judiciário. Além disso, o imenso talento e a energia ilimitada de Renata Adler, bem como seu estilo provocativo e mordaz, teriam sido postos a serviço de causas que, tenho certeza, seriam muito mais nobres.

26 de fevereiro de 1987

8. Por que a liberdade de expressão?

Mesmo entre as democracias, os Estados Unidos se destacam pelo grau extraordinário em que sua Constituição protege a liberdade de expressão e a liberdade de imprensa. A grande decisão que a Suprema Corte tomou em 1964, no caso *New York Times vs. Sullivan*, é um dos elementos centrais desse esquema constitucional de proteção[19]. Segundo a Primeira Emenda à Constituição, o Estado "não pode elaborar nenhuma lei... que limite a liberdade de expressão ou a liberdade de imprensa". Na decisão *Sullivan*, a Corte afirmou que, a partir desse dispositivo constitucional, se conclui que nenhum servidor público ou ocupante de cargo público pode ganhar uma ação contra a imprensa, a menos que prove não só que a acusação feita contra ele era falsa e nociva, mas também que o órgão de imprensa fez essa acusação com "malícia efetiva" – que os jornalistas não só foram descuidados ou negligentes ao fazer as pesquisas para a reportagem, mas que também a publicaram sabendo que ela era falsa ou com "temerária desconsideração" (*reckless disregard*) pela veracidade ou falsidade das informações ali contidas. A decisão da Suprema Corte impôs esse pesadíssimo ônus de prova somente aos servidores públicos; deu liberdade às pessoas particulares para receber indenizações por perdas e danos de acordo com as leis estaduais, que tra-

---

19. 376 U.S. 254 (1964).

dicionalmente dão ganho de causa aos queixosos que se limitam a provar que as afirmações feitas a respeito deles são falsas e nocivas.

A decisão da Corte liberou a imprensa para fazer investigações e publicar reportagens sem o medo "paralisante" de que um júri pudesse aproveitar um erro factual ou um lapso jornalístico para determinar uma indenização por calúnia e difamação que levasse à bancarrota o órgão de imprensa em questão. A regra *Sullivan* fez com que a imprensa norte-americana passasse a usar de muito menos cautela para criticar os ocupantes de cargos públicos do que a imprensa britânica, por exemplo, uma vez que, no Reino Unido, as personalidades públicas têm o hábito de processar jornais e ganhar grandes indenizações na justiça[20]. Dificilmente a investigação de Watergate e outras denúncias semelhantes teriam sido possíveis se a Corte não tivesse adotado uma regra como a regra *Sullivan*. Mas, como esclarece Anthony Lewis em *Make No Law*, seu fascinante livro sobre aquele processo, a decisão de *New York Times vs. Sullivan* teve uma importância ainda mais abrangente, pois o juiz Brennan, no voto acompanhado por toda a Corte, redefiniu as premissas fundamentais da Primeira Emenda numa linguagem que afetou não só as leis que regem os processos por calúnia e difamação, mas também todo o direito relacionado à Primeira Emenda de modo geral. Daqui a pouco vou defender a idéia de que, pelo que sabemos hoje, essa redefinição não foi tão bem-sucedida quanto poderia ter sido; mas, de qualquer maneira, o voto de Brennan dá a moderna fundamentação do direito de liberdade de expressão nos Estados Unidos.

---

20. Numa decisão notável tomada em 15 de abril de 1992, a juíza Shirley Fingerhood, da Suprema Corte do Estado de Nova York, Manhattan, recusou-se a aceitar uma condenação por calúnia e difamação passada no Reino Unido contra uma agência de notícias de Nova York, afirmando que a aceitação de uma decisão estrangeira tomada sob uma lei de imprensa que não conta com as proteções da Primeira Emenda faria diminuir a liberdade de imprensa nos Estados Unidos. Se a decisão dela for confirmada, aumentará substancialmente a liberdade das publicações norte-americanas distribuídas no estrangeiro.

No dia 29 de março de 1960, o *New York Times* publicou um anúncio de página inteira intitulado "Ouvi as vozes que se alteiam" no qual se descrevia o tratamento dado pela polícia do Alabama a crianças negras que faziam um protesto. O anúncio continha alguns erros factuais. Dizia que alguns estudantes negros de Montgomery haviam sido expulsos da escola depois de cantar "My Country 'Tis of Thee" nos degraus da sede da assembléia legislativa estadual, ao passo que, na verdade, eles haviam sido expulsos depois de realizar um protesto pacífico no restaurante do tribunal; dizia ainda que o refeitório dos estudantes havia sido trancado para que fossem "reduzidos à submissão pela fome", o que aparentemente não era verdade. L. B. Sullivan, servidor público e chefe da guarda municipal de Montgomery, alegou que o anúncio seria entendido como uma crítica a ele, embora não fosse mencionado pessoalmente, e faria mal à sua reputação. Processou assim o *Times* num tribunal do Alabama. Depois de um julgamento em que o juiz ordenou a segregação do público presente e louvou a "justiça do homem branco" levada ao país pela "raça anglo-saxônica", um júri composto exclusivamente por brancos, cujos nomes e fotografias haviam sido publicados no jornal local, decidiu por unanimidade que Sullivan de fato havia sido objeto de calúnia e difamação pela imprensa e lhe concedeu uma indenização compensatória e punitiva de 500.000 dólares. O *Times*, por fim, apelou à Suprema Corte.

Se o veredicto tivesse sido confirmado, o *Times* teria sido gravemente prejudicado e poucos jornais de abrangência nacional ousariam publicar qualquer notícia que envolvesse a questão da raça e que pudesse vir a ser considerada caluniosa por um júri do sul do país. Por isso, é de presumir que a Suprema Corte estivesse ansiosa para reverter a decisão do Alabama. Porém, os antecedentes jurídicos não eram auspiciosos.

Lewis faz um resumo da história constitucional da liberdade de expressão nos Estados Unidos desde a adoção da Primeira Emenda, no século XVIII, até a véspera da decisão do caso *Sullivan*. Ao longo da maior parte desse período, o que se pensava era que a Primeira Emenda declarava um princípio bastante limitado e portanto oferecia aos cidadãos uma proteção bastante limitada. O jurista inglês William Blackstone, do século XVIII, que os advogados norte-americanos tinham na conta de oráculo do direito consuetudinário, declarara que, nessa tradição, o direito de liberdade de expressão só tinha força contra o que se chamava de "restrição prévia". Blackstone dizia que o Estado não podia impedir os cidadãos de publicar o que bem entendessem, mas era livre para puni-los *depois* da publicação caso a matéria publicada fosse afrontosa ou perigosa. Era essa a tradicional concepção britânica da liberdade de expressão: o próprio John Milton, que movera uma campanha ferina contra a restrição prévia no famoso ensaio *Areopagítica*, insistia em que toda expressão de desrespeito para com a Igreja, depois de publicada, poderia e deveria ser punida "pelo fogo e pelo carrasco".

Os federalistas norte-americanos entendiam a liberdade de expressão da mesma maneira. Em 1798, adotaram a Lei de Sedição, que punha na categoria de crime a publicação intencional de informações "falsas, escandalosas e maliciosas" sobre o Presidente ou os membros do Congresso. Embora Madison fosse de opinião de que a Lei de Sedição violava a Primeira Emenda e Jefferson tenha perdoado a todos que foram condenados por essa lei durante o seu mandato presidencial, a idéia de que só a "restrição prévia" era proibida continuou sendo a interpretação predominante da Primeira Emenda por mais de um século. Oliver Wendell Holmes, cujos famosos votos divergentes depois ajudaram a enterrar para sempre essa concepção, adotou-a em 1907 para corroborar a condenação por desacato à autoridade de um editor que criticara um juiz. Na ocasião, Holmes disse que o objetivo principal da Primeira Emenda era proibir a restrição prévia, e acrescentou que até mesmo afirmações verdadeiras poderiam ser punidas caso se mostrassem danosas para o processo judicial.

Na época da Primeira Guerra Mundial, porém, alguns juízes e estudiosos já haviam adotado a opinião de Madison, reagindo, talvez, a uma onda de processos movidos em função da Lei de Espionagem de 1917, que considerava crime o ato de "tentar causar... a recusa do cumprimento do dever no exército ou na marinha". Lewis descreve essa mudança com um entusiasmo reverente. Os primeiros heróis do livro são Learned Hand, então juiz de um tribunal federal distrital, que escreveu um voto brilhante (e imediatamente negado) para o caso *Masses*[21], no qual afirmava que a Primeira Emenda impedia o processo de uma revista cujas caricaturas ridicularizavam a guerra e o recrutamento militar; e Zechariah Chafee, professor de direito em Harvard que escreveu numa revista de direito um famoso artigo no qual defendia a tese de que a Primeira Emenda tinha a intenção de abolir toda censura política, com exceção da incitação direta ao cometimento de atos ilegais.

Holmes, cujo ceticismo o fazia relutar em reverter qualquer decisão legislativa, demorou um pouco mais para se converter; mas, quando isso aconteceu, foi como um leão. Seu grandioso voto divergente no caso *Abrams*, que declarava que a Constituição nos compromete com um "experimento" baseado no pressuposto de que "a melhor prova da verdade é o poder do pensamento de se fazer aceito na competição do mercado", tornou-se uma das duas afirmações clássicas da liberdade de expressão antes de *Sullivan*[22]. A outra foi o voto cuidadoso, comovente e otimista de Louis Brandeis no caso *Whitney*, concordando com a recusa da Corte em reverter a condenação de Anita Whitney por apoiar os Wobblies[23].

Na década de 1960, os grandes pareceres de Holmes e Brandeis já estavam dentro da ortodoxia. A antiga idéia de que a Primeira Emenda só condenava a restrição prévia ha-

---

21. *Masses Publkishing Company vs. Pattern*, 244 F. 535 (1917).
22. *Abrams vs. United States*, 250 U.S. 616 (1919).
23. *Whitney vs. California*, 274 U.S. 357 (1927).

via sido substituída pela concepção muito diferente que se resumia na famosa fórmula de Holmes: que o Estado só poderia castigar o discurso político quando este impusesse um "perigo evidente e imediato" (*clear and present danger*) à sociedade. Porém, no decorrer de todo esse período revolucionário, a Suprema Corte tomara o cuidado de deixar bem claro que nem *toda* a expressão seria beneficiária dessa proteção. Em *Chaplinsky vs. New Hampshire*, por exemplo, em que a Corte disse que a Primeira Emenda não protegia os "gritos de guerra" que provocavam a violência imediata, os juízes acrescentaram também que a Primeira Emenda não se aplicava à obscenidade e às ações particulares de compensação por calúnia e difamação[24].

Esta última exceção parecia especialmente segura. O objetivo histórico da lei da calúnia não era o de censurar ou castigar a expressão da opinião, mas de deixar que os cidadãos atingidos resgatassem sua reputação. Essas ações eram regidas pela legislação estadual, e não era a Suprema Corte, mas sim os tribunais estaduais que determinavam em última instância qual era a lei do estado e como esta deveria ser aplicada. Porém, o veredicto dado pelo júri do Alabama mostrou que as ações privadas de indenização por calúnia e difamação podiam ser usadas para restringir a liberdade de imprensa em assuntos políticos de primeira importância; e Herbert Wechsler, erudito professor da faculdade de direito da Universidade Colúmbia, que o *Times* contratara para representá-lo perante a Corte, decidiu fazer a alegação revolucionária de que a Primeira Emenda, afinal de contas, se aplicava também à legislação estadual sobre a calúnia. A Corte aceitou essa alegação por unanimidade[25], Brennan elaborou-a no seu histórico voto e assim nasceu a regra *Sullivan*.

---

24. 315 U.S. 568 (1942).
25. Brennan, porém, só falava em nome de seis juízes. Três outros – os juízes Black, Douglas e Goldberg – votaram para tornar absoluta a proteção da imprensa contra os processos por calúnia e difamação: por eles, um ocupante de cargo público não poderia entrar com uma ação compensatória mesmo que pudesse provar a malícia efetiva do órgão de imprensa.

O próprio Lewis foi o criador do gênero literário em que escreve. No começo de sua carreira de jornalista, passou um ano na faculdade de direito de Harvard com uma bolsa Nieman e depois passou a cobrir a atividade da Suprema Corte para o *New York Times*, ganhando seu segundo Prêmio Pulitzer e elevando a qualidade da reportagem sobre a Suprema Corte a um nível mais alto de sofisticação jurídica. Em 1964 escreveu *Gideon's Trumpet*, sobre o caso *Gideon vs. Wainwright*, em que a Suprema Corte fundamentou o direito constitucional dos cidadãos pobres acusados de um delito a um advogado nomeado pelo Estado.

Make No Law é melhor ainda. Lewis se preocupa especialmente com a liberdade de expressão e a liberdade de imprensa. Foi ele que por muitos anos deu os cursos básicos sobre esses temas na faculdade de direito de Harvard e que agora os leciona na faculdade de direito de Colúmbia como ocupante da Cátedra James Madison. Escreveu diversos artigos importantes sobre o tema, publicados em revistas especialmente consagradas à ciência do direito. Sua explicação de como é elaborado um complexo voto oficial e do processo singular pelo qual um juiz redige um voto que pode ser assinado por diversos outros juízes é em si mesma uma contribuição significativa à teoria constitucional. Mas, além de ver esse assunto sob o prisma de um especialista em direito, Lewis também o vê na qualidade de jornalista e historiador, e sua prosa é lúcida, confiante e dramática. *Make No Law* é um livro empolgante que conta um episódio empolgante da nossa história.

O caso *Sullivan* entrou para a história não só porque nele foi revisto o direito constitucional sobre a calúnia e a difamação, mas também porque a linguagem e as imagens de Brennan passaram a definir todo o conjunto do direito relacionado à Primeira Emenda. Mas por mais nobre que seja o seu voto, ele não expõe uma base intelectual completa para esse campo do direito. Para explicar por que o voto foi incompleto, tenho de tratar de um assunto controverso de teoria constitucional.

Como os demais grandes dispositivos da Declaração de Direitos, a Primeira Emenda é extremamente abstrata. Só pode ser aplicada a casos concretos quando se atribui algum *objetivo* geral à garantia abstrata de "liberdade de expressão e liberdade de imprensa". Não se trata somente de perguntar qual era a finalidade que tinham em vista os estadistas que escreveram, debateram e adotaram a Primeira Emenda. Os advogados e juízes de nossos dias têm de encontrar uma justificação política da Primeira Emenda que abarque a maior parte da prática constitucional a ela relacionada, inclusive as decisões passadas da Suprema Corte, e que também nos forneça uma justificativa convincente para o fato de a liberdade de expressão ocupar um lugar tão especial e privilegiado entre nossas garantias de liberdade.

A antiga explicação blackstoniana que exerce fortes atrativos sobre muitos autores da Primeira Emenda – a idéia de que o único objetivo dessa emenda seria o de proteger a imprensa de qualquer restrição prévia – já está obsoleta. Qual a nova explicação, capaz de justificar a proteção muito mais ampla que hoje se relaciona à Primeira Emenda, que deve tomar-lhe o lugar? Trata-se de uma questão de importância crucial, pois é a compreensão que os juízes têm do objetivo da proteção da liberdade de expressão que vai orientar as decisões que eles tomam em casos difíceis e controversos – casos que tratam, por exemplo, de até que ponto o direito à liberdade de expressão se aplica à expressão não-política, como a arte, a propaganda ou a pornografia, ou até que ponto esse direito se coaduna com as limitações legais ao financiamento de campanhas políticas, ou ainda se a Primeira Emenda protege a expressão sexista ou racista.

Os advogados e juristas constitucionais propuseram muitas justificativas diferentes para o dispositivo da liberdade de expressão e liberdade de imprensa. A maioria delas, porém, se enquadra numa ou noutra de duas grandes categorias. Na primeira categoria, a liberdade de expressão tem uma importância *instrumental*, ou seja, não é importante porque as pessoas têm o direito moral intrínseco de dizer o que bem entenderem, mas porque a permissão de que elas o digam produzirá efeitos benéficos para o conjunto da sociedade. Diz-se que a liberdade de expressão é importante, por exemplo, porque, como declarou Holmes no famoso parecer discordante do caso *Abrams*, há de ser mais fácil descobrir a verdade e a falsidade na política e optar-se por bons cursos de ação pública quando a discussão política for livre e desimpedida. Ou senão pela razão sublinhada por Madison: a liberdade de expressão ajuda a proteger o poder de autogoverno do povo. Alega-se ainda uma razão mais terra-a-terra: o governo tende a se tornar menos corrupto quando não tem o poder de punir aqueles que o criticam. Segundo essas diversas concepções instrumentais, o compromisso especial dos Estados Unidos com a liberdade de expressão se baseia na adoção de uma estratégia especial por parte do país, uma espécie de aposta coletiva na idéia de que, a longo prazo, a liberdade de expressão nos fará mais bem do que mal.

O segundo tipo de justificação da liberdade de expressão pressupõe que ela é importante não só pelas conseqüências que tem, mas porque o Estado deve tratar todos os cidadãos adultos (com exceção dos incapazes) como agentes morais responsáveis, sendo esse um traço essencial ou "constitutivo" de uma sociedade política justa. Essa exigência tem duas dimensões. Em primeiro lugar, as pessoas moralmente responsáveis fazem questão de tomar suas próprias decisões acerca do que é bom ou mal na vida e na política e do que é verdadeiro ou falso na justiça ou na fé. O Estado ofende seus cidadãos e nega a responsabilidade moral deles quando decreta que eles não têm qualidade moral suficiente para ouvir opiniões que possam persuadi-los de convicções perigosas ou desagradáveis. Só conservamos nossa dignidade individual quando insistimos em que ninguém – nem o governante nem a maioria dos cidadãos – tem o direito de nos impedir de ouvir uma opinião por medo de que não estejamos aptos a ouvi-la e ponderá-la.

Para muita gente, a responsabilidade moral tem um outro aspecto, um aspecto mais ativo: seria a responsabilidade não só de constituir convicções próprias, mas também de expressá-las para os outros, sendo essa expressão movida pelo respeito para com as outras pessoas e pelo desejo ardente de que a verdade seja conhecida, a justiça seja feita e o bem triunfe. O Estado frustra e nega esse aspecto da personalidade moral quando impede que certas pessoas exerçam essas responsabilidades, justificando o impedimento pela alegação de que as convicções delas as desqualificam. Na mesma medida em que o Estado exerce o domínio político sobre uma pessoa e exige dela a obediência política, não pode negar nenhum desses dois aspectos da responsabilidade moral da pessoa, por mais odiosas que sejam as opiniões que esta decida ponderar ou propagar. Não pode fazê-lo do mesmo modo pelo qual não pode negar-lhe o direito de votar. Se o Estado faz isso, abre mão de um aspecto substancial da sua reivindicação de poder legítimo. Quando o Estado proíbe a expressão de algum gosto ou atitude social, o mal que ele faz é tão grande quanto o de censurar o discurso explicitamente político; assim como os cidadãos têm o direito de participar da política, também têm o direito de contribuir para a formação do clima moral ou estético.

É claro que as justificações instrumental e constitutiva da liberdade de expressão não excluem uma à outra[26]. John Stuart Mill defendeu ambas em seu ensaio *Sobre a liberdade*. O mesmo fez Brandeis no seu parecer para o caso *Whitney*, o qual é notável pela inteligência e pela amplitude: disse que "aqueles que conquistaram nossa independência acre-

---

26. Ver dois importantes artigos escritos por Thomas Scanlon, filósofo de Harvard. No primeiro, "A Theory of Freedom of Expression", *Philosophy and Public Affairs*, vol. 1 (1972), p. 204, ele desenvolve um argumento kantiano em favor da justificação constitutiva. No segundo, "Freedom of Expression and Categories of Expression", *University of Pittsburgh Law Review*, vol. 40 (1979), p. 519, que é em parte uma crítica do primeiro, ele sublinha o caráter complexo de qualquer explicação suficiente do direito à liberdade de expressão e afirma que tal explicação deve conter tanto o fator constitutivo quanto o fator instrumental.

ditavam que o objetivo final do Estado era deixar os homens livres para desenvolver suas faculdades", e que "a liberdade de expressão é preciosa como um fim e como um meio". Temos aí uma defesa clássica do ponto de vista constitutivo[27]. Brandeis tinha razão em dizer que os dois tipos de justificação são necessários para uma explicação plena do direito relacionado à Primeira Emenda; não surpreende que um direito constitucional tão complexo e fundamental quanto o direito à liberdade de expressão seja reflexo de diversas justificações que se sobrepõem[28].

Os dois tipos de justificação, além disso, têm muitos pontos em comum. Nenhum deles atribui um caráter absoluto à liberdade de expressão; ambos admitem que os valores por eles invocados podem ser postos em segundo plano em casos especiais: ao se decidir, por exemplo, até que ponto se devem censurar as informações militares. Não obstante, as duas justificações são essencialmente diferentes, pois a justificação instrumental é mais frágil e mais limitada. É mais frágil porque, como veremos, existem circunstâncias em que as metas estratégicas às quais ela faz apelo parecem exigir uma limitação da liberdade de expressão, e não a proteção desta. É mais limitada porque, ao passo que a justificação constitutiva abrange, em princípio, todos os aspectos da expressão ou do pensamento cuja independência é exigida pela responsabilidade moral, a justificação instrumental, pelo menos em suas versões mais populares, trata principalmente da proteção da expressão política.

Se o objetivo da liberdade de expressão é o de simplesmente garantir que a democracia funcione bem – que as pessoas tenham as informações de que precisam para votar, para proteger a democracia dos usurpadores tirânicos

---

27. Na opinião de Lewis, o trecho do parecer de Brandeis que começa com essa frase é o que de mais profundo já se escreveu sobre as premissas da Primeira Emenda.

28. Ver no Capítulo 3 uma discussão mais geral sobre o modo pelo qual os diversos tipos de justificação se sobrepõem na explicação de direitos constitucionais abstratos.

ou para garantir que o governo não seja nem corrupto nem incompetente –, a liberdade de expressão é muito menos importante quando diz respeito à arte ou às decisões pessoais e sociais. Nesse caso, a Primeira Emenda só protege a literatura que menciona explicitamente o sexo, por exemplo, quando se parte do pressuposto (forçado e fácil de derrubar) de que as pessoas precisam ler esse tipo de literatura para votar com inteligência nas eleições municipais, estaduais ou nacionais. Com efeito, alguns eruditos que adotam o ponto de vista instrumental como justificação exclusiva da liberdade de expressão, como Robert Bork, chegaram a afirmar que a Primeira Emenda *só* protege as modalidades claramente políticas de expressão e não se estende de modo algum para a arte, a literatura e a ciência[29]. Mesmo os que rejeitam essa idéia, afirmando que a literatura e a ciência às vezes têm relação com a política, insistem ainda assim em que a principal tarefa da Primeira Emenda é a proteção da expressão política, e que qualquer proteção que essa emenda ofereça para outros tipos de discurso é derivada dessa função principal.

No voto seguido pela Corte em *Sullivan*, Brennan apelou quase exclusivamente à justificação instrumental. Restringiu a proteção da Primeira Emenda aos casos que envolviam o ataque a "servidores públicos e ocupantes de cargos públicos" (*public officials*) em vez de estender essa proteção a todos os acusados de calúnia e difamação. Citou o argumento instrumental de Madison, de que a liberdade de expressão é necessária para que o povo governe o governo e não vice-versa. Citou ainda diversos trechos de decisões anteriores da Suprema Corte que sublinhavam o outro argumento instrumental apresentado por Holmes em seu voto divergente no caso *Abrams*, no qual afirmava que a verdade é aquilo que se destaca de um livre mercado de

---

29. Robert Bork, "Neutral Principles and Some First Amendment Problems", *Indiana Law Journal*, vol. 47 (1971). Nas audiências perante o Senado, quando ele pleiteava um assento na Suprema Corte, Bork disse que abandonara essa opinião.

idéias. Mencionou, por exemplo, a defesa que Learned Hand fez do mesmo argumento instrumental:

> [A Primeira Emenda] pressupõe a maior probabilidade de que a verdade se apresente através de uma multidão de línguas do que através de um tipo qualquer de seleção impingida por uma autoridade. Para muitos, isso é loucura e sempre será; mas é nisso que nós apostamos tudo.[30]

Só uma vez Brennan sugeriu uma justificação constitutiva para a liberdade de expressão. Falou do "cidadão como um crítico" do governo; disse que "assim como o dever do governante é administrar, o dever do cidadão é criticar" e citou o voto de Brandeis em *Whitney*, o qual, como eu disse, reconhecia que a liberdade de expressão não é só um meio, mas também um fim. Mas até mesmo esta menção isolada de uma justificação constitutiva foi limitada por Brennan ao contexto político[31].

Ao endossar o ponto de vista instrumental, Brennan não estava apenas seguindo uma certa tradição retórica. Como Lewis nos demonstra, ele estava ansioso para que sua decisão parecesse o menos radical possível – pode ser que, de outra maneira, não tivesse conseguido fazer com que cinco outros juízes acompanhassem seu voto –, e por isso só quis reverter a tradicional independência dos processos por calúnia e difamação em relação à Primeira Emenda no grau mínimo necessário para impedir os estados de usar esses

---

30. Ver *United States vs. Associated Press*, 52 F. Supp. 362, 372 (1943).

31. Lewis observa que essa menção refletia as opiniões de Alexander Meiklejohn, cientista político que há muito tempo defendia apaixonadamente a idéia – na qual se fundem aspectos das justificações instrumental e constitutiva – de que a censura das opiniões políticas não se justifica porque os cidadãos têm o direito de obter o máximo possível de informações a fim de bem cumprir seu dever de governar a si mesmos. Meiklejohn não queria estender essa responsabilidade a outros aspectos da vida dos cidadãos, mas tinha uma visão bem ampla do conceito de "política". Insistia, por exemplo, em que a censura da pornografia privava o povo de informações e conhecimentos de que eles necessitavam para exercer corretamente seu direito de voto. Ver seu "The First Amendment is an Absolute", 1961 *Supreme Court Review*, p. 245.

processos para fazer calar as críticas políticas. A justificação instrumental servia muito bem a esse propósito, pois dá a impressão de explicar por que a proteção das expressões de crítica a ocupantes de cargos públicos é particularmente importante. O objetivo de ajudar o mercado de idéias a gerar a melhor escolha de governantes e cursos de ação política fica ainda mais longínquo quando é quase impossível criticar os ocupantes de cargos públicos.

Porém, o uso quase exclusivo que Brennan faz da justificação instrumental e a ênfase que dá à qualidade especial da expressão política hoje nos parecem lamentáveis mesmo que tenham sido necessários para garantir a maioria, pois é possível que, por causa disso, se tenha reforçado o pressuposto popular, mas perigoso, de que é a isso que se reduz a Primeira Emenda e de que a justificação constitutiva é ou deslocada ou desnecessária. Na verdade, o uso exclusivo da justificação instrumental é perigoso para a liberdade de expressão de um modo que já começou a se tornar evidente e que pode ficar ainda mais sério agora que Brennan e Thurgood Marshall, dois dos mais dedicados defensores da liberdade de expressão em toda a história da Suprema Corte, foram substituídos por David Souter e Clarence Thomas.

Para refletir sobre esse perigo, observemos, em primeiro lugar, que a versão madisoniana da justificação instrumental, que deu o substrato principal do parecer de Brennan, não pode fornecer uma justificativa intelectualmente aceitável nem mesmo para o núcleo político da Primeira Emenda. O argumento de Madison, de que a liberdade de expressão é necessária para que o povo governe a si mesmo, explica de fato por que não se deve deixar que o Estado exerça uma censura clandestina, que o povo rejeitaria se dela tivesse consciência. Porém, esse argumento não explica por que não se deve deixar que a maioria das pessoas imponha uma censura que ela queira e aprove. Caso se faça um plebiscito, por exemplo, é provável que se revele que a maioria dos norte-americanos preferiria que o Estado tivesse o poder de censurar informações que ele julga política e diplomaticamente delicadas, como os *Pentagon Papers*. Nesse caso, a decisão da Corte – evidentemente correta – de que o Estado não tem esse poder[32] não pode se justificar pelo argumento instrumental de Madison, a não ser que este seja tomado num sentido ridiculamente paternalista. A grande expansão da proteção oferecida pela Primeira Emenda nos anos que se seguiram à Primeira Guerra Mundial não fez aumentar, mas sim diminuir, o poder da maioria de constituir o Estado segundo o seu querer.

É claro que esse aumento de proteção pode se justificar, em parte, pelo outro argumento instrumental oferecido por Hand e Holmes: que existe mais probabilidade de a verdade política vir à tona quando nenhuma idéia é excluída da discussão. É crível que o público poderá tomar decisões mais acertadas sobre as questões raciais e de direitos civis se os jornais tiverem liberdade para publicar matérias sobre esses assuntos sem medo de sofrer processos por calúnia e difamação; poderá também tomar decisões melhores sobre a guerra e a paz se os meios de comunicação puderem publicar documentos como os *Pentagon Papers*.

Porém, nem mesmo essa forma do argumento instrumental pode justificar algumas das decisões mais importantes dos tribunais federais que aumentaram a proteção oferecida pela Primeira Emenda nas décadas mais recentes, como por exemplo a decisão da Suprema Corte em *Brandenburg vs. Ohio*, de que os estados não podem punir um cidadão que, mascarado num comício da Ku Klux Klan, grita que "o negro deve ser devolvido à África, o judeu a Israel"[33], ou a decisão do Sétimo Tribunal Itinerante de que um pequeno grupo de neonazistas não podia ser proibido de marchar com suásticas na cidade de Skokie, Illinois, onde moram muitos sobreviventes do Holocausto[34]. Será que o nosso

---

32. *New York Times vs. United States*, 403 U.S. 713 (1971).
33. 395 U.S. 444 (1969).
34. *Collin vs. Smith*, 578 F. 2d 1197 (1968). A Suprema Corte se recusou a suspender a decisão do Sétimo Tribunal. 436 U.S. 953 (1978).

eleitorado realmente fica mais apto a escolher seus líderes ou seus cursos de ação política por permitir esse tipo de expressão? Será que nos seria mais difícil separar a verdade do erro – será que o mercado de idéias seria menos eficiente – se os membros da Klan, os nazistas ou os sexistas dogmáticos tivessem de ficar em silêncio?

Pode-se dizer que os legisladores ou juízes não têm a capacidade de fazer distinções entre comentários políticos úteis e nocivos, de tal modo que, para proteger os jornais sérios que discutem assuntos sérios, temos de proteger também os membros da Klan e os nazistas que disseminam o ódio e causam sofrimento. Porém, esse argumento, baseado na idéia de uma precaução contra o perigo possível, ignora a capacidade dos advogados de fazer distinções difíceis nesse ramo do direito como fazem em outros. Se a Suprema Corte é capaz de distinguir o discurso político do discurso comercial e decidir que este último goza de uma proteção constitucional muito menor, então é igualmente capaz de distinguir as expressões de racismo ou sexismo de outras formas de comentário político. Poderia, por exemplo, declarar a constitucionalidade de uma lei cuidadosamente formulada de modo que só criminalize formas de expressão que insultem as pessoas por sua raça, religião ou sexo, como faz a Lei de Relações Raciais do Reino Unido.

Se dou ênfase a esta questão, não é para recomendar um tal curso de ação, mas para demonstrar que a justificação instrumental não nos oferece proteção suficiente contra uma lei desse tipo. Aliás, logo a Suprema Corte será chamada a passar julgamento sobre uma norma dessa natureza. Em dezembro de 1991, ela ouviu as alegações orais do caso *R.A.V. vs. St. Paul*, cuja decisão provavelmente será anunciada ainda nesta primavera. A cidade de St. Paul adotou um regulamento municipal que proíbe a exposição pública de símbolos que possam causar "raiva, medo ou ressentimento em outras pessoas" por causa de sua raça, religião ou sexo, e que prevê para esse crime uma pena de noventa dias de detenção. Robert Viktora foi processado com base nessa norma municipal por ter queimado uma cruz no jardim da casa de uma família negra. É claro que queimar uma cruz no jardim de outra pessoa é um ato já proibido pelo código penal comum, e Viktora irá a julgamento por esse crime comum mesmo que a Suprema Corte determine que não pode ser punido pela norma especial. O caso *Viktora* nos leva a querer saber se um estado pode, sob a Constituição, fazer da agressão um crime especial, punível com uma pena maior, quando essa agressão tem a intenção de expressar uma convicção que a comunidade não aprova. Não há dúvida de que a decisão da Corte terá efeito sobre a constitucionalidade dos regulamentos adotados recentemente por muitas universidades estaduais – sujeitas portanto à Primeira Emenda – e que proíbem toda forma de expressão caracterizada pelo ódio ou preconceito racial ou sexual[35].

É muito importante que a Suprema Corte confirme que a Primeira Emenda protege até mesmo essas formas de expressão; que ela protege, como disse Holmes, até mesmo as expressões que odiamos. Isso é importantíssimo pelo motivo sublinhado pela justificação constitutiva da liberdade de expressão: porque somos uma sociedade liberal comprometida com a responsabilidade moral individual, e *nenhuma* censura de conteúdo é compatível com esse compromisso. Entretanto, os argumentos instrumentais de que Brennan se valeu em *Sullivan* estão sendo reiteradamente usados não para corroborar, mas para minar essa idéia de uma sociedade liberal. Há pouco tempo, por exemplo, defendendo as restrições universitárias às formas "politicamente incorretas" de expressão, Stanley Fish insistiu: "A expressão, em suma, não é e não pode ser um valor independente, mas sempre se afirma dentro do contexto de uma concepção de 'bem' já pressuposta, diante da qual deve se curvar em caso

---

35. Acerca do caso *Viktora* e da sua relação com a regulamentação universitária dessas formas de expressão, ver "Justices Weigh Ban on Voicing Hate", de Linda Greenhouse, *New York Times*, B19 (5 de dezembro de 1991), e "Hate-Crime Law is Focus of Case on Free Speech", *New York Times*, A1 (1º de dezembro de 1991).

de conflito". Fish rejeita a própria possibilidade daquilo que chamei de defesa constitutiva da liberdade de expressão; afirma categoricamente que toda defesa dessa liberdade deve ser instrumental, e que a censura das formas politicamente incorretas de expressão atenderá melhor à finalidade instrumental em questão[36].

Catharine MacKinnon, Frank Michelman e outros apresentaram um argumento semelhante em favor da censura da pornografia e de outras formas de expressão que ofendem o sexo feminino. Dizem que, como as mulheres participam de modo mais eficaz do processo político quando não são insultadas por expressões ofensivas, a meta instrumental da democracia operante fica mais próxima quando a liberdade de expressão não é protegida, mas sim limitada. Afirmam, por exemplo, que a norma municipal adotada pela cidade de Indianápolis depois de uma campanha feminista, e que proibia, entre outros tipos de material escrito, qualquer um que "apresentasse as mulheres como apreciadoras da dor, da humilhação ou do estupro", não teria comprometido a democracia, mas a teria melhorado, uma vez que esse tipo de literatura "silencia" as mulheres e assim diminui a voz delas e o papel que ocupam na política democrática. Num parecer redigido pelo juiz Frank Easterbrook, sobre o qual falei em outro lugar[37], o Sétimo Tribunal Itinerante de Apelações rejeitou esse argumento e declarou que a norma era inconstitucional porque considerava ilegais não as publicações obscenas em geral, mas somente as que pro-

---

36. Ver Stanley Fish, "There's No Such Thing as Free Speech and It's a Good Thing, Too", em *Debating PC*, org. de Paul Berman (Dell, 1992). Fish afirma ter ponderado e rejeitado a idéia de que a liberdade de expressão é o valor maior diante do qual os outros devem se curvar. Mas apresenta essa idéia sob uma forma ridícula, afirmando que o objetivo da liberdade de expressão é a expressão por si mesma. Confunde as razões que as pessoas têm para se expressar, e que se resumem, evidentemente, à promoção de alguma outra finalidade, com as razões que o governo poderia ter para proteger o direito delas de expressar-se, razões essas que podem ser não só instrumentais, mas também constitutivas.

37. Ver Capítulo 9.

moviam determinada idéia ou atitude. Easterbrook baseou-se tacitamente na justificação constitutiva da liberdade de expressão, e não na instrumental; e a Suprema Corte, pela lógica, só poderá declarar nula a norma municipal de St. Paul, o que aliás tem o dever de fazer, se, além de repetir a velha retórica instrumental, também reconhecer a justificação constitutiva.

Um argumento instrumental também está sendo usado para justificar diversos projetos de lei pendentes nas assembléias legislativas estaduais e um projeto de lei federal apresentado pelo senador republicano Mitch McConnell, do Kentucky, que está sendo examinado pelo Comitê Judiciário do Senado e permitiria à vítima de uma agressão sexual que movesse uma ação judicial contra o produtor ou distribuidor de um filme ou vídeo pornográfico se achasse que a causa da agressão foi o fato de seus agressores terem assistido a esse material.

O paralelo com a lei de calúnia e difamação do Alabama, declarada inconstitucional no caso *Sullivan*, é verdadeiramente notável. Se essas leis antipornográficas forem efetivamente adotadas, quer no nível federal, quer em determinados estados, os jurados de causas cíveis terão poder para destruir um produtor ou distribuidor cinematográfico se chegarem à conclusão que um estuprador assistiu a um certo vídeo, que o vídeo é objeto da lei em questão e que foi ele o movente do crime. Os jurados que, com sensatez, abominam a pornografia violenta, também podem aceitar uma alegação desse tipo apesar de não haver nenhum estudo digno de crédito que demonstre uma relação causal entre a pornografia e a violência de fato[38]. Uma vez que o processo seria uma ação civil por perdas e danos, não se aplicariam as proteções comuns do direito penal. O estuprador poderia

---

38. Acerca das pesquisas científicas recentes que confirmam a ausência de qualquer vínculo causal entre a pornografia e os crimes de violência sexual, ver o livro-reportagem de Marcia Pally, *Sense and Censorship: The Vanity of Bonfire* (1991), publicado pelas associações Americans for Constitutional Freedom e Freedom to Read Foundation.

até cooperar, testemunhando que seu crime foi causado pela pornografia: várias vezes aconteceu de um criminoso afirmar, como se fosse uma espécie de desculpa, que seus atos foram causados por algo que ele leu ou viu[39]. As lojas que vendem fitas de vídeo teriam de tomar muito cuidado com os filmes que comercializam; teriam medo, por exemplo, de vender *O acusado*, filme bastante elogiado, que trata de um estupro cometido por uma gangue, pois se incluiria na definição de pornografia proposta em algumas das leis em questão[40]. Como disse Leanne Katz, que constituiu um grupo de feministas para combater essa legislação, a idéia "de haver um motivo legal de processo por aquilo que é causado pela'exposição' a certas idéias é uma possibilidade verdadeiramente assustadora"[41].

Numa decisão recente, a Suprema Corte do Canadá aceitou um outro argumento instrumental para aprovar uma lei que censura certas formas de pornografia[42]. A Carta

---

39. O assassino em série Ted Bundy, por exemplo, antes de ser executado, disse que a pornografia o levara à violência sexual e depois a cometer assassinatos múltiplos. Os especialistas que o examinaram e as pessoas próximas dele, entre as quais o seu próprio advogado, desconsideraram essa afirmação, que foi qualificada por um especialista como uma alegação de pretexto baseada em crenças falsas. O caso Bundy e outros exemplos de criminosos e vítimas que alegaram, de modo duvidoso, que a pornografia é responsável pelo crime, são discutidos em *Sense and Censorship*, de Marcia Pally, pp. 159, 164.

40. A lei federal abarca somente o material que pode ser considerado obsceno segundo as regras mais recentes adotadas pela Suprema Corte. Mas essas regras permitem que os júris apliquem os critérios locais de sua comunidade para julgar o que é obsceno e o que não é, e os distribuidores relutariam em vender um vídeo até mesmo em regiões cujos critérios locais não o teriam por obsceno, temerosos de que um criminoso que assistisse ao vídeo ali viesse a cometer um crime noutra parte do país, onde os jurados poderiam ter um ponto de vista diferente.

41. O grupo Feminists for Free Expression, que inclui Betty Friedan, Susan Jacoby, Nora Ephron, Judith Krug e Nadine Strossen, entre outras, insiste em que não existe nenhum consenso e nenhum critério especificamente feminista sobre quais imagens são de mau gosto ou mesmo sexistas, e que as mulheres não precisam ser protegidas de materiais que tratam de sexo explícito. Ver Nat Hentoff, "Pornography War Among Feminists", *Washington Post*, A23 (4 de abril de 1992).

42. *Butler vs. Her Majesty the Queen*, decidido em 27 de fevereiro de 1992.

de Direitos e Liberdades do Canadá protege a liberdade de expressão, embora com certas restrições que não são reconhecidas pela Primeira Emenda. A Suprema Corte canadense admitiu que sua decisão teria o efeito de estreitar ainda mais essa proteção constitucional, mas disse que "a proliferação de materiais que ofendem gravemente os valores fundamentais de nossa sociedade é uma preocupação substancial que justifica a restrição do pleno exercício da liberdade de expressão". Trata-se de uma afirmação incrível. A premissa central que define a liberdade de expressão reza que o caráter ofensivo das idéias, ou o fato de porem em xeque as idéias tradicionais e aceitas, não são motivos válidos de censura; uma vez deixada de lado essa premissa, não se sabe mais o que significa a liberdade de expressão. A Corte acrescentou que certas formas de representação explícita do sexo fazem mal às mulheres porque "as representações que retratam as mulheres como uma classe de objetos de exploração e abuso sexual têm efeito negativo sobre a noção que o indivíduo tem do seu valor e do seu grau de aceitação na sociedade". Porém, esse tipo de mal é tão próximo da simples "ofensa" que também não pode, por si mesmo, constituir uma razão válida para a censura. Toda idéia poderosa e controversa tem potenciais efeitos negativos sobre a auto-estima de alguém. É de presumir que a Suprema Corte canadense não sustentaria a proibição de livros não-pornográficos escritos com a finalidade de negar explicitamente a igualdade entre homens e mulheres, por mais que esses livros fossem persuasivos ou eficazes para atingir sua finalidade[43].

Essas tendências põem em risco a liberdade e a democracia. Se Brennan, no caso *Sullivan*, tivesse dado mais importância à justificação constitutiva na reafirmação das premissas da Primeira Emenda, atualmente os tribunais norte-americanos teriam mais facilidade para rejeitar os argumentos que convenceram a Suprema Corte canadense e

---

43. No Capítulo 9 vou discutir a idéia de que a pornografia pode ser proibida porque avilta as mulheres.

para declarar a inconstitucionalidade de leis como a da cidade de St. Paul e de leis que autorizam ações civis em face de distribuidores de vídeo. Além disso, a Suprema Corte poderia dar outro tratamento geral à literatura de sexo explícito. A Corte declarou várias vezes que a obscenidade não é protegida de maneira alguma pela Primeira Emenda, uma vez que não teria "nenhum valor social que a redimisse". Harry Kalven, grande estudioso da Primeira Emenda, observou há muito tempo que a idéia de que uma sociedade em que a pornografia pesada é totalmente liberada tem mais condições de descobrir a verdade sobre qualquer coisa é um insulto ao senso comum[44]. Porém, a Suprema Corte tem enfrentado uma dificuldade enorme para fazer a distinção entre a obscenidade, de um lado, e as representações explícitas do sexo que podem ter algum valor social que as redima, de outro. A Corte mudou tantas vezes de opinião sobre os fundamentos dessa distinção, e os juízes inventaram um número tão grande de critérios inoperantes, que o pronunciamento judicial mais citado a esse respeito continua sendo a declaração franca do juiz Stewart, de que não sabia definir a obscenidade, mas a reconhecia quando a via[45].

Embora o próprio Brennan tenha declarado em 1957 que a Primeira Emenda não protegia a expressão obscena nem publicações obscenas[46], ele mudou de idéia em 1973 e, num voto divergente, declarou que "caso não haja distribuição para menores nem a exposição ostensiva a adultos que não dêem seu consentimento", a Constituição proíbe o Estado de suprimir qualquer material sob a alegação de obscenidade[47]. Para conciliar essa opinião com a justificação instrumental da liberdade de expressão que já defendera,

---

44. Ver Harry Kalven, "The Metaphysics of the Law of Obscenity", *Supreme Court Review* de 1960, p. 1. Não tenho a intenção de negar (nem de afirmar) uma outra justificação instrumental para a liberação da pornografia, que já foi apresentada por alguns: que a pornografia pode ser terapêutica para certas pessoas.
45. Ver *Jacobellis vs. Ohio*, 378 U.S. 184, 197 (1964).
46. *Roth vs. United States*, 354 U.S. 476 (1957).
47. *Paris Adult Theater I vs. Slater*, 413 U.S. 49 (1973).

ele deu ênfase às dificuldades "institucionais" que os tribunais enfrentam para distinguir as obras obscenas daquelas que têm algum valor positivo. Porém, também essa declaração foi considerada "forçada" e não conseguiu persuadir a Corte. Se, por outro lado, as decisões passadas da Corte, e particularmente sua própria decisão no caso *Sullivan*, tivessem sido calcadas de modo mais claro na justificação constitutiva da liberdade de expressão, Brennan teria um argumento mais natural e mais convincente para apresentar ao justificar sua mudança de opinião. Se os cidadãos que respeitam a lei são agentes morais responsáveis, é contraditório pensar que alguém tem o direito de determinar o que eles podem ou não podem ler com base num juízo oficial qualquer sobre o que vai edificar ou destruir o caráter deles ou o que os levaria a ter opiniões incorretas sobre assuntos de interesse social[48].

Porém, a pior e mais ameaçadora conseqüência do desprezo da justificação constitutiva foi, sem dúvida alguma, a aterradora decisão da Suprema Corte em *Rust vs. Sullivan*[49]. A Corte sustentou a nova interpretação que a administração Reagan fez de uma lei que o Congresso aprovou em 1970, a qual destina fundos para serviços de "planejamento familiar" em diversos hospitais mas proíbe que o dinheiro seja usado para o aborto; segundo essa nova interpretação, os funcionários que trabalham nesses hospitais não podem sequer discutir esse procedimento[50]. O governo proibiu os

---

48. Ver David Richards, "Free Speech and Obscenity Law: Toward a Moral Theory of the First Amendment", *University of Pennsylvania Law Review*, vol. 123 (1974), p. 45.

49. 111 U.S. 1759 (1991).

50. Antes disso, nunca se tinha chegado à conclusão de que a norma proibia a simples menção ao aborto. Depois da decisão de *Rust vs. Sullivan*, o Congresso aprovou uma nova norma na qual negava que a lei anterior tivesse essa conseqüência. Porém, Bush vetou a nova lei. Assim, *Rust vs. Sullivan* legitima um antigo método de fazer leis contrárias à vontade da maioria do Congresso, método esse que pode se tornar importante no futuro: o governo dá uma interpretação bizarra de uma lei já existente, a Suprema Corte, dominada por conservadores, afirma que essa interpretação "não é patentemente errônea" e o Presidente usa seu poder de veto para sustentar a decisão da Corte.

médicos, enfermeiras e assistentes sociais até mesmo de responder às perguntas que as pacientes fazem sobre o aborto; proibiu-os de responder, por exemplo, quando uma paciente pergunta onde pode obter informações sobre o aborto ou se o aborto é legal.

Em março de 1992, a administração Bush modificou essa norma de modo que permita que os médicos de hospitais financiados pelo governo federal discutam a questão do aborto; os enfermeiros e outros funcionários, porém, não podem fazê-lo. (O diretor do grupo National Right to Life, contra o aborto, disse que não tinha nada contra essa emenda, uma vez que "os médicos só são responsáveis por uma parte mínima do aconselhamento sobre o aborto"[51].) Porém, a decisão da Corte, que sustentou a lei da mordaça mesmo aplicada aos médicos, constitui um perigoso precedente. A Corte rejeitou o argumento de que a regra violava a Primeira Emenda; disse que, uma vez que os médicos que querem aconselhar suas pacientes sobre o aborto têm liberdade para largar o emprego em serviços financiados pelo governo federal e buscar emprego em outra parte, o Estado não estava censurando ninguém, mas apenas dizendo como deve ser gasto o dinheiro por ele fornecido. A decisão foi largamente condenada como ilógica e irresponsável e temos a esperança de que um dia venha a ser considerada um exemplo infame de mau juízo constitucional, como a decisão do caso *Lochner* e outros erros evidentes da Suprema Corte. Mas, na minha opinião, essa decisão não teria sido possível sem a influência da idéia de que a Primeira Emenda tem o objetivo exclusivo ou principal de garantir, instrumentalmente, o livre fluxo da expressão política.

Ninguém acha que o Estado pode aproveitar sua importantíssima função de financiar a saúde para determinar quais são as opiniões políticas que podem ser expressas pelos médicos que trabalham em instituições federais. O Estado

---

51. "Administration Partly Lifts Abortion 'Gag Rule'", *Washington Post*, 1 (21 de março de 1992).

não poderia, por exemplo, permitir que esses médicos louvassem a política de saúde do governo e proibi-los de criticar essa política. Entretanto, do ponto de vista de qualquer boa justificação constitutiva da liberdade de expressão, é ilegítima qualquer distinção entre uma lei da mordaça patentemente condenável, como esta última, e aquela que a Corte aprovou. Daquele ponto de vista, um médico tem tanta liberdade de expressar suas opiniões políticas quanto de dar as informações que julga necessárias para a saúde ou o bem-estar de sua paciente. Quando se proíbe que um médico, pelo simples fato de estar empregado numa determinada instituição, dê ao paciente as informações médicas que este lhe pede, nega-se tanto a responsabilidade moral do médico quanto a do paciente.

Suponhamos que Brennan não tivesse baseado sua decisão do caso *Sullivan* nos fundamentos estreitos pelos quais optou, que punham em relevo a justificação instrumental da liberdade de expressão, mas sim nos fundamentos mais amplos que venho recomendando, os quais ressaltam também a justificação constitutiva. Ele poderia mesmo assim ter restringido o âmbito da decisão às ações de calúnia e difamação movidas por ocupantes de cargos públicos, uma vez que uma abrangência mais geral não seria necessária para proteger a independência moral dos jornalistas e do público para o qual escrevem. Mas teria pelo menos insinuado uma regra muito mais ampla, pela qual a exigência de se provar que o réu foi culpado de "malícia efetiva" se aplicaria não só aos ocupantes de cargos públicos, mas a todos os que movem ações de indenização por calúnia ou difamação. Essa regra mais ampla protegeria um jornal que, por engano, mas com honestidade, publicou uma informação difamatória sobre um professor, uma dançarina ou um empresário, e não só sobre um chefe de polícia ou um general. Todo aquele que afirmasse ter sido caluniado ou difamado teria de provar que o réu foi malicioso, e não só descuidado ou azarado, quando publicou a informação que se alega ser falsa.

Com efeito, o próprio Brennan recomendou uma regra quase tão ampla quanto essa num caso posterior, no qual disse que até mesmo um cidadão particular teria de atender à regra do caso *Sullivan* se movesse uma ação por causa de uma afirmação que tratasse de um tema "de interesse geral ou público"[52]. Como observou Thurgood Marshall, que discordou desse voto, "pode-se dizer que todos os acontecimentos humanos se enquadram na categoria de 'interesse geral ou público'", de modo que pouquíssimos reclamantes escapariam da regra proposta por Brennan. No mesmo caso, o juiz Harlan recomendou uma regra que estendia as limitações de *Sullivan* aos cidadãos particulares que pedissem indenizações presumidas ou punitivas por calúnia e difamação. Como os reclamantes pedem esses tipos de indenização em quase todos os processos importantes, a sugestão de Harlan teria um efeito muito parecido com a de Brennan. Mas nem uma nem a outra foi aceita pela maioria dos juízes, e não temos motivo algum para supor que a maioria deles teria adotado a regra mais simples e direta que mencionei, pela qual o critério de *Sullivan* se aplicaria automaticamente a todos os queixosos. Não obstante, convém refletir sobre os méritos de uma tal regra.

Não se pode dizer que seria injusto exigir da vítima que provasse pelo menos que a imprensa cometeu alguma *falta* quando publicou o que publicou. É esse o critério normal em quase todas as outras ações civis por perdas e danos. Se você faz algo que me faz mal, danificando algo de minha propriedade, por exemplo, nem sempre terá de pagar por isso. Tenho de provar que você fez isso por querer, que o dano resultou do fato de você não ter agido, como dizem os juristas, com racionalidade naquelas circunstâncias. No decorrer da história, as leis de calúnia e difamação sempre foram exceção a esse princípio geral: segundo o direito consuetudinário, a vítima só precisa provar que o que o réu disse foi danoso para ela, e não que o réu se comportou de forma

---

52. *Rosenbloom vs. Metromedia*, 403, U.S. 29 (1971).

irrazoável ao dizer o que disse; com efeito, o ônus da prova sempre coube ao réu. Este tinha de provar que o que havia dito era verdadeiro, e não a vítima tinha de provar que era falso. Essa exceção estranha (e injustificável) faz parte do direito britânico até hoje.

Evidentemente, a correta consideração pela liberdade de expressão exige que pelo menos essa exceção seja eliminada, em benefício de todos quantos falam ou escrevem sobre qualquer tema. É claro que a regra *Sullivan* vai além disso, na medida em que exige que a vítima prove não só que o réu foi descuidado ou negligente, mas que fez sua publicação de má-fé ou temerariamente. Porém, se o argumento que justifica um ônus da prova mais rigoroso nas ações de calúnia e difamação movidas por figuras públicas – o argumento de que essa regra é necessária para que a imprensa possa operar sem medo – não é injusto para com as figuras públicas, é difícil entender por que seria injusto para com as vítimas comuns. Às vezes se diz que, se as figuras públicas saíram na chuva, não devem se queixar quando ficam molhadas. Porém, esse argumento foi ficando cada vez mais fraco à medida que a Suprema Corte foi ampliando a categoria de querelantes sujeitos à regra *Sullivan* – de ocupantes de cargos públicos para pessoas que são definidas como *pessoas públicas* de alguma outra maneira. De qualquer modo, esse argumento peca por petição de princípio: só se pode dizer que os ocupantes de cargos públicos assumiram de livre e espontânea vontade uma possibilidade maior de serem caluniados pela imprensa quando existe alguma *outra* razão pela qual as pessoas que ocupam essas posições devem ter menos proteção que os cidadãos particulares.

Não haveria injustiça alguma, portanto, numa revisão muito mais ampla das leis de calúnia e difamação pela imprensa. Além disso, uma revisão mais geral teria desobrigado a Corte de cumprir uma tarefa que jamais pode ser perfeitamente cumprida: aquela a que a Corte se dedicou nos anos seguintes à proclamação da regra *Sullivan*, a tarefa de decidir quais querelantes de fato estão sujeitos a esse ônus da prova mais pesado que caracteriza a regra *Sullivan*. Lewis explica que a distinção original entre os ocupantes de cargos públicos e todas as outras vítimas começou a borrar-se com a decisão da Corte de que Wally Butts – técnico do time de futebol americano da Universidade da Geórgia, que fora acusado pelo *Saturday Evening Post* de revelar a tática de jogo da sua equipe ao técnico do Alabama, Bear Bryant, antes do grande jogo entre as duas universidades – era uma "figura" pública, embora não ocupasse nenhum cargo público, e logo estava sujeito à regra *Sullivan*[53]. A distinção de Brennan ficou ainda mais comprometida posteriormente, no caso *Gertz*, quando a Corte criou uma categoria intermediária de proteção: decretou que, embora um advogado liberal caluniado por uma publicação da John Birch Society não fosse uma figura pública, e logo não tivesse de arcar com o rigoroso ônus de ter de provar a malícia efetiva do caluniador, ele tinha de provar que o réu tinha sido pelo menos negligente ao publicar falsidades sobre ele, pois as afirmações de que se queixava eram assuntos de interesse político[54].

Assim, a Corte teve dificuldade para fazer as diversas distinções que sua regra atual requer, e as categorias por ela adotadas parecem arbitrárias do ponto de vista da concepção instrumental da liberdade de expressão, concepção essa que elas supostamente refletem. Os astros do cinema, por exemplo, foram classificados como figuras públicas e assim têm de arcar com o ônus de provar a malícia efetiva dos tablóides que publicam reportagens falsas a respeito deles; por outro lado, como observa Lewis, as fofocas sobre as celebridades não contribuem em absoluto para a descoberta da verdade ou da sabedoria no processo político. Lewis seria contrário a qualquer extensão universal da regra *Sullivan* a todos os que movem ações de compensação por calúnia e difamação, pois pensa que a Corte não se esforçaria tanto

---

53. *Curtis Publishing Company vs. Butts*, 388 U.S. 130 (1967).
54. *Gertz vs. Robert Welch, Inc.*, 418 U.S. 323 (1974).

para proteger a regra se esta tivesse uma aplicação muito mais geral. Porém, ele mesmo reconhece que a significativa ampliação da proteção desde a decisão original não fez diminuir o entusiasmo pela regra. Existe, além disso, uma possibilidade notável de que a extensão geral da regra desencadeasse uma reforma ainda mais radical da lei norte-americana sobre a calúnia e a difamação, reforma essa que, no fim, beneficiaria tanto as vítimas quanto a imprensa.

A regra *Sullivan* não tem sido uma proteção tão eficaz da liberdade de imprensa quanto os comentaristas esperavam de início. Como diz Lewis, as comemorações terminaram quando os advogados e a imprensa perceberam que a regra dava aos querelantes bem financiados a oportunidade de infligir grandes danos à imprensa, alegando que o que havia sido publicado de fato fora fruto de malícia ou temeridade. Os processos movidos por Ariel Sharon contra a *Time* e pelo general William Westmoreland contra a CBS em 1984 ilustram bem essa dificuldade: embora *Time* tenha obtido uma vitória relativa junto ao júri e Westmoreland tenha finalmente retirado sua queixa, tanto a *Time* quanto a CBS sofreram danos severos com a publicidade, as despesas e as viagens exigidas por julgamentos prolongados nos quais a honestidade e a competência desses órgãos de imprensa se tornaram os principais temas de investigação[55].

Num outro julgamento longo e dispendioso, *Herbert vs. Lando*, a CBS afirmou que não tinha a obrigação de se dedicar à demorada tarefa de apresentar numerosos volumes de relatórios confidenciais, memorandos internos e outros materiais que o querelante alegava necessitar a fim de provar a malícia efetiva[56]. A Suprema Corte disse que a imprensa não poderia ter todas as vantagens: se a lei exigia que a vítima provasse que o réu sabia que o que publicara era falso, ou que o havia publicado sem querer saber se era falso ou verdadeiro, não seria justo permitir que o réu retivesse as infor-

---

55. Ver Capítulo 7.
56. *Herbert vs. Lando*, 441 U.S. 153 (1979).

mações de que a vítima necessitaria para prová-lo. Assim, a imprensa ainda corre o risco de sofrer grandes perdas em dinheiro se publicar algo que possa ser chamado de falso e malicioso por um oponente dotado de forte apoio financeiro. Lewis apresenta várias propostas sensatas, criadas por diversos observadores, para rever a lei de calúnia a fim de solucionar esse problema sem negar às pessoas uma proteção razoável contra afirmações falsas e maliciosas[57]. Sob a atual lei de calúnia e difamação, os querelantes buscam restaurar sua reputação extraindo indenizações imensas que não têm o objetivo de compensá-los por perdas financeiras efetivamente sofridas, mas sim de castigar a imprensa. Os reformadores pretendem separar esses dois elementos de uma ação de reparação de danos por calúnia e difamação: não se permitiria que o querelante entrasse com a ação para pedir uma indenização em dinheiro, mas somente por uma declaração judicial de que o fato publicado era falso. Segundo uma determinada versão dessa proposta, a pessoa que acha que foi caluniada tem de passar ao órgão de imprensa as informações que, em sua opinião, demonstram que aquilo que foi publicado era falso. Se o órgão de imprensa não publicar com certo destaque uma correção adequada, a vítima pode entrar com uma ação pedindo uma declaração judicial de falsidade e uma ordem judicial de que o réu publique essa declaração[58]. Uma vez que não estaria em causa

---

57. Versões dos programas que descrevo no texto foram propostas, por exemplo, pelo professor Mark Franklin, da faculdade de direito de Stanford; pelo Annenberg Washington Program; pelo professor David Anderson, da faculdade de direito do Texas; e por Pierre Leval, o juiz federal que presidiu ao processo movido por Westmoreland contra a CBS. Um resumo dos detalhes das diversas propostas pode ser encontrado no cap. 4 de *The Fourth Estate and the Constitution* (University of California Press, 1991), de Lucas A. Powe, Jr., professor de direito e teoria do Estado na Universidade do Texas.

58. Há dúvidas quanto à constitucionalidade de se exigir que um jornal publique um veredicto contra si mesmo. Em *Miami Herald vs. Tornillo*, 418 U.S. 241 (1974), a Suprema Corte determinou que uma lei de direito de resposta, promulgada pelo estado da Flórida, era inconstitucional. Porém, nessa mesma ocasião, tanto Brennan quanto Rehnquist disseram que a exigência de que um jornal publicasse um veredicto de falsidade talvez fosse constitucional.

uma reparação financeira por perdas e danos, a única questão em jogo seria a verdade ou falsidade daquilo que foi publicado, e não seria necessário saber se houve malícia ou negligência por parte do réu. A regra *Sullivan* já não se aplicaria. Na maioria dos casos, o julgamento seria rápido e barato; e a vítima que de fato tivesse sido caluniada ou difamada obteria uma declaração judicial de que fora atacada injustamente.

Resta saber até que ponto uma tal declaração conseguiria recompor a reputação do querelante. As declarações sensacionalistas, mesmo as publicadas por um jornal cuja imprecisão é notória, são amplamente divulgadas por outros meios de comunicação; já a declaração judicial de que a informação estava errada pode não ser tão largamente divulgada, mesmo que o próprio jornal que cometeu o erro tenha a obrigação de publicar essa declaração. Por isso, mesmo que os estados viessem a adotar uma nova forma de ação legal, permitindo que o querelante entrasse com uma ação pedindo uma declaração judicial de falsidade, poderiam também permitir que ele exigisse indenização pelas perdas e danos sofridos por sua reputação, caso isso fosse de seu interesse. Mas, nesse caso, já não haveria motivo para não se aplicar a regra *Sullivan* a todos os pedidos de indenização, de tal modo que tanto as figuras públicas quanto os cidadãos particulares teriam então a opção de pedir somente uma declaração judicial – caso em que só precisariam provar a falsidade do que foi publicado – ou uma indenização por perdas e danos – caso em que teriam a obrigação de demonstrar que a imprensa publicou a informação falsa com ciência ou temeridade[59].

---

59. Os juízes teriam então o poder de negar um pedido de indenização antes ainda de o julgamento começar, caso constatassem que o querelante não teria a menor possibilidade de atender à regra *Sullivan*. (Lewis opina que o juiz Leval deveria, por esse motivo, ter anulado a ação de Westmoreland contra a CBS.) Se o réu tivesse a alternativa de pedir somente uma declaração judicial de falsidade, os juízes provavelmente exerceriam com maior freqüência esse poder de anulação, poupando à imprensa as despesas e o incômodo de um julgamento prolongado.

A realização de uma reforma geral dessa natureza seria mais provável se a Corte insistisse em que as mesmas regras se aplicam para todos. Até agora, nenhum estado mudou a sua lei de imprensa segundo as recomendações dos reformadores. Em 1985, Charles Schumer, deputado do Brooklyn, apresentou um projeto de lei federal que segue algumas dessas sugestões, mas não chegou a ser aprovado. A própria Suprema Corte não pode determinar uma mudança tão complexa das leis estaduais de calúnia e difamação, embora possa trabalhar um pouco para esse fim – decretando, por exemplo, que os estados são obrigados a aceitar, como defesa suficiente para um órgão de imprensa, uma retratação publicada com destaque. Entretanto, o Congresso e os estados teriam maior probabilidade de operar eles mesmos as mudanças necessárias se a Corte declarasse que não só as pessoas públicas, mas também as pessoas comuns têm de atender às exigências da regra *Sullivan* a fim de poder receber uma indenização por calúnia e difamação. Os cidadãos particulares, nesse caso, gostariam de ter à sua disposição um meio mais rápido e mais barato de defender sua reputação, e o pedido na justiça de uma declaração judicial de falsidade seria uma alternativa a ser levada em conta. Nenhum esquema legal pode proporcionar a solução ideal para o conflito inevitável entre a liberdade de expressão e a proteção da reputação dos indivíduos. Também não temos motivos para crer que a Suprema Corte vá ampliar a aplicação da regra *Sullivan* do jeito que sugeri. Porém, um sistema unificado que trate da mesma maneira todos os queixosos e todos os réus parece atender mais aos interesses de todos – da imprensa, do público e dos cidadãos particulares – do que o atual conjunto de regras complexas e instáveis.

Por todos os motivos arrolados habilmente por Lewis, a decisão do caso *Sullivan* foi realmente extraordinária. O juízo de Brennan permitiu que a imprensa norte-americana desempenhasse com mais confiança seu papel de proteger a democracia – mais do que a imprensa de qualquer outro lugar do mundo. A vitória conquistada por esse juiz não é diminuída pelo fato de as premissas intelectuais de seu argumento terem de ser ampliadas em face das ameaças muito diferentes que agora se interpõem no caminho da liberdade; tampouco é diminuída pelo fato de seu esquema legal, radical em sua época, já ter se firmado o suficiente para poder ser simplificado. *Sullivan* foi uma batalha importantíssima na defesa de nossa liberdade mais importante, mas agora temos novas batalhas a nossa frente.

11 de junho de 1992

9. Pornografia e ódio

Quando Isaiah Berlin ocupou a Cadeira Chichele de teoria social e política em Oxford, em 1958, e deu sua famosa aula inaugural, sentiu-se obrigado a reconhecer que a política não atraía a atenção profissional da maior parte dos filósofos sérios do Reino Unido e dos Estados Unidos. Achavam eles que a filosofia não tinha relação com a política e vice-versa; que a filosofia política não poderia ser mais do que uma listagem das preferências e compromissos políticos do próprio teórico que a formulava, e não poderia apresentar em seu favor nenhum argumento rigoroso ou respeitável. Hoje em dia, esse quadro sombrio praticamente não existe mais. A filosofia política já é um ramo maduro de atividade; domina os departamentos de filosofia de muitas universidades de prestígio e em toda parte atrai uma boa porcentagem dos melhores pós-graduandos em filosofia.

A aula de Berlin, "Dois conceitos de liberdade", foi um elemento essencial e marcante desse renascimento. Provocou uma controvérsia imediata, acalorada e sobretudo esclarecedora, que se perpetuou no tempo. Praticamente na hora em que aconteceu, se tornou um dos textos básicos das listas de leitura dos estudantes de graduação e pós-graduação, o que ainda é. Sua amplitude, sua erudição, sua abrangência histórica e sua aplicabilidade evidente à situação contemporânea, seu interesse puro e simples, fizeram com que, de repente, as idéias políticas parecessem divertidas e instigantes. Sua principal mensagem polêmica – a noção de que os filósofos correm um perigo fatal quando ignoram a complexidade ou o poder dessas idéias – era convincente, e desde há muito precisava ser ouvida. Mas sua importância principal, pelo menos a meu ver, estava na força do seu argumento central. Embora Berlin tenha começado por admitir perante os filósofos desdenhosos que a filosofia política não se comparava à lógica ou à filosofia da linguagem como campo adequado para "descobertas radicais", nas quais "o talento para as análises minuciosas tende a ser recompensado", ele se dedicou, em seguida, a analisar distinções sutis que, não por acaso, são ainda mais importantes hoje em dia (pelo menos nas democracias ocidentais) do que na época em que ele chamou para elas a nossa atenção.

Tenho de tentar descrever duas características centrais do seu argumento. A primeira é a célebre distinção registrada no título da aula: a distinção entre dois sentidos (intimamente ligados) da liberdade. A liberdade negativa (termo pelo qual Berlin veio depois a designá-la) significa não ser impedido pelos outros de fazer o que se deseja fazer. Para nós, algumas liberdades negativas – como a liberdade de falar o que quisermos sem censura – são muito importantes, e outras – a de dirigir em altíssima velocidade, por exemplo – nem tanto. Porém, ambas são casos de liberdade negativa, e, por mais que um estado tenha motivos sólidos para impor um limite de velocidade ao tráfego de automóveis, por exemplo, em vista da segurança e da conveniência, trata-se aí de uma restrição da liberdade negativa.

A liberdade positiva, por outro lado, é o poder de participar das decisões públicas e controlá-las – inclusive da decisão de o quanto se deve restringir a liberdade negativa. Numa democracia ideal (seja isso o que for), os cidadãos governam a si mesmos. Cada qual é senhor e soberano tanto quanto seu próximo, e a liberdade positiva é garantida para todos.

Em sua aula inaugural, Berlin descreveu a corrupção da noção de liberdade positiva no decorrer da história, corrupção que começou com a idéia de que a verdadeira liberdade da pessoa está em que ela se submeta ao controle do seu elemento racional e não do seu elemento empírico, ou seja, de um elemento que busca realizar objetivos outros, que não os reconhecidos pela própria pessoa. Segundo essa concepção, a liberdade só é possível quando as pessoas são governadas, tiranicamente se necessário, por um soberano que conheça a verdadeira vontade delas, sua vontade metafísica. Só então as pessoas são verdadeiramente livres, ainda que contra a sua vontade. Essa cadeia de argumentos, cuja força não é menor pelo fato de ser confusa e perigosa, chegou em muitas partes do mundo a transformar a liberdade positiva na mais terrível tirania. É claro que, quando chamou a atenção para essa corrupção da liberdade positiva, Berlin não queria dizer que a liberdade negativa era uma bênção pura e simples, e que portanto deveria ser protegida em todas as formas e situações e a qualquer preço. Mais tarde disse que, pelo contrário, os vícios de uma liberdade negativa excessiva e indiscriminada eram tão evidentes, sobretudo na forma de selvagens desigualdades econômicas, que ele não achara necessário descrevê-los de modo muito detalhado.

A segunda característica do argumento de Berlin que chama a minha atenção é um tema que se repete em todos os seus escritos sobre política. Ele insiste na complexidade dos valores políticos e mostra o quanto é falaciosa a suposição de que todas as virtudes políticas que por si mesmas nos atraem podem ser realizadas numa só estrutura política. Na opinião de Berlin, o antigo ideal platônico de uma grandiosa fusão de todas as virtudes e objetivos num conjunto de instituições que propiciem a realização de cada uma na proporção correta e não sacrifiquem nenhuma pelas outras não passa de um mito sedutor, por maiores que sejam a sua força imaginativa e a sua influência histórica. Mais tarde, ele recapitulou esse ponto:

> Uma liberdade pode abortar outra; uma liberdade pode obstruir ou deixar de criar condições que tornam possíveis outras liberdades, ou um grau maior de liberdade, ou ainda a

liberdade de um número maior de pessoas; as liberdades positiva e negativa podem entrar em conflito; a liberdade do indivíduo ou do grupo pode não ser plenamente compatível com um grau pleno de participação numa vida comum, com suas exigências de cooperação, solidariedade e fraternidade. Porém, além disso tudo há uma questão mais importante: a necessidade absoluta de se atender às exigências de outros valores igualmente importantes: a justiça, a felicidade, o amor, a realização da capacidade de se criar novos objetos, experiências e idéias, a descoberta da verdade. Nada se ganha quando se identifica a liberdade propriamente dita, num ou noutro de seus dois sentidos, com esses valores ou com as condições que a tornam possível, ou quando se confundem os vários tipos de liberdade uns com os outros.[60]

Para os estudiosos de filosofia política das grandes democracias ocidentais na década de 1950, as advertências de Berlin quanto à confusão da liberdade positiva com a negativa, ou da liberdade em si mesma com outros valores, contribuíram sobremaneira para que eles entendessem os regimes autoritários de outras épocas e lugares. Embora determinadas liberdades estivessem sob forte ameaça tanto nos Estados Unidos quanto no Reino Unido naquela época, essas ameaças não tinham por base nem por justificativa essas duas formas de confusão. Os inimigos da liberdade negativa eram poderosos, mas não eram muito inteligentes nem faziam esforço para passar despercebidos. Joseph McCarthy e seus aliados não faziam apelo a nenhum conceito metafísico kantiano, hegeliano ou marxista para justificar a censura e as listas negras. Não distinguiam a liberdade de uma outra forma dela mesma, mas da segurança; afirmavam que o excesso de liberdade de expressão nos deixava vulneráveis à espionagem, à sabotagem intelectual e, em última análise, ao domínio estrangeiro.

Tanto no Reino Unido quanto nos Estados Unidos, apesar de algumas reformas limitadas, o Estado ainda bus-

---

60. Isaiah Berlin, *Four Essays on Liberty* (Oxford University Press, 1968), p. 1vi.

cava impor a moral sexual convencional nos campos da pornografia, da contracepção, da prostituição e da homossexualidade. Porém, os conservadores que defendiam essa limitação da liberdade negativa não invocavam uma forma de liberdade diferente ou superior, mas valores perfeitamente distintos da liberdade e que inclusive conflitavam com ela: a religião, a moral verdadeira e os valores familiares tradicionais. Parecia que as batalhas da liberdade se travavam entre dois exércitos claramente distintos um do outro. Os liberais eram a favor da liberdade, exceto, em determinadas circunstâncias, da liberdade negativa dos agentes econômicos independentes. Os conservadores eram a favor dessa liberdade mas eram contrários às outras formas de liberdade quando entravam em choque com a segurança ou com as idéias que eles tinham acerca da decência e da moralidade.

Porém, a essa altura, os mapas políticos se modificaram radicalmente e algumas formas de liberdade negativa ganharam novos adversários. Tanto nos Estados Unidos quanto no Reino Unido, ainda que de maneiras diferentes, os conflitos em torno das questões da raça e do sexo transformaram as antigas alianças e oposições. As formas de expressão que veiculam o ódio racial ou uma atitude de menosprezo em relação ao sexo feminino passaram a afigurar-se intoleráveis aos olhos de certas pessoas cujas convicções, sob outros aspectos, são tradicionalmente liberais. Não surpreende, portanto, que essas pessoas procurem mitigar o conflito entre seus velhos ideais liberais e sua nova aceitação da censura. Para tanto, adotam uma nova definição de o que é a liberdade. Isso não surpreende, mas o resultado é uma perigosa confusão; e as advertências de Berlin, formuladas a partir de problemas muito diferentes, se encaixam aqui como uma luva.

Procurarei ilustrar essa questão com um único exemplo: um processo civil que nasceu quando certos grupos feministas norte-americanos procuraram pôr na ilegalidade uma forma de pornografia que lhes parece particularmente danosa. Não escolho esse exemplo porque a pornografia seja mais importante, mais perigosa ou mais repugnante do que as invectivas racistas ou outras formas de expressão extremamente desagradáveis, mas porque o debate sobre a pornografia tem sido objeto de uma discussão acadêmica completa e abrangente.

Em virtude dos esforços de Catharine MacKinnon, professora de direito na Universidade de Michigan, e de outras figuras eminentes do movimento feminista, o município de Indianápolis, estado de Indiana, promulgou uma lei antipornográfica. A lei definia a pornografia como "a subordinação sexualmente explícita da mulher, de forma realista e sugestiva, quer através de imagens, quer de palavras"; e, entre os materiais pornográficos que se encaixavam nessa definição, mencionavam-se especificamente aqueles nos quais as mulheres pareciam gostar da dor, da humilhação e do estupro, ou eram apresentadas como seres degradados, torturados ou sujos, com hematomas ou perdendo sangue, ou ainda em posturas de servidão, submissão ou exibição. A lei não abria nenhuma exceção para obras de valor literário ou artístico, e seus adversários afirmaram que, se fosse aplicada literalmente, ela poria na ilegalidade o *Ulisses* de James Joyce, as *Memórias de uma mulher de prazeres* de John Cleland, várias obras de D. H. Lawrence e até mesmo "Leda e o cisne", de Yeats. Porém, os grupos que trabalharam pela aprovação da lei estavam ansiosos para deixar claro que não faziam objeção à obscenidade ou à indecência enquanto tais, mas às conseqüências que um determinado tipo de pornografia tinha para o sexo feminino; e provavelmente pensaram que a abertura de uma exceção para o valor artístico iria contra esse objetivo[61].

A lei não se limitava a regulamentar a exibição do material pornográfico assim definido, a restringir sua venda ou distribuição a determinadas áreas da cidade ou a proteger

---

61. MacKinnon explicou: "Se uma mulher sofre sujeição, que importa que a obra tenha outros valores?" Ver seu artigo "Pornography, Civil Rights, and Speech", em *Harvard Civil Rights-Civil Liberties Law Review*, vol. 28 (1993), p. 21.

as crianças de qualquer exposição à pornografia. As normas feitas em vista desses fins são restrições da liberdade negativa, mas, quando razoáveis, restringem-na de modo compatível com a liberdade de expressão. As leis de zoneamento e de exposição pública podem tornar a pornografia mais cara ou mais difícil de se obter, mas não violam o princípio de que ninguém deve ser impedido de publicar ou ler o que quiser a pretexto de o conteúdo da publicação ser imoral ou insultuoso[62]. A lei de Indianápolis, por outro lado, proibia a "produção, venda, exposição ou distribuição" de todo e qualquer material por ela definido como pornográfico.

Os editores e os cidadãos que afirmavam querer ler o material proibido moveram imediatamente uma ação de inconstitucionalidade. O tribunal federal distrital julgou a lei inconstitucional por violar a Primeira Emenda à Constituição norte-americana, que garante a liberdade negativa da livre expressão[63]. O tribunal itinerante do Sétimo Circuito manteve a decisão do tribunal distrital[64] e a Suprema Corte dos Estados Unidos decidiu que não tinha motivos para rever esse veredicto. O voto do juiz Easterbrook, em nome do tribunal itinerante, observou que a lei não declarava a ilegalidade de todo material obsceno ou indecente, mas só daquele material que refletisse a idéia de que as mulheres são submissas, ou gostam de ser dominadas, ou devem ser tratadas como se gostassem. Segundo Easterbrook, o objetivo essencial da Primeira Emenda é exatamente o de proteger nossa expressão contra esse tipo de disciplina legal por conteúdo. A censura pode ser permitida ocasionalmente quando tem o objetivo de proibir as formas de expressão imediatamente perigosas – gritar "Fogo!" num teatro lotado ou incitar uma multidão à

---

62. Ver meu artigo "Do We Have a Right to Pornography?", incluído como Capítulo 17 de meu livro *A Matter of Principle* (Harvard University Press, 1985).
63. *American Booksellers Association, Inc. et al. vs. William H. Hudnut, III, Mayor, City of Indianapolis, et al.*, 598 F. Supp. 1316 (S.D. Ind. 1984).
64. 771 F. 2d 323 (Tribunal de Apelações dos Estados Unidos, Sétimo Circuito).

violência, por exemplo – ou as que são especial e desnecessariamente inconvenientes – carros com alto-falantes que percorrem as ruas dos bairros residenciais à noite, por exemplo. Porém, ainda segundo Easterbrook, não se deve censurar nada a pretexto de a mensagem veiculada ser má ou de expressar idéias que não devem ser ouvidas de modo algum.

Não existe um acordo universal acerca da idéia de que a censura não pode basear-se no conteúdo. A Lei de Relações Raciais do Reino Unido, por exemplo, proíbe a expressão do ódio racial não só quando tende a gerar a violência, mas de maneira geral, sob a justificativa de que os membros de raças minoritárias devem ser protegidos de insultos racistas. Nos Estados Unidos, porém, o direito constitucional tem como um de seus princípios fixos o de que esse tipo de disciplina legal é inconstitucional a menos que seja exigida por uma necessidade urgente, e não pelo simples fato de o governo ou a maioria dos cidadãos serem contra a mensagem veiculada. A pornografia, muitas vezes, é grotescamente afrontosa; é ultrajante, não só para as mulheres, mas também para os homens. Porém, não podemos ver aí uma razão suficiente para proibi-la, sob pena de destruir o princípio de que as formas de expressão que odiamos são tão dignas de proteção quanto quaisquer outras. A essência da liberdade negativa é a liberdade de ofender, e isso não se aplica somente às formas de expressão heróicas, mas também às de mau gosto.

Os juristas que defendem a lei de Indianápolis afirmam que a sociedade tem mais uma razão para proibir a pornografia: esta, além de ofender as mulheres, causa um grande mal ao sexo feminino. Porém, os argumentos que esses juristas apresentam são uma mixórdia de alegações acerca de diversos tipos de dano, e é preciso distinguir uns dos outros. Afirmam, em primeiro lugar, que certas formas de pornografia aumentam significativamente a possibilidade de que mulheres venham a ser estupradas ou agredidas fisicamente. Se isso fosse verdade e esse perigo fosse evidente e imediato, de fato justificar-se-ia a censura a essas formas de expressão, a menos que métodos rigorosos de controle – como a limitação do tipo de público que pode ter acesso à pornografia – pudessem ser postos em prática de modo adequado e eficaz. Na verdade, porém, embora haja alguns indícios de que a exposição à pornografia enfraquece as atitudes críticas das pessoas em relação à violência sexual, não existem provas convincentes de que ela causa uma incidência maior de agressões de fato. O Sétimo Tribunal Itinerante citou vários estudos (entre os quais o da Comissão Williams, realizado no Reino Unido em 1979), todos concluíram, segundo o tribunal, "que não é possível demonstrar um vínculo direto entre a obscenidade e o estupro"[65]. Um relatório recente, feito no Reino Unido e baseado em um ano de pesquisas, declarou: "Os dados não demonstram que a pornografia seja uma causa de perversão sexual nos que transgridem a lei. Antes, ela parece ser usada como um elemento dessa perversão."[66]

Certos grupos feministas afirmam, porém, que a pornografia não só causa a violência física como também provoca uma subordinação mais generalizada das mulheres. Dessa maneira, segundo esses grupos, a pornografia contribui para a desigualdade. Porém, mesmo que se pudesse demonstrar que a pornografia, como causa, é parcialmente responsável por uma estrutura econômica na qual poucas mulheres chegam a posições profissionais de responsabilidade ou recebem o mesmo salário pelo mesmo trabalho fei-

---

65. O mesmo tribunal, num trecho confuso de seu acórdão, afirmou que mesmo assim aceitava "as premissas dessa legislação", entre as quais se incluía a idéia de um vínculo causal entre a pornografia e a violência sexual. Porém, o que parece é que estava admitindo um nexo causal bastante diferente, mencionado no parágrafo seguinte, e relacionado à subordinação de um sexo ao outro. De qualquer modo, o tribunal deixou claro que só aceitava aquelas premissas hipoteticamente, uma vez que não tinha autoridade para rejeitar as decisões tomadas pelo município de Indianápolis a partir de uma interpretação de dados empíricos.

66. Ver o *Daily Telegraph* de 23 de dezembro de 1990. É claro que estudos posteriores poderão desmentir essa afirmação. Porém, parece pouco provável que se venha a constatar que a pornografia estimula a violência física na mesma medida que as representações não pornográficas de violência, que são muito mais comuns em nossa cultura e nossos meios de comunicação.

to por homens, isso, pela Constituição, não justificaria a censura. Sem dúvida alguma, seria inconstitucional a proibição de formas de expressão que *defendessem* explicitamente a idéia de que as mulheres devem desempenhar papéis inferiores ou mesmo papel nenhum no comércio e nas profissões liberais, ainda que essas formas de expressão se dirigissem a homens receptivos e atingissem seus objetivos. Por isso, não se pode alegar, como razão para proibir a pornografia, o fato de ela supostamente contribuir para uma estrutura econômica ou social desigual, mesmo que pensemos que isso é verdade.

Porém, os mais imaginativos entre os textos feministas que defendem a censura apresentam um outro argumento ainda: que a liberdade negativa dos pornógrafos entra em choque não só com a igualdade mas também com a liberdade positiva, pois a pornografia geraria não só a subordinação econômica ou social das mulheres mas também a sua subordinação *política*. É claro que a pornografia não impede as mulheres de votar nem faz com que o voto delas valha menos do que o dos homens. Mas, segundo esse argumento, ela geraria um clima no qual as mulheres não poderiam ter um poder ou uma autoridade política verdadeira, pois seriam vistas e compreendidas de modo falso – ou seja, a fantasia masculina as veria como pessoas muito diferentes das que elas realmente são, como pessoas sem nenhuma importância. Considere, por exemplo, estas observações tiradas de uma obra daquela que foi a principal promotora da legislação de Indianápolis: "[A pornografia] institucionaliza a sexualidade da supremacia masculina, fundindo a erotização do domínio e da submissão com as figuras sociais do homem e da mulher... Os homens tratam as mulheres segundo a imagem que têm delas. É a pornografia que constrói essa imagem. O poder dos homens sobre as mulheres faz com que as mulheres só possam ser aquilo que os homens vêem que elas podem ser."[67]

---

67. Ver o artigo de MacKinnon citado na nota 61.

Desse ponto de vista, a pornografia nega a liberdade positiva das mulheres; nega-lhes o direito de serem senhoras de si mesmas na medida em que as apresenta, perante a sociedade e a política, segundo as formas imaginadas pela fantasia masculina. Trata-se de um argumento pesado, até mesmo do ponto de vista do direito constitucional, pois afirma que existe um conflito não só entre a liberdade e igualdade, mas dentro da própria liberdade – ou seja, um conflito que não pode ser resolvido pelo simples princípio de que a liberdade é o valor soberano. Como entender o argumento compreendido dessa maneira? Temos de observar, antes de mais nada, que ele ainda é um argumento causal. Não afirma que a pornografia seja uma conseqüência, um sintoma ou um símbolo do modo pelo qual a identidade feminina foi recriada pelos homens, mas uma importante causa ou veículo dessa recriação.

Isso nos parece de uma implausibilidade gritante. A pornografia sádica é repugnante, mas não é um objeto de circulação geral, exceto em suas formas mais brandas. É pouco provável que ela tenha uma influência tão grande quanto a da propaganda comercial e das novelas sobre o modo como a sexualidade, o caráter ou os talentos da mulher são concebidos pelos homens. A televisão e outros veículos da cultura popular usam a exibição sexual e as insinuações sexuais para vender praticamente qualquer coisa, e muitas vezes representam as mulheres como especialistas nos cuidados domésticos e na intuição espontânea e mais nada. As imagens assim criadas são sutis e estão por toda parte; não nos surpreenderia se uma pesquisa qualquer viesse a demonstrar que essas imagens realmente fazem um grande mal ao modo pelo qual as mulheres são vistas na política e podem exercer aí sua influência. Embora a pornografia sádica seja muito mais ultrajante e perturbadora, enquanto influência causal ela é superada, em muito, por essas outras influências culturais infelizes.

Porém, o voto do juiz Easterbrook, relatado em nome do Sétimo Tribunal Itinerante, partia hipoteticamente do pressuposto de que a pornografia de fato tinha as conseqüências afirmadas pelos defensores da lei municipal. Easterbrook disse que mesmo assim os argumentos favoráveis à lei não convenciam, uma vez que a liberdade de expressão tem exatamente o objetivo de deixar que a disseminação das idéias tenha as conseqüências que possa vir a ter, sejam elas quais forem, e tenham até mesmo conseqüências nocivas para a liberdade positiva. Disse ele: "Pela Primeira Emenda, o governo deve deixar a cargo do povo a avaliação das idéias. Quer seja evidente, quer seja sutil, uma idéia só pode ter o poder que o público a deixa ter... [Esse suposto resultado] só faz demonstrar o poder da pornografia enquanto forma de expressão. Todos esses efeitos infelizes dependem de uma intermediação mental."

No que diz respeito ao direito constitucional norte-americano, ele tem toda razão. Permite-se que a Ku Klux Klan e o Partido Nazista Norte-Americano propaguem suas idéias dentro dos Estados Unidos, e a Lei de Relações Raciais do Reino Unido seria inconstitucional em nosso país na medida em que proíbe as expressões abstratas de ódio racial. Mas será que a atitude norte-americana representa aquele tipo de absolutismo platônico contra o qual Berlin nos alertou? Não, pois existe uma diferença importante entre a idéia que lhe parece absurda – que todos os ideais que por si mesmos nos atraem podem ser perfeitamente conciliados dentro de uma única ordem política utópica – e a outra idéia que ele julga essencial, a saber, que, enquanto indivíduos e nações, nós temos o dever de escolher, entre as combinações possíveis desses ideais, um conjunto coerente, ainda que inevitavelmente limitado, o qual defina o nosso modo de vida individual ou nacional. A liberdade de expressão, concebida e protegida como uma liberdade negativa fundamental, é o próprio âmago da escolha feita pelas democracias modernas, escolha essa que agora devemos respeitar enquanto buscamos outros meios para combater a vergonhosa desigualdade que ainda aflige as mulheres.

Essa resposta, porém, só é válida se entendermos que o suposto conflito existente dentro da liberdade é um conflito entre os sentidos negativo e positivo dessa virtude. Temos de levar em conta ainda outro argumento que, se for válido, não poderá ser respondido da mesma maneira, uma vez que afirma que a pornografia representa um conflito dentro da própria liberdade negativa de expressão. Berlin disse que pelo menos o caráter da liberdade negativa era razoavelmente evidente; que, embora uma reivindicação excessiva de liberdade negativa fosse perigosa, poderia pelo menos ser entendida de modo bastante claro. Mas o argumento no qual estou pensando agora, e que foi apresentado por Frank Michelman, da faculdade de direito de Harvard, entre outros, expande de maneira imprevista a idéia de liberdade negativa. Michelman afirma que certas formas de expressão, entre as quais a pornografia, podem ter elas mesmas o efeito de "silenciar" outras formas, de tal modo que acabam por impedir outras pessoas de exercer sua liberdade negativa de expressão.

É claro que na jurisprudência relativa à Primeira Emenda se reconhece plenamente que certas formas de expressão têm o efeito de silenciar outras formas. De fato, o Estado cumpre o dever de equilibrar as liberdades negativas quando proíbe a interrupção de oradores ou outras formas demonstrativas de expressão que têm a finalidade de impedir que outras pessoas falem ou sejam ouvidas. Mas o que Michelman tem em mente é algo diferente. Diz ele que a fala da mulher pode ser silenciada não só por um ruído feito com a intenção de abafá-la, mas também por argumentos e imagens que mudem a percepção que o público tem do seu caráter, dos seus desejos e da sua condição, e que talvez mudem ainda a idéia que ela mesma tem de quem é e do que quer. Segundo Michelman, a expressão dotada dessas conseqüências silencia a mulher na medida em que impossibilita que ela contribua efetivamente para o processo pelo qual as idéias competem pela preferência do público. Escreve ele: "Pode-se afirmar com grande plausibilidade

[que] a pornografia [é] uma causa da subordinação e do silêncio das mulheres… Por que a abertura de nossa sociedade aos desafios não precisa ser protegida de ações repressivas privadas e públicas? Eis aí uma pergunta justa, que se impõe por si só."[68]

Ele afirma que, se nosso compromisso com a liberdade negativa de expressão é de natureza conseqüencialista – se queremos a liberdade de expressão para garantir a existência de uma sociedade em que todas as idéias podem entrar –, então temos de censurar algumas idéias para possibilitar a entrada de outras. Queixa-se da arbitrariedade da distinção, feita pelo direito constitucional norte-americano, entre a supressão de idéias determinada pelo direito penal e pelas conseqüências das expressões dos cidadãos particulares. Porém, a lei não faz uma distinção entre o poder público e o poder privado enquanto tais, mas entre a liberdade negativa e outras virtudes, entre as quais a própria liberdade positiva. De fato haveria contradição se a Constituição proibisse a censura oficial mas protegesse o direito dos cidadãos particulares de impedir fisicamente outros cidadãos de publicar ou divulgar determinadas idéias. Com isso, os cidadãos particulares teriam liberdade para infringir a liberdade negativa de outros cidadãos, na medida em que os impedissem de dizer o que querem.

Porém, não existe contradição nenhuma em insistir em que toda idéia deve ter a possibilidade de ser ouvida, mesmo aquela que tem por conseqüência fazer com que outras idéias sejam mal compreendidas, desconsideradas ou mesmo silenciadas, na medida em que os que poderiam expressá-las não controlam sua própria identidade pública e portanto não podem ser vistos pelos outros como gostariam de ser. Sem dúvida essas conseqüências são muito indesejáveis e devem ser combatidas por todos os meios autorizados por

---

68. Frank Michelman, "Conceptions of Democracy in American Constitutional Argument: The Case of Pornography Regulation", *Tennessee Law Review*, vol. 56, nº 291 (1989), pp. 303-4.

nossa Constituição. Porém, nem por isso os atos que têm essas conseqüências negativas privam as outras pessoas de sua liberdade de se expressar; e essa distinção, como insistia Berlin, está longe de ser arbitrária ou inconseqüente.

É compreensível, evidentemente, que Michelman e outros queiram expandir dessa maneira a idéia de liberdade negativa. É só na medida em que caracterizam certas idéias como dotadas elas mesmas do poder de "silenciar" – partindo apenas do pressuposto de que censurar a pornografia é a mesma coisa que impedir uma pessoa de interromper um orador – que eles podem ter a esperança de justificar a censura dentro de um esquema constitucional que atribui lugar de honra à liberdade de expressão. Porém, essa assimilação não deixa de ser uma confusão, o tipo exato de confusão contra o qual Berlin nos alertava em sua aula inaugural; e ele nos advertia de que essa confusão pode obscurecer a verdadeira escolha política que temos de fazer. Volto a citar a aula de Berlin, que apresentou essa questão com aquela fusão de clareza e abrangência que não posso deixar de exaltar:

> Eu me sentiria culpado, e com toda razão, se em certas circunstâncias não estivesse disposto a sacrificar [a liberdade até certo ponto]. Porém, um sacrifício não é um aumento daquilo que é sacrificado – a saber, a liberdade –, por mais que esse sacrifício seja moralmente necessário ou tenha grandes compensações. Cada coisa é o que ela é: a liberdade é a liberdade, não é a igualdade, nem a imparcialidade, nem a justiça, nem a cultura, nem a felicidade humana, nem uma consciência tranqüila.

ADENDO

Um motivo válido para a censura?

Ultimamente, um drama importante vem se desenrolando na Alemanha, tendo por tema a liberdade de expressão. Em 1991, Guenter Deckert, líder do Partido Nacional

Democrata, de extrema direita, organizou um encontro no qual Fred Leuchter (o "especialista" norte-americano que projetou câmaras de gás para as cadeias norte-americanas) apresentou suas "pesquisas" nas quais se propunha a provar que nenhum judeu foi morto nas câmaras de gás de Auschwitz.

Embora os argumentos de Leuchter já fossem bastante conhecidos no mundo inteiro, Deckter foi processado e condenado por organizar a palestra. O processo teve por base uma lei que proíbe a incitação ao ódio racial. Em março de 1994, o Tribunal Federal de Justiça reviu a decisão com a justificativa de que a mera negação do holocausto não constitui automaticamente uma incitação; e ordenou que se determinasse, num novo julgamento, se o réu "tinha simpatia pelas crenças nazistas" e era culpado de "aviltar e ofender a memória dos mortos".

Deckert foi novamente julgado e condenado: três juízes do tribunal disseram que ele de fato simpatizava com as crenças nazistas e havia insultado os mortos. Porém, só lhe impuseram uma sentença de prisão de um ano (que foi suspensa) e uma multa pequena, declarando que seu único crime fora o de expressar uma opinião e acrescentando, o que é incrível, que ele era um excelente pai de família, que suas opiniões vinham "do coração" e que ele só buscava fortalecer a resistência da Alemanha às exigências dos judeus. Dois desses juízes foram logo afastados do trabalho por "doença prolongada", o único motivo que se poderia alegar para esses fins; e, embora tenham voltado discretamente a julgar no tribunal, continuam a ser criticados por outros juízes, alguns dos quais se recusam a se sentar com eles na mesma sessão. Em dezembro de 1994, o Tribunal Federal de Justiça anulou a sentença leve de Deckert e ordenou que se fizesse um terceiro julgamento.

Essa seqüência de acontecimentos escandalizou o público e a legislação reagiu. Em abril de 1994, o tribunal constitucional da Alemanha declarou que as negações do holocausto não são protegidas pela liberdade de expressão e confirmou a proibição do Estado à realização de uma conferência de direita na qual David Irving, controverso historiador inglês do holocausto, iria apresentar suas teorias. No começo de 1995, o parlamento alemão aprovou uma nova lei pela qual a negação do holocausto, com ou sem a crença na idéia de que este não ocorreu, passa a ser crime punível com cinco anos de prisão.

A nova lei tem sido aplicada impiedosamente: em março, a polícia alemã fez uma busca na sede de um jornal de direita e apreendeu exemplares de um número do jornal no qual se fazia a resenha de um livro dinamarquês que nega o holocausto. A lei também teve seus problemas de interpretação. Em fevereiro, um tribunal de Hamburgo absolveu uma pessoa que deixou uma mensagem na secretária eletrônica de uma instituição dizendo que *A lista de Schindler*, de Steven Spielberg, havia ganho um Oscar por perpetuar o "mito de Auschwitz". Essa decisão, que de novo foi motivo de furor popular, está agora no tribunal de apelação; mas, se for revertida, os neonazistas sem dúvida porão a lei à prova com várias outras frases até encontrar uma que seja aprovada e possa se tornar um novo grito de guerra. Evidentemente, esses julgamentos que giram em torno da liberdade de expressão os agradam sobremaneira, pois constituem um belo palanque para seus pontos de vista – em Munique, o julgamento de Ewald Althans, que também negou o holocausto, teve horas e mais horas de vídeos dos discursos de Hitler e de outras propagandas neonazistas.

A Constituição alemã garante a liberdade de expressão. Como se justifica essa exceção? Não é fácil acreditar que, se os fanáticos puderem negar o holocausto, isso aumentará substancialmente o risco da violência fascista na Alemanha. De fato, crimes hediondos têm sido cometidos nesse país contra os judeus e os imigrantes, e não há dúvida de que os grupos de direita são responsáveis por muitos desses crimes. Porém, esses grupos não precisam negar que Hitler massacrou os judeus para encorajar os adoradores de Hitler a atacá-los com suas próprias mãos. Os neonazistas já encontraram centenas de mentiras e distorções da verdade que podem ser usadas para inflamar os ânimos de alemães raivosos, ressentidos e cheios de preconceito. Por que essa mentira deve ser objeto de uma censura especial e deve ser punida com tanto rigor?

A resposta verdadeira a essa pergunta é bastante clara: evidenciou-se nas reações dos líderes judeus aos acontecimentos jurídicos que acabo de descrever e no parecer do tribunal constitucional. A negação do holocausto é uma ofensa monstruosa à memória dos judeus e de todos os outros que morreram nos campos de concentração de Hitler. Isso é verdade: seria terrível, não só para os judeus, mas também para a Alemanha e para a humanidade inteira, se a cínica "mentira de Auschwitz" viesse um dia a ganhar credibilidade. Essa mentira deve ser refutada publicamente, por inteiro e com todo o desprezo que merece, sempre que possível.

Mas a censura é outra coisa. Não podemos aprovar o princípio de que uma opinião pode ser proibida quando os que estão no poder têm certeza de que ela é falsa e que algum grupo será profunda e compreensivelmente melindrado se essa opinião for publicada. Os criacionistas que proibiram o ensino da hipótese darwinista nas escolas públicas do Tennessee na década de 1920 tinham tanta convicção da história dos seres vivos quanto nós temos da história da Alemanha, e também eles agiram para proteger pessoas que se sentiam humilhadas no âmago do seu ser pela nova e vergonhosa doutrina. Os fundamentalistas muçulmanos que decretaram a pena de morte de Salman Rushdie também estavam convictos de que esse escritor estava errado e também agiram para proteger pessoas que haviam sofrido profundamente com palavras que lhes pareciam escandalosamente mentirosas. Toda lei de blasfêmia, toda queima de livros, toda caça às bruxas movida pela direita ou pela esquerda se justifica pelos mesmos motivos: para impedir que certos valores fundamentais sejam profanados. Tome cuidado com princípios em que você só pode confiar se forem aplicados por aqueles que pensam como você.

É tentador dizer que a situação da Alemanha é especial, que o holocausto está fora dos padrões normais da história e pode ser invocado como motivo para exceções de todo tipo, inclusive exceções à liberdade de expressão. Mas muitos outros grupos acreditam que sua situação também é especial, e alguns têm bons motivos para isso. Na minha opinião, não há nada que se assemelhe ao holocausto na história dos Estados Unidos, mas a escravidão é ruim o suficiente. Os negros se sentem profundamente ofendidos com as idéias apresentadas, por exemplo, no livro *The Bell Curve*, de Richard Herrnstein e Charles Murray, que afirmam que existem diferenças genéticas entre as raças; e algumas universidades norte-americanas proscrevem e punem os professores que ensinam uma concepção da história considerada ofensiva pelas minorias. Não gostaríamos que os poderosos tivessem o direito de proibir este tipo de história ou aquele tipo de biologia só porque as consideram erradas. A censura, muitas vezes, é filha do ressentimento, e as pessoas que sentem que a história foi injusta para com elas – como ocorre não só com os negros, mas também com muitos fundamentalistas muçulmanos e outros grupos – jamais vão admitir que sua situação não é igualmente especial.

Sei que, atualmente, parecem existir excelentes motivos para a aplicação da censura na Alemanha; sei que as pessoas decentes se impacientam quando bandos de arruaceiros, portando o emblema da suástica, afirmam que o maior genocídio de todos os tempos, cometido a sangue frio, na realidade foi inventado por suas vítimas. Os arruaceiros nos lembram daquilo que costumamos esquecer: do preço da liberdade, que é alto, às vezes insuportável. Mas a liberdade é importante, importante a ponto de poder ser comprada ao preço de um sacrifício muito doloroso. As pessoas que a amam não devem dar trégua aos seus inimigos, como Deckert e seus odiosos colegas, mesmo em face das provocações violentas que eles fazem para nos tentar.

15 de agosto de 1991
Adendo, maio/junho de 1995

10. *As palavras de MacKinnon*

No passado, as pessoas defendiam a liberdade de expressão para proteger os direitos de agitadores que protestavam contra o governo, de dissidentes que resistiam a uma igreja estabelecida ou de radicais que faziam campanha por causas políticas pouco populares. Evidentemente, valia a pena lutar pela liberdade de expressão, e isso ainda acontece em muitas partes do mundo, onde esses direitos praticamente não existem. Mas, nos Estados Unidos de hoje em dia, os partidários da liberdade de expressão vêem-se defendendo racistas que gritam "Crioulo!", nazistas que desfilam com a suástica ou – na maioria das vezes – marmanjos que se dedicam a olhar as fotografias de mulheres nuas com as pernas abertas.

Há muito tempo os conservadores batalham para ilegalizar a pornografia nos Estados Unidos: há décadas que a Suprema Corte, sem muito sucesso, tenta definir uma categoria limitada de "obscenidade" cuja proibição a Constituição autoriza. Porém, a campanha pela ilegalização de todas as formas de pornografia assumiu, em anos recentes, uma forma nova e mais ferina, por obra do movimento feminista. Pode parecer estranho que as feministas tenham dedicado tanta energia a essa campanha: há outros assuntos que parecem muito mais importantes, como a questão do aborto e a luta pela igualdade feminina no ambiente profissional e na política. Não há dúvida de que a cultura de massas é, sob diversos aspectos, um obstáculo para a igualdade sexual, mas as formas mais populares dessa cultura – a visão da mulher apresentada nas novelas e nos comerciais de TV, por exemplo – são obstáculos muito maiores do que os filmes obscenos assistidos por uma pequena minoria.

Por outro lado, a obsessão das feministas pela pornografia é fácil de explicar. As fotografias, filmes e vídeos pornográficos são a expressão mais explícita possível da idéia que as feministas mais odeiam: que as mulheres existem antes de mais nada para servir sexualmente aos homens. As propagandas, novelas e livros populares de ficção podem até ser mais eficazes para disseminar essa idéia em nossa cultura, mas a pornografia é o símbolo mais bruto e explícito dela. A pornografia, como a ostentação da suástica e a queima da cruz, é profundamente insultuosa em si mesma, independentemente de causar qualquer outro dano ou injustiça. Também é particularmente vulnerável do ponto de vista político: a direita religiosa apóia as feministas nessa questão, embora não apóie em praticamente nenhuma outra, de tal modo que, de todas as campanhas políticas que as feministas fazem, é a campanha pela censura que elas têm maior probabilidade de vencer.

E a pornografia também parece vulnerável em princípio. A explicação convencional da importância da liberdade de expressão é a teoria de John Stuart Mill, de que a verdade tem maior probabilidade de vir à tona quando existe um "mercado" de idéias livremente divulgadas e debatidas. Porém, a maior parte dos materiais pornográficos não tem contribuição alguma a dar ao debate político ou intelectual: é absurdo pensar que a circulação de vídeos pornográficos nos dá uma probabilidade maior de chegar à verdade sobre qualquer assunto. Assim, os liberais que defendem o direito à pornografia ficam três vezes na defensiva: a opinião deles é politicamente fraca, causa profunda repugnância em muitas mulheres e é duvidosa do ponto de vista intelectual. Por que, então, temos de defender a pornografia? Que nos importa que as pessoas já não possam assistir às filmagens de casais copulando diante das câmeras ou de mulheres rindo enquanto são chicoteadas? O que temos a perder com a proibição da pornografia, senão um setor repugnante da produção editorial e de entretenimento?

O livro de Catharine MacKinnon, *Only Words*, composto de três pequenos ensaios, nos dá uma resposta pungente a essa última pergunta: segundo ela, caso toda a pornografia fosse proibida, a sociedade não teria absolutamente nada a perder e as mulheres seriam libertadas de seus grilhões. De todas as feministas que se opõem à pornografia, MacKinnon é a mais ativa. Acredita ela que o que os homens querem é subordinar as mulheres e usá-las como objetos de prazer sexual, e que a pornografia é a arma que eles usam para alcançar esse resultado. Numa série de artigos e palestras bastante violentas, ela tem procurado chocar outras mulheres e convertê-las a esse ponto de vista. Em 1986, escreveu:

> A pornografia identifica a imagem da mulher à imagem daquilo que os homens querem quando fazem sexo. Esse é o sentido da pornografia… Ela institucionaliza a sexualidade da supremacia masculina, fundindo a erotização do domínio e da submissão com as figuras sociais do homem e da mulher… A pornografia é um dos males da supremacia masculina, e é particularmente difícil de ser identificada por estar em toda parte, por sua potência e, sobretudo, por ter conseguido fazer do mundo inteiro um lugar pornográfico.[69]

Only Words é marcado por uma linguagem que aparentemente tem o fim de provocar comoção. O livro se refere repetidamente ao "pênis que arromba a vagina", apresenta a cada página imagens horripilantes de mulheres chicoteadas, torturadas e estupradas e começa com esta passagem chocante:

---

69. Catharine MacKinnon, "Pornography, Civil Rights, and Speech", publicado novamente em Catherine Itzin, org., *Pornography: Women, Violence, and Civil Liberties, A Radical View* (Oxford University Press, 1992), p. 456. (As citações são tiradas das pp. 461-3.)

Quando você era criança, seu pai a segurava e lhe cobria a boca com a mão enquanto outro homem produzia uma dor intensa entre suas pernas. Quando ficou mais velha, seu marido a amarrava na cama, pingava cera quente sobre seus mamilos, trazia outros homens para assistir àquela cena e a obrigava a sorrir durante todo esse processo. Hoje em dia, seu médico, que a viciou em certos medicamentos, se recusa a lhe dar a receita desses medicamentos se você não chupar o pênis dele.

O livro, porém, não traz só imagens, mas também argumentos, os quais são apresentados como uma espécie de apelo ao público geral de uma decisão judicial que MacKinnon perdeu. Em 1983, ao lado de outra colega feminista chamada Andrea Dworkin, ela elaborou um projeto de lei que punha na ilegalidade e cominava penalidades civis a todas as formas de pornografia, definida como "a subordinação sexualmente explícita da mulher, de forma realista e sugestiva, quer através de imagens, quer de palavras". Para se saber se algo se enquadrava nessa categoria, prescreviam-se diversos critérios (alguns dos quais são vagos a ponto de ser inaplicáveis), como por exemplo: "as mulheres são apresentadas de forma desumanizada, como objetos, coisas ou mercadorias sexuais"; ou "as mulheres são apresentadas como objetos sexuais que sentem prazer sexual no estupro, no incesto ou em outros atos de violência sexual"; ou as mulheres são representadas "em posição de submissão, servidão ou exibição sexual"; ou ainda "as partes do corpo feminino – não só a vagina, os seios e o traseiro, mas também outras – são mostradas de tal modo que a mulher é reduzida a essas partes".

Em 1984, sobretudo graças aos esforços dessas duas feministas, uma lei semelhante foi aprovada pela câmara municipal de Indianápolis. A lei não abria exceção alguma para obras de valor literário ou artístico e, se fosse interpretada à letra, poderia pôr na ilegalidade não só os livros clássicos da pornografia, como as *Memórias de uma mulher de prazeres* de John Cleland, mas também muitas outras coisas, como por exemplo os romances de D. H. Lawrence e as *Danae* de Ticiano. Em 1985, o Sétimo Tribunal Itinerante de Apelações considerou essa lei inconstitucional por transgredir as garantias de liberdade de expressão e de imprensa oferecidas pela Primeira Emenda; e, em 1986, a Suprema Corte se negou a reverter a decisão do Sétimo Tribunal[70].

Only Words arrola vários argumentos em favor da lei municipal de Indianápolis e contra a decisão do Sétimo Tribunal, embora alguns desses argumentos sejam apresentados em bloco e tenham de ser desembaraçados uns dos outros para ter sentido. Alguns dos argumentos de MacKinnon são argumentos antigos sobre os quais já falei[71]. Porém, ela dedica a maior parte do seu livro à tentativa de provar uma alegação nova e assombrosa. Afirma que, mesmo que a publicação de uma literatura que avilte as mulheres seja protegida pela Primeira Emenda, como declarou o Sétimo Tribunal Itinerante, essa literatura viola um outro valor constitucional: o ideal de igualdade embutido no dispositivo de igualdade de proteção da Décima Quarta Emenda, que declara que nenhum estado pode privar nenhum cidadão da mesma proteção legal oferecida a todos os cidadãos. Nesse caso, diz ela, os tribunais têm de pesar um dos valores constitucionais contra o outro; e, como a pornografia não tem contribuição alguma a dar ao debate político, devem resolver a questão em favor da igualdade e da censura.

Ao contrário dos outros argumentos de MacKinnon, esta alegação tem aplicações que ultrapassam em muito a questão da pornografia. Se a análise dela estiver correta, a União Federal e os estados têm um poder constitucional muito mais amplo do que pensa a maioria dos juristas, um poder de proibir ou censurar qualquer expressão "politicamente incorreta" que tenha a possibilidade racional de ali-

---

70. *American Booksellers Ass'n vs. Hudnut*, 771 F. 2d 323 (1985), aff'd 475 U.S. 1001 (1986). Numa decisão que MacKinnon discute extensamente, um tribunal canadense aceitou que uma lei semelhante era compatível com a Carta de Direitos e Liberdades do Canadá. Falo sobre essa decisão no Capítulo 8.

71. Ver o Capítulo 9.

mentar ou exacerbar a desigualdade social das mulheres ou das minorias raciais, étnicas e outras. Por isso, vou tratar principalmente desse novo argumento, mas antes disso vou fazer um comentário breve sobre as alegações mais convencionais de MacKinnon.

Em *Only Words*, ela reitera a afirmação, já familiar, de que a pornografia faz aumentar significativamente o número de estupros e outros crimes sexuais. Caso se pudesse demonstrar através de pesquisas confiáveis que isso tem pelo menos uma certa probabilidade de ser verdade, haveria aí um argumento bastante forte, ainda que não decisivo, em favor da censura. Porém, apesar das declarações fervorosas de MacKinnon, nenhum estudo sério levou à conclusão de que a pornografia seja uma causa significativa dos crimes sexuais: muitos estudos concluem, pelo contrário, que as causas da personalidade violenta estão principalmente na infância do indivíduo, antes que a exposição à pornografia possa ter qualquer efeito; concluem ainda que o desejo de ver materiais pornográficos não é uma causa das perversões, mas um sintoma delas[72]. MacKinnon procura refutar

---

72. Entre os estudos de prestígio que negam o vínculo causal afirmado por MacKinnon estão um relatório (publicado em 1970) da Comissão Nacional de Estudos da Obscenidade e da Pornografia, constituída por Lyndon Johnson para examinar o assunto, o relatório da Comissão Williams, do Reino Unido, publicado em 1979, e um estudo britânico recente, feito no decorrer de um período de um ano, do qual se concluiu que "os dados não demonstram que a pornografia seja uma causa de perversão sexual nos que transgridem a lei. Antes, ela parece ser usada como um elemento dessa perversão." MacKinnon e outras feministas citam o volumoso relatório da infame Comissão Meese, constituída por Reagan para contradizer as conclusões do grupo nomeado por Johnson e dirigida por pessoas que haviam construído sua carreira em cima da oposição à pornografia. Como seria de esperar, a Comissão Meese declarou que, embora os indícios científicos não autorizassem nenhuma conclusão, na opinião da própria comissão os materiais pornográficos (que, aliás, foram profusamente reproduzidos em todo o relatório) de fato causavam o crime. Porém, imediatamente depois da publicação, os cientistas sobre cujos trabalhos o relatório se baseava protestaram, alegando que a comissão não compreendera suas pesquisas e fizera mau uso delas. (Pode-se encontrar uma análise completa desse estudo e dos outros em Marcia Pally, *Sense and Censorship:*

esses estudos, e é importante ver o quanto os argumentos dela são fracos. Um deles, repetido diversas vezes, não passa de um passe de prestidigitação metafísica. Ela insiste várias vezes em que os materiais pornográficos não são "meras palavras" [*only words*], porque são uma "realidade". Diz que, pelo fato de serem usados para estimular um ato sexual – a masturbação –, esses materiais são atos sexuais em si mesmos, donde parece se concluir que um filme ou uma descrição de um estupro são em si mesmos uma espécie de estupro. Porém, é evidente que isso não ajuda a demonstrar que a pornografia causa o estupro no sentido criminal do termo, e só essa relação causal poderia justificar a proscrição legal da pornografia.

Às vezes, MacKinnon apresenta hipérboles surpreendentes disfarçadas de simples bom senso.

> "Tarde ou cedo," declara ela, "de um modo ou de outro, os consumidores querem viver a pornografia em três dimensões. Tarde ou cedo, de um modo ou de outro, é isso mesmo que eles fazem. *A pornografia* os faz querer isso; quando acham que podem fazê-lo sem que ninguém os veja, é *isso mesmo* que eles fazem." (Quando lhe fizeram observar que muitos homens que lêem materiais pornográficos não cometem estupro, ela afirmou que os estupros que eles cometem não são comunicados à polícia[73].)

The Vanity of Bonfires [Americans for Constitutional Freedom, 1991].) MacKinnon também apela à autoridade jurídica: citando o parecer do Sétimo Tribunal que considerou inconstitucional a lei antipornográfica, ela diz que "nem os tribunais continuam a enganar-se sobre a carnificina causada pela pornografia". Porém, há aí uma insinceridade: é só em vista do argumento apresentado que o parecer parte do princípio de que a pornografia seja uma causa significativa dos crimes sexuais; e o mesmo parecer cita, entre outras coisas, o relatório da Comissão Williams para justificar o fato de o próprio tribunal negar que um tal vínculo causal tenha sido demonstrado.

73. Em "Pornography, Civil Rights, and Speech", MacKinnon disse: "É absurdo supor que a pornografia não tem nenhuma relação com o estupro só porque, quanto ao uso e aos efeitos da pornografia, os estupradores não se distinguem do comum dos homens. Sabemos que, desses outros homens, muitos *são* estupradores de mulheres; o que acontece é que eles não são pegos" (p. 475).

Em outros textos, ela faz apelo a correlações duvidosas, que não foram objeto de um estudo sério: num artigo recente, por exemplo, ela declara que "a Iugoslávia estava saturada de pornografia antes da guerra" e afirma que, por isso, a pornografia é responsável pelos horríveis estupros cometidos por soldados sérvios contra mulheres croatas e muçulmanas, estupros que foram largamente divulgados pelos meios de comunicação[74]. Porém, como notou George Kennan, o estupro também era "coisa comum" nas guerras balcânicas de 1913, muito antes de a península começar a ser "saturada" de pornografia[75].

Os principais argumentos de MacKinnon, porém, são relatos de fatos isolados: ela cita exemplos de estupradores e assassinos que dizem ter sido consumidores de pornografia, como Thomas Shiro, que foi condenado à morte em 1981 no estado de Indiana por estuprar e matar uma jovem (e depois copular com o cadáver) e que, na apelação, alegou que não era responsável pelo que fizera porque passara a vida inteira lendo revistas pornográficas. Porém, essas "provas" não são nem um pouco dignas de confiança – não só porque muitas vezes vêm a calhar para os criminosos condenados, mas também porque, como observaram as feministas Deborah Cameron e Elizabeth Fraser, as opiniões que os próprios criminosos têm a respeito de suas motivações tendem a ser extraídas do folclore da comunidade a que pertencem (seja este verdadeiro ou não) e não de uma análise objetiva do que os levou a cometer crimes. (Cameron e Fraser, que são favoráveis à proibição da pornografia por outros motivos, admitem que "o argumento de que a pornografia 'causa' atos violentos é, com efeito, insuficiente".[76])

---

74. "Turning Rape Into Pornography: Postmodern Genocide". *Ms.*, 28 (julho/agosto de 1993).

75. George Kennan, "The Balkan Crisis: 1913 and 1993", *The New York Review of Books* (15 de julho de 1993).

76. Itzin, org., *Pornography: Women, Violence, and Civil Liberties*, p. 359. A certa altura MacKinnon apresenta uma formulação surpreendentemente tímida de sua tese causal: diz que não temos provas de que a pornografia não causa

O segundo argumento que MacKinnon apresenta em favor da censura é radicalmente diferente: diz que a pornografia deve ser proibida porque "silencia" as mulheres na medida em que torna mais difícil a expressão delas e diminui a probabilidade de que os outros venham a entender o que elas dizem. Segundo ela, por causa da pornografia,

> você aprende que a linguagem não lhe pertence... Aprende que a "expressão" não é o que você diz, mas o que fazem aqueles que a maltratam... Desenvolve um ego insinuante, obsequioso, imitativo, agressivamente passivo e silencioso.[77]

Numa obra anterior, ela quis dizer a mesma coisa apelando um pouco mais à imaginação:

> Quem ouve a voz de uma mulher com um pênis na boca?... A pessoa que não pode andar pela rua e nem mesmo deitar-se em sua cama sem ter os olhos baixos e o corpo tenso, permanentemente em guarda contra atitudes agressivas, não deve ter muito a dizer sobre os assuntos do dia...

---

mal. Evidentemente, pode-se dizer o mesmo de todos os gêneros de literatura. Ted Bundy, o assassino contumaz que afirmou ler revistas pornográficas desde a juventude (observação freqüentemente citada pelas feministas), disse também que havia estudado *Crime e castigo* de Dostoievski. Além disso, a própria afirmação hesitante de MacKinnon é controversa. Alguns psicólogos chegaram a afirmar que a pornografia, na medida em que proporciona uma inócua "válvula de escape" para as tendências violentas, pode na verdade diminuir a quantidade de crimes sexuais que se cometem. Ver Patricia Gillian, "Therapeutic Uses of Obscenity", e outros artigos publicados e citados em *Censorship and Obscenity*, org. de Rajeev Dhavan e Christie Davies (Rowman e Littlefield, 1978). E podemos lembrar, por ter alguma relação com o tema de que ora tratamos, que os países que têm leis mais permissivas quanto à pornografia são também aqueles em que o número de crimes sexuais é menor (ver Marjorie Heins, *Sex, Sin, and Blasphemy* [New Press, 1993], p. 152), embora esse fato possa ser explicado de outras maneiras.

77. O uso retórico freqüente que MacKinnon faz da segunda pessoa do singular, dirigindo-se assim a todos os leitores do sexo feminino, convida cada mulher a ver a si mesma como uma vítima dos horripilantes crimes e abusos sexuais que ela descreve e reforça a idéia implícita de que, no que diz respeito a esse assunto, todas as mulheres são iguais: passivas, inocentes e subjugadas.

Qualquer sistema de liberdade de expressão que não impeça que a livre expressão dos homens silencie a livre expressão das mulheres... não demonstra seriedade em assegurar a liberdade de expressão.[78]

Desse ponto de vista, que foi defendido por outras pessoas de maneira um pouco mais elaborada,[79] são as mulheres, e não os pornógrafos, que precisam da proteção garantida pela Primeira Emenda, pois a pornografia as humilha, as obriga pelo medo a ficar em silêncio e condiciona os homens a não compreenderem o que elas dizem. (Condiciona-os a pensar, por exemplo – como certos juízes estúpidos, que deram essa instrução ao júri em processos por estupro –, que quando uma mulher diz "não" às vezes quer dizer "sim".) Uma vez que esse argumento cita a Primeira Emenda como um motivo para se proibir a pornografia e não para protegê-la, ele tem os atrativos de um paradoxo. Porém, toma como premissa uma proposição inaceitável: que o direito à liberdade de expressão inclui o direito a viver em circunstâncias que nos encorajem a falar e o dever das outras pessoas de compreender e respeitar a nossa voz.

Evidentemente, esse direito e esse dever não podem ser reconhecidos nem muito menos impostos por nenhuma sociedade. Atualmente, por exemplo, os criacionistas, os adeptos da doutrina da terra plana e os moralistas dogmáticos são ridicularizados em muitas partes dos Estados Unidos; sem dúvida, esse ridículo diminui a vontade que muitos deles têm de sair pregando aquilo em que acreditam, assim como diminui a atenção que os outros prestam ao que eles têm a dizer. É verdade que muitos teóricos da política e da Constituição insistem em que, para que a liberdade de expressão tenha algum valor, ela tem de incluir um direito à oportunidade de se expressar: dizem que uma sociedade

---

78. Itzin, org., *Pornography: Women, Violence, and Civil Liberties*, pp. 483-4.
79. Ver Frank I. Michelman, "Conceptions of Democracy in American Constitutional Argument: The Case of Pornography Regulation", *Tennessee Law Review*, vol. 56, n.º 2 (1989), pp. 303-4.

em que só os ricos têm acesso aos jornais, à televisão e a outros meios de comunicação pública não garante o verdadeiro direito de liberdade de expressão. Porém, isso não é a mesma coisa que asseverar que a liberdade de expressão inclui não só a oportunidade de falar ao público como também uma garantia de que sua voz será recebida com simpatia ou mesmo entendida com competência.

O terceiro argumento de MacKinnon não gira em torno da distribuição ou do consumo da pornografia, mas de sua produção: ela afirma que as mulheres que trabalham em filmes pornográficos sofrem uma subordinação sexual real e direta, agravada pelo fato de esse aviltamento ficar registrado para a posteridade. Observa que certas mulheres são coagidas ou enganadas para participar de filmes pornográficos e menciona os famigerados filmes "*snuff*", que, segundo se diz, registram o assassinato efetivo de mulheres. Porém, é claro que todos esses crimes são passíveis de punição sem que a pornografia tenha de ser proibida, e, como admite a própria MacKinnon, seria errado "usar o fato de alguns materiais pornográficos serem feitos sob coação como motivo para proibi-los a todos". As leis que proíbem a pornografia infantil se justificam porque as crianças podem sofrer danos graves se participarem da filmagem de películas pornográficas. Mas essas leis, como também muitas outras que dão um tratamento diferente à infância, partem do pressuposto de que as crianças não têm competência para compreender e dar seu livre consentimento a atos que podem contrariar seus interesses atuais e futuros.

Manifestamente, seria um erro supor que as mulheres (ou homens) que aparecem em filmes pornográficos o fazem contra a vontade. É certo que nosso sistema econômico dificulta para muitas mulheres o exercício de uma profissão que lhes dê satisfação e talvez estimule algumas a aceitar papéis em filmes pornográficos, papéis que rejeitariam se lhes fosse dada a opção. Como observa MacKinnon com amargura, o sistema trabalha a favor dos pornógrafos. Porém, também trabalha a favor de muitos outros empresários e empregadores – os donos das cadeias de *fast-food*, por exemplo – que podem empregar mulheres pagando-lhes um salário baixíssimo. Existem grandes injustiças econômicas nos Estados Unidos da América, mas isso não nos autoriza a privar as mulheres pobres de uma oportunidade econômica que talvez algumas delas prefiram às outras alternativas de que dispõem.

Vou mencionar uma quarta consideração apresentada por MacKinnon, embora seja difícil enxergar nela um argumento propriamente dito. Ela diz que a pornografia, em grande medida, não é uma simples forma de expressão – não são "meras palavras" – porque produz a ereção do pênis masculino e, assim, proporciona fantasias masturbatórias aos homens. (Ela adverte suas leitoras a "não subestimar jamais o poder de uma ereção".) A visão que MacKinnon tem da estimulação sexual é mecânica – acha que os homens que lêem revistas pornográficas "estão sexualmente habituados a esse efeito estimulante, num processo quase totalmente inconsciente e que funciona como um condicionamento primitivo, no qual as imagens e palavras são estímulos sexuais". De qualquer modo, ela pensa que o poder fisiológico da pornografia a priva de qualquer proteção oferecida pela Primeira Emenda: "Um orgasmo não é um argumento," diz ela, "e portanto não se pode argumentar com ele. Comparado com um pensamento, as questões de liberdade de expressão que ele suscita, se é que as suscita, são muito menos difíceis de resolver." Porém, temos aí um caso evidente de *non sequitur*: uma peça musical, uma obra de arte ou uma poesia não perdem a proteção da Primeira Emenda se existem pessoas que, ao apreciá-las, sentem-se estimuladas sexualmente – mesmo que esse efeito não dependa dos méritos argumentativos ou estéticos da obra, ou mesmo, ainda, que esses méritos simplesmente não existam.

A popularidade permanente desses argumentos de segunda categoria, como os apresentados em *Only Words*, dá testemunho de quão forte é o motivo oculto, mas verdadeiro, pelo qual tanta gente odeia a pornografia e gostaria de proibi-la. O gênero sadomasoquista de pornografia, em específico, é tão aviltante e repugnante que sua própria existência nos deixa perplexos e nos envergonha. Ao contrário do que pensa MacKinnon, quase todos os homens se enojam tanto quanto as mulheres perante essas manifestações. Mas, como aqueles que gostariam de proibir a pornografia sabem que o mero caráter ofensivo não justifica a censura, eles disfarçam sua repulsa como um temor de que a pornografia venha a causar estupros, ou a silenciar as mulheres, ou ainda a fazer mal às mulheres que participam de sua produção.

Nas partes mais interessantes de *Only Words*, MacKinnon propõe um novo argumento que também é formulado de modo que transcenda a mera repulsa. Diz ela que o caráter específico da pornografia – o fato de retratar as mulheres como vítimas submissas que gostam da tortura e da mutilação – contribui para a desigualdade de oportunidades que aflige as mulheres na sociedade norte-americana e contradiz assim os valores que o dispositivo de igualdade de proteção deveria proteger. Para levar o argumento adiante, MacKinnon admite que, apesar de não contribuir em nada ou quase nada para os debates políticos e intelectuais, a pornografia é protegida pela Primeira Emenda. Porém, ainda segundo ela, essa proteção deve ser pesada contra a exigência da Décima Quarta Emenda de que as pessoas sejam tratadas com igualdade. "Neste país, a lei da igualdade e a lei da liberdade de expressão estão em rota de colisão", diz ela; e acrescenta que a balança já pendeu demais para o lado da liberdade e agora deve pender um pouco para o lado oposto.

Segundo MacKinnon, a censura da pornografia deve ser encarada como os demais atos do governo que têm o objetivo de criar uma verdadeira igualdade de oportunidades. Atualmente, quase todos aceitam a idéia de que o governo pode e deve proibir a discriminação contra os negros e as mulheres no trabalho e na educação, por exemplo. Porém, essa discriminação não toma necessariamente a forma da recusa de um emprego ou de uma vaga na universidade; pode acontecer também que mesmo os que conseguem um emprego ou uma vaga se achem imersos num ambiente onde as ofensas e o preconceito são tão grandes que o trabalho ou a educação se tornem indesejáveis ou mesmo impossíveis. O governo proíbe o assédio racial ou sexual no ambiente de trabalho – castiga os empregadores que dirigem insultos raciais contra os negros ou submetem as mulheres a uma pressão sexual, não obstante essas práticas condenáveis serem levadas a cabo através da fala ou da expressão – e muitas universidades adotaram "códigos de expressão" que proíbem os insultos raciais nas salas de aula ou no *campus*.

Para MacKinnon, a proibição e a criminalização da pornografia devem ser vistas como remédios gerais desse tipo. Se a pornografia, na medida em que representa as mulheres como objetos sexuais ou seres servis, contribui para a subordinação generalizada do sexo feminino, como acredita MacKinnon, a eliminação da pornografia também pode ser defendida como um serviço à igualdade de oportunidades, muito embora seja uma restrição da liberdade[80]. De certo modo, o argumento "igualitário" em favor da censura é semelhante ao argumento do "silêncio" sobre o qual já falei: não parte do pressuposto de que a pornografia faz aumentar significativamente os crimes de violência sexual, mas de que ela corrói de maneira mais insidiosa o status e o poder das mulheres dentro da comunidade. Porém, há dois aspectos sob os quais o argumento "igualitário" é diferente e aparentemente mais persuasivo.

Em primeiro lugar, ele não afirma um conflito novo e paradoxal dentro da própria idéia de liberdade, como o argumento do silêncio, mas um conflito entre a liberdade e a

---

80. Nem todas as feministas pensam que a pornografia contribui para a subordinação econômica ou social das mulheres. Linda Williams, por exemplo, no número de outono de 1993 da *Threepenny Review*, afirma que o simples fato de várias modalidades de pornografia se acharem atualmente disponíveis no mercado de vídeos é benéfico para o feminismo; diz ainda que a volta da repressão das representações sexuais pornográficas seria acompanhada do ressurgimento de pelo menos alguns elementos de uma tradição oculta de misoginia.

igualdade, dois ideais que, segundo muitos filósofos políticos, freqüentemente se chocam. Em segundo lugar, sua abrangência é mais limitada. O argumento do "silêncio" parte do princípio de que todos, sem exceção – desde os moralistas dogmáticos e criacionistas até os reformadores sociais –, têm o direito a uma atenção respeitosa por parte dos outros, o direito à atenção necessária para que se sintam dispostos a dizer o que pensam e para garantir que serão bem compreendidos; e isso é absurdo. O argumento "igualitário", por outro lado, supõe que somente determinados grupos – os que são vítimas de desvantagens que se perpetuam em nossa sociedade – não podem estar sujeitos às ofensas, à discriminação e ao abuso que contribuíram para constituir essa desvantagem.

Não obstante, o argumento "igualitário" é muito mais amplo e mais perigoso do que talvez pareça à primeira vista. As analogias propostas por MacKinnon – com as leis que proíbem o assédio sexual e com os regulamentos de expressão das universidades – são reveladoras porque, embora se possa dizer que essas legislações atendem a um objetivo igualitário de natureza geral, elas costumam ser defendidas de modo muito mais específico e limitado. As leis de assédio sexual não são feitas para proteger as mulheres contra o efeito difuso das opiniões depreciativas a respeito delas que fazem parte da cultura em geral, mas contra as provocações sexuais diretas e o uso aviltante da linguagem no ambiente de trabalho[81]. Os regulamentos de expressão das universidades são justificados de outra maneira: diz-se que atendem a um objetivo educacional na medida em que preservam aquela atmosfera calma e reflexiva, saturada de respeito e gosto pela diversidade das culturas e opiniões, que seria essencial para o bom andamento do ensino e da pesquisa.

Não quero dizer que essas normas não sejam problemáticas do ponto de vista da liberdade da expressão; elas são.

---

81. Ver Barbara Presley Noble, "New Reminders on Harassment", *New York Times*, 25 (15 de agosto de 1993).

Mesmo que os regulamentos universitários de expressão, por exemplo, sejam impostos de maneira justa e escrupulosa (e, na atmosfera carregada da política universitária, isso geralmente não acontece), eles às vezes obrigam os professores e alunos a diluir ou suprimir suas opiniões para se manter a salvo; e existem regulamentos de expressão que talvez sejam simplesmente inconstitucionais. Minha intenção é somente a de afirmar que as restrições da expressão no ambiente de trabalho ou no ambiente acadêmico podem ser justificadas sem se fazer apelo a um princípio assustador, segundo o qual a igualdade exige que certas pessoas não sejam livres para expressar seus gostos, preferências ou convicções. Já o argumento de MacKinnon em favor da proibição absoluta da pornografia pressupõe esse princípio, e portanto a aceitação desse argumento teria conseqüências devastadoras.

O Estado poderia então proibir a expressão vívida, visceral ou excessivamente emotiva de qualquer opinião ou convicção que tivesse uma possibilidade razoável de ofender um grupo menos privilegiado. Poderia pôr na ilegalidade as apresentações da peça *O mercador de Veneza*, os filmes sobre mulheres que trabalham fora e não cuidam direito dos filhos e as caricaturas ou paródias de homossexuais nos shows de comediantes. Os tribunais teriam de pesar o valor dessas formas de expressão, enquanto contribuições culturais ou políticas, contra os danos que poderiam causar ao *status* ou à sensibilidade dos grupos atingidos. MacKinnon pensa que a pornografia é diferente de outras formas de expressão hostis ou discriminatórias. Porém, o argumento que ela apresenta em favor de sua proibição se aplicaria a muitas outras coisas. Ela declara sem rodeios que os norte-americanos têm um respeito demasiado pela liberdade de expressão; diz que a Suprema Corte estava correta quando, em 1952, autorizou um processo contra livros anti-semitas – decisão que, de lá para cá, já foi abandonada[82] –, e estava

---

82. *Beauharnais vs. Illinois*, 343 U.S. 250 (1952), abandonada em *New York Times vs. Sullivan*, 376 U.S. 254 (1964), pp. 268-9.

errada quando, em 1978, derrubou uma lei que proibia uma manifestação nazista em Illinois[83].

Por isso, se tivéssemos de fazer a escolha entre liberdade e igualdade que MacKinnon nos apresenta – se os dois valores constitucionais realmente estivessem em rota de colisão –, teríamos de escolher a liberdade, pois a alternativa seria o despotismo da polícia do pensamento.

Mas será que ela tem razão quando diz que os dois valores realmente se chocam? Será que, para escapar do despotismo, a única saída que nos resta é trair a igualdade que a Constituição também garante? De todos os mandamentos igualitários da Constituição, o mais fundamental é o mandamento de igualdade em todo o processo político. Não é difícil imaginar algumas violações da igualdade política que manifestamente ajudariam os grupos desprivilegiados – os negros e as mulheres certamente se beneficiariam, por exemplo, caso se negasse pura e simplesmente o voto aos cidadãos que expressassem e reiterassem opiniões racistas ou sexistas. É claro que isso seria inconstitucional: a Constituição exige que todos possam desempenhar o mesmo papel no processo formal de escolha do Presidente, do Congresso e de outros ocupantes de cargos públicos; exige que ninguém seja excluído só porque suas opiniões ou gostos são demasiado ofensivos, irracionais ou desprezíveis.

Porém, a política não se resume às eleições. Entre os pleitos, os cidadãos continuam desempenhando o seu papel político, pois os debates e discussões públicas informais influenciam os atos dos políticos responsáveis – e também daqueles que anseiam pela reeleição. Por isso, a Primeira Emenda dá uma grande contribuição à igualdade política: assim como ninguém pode ser proibido de votar porque suas opiniões são desprezíveis, também não se pode negar a ninguém o direito de falar, escrever ou manifestar-se pelo rádio ou pela televisão pelo simples fato de as opiniões

---

83. Ver *Smith vs. Collins*, 439 U.S. 916 (1978).

dessa pessoa serem insultuosas demais para ser levadas em consideração.

Evidentemente, essa emenda também atende a outros objetivos: a liberdade de expressão colabora para que a estupidez e a corrupção do governo venham a público e faculta um debate público vigoroso que às vezes gera novas idéias e refuta idéias antigas. Porém, o papel igualitário da Primeira Emenda independe totalmente dessas outras funções. Ela proíbe a censura dos pervertidos sexuais ou dos neonazistas, não porque alguém pense que as contribuições deles vão impedir a corrupção ou melhorar a qualidade do debate público, mas porque a igualdade exige que todos, por mais excêntricos ou desprezíveis que sejam, tenham a oportunidade de exercer sua influência não só nas eleições, mas na política em geral. Não se deduz daí que o Estado vá, no fim, respeitar igualmente a opinião de todos, nem que as decisões oficiais serão igualmente favoráveis a todos os grupos. O que a igualdade exige é que todas as opiniões tenham a oportunidade de exercer sua influência, e não que todas triunfem ou mesmo sejam representadas naquilo que o Estado efetivamente faz.

Entretanto, a função igualitária da Primeira Emenda não se restringe à expressão política. A vida das pessoas não é afetada somente pelo ambiente político – não é afetada somente pelas ações do Presidente, dos legisladores e de outros ocupantes de cargos públicos – mas também, e de modo até mais amplo, por aquilo que podemos chamar de ambiente moral. O modo como as outras pessoas me tratam, minha noção de identidade e minha auto-estima são determinadas em parte pelo conjunto de convenções sociais, opiniões, gostos, convicções, preconceitos, culturas e estilos de vida que se manifestam na comunidade em que vivo. Às vezes se acusa os liberais de pensar que aquilo que as pessoas dizem ou fazem na vida particular não afeta ninguém exceto elas mesmas, e isso é evidentemente falso. Uma pessoa para quem a religião é fundamentalmente importante, por exemplo, há de levar uma vida muito diferente (e provavelmente mais satisfatória) numa comunidade onde a maioria das pessoas partilha suas convicções do que numa sociedade predominantemente secular, formada por ateus que vão chamar suas crenças de superstições ridículas. A mulher que se sente aviltada pelas representações explícitas do sexo provavelmente levará uma vida diferente (e sem dúvida mais satisfatória) entre pessoas que também desprezam a pornografia do que numa comunidade onde as outras pessoas, as mulheres inclusive, acham que a pornografia é divertida e libertadora.

Mas, pelo fato mesmo de o ambiente moral em que vivemos ser criado em grande medida pelas outras pessoas, as questões de quem terá o poder para moldar esse ambiente e de como este pode ser moldado são fundamentalmente importantes, embora sejam muitas vezes esquecidas pela filosofia política. De todas as respostas a essas perguntas, só uma é compatível com os ideais da igualdade política: ninguém deve ser impedido de influenciar o ambiente moral comum através de suas próprias escolhas, gostos e opiniões e do exemplo de sua vida; o fato de esses gostos e opiniões chocarem aqueles que têm o poder de prender ou calar a pessoa não é motivo suficiente para que ela não possa expressar-se. É claro que os meios pelos quais essa influência se exerce têm de ser controlados a fim de proteger a segurança e os interesses alheios. Para tentar moldar a atmosfera moral, as pessoas não podem intimidar mulheres fazendo-lhes exigências sexuais, não podem queimar uma cruz no jardim de uma família de negros, não podem se recusar a contratar mulheres ou negros e não podem tornar tão humilhantes as condições de trabalho destes a ponto de a vida profissional lhes ser intolerável.

Porém, entre os tipos de interesses que podem ser protegidos desse modo, não podemos incluir um pretenso direito de não ser ofendido ou prejudicado pelo fato de outras pessoas terem gostos hostis ou destoantes ou terem a liberdade de expressar esses gostos e gozá-los em sua vida particular. O reconhecimento desse direito acarretaria a recusa de que certas pessoas – aquelas que têm esses gostos – tenham o direito de participar da formação do ambiente moral. Desnecessário dizer, evidentemente, que ninguém tem o direito de *conseguir* influenciar os outros por meio de suas escolhas e gostos particulares. Os sexistas e moralistas dogmáticos não têm o *direito* de exigir que a ideologia ou cultura de sua comunidade sejam sexistas ou moralistas, nem mesmo em parte: não têm um *direito* à representação proporcional de suas opiniões odiosas. Por outro lado, numa sociedade verdadeiramente igualitária, essas opiniões não podem ser proscritas de antemão pelo direito civil ou penal: têm, antes, de ser desacreditadas pela repugnância, pela indignação e pelo desprezo das outras pessoas.

O argumento "igualitário" de MacKinnon em favor da censura é significativo sobretudo por revelar o motivo mais importante que temos para resistir a essas idéias, e também porque nos permite responder à acusação que ela nos lança: que os liberais que se opõem a ela são criptopornógrafos. Pensa ela que as pessoas que defendem o direito à pornografia estão agindo movidas pelo interesse próprio e não por princípios – diz que chegou à conclusão de que "a expressão *será* inevitavelmente definida de tal modo que os homens possam ter acesso à sua pornografia". Essa acusação é baseada na insuficiência da explicação convencional, formulada por John Stuart Mill, de que a pornografia deve ser protegida para que a verdade possa surgir de um mercado livre de idéias. Nos argumentos sobre a pornografia, não é a oportunidade de descoberta da verdade que está em jogo, mas sim um compromisso social com a própria idéia de igualdade que MacKinnon pensa ser depreciada pelos norte-americanos. Os liberais, apesar de em sua maioria desprezarem a pornografia, a defendem a fim de afirmar uma concepção da Primeira Emenda que tem como um de seus objetivos proteger a igualdade no processo mediante o qual se formam não só o ambiente político, mas também o ambiente moral. A liberdade garantida pela Primeira Emenda não é inimiga da igualdade; é o outro lado da moeda da igualdade.

MacKinnon tem razão de sublinhar o vínculo que liga os debates sobre a pornografia com aquele debate maior, mais geral e mais importante acerca da liberdade de se dizer e ensinar coisas que parecem politicamente incorretas aos olhos de outras pessoas. Tanto ela quanto suas seguidoras concebem a liberdade de expressão e de pensamento como um ideal elitista e antiigualitário que não teve utilidade nenhuma para as mulheres, os negros e outros grupos de pessoas que nunca tiveram acesso ao poder; dizem que os Estados Unidos estariam em melhor situação se desbancassem esse ideal, como fizeram muitos outros países. Porém, a maior parte das discípulas de MacKinnon ficariam perplexas se essa restrição da liberdade saísse das universidades e outras comunidades onde os valores "politicamente corretos" que elas defendem são populares e se arraigasse na cultura política mais geral. Há lugares em que a maioria das pessoas considera a arte homossexual ou o teatro feminista tão aviltantes para as mulheres quanto a pornografia que MacKinnon odeia; há lugares em que a maioria das pessoas considera as doutrinas radicais ou separatistas dos negros tão perigosas para a justiça racial quanto as palavras injuriosas de cunho racista.

Temos aí uma antiga advertência liberal – tão antiga quanto Voltaire – com a qual as pessoas já não têm tanta paciência. Estão dispostas, segundo dizem, a se arriscar para promover um projeto que agora parece soberanamente importante. Entretanto, é possível que essa impaciência venha a ser fatal para o próprio projeto que elas têm em mente. Se deixarmos de lado nossa compreensão tradicional da igualdade e a trocarmos por uma concepção nova, segundo a qual uma maioria pode determinar que certas pessoas são demasiado corruptas, violentas ou radicais para participar da vida moral informal do país, teremos dado início a um processo que termina, como aliás já aconteceu em tantas outras partes do mundo, por tornar a igualdade algo a ser temido e não louvado, um eufemismo "politicamente correto" da palavra *tirania*.

ADENDO

Resposta à réplica de MacKinnon

A professora MacKinnon diz que a resenha que fiz de seu livro é incompetente, incoerente, ignorante, assustadora, chocante, uma diatribe podre, e que não existe diferença entre mim e os "escritores cativos de revistas pornográficas". Esse bombardeio arrasa-quarteirão tem por alvo principal um comentário de duas frases, numa nota, sobre a decisão do Sétimo Tribunal Itinerante de Apelações para o processo *Hudnut*, decisão pela qual ficou declarada a inconstitucionalidade de uma lei antipornográfica escrita por MacKinnon e Andrea Dworkin. Eu disse que "é só em vista do argumento apresentado" que o tribunal "parte do princípio de que a pornografia seja uma causa significativa dos crimes sexuais", e que o tribunal, na verdade, negou que um tal vínculo causal significativo tivesse sido "demonstrado". MacKinnon cita três parágrafos do voto do juiz Easterbrook para mostrar o quanto minha versão era imprecisa, e ainda diz que não "acrescentou nem omitiu" nada da citação. Na verdade, porém, ela omitiu uma nota de rodapé importantíssima, aposta pelo juiz ao terceiro parágrafo citado, a qual define de modo mais particularizado as observações de Easterbrook acerca dos efeitos da pornografia sobre a criminalidade sexual. Embora MacKinnon mencione essa nota numa parte posterior da carta, não chega a precisar-lhe o conteúdo real. Eis, na íntegra (com grifos meus), a nota omitida:

> MacKinnon, em seu artigo, reúne pesquisas empíricas para corroborar essa idéia. Entretanto, os estudos das ciências sociais são muito difíceis de interpretar e contradizem-se uns aos outros. Como os efeitos da expressão se concretizam em boa parte através do processo de socialização, é difícil quantificar e medir os benefícios e malefícios causados por uma determinada forma de expressão. Vários psicólogos constataram, por exemplo, que as pessoas que assistem a filmes violentos de sexo explícito tendem a ter mais pensamen-

tos violentos. Porém, com que freqüência isso gera a violência concreta? Neste país, no Reino Unido e no Canadá, comissões oficiais formadas para estudar a obscenidade chegaram à conclusão de que não se pode demonstrar um vínculo direto entre a obscenidade, de um lado, e o estupro e o exibicionismo, de outro. Os vários pareceres em *Miller vs. Califórnia* discutem as conclusões da comissão norte-americana. Ver também o *Report of the Committee on Obscenity and Film Censorship* 61-95 (Home Office, Her Majesty's Stationery Office, 1979); Special Committee on Pornography and Prostitution, *1 Pornography and Prostitution in Canada* 71-73, 95-103 (Canadian Government Publishing Centre, 1985). Quando afirmamos aceitar a idéia de que a pornografia, tal como é definida pela lei em questão, gera conseqüências infelizes, queremos dizer somente que existem dados que apontam para essa conclusão, que esses dados são compatíveis com a experiência humana e que, na qualidade de juízes, temos de aceitar a resolução legislativa de questões empíricas tão controversas como essa. Ver *Gregg vs. Geórgia*, 428 U.S. 153, 184-87, 49 L. Ed. 2d. 859, 96 S. Ct. 2909 (1976) (parecer de Stewart, Powell e Stevens, JJ.).

Quando se pede que um tribunal declare a inconstitucionalidade de uma lei, ele aceita tacitamente as constatações factuais com as quais o poder legislativo fundamentou sua legislação se houver indícios que apóiem essas constatações, mesmo que os indícios não sejam conclusivos. O tribunal tende especialmente a conceder ao legislativo o benefício da dúvida no que diz respeito aos fatos quando conclui que a lei seria inconstitucional mesmo que os fatos apontados fossem verdadeiros. É isso que o juiz Easterbrook decidiu no caso *Hudnut*: afirmou que, mesmo que a pornografia cause a violência, ela só pode fazê-lo pela "intermediação mental"; e, segundo ele, a Primeira Emenda não autoriza a proibição de uma forma de expressão por ter ela a possibilidade de produzir efeitos perigosos por esses meios. Na nota de rodapé, ele declara explicitamente que "aceita" as constatações do legislativo por simples deferência e em vista de um argumento de direito constitucional. Mas não pára por aí: questiona o poder probatório dos únicos indícios que menciona e cita vários relatórios de prestígio que dizem o contrário, ou seja, que afirmam a impossibilidade de se demonstrar um vínculo causal entre a obscenidade e o estupro. Eu disse que ele não acreditava que um tal vínculo fora "demonstrado", mas, em vista do que foi dito acima, isso parece uma afirmação leve demais.

MacKinnon também se refere ao caso *Schiro*, posterior, no qual o Sétimo Tribunal permitiu que o estado de Indiana rejeitasse a defesa apresentada pelo assassino: que a leitura da pornografia o tornara mentalmente insano. Segundo o tribunal que julgou o caso *Schiro*, o Sétimo Tribunal não poderia, sem fugir à coerência, insistir (como insistira na decisão *Hudnut*) em que Indiana não poderia proibir a pornografia mesmo que esta causasse a violência (uma vez que essa violência teria de ser mediada por processos mentais) e ao mesmo tempo proibir aquele estado de condenar um assassino que afirmava que seus processos mentais tinham sido destruídos pela pornografia. Também nesse argumento, como na anterior decisão do caso *Hudnut*, a idéia de que a pornografia leva à violência só é "admitida" num sentido hipotético, sentido que fica claro na nota de rodapé omitida por MacKinnon.

A escritora se queixa também de outras coisas: revolta-se porque eu disse que um dos argumentos apresentados em seu livro é um argumento novo. Não me referia, porém, ao argumento de caráter geral que ela agora menciona: que a pornografia deve ser proibida porque "todos os males causados pela pornografia são males de desigualdade". Com efeito, é bastante conhecido o argumento de que a pornografia viola a igualdade dos sexos na medida em que contribui para com a subordinação social, econômica e política da mulher; e, embora MacKinnon se diga perplexa por eu não ter tomado ciência desse argumento – aliás, ela apresenta esse meu desconhecimento como prova de que ela mesma foi "silenciada" –, a verdade é que eu o discuti nos ensaios que são os Capítulos 9 e 10 deste livro.

O argumento que eu não havia discutido é uma tese constitucional muito mais específica: a tese de que, mesmo que as leis antipornográficas violem a garantia de liberdade de expressão dada pela Primeira Emenda considerada isoladamente, essas leis devem ser aprovadas porque protegem direitos que a Constituição também garante mediante o dispositivo de igualdade de proteção contido em sua Décima Quarta Emenda. Talvez MacKinnon queira dizer que já apresentou antes esse argumento específico; nesse caso, me desculpo por não tê-lo percebido e considerado num artigo anterior. Mas o fato é que, como já disse, penso que esse argumento é um argumento particularmente ruim; por isso, não sei por que ela fica tão aborrecida de eu não ter falado sobre ele antes. De qualquer modo, tampouco o tribunal que julgou o caso *Hudnut* parece ter tido ciência desse argumento constitucional: embora Easterbrook tenha citado e discutido vários argumentos apresentados por MacKinnon e Andrea Dworkin, ele não mencionou nem se referiu a esse especificamente. Por fim, não me lembro, em absoluto, de esse argumento ter sido levantado nos debates públicos que travei com Andrea Dworkin.

O mais importante é que MacKinnon pensa que ignorei o verdadeiro objetivo de seu livro, o qual, segundo ela, é provar que a pornografia não é uma forma de "expressão" porque "ela é aquilo que provoca, e não aquilo que diz". Eu não ignorei essa afirmação. De fato, disse que não consegui encontrar aí nenhum argumento – ainda não consigo –, mas tentei. Mencionei a idéia de que a descrição pornográfica de um estupro é um estupro de fato, idéia que considero tola, e a alegação de que a pornografia é uma "realidade" e não mera forma de expressão porque produz a ereção do pênis e é um adjutório da masturbação – alegação que, como eu disse, não me parece um motivo suficiente para se negar a algo a proteção oferecida pela Primeira Emenda.

A professora também exige que eu defenda minha idéia de que "a discriminação sexual é uma simples 'ofensa'". Mas eu não disse nada que sequer se assemelhasse a isso: pelo contrário, disse que a distribuição de materiais pornográficos (distinguida aí do uso desse material para fins de assédio sexual) não é discriminação sexual. Exige também que eu defenda a tese de que a pornografia gira em torno de "idéias". A verdade é que eu cuidei de rejeitar explicitamente essa opinião: disse que a maior parte dos materiais pornográficos não propõe idéia nenhuma e que seria errado procurar invocar para eles a proteção da Primeira Emenda com base na noção de que eles propõem. Acrescentei, porém, que todos os cidadãos têm o mesmo direito de contribuir para a formação do que chamei de "ambiente moral" – até mesmo as pessoas cujos gostos não refletem "idéias", mas somente "preconceitos, culturas e estilos de vida" profundamente desagradáveis.

A reação dela a essa afirmação é a parte mais perturbadora de sua carta. Refere-se ao fato de eu ter dito que os sexistas e moralistas dogmáticos não têm o direito de garantir que as leis sejam sexistas e moralistas proporcionalmente à sua participação na população total. Ela se surpreende ("Será possível?!") que, nesse caso, eu pense que ninguém tem o direito de "detê-los". Logo depois da passagem por ela citada, porém, eu acrescentei: "Numa sociedade verdadeiramente igualitária, essas opiniões não podem ser proscritas de antemão pelo direito civil ou penal: têm, antes, de ser desacreditadas pela repugnância, pela indignação e pelo desprezo das outras pessoas." Mas, para MacKinnon, isso não é suficiente: ela prefere um método mais rápido e violento para "detê-los".

Caracteristicamente, ela termina sua carta representando a mim e a seus outros críticos como pessoas indiferentes ao sofrimento das mulheres. Mas muitas feministas, várias das quais escreveram para mim ou conversaram comigo sobre o meu artigo, lamentam o fato de ela se concentrar obstinadamente nas perversões sexuais. Pensam que, embora essa linha de argumentação tenha conquistado muita publicidade, o que aliás seria de esperar, ela tende a estereotipar as mulheres no papel de vítimas e rouba a atenção de outros problemas ainda urgentes nos campos da igualdade econômica, política e profissional. Essas feministas deploram a aliança de MacKinnon com grupos de direita, aliança que produziu, por exemplo, uma lei de censura no Canadá que, como muitos temiam, já foi usada pelos conservadores moralistas para proibir livros de literatura homossexual escritos por autores bem conhecidos, um livro sobre a injustiça racial escrito pela feminista negra Bell Hooks e, durante um certo tempo, até os escritos feministas da própria Andrea Dworkin. MacKinnon deve refletir sobre a idéia de que a questão da censura não é tão simples quanto parece, não é uma simples questão de guerra dos sexos. Deve parar de disparar sua metralhadora giratória por alguns momentos e perguntar-se se é pelo sensacionalismo personalista e pelo uso de hipérboles e argumentos frouxos que vamos conseguir promover agora a causa da igualdade sexual.

21 de outubro de 1993
Adendo, 3 de março de 1994

11. Por que a liberdade acadêmica?

Hoje em dia, a expressão "liberdade acadêmica" evoca imagens e associações diferentes das que evocava há trinta anos, talvez há meros dez anos. Na época, quando ouvíamos essa expressão, pensávamos em professores esquerdistas, legisladores macartistas, juramentos de fidelidade e reitores universitários covardes e corajosos. Todos os liberais e radicais eram a favor da liberdade acadêmica. Muitos conservadores a consideravam uma coisa sem importância ou mesmo parte da conspiração para pintar de vermelho os Estados Unidos. Atualmente, é o partido da reforma que diminui a importância da liberdade acadêmica, ao passo que os conservadores a chamam de um dos pilares da civilização ocidental. Hoje em dia, as palavras "liberdade acadêmica" nos lembram de professores insensíveis e de regulamentos de expressão que podem proteger os alunos contra essa insensibilidade. Ficamos a nos perguntar se a liberdade acadêmica exclui uma tal proteção e se, nesse caso, ela é mesmo tão importante quanto os liberais pensavam no passado.

Será útil ter em mente alguns exemplos. Não quero dizer que incidentes como esses sejam ocorrências cotidianas nos campi universitários norte-americanos, como afirmam alguns críticos de direita; não quero dizer nem mesmo que eles ocorreram tal como os descrevo. Cito-os somente porque são esses os tipos de acontecimentos que, quer tenham ocorrido, quer não, geraram novas suspeitas em torno da liberdade acadêmica e, ao mesmo tempo, um novo entusiasmo por esta. Um professor é advertido porque ensina que os negros são inferiores aos brancos. Outro é punido porque ensina que os judeus são inimigos dos negros. Um professor é severamente criticado porque dá os diários de fazendeiros escravocratas como material de leitura num curso sobre a história dos Estados Unidos, e, quando os estudantes se queixam, ele não recebe um apoio suficiente dos dirigentes da universidade. Outro professor é advertido porque, para ilustrar uma questão complexa de direito contratual, cita o verso de Byron em *Don Juan* no qual a mulher, sussurrando "jamais me entregarei", se entrega; e outro, ainda, porque compara a dança do ventre ao ato de segurar um vibrador debaixo de uma tigela de gelatina. A Universidade de Michigan adota um regulamento de expressão que proíbe "qualquer comportamento, verbal ou físico, que estigmatize ou ataque um indivíduo por causa de sua raça, origem étnica, religião, sexo, preferência sexual, credo, nacionalidade, família, idade, estado civil, deficiência física ou pelo fato de ser veterano da Guerra do Vietnã, e que... crie um ambiente de medo, hostilidade ou baixeza para a atividade educacional". A Universidade Stanford adota um regulamento de expressão diferente, que proíbe a expressão quando ela "(1) tem a intenção de insultar ou estigmatizar um indivíduo ou um pequeno número de indivíduos por causa do seu sexo, raça, cor, deficiência física, religião, preferência sexual ou origem étnica e nacional; (2) se dirige diretamente ao indivíduo ou indivíduos insultados ou estigmatizados; e (3) faz uso de 'gritos de guerra' ou de palavras ou símbolos não-verbais violentos ou insultuosos". Cada uma dessas coisas é profusamente deplorada e é dita uma violação da liberdade acadêmica.

Essa mudança de foco de atenção gerou uma nova incerteza sobre o que é, na realidade, a liberdade acadêmica. E isso não surpreende. Os valores políticos tomam seu significado dos paradigmas que regem sua aplicação; quando esses paradigmas mudam, os valores que antes pareciam óbvios de repente parecem resistir a uma formulação nítida. Porém, se hoje as dimensões e metas da liberdade acadêmica parecem incertas, é importante tentar redefini-las. Temos de elaborar uma nova explicação da liberdade acadêmica, uma explicação que atenda a dois critérios. Em primeiro lugar, ela tem de se encaixar suficientemente bem na compreensão geral das exigências da liberdade acadêmica, de tal forma que não se postule um valor completamente novo, mas uma nova interpretação de um valor já estabelecido. Em segundo lugar, tem de justificar o melhor possível essa compreensão geral; tem de evidenciar o motivo por que a liberdade acadêmica *é* um valor, de tal modo que possamos julgar o quanto ele é importante e saber quando deve, se é que deve, ceder lugar a valores concorrentes[84].

Esse projeto interpretativo parece particularmente oportuno quando levamos em conta a dimensão emocional das controvérsias contemporâneas. Segundo a opinião mais difundida a respeito do assunto, essas disputas nos forçam a optar por um dos dois valores: a igualdade – em particular, a igualdade das raças e dos sexos –, de um lado, ou a liberdade acadêmica, de outro. Parece haver aí uma incompatibilidade emocional. A injustiça racial e a fixação de modelos sexuais estereotipados provocaram grandes males, e muitas instituições norte-americanas decidiram, com toda razão, empenhar todos os seus esforços para erradicar pelo menos as piores conseqüências dessas coisas. Esses esforços, sobretudo nas universidades, impõem grandes exigências a

---

84. Refiro-me aqui à interpretação social da instituição da liberdade acadêmica, e não à simples constatação de em que medida as normas (que incluem, nos Estados Unidos, a Constituição) definem e protegem essa instituição social, embora o primeiro esforço seja necessário para que o segundo seja empreendido. Pelo que sei, não existe nenhuma lei que impeça o financiador de uma cátedra acadêmica de reservar-se o direito de nomear aqueles que devem ocupá-la; porém, isso seria uma violação da liberdade acadêmica. Além disso, a liberdade acadêmica não se identifica à sabedoria na administração acadêmica. Seria tolice que todo um departamento de língua inglesa encampasse, em bloco, uma nova moda de crítica literária; mas, se isso fosse proibido por algum poder legislativo, haveria aí uma violação da liberdade acadêmica.

muitos estudantes. Espera-se, por exemplo, que os negros estudem em universidades das quais os membros de sua raça sempre foram excluídos e estudem matérias que tratam de culturas que, segundo aprenderam desde pequenos, nada lhes deviam, e nada lhes haviam oferecido. Sabemos que alguns desses estudantes devem ter os nervos à flor da pele, e achamos perfeitamente justo que se faça todo o possível para tornar menos difícil a sua situação. A liberdade acadêmica, por outro lado, parece um valor abstrato e sem vida, algo que na melhor das hipóteses só nos deveria preocupar em longo prazo, depois de resolvidos esses problemas mais urgentes.

Nessa suposta incompatibilidade, a liberdade acadêmica enfrenta ainda outra desvantagem. Muitas vezes, ela é defendida com base na idéia de que os acadêmicos têm de ser livres para poder encontrar a verdade objetiva. Porém, a própria possibilidade de que exista uma verdade objetiva é atualmente posta em questão por todo um exército de relativistas, subjetivistas, neopragmatistas, pós-modernos e outros críticos que vão adquirindo cada vez mais poder nos debilitados departamentos das universidades norte-americanas. Segundo esses críticos, a liberdade acadêmica não é só um valor sem vida; é um valor fraudulento. Esse questionamento relativista é profundamente confuso. Não obstante, sua popularidade enfraquece ainda mais a influência que a idéia de liberdade acadêmica exerce sobre a sensibilidade de muitos acadêmicos, e é também mais um indício desse enfraquecimento.

Para reinterpretar a liberdade acadêmica, começamos por nos lembrar do que, no decorrer da história, se entendeu que uma tal liberdade exige. A liberdade acadêmica impõe dois níveis de isolamento. Em primeiro lugar, isola as universidades, faculdades e outras instituições de ensino superior das instituições políticas (como as assembléias legislativas e os tribunais) e das potências econômicas (como as grandes empresas). É claro que uma assembléia legislativa estadual tem o poder de decidir quais universidades estaduais vai criar – de decidir, por exemplo, acrescentar uma faculdade de agricultura ou de artes a uma estrutura universitária já existente. Porém, depois que os ocupantes de cargos públicos fundaram uma tal instituição, determinaram o seu caráter acadêmico e o seu orçamento e nomearam os seus dirigentes, já não podem decidir como os dirigentes devem interpretar esse caráter, quem deve ensinar e como as matérias devem ser ensinadas. Em segundo lugar, a liberdade acadêmica isola os acadêmicos dos administradores da universidade: o reitor e o conselho podem nomear os professores, determinar o orçamento dos departamentos e assim decidir, dentro de certos limites, o currículo dos cursos; mas não podem decretar como os professores devem ensinar aquilo que se decidiu que devia ser ensinado.

Essas distinções podem parecer estranhas à primeira vista. Se uma assembléia legislativa pode chegar à conclusão de que a comunidade precisa de uma faculdade de artes e decidir qual orçamento deve ser destinado a essa faculdade, por que não poderia decidir em detalhes o que se deveria ensinar nessa faculdade e como esse ensino deveria ser administrado? Por que essa última decisão não pode ser vista como um simples prolongamento ou elaboração das decisões anteriores? Porém, do ponto de vista da liberdade acadêmica, essas distinções – a distinção entre quais cadeiras devem ser criadas e quem deve ocupá-las, de um lado, e como as pessoas nomeadas para essas cadeiras devem se desincumbir de suas responsabilidades, de outro – são dotadas de capital importância e devem ser explicadas e justificadas por qualquer definição competente desse tipo de liberdade.

Evidentemente, a liberdade acadêmica tem relação com um valor político mais geral e mais conhecido, que é a liberdade de expressão; e vários tribunais norte-americanos já consideraram que as formas fundamentais de liberdade acadêmica são protegidas pela Primeira Emenda da Constituição. Por isso, talvez pareça natural tratar a liberdade acadêmica como a simples aplicação desse direito mais geral ao caso específico das instituições acadêmicas. Porém, essa idéia deixa no escuro aquilo que a liberdade acadêmica tem de especial. A liberdade de expressão é um direito moral – e, nos Estados Unidos, também um direito legal – de todos. Porém, não garante para todos o que a liberdade acadêmica garante para os acadêmicos. Exceto em circunstâncias muito especiais, a liberdade de expressão não é o direito de se falar o que se quiser quando se ocupa um cargo mantido e sustentado por outras pessoas. Do ponto de vista jurídico, como todos sabem, a Primeira Emenda só se aplica ao Estado: não é violada quando as instituições privadas impõem restrições à expressão como condição para a ocupação de um cargo profissional. Normalmente, essas condições não violam sequer o direito moral à liberdade de expressão – não o violam, por exemplo, quando uma loja de departamentos despede um empregado que falava mal de seus produtos ou quando uma igreja proíbe o pastor de pregar, no púlpito do estabelecimento, uma fé contrária à sua. A liberdade de expressão, em essência, é o direito de ter alguma possibilidade de dizer algo, e não o direito de dizê-lo e continuar sendo sustentado e auxiliado por aqueles que consideram falsa ou indesejável a idéia pregada.

 Sob esse aspecto, a liberdade acadêmica, pela qual certas instituições têm de continuar sustentando e apoiando certas pessoas independentemente do que estas possam falar, escrever ou ensinar, é mais forte do que o direito geral de liberdade de expressão. Sob outros aspectos, porém, não é tão evidente que seja um direito, pois ninguém tem o direito moral de ocupar o posto ao qual está ligada essa proteção suplementar. Ninguém tem o direito de exigir que uma determinada forma de faculdade ou universidade seja criada ou permaneça em funcionamento. Ninguém tem o direito intrínseco de ocupar uma cátedra acadêmica ou administrativa entre as que já existem. Aliás, com exceção dos cargos vitalícios, que são raros, ninguém tem o direito nem sequer de, depois de nomeado, continuar ocupando uma tal cadeira por mais do que um período estipulado. Por isso, talvez seja mais adequado não considerar que a liberdade acadêmica seja derivada de um direito mais geral à liberdade de expressão; ou, melhor ainda, não considerar nem sequer que ela seja um direito sob qualquer aspecto. Vou procurar demonstrar, porém, que as duas instituições – a liberdade acadêmica e o direito à liberdade de expressão – são intimamente entreligadas de uma maneira diferente: constituem elementos importantes de um sistema de idéias e instituições que cria uma cultura da responsabilidade intelectual individual e impede que esta se desintegre e se transforme numa cultura da homogeneidade intelectual.

Temos de elaborar uma interpretação da liberdade acadêmica que se encaixe nesses contornos gerais e justifique o ideal que eles pressupõem. A justificação convencional da liberdade acadêmica a trata como um instrumento essencial para a descoberta da verdade. Segundo esse ponto de vista, um sistema de instituições acadêmicas independentes, com pessoas independentes dentro dessas instituições, é o que, coletivamente, nos proporciona as melhores oportunidades de chegar à verdade acerca de uma larga gama de assuntos em ciência, arte e política. Temos assim, segundo essa teoria, uma probabilidade maior de descobrir a verdade se deixarmos que, na maior medida possível, nossos acadêmicos e suas instituições fiquem livres de todo controle externo.

Essa defesa convencional da liberdade acadêmica é um eco da famosa defesa da liberdade de expressão feita por John Stuart Mill. Mill afirmou que a verdade tende a surgir de um mercado livre de idéias do qual não seja excluída nenhuma opinião. Embora a maioria dos juristas norte-americanos aceite o argumento de Mill como a melhor justificativa da Primeira Emenda, esse argumento não fornece uma justificativa convincente de toda a proteção que a Primeira Emenda de fato oferece e que os partidários da liberdade de expressão consideram justa[85]. Não explica bastante bem por que permi-

---

85. Ver os Capítulos 8, 9 e 10.

timos a pornografia ou mesmo por que toleramos os nazistas e outros fundamentalistas que, se conseguissem persuadir um número suficiente de pessoas a unir-se ao seu terrorismo, destruiriam a liberdade logo em seguida. Entretanto, quando é aplicada à liberdade acadêmica, a defesa de Mill parece mais persuasiva do que quando é aplicada à liberdade de expressão em geral, pois as pessoas protegidas pela liberdade acadêmica têm menos probabilidade de agir movidas por motivos puramente políticos ou ideológicos do que as pessoas de quem elas são protegidas. Não há dúvida de que, do ponto de vista puramente acadêmico, as ciências e todos os demais estudos universitários obtêm mais êxito quando são libertos quer do controle político, quer do domínio do comércio.

Não obstante, temos de admitir que, em muitas ocasiões, uma certa restrição da liberdade acadêmica pode ser ainda mais eficiente enquanto estratégia de descoberta da verdade, particularmente quando o que nos interessa não é descobrir somente o que é verdadeiro, mas também o que é útil ou importante. As universidades têm razão de não contratar acadêmicos que, por mais inteligentes ou eloqüentes que sejam, estão comprometidos com idéias que seus colegas consideram manifestamente erradas, banais ou desprovidas de importância intelectual. Não se pode condenar um departamento de biologia por não contratar um criacionista, um departamento de história por não contratar alguém que nega o holocausto ou um departamento de economia por não contratar uma pessoa que dedicou toda a sua carreira ao estudo da economia específica do mercado de figurinhas de beisebol. Os recursos das universidades são limitados e não devem ser desperdiçados com aqueles que vão ocupar seu tempo desenvolvendo argumentos para provar uma falsidade evidente ou pesquisando coisas que não têm o mínimo interesse. Sabemos, é claro, que uma teoria ou projeto ora considerado falso ou banal pode, no decorrer do tempo, se revelar verdadeiro ou crucial. Mas no todo, dada a limitação dos recursos acadêmicos, é melhor que estes sejam destinados a estudiosos cujo trabalho pareça promissor aos olhos de seus colegas do que a pesquisadores avaliados exclusivamente em função de sua, digamos, inteligência bruta. Este argumento não justificaria que se proibisse os criacionistas ou os economistas de figurinhas de beisebol de publicar suas idéias ou proclamá-las em alta voz na tribuna do Hyde Park. Mas autoriza os dirigentes das universidades a contratar outro tipo de estudiosos. Nesse caso, porém – se a verdade e a utilidade são promovidas quando não desperdiçamos os recursos das universidades em opiniões manifestamente falsas ou projetos triviais –, por que não poderíamos promovê-las de modo ainda mais garantido, impedindo os acadêmicos já estabelecidos de ensinar essas opiniões ou levar a cabo esses projetos de pesquisa caso venham a se converter a essa linha depois de nomeados? A liberdade acadêmica nos proíbe de fazer isso, mas a explicação padrão, milliana, não nos diz o porquê.

Existe uma resposta padrão para essa pergunta. Afirma-se que, mesmo que em algumas ocasiões a liberdade acadêmica iniba a busca da verdade, abrir exceções seria pior a longo prazo, pois não teríamos como saber se as exceções seriam sensatas ou se seus efeitos seriam limitados. Segundo esse ponto de vista, as únicas condições seguras para a prática da pesquisa acadêmica são aquelas em que a liberdade acadêmica é protegida sem exceções e com uma fidelidade apaixonada. Pode até ser que isso seja verdade, mas para acreditar nisso é preciso ter fé. É claro que algumas pesquisas de boa qualidade não existiriam se os dirigentes universitários tivessem o poder de dirigir o trabalho dos pesquisadores, mas existiram outras pesquisas igualmente boas, e não temos como garantir que o saldo seria negativo. Pensamos que o saldo tende a ser positivo quando as decisões de contratação e promoção têm de ser tomadas num contexto de poucos recursos, muito embora saibamos que, como eu disse, os dirigentes às vezes cometem erros. A determinação de como devem se comportar os profissionais já contratados é diferente sob diversos aspectos, mas não tão diferente que nos leve a adotar, a esse respeito, a conclusão oposta.

Mesmo que aceitássemos esse argumento conhecido e supuséssemos que, com o tempo, a liberdade acadêmica completa vai promover a verdade (desde que, é claro, esse tempo seja longo o suficiente), esse pressuposto instrumental, por si mesmo, não parece forte o suficiente para justificar o poder emocional que a liberdade acadêmica tem junto a muitas pessoas e que ela tem de ter a fim de fazer-se valer em face da urgência moral dos objetivos e ideais opostos que mencionei. Acaso não vale a pena perder um pouco de conhecimento especulativo, nos campos mais marginais de pesquisa, para proteger pessoas que têm sido vítimas de grandes injustiças sociais ou para lhes dar oportunidades mais verdadeiras e eficazes de ajudar a si mesmas e aos demais membros de suas raças? Daqui a um ou dois instantes cósmicos o sol vai explodir e todas as nossas bibliotecas, palácios e museus se transformarão em partículas de cinza intergaláctica. Quando isso acontecer, os seres humanos e quaisquer outras espécies inteligentes que houver só terão conhecido uma diminuta fração de tudo quanto pode ser conhecido. Que importância teria se essa fração fosse só um pouquinho menor, se com isso certas pessoas pudessem ser protegidas dos insultos? Se quisermos defender a liberdade acadêmica, teremos de encontrar uma justificativa que corresponda melhor à importância emocional que ela tem para nós e à indignação que sentimos quando ela é violada, mesmo em nome de causas às quais também somos favoráveis.

Por isso, embora a defesa convencional e instrumental da liberdade acadêmica seja importante e seja válida pelo menos de maneira geral, ela não é suficiente. Temos de fazer o vínculo entre essa defesa e alguma coisa mais profunda, menos contingente, menos especulativa e mais pessoal. Vou apresentar agora a idéia de que a liberdade acadêmica desempenha um importante papel *ético* não só na vida das poucas pessoas que ela protege diretamente, mas também na vida da comunidade em geral. Trata-se de uma parte importante, de um elemento estrutural da cultura de independência de que precisamos para levar o tipo de vida que queremos levar. Toda violação da liberdade acadêmica é frustrante e danosa para certas pessoas porque frustra a possibilidade de se fazer jus a certas responsabilidades; e é perigosa para todos porque enfraquece a cultura da independência e avilta o ideal protegido por essa mesma cultura.

Estou falando do ideal do individualismo ético[86]. Ele prega, entre outras coisas, que cada um de nós tem a responsabilidade de levar a sua vida ao melhor termo possível e que essa responsabilidade é pessoal, no sentido de que cada um de nós deve decidir por si mesmo o que significa esse "bom termo", constituindo assim suas convicções pessoais. O individualismo ético é a inspiração que está por trás das instituições e atitudes do liberalismo político. É ele que sustenta aquele núcleo central de idéias liberais entre as quais se incluem a liberdade de expressão e a liberdade acadêmica – não só para que se constitua um ambiente propício às descobertas científicas, mas também como meio de encorajamento e proteção da primazia das convicções individuais.

As pessoas que aceitam o individualismo ético aceitam as responsabilidades que dele decorrem. A primeira é a responsabilidade de não professar algo que se creia falso. Nas sociedades liberais, esse dever é protegido pelos direitos da consciência, segundo os quais o Estado não pode obrigar as pessoas a fazer declarações religiosas ou morais contrárias à vontade delas. A segunda é uma responsabilidade mais positiva: a responsabilidade de proclamar aquilo que se crê ser verdadeiro. Segundo o individualismo ético, todos nós, enquanto cidadãos, temos esse dever: quando a sociedade tem de tomar uma decisão coletiva e nós nos acreditamos possuidores de uma informação ou opinião que ela precisa levar em conta, cometeremos um erro se permanecermos em silêncio. Essa responsabilidade nos incumbe mesmo quando sabemos

---

86. Quanto ao individualismo ético (o qual, porém, não é chamado por esse nome no texto em questão), ver meu livro *Foundations of Liberal Equality* (University of Utah Press, 1990).

que nossa opinião não será ouvida – quando o Estado age com injustiça, por exemplo, e nós sabemos que só podemos dar testemunho de nossa ira perante o que ele faz em nome dos cidadãos. O sentimento dessa responsabilidade e dos danos morais provocados quando somos impedidos de exercê-la faz parte do conjunto de razões pelas quais é tão importante que nós, enquanto indivíduos, tenhamos um direito geral à liberdade de expressão em matéria de política.

Certas funções sociais incorporam uma versão mais intensa dessa responsabilidade pessoal; mas o caráter da responsabilidade varia. Os vendedores não podem mentir, mas não são obrigados a fornecer a seus consumidores conselhos que não vão afetar a troca comercial. Os sacerdotes têm a responsabilidade de falar toda a verdade, mas, quando perdem a fé, não precisam permanecer no púlpito para explicar por que seus paroquianos também fariam bem em abandonar o culto. Os deveres dos médicos são mais rígidos: são obrigados a dizer a seus pacientes aquilo que lhes parece ser o melhor para estes e não podem aceitar a imposição de nenhum limite externo a essa responsabilidade. Essa é uma das razões pelas quais foi tão escandalosa a ordem da administração Reagan que proibia os médicos que recebiam salário do governo federal de até mesmo discutir a questão do aborto com suas pacientes. Numa decisão largamente criticada, a Suprema Corte confirmou essa regulamentação sob a justificativa de que, quando o recebimento de dinheiro do governo federal é condicionado ao ato de não se dizer certas coisas, isso não vai contra a Primeira Emenda[87]. Na minha opinião, houve aí um erro jurídico, mas a determinação do governo foi vergonhosa de qualquer maneira, pois ignorava a profunda responsabilidade moral que se vincula à função de médico e os danos morais que podem advir quando essa responsabilidade é desconsiderada[88].

---

87. *Rust vs. Sullivan*, 111 U.S. 1759 (1991).
88. Ver, em meu ensaio "Principle, Policy, Procedure", no livro *A Matter of Principle* (Harvard University Press, 1985), uma explicação da idéia de "dano moral".

A norma obrigava os médicos a ignorar uma ou outra de duas responsabilidades que fazem parte da essência de sua ética profissional: não abandonar os pacientes, de um lado, e cuidar deles da maneira que lhes parecer a melhor possível, de outro. Assim, essa determinação administrativa, cuja revogação foi aliás um dos primeiros atos do governo Clinton, violava um princípio que podemos chamar de liberdade médica.

Os professores e outras pessoas que ensinam e estudam nas universidades têm uma responsabilidade ainda mais geral e inalienável: têm o dever paradigmático de descobrir e ensinar as coisas que lhes parecem importantes e verdadeiras; e esse dever, ao contrário do que ocorre com a responsabilidade do médico, não pode ser abrandado nem mesmo em função dos interesses das pessoas com quem os acadêmicos falam. Trata-se de uma pura responsabilidade para com a verdade; desse modo, é uma responsabilidade profissional que se aproxima o mais possível da responsabilidade ética fundamental que, segundo os ideais do individualismo ético, incumbe a cada ser humano: a responsabilidade de levar a vida de acordo com as convicções que lhe parecem as mais verdadeiras.

Acabamos de sublinhar um elemento da justificação ética da liberdade acadêmica: a instituição protege as pessoas que ocupam determinadas posições – professores e estudantes – dos danos morais que adviriam da impossibilidade de arcar com suas responsabilidades especiais. Porém, essas responsabilidades são impostas por um entendimento convencional – por incumbências institucionais que poderiam ser diferentes –, de modo que temos de nos perguntar, agora, se existe alguma finalidade importante à qual elas atendam, o que justifica que elas sejam conservadas e protegidas. Por que motivo temos de ter instituições acadêmicas cujos professores, estudantes e administradores se dedicam a descobrir e comunicar a verdade tal como cada um deles a vê, individual e isoladamente?

O individualismo ético precisa de um determinado tipo de cultura – uma cultura da independência – para poder florescer. Seu inimigo é a cultura oposta – a cultura da conformidade, do Irã de Khomeini, da Espanha de Torquemada, dos Estados Unidos de Joe McCarthy –, na qual a verdade não é adquirida pelos indivíduos isolados através de atos de convicção independentes, mas está embutida em tradições monolíticas, nos *fiats* do clero, da junta ou do voto da maioria; e onde toda discordância em relação a essa verdade é um ato de traição. Essa epistemologia totalitária – identificada de modo mordaz na campanha bem-sucedida empreendida pelo ditador de Orwell para obrigar, pela tortura, sua vítima a crer que dois e dois são cinco – é a característica mais assustadora da tirania.

A educação pública liberal, a liberdade de expressão, de consciência e de religião e a liberdade acadêmica fazem parte do apoio que nossa sociedade dá a uma cultura da independência e constituem bastiões que ela erige para defender-se contra uma cultura da conformidade. A liberdade acadêmica representa aí um papel especial, pois as instituições educacionais são elementos essenciais dessa empreitada. São essenciais porque, em primeiro lugar, é muito fácil transformá-las em berços da conformidade, como perceberam todos os regimes totalitários; e, em segundo lugar, porque nelas as pessoas adquirem boa parte da determinação e das capacidades necessárias para levar uma vida baseada nas convicções individuais. Numa sociedade liberal, a educação existe em parte para que as pessoas assimilem a importância profunda de um compromisso não com a verdade coletiva, mas com a verdade individual. A liberdade acadêmica também é importante do ponto de vista simbólico porque, numa academia livre, o exemplo e as virtudes do individualismo ético tornam-se evidentes para quem quiser ver. Em nenhum outro campo é tão clara e evidente a responsabilidade dos profissionais de encontrar e comunicar a verdade tal como a vêem. Os acadêmicos existem para isso e somente para isso. Uma cultura da independência valoriza o conhecimento pelo conhecimento porque, nesse sentido, o conhecimento também existe para o bem dessa mesma cultura.

Vou recapitular essa parte da argumentação. A liberdade acadêmica representa e reforça os ideais do individualismo ético. Expõe esses ideais em seu quadro mais apropriado na medida em que cria um teatro no qual tudo o que importa são as convicções pessoais acerca da verdade e dos valores; e infunde tanto nos eruditos quanto nos estudantes as virtudes e atitudes essenciais para uma cultura da independência. Por isso, toda violação da liberdade acadêmica é danosa em diversos sentidos. É moralmente danosa para aqueles que sofrem restrições em sua liberdade de falar, escrever ou ensinar, pois se vêem assim impossibilitados de cumprir uma importante responsabilidade; é moralmente danosa para aqueles cujo aprendizado é corrompido pelas mesmas restrições; faz mal à cultura geral da independência, uma vez que toda violação da liberdade acadêmica, além de ser prejudicial em si mesma, torna mais provável a ocorrência de violações futuras; e avilta, para todos, os ideais do individualismo ético, pois o acadêmico que não serve senão à sua visão da verdade é não só um criador como um símbolo importantíssimo desse ideal ético. Tudo isso fica ameaçado toda vez que se diz a um professor o que deve ou não deve ensinar, ou como deve ensinar o que lhe foi determinado.

É essa a justificação ética da liberdade acadêmica, uma justificação complementar e mais ampla que a justificação milliana, convencional e explicitamente instrumental. A justificação ética fornece o peso emocional que o argumento instrumental não pode fornecer. Poder-se-ia dizer, porém, que o papel simbólico e algumas outras funções que atribuí à liberdade acadêmica só existem para uma fração diminuta da população – talvez somente para uma minoria mesmo entre aqueles que passaram pela universidade. Penso, pelo contrário, que o orgulho que as pessoas comuns (que não passaram pelo ensino superior) sentem das universidades de sua cidade ou estado indica que os valores que estou tentando descrever são partilhados por uma comunidade muito mais ampla. Porém, mesmo que eu esteja errado e que só uma minoria creia atualmente na importância ética da liberdade acadêmica, isso é um sinal de que o argumento ético deve merecer mais, e não menos, atenção da nossa parte. Afinal de contas, queremos que as melhores formas de educação sejam acessíveis a uma parcela cada vez maior da comunidade; e os ideais da convicção pessoal, da integridade intelectual e da independência ética são essenciais para esse objetivo.

Podemos voltar agora ao critério fundamental ao qual, como eu disse, qualquer interpretação competente da liberdade acadêmica tem de atender. Esse ideal implica certas distinções que, como afirmei, podem parecer estranhas à primeira vista. A principal distinção, tal como a formulei, se dá entre o poder dos políticos e dos administradores universitários de projetar as instituições e nomear os acadêmicos – que a liberdade acadêmica permite – e o poder de controlar o que esses acadêmicos fazem depois de nomeados – o que ela proíbe. Essa distinção poderia, com efeito, parecer estranha se pensássemos que a liberdade acadêmica só atende ao objetivo instrumental de estimular as descobertas científicas. Se pensássemos assim, teríamos de admitir que, se os administradores podem nomear um acadêmico com base numa idéia preconcebida de o que esse acadêmico pode fazer, não haveria nada de errado em que eles também corrigissem possíveis erros, advertindo um acadêmico já nomeado. Porém, a partir do ponto de vista ético que acabamos de desenvolver, essa distinção não só é sensata como é essencial. O princípio da responsabilidade individual não é transgredido quando os políticos escolhem um reitor universitário ou quando o reitor escolhe os professores com base numa opinião coletiva ou institucional acerca de onde está a verdade. É transgredido, porém, quando fazem determinações aos professores depois de nomeá-los, uma vez que, nesse caso, as pessoas que têm a responsabilidade de falar, escrever e ensinar a verdade tal como a vêem encontram-se impedidas de fazê-lo. É a frustração dessa responsabilidade profissional que parece tão escandalosa e ofensiva à luz dos ideais éticos que devemos acalentar.

Embora a liberdade acadêmica seja um valor profundo por todas as razões já aduzidas, ela é um valor entre muitos outros. Queríamos uma interpretação nova da liberdade acadêmica a fim de responder aos novos questionamentos contrapostos a esse antigo ideal. O que devemos escolher quando a liberdade acadêmica entra em conflito com outra coisa que também é importante, como a igualdade ou a decência? Antes de mais nada, temos de fazer uma importante distinção entre dois tipos de argumento em favor da resistência às exigências de um valor anteriormente admitido. O primeiro defende a idéia de que esse valor tem um limite: afirma que, segundo a melhor interpretação, seu objetivo ou sua justificativa intrínseca não se aplicam no caso em questão. É isso, por exemplo, que uma pessoa afirma quando insiste em que a santidade da vida humana, a qual normalmente é violada por qualquer ato deliberado de matança, não é violada quando um médico administra uma injeção de veneno a um doente em estado terminal que expressou sinceramente o desejo de morrer. Desse ponto de vista, o conflito é ilusório porque a santidade da vida, entendida de maneira correta, não é violada por essa morte[89]. O segundo não defende um reconhecimento dos limites de um valor, mas a aceitação de um comprometimento desse valor porque, embora ele se aplique ao caso em questão, é sobrepujado por um valor rival. É isso que afirmam aqueles que aceitam a liberdade de expressão como um valor importante, mas não obstante defendem a censura quando esta é necessária para a proteção da segurança nacional. Essa distinção se aplica neste contexto porque muitos casos nos quais

---

89. Ver meu livro *Life's Dominion: An Argument about Abortion, Euthanasia, and Individual Freedom* (Knopf, 1993).

as pessoas têm a forte sensação de que a liberdade acadêmica deve ceder perante um valor mais importante são na verdade casos aos quais a defesa da liberdade acadêmica nem sequer se aplica: são casos que definem os limites desse conceito, e não nos quais se considera que este, embora seja aplicável, não deva ter tanta importância.

O insulto deliberado – ou seja, uma palavra ou um gesto que tem a finalidade principal de causar dano, sofrimento ou algum outro tipo de mal – não é protegido nem mesmo em princípio pela idéia de liberdade acadêmica, seja segundo o conceito ético, seja segundo o conceito instrumental desta. Por isso, quando uma universidade proíbe ou desestimula o insulto, ela reconhece os limites da doutrina, mas não a compromete. Porém, temos de tomar muitíssimo cuidado para distinguir os casos em que o insulto é intencional daqueles em que não é, embora os efeitos da palavra ou do gesto possam ser os mesmos. O mal intencional é, de modo geral, mais grave do que o não-intencional; como disse certa vez Oliver Wendell Holmes, até um cachorro conhece a diferença entre um pontapé e um tropeção. Porém, se a distinção é importante agora, não é por essa razão; é porque, embora os insultos intencionais não sejam protegidos pela liberdade acadêmica, os não-intencionais são.

Muitas vezes, essa distinção é difícil de traçar na prática, não só porque as motivações dos atos são obscuras e ocultas até mesmo para a pessoa que as têm, mas também porque as pessoas muitas vezes agem com uma motivação mista: a pessoa que declara que as mulheres não são tão aptas quanto os homens ao raciocínio abstrato pode estar ao mesmo tempo expressando uma opinião biológica na qual crê sinceramente e querendo escandalizar uma parte de seu público. Porém, como estamos determinando os limites de um importante dispositivo de proteção da liberdade, temos de definir de maneira estreita o insulto intencional. Temos de usar o seguinte critério contrafactual: acaso o falante teria dito o que disse se não acreditasse que suas palavras causariam sofrimento? Em certos contextos, é fácil responder a essa pergunta. Pouca gente se incomodaria de queimar a cruz se pensasse que esse ato agradaria aos negros; pouca gente gritaria "crioulo" ou "judeu"* para alguém que gostasse de ser chamado por esses epítetos. A pessoa que pregou uma lista de lavanderia à porta do dormitório de uma estudante de origem chinesa, em Stanford, não era indiferente ao fato de esse ato causar-lhe sofrimento ou não. Evidentemente, não estou propondo esse critério como um limite ao direito geral de liberdade de expressão ou à proteção legal oferecida pela Primeira Emenda. Se o Poder Legislativo declarasse a ilegalidade de toda palavra ou gesto expressos com o objetivo de ferir alguém, isso violaria claramente o direito de liberdade de expressão. Porém, não estariam em questão, nesse caso, o objetivo e as virtudes específicas da liberdade acadêmica. Não há mal algum em que uma universidade exija a conservação de uma atmosfera de decência na qual nem os professores nem grupos de estudantes ajam com a intenção de intimidar, envergonhar ou ferir um membro qualquer da comunidade; e, na mesma medida em que os regulamentos de expressão só proíbem esse tipo de comportamento, eles são compatíveis com a liberdade acadêmica, mesmo que violem a Primeira Emenda (pelo fato de a universidade em questão ser uma instituição pública). Podemos, com segurança, restringir ainda mais os limites da liberdade acadêmica, deixando fora deles toda palavra ou gesto que possam ser considerados ofensivos em si mesmos, dado o sentido que têm no contexto da expressão contemporânea. Chamar um estudante negro de *boy***, ir à aula usando um capuz branco, pendurar a imagem de uma suástica ou um pôster da *Playboy* nas paredes de um escritório ao qual se espera que os estudantes compareçam – essas atitudes são insultuosas em si mesmas, e, se uma

---

* Em inglês, *nigger* e *kike*, epítetos pejorativos ou depreciativos com que são chamados os negros e os judeus em certas partes dos Estados Unidos. (N. do T.)

** Nesse contexto, o vocativo *boy* é usado especificamente em referência aos criados ou escravos. (N. do T.)

universidade exige que seus professores e estudantes expressem de outro modo suas opiniões, isso não contraria nem a razão nem a liberdade acadêmica.

Entretanto, nestes últimos tempos, a maioria dos casos que chamaram a atenção não são casos em que um estudante ou professor é acusado de ferir intencionalmente – no sentido forte que se evidencia pelo critério contrafactual – um outro estudante ou grupo de estudantes, ou de usar uma linguagem insultuosa em si mesma, mas sim de agir com aquilo que (à guisa de nova palavra mágica) se convencionou chamar de "insensibilidade" – ou seja, de agir sem dar a devida consideração ao sofrimento que suas observações podem causar. Todos os exemplos de observações supostamente ofensivas citados mais acima se enquadram nessa categoria. Os professores que recomendaram a leitura dos diários dos senhores de escravos, que citaram Byron ou que falaram sobre vibradores foram acusados de insensibilidade, e é pouquíssimo provável que algum deles suspeitasse, ou quanto mais quisesse, que seu ato viesse a causar sofrimento. Em outros casos, um professor minimamente dotado de juízo teria a certeza de que iria ofender alguém se defendesse uma determinada tese – que as mulheres não são tão boas no raciocínio abstrato quanto os homens, por exemplo –, mas provavelmente não teria a intenção direta de cometer esse mal caso a defendesse. Por mais tola, insensata ou improvável que fosse essa atitude, ele preferiria que as mulheres não se sentissem ofendidas pelas suas observações, mas as encarassem com um espírito construtivo. Por isso, embora seja importante a exceção aberta para as observações que têm a intenção de ferir, ela não se aplica aos casos que provocaram as maiores controvérsias e impuseram as maiores ameaças à liberdade acadêmica.

Chegamos assim, por fim, àquela que sem dúvida nenhuma é a questão crucial: o que os administradores das universidades devem fazer a respeito da insensibilidade culposa? Compare o regulamento de "expressão de ódio" (*hate speech*) adotado pela Universidade Stanford com o adotado pela Universidade de Michigan, que foi considerado inconstitucional. O primeiro proíbe a expressão quando esta "(1) tem a intenção de insultar ou estigmatizar um indivíduo ou um pequeno número de indivíduos por causa do seu sexo, raça, cor, deficiência física, religião, preferência sexual ou origem étnica e nacional; (2) se dirige diretamente ao indivíduo ou indivíduos insultados ou estigmatizados; e (3) faz uso de 'gritos de guerra' ou de palavras ou símbolos não-verbais violentos ou insultuosos". Caso se dê a "tem a intenção de insultar ou estigmatizar" o sentido forte de que falei mais acima – caso se parta do princípio de que só tem essa intenção aquele que não falaria o que falou caso não pensasse que o alvo de seus comentários se sentiria insultado ou estigmatizado –, o código de Stanford não viola a liberdade acadêmica (embora, como eu disse, importa ainda saber se ele viola ou não o direito moral mais amplo e mais geral à liberdade de expressão[90]). A Universidade de Michigan, por outro lado, proibiu "qualquer comportamento, verbal ou físico, que estigmatize ou ataque um indivíduo por causa de sua raça, origem étnica, religião, sexo, preferência sexual, credo, nacionalidade, família, idade, estado civil, deficiência física ou pelo fato de ser veterano da Guerra do Vietnã, e que... crie um ambiente de medo, hostilidade ou baixeza para a atividade educacional". Não existe a exigência da intenção no sentido estrito de que falei; por isso, o código de Michigan teria permitido à universidade punir um professor de história norte-americana que defendesse as motivações dos grandes senhores de terras da época colonial, ou um estudante por ter dito com toda sinceridade que pensa que o homossexualismo é um pecado contra as leis da natureza. A expressão direta dessas duas opiniões numa sala de aula pode ser percebida como um insulto ou

---

90. Recentemente, um tribunal californiano de primeira instância invalidou o regulamento de Stanford sob o pretexto de que viola uma lei estadual que proíbe às universidades a imposição de normas mais rígidas do que as que poderiam ser impostas pelo Estado em geral. Ver "Court Overturns Stanford University Code Barring Bigoted Speech", *New York Times*, B8 (1º de março de 1995).

uma tentativa de estigmatização e pode até criar um ambiente hostil para alguns estudantes, talvez muitos. Não obstante, essa expressão é protegida pela liberdade acadêmica. A proibição ou a punição da expressão dessas opiniões violaria o princípio de que as pessoas devem ser livres para declarar as coisas que lhes parecem verdadeiras e importantes, usando a linguagem que lhes parecer a mais precisa e adequada.

Porém, o problema não termina aí. Isso porque, como eu disse, a liberdade acadêmica é um valor entre muitos outros; podemos reconhecê-la e respeitá-la e ao mesmo tempo admitir que existem ocasiões em que ela deve ser diminuída a fim de se proteger um valor que, naquele contexto, é mais importante ou mais urgente. O argumento de que ela deve ser diminuída agora a fim de proteger os estudantes de toda insensibilidade racial ou sexual pode assumir duas formas muitos diferentes. O primeiro argumento diz respeito a uma opção política. Nossa vida política, civil e comercial ainda sofre os efeitos do racismo e do sexismo. De certo modo, a situação está pior do que jamais esteve: a diferença entre o nível de renda dos brancos e dos negros continua a aumentar, por exemplo. As universidades têm um papel importantíssimo no processo de redução dessa injustiça. Muitas delas mudaram as suas formas de admissão e seus currículos para receber estudantes que antes teriam sido excluídos e para aumentar em todos os estudantes, sem exceção, a consciência de problemas, contribuições e culturas que até há pouco eram virtualmente ignorados. Contudo, a insensibilidade de alguns professores e estudantes impede a realização desses importantes objetivos. Os estudantes que deveriam sentir-se bem-vindos sentem-se rejeitados; as atitudes racistas e sexistas que as universidades gostariam de marginalizar são reforçadas. Por isso, de acordo com esse argumento, é irracional tolerar a insensibilidade acadêmica, pois ela dá armas ao principal inimigo contra o qual lutamos.

Os valores éticos, como a liberdade acadêmica, só devem curvar-se perante um determinado curso de ação política quando a necessidade de um tal curso de ação é evidente e muito grande; e não dispomos de motivos suficientes para pensar que a formulação de códigos de expressão ou de outras armas de censura ajudaria a erradicar o preconceito. Não temos provas nem contra, nem a favor dessa idéia; mas o mínimo que se pode dizer é que, de certo ponto de vista, é igualmente provável que atitudes como essas possam exacerbar o preconceito na medida em que permitem que as formas mais sutis deste envirguem a máscara da indignação contra a censura. De qualquer modo, a longo prazo, a censura não é amiga da igualdade, mas sua inimiga. Desde os tempos mais remotos, os intelectuais e os acadêmicos sempre cerraram fileiras com o movimento igualitário, e os que odeiam a igualdade sempre fizeram questão de tentar silenciá-los. É claro que os tempos mudam, mas não no que diz respeito a esse assunto. Se os críticos da liberdade acadêmica conseguirem convencer o público em geral de que o valor que se dá a esse ideal é maior do que o que ele tem na realidade, e que ele pode, portanto, ser deixado de lado em função de determinados objetivos sociais, não são só os adeptos do igualitarismo que vão fazer uso disso. Se existem pessoas para quem a igualdade racial e sexual é um objetivo urgente, existem outras – provavelmente em maior número – para quem é mais urgente ainda que se impeça o declínio dos valores familiares e das virtudes morais tradicionais, e estas pessoas aproveitarão de bom grado qualquer oportunidade para determinar que os currículos universitários promovam essas virtudes e deixem de lado os textos que as questionem, particularmente os que exaltam o homossexualismo e outros estilos de vida "diferentes". Só estou repetindo aqui uma antiga advertência liberal. Porém, nunca é demais repeti-la. A censura sempre terminará por trair a justiça.

 A segunda versão do argumento em prol da diminuição da liberdade acadêmica é completamente diferente. Não trata de um curso de ação política, que só pode sobrepujar um valor importante se os resultados benéficos forem importantes e evidentes, mas de um argumento de princípio que, se estiver correto, tem uma força imperativa muito maior. Segundo esse argumento de princípio, os cidadãos de uma sociedade pluralista têm o direito de viver, trabalhar e estudar num ambiente livre de palavras e imagens que possam ser entendidas, dentro dos limites da razão, como causas de aviltamento ou humilhação para eles. Desse ponto de vista, a diminuição da liberdade acadêmica, necessária para se impedir os insultos, não é uma modificação limitada e temporária feita em vista de uma necessidade especial e urgente, como quer o argumento da opção política. Antes, é um traço permanente e estrutural de qualquer comunidade justa.

Esse argumento de princípio tem uma figura impressionante. Não faz apelo a um curso de ação específico que autoriza uma mudança, mas à existência de um direito contrário; e sabemos que a liberdade de expressão, intimamente conexa à liberdade acadêmica, é às vezes diminuída, com razão, em função de um direito concorrente. É verdade que existe um sem-número de textos procurando provar que os casos em que a liberdade de expressão é deixada de lado não são casos de abrandamento da força desse direito, mas casos em que ele claramente não se aplica. Procuram, por exemplo, definir a palavra "expressão" de tal modo que as ocasiões em que a censura é permitida possam ser entendidas como ocasiões em que a liberdade de expressão não é negada de modo algum. A pessoa que usa "gritos de guerra" que têm grande probabilidade de gerar violência imediatamente, por exemplo, não é protegida pela Primeira Emenda; para justificar-se essa isenção, muitas vezes se diz que essa pessoa passou da "palavra" à "ação". Porém, nem os mais profundos estudos de direito constitucional conseguiram lançar luz sobre essa distinção; na verdade, tanto esses exemplos como outros semelhantes devem ser entendidos como casos em que o direito à liberdade de expressão é comprometido em função de outros direitos que, no contexto em questão, estão em jogo de modo mais urgente ou mais central. Nós temos, por exemplo, o direito à segurança física; é esse direito, e não uma misteriosa infusão da "ação" na "palavra", que explica por que não existe proteção para quem grita "lincha!" diante da multidão armada de uma corda, para o mafioso que publica um contrato de assassinato ou para a pessoa que grita "Fogo!" num teatro lotado onde não existe incêndio algum.

O argumento de princípio que acabei de descrever, porém, vai muito além da justificação dessas restrições limitadas à liberdade de expressão. Exige a proibição de toda expressão que tenha a possibilidade razoável de envergonhar alguém, diminuir a auto-estima de alguém ou fazer com que alguém perca o respeito por si mesmo. A idéia de que as pessoas têm *esse* direito é absurda. É claro que seria muito bom se todas as pessoas gostassem umas das outras e se respeitassem mutuamente. Porém, não podemos reconhecer a existência de um direito ao respeito, ou de um direito a se ver livre dos efeitos de uma expressão que torne menos provável que os outros manifestem esse respeito. Se os reconhecermos, estaremos subvertendo totalmente os ideais centrais da cultura da independência e negando o individualismo ético que essa cultura protege. As opiniões e preconceitos populares de qualquer sociedade sempre serão injuriosos para alguns de seus membros. Numa ou noutra comunidade norte-americana, insultos terríveis são dirigidos todos os dias aos criacionistas e fundamentalistas religiosos, às pessoas que crêem que a homossexualidade é um pecado grave ou que homens e mulheres só podem ter relações sexuais dentro do casamento, aos que pensam que Deus proíbe a cirurgia e a penicilina ou exige a guerra santa, àqueles para quem Norman Rockwell foi o único grande pintor do século XX, aos que se comovem com cartões de natal comprados em banca de jornal, aos que se curvam maravilhados perante as marchas de Souza, aos gordos, aos baixinhos, aos que são pura e simplesmente lerdos. Pessoas de todas as formas físicas, que têm mil gostos diferentes ou acalentam mil convicções diferentes, compreensivelmente se sentem ridicularizadas ou insultadas por todos os níveis de expressão e publicação em todas as grandes democracias do mundo.

Na verdade, a cultura da independência praticamente exige que isso aconteça. Não há dúvida de que temos o dever de respeitar e tolerar uns aos outros, e todo dogmatismo é desprezível. Porém, se efetivamente viéssemos a pensar que estamos violando os direitos alheios quando expressamos opiniões sinceras que denigrem outras pessoas quer aos nossos olhos, quer aos olhos delas mesmas, comprometeríamos assim a nossa própria noção de um viver sincero. Temos de encontrar outras armas, menos suicidas, para lutar contra o racismo e o sexismo. Como sempre, temos de botar nossa fé na liberdade e não na repressão[91].

Não vou oferecer um novo resumo de meus argumentos, mas, em vez disso, quero fazer uma breve exortação. Reconheço-me culpado de um grau aparentemente excepcional de orgulho profissional, e admito que estou puxando a brasa para a minha sardinha. Afirmo que a profissão à qual pertenço – os débeis batalhões dos professores universitários – é a que mais arca com a responsabilidade de conservar uma tradição ética magnífica e que por causa disso temos de defender nossa liberdade com paixão e com todas as forças que juntos pudermos reunir. Nos últimos tempos, perdemos um pouco da crença na nossa importância e perdemos a disposição de insistir em nossa independência. Deixamos que a liberdade acadêmica adquirisse ares de um valor pálido, abstrato e até mesmo fraudulento. Porém, temos agora de nos lembrar com quanta facilidade essa liberdade se perdeu em outros países, e o quanto, uma vez perdida, ela é difícil de recuperar. Nós de fato arcamos com uma grande responsabilidade, e chegou a hora de corresponder a ela com orgulho.

Junho de 1995

---

91. As pessoas têm o direito de não ser discriminadas, mas ser discriminado não é o mesmo que ser ridicularizado ou ofendido. Não se pode, por exemplo, negar um emprego a um cidadão só por preconceito contra os negros, as mulheres, os criacionistas ou as pessoas sem imaginação ou de mau gosto.

III
Juízes

Talvez haja países onde se pensa que pouco importa quem sejam os juízes; que o direito é um sistema mecânico semelhante a uma calculadora, um sistema que qualquer um, dotado de uma determinada formação e de uma determinada vontade, pode manipular para obter os mesmos resultados. Mas ninguém pensa assim nos Estados Unidos. Muito pelo contrário, costuma-se objetar contra a tradição norte-americana, a qual dá poder aos tribunais para invalidar atos do Congresso e das Assembléias Legislativas estaduais, que o exercício desse poder não depende de uma lei fixa, mas de quem são, por acaso, os juízes em exercício, especialmente os da Suprema Corte. A leitura moral admite que isso é inevitável: as proposições morais abstratas da Declaração de Direitos não se fazem valer a si mesmas; e, embora a latitude de interpretação de que qualquer juiz pode dispor em qualquer ocasião constitucional seja limitada pela história e pela integridade, como procurei demonstrar na Introdução e no Capítulo 2, em muitos casos as convicções políticas do juiz estarão presentes em sua escolha da interpretação mais precisa.

Os capítulos da Parte III tratam das convicções constitucionais de três juízes importantes cujas idéias políticas, de diferentes maneiras, influenciaram o direito norte-americano. A maior contribuição de Robert Bork à jurisprudência constitucional residiu num fracasso: em sua tentativa malsucedida de ser confirmado como juiz da Suprema Corte depois de indicado pelo presidente Reagan. Dedico três capítulos a essa página significativa da nossa história. O Capítulo 12 foi escrito depois que Reagan indicou Bork, mas antes de começarem as sabatinas no Senado. Defendi a idéia de que convinha examinar a filosofia constitucional do candidato a juiz para se decidir se sua nomeação seria confirmada e afirmei que, por isso mesmo, a de Bork não deveria sê-lo. O Capítulo 13 foi redigido depois que o Senado finalmente cassou a indicação; refleti sobre as lições a se tirar desse acontecimento. Bork escreveu um livro no qual oferecia sua própria resposta a essa pergunta; no Capítulo 14, avaliei e rejeitei essa resposta. Talvez pareça estranho que se dediquem três capítulos a um único acontecimento de nossa história constitucional; olhando para trás hoje em dia, me surpreendo com o quão profunda era a minha indignação diante das opiniões de Bork. Porém, como afirmo nestes três capítulos, sua derrota foi uma prova decisiva pela qual passou a leitura moral, pois Bork foi, ao longo de toda a sua carreira, um adversário declarado (embora incoerente) dessa doutrina; e sua indicação suscitou as discussões mais explícitas que já foram travadas sobre o papel da leitura moral na interpretação constitucional.

O juiz Thomas também se tornou um inimigo declarado da leitura moral, embora já tenha sido um dos seus defensores entre os conservadores, como afirmo no Capítulo 15. Esse capítulo foi publicado quando Bush indicou Thomas para a Suprema Corte e imediatamente depois de a atenção do público desviar-se da importantíssima questão de suas qualificações profissionais para os temas muito mais sensacionais ligados à acusação da professora Anita Hill, sua ex-assistente, de que ele a assediara sexualmente. Procurei chamar de novo a atenção dos leitores para as deficiências de Thomas enquanto potencial juiz da Suprema Corte, deficiências que me pareciam graves. No fim, sua nomeação foi confirmada, e nós e nossos filhos teremos de arcar com as conseqüências disso, boas ou más, ainda por muito tempo. O Capítulo 16 trata principalmente das acusações de Anita Hill, da lamentável investigação empreendida pela Comissão Judiciária do Senado e das reações da comunidade negra. Nada disso tem muita relação com a leitura moral, mas nos ensina muitas outras coisas sobre o juiz Thomas, sobre as relações raciais e sobre o nosso país.

O Capítulo 17 trata de um grande juiz que, como eu disse na Introdução, aceitava a leitura moral mas derivava dela a opinião radical de que a Suprema Corte não deve ser o árbitro supremo do significado da Constituição. Esse capítulo tem um tom mais pessoal do que os outros, pois o juiz Hand foi meu chefe e meu amigo. Não é por essa razão que ele faz parte do livro, mas é ela que me deixa mais contente.

12. Bork: a responsabilidade do Senado

Quando o presidente Reagan indicou o juiz Robert Bork para substituir o juiz Lewis Powell na Suprema Corte, o Senado se viu diante de um problema insólito, pois as opiniões de Bork não se enquadram no antigo debate entre liberais e conservadores acerca do papel que a Suprema Corte deve desempenhar. Bork, do ponto de vista constitucional, é um radical que rejeita uma exigência das regras de direito que, antes, todos os lados empenhados no debate aceitavam: rejeita a idéia de que a Suprema Corte tem de tomar, como um dos critérios de suas interpretações da Constituição, os princípios latentes em suas decisões passadas e também em outros aspectos da história constitucional do país. Para ele, certos elementos centrais de uma doutrina constitucional universalmente aceita não passam de erros que agora podem e devem ser corrigidos por uma Corte de direita; e não só os senadores liberais, mas também os conservadores devem se sentir incomodados com o fato de que, como demonstrarei neste artigo, ele não ofereceu até agora nenhuma justificativa coerente para essa posição antijurídica radical.

Os senadores não devem rejeitar um juiz em potencial só porque discordam de suas opiniões particulares acerca de certas questões constitucionais. Porém, no processo pelo qual alguém chega a ser confirmado como juiz da Suprema Corte, o Senado tem uma responsabilidade constitucional que não se reduz ao ato de garantir que o indicado não seja nem um criminoso nem um louco. A Constituição não é só um documento, mas também uma tradição, e o Senado tem de procurar garantir que o indicado tenha a disposição de entrar nessa tradição e ajudar a interpretá-la de maneira condizente com a ciência do direito, e não de questioná-la e substituí-la movido por uma visão política radical que não pode ser objeto de argumentos.

A responsabilidade do Senado é particularmente grande nas circunstâncias da indicação de Bork. Ele é o terceiro juiz levado à Corte por um governo que há sete anos conduz uma campanha explícita e inflexível de nomeações ideológicas em todas as instâncias dos tribunais federais, na esperança de torná-los um foco de poder da direita por muito tempo depois de terminado o mandato presidencial. Reagan não fez esforço nenhum para disfarçar o caráter político da indicação de Bork: disse que ele "é visto por muitos como o maior e o mais intelectualizado defensor do comedimento do judiciário" e que Bork "partilha de minhas opiniões" acerca do papel que a Corte deve desempenhar. Os grupos de pressão conservadores já estão levantando dinheiro para apoiar a indicação; e o *New York Post*, de direita, desafiou os liberais a opor-se a ela para "dar sabor à nossa vitória".

Se a indicação de Bork for confirmada, estará realizado na Suprema Corte o predomínio da direita que as indicações anteriores de Reagan procuraram obter e não conseguiram. Isso porque o juiz Powell sempre votou de acordo com a circunstância: ficava mais à direita em matéria de direito penal, mas punha-se ao lado dos juízes mais liberais quando estavam em jogo outras questões de direitos individuais, e foi ele que, em diversas ocasiões, garantiu o quinto e decisivo voto quer para um lado, quer para o outro. Se Bork votar como aqueles que o apóiam têm todos os motivos para pensar que votará, a Corte terá perdido esse equilíbrio que lhe era dado por Powell e terá perdido, ao mesmo tempo, a oportunidade de garantir que os processos sejam decididos um a um, de acordo com a questão em disputa e não segundo um simples critério ideológico. Por isso, o Senado não deve aplicar os critérios latos que procura aplicar quando um presidente simplesmente quer que sua filosofia constitucional esteja representada na Suprema Corte. A indicação de Bork marca o auge de uma ambição presidencial muito diferente: de engessar essa instituição, pelo maior tempo possível, numa ortodoxia projetada pelo próprio Presidente.

Além disso, foram poucos os indicados que anunciaram de modo tão claro e definido as suas opiniões sobre assuntos que terão de julgar se forem confirmados. Bork declarou, por exemplo, que a decisão da Suprema Corte em *Roe vs. Wade*, que limitou o poder dos estados de criminalizar o aborto, foi ela mesma "inconstitucional"; que a Constituição reconhece de modo claro e inequívoco o caráter justo da pena de morte; e que foi gravemente equivocada a longa teia de decisões da Suprema Corte que implementaram o princípio de "uma pessoa, um voto" em nível nacional e local. Disse que a idéia de que uma minoria moral (como os homossexuais, por exemplo) pode ter direitos constitucionais contra a discriminação é juridicamente absurda e duvidou da sensatez da regra constitucional segundo a qual a polícia não pode usar, num processo penal, provas obtidas por meios ilícitos. Num voto divergente emitido no tribunal itinerante (voto que, na opinião da maioria dos juízes da banca, contradizia uma série poderosa de precedentes da Suprema Corte), ele afirmou que o Congresso não pode contestar na justiça a constitucionalidade dos atos do Executivo.

Além de tudo, segundo o *New York Times*, os funcionários da Casa Branca estão certos de que Bork vai dar apoio à posição radical do governo contra a ação afirmativa, posição que a Suprema Corte rejeitou em diversas votações apertadas. E o próprio Bork não deixou dúvidas de que, na qualidade de juiz, estaria plenamente disposto a reverter decisões passadas da Suprema Corte com as quais não concordasse. (Disse: "A Corte deve estar sempre disposta a repensar os problemas constitucionais.") Os indicados freqüentemente se negam a responder a perguntas detalhadas dos senadores sobre suas opiniões acerca de assuntos específicos, com medo de que uma proclamação pública possa pôr a perder, mais tarde, sua liberdade de decisão. Porém, Bork deu tamanha publicidade a suas visões radicais que os senadores não precisam sequer pedir que ele as apresente.

A maioria dos comentaristas parte do pressuposto de que Bork tem uma teoria constitucional adequadamente desenvolvida, uma teoria simples e evidente, embora extremamente conservadora. Segundo Bork, a Constituição só leva em si aquilo que os "autores" – "os que redigiram, propuseram e ratificaram seus dispositivos e suas diversas emendas" – viram nela. Quando, no decorrer de um processo, os juízes da Suprema Corte têm de definir o sentido de uma proposição constitucional abstrata, tal como a exigência da Décima Quarta Emenda de que o governo não negue a nenhuma pessoa a "proteção igual" das leis, eles devem, segundo Bork, orientar-se pela intenção dos autores e nada mais. Se forem além do que os autores almejavam, estarão baseando-se em "preceitos morais" e numa "filosofia abstrata", e, portanto, estarão agindo como tiranos de toga, usurpando a autoridade que pertence ao povo. Na opinião de Bork, foi exatamente isso que a Suprema Corte fez quando decidiu a questão do aborto, os processos que garantiram o princípio de "uma pessoa, um voto", as questões da pena de morte, da ação afirmativa e muitas outras que ele desaprova.

Será que temos aí uma explicação teórica suficiente de suas posições constitucionais radicais? A idéia de que a Constituição se reduz às intenções dos autores tem estado muito em voga entre os juristas de direita desde que o Procurador-Geral Meese fez dela o princípio oficial de jurisprudência do governo Reagan. Foi amplamente criticada através de argumentos bem conhecidos que não foram refutados nem por Bork nem por nenhum membro do governo[1]. En-

---

1. A idéia de uma intenção *institucional*, por exemplo, é profundamente ambígua, e é preciso muito tino político para se saber qual dos diversos sentidos que ela pode ter é o mais adequado ao julgamento de processos constitu-

tretanto, não vou tratar desses argumentos aqui, pois, como eu disse, o assunto que me interessa é outro: não quero saber se a filosofia constitucional de Bork é plausível ou convincente; quero saber é se ele chega mesmo a ter uma filosofia constitucional qualquer.

Para explicar minhas dúvidas, tenho de descrever de maneira mais ou menos detalhada o modo como Bork efetivamente usa a idéia da intenção original em seus argumentos jurídicos. Ele fez a exposição mais elaborada de suas idéias num artigo escrito há muitos anos, em que discutia a famosa decisão tomada pela Suprema Corte em *Brown vs. Board of Education*, na qual se usou o dispositivo de igualdade de proteção para declarar inconstitucional a segregação racial nas escolas públicas[2]. O caso *Brown* tem tudo para embaraçar qualquer teoria que sublinhe a importância das intenções dos autores, pois não temos prova alguma de que um número significativo dos congressistas que propuseram a Décima Quarta Emenda pensasse ou quisesse que ela tornasse ilegal a segregação racial nas escolas. Na verdade, temos provas fortíssimas do contrário disso. O redator do projeto de lei que precedeu a emenda disse ao Congresso que "os direitos civis não significam que todas as crianças tenham de freqüentar a mesma escola", e o mesmo Congresso deu continuidade à segregação racial nas escolas do Distrito de Colúmbia, que, na época, era administrado pelo Congresso Nacional[3].

Em 1954, apesar de tudo, a Suprema Corte decidiu que a Décima Quarta Emenda proíbe uma tal segregação. Na

---

cionais. (Ver meu livro *Law's Empire* [Harvard University Press, 1986], cap. 9.) E a teoria da intenção original parece contradizer a si mesma, pois existem provas históricas bastante convincentes de que os autores não queriam que suas próprias interpretações da linguagem abstrata que utilizaram fossem tomadas como decisivas nos tribunais. Ver H. Jefferson Powell, "The Original Understanding of Original Intent", *Harvard Law Review*, vol. 98 (1985), p. 885.

2. Ver Bork, "Neutral Principle and Some First Amendment Problems", *Indiana Law Journal*, vol. 47 (1971), pp. 12-5.

3. Ver Raoul Berger, *Government by Judiciary: The Transformation of the Fourteenth Amendment* (Harvard University Press, 1977), pp. 118-9.

época, muitos juristas de destaque, entre os quais o grande juiz Learned Hand e o distinto professor de direito Herbert Wechsler, manifestaram sérias dúvidas a respeito da decisão. Porém, ela foi tão solidamente aceita e tão profusamente proclamada como paradigma de bom arbítrio constitucional que se tornou uma espécie de critério informal das teorias constitucionais. Nenhuma teoria que condene essa decisão como um erro parece aceitável. (Duvido que qualquer juiz indicado para a Suprema Corte fosse confirmado caso declarasse que a considera errônea.) Por isso, os argumentos de Bork sobre *Brown vs. Board of Education* nos mostram o que ele quer dizer quando afirma que a Suprema Corte não deve se afastar jamais da intenção original dos autores.

Bork diz que o caso *Brown* foi decidido de forma correta porque a intenção original que os juízes devem consultar não é um conjunto de opiniões muito concretas que os autores tinham a respeito do que se enquadraria no âmbito do princípio geral que quiseram proclamar, mas sim o próprio princípio geral. Uma vez que os juízes identifiquem o princípio proclamado pelos autores, devem impô-lo *na qualidade* de princípio e segundo o *seu próprio* juízo acerca das exigências desse princípio nos casos particulares, mesmo que para isso tenham de aplicá-lo não somente em circunstâncias que os autores desconheciam, como também de uma maneira que eles não teriam aprovado caso a tivessem conhecido.

Uma vez que os autores da Décima Quarta Emenda não acreditavam que estavam declarando a inconstitucionalidade da segregação racial nas escolas, só essa interpretação ampla da "intenção original" pode justificar *Brown* como uma decisão fiel à intenção deles. E Bork, em muitas outras ocasiões, deixou claro que é a interpretação ampla que ele adota. Num processo recentemente julgado pelo Tribunal Itinerante de Apelações do Distrito de Colúmbia, por exemplo, ele acompanhou a maioria ao declarar que a Primeira Emenda protegia certos colunistas de jornal contra uma acusação de calúnia e difamação lançada por um cientista político marxista, de quem se dissera que não era respeitado pelos colegas de profissão[4]. Antonin Scalia, que era colega de Bork naquele tribunal e agora foi promovido por Reagan à Suprema Corte, discordou e condenou Bork, bem como os outros juízes que compunham a maioria, por não serem fiéis à intenção dos autores da Primeira Emenda, que evidentemente não supunham estar modificando a lei da calúnia da maneira que a maioria supunha. Bork, em sua resposta, insistiu em que o juiz não tem responsabilidade para com as opiniões particulares e concretas que os autores poderiam ter acerca do âmbito do princípio que criaram quando aprovaram a Primeira Emenda, mas sim para com o princípio considerado em si mesmo, o qual, a seu ver, determinava que a imprensa fosse objeto de uma proteção maior, contra as ações de calúnia, do que os autores poderiam ter previsto.

Isso parece correto. Se aceitamos a tese de que a Constituição se reduz ao que os autores queriam dela, temos de compreender essas intenções como amplas e abstratas convicções de princípio, e não como opiniões estreitas acerca de assuntos particulares. Porém, esse tipo de compreensão das intenções dos autores dá aos juízes uma responsabilidade muito maior do que se pode depreender das reiteradas afirmações de Bork sobre o comedimento do Judiciário. Isso porque, naquele caso, qualquer definição da intenção original é uma conclusão que não pode ser justificada somente pela história, mas também por um tipo de argumento muito diferente.

A história por si só pode ser capaz de demonstrar que uma opinião particular e concreta, como a opinião de que a segregação nas escolas não era inconstitucional, era amplamente aceita dentro do grupo de legisladores e outras pessoas responsáveis pela formulação e adoção de uma emenda constitucional. Porém, ela não pode determinar com precisão o princípio ou valor geral que se poderia corretamente dizer que eles defendiam. Isso não acontece por ser difícil

---

[4]. Ver o parecer concordante de Bork em *Ollman vs. Evans*, 750 F. 2d 970 (1984).

reunir provas, mas por uma razão mais fundamental: as convicções das pessoas não se dividem nitidamente em duas categorias, a dos princípios e a das aplicações concretas. Antes, tomam a forma de uma estrutura mais complexa, feita de camadas de generalidade, de tal modo que as pessoas vêem a maioria de suas convicções como aplicações de princípios ou valores ainda mais gerais. Isso significa que o juiz terá de escolher entre definições mais ou menos abstratas do princípio que, a seu ver, os autores deixaram sob a sua supervisão; e as decisões que efetivamente tomar no exercício dessa responsabilidade vão depender criticamente do tipo de definição que ele escolher.

Para explicar essa questão, tenho de exemplificá-la, e para tanto posso me valer mais uma vez dos argumentos apresentados pelo próprio Bork[5]. Ao discutir o caso *Brown*, ele propôs um princípio particular de igualdade como o princípio geral que os juízes devem imputar aos autores: o princípio de que o Estado não pode fazer discriminação entre as raças. Porém, poderia ter-lhes atribuído um princípio ainda mais geral e mais abstrato: o princípio de que o Estado não deve exercer discriminação contra nenhuma minoria quando essa discriminação é um simples reflexo do preconceito. Afinal de contas, o dispositivo de igualdade de proteção da Décima Quarta Emenda não diz absolutamente nada a respeito da raça. Só diz que o Estado não pode negar a ninguém a "mesma proteção" das leis. Como se sabe, a Décima Quarta Emenda foi adotada depois da Guerra Civil e em conseqüência desta, ou seja, em decorrência de uma guerra travada em torno do problema da escravidão. Porém, Lincoln disse que a guerra foi travada para pôr à prova a idéia de que todos os *homens* foram criados iguais, e é claro que ele incluía nessa designação também as mulhe-

---

5. Podem-se encontrar discussões mais gerais desse mesmo assunto, mas em contextos diferentes, em meus livros *Taking Rights Seriously* (Harvard University Press, 1977), cap. 5 [trad. bras. *Levando os direitos a sério*, São Paulo, Martins Fontes, 2002], *A Matter of Principle* (Harvard University Press, 1986), cap. 2, e *Law's Empire*, cap. 9.

res. De qualquer modo, seria absurdo supor que os estadistas que criaram o dispositivo de igualdade de proteção pensavam que o preconceito oficial só era condenável quando tinha por objeto a raça. Se eles pensavam que a discriminação racial oficial era escandalosa, era porque tinham a convicção de um princípio mais geral que condenava todas as formas de preconceito oficial. Com efeito, suas idéias sobre a questão da raça não seriam idéias *morais* – e evidentemente o eram – se não fossem adotadas em função de um princípio mais geral dessa espécie.

Nesse caso, por que os juízes não devem tentar definir e fazer valer esse princípio mais geral? Por que não devem dizer que os autores puseram em vigor um princípio que põe na ilegalidade toda e qualquer forma de discriminação oficial baseada no preconceito? Disso se deduziria que o dispositivo de igualdade de proteção protege da discriminação legislativa não só os negros, mas também as mulheres, por exemplo. Aparentemente, os autores não pensavam que seu princípio chegasse ate aí; não criam que as distinções entre os sexos fossem reflexo de um estereótipo ou preconceito. (Afinal de contas, foi necessária uma outra emenda constitucional para que as mulheres pudessem votar.) Porém, uma vez definido de maneira mais abstrata o princípio que imputamos aos fundadores, temos de considerar que, na medida mesma em que tinham aquela opinião sobre as mulheres, eles próprios não chegaram a captar toda a amplitude do princípio que formularam; foi o tempo que nos deu condições de corrigir esse erro, assim como corrigimos as opiniões deles acerca da segregação racial nas escolas. Foi isso, com efeito, que a Suprema Corte fez[6]. Mas consideremos agora o caso dos homossexuais. Segundo Bork, a idéia de que os homossexuais são protegidos pela Constituição é um exemplo gritante de uma tentativa de emendar o documento por meio de um comando executivo ilegítimo. Porém, uma vez formulada a intenção dos autores como um

---

6. Ver, por exemplo, *Craig vs. Boren*, 429 U.S. 190 (1976).

princípio geral que condena toda discriminação baseada no preconceito, pode-se defender com propriedade a idéia de que, para sermos fiéis a essa intenção, temos de reconhecer os direitos dos homossexuais contra esse tipo de discriminação. Talvez os autores não concordassem com isso, mesmo se examinassem a questão. Por outro lado, um juiz que investigasse o problema com toda a sua sinceridade intelectual poderia sentir-se obrigado a considerar que, fazendo isso, eles estariam cometendo outro erro, como cometeram em relação às mulheres e à segregação racial nas escolas. Como nesses casos, foi o tempo que nos deu as informações e o entendimento que eles não tinham. Várias superstições sobre a homossexualidade foram desmascaradas e refutadas, muitos estados revogaram leis que criminalizavam os atos homossexuais, e as leis que ainda restam são vistas por muita gente como pura expressão do preconceito. Não quero dizer que o argumento em favor dos direitos dos homossexuais seria irrefutável caso aceitássemos essa interpretação mais ampla da intenção original que sugeri. Porém, ele seria um argumento forte que teria de ser refutado em detalhes por seus adversários, e não simplesmente posto de lado como foi posto por Bork[7].

---

7. Para ilustrar os argumentos que venho apresentando acerca da idéia de intenção original, eu poderia usar muitas outras áreas do direito constitucional. No artigo de 1971 mencionado na nota 2, por exemplo, Bork apresentou uma teoria sobre a intenção original por trás da garantia de liberdade de expressão dada pela Primeira Emenda. Disse que os autores só pretendiam dar proteção constitucional às expressões politicamente significativas e que, portanto, a Primeira Emenda não impede os legisladores de proibir pesquisas científicas com as quais não concordam ou de censurar romances que não lhes parecem atraentes. Recentemente, ele disse que deixou essa idéia de lado há muito tempo, mas por um motivo bastante frágil: as pesquisas científicas e os romances podem ter relação com a política (a maioria não tem). Por outro lado, ao que parece, ele ainda crê que a Primeira Emenda não se aplica nem à pornografia nem ao que ele chama de "defesa da revolução", uma vez que nenhuma dessas duas coisas, a seu ver, é dotada de qualquer valor político.

Entretanto, ele não oferece justificativa alguma para se atribuir aos autores da Constituição o princípio relativamente restrito de que só as idéias políticas são merecedoras de proteção. Não há dúvida de que os autores tinham em mente antes de mais nada a censura política, a qual era um dos males que eles

Em outras palavras, o apelo à intenção dos fundadores, considerado em si mesmo, não decide nada; é preciso fazer uma escolha acerca da maneira correta de formular essa intenção com relação a qualquer assunto específico. Se escolhermos a formulação mais restrita e mais concreta da intenção original, que se fixa nas opiniões isoladas expressas pelos autores e ignora a idéia moral de caráter mais geral à qual eles procuravam corresponder, teremos de chegar à conclusão de que *Brown* não é fiel à vontade deles; e essa conclusão, para a grande maioria das pessoas, será a prova cabal de que a formulação mais concreta é errônea. Se, por outro lado, atribuirmos aos autores um princípio suficientemente geral para não parecer arbitrário e *ad hoc*, como por exemplo o princípio de que o Estado não pode fazer nenhuma discriminação baseada no preconceito, muitas das decisões que Bork considera ilegítimas tornam-se acertadas segundo os mesmos critérios que o próprio Bork afirma endossar.

Assim, tudo depende do nível de generalidade que o juiz escolhe como o mais apropriado; e é preciso que ele baseie sua escolha numa razão qualquer. Bork escolhe um nível intermediário entre os dois que acabei de descrever[8]. Diz

---

esperavam combater com a guerra de independência. Porém, pelo menos desde os *Areopagítica* de Milton, era crença geral que a expressão política não devia ser censurada por um motivo muito mais geral e abstrato que se aplica igualmente a outras formas e ocasiões de expressão: a idéia de que a verdade só pode vir à tona ao cabo de um processo irrestrito de investigação e comunicação. (Um tratado favorável à liberdade de expressão, publicado em 1800, diz: "Não há direito natural mais perfeito e absoluto que o direito de investigar todos os assuntos que nos dizem respeito.") Por isso, também nesse caso, a escolha do princípio atribuído aos fundadores é decisiva. Se prestarmos atenção à preocupação especial que eles tinham com a expressão política, a formulação de Bork parecerá mais apropriada. Se olharmos, em vez disso, para os antecedentes filosóficos dessa preocupação especial, a coisa muda de figura. Precisamos de um argumento que justifique a escolha, e não da pura e simples declaração de que uma formulação capta a intenção original e a outra, não.

8. Ele o faz numa aula dada na faculdade de direito da Universidade de San Diego no dia 18 de novembro de 1985, publicada na *San Diego Law Review*, vol. 23, n.º 4 (1986), p. 823. Nessa aula, Bork procurou responder a um argumento apresentado pelo diretor da faculdade de direito, Paul Brest, aparentemente semelhante ao argumento que apresentei aqui. Entretanto, no texto impresso, ele não explicita a referência ao argumento de Brest.

que os juízes devem atribuir aos autores um princípio limitado aos grupos ou tópicos que eles efetivamente discutiram. Se a questão da raça foi discutida durante o debate sobre o dispositivo de igualdade de proteção, mas nem a diferença dos sexos nem o comportamento sexual estavam "em discussão", é porque a intenção original inclui o princípio de que o Estado não deve fazer discriminação entre as raças. Não inclui, porém, o princípio mais geral de que o Estado não deve agir movido pelo preconceito contra um grupo qualquer de cidadãos, uma vez que esse princípio mais geral se aplicaria às mulheres e aos homossexuais, assuntos que não foram discutidos. A estranha idéia de que não podemos atribuir aos autores nenhum princípio geral cuja aplicação se estendesse para qualquer grupo ou tópico que não estivesse "em discussão" limita agudamente o número de direitos individuais protegidos pela Constituição. Porém, ela é perfeitamente incoerente com as outras opiniões de Bork – os autores da Primeira Emenda não discutiram a lei da calúnia e difamação, por exemplo – e não tem a menor respeitabilidade na história e na jurisprudência.

Se é absurdo atribuir aos autores uma intenção limitada às aplicações concretas que eles de fato imaginaram – e Bork admite que isso não tem sentido –, é igualmente absurdo atribuir-lhes a intenção de proteger somente os grupos que efetivamente mencionaram em suas discussões. Os autores quiseram promulgar um princípio moral de dimensões constitucionais e fizeram uso de uma linguagem ampla e abstrata, adequada a essa finalidade. É claro que, entre as aplicações desse princípio, eles só discutiram as que lhes eram mais imediatamente evidentes; mas queriam que sua discussão partisse do princípio mais geral, e não que o limitasse. Pode ser que tenham discordado entre si acerca de quais seriam as exigências desse princípio quando aplicado a outros assuntos que não os discutidos. E os juízes contemporâneos, dotados de mais informações, podem chegar à conclusão de que o mesmo princípio determina decisões jurídicas que poucos ou mesmo nenhum dos autores teriam previsto, como no caso das escolas segregadas e da discriminação da mulher. A idéia de Bork não é um encômio aos autores da Constituição, mas um insulto a eles, pois nega que eles estivessem agindo movidos por princípios. Reduz uma visão constitucional ampla a um conjunto de decretos arbitrários e isolados.

Para defender essa visão truncada da intenção original, Bork se limita a fazer apelo a um lugar-comum: diz que os juízes não devem optar por "nenhum nível de generalidade maior do que o nível sensatamente autorizado pela interpretação das palavras, da estrutura e da história da Constituição". Isso é verdade, mas não ajuda em nada, a menos que Bork seja capaz de nos provar que sua própria concepção truncada atende a esse critério; e até agora, pelo que sei, ele não chegou a apresentar nem sequer as primeiras linhas de um argumento nesse sentido. Sua concepção produz regras constitucionais estreitas que protegem uns poucos grupos e excluem muitos outros que se encontram na mesma situação moral. Como uma regra discriminatória desse tipo pode ser considerada uma interpretação justa da linguagem totalmente geral e abstrata que os autores efetivamente usaram quando se referiram à igualdade de proteção para todos os cidadãos? A maioria dos juristas pensa que o ideal da integridade de princípios – a idéia de que os direitos fundamentais reconhecidos para um grupo se estendem a todos os outros grupos – é um elemento central da estrutura da Constituição. Nesse caso, como as regras estreitas de Bork poderiam ser autorizadas por qualquer interpretação sensata dessa estrutura? A menos que ele nos possa apresentar um argumento legítimo em favor de sua visão truncada da intenção original – um argumento que não seja o puro e simples fato de que essa visão dá margem a decisões aprovadas por ele e pelos que pensam da mesma maneira que ele –, temos de concluir que sua filosofia constitucional é vazia: não é uma filosofia pobre e pouco atraente, mas algo que não é filosofia de modo algum.

Os juízes que se inserem na corrente principal da nossa prática constitucional têm muito mais respeito do que

Bork pelas intenções dos autores compreendidas como questões de princípios. Aceitam a responsabilidade que os autores lhes impuseram: a responsabilidade de desenvolver princípios jurídicos de ampla latitude moral para proteger os direitos dos indivíduos contra a maioria. Essa responsabilidade exige discernimento e habilidade, mas não dá uma licença política aos juízes. Estes têm de avaliar os diversos princípios de maneira jurídica e interpretativa, perguntando-se de que modo cada um deles se coaduna com as decisões dos autores e colabora para que estas sejam compreendidas, não como acontecimentos históricos isolados, mas como elementos de uma tradição constitucional que inclui não só a estrutura geral da Constituição como também as decisões passadas da Suprema Corte e de outros tribunais. É evidente que os juízes competentes e responsáveis discordam quanto aos resultados desse exercício. Alguns obtêm resultados predominantemente liberais; outros, resultados predominantemente conservadores. Alguns, como o juiz Powell, resistem à classificação porque suas idéias são particularmente sensíveis à especificidade de cada assunto. A discordância é inevitável, mas a responsabilidade assumida pelos juízes individualmente – a responsabilidade de aplicar esse critério aos princípios que eles propõem – disciplina o trabalho de cada um deles e, ao mesmo tempo, torna mais denso e profundo o debate constitucional.

Bork, entretanto, despreza esses métodos familiares de argumentação e análise jurídica; acredita que não tem a responsabilidade de tratar a Constituição como uma estrutura integrada de princípios morais e políticos, nem a de respeitar os princípios latentes nas decisões passadas da Suprema Corte, algumas das quais ele lamenta[9]. Em 1971, esforçando-se para explicar o porquê disso, ele assumiu uma teoria moral alarmante[10]. Disse que as opiniões morais não passavam de

---

9. Num artigo anterior (*The New York Review of Books*, 8 de novembro de 1984), contrapus os métodos de Bork, explicitados no caso *Dronenburg*, aos métodos que a maioria dos juristas tradicionais teria usado na mesma situação.

10. Bork, "Neutral Principles", p. 10.

fontes de algo que chamou de "gratificação", e afirmou que "não há nenhum princípio que nos habilite a dizer que as gratificações de um homem são mais dignas de respeito do que as de outro homem, ou que uma forma de gratificação vale mais do que outra". Isso significa literalmente que ninguém teria motivos de princípio para preferir as satisfações da caridade e da justiça, por exemplo, às do racismo ou do estupro.

É estranho que um adepto primitivo do ceticismo moral se erija em partidário dos fundamentalistas morais. Não obstante, se Bork ainda é defensor desse tipo de ceticismo, isso explicaria o seu cinismo jurídico, sua indiferença ao fato de o direito constitucional ser coerente em princípio ou não. Se ele não é mais, temos de procurar em outra parte as convicções políticas que possam explicar seu desprezo pela integridade do direito. Porém, seus escritos não expõem nenhuma filosofia política desenvolvida; limitam-se a afirmar o truísmo de que não são os juízes, mas os legisladores eleitos que devem fazer as leis quando a Constituição não se pronuncia sobre um determinado assunto. Evidentemente, todos concordam com isso; só não existe acordo sobre *quais* são os pontos a respeito dos quais a Constituição não se pronuncia. Bork afirma que ela não diz absolutamente nada sobre a discriminação da mulher e os direitos dos homossexuais, embora ela declare que todos têm direito à mesma proteção das leis. Mas, como eu disse, ele não apresenta nenhum argumento em favor dessa idéia espantosa.

De tempos em tempos, ele propõe uma explicação mais preocupante da sua leitura estreita da Constituição, pois gosta de brincar com a tese populista radical de que, na verdade, as minorias não têm absolutamente nenhum direito moral que as protejam da maioria. Essa tese de fato recomenda que se atribua o mínimo de força possível às intenções dos autores e que a Constituição seja tratada como uma coletânea de regras isoladas, cada uma das quais se limita rigorosamente aos assuntos que os autores discutiram. Porém, esse tipo de populismo é tão evidentemente incoerente com o texto e o espírito da Constituição e com as convicções mais fundamentais e explícitas de seus autores que qualquer um que o defenda parece, por esse motivo mesmo, desprovido das qualificações básicas para ser um juiz da Suprema Corte. Nos escritos de Bork não há praticamente mais nada que trate de moralidade política. Em 1963, porém, ele de fato declarou uma posição política assombrosa[11]. Opôs-se às Leis de Direitos Civis pelo fato de que a proibição de que os donos de hotéis e restaurantes discriminassem os negros seria uma violação do seu direito à liberdade. Tentou defender essa posição apelando ao princípio liberal de John Stuart Mill, de que a lei não deve impor a moral só em vista da própria moral. Disse que era de uma "rematada feiúra" a idéia de que a liberdade das pessoas pode ser limitada só porque a maioria não gosta do comportamento delas.

Sua análise do vínculo que liga a liberdade aos direitos civis foi uma análise confusa. As Leis de Diretos Civis não violam o princípio de Mill. Não proíbem a discriminação racial porque a maioria do povo não gosta dos racistas, mas porque a discriminação inflige um grandessíssimo mal às suas vítimas e as insulta. Talvez Bork tenha percebido esse erro, pois em 1973, nas audiências que confirmaram sua indicação para a Procuradoria-Geral do governo Nixon, ele declarou que tinha passado a aprovar as Leis de Direitos Civis. Mas em 1984, sem admitir nenhuma mudança de opinião, ele repudiou totalmente o princípio de Mill e abraçou a idéia que antes chamara uma idéia de rematada feiúra, a idéia de que a maioria tem o direito de proibir um determinado comportamento só por considerá-lo moralmente errado[12]. Numa palestra dada perante o American Enterprise Institute, na qual não discutia a liberdade dos racistas, mas das minorias sexuais, ele descartou a idéia de que "o mal moral não é um mal sujeito à atenção dos legisladores" e aceitou a opinião de

---

11. Bork, "Civil Rights – A Challenge", *The New Republic*, 19 (31 de agosto de 1963).

12. Bork, *Tradition and Morality in Constitutional Law*, The Francis Boyer Lectures, publicadas pelo American Enterprise Institute for Public Policy Research em 1984.

Lorde Devlin: uma comunidade tem o direito de legislar sobre a moral sexual e outros aspectos da moral porque "o que constitui a sociedade é uma comunidade de idéias, não só de idéias políticas, mas também de idéias sobre o modo pelo qual os membros da dita sociedade devem se comportar e reger suas vidas"[13]. Pode ser que as convicções de Bork tenham mudado de maneira bastante drástica no decorrer do tempo. Porém, é difícil resistir a uma conclusão menos lisonjeira: seus princípios se adaptam sempre aos preconceitos da direita, por menos coerentes que estes sejam.

De qualquer modo, o comitê judiciário do Senado deve tentar, se possível, descobrir os verdadeiros motivos da hostilidade de Bork contra os argumentos jurídicos comuns do direito constitucional. Não deve se considerar satisfeito se ele só defender suas posições fazendo um apelo vago à intenção original dos autores da Constituição, ou se condenar as decisões passadas que poderá vir a rejeitar afirmando que os juízes que as tomaram inventaram direitos novos em campos sobre os quais a Constituição não se pronunciou. Pois essas afirmações, como procurei demonstrar, são vazias em si mesmas, e as tentativas de Bork de dar-lhes um caráter mais substantivo só demonstram que ele usa a intenção original como os alquimistas de antigamente usavam o flogisto: para esconder o fato de que ele não possui nenhuma teoria, nenhuma jurisprudência conservadora, mas orienta todas as suas decisões pelos dogmas da direita. Será que o Senado vai permitir que a Suprema Corte se torne o bastião de uma ideologia reacionária e antijurídica, erguida sobre uma base intelectual tão magra e esfarrapada?

13 de agosto de 1987

---

13. Entretanto, Bork não leu Devlin com muito cuidado. Devlin pensa que a maioria só tem o direito de impor suas preferências morais em situações de exceção, em que o comportamento heterodoxo poria efetivamente em risco a continuidade cultural; e não pensa que suas opiniões autorizariam a criminalização de atos homossexuais privados e livres entre dois adultos. Ver Patrick Devlin, *The Enforcement of Morals* (Oxford University Press, 1965).

13. O que significou a derrota de Bork

A derrota do juiz Bork já faz parte da história. De lá para cá, tivemos de assistir à comédia da queda de Douglas H. Ginsburg e agora temos a indicação de Anthony Kennedy para nos preocupar. Porém, trava-se atualmente uma segunda guerra em torno de Bork – a guerra para ver qual será a melhor explicação de sua derrota – e, embora eu tenha de considerar se o juiz Kennedy é melhor do que Bork, o tema principal deste meu ensaio é o sentido da queda deste último. A destruição do juiz Ginsburg foi triste, mas não suscitou questões de dimensão constitucional. Evidentemente, é absurdo e vergonhoso que o fato de ele ter fumado maconha algumas vezes há muitos e muitos anos, quando ainda era professor de direito, tenha sido considerado motivo suficiente para sua desqualificação. O uso da maconha era ilegal e ainda é, e os professores de direito não devem transgredir as leis. Porém, um professor que confessasse ter dirigido em velocidade superior à permitida, ou ter dirigido uma ou duas vezes depois de beber, não teria sofrido o mesmo castigo que Ginsburg.

Houve, porém, algumas queixas mais sérias contra ele. Ginsburg era um jurista acadêmico que trabalhava para ganhar o seu sustento e não se havia destacado por nenhum motivo em sua breve carreira de juiz. Além disso, no cargo de Subprocurador-Geral, havia demonstrado falta de discernimento, pois cuidara de um assunto que poderia ter afetado substancialmente seus próprios interesses financeiros. Não deveria ter sido indicado, mas sua história infeliz não tem nenhuma importância de caráter geral; apenas confirma o que já sabemos acerca da hipocrisia e da incompetência do governo Reagan.

A derrota de Bork é um outro assunto e, como tentarei explicar, a discussão acerca do que realmente lhe aconteceu pode vir a ter conseqüências de vulto para o direito constitucional. Temos de distinguir dois aspectos dessa discussão. O primeiro é a questão da explicação. O que causou a derrota de Bork? Qual foi a importância, por exemplo, da oposição feroz movida por grupos que representam os eleitores negros? O segundo é uma questão de interpretação. O que significou a derrota de Bork? Será que o público norte-americano rejeitou a filosofia da intenção original, de que Bork fazia alarde? Nesse caso, qual foi a filosofia constitucional alternativa que o público apoiou, se é que apoiou alguma? Essas duas questões diferentes têm não obstante uma evidente ligação entre si, pois não podemos refletir de modo inteligente sobre o sentido da derrota de Bork enquanto não tivermos alguma noção dos fatores que a causaram. Por isso, embora me interesse principalmente pela segunda questão, a questão da interpretação, vou tratar antes da primeira.

Quando Bork foi indicado pela última vez, em junho de 1987, a maioria dos observadores achava que ele sofreria a amarga oposição de alguns democratas liberais, mas que mesmo assim, no final, seria confirmado com relativa facilidade. O número de juízes indicados para a Suprema Corte e rejeitados pelo Senado sempre foi relativamente pequeno, mesmo quando o Senado estava controlado (como agora está) pelo partido oposto ao do Presidente. Todos pareciam concordar em que o Presidente pode indicar juízes que defendam sua própria doutrina constitucional e que o Senado só pode rejeitar a escolha dele se não estiver satisfeito com a integridade ou a competência do indicado[14]. Uma vez que

---

14. As indicações de Clement F. Haynsworth e G. Harold Carswell, feitas por Nixon, e a promoção de Abe Fortas ao cargo de primeiro-juiz, proposta por

não se levantou nada que desacreditasse Bork como pessoa, e como ele é claramente um homem capacitado, parecia quase impossível que ele viesse se juntar à exígua lista de juízes indicados e rejeitados. No fim, porém, ele foi derrotado por uma margem de votos mais ampla do que qualquer outro juiz na história. O que causou esse resultado notável?

Qualquer resposta adequada a essa pergunta tem de dar o peso devido a muitos fatores diferentes. A crescente fraqueza política de Reagan colaborou, bem como a habilidade política dos senadores que se opunham a Bork. O senador Ted Kennedy, em específico, foi extremamente capaz de persuadir outros senadores, de quem se esperava que aprovassem imediatamente a indicação, a estender os debates por mais tempo a fim de que os argumentos em pauta pudessem chegar ao conhecimento do público. Os grupos liberais de ação política decidiram-se imediatamente a opor-se a Bork e tiveram uma surpreendente facilidade para levantar dinheiro, através de contribuições do público, para levar adiante o seu intento. Organizaram abaixo-assinados, veicularam anúncios na televisão e persuadiram outros grupos a unir-se a seus esforços. Os grupos de negros foram, sem dúvida, particularmente eficazes nesse sentido, especialmente na medida em que exerceram influência sobre certos senadores do Sul, como Howell Heflin, um dos principais membros da comissão judiciária do Senado, eleito

---

Johnson, foram todas rejeitadas, mas em cada um desses casos os senadores alegaram ter dúvidas acerca das qualificações éticas ou intelectuais dos candidatos. Trinta e três democratas votaram contra a nomeação de William Rehnquist (que era então um juiz da banca) para suceder a Warren Burger como primeiro-juiz, mas a maioria deles se sentiu obrigada a justificar seu voto por motivos de caráter – Rehnquist fora acusado de malversação de fundos quando atuava como administrador dos bens de uma família, e a escritura de sua casa de campo continha uma alínea (nula) que impunha restrições raciais ao contrato. Antonin Scalia, professor de direito de tendência fortemente conservadora, indicado por Reagan para o mesmo tribunal itinerante do qual Bork fazia parte, foi confirmado como juiz da Suprema Corte (no lugar de Rehnquist) sem nenhum voto contrário; mas não se levantou nenhuma acusação pessoal contra ele.

com 80 por cento dos votos dos negros. A indicação se perdeu, portanto, em parte, por causa das manifestações por direitos civis e dos mutirões de registro de eleitores da década de 1960.

Os partidários mais radicais de Bork alegam que os grupos que se opuseram a ele – chamados de uma "turba de linchadores" em defesa de "interesses especiais" – distorceram deliberadamente as opiniões do juiz, chamando-o de racista e fundamentalista e dando a entender que ele defendia a esterilização de mulheres. De fato, a campanha política contra Bork se calcou em comentários maliciosos. Os defensores de Bork reclamam sobretudo de um comercial de televisão de sessenta segundos narrado por Gregory Peck e produzido pela People for the American Way, uma fundação de ação política liberal. Embora essa organização dispusesse de informações adequadas – produziu um relatório excelente e escrupulosamente justo sobre a carreira judiciária de Bork –, o comercial estrelado por Peck foi, com efeito, enganador sob vários aspectos[15]. Porém, as propagandas injustas contra Bork foram compensadas por propagandas igualmente injustas a favor dele, e é improvável que as propagandas veiculadas pelos dois lados tenham tido um efeito tão grande sobre a formação das concepções do público acerca das opiniões de Bork quanto as próprias audiências conduzidas pela comissão judiciária do Senado.

---

15. O comercial fez quatro alegações sobre Bork. Disse que ele "defendia um imposto sobre o voto e um teste de alfabetização para a qualificação como eleitor", dando a entender que ele aprovava esses esquemas para impedir o povo de votar; na verdade, Bork só afirmou que a Constituição não proíbe esses expedientes. O comercial disse ainda que Bork se opunha às leis de direitos civis (o que de fato aconteceu em 1963), mas não acrescentou que de lá para cá ele mudou de idéia. Disse que, na opinião dele, a liberdade de expressão não se aplica à arte, à literatura e à música; mas não acrescentou que, embora ele tenha assumido essa posição em 1971, afirmou recentemente que a liberdade de expressão se aplica às artes porque elas têm relação com a política, fato que ele não reconhecera na época. Disse, por fim, que "ele não acredita que a Constituição protege o direito do cidadão à privacidade", o que é verdade e, a se julgar pelas sabatinas do Senado, a única acusação convincente veiculada pelo anúncio.

As audiências duraram quase três semanas; a maioria delas foi transmitida na íntegra pelas redes de televisão abertas e a cabo e grandes extratos foram reproduzidos nos noticiários televisivos do horário nobre. O senador Joseph Biden, presidente da comissão, proclamara sua oposição à nomeação no momento em que esta fora anunciada por Reagan; não obstante, conduziu as audiências com um senso de justiça evidente: não só permitiu que Bork expusesse e defendesse suas opiniões de modo tão claro e detalhado quanto quisesse como também encorajou-o a fazer isso. Os debates e discussões das audiências foram, em geral, de qualidade muito alta – os estrangeiros que assistiram a elas ficaram impressionados – e às vezes, como num diálogo travado num sábado de manhã entre Bork e o senador Arlen Specter, foram marcados pela profundidade e pelo rigor acadêmico.

Os que assistiram às sabatinas pela televisão e acompanharam as reportagens publicadas pela imprensa escrita ficaram fascinados e encantados por poder participar de um prolongado seminário sobre a Constituição no ano em que ela completava seu bicentenário. As opiniões mais prejudiciais ao próprio juiz – o fato de ele negar a existência de um direito constitucional à privacidade em matéria de intimidade sexual, por exemplo – foram comunicadas ao público por ele mesmo. A acusação feita pela direita – de que tanto os senadores quanto o público foram enganados por reportagens liberais inescrupulosas – não só é divertida (lembremo-nos do que a direita fez na campanha de Rose Bird pela reeleição judiciária na Califórnia, em 1986) como insultuosa, e não é corroborada pelos registros. Trata-se de uma acusação interessante, mas só porque mostra o quanto os observadores de direita estão com medo de que a queda de Bork venha a ser interpretada não apenas como uma derrota política, mas também como uma derrota no campo da jurisprudência.

Não há dúvida de que outros fatores além da política e dos debates exerceram alguma influência sobre o resultado. Nos primeiros dias das audiências, por exemplo, surgiu uma questão nova que, embora não fosse exatamente uma questão de integridade pessoal, se aproximava disso: a questão do que se chamou imediatamente de "conversão para a confirmação". De repente, Bork pareceu mudar de idéia acerca de algumas opiniões mais radicais e que ele acalentava havia muito tempo em matéria de direito e teoria constitucional; muitas dessas opiniões haviam sido reiteradas em discursos feitos ainda em janeiro de 1987[16]. Ao ver de alguns, ele estava pondo de lado as opiniões que haviam garantido o apoio da direita à sua indicação a fim de tornar mais provável a confirmação por um Senado dominado pelos democratas; e certos senadores expressaram a opinião de que esse tipo de volubilidade não é desejável num juiz da Suprema Corte.

De várias outras maneiras, o desempenho de Bork em seus depoimentos não foi tão convincente quanto se esperava. Embora a Casa Branca tivesse previsto que ele se transformaria num segundo Ollie North, o fato é que Bork não conquistou a simpatia do público, talvez porque, além de defender seu território, ele também mudava muitas vezes de opinião; talvez também por um motivo muito pior – pareceu muito seco, acadêmico e sem charme.

---

16. Embora ele afirmasse havia anos que o dispositivo de igualdade de proteção da Décima Quarta Emenda só dá uma proteção especial contra a discriminação às minorias raciais e étnicas, por exemplo, de tal modo que a Suprema Corte estaria errada em supor que o mesmo tipo de proteção se estende às mulheres, a opinião que ele apresentou ao comitê foi muito diferente. Bork também havia condenado os votos da Suprema Corte – oferecidos numa longa linhagem de causas cujo raciocínio original pode ser situado nos famosos votos divergentes de Oliver Wendell Holmes – segundo os quais as formas de expressão em defesa da violência são protegidas pela Primeira Emenda, desde que o perigo de provocação efetiva da violência não seja evidente e imediato. Num dia, ele deu a impressão de repudiar sua objeção à opinião da Corte; no dia seguinte, reafirmou-a. Outras mudanças de opinião foram mais sutis: ele havia dito que o parecer da Corte em *Griswold vs. Connecticut*, proibindo os estados de pôr os contraceptivos na ilegalidade, não era sustentado por nenhum argumento sério e, portanto, era em si mesmo "inconstitucional"; nas audiências, afirmou que só pretendia criticar o raciocínio que a Corte efetivamente usara para decidir o caso e não sabia dizer se seria possível apresentar um argumento melhor em favor da decisão.

As opiniões dos colegas de Bork também devem ter contribuído para sua derrota. No começo de setembro, antes de começarem as audiências, o prestigioso comitê da Ordem dos Advogados dos Estados Unidos que dá nota aos indicados para o cargo de juiz divulgou que seus membros estavam divididos em sua opinião sobre as qualificações de Bork: embora oito membros o considerassem muito bem qualificado, três o consideravam não-qualificado e um só se dispunha a declarar que "não se opunha" à nomeação. Embora o número de testemunhas favoráveis a ele nas audiências fosse maior do que o número de testemunhas contrárias, e ainda que sua base de apoio contasse com um ex-presidente (Ford), um ex-primeiro-juiz da Suprema Corte (Burger), três ex-procuradores-gerais (William Rogers, Griffin Bell e Edward Levi) e um batalhão de distintos advogados e professores de direito, as testemunhas opostas aparentemente levaram a melhor, principalmente porque falaram sobre a substância das opiniões que Bork anunciava, ao passo que seus partidários se limitavam a louvar seu caráter e suas capacidades mentais. Porém, o juízo mais extraordinário e prejudicial a Bork foi declarado por seus ex-colegas de academia: 40 por cento dos professores de todas as faculdades de direito licenciadas nos Estados Unidos assinaram abaixo-assinados nos quais pediam ao Senado que o rejeitasse.

Os observadores e políticos liberais insistem em que o episódio Bork resolveu uma questão maior do que o simples problema de sua indicação para a Suprema Corte: afirmam que a nação também declarou sua vontade a respeito de certas questões fundamentais de teoria constitucional. A direita parece aceitar, ou pelo menos temer, que essa afirmação é verdadeira; não há mais nada que possa explicar a fúria selvagem que ela manifestou com a derrota de Bork[17].

---

17. O *Wall Street Journal*, por exemplo, numa série de editoriais que deixaram estarrecidos não só os juristas liberais, mas também os conservadores, acusou os adversários de Bork de levar avante uma "sangrenta campanha de

Evidentemente, ninguém pensa que o país fez um plebiscito de fato, conduzido através de pesquisas de opinião e das caixas postais dos senadores, no qual a maioria dos norte-americanos teria exposto refletidamente suas opiniões em matéria de teoria constitucional. Porém, ao que parece, o público percebeu a importância da decisão do Senado; e, nessas circunstâncias, nossa tradição constitucional determina que a nação como um todo passe a ser considerada mais comprometida do que antes com os princípios que fornecem a justificativa mais convincente para a atitude tomada pelo Senado.

Entende-se que outros acontecimentos políticos da nossa história pedem uma interpretação do mesmo tipo e com as mesmas conseqüências. Os constitucionalistas dizem que a história e o resultado da Guerra Civil demonstraram um compromisso nacional com alguma forma de igualdade racial. Não apresentam essa alegação como uma explicação histórica das causas da guerra – isso seria simplista e enganoso demais –, mas como um princípio essencial para qualquer justificativa da carnificina. Existem exemplos menos drásticos. Quando Franklin Roosevelt foi obrigado a deixar de lado seu plano de nomeação de juízes no auge de sua popularidade política, por exemplo, os juristas explicaram seu fracasso de maneira interpretativa: disseram que o país rejeitou aquele plano para defender o princípio da independência do Judiciário. O debate a respeito da indicação de Bork, como o debate sobre o plano de Roosevelt, deixou bem claro aos olhos do público que o que estava em pauta

---

distorções" e propôs que Reagan, mesmo depois da derrota de Bork, voltasse a indicá-lo no decorrer do próximo recesso do Congresso (se Reagan tivesse feito isso, certamente não teria conseguido pôr na Suprema Corte um juiz de sua predileção). O mesmo jornal afirmou que a iminência da derrota de Bork fez cair as cotações da bolsa, aconselhou Reagan a não indicar para a Corte nenhum juiz do Sul a fim de castigar os democratas sulistas que haviam votado contra ele e advertiu por fim que os "vitoriosos" naquela guerra teriam de "pagar" por sua vitória. Os editoriais do *Journal* foram apenas os mais evidentemente ensandecidos de todos os artigos, discursos e opiniões publicados por todo o espectro da direita.

era um problema de princípios constitucionais, e nenhum senador poderia ter justificado seu voto de nenhuma outra maneira. Por isso, é inevitável que o resultado desses debates – a primeira vez em cinqüenta anos que um juiz teve a sua indicação para a Suprema Corte rejeitada por uma questão de princípios constitucionais – seja tratado como um acontecimento de dimensão propriamente constitucional; e isso também explica por que todos, tanto os partidários de Bork quanto os seus adversários, com toda a naturalidade, consideraram que a derrota, para o bem ou para o mal, definiu, pelo menos por certo tempo, alguns princípios relativos à nossa lei mais fundamental.

Uma parte disso que ficou definido é bem clara: o país rejeitou a jurisprudência simplista de Reagan e Meese, a filosofia que Bork, se fosse aceito, deveria incorporar e defender. Desde meados da década de 1950, quando adesivos grudados em pára-choques de caminhão pediam o *impeachment* do primeiro-juiz Earl Warren e Nixon começou a fazer campanha tratando a Suprema Corte como um inimigo político, os políticos de direita pensam que a maioria dos norte-americanos não gostou das decisões cardeais da Corte acerca da raça, da oração nas escolas, do aborto e dos direitos dos acusados, e nega a autoridade da Corte para tomar essas decisões. Porém, quando Bork acusou a Corte de ignorar a intenção original, o povo – as supostas vítimas da tirania do judiciário – não correu para apoiá-lo. Pelo contrário, muitas das opiniões que ele justificou em função da intenção original – a idéia de que o dispositivo de igualdade de proteção só condena a discriminação racial, por exemplo, ou de que a Constituição, apesar de tudo quanto a Suprema Corte já disse, não contém nenhum direito geral à privacidade – foram desacreditadas a tal ponto nas sabatinas e se mostraram tão impopulares que duvido que voltem a ser defendidas, no futuro, até mesmo pelos advogados e juízes que as aprovavam. Esse fato, por si só, já pode afetar significativamente os caminhos do nosso direito constitucional. Provavelmente, o critério da "intenção original", entendido como um limite rigoroso e exclusivo que se impõe às justificativas legítimas das decisões da Suprema Corte, está morto.

Porém, temos de confrontar agora uma questão de interpretação muito mais difícil: de que *modo* foi rejeitado o historicismo simplista de Bork? Afinal de contas, a filosofia que ele professa tem duas partes. A primeira é uma teoria do direito: ele adota uma visão estreita e positivista dos limites da Constituição enquanto norma. Insiste em que a Constituição não cria nenhum direito que não esteja explicitado no texto do documento, interpretado de modo que expresse uma expectativa pertinente que os autores tinham quando o formularam[18]. A segunda é jurídica: ele insiste em que os juízes fiquem presos à Constituição enquanto norma e nunca inventem novos direitos para melhorar a Constituição. Por isso, não basta dizer que rejeitamos o historicismo de Bork. Será que rejeitamos ambas as partes de sua filosofia? Ou, se rejeitamos só uma, qual delas foi? A resposta a essas perguntas é muito importante.

Muitos políticos e comentaristas parecem aceitar a primeira tese de Bork – uma tese de teoria do direito – acerca da definição básica da lei, mas rejeitam sua segunda tese, de caráter jurisdicional, segundo a qual os juízes devem aplicar sempre e de modo rigoroso a lei entendida naquele primeiro sentido. O *Washington Post*, por exemplo, num editorial curioso em que explicava sua oposição relutante a Bork, disse que este juiz levava a extremos a sua admirável preocupação com a lei; que a lei e a justiça "nem sempre são a mesma coisa"; que a Constituição tem uma certa "elasticidade"; e que Bork não havia demonstrado que estaria disposto a usar seu discernimento de juiz para explorar essa elasticidade de maneira generosa. Desse ponto de vista, mesmo

---

18. Na verdade, a teoria do direito de Bork é só um expediente que ele adota para apresentar conclusões a que chegou por outros meios, de caráter mais político. Isso porque a própria idéia da intenção original dos autores é flexível, e é preciso tomar decisões políticas para se poder descrever essa intenção de uma maneira e não de outra com respeito a determinado assunto. Ver o Capítulo 12.

que Bork tivesse razão de pensar que a Suprema Corte não tinha nenhum amparo no direito constitucional quando decidiu (em *Griswold vs. Connecticut*) derrubar as leis que proibiam a venda de contraceptivos, ele poderia estar errado em opor objeções a essa decisão, pois as leis em questão eram tão tolas e sua injustiça era tão evidente que qualquer juiz sensível exerceria seu discernimento e as declararia inconstitucionais de qualquer maneira. Pareceu ser essa também a opinião de vários senadores que, isoladamente, à medida que a candidatura de Bork foi perdendo força, anunciaram a sua decisão de votar contra ele. Disseram eles que estavam preocupados porque o candidato não dava sinais de ter aquela atenção aos casos específicos e aquela humanidade que lhes pareciam adequadas a um juiz da Suprema Corte. Pensavam que ele tinha zelo demais em sua determinação de aplicar a lei de maneira rígida.

Entretanto, a filosofia de Bork pode ser rejeitada por um motivo muito diferente – na verdade, pelo caminho oposto. Podemos aceitar sua segunda premissa, de caráter jurisdicional, segundo a qual os juízes têm a obrigação suprema e exclusiva de respeitar a Constituição; mas negamos sua primeira premissa, de teoria do direito, acerca de qual é a Constituição a ser respeitada. Em outras palavras, podemos insistir em que a nossa lei fundamental não consiste somente numa coletânea de regras isoladas e entendidas à luz das expectativas de seus criadores, mas também no conjunto de princípios necessários para explicar e justificar os dois séculos de prática de Estado e de decisões judiciais que formam nossa história constitucional mais ampla.

Essa visão substitui o historicismo de Bork por uma teoria do direito que não se baseia no discernimento casuístico, mas em princípios. Desse ponto de vista, o erro dele ao rejeitar *Griswold* não foi o de exagerar na aplicação da lei, mas de não entender corretamente qual é a lei a ser aplicada. Naquela ocasião, a Suprema Corte afirmou que as pessoas têm um direito constitucional à privacidade porque não podemos explicar e justificar o conjunto da nossa história constitucional sem supor que os indivíduos têm o direito de tomar suas próprias decisões em assuntos íntimos e pessoais longe da vigilância e das exigências morais de seus concidadãos. Também desse ponto de vista, o historicismo de Bork peca por não ser sequer capaz de compreender esse tipo de argumento. Era esse tipo de rejeição da filosofia de Bork que Anthony Lewis tinha em mente quando disse que a derrota desse juiz mostrou que o povo norte-americano se recusou a adotar uma visão "mirrada" da sua Constituição.

Essa controvérsia é o próprio âmago do problema de se interpretar a derrota do juiz Bork. Será que a melhor justificativa desse acontecimento está no compromisso com uma jurisprudência do discernimento casuístico ou com uma jurisprudência de princípios? É importante saber qual a resposta que o conjunto dos advogados e juristas dá a essa pergunta. Do ponto de vista do discernimento casuístico, decisões como a de *Griswold*, mesmo quando aceitas e aprovadas, são tratadas como exceções à regra geral de que só os direitos explícitos na Constituição devem ser reconhecidos. Se entendemos *Griswold* desse modo, a decisão só oferece uma esperança muito frágil a outros grupos que querem proteção para a sua privacidade: a esperança de que os juízes de amanhã cheguem à conclusão de que o bom senso ou a compaixão exigem que a elasticidade também seja aplicada em seu favor.

Porém, se entendemos *Griswold* como uma aplicação de certos princípios, a premissa da decisão se torna mais robusta: os outros grupos se beneficiarão necessariamente de quaisquer princípios pressupostos pela decisão, limitados e circunscritos somente de maneira que não percam seu caráter de princípios morais verdadeiros e não arbitrários. Em *Bowers vs. Hardwick*[19], a Corte se recusou a estender para os homossexuais o princípio de privacidade que havia reconhecido em *Griswold*. A diferença entre as duas abordagens que estamos discutindo – o discernimento casuístico e a

---

19. 106 S. Ct. 2841 (1986).

aplicação de princípios – é posta em evidência pela diferença entre os dois pareceres principais apresentados pelos juízes. O juiz White, escrevendo em nome da maioria, disse que *Griswold* e os demais casos anteriores relativos à privacidade deveriam ser tratados como se não fossem "muito mais do que uma imposição das opções de valores dos próprios juízes", e que, portanto, essas decisões se limitavam estritamente aos beneficiários específicos daquele direito de privacidade, como, no caso *Griswold*, os usuários de anticoncepcionais. Num voto divergente, pelo contrário, o juiz Blackmun insistiu em afirmar que aqueles casos haviam sido decididos com base num princípio mais geral que os juízes do futuro devem tentar identificar e respeitar, princípios que, portanto, se aplicam também a outros grupos – entre os quais os homossexuais – que não os beneficiários imediatos daquelas decisões[20].

Não tenho dúvida alguma sobre qual é a melhor resposta à questão de interpretação que propus. É verdade que vários senadores, fora das audiências, justificaram seu voto contrário por uma objeção à rigidez de Bork e à sua manifesta falta de humanidade, mas na sala da comissão quase todas as discussões giraram em torno do primeiro elemento do historicismo de Bork, ou seja, da questão de saber se a sua visão da intenção original da Constituição é coerente e

---

20. A diferença da qual estou falando é importante em todo o direito constitucional. Hoje em dia todos concordam, por exemplo, que a Suprema Corte tomou a decisão correta quando, em 1954, derrubou a segregação escolar com o veredicto do caso *Brown*. Porém, é importantíssimo saber se essa decisão é simplesmente um ato meritório de discernimento judicial, que, em virtude de motivos admiráveis como a compaixão ou a indignação moral, cria um novo direito constitucional para os alunos negros, ou se ela identifica, dentro da Constituição concebida como um sistema de princípios, um princípio especial que condena a discriminação injusta contra qualquer grupo de pessoas. A pessoa para quem a decisão do caso *Brown* é um ato de discernimento casuístico pode não sentir a mesma compaixão quando se confrontar com a discriminação contra as mulheres ou os velhos, por exemplo. Mas a pessoa que pensa que *Brown* identificou um princípio constitucional geral será obrigada a explicar por que motivo esse princípio não protege também outros grupos, sejam quais forem seus sentimentos pessoais a respeito desses grupos.

convincente enquanto teoria jurídica. Não me lembro de nenhum questionamento ao segundo elemento de seu historicismo – a idéia (que parece absolutamente correta) de que, nos casos constitucionais, a responsabilidade principal do juiz é a de obedecer àquilo que, em sua opinião, é exigido pela Constituição tal como ela é. Além de tudo isso, uma jurisprudência dos princípios é muito mais atraente do que uma jurisprudência casuística. E é mais segura: se nos depararmos com outra ameaça à nossa liberdade, comparável à ameaça macartista da década de 1950, de nada nos aproveitará uma Corte que tenha se acostumado com a idéia de uma Constituição elástica, a idéia de que os princípios devem ser temperados com uma bela quantidade daquilo que se convenciona chamar de bom senso.

Por isso, a melhor interpretação da derrota de Bork não é que ele foi derrotado por ter um zelo demasiadamente rígido pela soberania da lei, mas porque sua teoria do direito – sua idéia acerca das exigências dessa soberania da lei – é superficial e medíocre. Meu objetivo principal, porém, não é defender essa resposta à questão da interpretação, mas evidenciar o quanto a própria questão é importante. Os constitucionalistas e os historiadores podem continuar debatendo ainda por algum tempo o sentido da decisão do Senado. Porém, nossa Constituição será afetada por qualquer resposta aceita pelos juízes e acadêmicos, mesmo uma resposta provisória. Uma das partes críticas da história de Bork está começando agora.

Será que as futuras indicações de juízes para a Suprema Corte provocarão a mesma batalha política provocada pela indicação de Bork? Será que os grupos de ação política terão se acostumado a se alinhar em lados opostos e entrar em guerra? Será que as pesquisas de opinião se constituirão em fatores aceitos dos futuros procedimentos de confirmação? Todos esperam que nada disso aconteça, mas muitos comentaristas têm expressado seu pessimismo a esse respeito. Segundo eles, as decisões da Suprema Corte são importantes para um número tão grande de pessoas que sempre haverá um ou outro grupo político disposto a seguir o precedente, estabelecido no caso Bork, de tentar derrotar a indicação feita pelo Presidente.

Essa opinião parece prematura. Foi Reagan quem optou por dar caráter político à indicação de Bork. Nas eleições de 1986, ele pediu aos eleitores que votassem em senadores republicanos para que estes pudessem aprovar os juízes por ele indicados (e mostrou-se chocado quando os democratas eleitos à revelia desse pedido se opuseram ao juiz que indicou). Escolheu Bork apesar da sábia opinião do senador Robert Byrd, que vaticinou que só a indicação de Bork, entre os poucos candidatos arrolados na lista de indicados em potencial, seria vista como uma indicação de caráter político; e não apresentou Bork à nação simplesmente como um grande jurista, mas como um jurista que defendia a sua própria visão radical do direito. Quando Bork foi derrotado, Reagan disse que a oposição agira como um bando de linchadores e prometeu indicar um outro juiz – no fim, esse indicado foi Ginsburg – que daria o mesmo aborrecimento aos liberais. Se os próximos presidentes se comportarem dessa maneira, é quase certo que os juízes indicados por eles terão de enfrentar uma oposição política, especialmente se o Senado for controlado pelo partido de oposição. Por outro lado, é possível que o acontecido sirva de lição aos próximos presidentes, que passarão assim a indicar candidatos menos controversos; e a noção – aceita por todos – do perigo de que as indicações para a Suprema Corte já tenham adquirido um caráter demasiadamente político pode servir para encorajar não a controvérsia, mas o consenso.

Pode ser que isso já tenha acontecido. Quando Reagan indicou Kennedy, pediu desculpas pelo tom político que deu às apresentações de Bork e Ginsburg; disse que os últimos meses o haviam tornado mais sábio. E a hostilidade da extrema direita a Kennedy tinha sido amplamente divulgada quando da indicação de Ginsburg, de modo que Kennedy passou a ser visto como mais moderado. Em outras declarações, Reagan não só salientou a pureza ideológica de Kennedy como também observou que até então ele fora bem recebido pelos liberais; e essa mesma recepção favorável reflete a preocupação dos liberais de não serem vistos, dessa vez, como o primeiro grupo a levar a política para aquele assunto. Assim, parece que se chegou a um acordo tácito e extremamente marcado pela cautela, o qual permite que os diferentes grupos voltem de mãos dadas da beira do precipício. Será que os liberais foram enganados para aceitar alguém a quem deveriam se opor? Será que Kennedy não passa de um Bork que vestiu a fantasia da moderação?

É inevitável que as convicções políticas e morais de um juiz afetem suas decisões judiciais, e os muitos pareceres emitidos por Kennedy na qualidade de juiz de um tribunal itinerante dão a entender que suas convicções, no conjunto, são decididamente conservadoras. Ele se recusou a comutar a pena capital em casos nos quais outros juízes talvez tomassem outra decisão[21], aceitou novas exceções à regra de exclusão (pela qual, num processo penal, não se aceitam provas obtidas por meios ilícitos pela polícia)[22] e rejeitou certos argumentos, que talvez fossem aprovados por juízes mais liberais, em favor da anulação de certos arranjos legais ou institucionais que fariam discriminação contra negros ou mulheres[23]. Porém, para justificar essas decisões, nunca fez apelo a uma teoria historicista da "intenção original" da Constituição ou a qualquer outra teoria que seja hostil, de modo geral, à existência de direitos constitucionais que pro-

---

21. *Neuschafer vs. Whitley*, 816 F. 2d 1390 (1987).
22. *United States vs. Leon*, parecer discordante, 746 F. 2d 1488 (1983).
23. Ver *Spanger vs. Pasadena*, 611 F. 2d 1239 (1979); *TOPIC vs. Circle Realty*, 532 F. 2d 1273 (1976); e *AFSCME vs. Estado de Washington*, 770 F. 2d 1401 (1985). No caso *TOPIC*, Kennedy declarou a nulidade de uma ação movida em face de corretores de imóveis que "direcionavam" pessoas que pretendiam comprar uma casa para regiões onde predominava a raça dessas pessoas. A justificativa apresentada por Kennedy foi que o grupo que movera a ação não era composto por pessoas que realmente queriam comprar uma casa, mas por casais que se apresentavam como tais só para descobrir quais os corretores que adotavam aquela prática. Posteriormente, a Suprema Corte anulou a decisão de Kennedy numa decisão cujo parecer foi escrito pelo juiz Powell.

tejam os indivíduos contra o poder do Estado. Muito pelo contrário, parece aceitar a idéia central disso que chamei de jurisprudência baseada em princípios: a de que os tribunais devem tentar descobrir princípios que justifiquem não somente o texto da Constituição como também as tradições e práticas – entre as quais se incluem as decisões passadas da Suprema Corte – que também fazem parte de nossa história constitucional.

Em palestra proferida numa conferência de juristas em 1987, Kennedy salientou que as decisões da Corte devem basear-se em "algum elo histórico demonstrável entre a regra proposta no tribunal, de um lado, e as declarações e a linguagem dos autores da Constituição, de outro". Ele não chega, assim, a supor que a linguagem abstrata da Constituição só deve ser aplicada das maneiras previstas pelos autores. Acrescentou ainda que os tribunais devem respeitar o que chamou de "uma constituição não-escrita", a qual "consiste em nossa cultura ética, nas crenças comuns a todos nós, na visão que todos nós acalentamos" e que – como ele significativamente acrescentou – atua como "um freio a mais, uma restrição adicional" ao poder do Estado.

O poder dessa preocupação com os princípios que constrangem o Estado se evidencia pelo menos em alguns pareceres judiciais de Kennedy. O veredicto de Bork em *Dronenberg* – de que a decisão da Marinha de dispensar os homossexuais não viola a Constituição – foi um dos temas principais das audiências porque, naquele parecer, ele se recusou até mesmo a tentar encontrar um princípio geral por trás da decisão da Suprema Corte em *Griswold* e outros casos relativos à privacidade. Afirmou que essas decisões estavam erradas por serem infiéis à intenção original, e portanto ele não tinha o dever de considerar que elas incorporavam um princípio geral qualquer. Kennedy, num outro processo, chegou à mesma conclusão quanto à decisão da Marinha, mas seu parecer foi muito diferente[24]. Kennedy assumiu o

---

24. Ver *Beller vs. Middendorf*, 632 F. 2d 788 (1980).

dever que Bork rejeitou; e chegou até mesmo a supor, para efeitos de argumentação, que o princípio encontrado nas decisões relativas à privacidade se estendia aos homossexuais. Afirmou que as necessidades especiais da vida militar, na qual se exige uma autoridade disciplinada e inquestionável, eram suficientes para prevalecer sobre aquele princípio nesse processo; mas teve o cuidado de observar que essas necessidades eram excepcionais e que seu argumento não justificaria nenhuma conclusão maior que negasse os direitos dos homossexuais em outros contextos.

A atração de Kennedy pelos princípios se evidenciou também em outro parecer seu. Ele discordou de um veredicto aprovado por toda a banca de juízes do seu tribunal, que aceitou como prova a heroína que a polícia havia descoberto depois de oferecer cinco dólares ao filho da ré, de cinco anos, para que ele lhes dissesse onde a droga estava escondida[25]. Ao contrário do juiz de primeira instância, que havia concluído casuisticamente que a polícia se comportara de maneira degradante, Kennedy encontrou um princípio que protegia desse tipo de intromissão o relacionamento entre mãe e filho. Encontrou-o latente numa longa linhagem de casos constitucionais, entre os quais um bem conhecido, cujo veredicto final, passado pela Suprema Corte, tinha sido caracterizado por Bork como manifestamente errado[26]. E o parecer mais famoso de Kennedy, no qual declarou a inconstitucionalidade de um procedimento que autorizava uma das Câmaras do Congresso a anular uma ordem de deportação por motivo de penúria, contém uma extensa discussão do princípio de separação de poderes, discussão que, embora seja amplamente baseada nas doutrinas de Jefferson e dos seus contemporâneos, procura também construir uma interpretação desse princípio que seja fiel a toda a nossa história constitucional[27].

---

25. *U.S. vs. Penn*, 647 F. 2d 876 (1980).
26. *Pierce vs. Society of Sisters*, 268 U.S. 510 (1925).
27. *Chada vs. U.S.*, 634 F. 2d 408 (1980).

Pode ser que as audiências revelem, na jurisprudência de Kennedy, traços de um historicismo estreito que não encontrei em seus pareceres. E é quase certo que ele chegará a conclusões que nenhum juiz mais liberal aceitaria. Porém, o perigo que Bork representava para o ideal de integridade constitucional não era somente a ameaça de chegar a resultados conservadores. Bork é um radical porque se opõe ao ideal em si mesmo; Kennedy, pelo que demonstrou até aqui, parece aceitá-lo. Bork sempre lança mão de um irrefletido esquema mecânico para cortar pela raiz todos os argumentos baseados em princípios: afirma que esses argumentos são anulados pelas suposições históricas do que os autores tinham em mente.

É mais provável que Kennedy se submeta a uma certa disciplina intelectual e insista em apresentar argumentos de princípio, propriamente jurídicos, em favor de suas próprias tendências conservadoras; e os princípios conservadores, quando aplicados com justiça, dão mais proteção às minorias do que o tosco majoritarismo do historicismo estrito. Por isso, se Kennedy for confirmado, isso não seria sinal de que a luta contra Bork não teve nenhuma razão de ser. Pelo contrário: sua nomeação pode ser uma confirmação rápida de que, quando rejeitou Bork, o Senado conseguiu enfim mandar para o túmulo uma teoria estranha e escusa a respeito da nossa Constituição.

17 de dezembro de 1987

14. Bork faz a sua autópsia

Embora já tenha publicado outros textos sobre as teorias constitucionais de Robert Bork[28], concordei em resenhar *The Tempting of America*[29] porque nesse livro ele expõe a chamada tese da "compreensão original" de modo mais completo e revelador do que jamais fez. É improvável que essa tese ganhe novas forças depois dessa última defesa, e é possível que, por esse motivo mesmo, o livro acabe por ser um acontecimento importante. Bork também afirma que o direito deve ter uma relação estreita com o senso comum e que a multiplicação de teorias jurídicas acadêmicas, longe de ser um sinal de que o direito está vivo e vai bem, é antes um sintoma de sua decadência. Trata-se de uma afirmação independente, e também tratarei de comentá-la com brevidade.

Antes de mais nada, porém, quero fazer um protesto um pouco tardio. Com a publicação de seu livro, Bork pretende, entre outras coisas, persuadir o público norte-americano de que a opinião negativa que muitos formaram a seu respeito quando das sabatinas de confirmação resultou de mentiras deliberadas e simplificações toscas e escandalosas, e que ele não é de modo algum, ao contrário do que disseram os que fizeram campanha contra ele, um racista, um

---

28. Ver Capítulos 12 e 13.
29. Robert H. Bork, *The Tempting of America: The Political Seduction of the Law* (Macmillan, 1990). Todas as referências de páginas que constam deste capítulo e de suas notas se referem a esse livro.

moralista dogmático ou simplesmente um lunático. Espero que a popularidade do livro seja um sinal de que ele atingiu esse objetivo. Não há dúvida de que Bork foi vítima de distorções escandalosas e de argumentos falaciosos, que deixavam de fora todo o essencial. Porém, não penso que essas falsas representações tiveram, em sua derrota, um papel tão importante quanto ele crê. Bork foi derrotado sobretudo porque questionou um estilo de interpretação da Constituição que passou a fazer parte da tradição política norte-americana e que a maioria do público, para surpresa dele, apóia. De qualquer modo, porém, ele tem motivos para tentar redimir sua reputação pública.

O próprio Bork, contudo, fez carreira lançando acusações grosseiramente injustas contra os que discordam de seus pontos de vista, e nesse livro essas acusações se tornam ainda mais estridentes e mentirosas. Ele quer persuadir o público de que não é simplesmente um juiz que não conseguiu ser nomeado para a Suprema Corte, mas um mártir numa guerra patriótica contra os inimigos da democracia, poderosos e traiçoeiros. Esses inimigos, aliás muito bem disfarçados, são os professores de direito que, sabendo que a Constituição não corrobora os desígnios igualitários que eles têm para os Estados Unidos da América, mesmo assim elaboram teorias insidiosas para enganar os juízes e levá-los a abandonar a verdadeira Constituição, substituindo-a por uma outra, diferente e inventada pelos próprios professores[30].

É deprimente que Bork se encontre tão ansioso pelo martírio que esteja disposto a inventar fantasias para alcançá-lo. Mas é simplesmente intolerável que, nessa busca de redenção, ele acuse uma boa parte dos juristas acadêmicos de trapaceiros e cínicos e de só se importar com os resultados, ao preço que for. Diz-nos ele:

---

30. Vale a pena observar, para corroborar ou explicar a teoria da conspiração de Bork, que quase 40 por cento de todos os professores de direito dos Estados Unidos assinaram uma petição na qual se opunham à sua confirmação. Kenneth B. Noble, "Bork Panel Ends Hearings", *New York Times*, B9 (1º. de outubro de 1987).

Os setores profissionais e disciplinas acadêmicas que no passado possuíam vida e estrutura próprias vêm sucumbindo cada vez mais, e em alguns casos de modo quase completo, à crença de que tudo quanto importa são resultados politicamente desejáveis, como quer que sejam obtidos... Chega-se a negar o valor de qualquer coisa – a lógica, a objetividade, até mesmo a honestidade intelectual – que possa obstaculizar o resultado político "correto" (p. 1).

E continua:

O choque ocorrido quando de minha indicação foi apenas uma batalha nessa longa guerra pelo controle da nossa cultura jurídica (p. 2). As forças que gostariam de reduzir a lei a um instrumento dócil e obediente, posto a serviço de um determinado impulso político, já tomaram, em sua longa marcha, mais da metade de nossas instituições. Arrasaram diversas faculdades de direito, entre as quais a maioria das mais prestigiosas da América (p. 3).

Décadas de influência política liberal impuseram ao direito constitucional um "relativismo moral intelectualista" (p. 247). "Esse esforço acadêmico tem o objetivo de livrar-se da democracia a fim de impor a todos nós os valores de uma elite" (p. 145).

"[Alexander Bickel, John Hart Ely e Laurence Tribe] são exemplos típicos do professorado norte-americano de nossos tempos", relata Bork, "na medida em que estariam dispostos a afastar-se, em diversos graus, da Constituição efetiva dos Estados Unidos... Apresento a seguir uma demonstração dessa verdade, tomando exemplos dos pontos de vista de outros constitucionalistas norte-americanos" (p. 207). Entre esses co-conspiradores, ele cita, por exemplo, Frank Michelman, Thomas Grey, David Richards e eu (pp. 207, 209, 210 e 213 respectivamente).

Esses acadêmicos, que Bork escolhe para "demonstrar" sua "verdade", têm pontos de vista muito diferentes entre si. Porém, de nenhum deles se pode afirmar com a mais remota aparência de verdade (e tampouco Bork nos oferece a menor partícula de prova em favor disso) que "estaria disposto a afastar-se... da Constituição efetiva"; ou que creia "que tudo quanto importa são resultados politicamente desejáveis, como quer que sejam obtidos"; ou que estimule os juízes a recusar-se a "aceitar a forma norte-americana de governo" (p. 1); ou que pense que a Constituição e as normas infraconstitucionais "são textos maleáveis que os juízes podem reescrever a fim de garantir a vitória de determinados grupos ou causas políticas" (p. 2); ou, por fim, que seja um adepto do relativismo moral, posição filosófica que Bork parece não compreender em absoluto[31].

Bork lança essas acusações malucas de modo quase aleatório ao longo do livro. São acusações falsas e irresponsáveis. Quase todos os constitucionalistas e filósofos do direito que discordam dele não o fazem porque acham que a Constituição não deve ser obedecida, mas porque têm outras idéias sobre como determinar o que é exigido pelos diversos dispositivos constitucionais. Esse conflito se insere numa controvérsia maior e mais antiga entre os juristas: a que procura definir o que é uma lei, ou seja, definir o meio mais preciso de se fixar os efeitos legais de qualquer peça legislativa. (E até mesmo essa controvérsia se insere num debate ainda mais amplo, perpassando diversas disciplinas acadêmicas, acerca do caráter da interpretação em geral e dos critérios corretos de interpretação.) Bork adota uma resposta para a pergunta de o que é a Constituição, resposta que também foi adotada em décadas recentes pelos presidentes e políticos conservadores. Bork diz que a Constituição deve ser interpretada de acordo com o que chama de "compreensão original": deve-se conceder que os efeitos

---

31. Embora Bork se afirme contrário ao relativismo moral (talvez porque a idéia de que os liberais são relativistas morais tenha se tornado uma das palavras de ordem da direita), não conheço nenhum jurista acadêmico que tenha um compromisso mais firme com o relativismo do que o próprio Bork. Quanto ao aspecto geral dessa questão, ver Robert H. Bork, "Neutral Principles and Some First Amendment Problems", *Ind. L. J.*, vol. 47 (1971), p. 1.

dela não vão além dos efeitos que os que a redigiram e promulgaram esperavam que tivesse (pp. 143-6).

É certo que esse ponto de vista, embora popular entre os políticos, anda meio desacreditado nas faculdades de direito, onde é geralmente visto como confuso e perfeitamente inútil[32]. Alguns professores de direito crêem que a Constituição é incompleta ou "aberta" (*open-ended*), de tal modo que os juízes não têm outra escolha: são obrigados a expandir seus dispositivos a fim de dar conta dos casos novos que se apresentam. Outros acreditam que a Constituição, corretamente compreendida, não é aberta mas estrutural: que ela mesma, segundo sua melhor interpretação, exige que os juízes desempenhem até certo ponto o papel que lhes foi atribuído por Alexander Bickel, de guardiães dos princípios morais inerentes à tradição nacional norte-americana. Outros ainda pensam que a Constituição, segundo sua melhor interpretação, é abstrata: ela estabelece princípios morais de natureza geral que os juristas, juízes e cidadãos de cada época devem aplicar, encontrando as melhores respostas para os dilemas propostos por esses princípios abstratos. Alguns dos que adotam esse ponto de vista pensam que as obras dos filósofos morais, mesmo quando estes discordam entre si, são, ao lado de outras coisas, fontes valiosas de sugestões e argumentos.

Segundo todos esses pontos de vista, os juízes, ao interpretar a Constituição, devem exercer um papel mais inteligente e menos mecânico do que o papel que Bork às vezes parece associar à sua teoria da compreensão original. Porém, se os acadêmicos insistem num papel mais ativo para os juízes, não é porque querem subverter a Constituição, mas porque crêem que esse papel mais ativo é essencial para se preservar a Constituição e fazer valer a forma norte-

---

32. Opiniões análogas têm sido rejeitadas, em grande medida, também na jurisprudência geral e em outros campos onde se debate o caráter da interpretação. Em qualquer cultura jurídica, são poucos os filósofos do direito que afirmam que uma lei é somente o que seus criadores pretendiam que fosse, e poucos críticos literários insistem em que um romance só tem o significado que seu autor queria que tivesse.

americana de governo. Não se deduz daí – e seria um erro crasso afirmar isso – que as pessoas que adotam esses pontos de vista põem a política antes da Constituição, ou estariam dispostas a afastar-se da Constituição em nome da igualdade, ou sejam culpadas de qualquer um dos outros pecados que Bork lhes imputa.

Se a idéia de Bork sobre as exigências da Constituição é realmente a idéia correta, então de fato, se os juízes seguissem uma idéia diferente, isso configuraria um afastamento em relação à Constituição. Porém, isso não significa de modo algum que os acadêmicos que discordam de Bork queiram ou proponham esse resultado. Pois eles pensam a mesma coisa acerca dos efeitos das idéias de Bork: eu mesmo penso que, se sua idéia da compreensão original fosse posta em prática, ela produziria inevitavelmente – e produziu nos últimos anos – um afastamento em relação à Constituição efetiva. Porém, não o acuso de agir de ma-fé nem de querer subverter a forma de governo dos Estados Unidos.

A teoria do direito cáustica de Bork avilta a qualidade do debate. Ele torna grosseira a discussão pública, reduzindo-a ao nível dramático de um faroeste de segunda categoria – mocinhos contra ladrões de cavalos. Pode ser que a verdadeira discussão seja complexa demais para os fins polêmicos que ele se propõe. Porém, Bork não deve recorrer aos meios baixos que deplora, com toda razão, quando são usados contra ele.

Bork ficou melindrado porque o povo aparentemente concluiu que, nas sabatinas, ele não deu grandes mostras de brilho intelectual. Ele se queixa, por exemplo, de que o público confundiu seu longo diálogo com o senador Arlen Specter a respeito de teoria constitucional – no qual, segundo Bork, Specter não conseguiu captar suas idéias sobre a Constituição – com uma discussão séria sobre teoria do direito (pp. 301-6). Com esse livro, espera reparar esse erro do público, apresentando uma defesa intelectual da compreensão original como método de análise constitucional e deixando claro que o público deve agora rejeitar o estilo constitucional que, por sedução, foi conduzido a aprovar. Na verdade, se o livro for lido com cuidado, ele pode ter exatamente o efeito oposto. Os argumentos são tão fracos, e as concessões que Bork aparentemente fez a seus críticos são tão abrangentes, que o livro pode vir a selar o fim da tese da compreensão original como filosofia constitucional séria.

Bork afirma que as mais prestigiadas faculdades de direito rejeitam o originalismo porque ele produz uma Constituição conservadora demais para o gosto liberal e igualitário da maioria dos professores (pp. 134-8). Entretanto, os pontos de vista políticos dos professores de direito são variados demais para que essa explicação possa ser considerada plausível. Se eles rejeitam a tese de Bork, não é por um motivo político, mas antes de mais nada por um motivo conceitual. Ao ver desses professores, o conceito de uma compreensão original é radicalmente ambíguo e incompleto, quase vazio, enquanto não for suplementado pelo juízo político contemporâneo que, segundo Bork, esse próprio conceito exclui.

Vale a pena explicar essa objeção de modo relativamente detalhado para deixar claro o quanto Bork se curva diante dela[33]. Começo por sublinhar uma distinção que raramente fica explícita nas discussões sobre a tese da compreensão original, mas que é, a meu ver, essencial para a compreensão de o quanto ela é vulnerável à objeção de que vou falar. Segundo a tese, os juízes, ao interpretar a Constituição, devem considerar que ela só significa o que os autores queriam que ela significasse. Porém, os autores tinham dois tipos de intenções que, de maneiras muito diferentes, poderiam definir o que eles queriam. Tinham, em primeiro lugar, intenções lingüísticas, ou seja, a intenção de que a

---

33. Ver, sob o aspecto geral, Ronald Dworkin, *Taking Rights Seriously* (Harvard University Press, 1977) e Ronald Dworkin, *Law's Empire* (Harvard University Press, 1986), onde o leitor encontrará discussões anteriores sobre esses temas. Ver também Paul Brest, "The Fundamental Rights Controversy: The Essential Contradictions of Normative Constitutional Scholarship", *Yale L. J.*, vol. 90 (1981), p. 1063.

Constituição contivesse determinadas afirmações. E tinham também intenções jurídicas, ou seja, intenções acerca de qual deveria ser a lei determinada por aquelas afirmações.

Nós estamos constantemente fazendo suposições sobre as intenções lingüísticas dos autores e nunca contradizemos essas intenções em nossas opiniões sobre o que a Constituição diz. Partimos do princípio, por exemplo, de que os autores da Oitava Emenda atribuíam à palavra "cruel" mais ou menos o mesmo significado que nós lhe atribuímos, e que, quando formavam orações a partir de palavras, eles seguiam mais ou menos as mesmas práticas lingüísticas que nós seguimos. Assim, partimos do princípio de que eles quiseram que a Constituição dissesse que castigos cruéis e incomuns são proibidos, e não, por exemplo, que castigos caros e incomuns são proibidos. (Nós desistiríamos desse pressuposto, entretanto, se ficássemos sabendo que, contra todas as nossas expectativas, no século XVIII a palavra "cruel" tinha sempre o significado de "caro".) Também partimos do princípio de que eles quiseram dizer algo tão abstrato quanto nós quereríamos se disséssemos que "são proibidos os castigos cruéis e incomuns". Vamos supor que nós descobrimos que eles esperavam que o castigo por espancamento com bastão fosse proibido pela Oitava Emenda, mas a reclusão solitária não fosse. Nem por isso passaríamos a pensar que eles quiseram dizer somente que o espancamento com bastão era proibido e a reclusão solitária não era. Não teríamos justificativa nenhuma para atribuir a eles um tal grau de incompetência lingüística. O que faríamos, antes, seria lançar luz sobre as opiniões deles acerca desses castigos, tratando essas opiniões como partes de suas intenções jurídicas e não lingüísticas. Diríamos que, ao promulgar a Oitava Emenda, eles pensaram que estavam pondo na ilegalidade o castigo por bastonadas mas não a reclusão solitária, ou pelo menos tinham a esperança de fazer isso.

Segundo a doutrina da compreensão original, os juízes têm de considerar não só que as intenções lingüísticas dos autores definem o que eles disseram – o que é inócuo – mas também que suas intenções jurídicas definem o que eles fizeram, ou seja, definem os efeitos de suas palavras sobre o direito constitucional. A diferença é evidente. Suponha que eu diga a uma corretora de imóveis: "Faça tudo o que puder para vender minha casa pelo maior preço possível, mas não faça nada de ilegal." Se meu tom de voz sugerisse que a palavra "ilegal" foi dita entre aspas, ela poderia chegar à conclusão de que eu, na verdade, não lhe disse para evitar os meios ilegais. Suponhamos, porém, que a questão do que eu quis dizer não se coloque. Ela pensa, com toda razão, que eu quis dizer, e de fato disse, que ela evitasse os meios ilegais. Não obstante, ela pode não saber quais são de fato as responsabilidades que eu lhe impus. Suponhamos que ela pense que uma determinada estratégia de negociação – o blefe – é ilegal, mas que ela saiba que eu não concordo com isso. Ela poderia pensar que eu a proibi de blefar embora não tenha sido essa a minha intenção.

Por isso, embora as intenções lingüísticas dos autores determinem o que eles disseram, não se segue daí que suas intenções jurídicas determinam o que eles fizeram. Precisamos de um argumento independente em favor da tese da compreensão original. O exemplo da corretora nos sugere um tipo de argumento. Alguém poderia dizer que os corretores têm o dever de atender aos desejos de seus clientes e que, portanto, devem curvar-se diante das convicções deles. E, a respeito da Constituição, alguém poderia dizer que, uma vez que foi o arbítrio dos autores que fez da Constituição a nossa norma fundamental, as convicções deles devem ser respeitadas.

Entretanto, temos de observar três características desse tipo de argumento. Em primeiro lugar, ele sempre depende necessariamente de pressupostos normativos, e não semânticos ou lógicos. Depende, no primeiro caso, de pressupostos normativos sobre as relações adequadas entre corretores e clientes e, no segundo, de pressupostos normativos sobre qual deve ser, numa democracia, a correta proporção de autoridade entre os arquitetos constitucionais do passado, os legisladores de hoje em dia e os juízes. Em segundo lugar, esses pressupostos normativos não podem justificar-se – sob pena de cair na mais patente e absurda circularidade – por um apelo às intenções, aos desejos ou às decisões das pessoas cuja autoridade eles devem definir. Seria absurdo dizer que os corretores devem curvar-se ante os desejos dos clientes porque é isso que os clientes querem, ou que os juízes devem respeitar determinadas convicções ou expectativas dos autores da Constituição porque os autores esperavam, criam ou queriam que os juízes fizessem isso.

A terceira característica constitui a objeção perante a qual, como tentarei demonstrar, Bork se rende: mesmo que esses argumentos sejam apoiados por asserções normativas independentes, eles são radicalmente incompletos se só pretendem estabelecer que os corretores ou juízes devem respeitar os desejos, intenções, convicções ou expectativas dos clientes ou dos autores da lei. Na maioria dos casos pertinentes, o que se quer saber não é se se devem levar em conta as convicções, expectativas e crenças das pessoas dotadas de autoridade, mas quais desses estados mentais devem ser levados em conta e de que maneira isso deve ser feito. No exemplo da corretagem, por exemplo, partindo-se do pressuposto de que minhas instruções não foram nem cínicas, nem manipuladoras, nem "para inglês ver", eu tinha pelo menos duas convicções pertinentes. A primeira era de que nada de ilegal deveria ser feito em meu favor. A segunda era de que blefar não é ilegal. Minha corretora pensa que existe um conflito entre essas instruções, e, assim, o fato de resolver-se a seguir minhas convicções não basta para que ela saiba o que deve fazer. Ela tem de decidir qual das minhas convicções – a mais abstrata ou a mais concreta – se deve impor.

Não se trata, evidentemente, de descobrir quais são minhas "verdadeiras" intenções, convicções ou crenças. Ambas as convicções que descrevi são verdadeiras. Não se trata tampouco de descobrir qual delas é mais importante para mim – qual, como diria alguém, eu abandonaria primeiro. Isso porque, no meu entender, elas não são nem potencialmente contraditórias – para mim, a mais concreta é uma parte da mais abstrata – e qualquer cogitação de haver uma opção entre elas é incoerente. Uma vez que quem vê incoerência entre elas é a corretora e não eu, é ela quem tem de escolher. Tem de elaborar o argumento normativo que a levou inicialmente a curvar-se diante das minhas convicções, e tem de elaborá-lo de tal modo que esse mesmo argumento dê uma razão para que um determinado tipo ou nível de convicção seja escolhido como o tipo ou nível apropriado.

Suponhamos que ela tente fugir a essa responsabilidade transferindo-a para mim. Suponhamos que ela tente descobrir não só quais são minhas opiniões sobre a justiça nas negociações como também quais são minhas opiniões de segunda ordem acerca de como minhas opiniões sobre a justiça devem ser levadas em conta na determinação das responsabilidades dos corretores que recebem minhas instruções. O problema vai continuar mesmo que ela descubra quais são essas opiniões de segunda ordem, pois ela vai precisar de um motivo pelo qual essas opiniões devam ser consideradas decisivas. Suponhamos que eu mesmo pense que, segundo minha melhor teoria da corretagem, um corretor deve usar suas próprias convicções para aplicar as instruções abstratas de um cliente. Se ela pensa o contrário, porque não deve seguir suas próprias convicções sobre esse assunto em vez das minhas (que, ao ver dela, estão erradas)? Talvez haja uma boa resposta para isso. Porém, essa resposta tomará a forma de uma teoria normativa da corretagem mais complexa ainda do que a primeira; e, a menos que tenha um gosto mórbido pela regressão infinita, a corretora terá de chegar a uma conclusão acerca dos méritos dessa teoria.

O mesmo vale para a interpretação constitucional. Temos de partir do pressuposto de que as intenções jurídicas dos autores não eram vis, mas honradas. Eles pretendiam comprometer o país com certos princípios abstratos de moralidade política nos campos da expressão, das penas criminais e da igualdade, por exemplo. Também tinham diversas convicções mais concretas acerca da correta aplicação desses princípios abstratos a situações particulares. Se os juízes de hoje em dia pensam que as convicções concretas dos autores da Constituição conflitam com suas convicções abstratas, não tendo eles chegado às conclusões corretas quanto aos efeitos dos princípios que eles mesmos postularam, então é preciso escolher. Não basta instruir os juízes a seguir as intenções jurídicas dos autores. Eles precisariam saber que intenções jurídicas seguir – ou seja, em que nível geral de abstração – e por quê. Por isso, Bork e os demais partidários da tese da compreensão original têm de nos fornecer uma teoria normativa independente – uma determinada concepção política de uma democracia constitucional – para atender a essa necessidade. Essa teoria normativa deve justificar não só uma atitude geral de deferência, mas também o que vou chamar de um esquema interpretativo: uma determinada explicação de como os diferentes níveis de convicções e expectativas dos autores podem se refletir em decisões judiciais concretas.

Há um exemplo que o próprio Bork discute – o dispositivo de igualdade de proteção da Décima Quarta Emenda – e que revela que tipo de teoria política é necessária. Vamos aceitar, a título de hipótese, a tese da compreensão original como diretriz para a decisão de casos jurídicos cuja matéria seja a igualdade de proteção; e vamos, portanto, descobrir todas as informações que pudermos acerca dos estados mentais dos autores desse dispositivo. Suponhamos que o que foi descoberto foi o seguinte: todos os autores do dispositivo de igualdade de proteção acreditavam (ou seja, tinham a convicção política) que todas as pessoas devem ser iguais perante a lei e o Estado. Estavam convictos de que certas formas específicas de discriminação oficial contra os negros eram, por esse motivo, moralmente erradas, e adotaram a emenda sobretudo para impedir os estados de discriminar os negros dessa maneira. Concordavam, por exemplo, que seria moralmente errado se um estado criasse certas soluções especiais para o rompimento de um contrato e só disponibilizasse essas soluções aos queixosos de raça branca, e não aos de raça negra. Os autores tinham como certo que o dispositivo que estavam criando proibiria essa forma de discriminação.

Partilhavam também certas opiniões a respeito de quais formas de discriminação oficial não eram erradas e não seriam proibidas pelo dispositivo. Pensavam, por exemplo, que a segregação racial nas escolas públicas não violava aquela emenda constitucional. (Aliás, muitos deles votaram a favor da segregação escolar.) Nenhum deles sequer chegou a cogitar a hipótese de que as instituições estatais viessem um dia a adotar quotas de ação afirmativa para consertar os estragos feitos pela segregação no passado; logo, nenhum deles tinha opinião a respeito de saber se essas quotas violam o dispositivo ou não. Alguns pensavam que as mulheres eram injustiçadas por leis que as discriminavam em favor dos homens. A maioria não pensava isso e tinha por certo que as distinções baseadas no sexo, que então eram comuns, não seriam postas na ilegalidade por aquele dispositivo. A maioria pensava que os atos de homossexualidade eram grosseiramente imorais e ficaria perplexa diante da idéia de que as leis que proíbem esses atos constituem uma forma injustificada de discriminação.

O próprio Bork distingue quatro formulações dos efeitos legais do dispositivo de igualdade de proteção, cada uma das quais compreende de maneira diferente o conjunto de informações que acabei de apresentar.

1. O dispositivo não condena todos os casos de discriminação, mas somente aqueles que os autores, em seu conjunto, esperavam que condenasse. Compreendido desse modo, o dispositivo proíbe a discriminação contra os negros nas soluções jurídicas para o rompimento de um contrato, por exemplo, mas não proíbe a segregação nas escolas, quotas de ação afirmativa que deixem os brancos em desvantagem e a discriminação de mulheres e homossexuais.

2. O dispositivo estabelece o princípio que Bork chama de "igualdade negra", segundo o qual os negros devem ser tratados do modo exigido pela correta compreensão do ideal de igualdade na cidadania. Os juízes, portanto, têm de decidir por si mesmos se a segregação escolar viola a igualdade negra. Uma vez que o dispositivo impõe a igualdade negra, porém, os juízes não podem usá-lo para derrubar as quotas de ação afirmativa ou a discriminação contra mulheres e homossexuais.

3. O dispositivo estabelece um princípio de igualdade racial, e não somente de igualdade negra. Por isso, embora os autores do dispositivo de igualdade de proteção não cogitassem a ação afirmativa, a emenda constitucional que promulgaram pode, mediante um entendimento correto de o que é a igualdade racial, condenar o estabelecimento de quotas, e os juízes têm a responsabilidade de decidir por si mesmos se ela o condena ou não; mas os juízes não podem afirmar que o dispositivo protege as mulheres ou os homossexuais, pois o que aí está em questão é o sexo ou a preferência sexual, e não a igualdade racial.

4. O dispositivo estabelece um princípio geral de igualdade que exige para todos os norte-americanos as mesmas prerrogativas garantidas pela correta compreensão do conceito de igualdade na cidadania. Por isso, se chegarmos à conclusão de que a melhor concepção de igualdade é negada pela segregação nas escolas, pelos sistemas de quotas e pelas leis que discriminam as pessoas em razão do sexo ou da preferência sexual, o dispositivo condena essas discriminações, independentemente de o que os autores teriam pensado ou endossado.

Essas quatro formulações são coerentes com o conjunto de convicções, crenças e expectativas que, segundo a nossa suposição, os autores tinham. As quatro formulações não representam hipóteses diferentes sobre o estado mental dos autores, mas diferentes maneiras de estruturar os mesmos pressupostos acerca desse estado mental. Cada formulação declara uma compreensão original verdadeira;

mas são quatro compreensões de tipos ou níveis diferentes e que têm conseqüências muito diferentes. É possível, evidentemente, que alguns dos autores tenham tido opiniões de segunda ordem acerca da maneira correta de levar em conta suas próprias convicções e expectativas na determinação dos efeitos do dispositivo por eles aprovado. É improvável, porém, que um grande número deles tenha tido qualquer opinião sobre essa questão de teoria do direito, e assustadoramente improvável que a maioria tenha tido a mesma opinião. Porém, mesmo que todos tivessem se unido em torno da mesma opinião, isso simplesmente acrescentaria mais uma peça de mobiliário ao inventário mental que temos de fazer. Ainda teríamos de decidir se e por que devemos levar em conta essa opinião para determinar as conseqüências jurídicas das proposições que eles promulgaram[34].

Em última análise, somos nós – as pessoas que, em diferentes funções, têm de decidir agora o que a Constituição nos impõe – que temos de determinar como as diversas convicções e expectativas dos autores se inserem numa explicação da eficácia legal do documento. Precisamos de uma teoria política normativa – uma determinada concepção de uma democracia constitucional – para justificar nossa escolha, e a mesma teoria deve justificar também um esquema interpretativo particular que nos diga quais daqueles estados mentais devem ser levados em conta e como devem sê-lo. Seria bem fácil elaborar um esquema redutivo que escolheria a primeira das quatro formulações acima mencionadas como a explicação correta da eficácia do dispositivo de igualdade de proteção. Segundo esse esquema redutivo, os efeitos de um dispositivo constitucional são definidos

---

34. Ver Dworkin, *Taking Rights Seriously*, pp. 133, 226-9 (citado na nota 33). Os redatores escolheram deliberadamente uma formulação genérica – não se deve negar a "nenhuma pessoa" a "mesma proteção" – em vez de limitar a aplicação do dispositivo à igualdade negra ou racial. A própria linguagem, considerada em si mesma, não sugere as diversas limitações que Bork lhe atribui; antes, dá margem à evolução das concepções da igualdade de proteção.

exaustivamente pelas expectativas concretas da ampla maioria dos autores, de tal modo que o dispositivo de igualdade de proteção tem somente as conseqüências específicas que eles esperavam que tivesse. Se adotarmos esse esquema, teremos de concluir, pelos motivos que arrolei, que a segregação escolar não é inconstitucional e que, portanto, a decisão da Suprema Corte em *Brown* foi um erro evidente.

Podemos construir uma espécie qualquer de argumento político para adotar o esquema redutivo. Podemos dizer, por exemplo, que é importantíssimo que as decisões da Suprema Corte não dependam das opiniões políticas particulares dos juízes; e que estes, portanto, devem se orientar pelas convicções concretas dos autores, não porque tenham algum motivo maior ou melhor para submeter-se a eles, mas simplesmente para que sejam impedidos de basear-se nas próprias crenças. Trata-se de uma justificativa possível, embora não seja convincente e certamente seja controversa. Suponhamos, porém, que rejeitamos o esquema redutivo. Precisaríamos então de algum outro esquema interpretativo para determinar qual das quatro formulações do significado do dispositivo de igualdade de proteção é a melhor ou a mais sólida, e precisaríamos de uma teoria política que justificasse por que esse esquema é melhor do que os outros[35].

Qual é a escolha de Bork? No todo, suas afirmações explícitas não nos ajudam a responder a essa pergunta. Ele diz, por exemplo, que, para optar corretamente entre as diferentes explicações da eficácia de um dispositivo constitucional, temos de descobrir o que significa a própria Constituição quando adequadamente interpretada[36].

---

35. Ver Dworkin, *Law's Empire, passim* (citado na nota 33).

36. "O papel de um juiz comprometido com a filosofia da compreensão original", diz ele, "não é o de 'escolher um nível de abstração'. Antes, é o de descobrir o significado de um texto – processo que inclui a descoberta do seu grau de generalidade, que faz parte do seu significado" (p. 145). Trata-se de um conselho opaco. O problema de um juiz "comprometido" com a compreensão original não é o de determinar o que um dispositivo abstrato quer dizer – às vezes, o que ele quer dizer é algo tão abstrato quanto as próprias palavras uti-

Acrescenta que, para descobrir o significado da Constituição, temos de estudar-lhe "o texto, a estrutura e a história" (p. 162) ou adivinhar quais eram os princípios que os autores queriam que ela contivesse. Ao dizer que temos de descobrir o que um determinado dispositivo significa, é possível que ele se esteja referindo à descoberta dos seus efeitos legais, e não do que o dispositivo quer dizer. Mas em seguida ele deixa de lado o ponto mais importante da questão, dizendo que temos de estudar o texto, a história e a estrutura. Precisamos saber qual dos inúmeros fatos do texto, da história e da estrutura contribuem para a determinação dos efeitos de um dispositivo e por quê. Quando Bork comete uma petição de princípio, às vezes o faz de forma espetacular. Vejamos, por exemplo, a resposta que ele dá à idéia que acabei de formular – que temos de nos valer de uma teoria da democracia, ou de alguma outra teoria política controversa, para justificar qualquer esquema interpretativo em particular: "Já se disse... que a pretensão de neutralidade política dos adeptos da compreensão original é mero fingimento, uma vez que a própria escolha dessa filosofia já é uma decisão política. Isso é verdade, mas o conteúdo político dessa escolha não é dado pelo juiz; foi dado há muito tempo pelos mesmos homens que redigiram e promulgaram a Constituição" (pp. 176-7).

Essa afirmação põe em evidência a confusão da qual já falei. Não podemos justificar o uso de um determinado conjunto de convicções pelo fato de que essas mesmas convicções justificam esse uso. Antes de podermos nos orientar pelo "conteúdo político" da escolha que eles fizeram "há muito tempo", temos de decidir por nós mesmos dar efeito às intenções dos autores. E, para descobrir o conteúdo político da decisão deles, temos de saber como desembaraçar o princípio que promulgaram das convicções que tinham

---

lizadas –, mas determinar qual o efeito concreto que ele pode ter em casos concretos. Ele procura determinar o significado na Constituição nesse sentido, e não será de ajuda nenhuma dizer-lhe que terá, antes, de descobrir o significado dela.

acerca da sua correta aplicação. Não podemos, sem fugir à coerência, atribuir todas essas decisões aos fundadores; temos de tomá-las nós mesmos, baseando-nos numa certa moralidade política.

Assim, temos de examinar as discussões mais detalhadas que Bork faz de certos casos particulares e descobrir qual é o esquema interpretativo que ele mesmo usa. Às vezes ele parece adotar o esquema que chamei de redutivo. Afirma, por exemplo, que o dispositivo da Oitava Emenda que proíbe todo castigo cruel e incomum não pode ser compreendido como uma condenação da pena de morte, pois existem outras partes da Constituição que simplesmente não têm sentido quando não partimos do pressuposto de que os autores pensavam que a pena capital é permitida (p. 9). (Mais adiante voltarei a falar desse assunto.) Mas rejeita explicitamente o esquema redutivo quando explica por que o método da compreensão original não condenaria a decisão da Suprema Corte em *Brown* (pp. 81-3). Segundo Bork, os autores queriam estabelecer um princípio de igualdade e simplesmente erraram ao pensar que a igualdade não condenaria a segregação racial. Tinham opiniões incoerentes, e os juízes devem seguir as mais abstratas entre essas opiniões – o princípio que puseram em vigor – e não as opiniões específicas dos autores acerca das exigências desse princípio.

Bork rejeita explicitamente o esquema redutivo numa outra discussão, na qual pretende demonstrar que o fato de as opiniões específicas dos autores serem freqüentemente desconhecidas não é objeção à tese da compreensão original (pp. 161-2). Escreve ele que, em muitos casos, as opiniões coletivas deles não só são desconhecidas como simplesmente não existiam – que os autores, enquanto grupo, freqüentemente não tinham nenhuma opinião concreta. "Com efeito," diz Bork, "as várias convenções de ratificação teriam se dividido internamente e divergido umas das outras na aplicação, a determinados fatos ou situações particulares, dos princípios que adotaram. A única coisa que isso nos diz é que os ratificadores não eram diferentes de todos os demais legisladores" (p. 163). Ele não diz que, portanto, os juízes têm o dever de tentar, tanto quanto puderem, descobrir quais eram as opiniões concretas da maioria dos ratificadores. Isso seria tolice e, de qualquer modo, não seria o suficiente, pois Bork impõe ainda outra restrição pertinente à sua tese da compreensão original. "Embora eu me refira sempre à compreensão daqueles que ratificaram a Constituição," diz ele, "uma vez que foram eles que a promulgaram e lhe deram a qualidade de lei, trata-se aí de uma formulação resumida, pois deve-se considerar que aquilo que os autores entendiam estar pondo em vigor é determinado pelo significado segundo o qual o público da época entenderia as palavras em questão" (p. 144). É de presumir que "o público da época" estaria pelo menos tão dividido quanto os autores a respeito das conseqüências específicas dos princípios constitucionais, e seria completamente absurdo pensar que o significado da Constituição depende de qual era na época a idéia mais popular sobre a sua aplicação – se é que uma tal idéia pode ser conhecida.

Segundo Bork, a incerteza quanto ao que pensavam os autores e o fato de eles terem discordado freqüentemente entre si não importam, porque o que interessa para o juiz são os princípios e não as intenções específicas:

> Em suma, tudo o que um juiz comprometido com a compreensão original exige é que o texto, a estrutura e a história da Constituição lhe forneçam não uma conclusão, mas uma premissa maior. Essa premissa maior é um princípio ou um valor declarado que os autores queriam proteger contra a legislação hostil ou a ação do poder executivo. O juiz deve ver, então, se esse princípio ou valor é ameaçado pela lei ou ato executivo contestado na ação que tem diante de si. A resposta a essa pergunta lhe fornece sua premissa menor, donde se segue a conclusão. Esta não é obtida sem dificuldade, e dois juízes igualmente dedicados à finalidade original podem discordar quanto ao alcance ou à aplicação do princípio que está em jogo, e podem chegar assim a resultados diferentes; mas nem por isso essa tarefa se distingue das dificuldades adstritas à aplicação de qualquer outro escrito legal (pp. 162-3).

Temos de parar para ver o quanto essa passagem é incrível. Poderia ter sido escrita por praticamente qualquer uma das pessoas que Bork acusa de fazer parte da conspiração acadêmica contrária a ele e à nação. Isso porque a análise de Bork é perfeitamente compatível com a idéia – aliás, parece *ser* a idéia – que descrevi acima, segundo a qual a Constituição põe em vigor princípios abstratos que os juízes devem interpretar, da melhor maneira possível, segundo o próprio discernimento. É verdade que Bork diz que o princípio aplicado pelo juiz tem de ser um princípio que os autores "queriam". Mas, uma vez que Bork deixe de lado a interpretação redutiva do que eles queriam – a idéia de que queriam que suas próprias opiniões se concretizassem –, uma vez que admita que o princípio que eles queriam poderia condenar as opiniões específicas que eles tinham, como no caso da segregação, não lhe sobra nada em que amarrar uma opinião acerca do que eles queriam – nada, exceto a linguagem extremamente abstrata que utilizaram.

De qualquer modo, esse trecho rejeita de modo evidente o esquema redutivo, e Bork rejeita enfaticamente a primeira formulação do significado do dispositivo de igualdade de proteção a partir dos pressupostos históricos que descrevi. Numa outra discussão, ele insiste em que, partindo-se daqueles pressupostos, a formulação correta seria a segunda; a terceira e a quarta não seriam apropriadas. Se não temos provas de que os autores pretendiam proteger os brancos ou as mulheres da discriminação, assevera Bork, então, mesmo que a Constituição contenha um princípio que exija a "igualdade negra", ela não contém nenhum que determine "o nível imediatamente superior de generalidade acima da igualdade negra, que é a igualdade racial" (p. 149). Por isso, não poderíamos dizer que as quotas são inconstitucionais[37].

---

37. Talvez Bork pressinta que essa discussão, na verdade, é uma confissão da vacuidade da doutrina da compreensão original. Isso porque, no meio da discussão, ele por diversas vezes procura espantar os fantasmas que o assustam. "A exata congruência entre as decisões individuais e a intenção dos autores não pode ser conhecida," escreve ele, "mas pode-se estimar se, num

Bork nunca chega a identificar o esquema interpretativo de que faz uso para escolher a segunda formulação e rejeitar a terceira. Se não importa que os autores e o público da época pensavam que a segregação era constitucional, o que nos importa saber o que eles pensavam sobre as quotas de ação afirmativa? E se isso também não importa, por que procurar registros do que eles pensavam sobre as quotas, ou mesmo indícios de que eles chegaram a dedicar algum pensamento a esse assunto? Por que não dizer que o princípio que os autores "queriam" era um princípio de igualdade racial e que, portanto (se é essa a conclusão que tiramos a partir de um princípio de igualdade racial), as quotas são inconstitucionais? Quais os elementos históricos – excetuados aqueles que Bork declara não terem nada que ver com o assunto – que nos impedem de seguir essa linha de raciocínio?

---

determinado conjunto de decisões, os juízes fizeram valer de modo geral o princípio que lhes foi entregue nas mãos" (p. 163). É claro que se pode fazer essa estimativa. Mas juízes diferentes, armados de "premissas menores" diferentes, vão produzir estimativas diferentes porque é a premissa que determina se se fez valer o princípio ou não. "Há uma outra questão cuja importância é pelo menos equivalente à dessa", continua Bork. "A tentativa de se aderir aos princípios efetivamente declarados na Constituição histórica faz com que categorias inteiras de problemas e questões não sejam acessíveis à ação dos juízes... Essa abstinência tem a virtude inestimável de preservar a democracia naquelas áreas da vida que os Fundadores da nação quiseram deixar a cargo do autogoverno do povo" (p. 163). Porém, o conjunto de assuntos que qualquer juiz pode considerar inacessíveis à sua ação é determinado por: (1) as idéias do juiz acerca de como definir a distinção entre princípios e aplicações na determinação da "intenção dos fundadores", idéias essas que dependem do esquema interpretativo do próprio juiz; e (2) as "premissas menores" que o juiz considera adequadas à aplicação dos princípios aos casos concretos. É difícil, por exemplo, imaginar qualquer controvérsia política que não possa ser considerada uma questão de igualdade, desde que se use o esquema interpretativo e as premissas menores apropriadas; com isso, qualquer controvérsia poderia ser inserida pela Décima Quarta Emenda dentro do contexto da Constituição. É claro que a Constituição, adequadamente interpretada, determinou que muitas controvérsias sejam consideradas políticas e não constitucionais. Porém, aquela conclusão resulta da escolha do esquema interpretativo pertinente, justificado por uma determinada interpretação da nossa democracia constitucional; ela não é uma conseqüência do próprio conceito de compreensão original.

Ao que parece, nenhum. Numa outra parte do livro, é exatamente essa a linha de raciocínio que Bork adota, sem perceber, ou pelo menos sem identificar, a contradição entre ela e suas observações anteriores. Ele aceita a recente decisão do caso *Richmond vs. J. A. Croson Co.*[38], em que estava em pauta a ação afirmativa, e afirma que o dispositivo de igualdade de proteção não protege só os negros, mas também os brancos; supõe, portanto, que a formulação correta do significado desse dispositivo é a terceira e não a segunda, apesar de não haver indício algum de que os autores da Constituição tivessem alguma opinião sobre as quotas (pp. 107-9). Mesmo ciente desse fato, ele pensa que é correto interpretar o ato deles como a promulgação de um princípio de igualdade racial, e não somente de igualdade negra.

Em nenhum momento Bork adota a quarta formulação. Isso não surpreende, pois ele pensa que o dispositivo de igualdade de proteção não se aplica à discriminação sexual (p. 329) nem à discriminação contra os homossexuais (pp. 117-26, 250). Porém, uma vez abandonada a estratégia interpretativa redutiva, que limita os efeitos do dispositivo às próprias convicções dos autores acerca das formas de discriminação incompatíveis com a igualdade de cidadania, ele não pode mais apelar somente a essas convicções para pôr limites à linguagem abstrata. Entra numa espécie de queda livre na qual a compreensão original pode ser qualquer coisa, e só o seu instinto político pode pôr limites aos seus critérios de julgamento. É isso que explica por que ele adota a terceira formulação da compreensão original quando explica que a Constituição proíbe a determinação de quotas por raça, a primeira quando explica que ela não proíbe a pena capital, a segunda quando procura demonstrar que *Brown* é compatível com seu jeito de pensar (uma prova, aliás, pela qual toda teoria constitucional tem de passar hoje em dia) e a quarta – a quarta ele não adota nenhuma vez, embora não tenha um critério independente para dis-

---

38. 109 S. Ct. 706 (1989).

tingui-la das demais. É também o abandono do esquema redutivo que explica a qualidade circular e opaca que muitas vezes caracteriza suas discussões teóricas; quando rejeita o esquema redutivo, Bork não tem mais nada a dizer.

Consideremos de modo mais detalhado suas idéias sobre a pena capital. Bork afirma que sabemos que a Oitava Emenda não proíbe a pena capital porque a Quinta Emenda contempla esse tipo de pena quando diz que ninguém deve ser "posto duas vezes em risco de perder a vida" pelo mesmo crime, nem deve ser privado de sua vida sem o devido processo legal (pp. 213-4). Essa linguagem dá a entender que, na opinião da maioria dos autores, a possibilidade de a pena capital ser proibida pela Oitava Emenda era no mínimo uma questão em aberto. Porém, não precisamos desse tipo de prova: mesmo deixando-se de lado a linguagem da Quinta Emenda, é inacreditável que um número substancial dos autores da Oitava Emenda pensasse que a esta proibia a pena capital, que naquela época era um elemento comum do processo penal praticamente no mundo inteiro. Adotando o esquema redutivo, portanto, Bork tem razão de dizer que a pena capital é inquestionavelmente constitucional. Porém, uma vez posto de lado esse esquema, como Bork fez em outras ocasiões, o argumento vai por água abaixo. Isso porque esse é o único esquema no qual as opiniões concretas dos autores são tão decisivas quanto o argumento pressupõe.

Quando abandonamos o esquema redutivo, podemos desenvolver o seguinte argumento, que vou enunciar segundo o vocabulário do próprio Bork. A Oitava Emenda põe em vigor esta premissa maior: não se devem infligir castigos intrinsecamente cruéis e em desuso na prática das nações civilizadas. Os autores pensavam que a pena de morte atendia a esses dois critérios; na época em que a emenda foi adotada, aliás, é evidente que ela atendia ao segundo, embora hoje talvez não atenda. O fato de ela atender ou não ao primeiro critério depende hoje de uma premissa menor que os juízes que aplicam o dispositivo têm inevitavelmente de formular por si mesmos. Segundo essa interpretação, a linguagem da Quinta Emenda, que simplesmente confirma o que os próprios autores pensavam, não tem nada a dizer aos juízes, a exemplo do que ocorre com o fato de os autores da Décima Quarta Emenda aceitarem a segregação escolar.

A teoria de que a Oitava Emenda proíbe a pena capital não gera contradição nenhuma com a Constituição como um todo. O que acabei de dizer não é que a Oitava Emenda proíbe automaticamente a pena capital, mas que ela estabelece um princípio que, em certas circunstâncias, ou ligado a certas "premissas menores", pode ter esse resultado. É perfeitamente coerente adotar esse princípio em sua forma abstrata e afirmar que, caso se entenda que o princípio permite a pena capital (ou na medida em que ele permite), o processo através do qual ela é infligida tem de atender aos critérios independentes da Quinta Emenda.

Vou comentar agora a surpreendente afirmação de Bork de que ele pode provar que qualquer método de interpretação constitucional que não seja a tese da compreensão original é "impossível" da mesma maneira que um moto-perpétuo é impossível (pp. 251-3). Sua "prova" tem três etapas. Em primeiro lugar, qualquer método que não seja baseado na intenção original exige que os juízes tomem "decisões morais importantes". Em segundo lugar, nenhum juiz pode demonstrar que é dotado de autoridade legítima para tomar decisões morais importantes em nome de toda a comunidade. Em terceiro lugar, na ausência de uma tal autoridade, os juízes só devem tomar suas decisões baseados numa teoria moral que o público aceite. Em quarto lugar, uma vez que as pessoas discordam profundamente quanto à moral, essa teoria moral não existe; logo, os juízes não devem tomar decisões morais (pp. 251-3).

A etapa mais importante é a segunda. Bork rejeita a idéia de que, no nosso sistema de governo, os juízes são dotados de autoridade legítima para tomar decisões morais controversas e importantes no contexto de uma interpretação da Constituição feita de boa-fé (pp. 176-8, 252-3). Mas essa idéia – de que, segundo o melhor entendimento de nossa democracia constitucional, os juízes são legitimamente dotados dessa autoridade – é aceita por um número muito grande de pessoas. Bork diz que seu ponto de vista é correto e que o ponto de vista contrário, portanto, é errado. Sua alegação de "impossibilidade" dá a entender que ele é capaz de provar que seu ponto de vista é o correto; mas, como esse mesmo ponto de vista depende de uma teoria moral que muita gente rejeitaria, ele não pode provar nada. Em outras palavras, a única coisa impossível nisso tudo é Bork conseguir não cair em autocontradição.

Além de tudo, Bork parece esquecer que, segundo a sua própria explicação, o método da compreensão original também exige que os juízes tomem decisões morais controversas ao aplicar os princípios constitucionais abstratos. Bork diz que essas decisões se referem somente às "premissas menores", procurando assim, talvez, distingui-las das decisões "maiores" que, segundo ele mesmo insiste, as outras teorias exigem (pp. 162-3). Porém, os exemplos que ele dá – saber se a segregação escolar nega a igualdade de proteção, por exemplo – mostram que essas decisões são "grandes" o suficiente para deixar a todos preocupados caso os juízes de fato não tenham autoridade para tomá-las.

Concluo que a defesa que Bork faz da tese da compreensão original fracassa completamente. Os juristas e políticos de direita que abraçaram a tese com tanta alegria e paixão sempre partiram do princípio – e de fato não poderiam fazer outra coisa – de que ela se resume ao que chamei de esquema redutivo, segundo o qual a Constituição não impõe limite algum à vontade da maioria, com exceção dos limites que seus próprios autores esperavam que impusesse. Porém, as sabatinas para a confirmação de Bork deixaram claro que ele tinha de abandonar esse esquema redutivo, pois este condenaria a decisão do caso *Brown* (apesar de Bork afirmar o contrário) e diversos outros princípios constitucionais aos quais, hoje em dia, os Estados Unidos da América jamais renunciariam. Em lugar desse esquema, porém, ele não tem nada a oferecer senão afirmações estéreis e simplistas acerca do "significado" do "texto", da "estrutura" e da "história" da Constituição. Bork transformou a tese da compreensão original num lugar-comum que qualquer um pode aceitar e usar para justificar praticamente qualquer coisa. É possível que algum outro jurista conservador consiga levar mais longe do que Bork a idéia de uma compreensão original. Porém, até que alguém faça isso, o livro de Bork nos autoriza a guardar essa teoria na mesma prateleira em que guardamos a teoria do flogisto e o bicho-papão.

Bork quer que seu público veja o direito constitucional como uma coisa simples e admita que, para saber o que a Constituição prescreve, um bom advogado não precisa recorrer a nenhuma teoria complicada; basta-lhe uma boa dose de senso comum. Eis um exemplo: "É evidente que o juiz está obrigado a aplicar a lei segundo a vontade dos que fizeram a lei. É essa a opinião comum e cotidiana a respeito do assunto. Só chamo a atenção para esse ponto porque essa noção do senso comum é negada de modo ardoroso, extenso e erudito por certos juristas pedantes, particularmente os que ensinam direito constitucional nas faculdades de direito" (p. 5).

O "pedantismo" e a "filosofia" são mencionados com freqüência em *The Tempting of America*, sempre com um tom de reprovação. Os professores de direito que recorrem à filosofia, à teoria literária ou a outras disciplinas complicadas são tratados como charlatães. Escrevem num jargão pretensioso e desorientador e fazem referência a escritores estrangeiros, às vezes marxistas. Os juízes ingênuos fazem de conta que entenderam. Bork, porém, sabe que os reis da academia estão nus; garante a seus leitores que as teorias deles são absurdas e podem ser tranqüilamente ignoradas. Prorrompe em gargalhadas perante a idéia de vários professores, de que as obras de Foucault, Rawls, Habermas ou algum outro filósofo podem ter alguma relação com o direito constitucional. Afirma, como já observei, que a complexidade da teoria constitucional contemporânea e a tentativa de encontrar pontos de contato com outras disciplinas de conhecimento são sintomas de que o direito constitucional está doente.

Ficamos tentados a descartar essas afirmações como manifestações de um simples antiintelectualismo demagógico com uma pitada, talvez, de ludismo autocomplacente. Mesmo a discussão que o próprio Bork faz das questões constitucionais trai um "pedantismo" muito maior do que sugere a sua imitação do Dr. Johnson, que chutou uma pedra para refutar o idealismo de Berkeley. Mas, a partir do tom de voz de Bork e das suas afirmações explícitas, podemos perceber uma outra pretensa justificativa para suas opiniões constitucionais – uma justificativa que não é afirmada abertamente, mas fica implícita. Numa sociedade decente (poder-se-ia dizer), o público como um todo compreende e aceita os princípios básicos do Estado. Assim, os critérios que os juízes aplicam para decidir o que a Constituição significa devem ser critérios que o público como um todo possa apreender facilmente. Segundo Bork, a tese da compreensão original é uma noção simples do senso comum. As teorias mais complicadas – de que a Constituição não põe em vigor concepções, mas sim conceitos, por exemplo, ou de que a Constituição só pode ser compreendida através de uma interpretação construtiva que lança mão de argumentos morais – dependem de idéias, distinções e experiências que não são comuns na república. Essa observação explica por que o direito constitucional na verdade se encontra num estado de saúde melhor – mais adequado ao ideal de participação e compreensão popular – quando é mais simples e menos dependente dos febris debates acadêmicos. Desse ponto de vista, a morte de uma teoria constitucional complexa seria um tributo à soberania do povo (pp. 134-8).

Porém, essa linha de raciocínio não parte de um entendimento correto da crítica acadêmica da doutrina da compreensão original. Os professores de direito de quem Bork desconfia não afirmam que a tese da compreensão original, embora simples, fácil de entender e atraente para as massas, deve curvar-se diante de uma metafísica exótica qualquer. Eles apenas observam, como eu mesmo fiz há pouco, que a idéia de uma compreensão original é muito mais complexa do que parece à primeira vista; que não existe uma compreensão única; e que, quando essa idéia é tratada como uma coisa simples, ela só serve para permitir que os juízes pensem que suas convicções políticas pessoais são leis constitucionais neutras. Se uma moralidade política atraente e coerente também calha de ser simples e compreensível para o grande público, essa acessibilidade é um argumento forte em seu favor, embora não seja decisivo. Mas daí não se pode concluir que uma teoria errada deve continuar existindo só porque é simples.

Tampouco podemos prefixar os limites da profundidade e complexidade dos debates filosóficos jurídicos. É claro que os juristas da academia não devem (como fazem alguns) ostentar seu conhecimento como se a ciência do direito tivesse de servir de palco para a encenação de um drama interdisciplinar. Porém, é inevitável que a doutrina jurídica seja exposta de maneira filosófica. É sua própria matéria que a obriga a usar os conceitos de vontade, intenção, significado, responsabilidade, justiça e outras idéias que freqüentemente servem de motivo para a complexidade e a confusão filosóficas. Os juristas da academia não podem fugir da filosofia – ela corre a encontrá-los em seu próprio território –, embora possam filosofar de maneira ignorante e fazer má filosofia. Seria irresponsável o jurista que insistisse em que os conceitos de significado e intenção original devem ocupar o próprio centro da prática constitucional, mas ao mesmo tempo ignorasse a revolução que ocorreu em nossa compreensão desses conceitos no decorrer do século XX. Tal jurista não poderia simplesmente fingir que Wittgenstein ou Donald Davidson, por exemplo, nunca escreveram sobre o que acontece em nossa mente.

Sei que estas observações suscitam muitos problemas para a prática jurídica e o direito acadêmico. Como eu disse, os juristas seriam irresponsáveis se ignorassem a discussão filosófica dos conceitos que consideram essenciais para o seu trabalho. Porém, também é verdade que a maioria dos juristas e juízes, e até mesmo a maioria dos estudiosos do direito, não tem tempo para se dedicar a um estudo sério e técnico da filosofia. Espero tratar desse dilema em outra ocasião. Por enquanto, porém, pretendo contestar o pressuposto sobre o qual repousa a opinião de Bork, recapitulada há pouco: de que o público em geral não é capaz de compreender uma estrutura básica de Estado dentro da qual os juristas debatem e os juízes decidem questões profundamente filosóficas. Não há nada de abstruso nem de estranho na noção de que a Constituição estabelece princípios abstratos cujas dimensões e aplicações são intrinsecamente controversas; de que os juízes têm a responsabilidade de interpretar esses princípios de modo que, inserindo-se em nossa história política, chegue a dignificá-la e melhorá-la; e de que os juízes, no exercício dessa árdua responsabilidade, sejam encorajados a levar em conta e a assimilar os trabalhos de outras pessoas que refletiram e escreveram sobre esses difíceis assuntos.

Existe, é claro, uma outra questão, difícil e complexa: qual o modo correto de os juízes exercerem sua grande responsabilidade? É dessa outra questão, dessa questão difícil, que agora trata o debate acadêmico. Ao contrário do que Bork dá a entender, esse debate não é travado num jargão secreto; a verdade é que só ocasionalmente os debatedores lançam mão de argumentos filosóficos técnicos. É certo que o número de pessoas capacitadas a acompanhar esse debate é menor do que o das que conseguem compreender a visão mais geral de responsabilidade judicial que o autoriza. Porém, esse fato não é motivo nem de surpresa nem de perturbação. O número de pessoas capazes de acompanhar discussões intrincadas sobre economia tributária é bem menor do que o de pessoas capazes de compreender que o Congresso tem a responsabilidade de determinar a política tributária e de, ao fazê-lo, consultar os especialistas e ouvir o que eles têm a dizer.

O debate constitucional nas faculdades de direito e na comunidade política como um todo deixaria de existir, ou se tornaria muito menos animado, se as pessoas deixassem de conceber a Constituição como um compromisso abstrato com certos ideais políticos e se contentassem com a ilusão fatal de uma compreensão original na qual todas as perguntas já estivessem respondidas. Com isso, é certo que o direito constitucional seria menos democrático, na medida em que a participação dos cidadãos não seria tão grande. Essa estranha tese de Bork, segundo a qual as controvérsias são um reflexo da decadência da teoria constitucional, é mais um produto de sua formulação rígida, tacanha e deprimente da natureza específica do direito.

Primavera de 1990

15. A indicação de Thomas

Neste exato momento, a nomeação do juiz Clarence Thomas para a Suprema Corte aparentemente depende do número de senadores que aceitarem as acusações feitas pela professora Anita Hill, da faculdade de direito da Universidade de Oklahoma. Hill acusa Thomas de tê-la assediado sexualmente quando ela trabalhava como sua assistente no Ministério da Educação e na Comissão para a Igualdade de Oportunidades de Emprego. Embora a comissão de justiça do Senado já soubesse das acusações antes de aprovar a indicação, nenhum membro dessa comissão mencionou-as publicamente até o momento em que a informação vazou para a imprensa, meros dois dias antes da data na qual estava previsto que todo o Senado votasse a indicação. Os partidários de Thomas estavam dispostos a insistir para que a votação transcorresse como fora planejado, mas o público se mostrou tão escandalizado com a aparente indiferença com que um Senado composto quase só de homens reagiu a uma acusação de assédio sexual, e tantos senadores que iam votar nele relutaram em fazê-lo antes que se empreendessem mais investigações, que no fim se concordou com um adiamento de uma semana. A comissão de justiça agendou uma nova rodada de audiências para investigar somente essas acusações de má conduta, e talvez algumas outras semelhantes a essas; Thomas e Hill concordaram em comparecer às audiências.

Ficou claro que o Senado não administrou bem esse assunto, e a reputação da comissão de justiça e dos senadores que se opuseram ao adiamento foi prejudicada. Porém, seria uma grande infelicidade se esses graves deslizes viessem a deixar em segundo plano outros defeitos do processo de indicação, defeitos de caráter mais estrutural, que já tinham sido postos em evidência pelas próprias audiências. Antes da publicação das acusações de Hill, até os adversários de Thomas previam que ele seria confirmado com uma certa folga, senão por quase unanimidade. O Senado estava disposto a passar por cima de todas as dúvidas sobre as suas qualificações, que, a longo prazo, têm mais conseqüências para o direito constitucional do que as questões nas quais o público se concentrou depois que as acusações da professora Hill se tornaram conhecidas.

Quando a comissão de justiça deu início a suas audiências, o senador Herbert Kohl, do Wisconsin, estabeleceu um critério ao qual o indicado tinha que atender. Em 1990, quando o comitê estava avaliando sua indicação para o Tribunal Itinerante do Distrito de Colúmbia, Thomas dissera que não tinha, na época, "uma filosofia constitucional plenamente desenvolvida". Kohl disse que, embora a falta de uma tal filosofia não desqualificasse o candidato para o Tribunal Itinerante, a Suprema Corte era outra coisa. "Na minha opinião," disse, "se uma pessoa não é capaz de construir e expressar uma filosofia constitucional, que inclua plenas garantias para os indivíduos e as minorias e se coadune com suas declarações passadas, essa pessoa não está qualificada para julgar na Suprema Corte."

Thomas foi espetacularmente reprovado nesse critério, como admitiram inclusive alguns senadores que, no fim, votaram para confirmá-lo. Na verdade, ele passou os cinco dias de audiência negando que tinha qualquer "filosofia constitucional" e dando explicações inócuas para as declarações passadas às quais Kohl se referia. É de presumir que seus orientadores da Casa Branca o tenham aconselhado a usar essa estratégia de "joão-sem-braço". Robert

Bork havia publicado opiniões radicais e altamente controversas sobre direito constitucional antes de sua indicação, e foram elas que, no fim, causaram a sua derrota. Os juízes Kennedy e Souter, por outro lado, não haviam publicado quase nada sobre teoria constitucional; foram confirmados com facilidade, embora as posições assumidas na Corte até agora justifiquem a confiança que os conservadores depositaram neles.

Thomas, de certo modo, é excepcionalmente atraente como candidato à Suprema Corte. É um negro que nasceu na pobreza e, mesmo cercado de desvantagens raciais, alcançou um sucesso considerável; alguns dos que o apóiam pensam que um juiz com esse passado fará aumentar, ao fim e ao cabo, o grau de compaixão que a Corte tem pelos menos afortunados. Porém, seu currículo se parece muito mais com o de Bork do que com o dos dois últimos indicados que conseguiram a aprovação. Thomas foi presidente da Comissão para a Igualdade das Oportunidades de Emprego na administração Reagan e, sendo um dos únicos membros negros do governo, deu várias palestras a grupos conservadores. Participou do conselho administrativo de uma revista negra conservadora e assinou um importante relatório sobre planejamento familiar que pedia, entre outras coisas, que fossem indicados para a Suprema Corte juízes que votassem pela revogação de *Roe vs. Wade*. Em diversas ocasiões manifestou-se contrário aos programas de ação afirmativa em favor dos negros e de outras minorias, embora tenha sido beneficiado por um desses programas para poder entrar na faculdade de direito de Yale; e demonstrou uma estranha insensibilidade aos problemas dos negros menos bem-sucedidos do que ele próprio, chegando mesmo a dar a entender que sua própria irmã era uma parasita da previdência social. Condenou a decisão da Suprema Corte em que se confirmou a lei que permite a nomeação de promotores independentes para investigar servidores do Poder Executivo e queixou-se de que até mesmo o primeiro-juiz Rehnquist votou pela confirmação dessa lei; observou que "já não podemos confiar em grandes vultos conservadores para fazer progredir a nossa causa".

Duas de suas opiniões publicadas assustaram de modo particular os constitucionalistas: são, na verdade, mais radicais do que qualquer coisa escrita pelo próprio Bork. Em 1987, numa palestra proferida à Fundação Heritage, Thomas apoiou com entusiasmo um artigo publicado por Lewis Lehrman, um dos curadores da fundação, no qual Lehrman declarava que, segundo o "direito natural", o feto tem um direito inalienável à vida e que, portanto, a decisão de *Roe vs. Wade* fora um erro terrível. Thomas disse que o artigo de Lehrman "sobre a Declaração de Independência e o sentido do direito à vida é um exemplo esplêndido de aplicação do direito natural"[39]. Porém, se Lehrman tem razão, o que se conclui não é que os estados devem ter permissão para criminalizar o aborto se a maioria dos eleitores assim desejar, mas sim que todos os estados têm o dever de criminalizar o aborto desde o momento da concepção, o que quer que pensem os eleitores. Nenhum dos juízes já indicados para a Suprema Corte, nem mesmo Bork, chegou jamais a declarar essa opinião; e nenhum dos juízes e dos principais políticos da época atual chegou perto de propô-la.

Em 1987, além disso, Thomas também deu a entender, numa palestra proferida perante o Pacific Research Institute, que previa para a Suprema Corte um papel mais ativo na proteção das empresas contra as normas de proteção e segurança ambiental e outras. "Sinto-me atraído", disse, "pelas idéias de acadêmicos como Stephen Macedo, que defendem uma Suprema Corte ativista, que derrube as leis que restringem os direitos de propriedade." É preciso fazer algumas reminiscências para compreender por que essa declaração deixou em estado de alerta os constitucionalistas. Em 1905, no famoso caso de *Lochner vs. New York*, a Suprema Corte declarou que a lei do estado de Nova York pela

---

39. Ver Thomas, "Why Black Americans Should Look to Conservative Policies", The Heritage Lectures, n° 8.

qual as padarias eram proibidas de contratar operários para trabalhar por mais de dez horas por dia era inconstitucional, uma vez que violava o comando da Décima Quarta Emenda pela qual a "liberdade" não poderia ser infringida sem o devido processo legal. A Corte usou argumentos semelhantes em casos posteriores, inclusive em alguns que derrubaram as primeiras normas de direito econômico do *New Deal*.

Atualmente, quase todos os constitucionalistas pensam que a decisão de *Lochner*, e outras que seguiram o mesmo espírito, foram erros desastrosos. Já na década de 1950 a opinião ortodoxa rezava que os dispositivos do devido processo e da igualdade de proteção dão uma liberdade quase total aos estados e à União Federal para equilibrar os interesses concorrentes da liberdade, da segurança, da igualdade, da conservação ambiental, da política econômica e da justiça social ao decidir como regular as práticas empresariais. Em 1955, por exemplo, no famoso caso *Williams vs. Lee Optical*, a Corte determinou que o estado de Oklahoma podia impor restrições aos oculistas que não se aplicassem igualmente aos vendedores de óculos prontos, pois essa distinção podia, em tese, ter um fundamento racional, embora este não tivesse sido explicitado por Oklahoma. Hoje em dia, considera-se que a atitude de abstenção da Corte em assuntos econômicos é necessária para que o governo possa regular a economia com eficácia.

Stephen Macedo, professor de teoria do Estado em Harvard, e alguns outros estudiosos de teoria constitucional, entre os quais Richard Epstein da faculdade de direito da Universidade de Chicago, afirmaram que a Corte deve repudiar essa prática e aplicar critérios mais rigorosos para a proteção das empresas, critérios mais próximos dos que ela usa para proteger os indivíduos da discriminação racial e de outras formas de discriminação. Macedo afirma, por exemplo, que a decisão da Corte no caso dos oculistas deve ser revogada, e que se deve entender que os direitos naturais protegidos pela Constituição incluem não só os direitos da pessoa, mas também os direitos econômicos[40]. Bork, pelo contrário, declarara sua firme oposição à volta ao espírito do caso *Lochner*; apoiava a opinião ortodoxa segundo a qual as empresas não podem ter nenhum direito constitucional substancial que restrinja o que o Estado pode impor em matéria de segurança ou de programas de redistribuição, a não ser o direito de ressarcimento quando confisca diretamente as suas propriedades.

Thomas dificilmente seria confirmado se permanecesse fiel às suas opiniões radicais sobre o aborto e o fortalecimento dos direitos constitucionais das empresas. Poderia simplesmente ter dito ao comitê que mudara de idéia a respeito desses assuntos. Porém, Bork também anunciara importantes mudanças de opinião e fora arrasado pelo que os críticos chamaram, com ceticismo, de uma "conversão para a confirmação". Assim, os conselheiros de Thomas lhe propuseram uma estratégia diferente: sem dúvida, mandaram que ele simplesmente negasse ter esposado as crenças aparentemente implícitas em suas afirmações passadas.

Para explicar o apoio que deu ao artigo de Lehrman, Thomas disse que queria fazer com que uma platéia conservadora se interessasse pela questão dos direitos civis, e pensou que a introdução da idéia de direito natural seria útil para esse fim. Disse que escolhera o artigo de Lehrman como objeto de seus elogios porque estava dando a palestra no auditório Lehrman, e pensou que a referência a Lehrman agradaria à sua platéia direitista. Limitara-se a folhear o artigo e não sabia que o único exemplo de direito natural que ele dava era relacionado ao aborto – isso tudo apesar de

---

40. Vale a pena notar, porém, que o professor Macedo criticou quase todas as demais opiniões esposadas por Thomas e por outros juristas conservadores. Macedo nega que o feto tenha um direito natural que autorize os estados a proibir o aborto desde o momento da concepção, por exemplo, embora pense que se possa chegar a uma solução de meio-termo que faculte uma proibição em data anterior ao terceiro trimestre de gestação. Num livro recente, *The New Right and the Constitution,* ele dirige fortes ataques contra o ceticismo moral de Bork e de outros juristas da nova direita, e contra o uso hipócrita que eles fazem do método de interpretação da Constituição pela intenção original.

o artigo levar o título de "A Declaração de Independência e o direito à vida".

Seguiu a mesma linha ao referir-se a Macedo. Não se lembrava das idéias de Macedo; só se lembrava de tê-las achado interessantes. Quisera endossar a idéia geral de que as pessoas têm direitos garantidos pelo direito natural, e não o uso particular que Macedo fizera dessa idéia. Tampouco pensava que o "direito natural" ou os "direitos naturais" tivessem, na verdade, alguma relação com o direito constitucional. Ao louvar as teses de Lehrman e Macedo sobre como a Corte deveria julgar seus processos, ele só quisera dizer que a idéia de direito natural lhe parecia interessante em certos contextos como uma idéia com a qual se podia "brincar"; não pretendia dar a entender que os juízes deviam passar suas sentenças com base nesse direito.

Vários senadores mostraram-se insatisfeitos com essa bateria de negações, mas não conseguiram arrancar dele nenhuma explicação mais completa de quais haviam sido suas intenções na época. Alguns senadores procuraram descobrir quais eram suas idéias atuais. Perguntaram-lhe se ele entendia que a Constituição continha um direito à privacidade. Bork negara a existência de um direito geral à privacidade – criticara a idéia como uma tese liberal inventada pelos juízes. Mas tanto Kennedy quanto Souter haviam dito que a Constituição inclui esse direito, e haviam sido confirmados com facilidade. Thomas disse então que concordava com eles. Mas, quando lhe fizeram a pergunta seguinte, que era óbvia – se pensava que o direito à privacidade autorizava a mulher a controlar sua própria atividade reprodutiva, como declarara a Corte em *Roe vs. Wade* –, ele se negou a responder, alegando que a divulgação de sua opinião sobre essa sentença comprometer-lhe-ia a independência quando se pedisse à Corte que a reconsiderasse.

Isso é absurdo. A independência do Judiciário não consiste em que os juízes não tenham opiniões anteriores sobre os assuntos que têm de decidir, mas no ato de ouvir cuidadosa e honestamente aos argumentos apresentados pelos dois lados e na disposição de mudar de idéia caso sejam convencidos a tal. A maioria dos juízes que hoje compõem a Suprema Corte deu opiniões claras a respeito de *Roe vs. Wade* e nem por isso alguém duvida de que eles sejam capazes de decidir com justiça se ela deve ser revertida ou não[41]. Existem, a meu ver, boas razões para que os indicados relutem em revelar suas opiniões acerca de assuntos pendentes ou iminentes. A Constituição foi feita para proteger os direitos da minoria contra a autoridade da maioria, e essa função deixaria de existir se os senadores pudessem vetar um indicado que admitisse a sua intenção de votar a favor de uma minoria impopular numa ação judicial pendente. Porém, neste caso, havia outras razões importantes para que Thomas usasse de franqueza. Ele foi indicado pelo líder de um partido que, em sua plataforma eleitoral, prometeu indicar juízes que revogassem a decisão de *Roe vs. Wade*, fato esse que suscitou no mínimo a suspeita de que o governo sabia como ele iria votar. De qualquer modo, como observou com certo aborrecimento o senador Howard Metzenbaum, os escrúpulos de Thomas quanto à discussão de decisões judiciais possíveis eram altamente seletivos. Ele não se furtou a proclamar suas convicções sobre diversas outras questões constitucionais altamente controversas que poderiam facilmente vir a ser apresentadas à Corte: não só o problema dos procuradores independentes, do qual já falei, mas também a constitucionalidade das diretrizes para a prolatação de sentenças penais e questões sensíveis da Primeira Emenda relacionadas à separação entre Igreja e Estado.

---

41. O primeiro-juiz Rehnquist e o juiz White discordaram da decisão original de *Roe vs. Wade* e de lá para cá manifestaram de diversas maneiras a sua oposição a ela. O juiz Scalia redigiu um voto divergente na recente decisão de *Webster vs. Reproductive Health Services* – que limitou de diversas maneiras o direito ao aborto mas não chegou a reverter totalmente *Roe* – só para deixar clara a sua opinião de que *Roe* deve ser rejeitada assim que possível. O juiz Blackmun foi o redator do voto de *Roe* e reafirmou várias vezes seu compromisso com aquela decisão. Os juízes Stevens, O'Connor, Kennedy e Souter já redigiram ou assinaram votos que deixam bem claras quais são suas opiniões gerais sobre a questão do aborto.

Além disso, Thomas poderia ter discutido as principais questões de jurisprudência envolvidas na controvérsia do aborto – se o direito à privacidade se aplica, em princípio, à autonomia procriativa, e quais são os interesses legítimos que o Estado pode ter na proteção da vida do feto – sem ter de indicar como ele resolveria qualquer conflito entre esse direito e esse interesse nas circunstâncias de um caso particular qualquer. Essa discussão talvez desse a um observador arguto uma boa idéia de qual seria o voto de Thomas, mas ele não chegaria a se comprometer com nenhuma posição concreta.

Thomas, porém, não quis entrar em nenhum debate que dissesse respeito ao aborto ou que tivesse alguma relação com esse problema, e algumas das declarações que fez para indicar que tinha a mente aberta sobre o assunto foram de tirar o fôlego. Embora estudasse na faculdade de direito de Yale quando o caso *Roe vs. Wade* foi decidido, disse que não conseguia se lembrar de nenhuma discussão sobre a decisão, quer em sala de aula, quer entre os próprios estudantes. Daquela época para cá não havia discutido o assunto com mais ninguém, e na verdade não tinha opinião alguma sobre *Roe vs. Wade*, apesar de ter aprovado irrestritamente a afirmação de Lehrman de que aquela decisão era a legalização do assassinato. Quanto ao relatório sobre planejamento familiar, que recomendava a indicação de juízes que revogassem aquela decisão, Thomas disse que o assinara sem tê-lo lido e que não sabia que era essa a posição do relatório.

Por isso, depois de Thomas ter dado depoimentos por cinco dias, resta aos senadores a seguinte escolha. Se eles não acreditam nos desmentidos de suas declarações passadas ou na alegação de que jamais discutiu a questão do aborto com outras pessoas ou mesmo pensou nela sozinho, então Thomas mentiu para eles, encobrindo deliberadamente seu histórico e suas opiniões porque sabia que o público norte-americano não iria apoiar sua confirmação se soubesse a verdade. Se acreditam nele, então ele mesmo admite que fez muitos discursos sem se preocupar em conhecer as questões constitucionais mais importantes de sua época.

Louvou livros e artigos que não leu ou que só folheou, e aprovou enfaticamente certas idéias que não entendia ou mesmo que rejeitava só para impressionar um público de direita, para levá-los a apoiar suas opiniões sobre outros assuntos e, talvez, para dar impulso à sua própria carreira num governo direitista. Quer num caso, quer no outro, como um senador poderia dar um voto favorável a Thomas?

Porém, a votação na comissão de justiça ficou empatada em sete votos contra sete e, como eu já disse, o Senado provavelmente o teria confirmado caso não fossem publicadas as acusações de assédio sexual. Não há dúvida de que, se o presidente Bush escolheu Thomas para substituir o único juiz negro que já fez parte da Suprema Corte, Thurgood Marshall, o fez exatamente porque os políticos teriam extrema dificuldade para se opor a um negro indicado para um tal cargo. (É claro que Bush, coberto de cinismo, declarou que a questão da raça não teve participação nenhuma na escolha de Thomas.) De qualquer modo, os senadores liberais que votaram a favor dele apresentaram como principal razão os seus antecedentes: o senador Arlen Specter, da Pensilvânia, o único republicano da comissão judiciária que votou contra Bork, disse que deu seu voto favorável a Thomas prestando mais atenção às suas "raízes" do que aos seus escritos; e outros afirmaram que – como dissera Guido Calabresi, reitor da faculdade de direito de Yale, em seu testemunho perante o comitê – Thomas daria mais diversidade à Corte e poderia "crescer" depois de ocupar o cargo. Se Thomas for confirmado, esperamos que essas previsões se confirmem: que ele desenvolva uma posição independente que reflita as suas raízes e não as negue, e não se torne apenas mais um recruta na campanha que Rehnquist vem movendo para reverter as principais conquistas do direito constitucional dos últimos quarenta anos. Não obstante, os fatos que cercaram a indicação de Thomas – a zombaria que se fez do dever constitucional do Senado de avaliar as qualificações judiciais dos candidatos – já macularam o processo de indicação e confirmação, quer ele venha a ser um bom juiz, quer não.

Quando terminaram as audiências, o presidente da comissão de justiça, senador Joseph Biden, anunciou que iria rever os procedimentos da comissão para as futuras indicações de juízes à Suprema Corte. Como sugeriu Anthony Lewis no *New York Times*, pode ser que ele recomende que a parte principal da sabatina dos indicados fique a cargo de advogados especiais nomeados pelos dois lados, e não seja mais feita pelos próprios membros da comissão (é isso que acontece nas sabatinas de outras comissões). Entretanto, a falha principal das sabatinas de Thomas não foi uma falha de procedimento, mas de jurisprudência. Nenhuma mudança de procedimento poderá proteger a comissão se um indicado se recusar a responder às perguntas que lhe forem feitas – sobretudo um indicado que publicou poucos textos, como Kennedy e Souter –, a menos que um número substancial de membros da comissão esteja disposto a repudiar publicamente uma tese na qual nenhuma pessoa com alguma experiência de direito constitucional realmente crê, mas que, na opinião da maioria dos senadores, é apoiada pelo público.

Podemos chamá-la de "tese da neutralidade": é a tese de que um juiz da Suprema Corte, num caso constitucional difícil, pode chegar a uma decisão através de um método jurídico técnico que isole completamente a decisão de suas convicções mais básicas a respeito da justiça política e social. Segundo essa tese, o juiz, para tomar uma decisão, não se limita a pôr de lado suas próprias convicções partidárias e seu interesse próprio, coisa que ele pode e deve fazer. Ela insiste também em que o juiz é capaz de chegar a uma decisão sem se deixar influenciar pelas suas convicções acerca de questões fundamentais de filosofia política e constitucional. Os teóricos da política e os filósofos do direito discordam a respeito dessas questões fundamentais: alguns acham, por exemplo, que a democracia ideal é aquela em que os direitos constitucionais dos cidadãos individuais se limitam a uns poucos direitos codificados em textos explícitos, de tal modo que a maioria dos cidadãos, num determinado momento, tem liberdade para decidir pela concessão de direitos mais amplos ou mais generosos; outros, por sua vez, pensam que, pelo contrário, a verdadeira democracia entende os direitos constitucionais como o reflexo de uma concepção global e coerente da cidadania, da liberdade e da igualdade, compreendidas como ideais morais da nação, de tal modo que os cidadãos individuais têm o poder de afirmar, perante tribunais encarregados de fazer valer esse compromisso nacional, que esses ideais lhes garantem direitos que antes não eram reconhecidos.

Eles discordam também a respeito de questões de caráter mais substantivo: alguns pensam, por exemplo, que a liberdade dos indivíduos de tomar suas próprias decisões éticas – sobre a observância religiosa ou o comportamento sexual, por exemplo – não passa de uma liberdade que é valorizada por algumas pessoas (como os liberais, por exemplo) e não por outras, ao passo que outros dizem que essa liberdade é um elemento tão fundamental do próprio conceito de uma sociedade livre que não se pode chamar de livre nenhuma comunidade que a restrinja. Discordam ainda a respeito de questões filosóficas que se refletem em todas as demais diferenças de opinião que mencionei: alguns afirmam, por exemplo, que os princípios políticos fundamentais, entre os quais os ideais de democracia e os princípios que justificam as liberdades básicas, são dotados de uma autoridade moral objetiva; outros pensam que esses princípios derivam somente das preferências subjetivas, de tal modo que a política democrática depende tão-somente da satisfação das preferências ou preconceitos que a massa dos cidadãos, por acaso, tem.

Segundo a tese da neutralidade, as opiniões de um juiz honesto sobre esses assuntos não precisam e não devem interferir nas suas decisões de casos constitucionais. Isso é um absurdo. Os dispositivos fundamentais da Constituição são redigidos numa linguagem moral extremamente abstrata: ordenam o "devido processo", por exemplo, e a "igualdade de proteção das leis". É verdade – e é uma verdade importante – que as opiniões de um juiz qualquer sobre a correta aplicação desses dispositivos abstratos devem respeitar o texto da Constituição e a história de sua promulgação e aplicação. Porém, como demonstram praticamente todas as decisões controversas da Suprema Corte, essas coisas podem ser interpretadas de diferentes maneiras; e a interpretação dada por um juiz particular será determinada por suas convicções acerca de como seria uma democracia ideal, de quais são os direitos fundamentais e de se saber se as idéias sobre o caráter da democracia ideal e dos direitos fundamentais têm um fundamento objetivo ou dependem das preferências subjetivas.

É importante notar, porém, que, se a tese da neutralidade fosse verdadeira, o critério do senador Kohl não teria cabimento: a comissão não precisaria de modo algum saber qual é a "filosofia constitucional" do juiz indicado, pois essa filosofia não figuraria nas decisões constitucionais dele. Por isso, vários senadores republicanos reafirmaram a tese da neutralidade no decorrer das sabatinas. O senador Charles Grassley, de Iowa, por exemplo, perguntou a Thomas se ele concordava que os juízes devem decidir de modo neutro, aplicando a Constituição tal como ela é, sem inserir nela a sua própria filosofia – como, na opinião de Grassley, um número excessivo de juízes vinha fazendo nos últimos anos. Thomas declarou solenemente que concordava. Alguns senadores mostraram-se intranqüilos com a tese da neutralidade, e o senador Paul Simon, de Illinois, disse que a afirmação de Thomas de que não tinha planos não era realista, pois "a verdade é que todo aquele que faz parte da Suprema Corte dos Estados Unidos é um autor da linha política seguida pelo país". Porém, Simon não insistiu nesse ponto, e nenhum senador perguntou a Thomas de que modo um juiz poderia ser neutro em matéria de direito constitucional.

O próprio Thomas apelou várias vezes à tese da neutralidade, apresentando-a como justificativa para não responder às perguntas do comitê. "Com respeito às minhas opiniões pessoais", disse ele ao senador Strom Thurmond, da Carolina do Sul, "afirmo que elas não têm nenhuma relação com o meu trabalho de juiz." Usou várias vezes uma metáfora peculiar, que pressupõe a tese da neutralidade, para explicar por que suas opiniões anteriores não tinham importância alguma. Disse que essas opiniões eram adequadas para um político e um funcionário do Poder Executivo, que às vezes têm de defender abertamente o governo ao qual pertencem. Mas depois, na qualidade de juiz, ele havia "se despido como um corredor", deixando para trás todas as suas antigas opiniões e convicções, de modo que pudesse aplicar somente um raciocínio jurídico rigoroso e neutro, como deve fazer um bom juiz, sem se deixar influenciar por nenhuma convicção filosófica própria acerca do caráter da democracia, da natureza da Constituição e dos direitos fundamentais para a liberdade.

O mito da neutralidade judicial é desde há várias décadas um dos dogmas prediletos dos republicanos: Nixon, Reagan e Bush condenaram os juízes liberais da Suprema Corte por "inventar" direitos baseados somente em suas opiniões morais pessoais, e prometeram indicar juízes que decidissem os casos constitucionais de maneira neutra, ou seja, de modo que fundamentassem suas decisões tão-somente nas leis, e não, de modo algum, em suas próprias doutrinas morais. Esses presidentes, junto com os juízes por eles indicados, como Bork, fizeram apelo à idéia de uma "intenção original" para explicar de que modo as decisões constitucionais podem ser neutras. Segundo eles, os juízes podem decidir todos os casos constitucionais, até os mais difíceis, mediante a identificação e a aplicação das intenções dos "autores" da Constituição – os estadistas que redigiram e promulgaram os artigos constitucionais em questão. Porém, o fato de Bork evidentemente não ter conseguido apresentar uma defesa coerente dessa idéia, quer nas sabatinas de confirmação no Senado, quer ainda em seu último livro, puseram a nu a deficiência central dessa tese[42]. Temos

---

42. Ver o Capítulo 14 e também a resenha que Lawrence Sager fez do livro de Bork *The Tempting of America: The Official Seduction of the Law*, em *The New York Review of Books*, 25 de outubro de 1990.

de entender, por exemplo, que as intenções dos autores do dispositivo de igualdade de proteção, por exemplo, não foram concretas, mas abstratas: eles quiseram dizer aquilo mesmo que disseram, ou seja, que todos são iguais perante a lei, e não que a lei deve tratar a cada um do modo que este julga ser o mais "igualitário". Por isso, até mesmo os juízes que aceitam a responsabilidade de respeitar as intenções dos autores têm de decidir por si mesmos quais são as exigências da igualdade perante a lei nas circunstâncias da sociedade contemporânea[43].

Se os senadores tivessem lido com cuidado o que Thomas já escreveu, teriam descoberto um fato importante: que o próprio Thomas havia rejeitado a tese da neutralidade e a vinha denunciando fazia vários anos. Thomas rejeitara a doutrina da "compreensão original" tal como era concebida por outros juristas conservadores, uma doutrina que, no entender dele, "cai prontamente numa certa indiferença holmesiana perante os 'valores', ou mesmo num desprezo por esses valores". Disse: "Em vez disso, eu adotaria uma verdadeira jurisprudência da intenção original", na qual "a moralidade e o discernimento político são entendidos de forma objetiva"[44]. Os conservadores não deveriam afirmar que os juízes devem identificar uma "intenção original" qualquer dos fundadores, uma intenção suficientemente detalhada e concreta para poder ser aplicada a todos os casos constitucionais, mas sim que a melhor moral política substantiva, e

---

43. É claro que esse problema não se coloca se adotamos uma versão mais radical da doutrina da intenção dos fundadores: a de que os juízes não devem jamais reconhecer, nos artigos abstratos redigidos pelos autores da Constituição, nenhum direito constitucional concreto que, na opinião desses mesmos juízes, os próprios autores não teriam reconhecido. Porém, nenhum juiz que realmente adotasse essa posição poderia ser confirmado, pois ela significa que grandes decisões da Corte, entre as quais muitas que o próprio Thomas apóia, como as de *Brown vs. Board of Education* e *Griswold vs. Connecticut*, estavam erradas, uma vez que os autores não pretendiam pôr fora da lei a segregação racial nem reconhecer o direito de uso de anticoncepcionais.

44. "Notes on Original Intent", texto entregue pelo juiz Thomas ao Comitê Judiciário do Senado.

logo a melhor interpretação dos artigos abstratos da Constituição, é uma moral conservadora. Deveriam afirmar, em outras palavras, que a melhor compreensão atual dos ideais abstratos declarados não só na Constituição como também na Declaração da Independência e nos *Federalist Papers*, justifica uma posição conservadora com relação ao aborto, aos direitos econômicos e à injustiça da ação afirmativa. "São os antecedentes jurídicos superiores", disse ele, "… que proporcionam a única base firme para decisões justas, sábias e concordes com a Constituição."[45]

Era esse o objetivo real – que, infelizmente, passou despercebido – das várias referências que Thomas fez ao "direito natural" em seus discursos e artigos. Diversos senadores lhe fizeram perguntas sobre o direito natural quando das sabatinas, e a imprensa dedicou bastante tempo e espaço à discussão do assunto. Porém, os debates dentro da própria comissão e a maioria das reportagens publicadas caracterizaram-se por uma confusão profunda. A expressão "direito natural" se refere a uma realidade moral objetiva pela qual as pessoas são dotadas de direitos morais fundamentais que não são criados nem por convenção, nem pelo costume, nem pela legislação, mas, antes, existem como um corpo de princípios morais independentes[46]. Como observou Thomas, a maioria dos estadistas que redigiram e defenderam a Constituição no século XVIII acreditava no direito natural. A mesma coisa vale, segundo penso, para os norte-americanos de agora: na opinião da maioria deles, o *apartheid*, a tortura e outras formas de repressão brutal, por exemplo, mesmo quando autorizados pelas leis vigentes, são moralmente errados porque contrariam certos princípios objetivos.

A idéia de direito natural faz parte de duas afirmações muito diferentes, ambas controversas, que têm sido deba-

---

45. Ver Thomas, "The Higher Law Backgroud of the Privileges and Immunities Clause of the Fourteenth Amendment", *Harvard Journal of Law and Public Policy*, vol. 12 (1989).

46. Ver meu artigo "'Natural Law' Revisited", *University of Florida Law Review*, vol. 34 (1982), p. 165.

tidas pelos filósofos do direito no decorrer dos últimos séculos. A primeira é uma afirmação de caráter absoluto sobre o critério último das normas de qualquer comunidade política. Alguns filósofos, entre os quais Santo Tomás de Aquino, insistem em que o direito natural seja tratado como o direito último de qualquer sociedade humana, de tal modo que as normas feitas pelos legisladores humanos, mesmo os estadistas que redigem as constituições, sejam consideradas inválidas – não sejam consideradas "normas" de modo algum – quando contradizem essa lei moral ou divina fundamental.

Alguns dos abolicionistas norte-americanos eram defensores do direito natural nesse sentido absoluto: afirmavam que a própria Constituição era legalmente inválida porque continha uma solução injusta que permitia a perpetuação da escravidão, uma solução contrária ao direito natural. Alguns filósofos do direito do século XX, entre os quais Lon Fuller, da faculdade de direito de Harvard, tinham a mesma opinião sobre o sistema jurídico nazista: afirmavam que as normas nazistas não eram válidas porque eram imorais demais para poder ser consideradas normas. Não conheço, porém, nenhum estudioso que aplique essa teoria à Constituição norte-americana atual: ninguém diz que certas partes da Constituição não devem ser levadas em conta pelos juízes porque são imorais demais para ser consideradas normas.

A segunda afirmação que faz apelo à idéia de direito natural é muito diferente e muito mais popular. Não é absoluta, mas interpretativa: não diz que as normas imorais são inválidas, mas que as normas abstratas, vagas ou obscuras – entre as quais os artigos abstratos da Constituição – devem ser interpretadas, na medida em que a linguagem o permita, de modo que se amoldem aos direitos morais objetivos que, segundo a doutrina do direito natural, as pessoas têm[47].

---

47. Na verdade, muita gente que concorda com a substância dessa idéia não diria que ela faz apelo ao "direito natural" – termo que é mais usado pelos

Segundo a visão interpretativa, quando os juízes têm de decidir, por exemplo, se um determinado tipo de castigo vai contra a condenação de castigos "cruéis e incomuns" imposta pela Oitava Emenda, devem, antes de decidir, perguntar-se quais castigos são efetivamente cruéis segundo os fatos morais objetivos; e, quando têm de decidir se uma determinada norma vai contra o "devido processo" prescrito pela Décima Quarta Emenda, têm de perguntar-se se a norma vai contra um direito moral objetivo e importante.

Os escritos de Thomas deixam claro que o que ele tinha em mente não era a afirmativa absoluta, mas a interpretativa. Esta, ao contrário da anterior, não implica que os juízes da Suprema Corte tenham autoridade para passar por cima das declarações textuais da Constituição quando crêem que a moral determina algo que a Constituição não garante. Porém, a afirmação interpretativa rejeita claramente a idéia de juízo neutro que Thomas afirmou defender quando, nas audiências, referiu-se ao corredor que se despe antes da corrida. Mesmo que dois juízes aceitem a tese interpretativa, eles podem chegar a decisões drasticamente diferentes se não concordarem acerca de quais são os direitos morais que as pessoas objetivamente têm. Em seus discursos, Thomas disse que o método interpretativo do direito natural estava sendo usado para apoiar as decisões liberais, e encorajou os conservadores a usar o mesmo método, mas num sentido radicalmente diferente: atribuindo mais importância aos direitos morais do feto do que aos da mulher grávida, mais importância à dignidade moral das pessoas prejudicadas ou ofendidas pela ação afirmativa do que à dos grupos beneficiados por ela. Disse ele que a moral objetiva, tal como os conservadores a compreendem, nos proporciona a melhor interpretação da Cons-

---

adversários dessa tese, talvez por ter estado associado por tanto tempo à religião. Prefeririam dizer simplesmente que os juízes devem levar em conta os direitos morais das pessoas ao decidir como interpretar os dispositivos abstratos da Constituição. Porém, a substância de sua idéia é a mesma que descrevo no texto.

tituição e é, portanto, a melhor proteção não só contra o que ele chamou de "juízes ensandecidos", mas também contra as "maiorias ensandecidas" – uma maioria de pessoas capazes de votar a favor de leis permissivas quanto ao aborto, de programas de "reserva" (de ação afirmativa) ou de uma legislação econômica restritiva[48].

Por algum motivo, o senador Biden e outros senadores aceitaram tacitamente a idéia de que as palavras anteriores de Thomas em defesa do direito natural pretendiam defender a afirmativa absoluta, que hoje em dia é rejeitada por quase todos. Perguntaram-lhe se ele realmente achava que os juízes da Suprema Corte podem "passar por cima" da Constituição em nome de princípios morais absolutos. Thomas aceitou essa caracterização enganosa de suas afirmativas anteriores e disse que seu interesse pelo direito natural era puramente teórico – interessava-se pelo modo como Lincoln, na qualidade de estadista, pôde chegar à conclusão de que a Constituição era inválida no que dizia respeito à escravatura – e que evidentemente não pensava que os juízes têm o poder de declarar inválida a Constituição. Com isso, deu a impressão de estar fugindo ao assunto, pois, como o próprio Biden observou, suas afirmativas anteriores referiam-se claramente ao que devem fazer os juízes, não os estadistas. Porém, se Thomas tivesse corrigido o erro dos senadores e tivesse afirmado convictamente que o que tinha em mente era a idéia interpretativa de direito natural – a qual, como é óbvio, inclui uma determinada concepção de como os juízes devem decidir os processos –, não poderia ter mantido de pé a impostura de uma crença na possibilidade de os juízes tomarem decisões judiciais de modo neutro e "despojado". Ter-se-ia feito vulnerável à discussão de suas opiniões substantivas sobre princípios morais, discussão que ele ansiava por evitar, talvez por saber o quanto suas opiniões seriam impopulares perante os senadores e os eleitores destes.

---

48. Ver nota 44, acima, pp. 63, 64.

Portanto, a confusão dos senadores com relação ao direito natural facilitou para Thomas a tarefa de dissociar-se de sua própria jurisprudência. Se os membros da comissão tivessem identificado corretamente suas opiniões anteriores, se tivessem percebido que ele na verdade rejeitava o mito da neutralidade na função de juiz e instava os juízes a levar em conta uma moral objetiva ao decidir o significado da Constituição, seria mais fácil para eles obrigá-lo a pôr em discussão suas próprias crenças morais. Poder-se-ia então perguntar a Thomas, por exemplo, como, na opinião dele, os juízes devem construir e pôr à prova suas convicções morais. Ele chegou, por vezes, a esbarrar numa explicação francamente teológica da fonte das idéias conservadoras sobre os direitos morais. "Nas palavras de John Quincy Adams," disse, "nosso modo de vida político segue as leis da natureza do Deus da natureza."[49] Porém, ele acabou baseando quase todos os seus argumentos na Declaração da Independência e no fato de os fundadores crerem numa ordem moral objetiva, como demonstram amplamente os *Federalist Papers*, entre outras referências bibliográficas citadas por ele.

É claro que nenhuma dessas referências corrobora com sua autoridade a idéia de que a ordem moral objetiva é conservadora e não liberal. A noção de que todos os homens são iguais e igualmente dotados de direitos individuais inalienáveis não define em absoluto em que consiste a igualdade de cidadania e quais são os direitos morais que as pessoas efetivamente têm. Thomas simplesmente supôs – como esperava que supusesse o seu público conservador – que esses direitos naturais eram incompatíveis com o aborto, com a ação afirmativa e com uma legislação restritiva para as empresas. Porém, tendo uma vez reconhecido o papel dominante da convicção moral no trabalho de um juiz de causas constitucionais, ele já não tinha justificativa alguma para re-

---

49. Palavras de Clarence Thomas na Universidade Estadual da Califórnia em San Bernardino, 25 de abril de 1988.

cusar-se a defender suas opiniões sobre esses assuntos e outros. Poderia ter-se recusado a dizer como resolveria determinadas causas pendentes; mas não poderia ter fugido à discussão dos temas morais de natureza geral que ele mesmo pusera como essenciais num grande número de casos. As discussões resultantes teriam sido fascinantes, não só pelos efeitos que teriam sobre a indicação de Thomas, mas também por vir somar-se às raras oportunidades de discussão desses assuntos morais em torno dos quais o país, atualmente, encontra-se profundamente dividido.

É claro que, como Thomas provavelmente foi instruído a ficar o máximo possível de boca fechada, ele poderia ter negado não só a primeira afirmativa relativa ao direito natural, mas também a segunda, mesmo que se tivesse feito uma cuidadosa distinção entre ambas. Poderia ter insistido em que, ao contrário do que pensava antes, os juízes podem, sim, decidir grandes causas constitucionais de maneira moralmente neutra. Porém, se algum membro da comissão estivesse disposto a questionar esse mito, poderia ter obrigado Thomas a defendê-lo em face das objeções anteriores apresentadas pelo próprio Thomas. Em seus discursos, Thomas havia ridicularizado a idéia de que a "intenção original" pode proporcionar resultados inequívocos em todos os casos ou mesmo somente nos mais difíceis. Acaso ele pretendia, agora, defender esse método antes condenado? Nesse caso, como responderia às fortes objeções que ele mesmo havia levantado, bem como às objeções apresentadas por outros?

Que outro método neutro poderia ele propor? Na academia, os principais adversários da idéia de que a interpretação jurídica deve ser determinada por princípios morais são os céticos, que afirmam que a própria idéia de um princípio moral objetivo não passa de uma ilusão. Os céticos não dizem que os juízes devem decidir de modo neutro – coisa que, com razão, consideram impossível –, mas que devem fazer valer suas próprias preferências pessoais, pelo simples fato de estarem no poder e de estarem, portanto, em condições de transformar suas preferências em normas.

Temos bons motivos para temer (como já afirmei em outros artigos) que o primeiro-juiz Rehnquist e alguns dos juízes que o apóiam na Corte são, na verdade, partidários dessa forma cínica de ceticismo[50]. Porém, Thomas jamais poderia ter defendido publicamente esse ponto de vista.

No fim, porém, Thomas pôde esconder-se por trás do mito republicano padrão, um mito que ele mesmo condenara com tanta freqüência, e isso porque nenhum dos senadores insistiu no óbvio: a idéia de que a Suprema Corte é necessariamente um fórum de princípios, onde as convicções dos próprios juízes sobre as questões mais fundamentais da democracia e da justiça terão freqüentemente um papel decisivo. Não tenho a intenção de endossar a tese interpretativa do direito natural que Thomas adota, a qual, como ele mesmo explicou em seus artigos, só torna pertinentes para as decisões as opiniões dos juízes sobre a realidade moral objetiva.

Thomas ignorou um elemento essencial do trabalho do juiz de causas constitucionais: como todos os demais juízes, os juízes que estão na Suprema Corte sempre têm de curvar-se perante a integridade do direito, o que significa que, por mais que sejam pessoalmente comprometidos com certos princípios morais, não podem fazer uso de princípios que não possam ser apresentados como coerentes com a história geral das decisões passadas da Suprema Corte e a estrutura geral da prática política norte-americana[51]. Porém, não é incomum que princípios políticos radicalmente diferentes, dos quais se deduzem, numa determinada causa, resultados também muito diferentes, possam ser apresentados como coerentes com as decisões do passado; nesse caso, os juízes não têm escolha: têm de simplesmente decidir por si mesmos o que preferem, baseando-se em sua moralidade política geral.

---

50. Ver Capítulo 6.
51. No livro *Law's Empire* (Harvard University Press, 1986), procuro explicar o que significa, na prática, a integridade como uma restrição jurídica.

No caso *Griswold*, por exemplo, em que a Suprema Corte proclamou o direito à privacidade que figura de modo tão proeminente na controvérsia a respeito do aborto, tanto o princípio de que os indivíduos têm um direito de soberania sobre as decisões pessoais que tocam de perto a sua personalidade moral, de um lado, quanto o princípio de que não têm esse direito, de outro, encontravam amparo em diferentes elementos da história constitucional. A decisão da Corte, favorável a uma forma específica desse direito, fundamentou-se necessariamente na noção que os próprios juízes tinham de que o direito à privacidade não é simplesmente algo que os cidadãos estão ansiosos por ter, mas uma característica bastante importante de qualquer sociedade livre.

Não há dúvida de que muita gente, talvez até muitos senadores, preferem o mito da neutralidade moral a essa outra descrição, mais complexa porém mais precisa, de como os juízes interpretam a Constituição. No entanto, já não podemos nos dar ao luxo de permanecer tranqüilamente sentados à sombra desse mito. As sucessivas administrações republicanas, em nome de um eleitorado de direita, têm movido uma campanha constante para dominar a Suprema Corte por uma geração inteira. Os conservadores costumavam dizer que estavam retomando a Suprema Corte dos liberais elitistas e entregando-a de volta ao povo. Porém, a derrota de Bork demonstrou que estavam errados quanto ao tipo de Constituição que o povo realmente quer.

Se Thomas for confirmado, confirmar-se-á também algo que ficou implícito nas nomeações de Kennedy e Souter – que os juízes de direita indicados para a Corte têm mais chance de ser aprovados quando escondem do público suas convicções e intenções. O Senado, pelo próprio papel que a Constituição lhe atribui, tem o dever de combater essa estratégia desleal e recusar-se a deixar que juízes escolhidos por suas convicções políticas se escondam por trás do mito de que a política não importa. Da próxima vez, esse mito deve ser atacado diretamente, quer pelos senadores, quer pelos advogados nomeados pelo comitê. Deve-se explicar ao público que a filosofia constitucional é, sim, algo muito importante, e que os juízes que afirmam não ter filosofia constitucional nenhuma não estão qualificados para ocupar o cargo para o qual foram indicados.

7 de novembro de 1991

16. Anita Hill e Clarence Thomas

Enquanto assistíamos às sabatinas de Clarence Thomas na comissão judiciária do Senado, já sabíamos que elas seriam um marco importante da história jurídica e social dos Estados Unidos e que eram tão reveladoras quanto eram vergonhosas. Porém, formamos opiniões bastante divergentes acerca do que foi que elas revelaram e de como vergonhas semelhantes poderiam ser evitadas no futuro. O aniversário das sabatinas é excelente ocasião para um novo exame do assunto, um exame mais ponderado, no qual faremos uso de quatro livros importantes e bastante diferentes entre si, tendo todos por tema a indicação de Thomas.

O senador Paul Simon, democrata de Illinois, é membro da comissão de justiça do Senado e votou contra o juiz Thomas. No livro *Advise and Consent*, oferece uma reflexão prudente, modesta e perspicaz acerca do seu desempenho e do desempenho do Senado como um todo não só nas audiências de Thomas, mas também nas audiências ocorridas quatro anos antes, igualmente aguerridas, depois das quais Robert Bork foi rejeitado como juiz da Suprema Corte. Acrescenta uma instrutiva história de outras batalhas importantes pela confirmação de juízes nos Estados Unidos e nos faz sugestões bastante úteis para a reforma do processo de confirmação.

Simon observa que, na segunda rodada de audiências (que exploraram as acusações feitas por Anita Hill, professora de direito em Oklahoma, de que Thomas a havia assediado sexualmente quando ela trabalhava para ele, anos antes), os senadores republicanos da Comissão, especialmente Orrin G. Hatch, de Utah, Alan Simpson, de Wyoming, e Arlen Specter, da Pensilvânia, atuaram como guerrilheiros ansiosos por destruir a figura de Hill. Simon admite que os democratas, com a pretensão de portar-se de maneira mais judiciosa, cometeram diversos erros, e afirma que o juiz Thomas não teria sido confirmado – foi aprovado no Senado por cinqüenta e dois votos a quarenta e oito, a menor margem pela qual um juiz já chegou à Suprema Corte em toda a história – se eles não tivessem cometido esses erros. Simon pensa, por exemplo, que eles erraram ao não insistir em que Angela Wright testemunhasse. Wright, que também trabalhara para Thomas na Comissão para a Igualdade de Oportunidades e Emprego em 1984 e 1985, afirmou sob juramento que ele tivera para com ela o mesmo tipo de comportamento ofensivo que supostamente tivera para com Hill. O juiz Thomas, em seu depoimento, disse que a demitira porque ela chamara um colega de trabalho de "bicha". Mas Wright negou esse fato, e Simon observa que, depois da demissão, o juiz Thomas lhe entregou uma brilhante carta de recomendação. O depoimento de Wright foi incluído no relatório final da comissão; mas, depois de muitas discussões entre os dois lados, decidiu-se que ela não faria nenhum depoimento na frente das câmeras de televisão. Se ela tivesse podido fazer isso, as repercussões do seu testemunho teriam sido muito maiores.

Na opinião de Simon, também foi um erro propor (como fez o senador Joseph Biden, de Delaware, o presidente democrata da comissão) que se desse ao juiz Thomas o benefício da dúvida no respeitante às acusações de Anita Hill, ou seja, que os senadores que não tivessem chegado a nenhuma conclusão tomassem sua decisão a partir da idéia de que quem estava dizendo a verdade era Thomas e não Hill. As sabatinas não foram um processo penal, em que é natural que o réu tenha o benefício da dúvida, mas sim uma tentativa de se descobrir se a confirmação do juiz Thomas, apesar das acusações de Hill, atenderia aos interesses da nação. Muitos senadores disseram que estavam votando a favor de Thomas porque não sabiam em quem acreditar; esse argumento, que no entender de Simon foi o argumento mais fraco a favor da confirmação, permitiu que eles não tivessem de tomar posição quanto ao tópico mais importante: se a indicação do juiz Thomas devia ser confirmada ou não.

Muitos daqueles que criticaram a atuação dos democratas também disseram que eles deveriam ter perguntado ao juiz Thomas se ele já havia assistido a filmes pornográficos semelhantes aos que, segundo Anita Hill, ele insistia em descrever para ela. A *Newsweek* afirmou que um jornal havia encontrado registros de locação de filmes desse tipo em nome do juiz Thomas. Simon, porém, insiste em que os democratas tiveram razão de não penetrar nesse território; não se deve exigir que os juízes indicados para a Suprema Corte discutam suas atividades e preferências sexuais, e, mesmo nessas circunstâncias especiais, caso se pedisse ao juiz Thomas que pusesse esse assunto em pauta, poderia configurar-se um precedente.

Timothy M. Phelps e Helen Winternitz são jornalistas especializados em política (foi ele o repórter da *Newsday* junto com Nina Totenberg, da National Public Radio, o primeiro a divulgar as acusações de Anita Hill). O livro deles, *Capitol Games*, é cheio de boas idéias, extremamente bem escrito e traça um panorama abrangente de toda a história de Clarence Thomas, desde a sua infância pobre, passada em Pinpoint, até o seu primeiro ano como juiz da Suprema Corte. Boa parte do relato se baseia numa pesquisa feita pelos próprios autores, parte da qual está sendo publicada pela primeira vez.

Phelps e Winternitz crêem que a batalha pela confirmação foi decidida pela eficiência política do governo Bush e pela ineficiência e pelos enganos dos adversários da nomeação. Dizem que a decisão de não solicitar o depoimento de Angela Wright foi "talvez a mais importante de todo o processo das audiências", uma vez que "para muitos senadores, era importantíssimo saber se havia mais de uma suposta vítima dos assédios sexuais de Thomas". Afirmam ainda que Wright, como Anita Hill, tinha contado sua versão dos fatos havia muitos anos, na época em que a coisa acontecera, a uma testemunha confiável, Rose Jourdain, que foi entrevistada pelos assessores da comissão; a confirmação de Jourdain contrapôs-se à alegação dos republicanos de que Wright inventara sua história depois de ler as acusações de Hill, para vingar-se por ter sido demitida. Porém, Phelps e Winternitz também observam que o próprio grupo de conselheiros que rapidamente se constituiu em torno de Hill pediu a Wright que não testemunhasse: tinham medo de que a imagem sólida de Hill se confundisse com a de Angela Wright, mais volúvel.

Phelps e Winternitz também nos dão um relato detalhado e interessantíssimo de como os principais partidários do juiz Thomas na administração Bush garantiram para ele a indicação e depois agiram de modo que confundissem e retardassem a oposição dos negros. Relatam, por exemplo, que a Casa Branca designou intermediários para fazer contato com Benjamin Hooks, diretor-executivo da National Association for the Advancement of Colored People, que os informou, antes ainda que a indicação fosse anunciada, que não se oporia ao juiz Thomas e talvez até lhe prestasse o seu apoio. No final, a organização de fato se opôs a Thomas, e o próprio Hooks depôs contra a nomeação. Porém, o atraso da NAACP, que, segundo os autores do livro, foi garantido em parte pela ação de Benjamin Hooks, tornou muito menos eficaz a sua oposição; e muitos observadores afirmam que o juiz Thomas teria sido derrotado se a NAACP e outras organizações semelhantes tivessem agido com mais presteza. *Capitol Games* nos informa de muitas outras intervenções da Casa Branca, semelhantes a essa. Assevera, por exemplo, que o governo mudou de posição a respeito da concessão de ajuda financeira a escolas dirigidas somente à comunidade negra para conquistar o apoio de um importante político negro do Alabama que tinha influência junto a Richard Shelby, o senador democrata do Alabama que votou a favor do juiz Thomas.

Há dois outros livros escritos recentemente sobre o mesmo assunto. Seu conteúdo é diferente, sua abrangência temática é maior e ambos são ainda mais interessantes. *Race-ing Justice, En-gendering Power* é uma coletânea de dezoito ensaios sobre a nomeação de Thomas, escritos por acadêmicos de destaque. O livro foi organizado pela crítica e romancista Toni Morrison, que também é autora da introdução. *Court of Appeal* é constituído de quarenta e dois ensaios de escritores, professores e intelectuais negros. Traz ainda uma cronologia dos acontecimentos ligados à nomeação e diversas declarações e documentos oficiais. De modo geral, os ensaios da primeira coletânea são mais eruditos e analíticos. Os da segunda são mais diversificados quanto à extensão, o estilo, o tom e a perspectiva. Mas, no todo, o livro representa os pontos de vista de uma gama extraordinária de grandes intelectuais negros. O fato de tantos entre eles reagirem de modo tão apaixonado e eloqüente, e não obstante apresentarem interpretações amplamente diferentes a respeito dos acontecimentos e do significado destes, é por si só um dado importante na história das relações raciais e sexuais nos Estados Unidos. Portanto, *Race-ing Justice, En-gendering Power* e *Court of Appeal* se contam entre os raros livros que passam a ser elementos essenciais da história que eles mesmos interpretam.

As audiências de Thomas revelaram muitas coisas sobre os Estados Unidos, seu povo e sua política. Deram-nos muitas informações sobre o caráter de alguns ocupantes de cargos públicos importantes, não só o próprio juiz Thomas, mas também o presidente Bush – cujo cinismo nunca se fez tão evidente quanto no momento em que afirmou que a questão da raça não tivera relação alguma com a escolha de Thomas para substituir Thurgood Marshall, e que o juiz Thomas, que nunca atuou na área jurídica e nunca produziu nenhum texto acadêmico de direito, era simplesmente "o homem mais indicado para o cargo". Quanto aos senadores Hatch, Simpson e Specter, é muito possível que a carreira deles, como a de outros políticos, chegue em breve a um final abrupto; com tudo o que as mulheres norte-americanas ficaram sabendo a respeito deles no decorrer das sabatinas, é certo que essa carreira, no mínimo, vai sofrer algumas modificações.

Olhando para trás, porém, há duas questões de caráter mais estrutural, sobre as quais a nomeação lançou uma luz bem forte, que parecem mais importantes do que o caráter ou o destino de alguns políticos. A primeira é um problema de teoria do direito. Embora a segunda rodada de sabatinas tenha sido caracterizada por um extremo mau gosto, a primeira rodada, na qual as qualificações do juiz deveriam ter sido examinadas, foi um desastre ainda maior. É verdade que alguns senadores pressionaram o juiz Thomas para que declarasse suas opiniões sobre *Roe vs. Wade* e outras causas específicas, mas ninguém pediu que ele explicasse suas concepções acerca de temas absolutamente essenciais de teoria constitucional, temas dos quais, no futuro, não se deve deixar que nenhum juiz indicado para a Suprema Corte fuja – como a questão de saber, por exemplo, se os dispositivos abstratos da Declaração de Direitos devem ser interpretados de maneira estreita, com a justificativa de que qualquer restrição ao poder da maioria de fazer valer sua vontade é uma diminuição da democracia; ou se devem ser interpretados de modo mais amplo, com a justificativa de que a garantia dos direitos básicos é uma pré-condição da democracia. As convicções dos juízes sobre questões básicas como essas inevitavelmente orientam a interpretação que eles fazem da Constituição, por mais neutros que eles afirmem ser ou por maior que seja o fervor com que prometam não "interpretar o texto segundo suas próprias opiniões".

É correto que os futuros juízes se recusem a declarar o voto que dariam em causas específicas. Porém, é preciso que já tenham refletido sobre essas questões constitucionais fundamentais antes de serem entrevistados pela comissão; e devem ser desqualificados caso se recusem a explicar seus pontos de vista a respeito desses assuntos, pois os senadores e o público têm o direito de conhecer não só o "caráter" que os assessores do juiz indicado decidiram projetar, mas também se o tal juiz tem uma filosofia constitucional e que filosofia é essa. A comissão, antes da próxima indicação, poderia publicar um relatório que arrolasse os temas que os candidatos deveriam estar preparados para discutir. Se, na primeira rodada de audiências, o juiz Clarence Thomas tivesse revelado as convicções filosóficas que depois manifestou na Corte, é possível que a segunda rodada nem sequer tivesse sido necessária.

A segunda questão estrutural que as audiências trouxeram à tona não é uma questão de teoria do direito, mas uma questão cultural, e é dela que principalmente tratam as duas coletâneas de ensaios. Durante várias décadas, pensou-se que uma das condições essenciais para o progresso dos negros rumo à justiça econômica e social era que os negros trabalhassem e lutassem juntos, uns pelos outros e pela raça. Mas, sobretudo depois da virada da década de 1980, muitos negros começaram a ter sérias dúvidas acerca do objetivo dessa solidariedade e do valor dela para a raça como um todo. Um número cada vez maior de profissionais liberais negros instruídos e prósperos, por exemplo, muitos dos quais se beneficiaram de programas de ação afirmativa em universidades e escolas profissionalizantes, adotam agora um neoconservadorismo que, como diz Robert Chrisman, um dos editores de *The Black Scholar*, parece mais uma atitude do que uma filosofia, mas condena esses próprios programas de ação afirmativa e outras propostas políticas liberais.

Dizem esses negros que os programas fazem mal à raça, uma vez que perpetuam um sentimento de inferioridade e impõem limites ao que os negros mais bem-sucedidos são capazes de realizar sozinhos. Alguns negros sentiram-se tentados a adotar esse ponto de vista não só porque crêem sinceramente que ele é correto – sendo esse o caso de alguns acadêmicos negros ponderados e comprometidos com sua raça –, mas também porque ele lhes abre a possibilidade de fazer carreira política no Partido Republicano, onde os negros conservadores se beneficiam, como disse alguém, da ausência de concorrência. Esse fato constitui um evidente desafio à solidariedade negra ortodoxa; ao mesmo tempo, obscurece o sentido que se pode dar atualmente a essa solidariedade negra, uma vez que já não existe consenso acerca de o que devem fazer os negros ansiosos por ajudar não só a si mesmos, mas também à sua raça.

Em suas opiniões e em sua carreira política, Clarence Thomas tipifica essa rejeição da velha solidariedade negra. Porém, no fim, foi essa mesma solidariedade obsoleta que garantiu para ele um lugar na Suprema Corte e permitiu que a direita pusesse lá dentro um juiz doutrinado e jovem o suficiente para atender aos interesses dela por quarenta anos, talvez. Do nosso ponto de vista atual, o modo como o juiz Thomas explorou esse antigo ideal em ambas as fases das audiências parece extraordinariamente hábil.

Robert Bork não foi confirmado porque, entre outros motivos, ele já manifestara um desgosto pelos programas de ação afirmativa e por certas decisões judiciais consideradas essenciais para o movimento pelos direitos civis. Os senadores do Sul votaram contra o juiz Bork porque tinham medo de perder o voto dos negros em seus estados. Porém, o histórico do juiz Thomas era ainda pior do que o de Bork. No decorrer de vários anos, em palestras dadas a grupos de direita, ele atacou as idéias convencionais sobre os direitos das minorias, zombou dos heróis dos direitos civis, entre os quais Thurgood Marshall, e ridicularizou sua própria irmã por aceitar a ajuda da Previdência Social.

Foi apoiado pelo senador Strom Thurmond, da Carolina do Sul, que certa vez defendeu a "segregação para sempre"; pelo senador Jesse Helms, da Carolina do Norte, que há décadas é visto como um inimigo dos negros; e por David

Duke, o racista de Louisiana. Porém, os mesmos senadores sulistas que votaram contra Robert Bork para atender aos interesses de seus eleitores negros apoiaram Clarence Thomas porque as pesquisas lhes diziam que era isso que esses eleitores agora queriam. Se a nomeação de Thomas foi ruim para a maioria dos negros norte-americanos – e a maioria dos que escreveram para *Race-ing Justice, En-gendering Power* e *Court of Appeal* pensam que foi –, é preciso reconhecer que a ferida foi, em parte, infligida pelos próprios negros.

Apesar das alegações passadas do juiz Thomas, de que os negros têm de pensar e agir como indivíduos, no final ele apelou diretamente à comunidade negra, ignorando os senadores com os quais falava, reclamando para si o apoio dessa comunidade pelo simples fato de também ser negro, de fazer parte dela. Na primeira rodada de audiências, antes da publicação das acusações de Anita Hill, ele se recusou sistematicamente a falar sobre direito e teoria constitucional. Desqualificou todos os discursos radicais que lhe haviam garantido a indicação, fazendo confissões anódinas de que a maioria das pessoas se envergonharia – disse que não havia sequer se ocupado de ler um importantíssimo relatório da Casa Branca por ele assinado, ou um panfleto radical contra o aborto que chegou a qualificar de "esplêndido"; e disse que só elogiara o panfleto porque sabia que a platéia para a qual estava falando admirava o autor dele. Afirmou nunca ter discutido a decisão de *Roe vs. Wade* e disse não ter opinião sobre o assunto, muito embora a decisão tenha sido tomada quando ele estava na faculdade de direito de Yale e logo tenha se tornado a decisão judicial mais controversa e mais debatida de sua geração. É certo que o juiz Thomas fez esta última declaração com uma perfeita cara-de-pau, mas não podia ter a esperança de que muitos acreditassem nela; e, como escreve o senador Simon, esse depoimento, feito pelo juiz Thomas sob juramento, "foi um convite à descrença" e fez com que "alguns de nós, membros da comissão… ficássemos com a sensação de que ele não tinha sido sincero conosco".

Ao que parece, Clarence Thomas não se importava com o fato de não acreditarem em suas palavras. O que ele pôs em evidência foi a sua raça e a sua história de vida, falando da infância passada na pobreza, apelando diretamente aos negros como a iguais, dizendo-lhes que a raça era tudo o que importava. Isso funcionou. As primeiras pesquisas mostraram que os negros o apoiavam por uma margem de mais ou menos dois contra um, e esse fator fez com que os senadores liberais tivessem imediatamente uma dificuldade maior para declará-lo francamente incompetente ou desqualificado.

O juiz Thomas não foi apoiado somente pelos negros pouco instruídos, que talvez não soubessem nada a respeito de suas opiniões sobre a questão da raça. Vários autores que escreveram ensaios para *Race-ing Justice, En-gendering Power* e *Court of Appeal* apresentaram argumentos a favor desse mesmo tipo de apoio baseado na solidariedade. Alguns disseram que o apoiaram porque, se ele tivesse sido recusado, o presidente Bush indicaria de qualquer modo um conservador hostil, mas, desta vez, branco. Muitos adotaram o ponto de vista de Maya Angelou, famosa escritora negra, que, num ensaio publicado antes ainda de começarem as audiências, disse que tinha a pior opinião possível de muitas idéias do juiz Thomas, mas que os negros deveriam apoiá-lo porque, uma vez na Corte, ele poderia mudar, em atenção às suas raízes negras.

Essas motivações parecem querer justificar o injustificável. Será que os negros não sofrem um insulto pior por ter na Corte um juiz negro desqualificado e hostil, que posa de seu representante, do que sofreriam se houvesse lá um juiz igualmente desqualificado e hostil, mas branco? Que motivos essas pessoas tinham para supor que o juiz Thomas de repente sentiria pelos outros negros uma compaixão que jamais demonstrara? Ronald W. Walters, diretor do departamento de ciência política da Universidade Howard, em Washington, ridiculariza a esperança de que, uma vez que o juiz Thomas vestisse a toga, "todos os espíritos de seus antepassados negros desceriam sobre ele e essa revelação divina o levaria a 'fazer a coisa certa'". O desempenho de Thomas na Corte até agora nos mostra que Walters estava mais próximo da verdade do que Maya Angelou. O juiz Thomas votou junto com Antonin Scalia, o conservador mais empedernido da Corte, em todas as causas exceto duas, e suas opiniões levaram o *New York Times* a chamá-lo, num editorial, de "o juiz mais jovem e mais cruel". A única grande organização de direitos civis que lhe prestou apoio quando da confirmação, a Conferência Sulista da Liderança Cristã, mudou de posição depois de ver o que aconteceu na prática.

É difícil não chegarmos à conclusão de que até mesmo os intelectuais negros que prestaram apoio a Clarence Thomas o fizeram porque não eram emocionalmente capazes de se opor a um negro que se candidatava a um dos cargos mais altos a que pode aspirar um norte-americano. Tampouco podemos negar a conclusão de Manning Marable, professor de história e ciência política na Universidade do Colorado, campus de Boulder, consignada no livro *Race-ing Justice, En-gendering Power*, de que, no caso de Thomas, "a maioria da comunidade afro-americana apoiou a pessoa errada para o cargo errado pelas razões erradas"; ou a conclusão de Toni Morrison na elegante introdução que escreveu para esse volume: de que "a época da unidade racial indiscriminada já passou".

A segunda rodada de audiências girou em torno de um outro questionamento do antigo ideal de solidariedade, um questionamento que se refletiu nas mulheres negras, divididas entre a fidelidade à raça e a consciência das injustiças que a solidariedade às vezes quer ocultar, como as que Anita Hill disse ter sofrido. Respondendo a esse outro questionamento, Clarence Thomas ampliou seu apelo à solidariedade, incluindo nele um de seus aspectos menos atraentes – transmitiu a mensagem de que Anita Hill era uma traidora que o queria desonrar na frente dos brancos. Encontrou a imagem perfeita para essa mensagem numa distorção histórica irresponsável: afirmou, aos gritos, que estava sendo vítima de um linchamento, o que significava que Anita Hill havia traído os homens negros, reforçando o estereótipo sexual que fizera com que tantos deles fossem efetivamente linchados no passado.

Nesse momento de explosiva autocomiseração, Clarence Thomas tentou mais uma vez convencer os negros a não dar atenção aos testemunhos ou argumentos que ainda estavam por vir, mas a apoiá-lo no simples papel da vítima negra arquetípica, traída dessa vez por uma pessoa da sua própria raça. Declarou que não havia sequer ouvido o depoimento de Anita Hill, o que deixou perplexos até mesmo alguns dos que o apoiavam, mas confirmou de modo brilhante, por exemplo, a mensagem que ele quis transmitir: que os detalhes ou a verdade das palavras de Hill simplesmente não vinham ao caso.

Mais uma vez, essa estratégia funcionou. Ninguém conseguiu provar que Anita Hill tivesse um motivo qualquer para estar mentindo; e a tosca idéia alternativa dos republicanos, de que ela sofria de erotomania delirante, veio abaixo porque a única prova que eles tinham a favor dessa suposição era o depoimento de uma testemunha narcisista que, na opinião do senador Simon, sofria de evidentes distúrbios emocionais e estava precisando de ajuda. Não obstante, a maioria dos norte-americanos, inclusive dos negros, disse aos institutos de pesquisa que quem estava falando a verdade era o juiz Thomas; e aos poucos ficou claro que o que eles queriam dizer é que ele não devia perder o seu prêmio só porque, muitos anos atrás, dirigira palavras libidinosas a uma negra.

As duas coletâneas de ensaios dão as mais diversas explicações para essas convicções, e a maioria das explicações revelou alguns pressupostos perturbadores: que o sexo tem um sentido diferente na comunidade negra, que as mulheres negras são menos inocentes ou merecem menos proteção do que as brancas e que, de qualquer modo, as mulheres negras não têm o direito de contar histórias picantes para envergonhar os homens negros. Na opinião de vários ensaístas, a cultura branca norte-americana promoveu os dois primeiros pressupostos desde a época da escravidão, e as pesquisas mostram a que ponto os norte-americanos estão dispostos a engolir também o terceiro.

Em *Race-ing Justice, En-gendering Power*, Andrew Ross, professor de inglês na Universidade de Princeton, afirma que, embora o senador Hatch se apresentasse como o principal defensor de Thomas, o fato de ter repetido detalhadamente as acusações embaraçosas de Anita Hill e pedido ao indicado que as negasse uma por uma (apesar de ele já tê-las negado categoricamente em bloco) foi tão eficaz quanto qualquer declaração de Anita Hill para fixar na mente do público o estereótipo da sexualidade negra. Gayle Pemberton, subdiretora de estudos afro-americanos em Princeton, conta que "houve muitas especulações, entre as mulheres negras, sobre como teriam sido as audiências se Anita Hill fosse branca". E Toni Morrison, em sua introdução, diz que "uma acusação de má conduta sexual, que é uma acusação pesada, provavelmente teria desqualificado imediatamente um candidato branco".

Entretanto, o testemunho de Anita Hill não desqualificou Clarence Thomas. E isso ocorreu antes de tudo porque não só os brancos, mas também os negros o apoiaram à razão de mais ou menos dois contra um. Vários daqueles que escreveram ensaios para *Court of Appeal* se inscreveram nessa maioria. Jacquelyne Johnson Jackson, professora de sociologia médica no centro médico da Universidade Duke, nos conta qual foi a sua própria reação: a "primeira impressão" que teve de Anita Hill, a impressão "que ficou", foi a de que ela "representava 'eles contra nós'" e devia ser uma "mulher desprezada" que esperava obter "benefícios pessoais e monetários". Nathan e Julia Hare chegaram à conclusão de que Hill era a testa-de-ferro de feministas brancas que ansiavam por negar ao juiz Thomas a nomeação depois de ele a ter merecido "justamente". Os dois manifestaram seu orgulho pelo fato de "o povo negro ter crescido a uma estatura imensa e… a justiça ter triunfado na América negra".

Outros ensaístas que publicaram seus artigos nas duas coletâneas verificaram as mesmas reações em amigos e vizinhos negros. A economista Julianne Malveaux ouviu estas palavras da freguesa de uma loja de velas, que entrou na loja enquanto as sabatinas estavam sendo transmitidas pela televisão: "Odeio essa cadela." Melba Joyce Boyd, diretora de estudos afro-americanos na Universidade de Michigan, campus de Flint, diz que o marido e o sogro de uma amiga sua afirmaram que Hill "não deveria tê-lo desmascarado na frente da América branca". Diz Boyd: "Ainda se espera que as mulheres negras... aturem qualquer ignomínia porque, caso se revelasse a verdade sobre os diabos presentes em nosso meio, isso seria uma vergonha para a 'raça'."

Num artigo publicado no *New York Times* e novamente publicado em *Court of Appeal*, artigo que aliás foi tema de muitas discussões, o sociólogo Orlando Patterson apresentou sua própria versão desse ponto de vista. Disse que as relações entre os sexos dentro da comunidade negra são diferentes do "modelo neopuritano e elitista" promovido pela "escola dominante do feminismo norte-americano", e que, se o juiz Thomas "supostamente brindou" Anita Hill com palavras de um humor "rabelaisiano", pode ser que só o tenha feito para reafirmar suas origens culturais comuns. Patterson acrescentou que Clarence Thomas tinha o direito de mentir sob juramento e negar essas conversas mesmo que elas tivessem efetivamente ocorrido, pelo motivo – segundo Patterson – "utilitário" de que, se a América branca e puritana soubesse a verdade, o castigo impingido seria totalmente desproporcional à ofensa cometida.

Isso é um absurdo. Um juiz que aceitasse esse tipo de justificativa para cometer perjúrio, ou que, mais ainda, cometesse efetivamente o perjúrio para salvar sua carreira, seria digno de um *impeachment* e de mais nada. Além disso, o argumento de Patterson deixa de lado um fato crucial: Clarence Thomas e Anita Hill não estavam no mesmo escalão profissional no ambiente de trabalho que ele supostamente alegrava com seu humor picante. O juiz Thomas tinha poder sobre o futuro dela, não só porque era o patrão, mas também por ser aquele tipo de protetor em potencial de que os jovens profissionais liberais – especialmente os negros – precisam e a quem relutam em afastar ou ofender. É esse tipo de poder que torna o assédio sexual uma coisa tão vil: ele obriga as mulheres a escolher entre a humilhação e o atraso profissional, e foi a necessidade de fazer essa escolha que há dez anos conduziu Anita Hill ao hospital, com dores estomacais, e que produziu a sensação de injustiça que vinha queimando dentro dela havia uma década.

Entretanto, o ensaio de Orlando Patterson ajuda a explicar por que tantas mulheres negras acham que seus problemas são especiais e que seus interesses não podem ser simplesmente confundidos com os dos homens negros ou das mulheres brancas. Num artigo do *New York Times Magazine*, publicado também em *Court of Appeal*, Rosemary L. Bray, uma das editoras de *The New York Times Book Review*, afirma:

> Os homens negros e as mulheres brancas já fizeram muitos apelos à nossa lealdade e à nossa solidariedade, pretendendo pô-las a serviço de suas lutas respectivas pelo reconhecimento e pela autonomia, mas não chegaram a compreender distintamente que o que para eles é liberdade não passa, para nós, de uma espécie de liberdade condicional.

Várias pessoas que publicaram ensaios nas duas coletâneas afirmam portanto que as mulheres negras precisam chegar a uma noção coletiva e especial de sua identidade e dos seus problemas específicos; precisam, na verdade, de um conceito novo, da idéia de um feminismo especificamente negro.

Esse conceito pode vir a ter um grande valor sociológico. Porém, tornar-se-ia perigoso se viesse a justificar mais uma forma enganosa de solidariedade, mais uma categoria que as pessoas que têm poder usariam para conquistar automaticamente o apoio das que não têm. Se Anita Hill fez o que fez e conservou durante todo o processo uma extraordinária dignidade, foi só por um motivo (nem as pesquisas nem a racionalidade conseguiram sugerir mais nenhum): na opinião dela, era errado que uma pessoa que abusou de seu poder e sentiu prazer com o sofrimento alheio viesse a participar de um tribunal cujos juízes precisam se valer de seus próprios instintos para interpretar os direitos mais básicos dos cidadãos norte-americanos. Ela não agiu por uma fidelidade à sua raça ou ao seu sexo, mas simplesmente por uma fidelidade à humanidade e aos ideais do direito.

Muitos dos escritores negros assinalam que Anita Hill não tinha à sua disposição nenhum estereótipo cultural útil para contrapor àqueles que o juiz Thomas usou para conquistar o apoio do público: dizem eles que os únicos personagens que as mulheres negras podem representar são a Mamãe negra gorda e bonachona, a Parasita da Previdência Social e – o que foi particularmente perigoso no caso em pauta – Jezebel. Porém, Anita Hill se saiu melhor sem os estereótipos do que teria se saído com eles. Apesar de as pesquisas iniciais darem a entender que ela tinha fracassado, o fato é que ela conseguiu alguma coisa. Contente, o senador Paul Simon salienta que ela conseguiu tornar os norte-americanos muito mais conscientes do assédio e da opressão sexual. No fim das contas, foi Anita Hill – e não o juiz Thomas – que foi convidada a dar palestras à Ordem dos Advogados Norte-Americanos e a várias outras associações importantes no ano que se seguiu às sabatinas. Pode ser que a chave do seu sucesso tenha sido o apelo evidente que ela fez a um simples princípio, não a uma imagem nem a um grupo cujo estandarte ela poderia carregar nas batalhas da política. Se os senadores que procuraram humilhá-la fossem igualmente comprometidos com os princípios – se tivessem prestado mais atenção à integridade judicial de Thomas do que à situação dele nas pesquisas de opinião – teriam prestado um serviço melhor à Constituição, à nação e à meta da justiça racial, cuja urgência ainda nos assusta.

25 de outubro de 1992

17. Learned Hand

    Depois de terminar a faculdade de direito, trabalhei por um ano como assistente do juiz Learned Hand, do tribunal federal de apelações do Segundo Tribunal Itinerante, em Manhattan. Certa noite, tinha de deixar um memorando na casa dele; pedi a uma jovem que havia acabado de conhecer, e que estava jantando comigo, que me acompanhasse, pois a coisa toda não levaria mais que um minuto. Porém, depois de atender à porta, Hand nos convidou para entrar, nos ofereceu um martini seco e conversou com a minha nova amiga por quase duas horas sobre história da arte, seu velho amigo Bernard Berenson, o estado da Universidade Harvard, a política nova-iorquina, a Suprema Corte e muitos outros assuntos. Quando saímos e descíamos os degraus de arenito escuro, ela me perguntou: "Se eu continuar me encontrando com você, vou continuar me encontrando com ele?"
    Learned Hand foi um dos maiores juízes norte-americanos. Agora, por meio da biografia brilhante escrita por Gerald Gunther, todos nós podemos "nos encontrar com ele" à vontade. Hand escrevia sem parar – milhares de decisões judiciais e dezenas de milhares de memorandos a outros juízes, cartas a suas legiões de amigos, ensaios acadêmicos, discursos cerimoniais e ensaios filosóficos – e Gunther teve à sua disposição uma quantidade imensa de material logo depois da morte do juiz, em 1961. De lá para cá, Gunther fez uma carreira acadêmica de bastante distin-

ção – é professor de direito constitucional na faculdade de direito de Stanford e autor de um dos principais livros de referência sobre esse tema. Porém, os familiares e admiradores de Hand vinham ficando cada vez mais impacientes para ler a biografia dele.

Valeu a pena esperar. O livro *Learned Hand*, de mais de oitocentas páginas, não é apenas detalhado como também penetrante e esclarecedor. Sua capa de papel, com a famosa fotografia em que Hand, mão no queixo, posa como um juiz platônico, com os olhos brilhando por trás das famosas sobrancelhas, é um detalhe esplêndido que aumenta o seu valor. O livro de Gunther combina quatro histórias diferentes, cada uma das quais por si só teria dado um livro; e, para resenhá-lo, o melhor é tratar separadamente de cada uma dessas histórias.

A primeira é toda uma história do segundo século de existência dos Estados Unidos, a partir do ponto de vista de um homem sensível que viveu durante quase todo esse período. Hand nasceu em 1872, poucos anos depois de terminada a Guerra Civil, e morreu em 1961, quando John Kennedy era o presidente. Uma descrição de sua vida é inevitavelmente uma descrição de muitas instituições, personalidades e movimentos que marcaram os Estados Unidos ao longo desses noventa anos. Na década de 1890, na Universidade Harvard, Hand estudou filosofia com Santayana, Royce e James; também fez amizade com judeus que estudavam lá, e isso colaborou para que ele não fosse admitido ao exclusivo Porcellean Club, coisa que queria muitíssimo. Na faculdade de direito de Harvard, assistiu aos momentos em que o reitor Christopher Columbus Langdell começou a transformar a educação jurídica nos Estados Unidos através do método de casos. A prática de advocacia de Hand, primeiro em Albany, onde nascera, e depois em Nova York, não teve momentos de grandeza; mas, na época, um advogado jovem, inteligente e comunicativo, com um bom currículo acadêmico, ainda era capaz de conhecer a maioria dos advogados e juristas que tinham influência, e isso ele fez. Em 1909, seus amigos lhe garantiram um cargo de juiz federal. O cargo era tão pouco desejado pelos advogados promissores e tão mal pago que o sogro de Hand considerou-o tolo por aceitá-lo.

Embora os familiares de Hand fossem democratas de tradição jeffersoniana e se sentissem horrorizados com a doutrina "progressista" segundo a qual o governo nacional deveria regulamentar o comércio e a indústria de acordo com os interesses da justiça, o próprio Hand foi um dos primeiros convertidos ao movimento progressista. Persuadiu Theodore Roosevelt, que conhecera, a ler o manifesto progressista de Herbert Croly, *The Promise of American Life*, que se tornou a bíblia de Roosevelt. O próprio Hand trabalhou com Croly para fundar o *New Republic*, para o qual escreveu artigos anônimos. Em 1912, filiou-se ao Partido Progressista de Roosevelt, ajudou a redigir sua plataforma e, um ano depois, como membro do partido, concorreu ao cargo de juiz do Tribunal de Apelações de Nova York, mas não foi eleito.

Depois disso, passou a ser mais fiel à sua opinião de que os juízes não devem tomar partido publicamente em questões políticas controversas. Mas, tanto na qualidade de juiz quanto na de progressista, sentia-se indignado com as decisões da conservadoríssima Suprema Corte, que declarou inconstitucional várias leis sociais que hoje em dia são consideradas essenciais para qualquer sociedade justa, como as leis que estipulam um número máximo de horas de trabalho e definem um salário mínimo para as mulheres. Segundo a Suprema Corte da época, essas leis violavam o dispositivo de devido processo da Décima Quarta Emenda na medida em que privavam os cidadãos de uma fundamental liberdade de contrato; isso, na opinião de Hand, era um absurdo.

Hand não gostou nem um pouco de Harding e Coolidge e decepcionou-se com Hoover, que admirara como um bom administrador. Pensava que FDR* era intelectualmente

---

* Franklin Delano Roosevelt. (N. do R.)

superficial, mas admirava-o pelo otimismo e pelo experimentalismo. Percebeu mais claramente do que muitos outros a iminência da Segunda Guerra Mundial – mais, especificamente, do que seu grande amigo Walter Lippman – e, durante a guerra, tornou-se conhecido no país inteiro quando, numa cerimônia patriótica realizada no Central Park, fez um discurso sobre a liberdade que foi citado e reproduzido muitas vezes. ("O espírito da liberdade", disse, "é o espírito que não tem muita certeza de estar com a razão.") No período do pós-guerra, horrorizou-se com o sadismo e a paranóia do macartismo, mas também com as decisões liberais da Suprema Corte comandada pelo primeiro-juiz Warren, decisões que, na opinião de Hand, eram tão improcedentes quanto as decisões conservadoras de anos anteriores.

Gunther discute o lugar que Hand ocupou nesse período da história norte-americana e as reações que teve a esses grandes acontecimentos, e, sempre com grande eloqüência, fala de outras figuras políticas importantes que Hand conheceu e com quem se correspondeu. *Learned Hand* parece ser um livro essencial para quem quer que pretenda estudar a história desse longo período em que viveu o juiz.

A segunda história do livro nos pinta um quadro psicológico de uma personalidade anormalmente complexa, talvez até paradoxal. Hand era gozador, espontâneo e sociável; adorava fazer piadas, pregar peças, contar histórias irreverentes e ouvir árias de Gilbert e Sullivan, as quais também começava a cantar de repente, rompendo o silêncio erudito do seu escritório. Seu relacionamento com os assistentes era mais íntimo do que o normal: na minha época, ele e o assistente trabalhavam em duas escrivaninhas colocadas frente a frente e encostadas uma na outra. Embora ele próprio tivesse inventado o sistema do assistente judiciário (pagava seus primeiros assistentes com o dinheiro do seu próprio salário), afirmava não saber muito bem como usá-los. No meu primeiro dia de trabalho, ele me disse: "A maioria dos meus colegas manda seus assistentes consultar a jurisprudência. Mas eu sei muito melhor do que você onde estão as causas pertinentes", asseverou, fazendo um gesto largo em direção aos livros que cobriam as paredes, "pois fui eu quem decidiu a maioria delas. A maioria dos meus colegas pede aos assistentes que escrevam uma primeira versão dos votos. Pode até ser que você escreva melhor do que eu; mas, como sou vaidoso, jamais vou aceitar esse fato. Nesse caso, o que vou fazer com você? O melhor é que você simplesmente leia o que eu escrever e me diga se encontrar algo de errado. No tempo que nos sobrar, se é que vai sobrar algum, simplesmente conversaremos."

Porém, apesar do charme e do caráter brincalhão de Hand, ele era extraordinariamente inseguro: considerava-se fraco, até um covarde – certa vez, comparou-se a Casper Milquetoast –, e só esporadicamente a baixa opinião que tinha de suas próprias capacidades era contrabalançada pela sua fama, que aumentava cada vez mais. Gunther aventa vários motivos possíveis para o surgimento e o crescimento dessa insegurança. O pai de Hand, um advogado que era um herói para sua família e para toda a Albany vitoriana, morreu quando Hand tinha meros quatorze anos, e o filho sentiu que jamais conseguiria alcançar a excelência do pai. Hand, além disso, nunca se esqueceu de ter sido ignorado pelos "maiorais" de Harvard e pelos seus clubes – com mais de oitenta anos, ainda falava, com dor zombeteira, desse fracasso social. E o fato de nunca ter sido indicado para a Suprema Corte também o magoava, muito mais do que ele dava a entender. A única vez em que sua mágoa se tornou evidente foi numa carta extraordinária que remeteu a Felix Frankfurter em 1950, na qual admitia que desejava um lugar na Corte "mais do que qualquer outra coisa"; mas desprezava esse sentimento, que, em sua opinião, era uma fraqueza, e tinha medo de que o que o atraísse no cargo de juiz da Suprema Corte fosse somente "a importância, o poder, a pompa".

Poucos homens teriam tolerado um casamento como o seu: sua esposa, Frances, que ele adorava, teve durante décadas uma amizade muito íntima com outro homem, Louis Dow, professor de francês em Dartmouth. O casal Hand adquirira uma casa de campo em Cornish, New Hampshire, perto de Dartmouth; e em 1913, quando a esposa de Dow foi internada num manicômio, Dow começou a passar muito tempo ao lado de Frances nessa casa enquanto Learned ficava em Nova York. Na década de 1930, Frances fez diversas viagens à Europa na companhia de Dow e sem o marido. Gunther conta essa história com muito tato e afirma que não saberia dizer se o relacionamento entre os dois amigos jamais chegou a ser "físico". De qualquer modo, na opinião de Gunther, Hand ansiava desesperadamente por ter um relacionamento mais íntimo com a esposa. Depois da morte de Dow, em 1944, as cartas trocadas por ambos de fato ficam ternas e amigáveis – as de Hand, quase infantis em sua gratidão pelo afeto da esposa.

A terceira história contada em *Learned Hand* é um relato profissional, até mesmo técnico. Todo estudante de direito nos Estados Unidos aprende que Hand, ao lado de Holmes, Brandeis e Cardozo, foi um dos quatro maiores juízes norte-americanos. Muitos estudiosos – com certa razão, a meu ver – põem Hand no topo até mesmo desse exaltado quarteto. Os outros três fizeram parte da Suprema Corte, mas Gunther deixa claro que os motivos pelos quais Hand não foi escolhido, nos anos em que poderia ter sido, foram meros acidentes da política; quando se pediu a Felix Frankfurter que desse o nome do maior jurista da Suprema Corte, ele disse que o maior jurista não estava na Suprema Corte. Porém, hoje em dia, poucos estudiosos de direito (e um número ainda menor de leigos) sabem por que Hand foi um juiz tão bom; e, nas páginas mais marcantes do livro – sobretudo num longo capítulo dedicado inteiramente à análise jurídica –, Gunther responde a essa pergunta, não com abstrações, mas através de uma análise rigorosa e detalhada de alguns dos temas mais complexos da legislação federal: direito constitucional, a lei da obscenidade e alguns assuntos aparentemente muito menos empolgantes, como direito marítimo, leis de patentes e direitos autorais e direito administrativo.

Certos leitores se sentirão intimidados diante de sessenta e cinco páginas que explicam como Hand praticamente reinventou cada uma dessas áreas do direito, mas constatarão que a exposição de Gunther é extraordinariamente clara e animada. Gunther percebeu que, para explicar o que é o trabalho de um juiz e por que Hand era tão bom no que fazia, é preciso apresentar de maneira rigorosa e completa os problemas que ele enfrentava, os métodos que usava e as soluções a que chegava. Pois era sobretudo nos detalhes de seu trabalho cotidiano que Hand era um gênio. Em 1930, quando lhe pediram que fizesse na faculdade de direito de Harvard um discurso em homenagem a Holmes, a quem admirava profundamente, ele disse que Holmes era o presidente da "Sociedade dos Artesãos", dos que praticam uma profissão que não se preocupa nem com a honra nem com a fama, mas que "oferece um bom serviço em troca do seu salário" e "exige uma qualidade perfeita, maior do que a necessária para ser aceita pelo mercado". Em 1958, nas Palestras Holmes dadas na faculdade de direito de Harvard, ele disse que seus professores nessa mesma faculdade o haviam ensinado que "é na qualidade de artesãos que obtemos nossa satisfação e nosso pagamento".

Entre todos os tribunais itinerantes, só o Segundo Tribunal exige que seus juízes expliquem suas opiniões sobre cada causa em memorandos escritos antes da sessão de julgamento em que se chega a uma decisão. Hand arquivava todos os memorandos que escrevia, e eles de fato revelam o trabalho de um artesão. São repletos de boas e más piadas e de algumas digressões cômicas ou maliciosas, poucas das quais chegaram a constar dos votos formais que ele por fim escrevia. Porém, como Gunther nos diz, também evidenciam um trabalho denso, árduo e meticuloso; demonstram não só a intuição imaginativa que dava um caráter tão revolucionário a seus pareceres, como também uma diligência espantosa, dia após dia, década após década, na exploração de temas que iam além daqueles diretamente envolvidos nas causas, sempre em busca de uma compreensão melhor dos problemas comerciais e humanos que o direito tinha, de algum modo, de resolver. Nos casos de direito marítimo que tinham por matéria a colisão de dois barcos, ele preparava desenhos detalhados de como cada acidente havia acontecido até se sentir seguro de que entendia o acidente tão bem quanto os que estavam a bordo, ou melhor. Nos casos de patentes que envolviam invenções de complexidade desconcertante, enquanto seus colegas se contentavam com uma rápida caracterização do assunto tirada de relatórios simplificados, Hand fazia desenhos e, quando necessário, estudava física e química até compreender suficientemente o problema técnico para poder se pronunciar com autoridade sobre o fato de uma invenção ter infringido uma patente, ou não.

Hand foi juiz federal durante cinqüenta e três anos; ao longo de grande parte desse período, era considerado o melhor de todos os juízes federais, e no final já era uma lenda. Porém, trabalhou com a mesma dedicação até morrer, como se cada causa, complexa ou trivial, empolgante ou tediosa, fosse a mais importante que viria a decidir em toda a sua vida.

É certo que, silenciosamente, ele se comprazia no crescimento de sua fama. Quando eu era seu assistente, ele se aproveitou certa vez da prerrogativa de julgar sozinho uma nova causa na qualidade de juiz distrital, em vez de participar, como sempre fazia, da câmara do tribunal itinerante que cuidava das apelações; e escolheu um caso de direito marítimo, pois tinha um amor particular pelas embarcações. Eu sabia que os advogados não tinham a menor idéia de que seria ele o juiz, por isso corri para o tribunal a fim de assistir à entrada dele na sala. "Todos de pé", disse o meirinho a dois advogados jovens e assustados. "Preside o juiz Learned Hand." Então Hand entrou, sóbrio, sem dar atenção a ninguém, com o denso sobrecenho cerrado em expressão de grande concentração. Ouviu-se um burburinho prolongado até que um jovem advogado ficou de pé e disse: "Se for do agrado do tribunal, peço um adiamento de uma hora para que possa telefonar ao meu escritório. O sócio principal vai me pôr na rua se eu não lhe der a oportunidade de fazer a sustentação oral desta causa." Hand consentiu e os dois advogados saíram da sala em disparada. Uma hora depois, os sócios principais de dois grandes escritórios de advocacia especializados em direito marítimo, nenhum dos quais tinha o menor conhecimento do caso em pauta, colocaram-se de pé diante do grande juiz. Depois um deles me disse: "Agora posso escrever minhas memórias."

A quarta história contada por Gunther é a mais importante, embora seja a menos explícita. O sistema político norte-americano é singular na medida em que dá aos juízes um poder extraordinário: permite que eles declarem inválidos os atos do Legislativo e do Executivo quando acham que esses atos violam qualquer um dos princípios morais abstratos da Declaração de Direitos da Constituição – entre os quais, por exemplo, a determinação de que o Estado não infrinja a "liberdade de expressão" nem negue o "devido processo legal" nem a "igualdade de proteção das leis". Por isso, a questão de saber como os juízes devem interpretar essas frases abstratas é crucial, e Gunther nos fornece o material de que precisamos para estudar a resposta dramática que Hand dá a essa pergunta.

Alguns juízes decidem as causas constitucionais partindo do pressuposto de que seu dever, na medida em que o permitem o texto da Constituição e as decisões judiciais passadas, é o de interpretar essas expressões morais de acordo com suas próprias opiniões acerca de quais são as liberdades necessárias numa sociedade decente e de quais são as formas de igualdade essenciais para que todos os cidadãos sejam iguais perante a lei. Os juízes conservadores que invalidaram as leis que determinavam um número máximo de horas de trabalho supunham que a liberdade de contrato é tão fundamental que precisava ser protegida pelo "devido processo" legal. Os juízes que declararam a inconstitucionalidade da segregação racial nas escolas pensavam que essa forma de discriminação era tão odiosa que arruinava a "igualdade" de proteção das leis para todos.

Porém, desde os primórdios de nossa história constitucional, houve advogados e juízes que discordaram da idéia de que os juízes devem tomar essas decisões; na opinião deles, os juízes não devem ter tanto poder. Era essa a opinião de James Bradley Thayer, o professor de que Hand mais gostava na faculdade de direito de Harvard, que disse, em 1893, que os juízes só devem declarar a inconstitucionalidade de uma lei quando "aqueles que têm o direito de fazer as leis não só cometeram um erro como o cometeram de modo evidente – de tal modo que não deixará de ser percebido por nenhum exame racional"[52]. Hand foi muito influenciado por Thayer, e, quando a Suprema Corte considerou inconstitucionais as leis econômicas e sociais progressistas que ele apoiava, passou a desconfiar ainda mais do poder dos juízes.

Na qualidade de juiz, Hand abriu, de início, uma exceção significativa a essa crença no comedimento. Em 1917, tocado pelo fervor da Primeira Guerra Mundial, o Congresso aprovou a Lei da Espionagem, que criminalizava toda e qualquer declaração contrária à guerra e permitia que o chefe dos correios excluísse das malas postais os periódicos que publicassem mensagens contra a guerra. Apoiado nessa autoridade, os correios interromperam a distribuição de um número de *The Masses*, uma revista radical editada por Max Eastman, na qual várias caricaturas e artigos apresentavam a guerra como um instrumento das grandes empresas contra os interesses dos trabalhadores. A causa foi apresentada a Hand, que ainda era um juiz distrital e sabia que sua carreira seria prejudicada caso a proibição fosse anulada.

---

52. James Bradley Thayer, "The Origin and Scope of the American Doctrine of Constitutional Law", *Harvard Law Review*, vol. 7, nº 3 (25 de outubro de 1893), p. 129.

Mesmo assim ele o fez, numa decisão brilhante que continua sendo uma das mais fortes e proféticas defesas judiciais da liberdade de expressão. Disse ele que, pela Primeira Emenda, nem mesmo declarações perigosas poderiam ser proibidas ou punidas a menos que constituíssem uma incitação direta ao crime, e que a Lei da Espionagem tinha de ser interpretada como sujeita a essa limitação.

A decisão foi imediatamente reformada por uma instância superior e a reputação de Hand caiu um pouco. Quando percebeu que não conseguiria convencer nem mesmo Holmes de sua opinião, Hand desistiu dela – comparou-a a um barquinho de brinquedo que não havia conseguido navegar para muito longe e tinha de ser tirado da água. O critério do próprio Holmes, do "perigo evidente e imediato", que oferecia menos proteção porque permitia que uma expressão fosse castigada quando um juiz ou um júri achasse que ela tinha o potencial iminente de causar atos prejudiciais, quer o falante os conclamasse diretamente, quer não, tornou-se o critério constitucional (embora a lei tenha adotado, em anos recentes, um ponto de vista semelhante ao da opinião original de Hand).

Em 1950, no caso *Dennis*, Hand se sentiu obrigado a usar o critério de Holmes para julgar a apelação da condenação dos líderes do Partido Comunista. Eles haviam sido condenados com base na Lei Smith, por conspirar para defender a derrubada do governo pela força ou pela violência. Hand disse que o Congresso, no meio da guerra fria, estava sendo levado a pensar que a ameaça de uma violência comunista constituía um perigo evidente e imediato, e confirmou a condenação usando uma linguagem que a Suprema Corte depois adotou quando julgou a segunda apelação. Embora Gunther defenda a decisão de Hand, como a de um bom juiz de instância inferior que segue os precedentes estabelecidos pela Suprema Corte, essa decisão só se explica pelo fato de Hand estar cada vez mais convicto de que os juízes não devem contrariar os juízos políticos, preventivos ou morais feitos por outras instituições do Estado. Na verdade, como disse numa carta escrita a Bernard Berenson logo depois da decisão do caso *Dennis*, ele mesmo pensava que esse processo fora um erro tático, e essa afirmação não se coaduna com a idéia de que o perigo era evidente e imediato. De qualquer modo, o voto de Hand em *Dennis* mostra uma preocupação muito menor com a proteção judicial da liberdade de expressão e uma preocupação muito maior com o comedimento do Judiciário do que o seu parecer radical em *Masses*.

Em 1958, quando deu as tão esperadas Palestras Holmes em Harvard, a oposição de Hand à idéia de os juízes poderem "corrigir" os legisladores em matéria de juízos morais endurecera ainda mais e se tornara a mais forte doutrina de comedimento já defendida por um grande jurista. Disse que a Constituição não dava aos juízes nenhum poder de invalidar os atos de outro "departamento" do Estado e que, embora admitisse que fosse necessário considerar que o documento concedia um tal poder para salvar a nação da paralisia que decorreria, por exemplo, de uma oposição entre o Presidente e o Congresso quanto à interpretação da Constituição, esse poder só poderia ser exercido para impedir uma tal paralisia. Certamente, não era necessário que os juízes refizessem leis já feitas pelo Legislativo, quer invocando os resultados prováveis de políticas econômicas ou outras, quer o melhor equilíbrio entre valores morais concorrentes. Os juízes só deviam se perguntar se a conclusão do Legislativo tinha sido honesta e imparcial – e Hand acrescentou que até mesmo essa questão era "política" demais para os juízes.

Essa visão austera negaria aos cidadãos, no tribunal, a proteção de suas garantias constitucionais mais importantes: os dispositivos de devido processo e de igualdade de proteção, da Quinta Emenda e da Décima Quarta Emenda respectivamente – e também da Primeira Emenda, pois Hand chegara à conclusão de que até mesmo o critério holmesiano do perigo evidente e imediato dava poder demais aos juízes. "Pela única vez Homero cochilou" (*for once Ho-*

mer nodded), declarou a respeito da opinião de Holmes, e ridicularizou como inútil sua própria formulação desse critério em *Dennis*[53]. Além disso, Hand não se furtou a aceitar a conclusão mais difícil acarretada pelo seu ponto de vista. Quatro anos antes, a Suprema Corte tomara sua famosa decisão no caso *Brown*: declarara a inconstitucionalidade da antiga segregação racial nas escolas públicas do sul dos Estados Unidos. A decisão causou controvérsias imediatamente, mas em 1958 já era contada entre as maiores decisões tomadas pela Corte em todos os tempos. Hand, não obstante, e com evidente tristeza, disse à sua platéia que, na sua opinião, a decisão de *Brown* era indefensável[54]. Ele, que odiara e combatera o preconceito durante toda a sua vida, insistiu, no fim da carreira, em que a Constituição norte-americana, com sua invejável Declaração de Direitos, não dava aos juízes o poder de pôr na ilegalidade os piores efeitos do preconceito. O que levou esse grande juiz a chegar a tão deprimente conclusão?

---

53. Hand disse, entretanto, que havia bons motivos pelos quais uma comunidade poderia confiar aos juízes a proteção da liberdade de expressão, embora, a seu ver, a Constituição não fizesse isso.

54. Gunther afirma que o modo pelo qual Hand se referiu a *Brown* em suas Palestras Holmes foi o resultado de uma pressão exercida por Felix Frankfurter. Na opinião de Hand, caso se considerasse que a decisão se baseava no pressuposto de que a Décima Quarta Emenda, por si mesma, não admite nenhuma espécie de distinção racial, a decisão seria admissível, pois a Suprema Corte não teria então imposto ao Legislativo um juízo seu acerca da oportunidade ou do caráter ofensivo da discriminação no caso da educação. Entretanto, Frankfurter não queria que Hand manifestasse essa opinião, pois achava que não convinha que a Corte viesse em breve a invalidar as leis que proibiam o casamento inter-racial, como teria de fazer caso realmente tivesse chegado à conclusão de que todas as distinções raciais são inconstitucionais. Porém, Hand tinha seus próprios motivos para rejeitar essa idéia acerca dos pressupostos que a Corte assumiria para tomar sua decisão em *Brown*, e esses motivos eram bastante convincentes. O parecer do primeiro-juiz Warren, adotado pela Corte, fazia uso de elaborados argumentos sociológicos para explicar por que, nas circunstâncias atuais, o uso de instituições educacionais separadas para os negros era um fator intrínseco de desigualdade – explicação que, como Hand salientou em suas palestras, não seria necessária se a Corte quisesse ter invalidado em bloco todas as distinções raciais.

Hand foi um dos três juízes famosos cuja filosofia constitucional foi influenciada por Thayer. Os outros dois foram Oliver Wendell Holmes e Felix Frankfurter; e, como a versão de Hand do comedimento do Judiciário era mais rigorosa do que a dos outros dois, pode ser instrutivo comparar as razões deles[55]. Os motivos pelos quais Frankfurter defendia

---

55. Quanto à influência de Thayer, ver Harlan B. Phillips, *Felix Frankfurter Reminisces* (Reynal and Co., 1960), pp. 299-300. Não posso deixar de observar que tanto Holmes quanto Frankfurter estiveram na Suprema Corte, onde o juiz sofre fortes pressões para reagir às aparentes injustiças, e Hand não esteve. Mesmo assim, é surpreendente que a doutrina de Hand a respeito do comedimento do Judiciário seja tão mais austera do que as deles. Não podemos explicar essa austeridade como uma reação às más decisões tomadas pela Corte conservadora na juventude de Hand, pois essas decisões podem ser consideradas erradas por duas razões. Os juízes que consideraram inconstitucional a lei que determinava um número máximo de horas de trabalho fizeram um raciocínio de duas etapas: primeiro, que a garantia do devido processo obriga os juízes a declarar a inconstitucionalidade de qualquer violação de uma liberdade individual tão básica que seja essencial para uma sociedade livre; segundo, que a liberdade de contrato entre empregadores e empregados é uma liberdade desse tipo.
Podemos dizer, como queria Hand, que a primeira etapa desse raciocínio é que está errada: os juízes não têm autoridade para declarar inconstitucional a violação de uma liberdade fundamental. Porém, podemos dizer também que a primeira etapa está correta e a segunda está errada, pois o direito dos empregadores de contratar gente para trabalhar até o esgotamento não se conta entre as liberdades essenciais para uma comunidade livre. No fim, hoje todos concordam que a liberdade de contrato não é uma liberdade fundamental: os governos restringem regularmente o poder dos contratos, não só para proteger os cidadãos economicamente vulneráveis dos maus negócios que podem ser forçados a aceitar, mas também para proteger a comunidade dos efeitos de contratos que têm conseqüências ruins do ponto de vista social ou econômico – como, por exemplo, os contratos que limitam o comércio e a competição comercial.
Tampouco a história nos mostra que a Suprema Corte cometeu tantos erros acerca de quais são as liberdades fundamentais que o melhor seria negar-lhe por completo a autoridade para emitir tais juízos. Na verdade, os piores erros que a Suprema Corte cometeu no decorrer da história não foram erros de derrubar leis que deveria ter confirmado, mas de confirmar leis que deveria ter derrubado. Hoje em dia, a maioria dos juristas concorda que, em 1896, a Corte cometeu um erro quando sancionou as leis discriminatórias contra negros sob a fórmula "separados mais iguais" de *Plessy vs. Ferguson*. Além disso, os erros da Corte ao confirmar leis prejudiciais não ocorreram somente no campo racial. Lewis Powell, um juiz conservador, disse, depois de aposentar-se, que o

o comedimento eram muitas vezes de natureza prática e política. Ele se lembrava da indignação popular com que foram recebidas as decisões da Suprema Corte que derrubaram as primeiras leis do New Deal, e não se preocupava somente em proteger o povo contra a Corte, mas também a reputação da Corte contra o povo. Embora estivesse na Corte quando do caso *Brown* e tenha concordado com a decisão unânime, pensava que a autoridade da Corte diminuiria se ela se opusesse de modo demasiado veemente à opinião popular; e às vezes parecia abdicar de todo e qualquer princípio para evitar uma decisão judicial impopular ou que fosse causar divisão – lutou, por exemplo, para adiar a declaração de inconstitucionalidade das leis que proibiam os casamentos inter-raciais.

As razões de Holmes para o comedimento constitucional eram diferentes: não se baseavam na prática política, mas num ceticismo filosófico quanto à moral. Não era uma incerteza pessoal: ele tinha convicções firmes e confiantes acerca de quase tudo. Mas dizia que eram apenas as *suas* opiniões, apenas aquelas coisas em que ele, constituído e condicionado como fora, não conseguia deixar de acreditar. Por isso, chamava essas convicções de seus "não posso evitar" e insistia em que, do ponto de vista objetivo, elas não eram mais bem justificadas ou fundamentadas do que as opiniões contrárias. Declarou que não tinha razão alguma para pensar que seus "não posso evitar" eram iguais aos do cosmos; por isso, parecia-lhe absurdo que ele mesmo ou qualquer outro juiz fizesse apelo a uma "verdade" moral, termo que, na opinião dele, significava somente a opinião subjetiva do juiz. Fazendo eco a Thayer, dizia que os juízes só deviam derrubar as leis que nenhuma pessoa racional ou razoável poderia considerar adequadas – ou seja, só as leis que ofendessem os "não posso evitar" de todas as pessoas razoáveis.

---

erro mais sério que cometera fora o de dar o crucial quinto voto no caso *Bowers vs. Hardwick*, de 1986, que confirmou uma lei que criminalizava o ato homossexual consensual entre adultos.

Embora a modalidade de ceticismo moral de Holmes fosse em grande medida um reflexo da filosofia pragmatista de seu tempo, e seja adotada atualmente por Richard Rorty e outros filósofos que negam a possibilidade de uma verdade "objetiva", ela é confusa. Se alguém não consegue deixar de acreditar numa proposição, nem por isso ele deixa de *acreditar* nela; então, contradiz a si mesmo quando diz que ela não é realmente verdadeira ou que não é mais verdadeira do que a proposição oposta. A contradição não desaparece quando ele diz que, embora acredite na verdade de sua proposição moral, não acredita que ela seja verdadeira do ponto de vista "supremo", "objetivo", "fundamental" ou "cósmico". Na mesma medida em que esses estranhos adjetivos têm algum sentido, eles só fazem repetir, aos gritos e com exagero, a opinião original na qual ele diz que não consegue deixar de acreditar. Não existe uma verdade "fundamental" distinta, um ponto de vista específico do cosmos. Só existe a verdade comum – e os "não posso evitar" de uma pessoa são exatamente, entre outras coisas, as suas crenças sobre o que é verdade nesse sentido comum e ordinário. O próprio Holmes reconheceu esse fato nos argumentos que apresentou a favor do seu critério do perigo evidente e imediato, o qual, embora não fosse tão forte quanto o de Hand no caso *Masses,* autorizava os juízes a derrubar leis de censura. Holmes dizia que um mercado livre de idéias era a melhor coisa para a descoberta da verdade; isso não teria sentido se só existissem os "não posso evitar" individuais e não existisse uma verdade real a ser descoberta pela livre discussão.

O ceticismo filosófico de Holmes era embaralhado demais para que pudesse ter um efeito importante sobre os seus argumentos jurídicos, e a verdade é que não teve. De fato, quando estava na Corte, ele discordou das decisões ultraconservadoras justificadas pelo argumento do devido processo; e não o fez apesar de suas convicções morais, mas por causa delas. Não necessariamente concordava com as teorias econômicas por trás da legislação social progressista que votou para confirmar, mas evidentemente não pensava que essas leis eram imorais ou que violavam algum direito individual importante, como pensavam seus colegas que votaram para invalidá-las. Segundo Louis Brandeis, o critério que Holmes efetivamente usava para verificar a inconstitucionalidade de uma lei era a pergunta: "Ela o faz vomitar?" – que, traduzida para uma linguagem menos visceral, provavelmente significa: "Ela ofende suas convicções morais mais profundas, seus 'não posso evitar'?"[56] Nas leis que disciplinavam um número máximo de horas de trabalho ou o salário mínimo, não havia nada que fizesse Holmes vomitar. Mas se ele ainda estivesse na Corte na década de 1950, quando, por causa da guerra, as leis discriminatórias contra os negros finalmente passaram a ser consideradas intoleráveis, é possível que ele tivesse vomitado ao ver que crianças negras não podiam entrar em escolas de brancos. Não temos motivos para duvidar de que, em *Brown*, ele teria votado como Frankfurter votou.

Hand também era um cético, mas seu ceticismo era bem diferente do de Holmes. O ceticismo de Hand não consistia na opinião filosófica de que não existe uma convicção moral objetivamente verdadeira, mas numa incerteza paralisante quanto à possibilidade de que ele – ou qualquer outra pessoa – fosse capaz de descobrir quais são as convicções verdadeiras: ao ver dele, as questões morais eram sutis e complexas demais para que qualquer um pudesse ter confiança suficiente nas próprias opiniões. Ele costumava dizer que tinha desprezo pelos "absolutos". Com essa frase ambígua, queria dizer que desconfiava de todas as tentativas de resolver através de uma fórmula simples e elegante a desordenada complexidade de uma questão moral, legal ou política. Resistiu à acalorada defesa da inocência de Sacco e Vanzetti feita por Frankfurter (mas, depois da execução deles, deu a impressão de arrepender-se por não ter estudado o

---

56. Phillipa Strum, *Louis D. Brandeis: Justice for the People* (Harvard University Press, 1984), p. 361.

caso com mais cuidado), e o fez principalmente porque pensava que o caso talvez fosse mais complexo do que Frankfurter supusera. Em 1944, como eu já disse, ele já adotara a notável opinião de que o espírito da liberdade é essencialmente o espírito "que não tem muita certeza de estar com a razão"; e, em suas Palestras Holmes, repetiu – qualificando-a como "uma combinação de tolerância e imaginação que é para mim a síntese de todo bom governo" – a admoestação de Benjamin Franklin, de que as pessoas devem, de vez em quando, "duvidar um pouco da [sua] infalibilidade"[57].

A incerteza pessoal de Hand quanto às questões morais e sua percepção de que a verdade moral não pode se reduzir a uma fórmula simples contribuíram de modo evidente para o seu desgosto pelo ativismo judicial em assuntos constitucionais. Porém, esses fatores por si sós não podem explicar sua posição radical – afinal de contas, os representantes do povo têm tanta possibilidade de errar quanto os juízes, e devem também eles duvidar da própria infalibilidade. Foi uma idéia diferente, posta em evidência pelo professor Thayer, que teve um papel decisivo. Hand acreditava apaixonadamente nas virtudes do que se costuma chamar republicanismo cívico: pensava que nenhuma comunidade política pode florescer e que os cidadãos não podem desenvolver e melhorar o seu sentido de responsabilidade moral se eles mesmos não participarem das decisões mais profundas e importantes que essa comunidade toma a respeito da justiça. No discurso que fez no Central Park, advertiu-nos de que "a liberdade reside nos corações dos homens e das mulheres; quando morre nesses corações, não há Constituição, não há lei e não há tribunal que possam salvá-la; a Constituição, a lei e os tribunais não podem sequer fazer muito para ajudá-la"[58]. (Cinqüenta anos antes disso, Thayer tinha escrito que "não existe nenhum sistema em que o poder dos tribunais possa salvar o povo da ruína; nossa principal

---

57. Learned Hand, *The Bill of Rights* (Harvard University Press, 1958), pp. 75-6.
58. Learned Hand, *The Spirit of Liberty* (Knopf, 1952), p. 190.

proteção reside em outra parte"[59].) E a declaração mais formal que Hand fez de suas opiniões, nas Palestras Holmes de 1958, culminou na seguinte passagem:

> Eu mesmo acharia cansativo demais ser governado por um bando de guardiões platônicos, mesmo que soubesse como escolhê-los, e posso garantir que não sei. Se eles tivessem o poder, eu sentiria falta do estímulo de viver numa sociedade em que, pelo menos em tese, tenho o direito de participar da condução dos negócios públicos. Sei, evidentemente, o quanto é ilusória a crença de que o meu voto determina alguma coisa; mesmo assim, quando vou às urnas, sinto a satisfação de saber que estamos todos engajados numa atividade comum. Se você retrucar que uma ovelha no meio do rebanho poderia bem sentir a mesma coisa, eu respondo, fazendo minhas as palavras de São Francisco: "Minha irmã, a Ovelha."[60]

Embora as opiniões de Hand sobre o comedimento do Judiciário não sejam muito estudadas nas faculdades de direito atualmente, nem sejam consideradas muito importantes, a verdade é que elas deram uma contribuição considerável ao antigo debate sobre a interpretação constitucional. Antes e depois de ele dar suas palestras, os especialistas e os estudiosos de direito constitucional tentaram, de diversas maneiras, fugir ao difícil problema que ele fez questão de encarar. Quando os juízes submetem as leis ao critério da Declaração de Direitos, quando e até que ponto eles têm o direito de basear-se em suas próprias convicções morais acerca de quais são as liberdades fundamentais e as formas fundamentais de igualdade? Muitos juízes, estudiosos e jornalistas contemporâneos gostariam de encontrar uma resposta que lhes permitisse aplaudir a Suprema Corte pela decisão *Brown* e condená-la (bem como ao próprio Hand)

---

59. Thayer, "The Origin and Scope of the American Doctrine of Constitutional Law".
60. Learned Hand, *The Bill of Rights*, pp. 73-4.

pela decisão *Dennis*, sempre insistindo em que os juízes não devem substituir as convicções morais dos legisladores pelas deles próprios.

Porém, todas as tentativas notáveis que os estudiosos e juízes fizeram para explicar como isso seria possível – desde o apelo de Herbert Wechsler para que os juízes desenvolvessem princípios "neutros" que mesmo assim impusessem rigorosas restrições à atividade legislativa até a tentativa de Robert Bork de provar que *Brown* estava certa mas todas as outras decisões liberais das últimas décadas estavam erradas – fracassaram por um motivo que Hand via claramente, mas que é ignorado pela maioria dos que o criticam. Os grandes dispositivos constitucionais estabelecem princípios morais extremamente abstratos que precisam ser interpretados para que possam ser aplicados, e qualquer interpretação comprometerá o intérprete com determinadas respostas a certas questões fundamentais de filosofia e moralidade política. Como disse Hand, qualquer tentativa de saber como os "autores" originais desses princípios os teriam interpretado está fadada ao fracasso, além de não ter sentido nenhum. Por isso, não há como fugir da questão de saber se, no fim, as interpretações que vão prevalecer são as dos legisladores ou dos juízes; e, embora os juristas que abominam as duas alternativas quisessem encontrar alguma solução intermediária, o fato é que, como Hand observou, entre essas duas coisas não existe espaço lógico para mais nenhuma.

Hand optou pelas interpretações dos legisladores eleitos pelo povo, e é preciso rebater os seus argumentos; não basta pô-los de lado com a mera observação de que isso acarreta a abstinência do Judiciário que ele relutantemente aceitou. Eu acho que os argumentos dele podem ser rebatidos. Ele tinha razão de dizer que, quando as decisões morais coletivas mais importantes de um país ficam a cargo de especialistas que as tomam sozinhos e apresentam ao público decisões semelhantes às do oráculo de Delfos, isso é sinal de que o país está doente. Porém, ele errou ao rejeitar uma possibilidade aparentemente paradoxal que era difícil de se vislumbrar na época em que suas opiniões se formaram, mas que hoje é mais evidente: que os cidadãos individuais podem de fato desincumbir-se melhor das responsabilidades morais da cidadania quando as decisões finais a respeito dos valores constitucionais saem da política ordinária e ficam a cargo dos tribunais, cujas decisões, pelo menos em tese, dependem somente de princípios, e não da força numérica nem do equilíbrio da balança política.

É certo que, quando as controvérsias políticas são decididas pelo Poder Legislativo ou pelos ocupantes de outros cargos eletivos, a decisão tende a conformar-se à vontade da maioria das pessoas. Isso é desejável quando o que se leva em conta são os interesses da comunidade como um todo e os ganhos de alguns grupos são compensados pelas perdas de outros. Nesse tipo de assunto, os números têm o seu peso. Porém, os números não precisam ser levados em conta (não, pelo menos, por esse motivo) nas questões referentes aos princípios fundamentais – quando a comunidade tem de decidir, por exemplo, se os negros têm o direito constitucional de ser protegidos da discriminação, se os ateus têm o direito constitucional de ser protegidos da oração nas escolas públicas ou se as mulheres grávidas têm o direito constitucional de ser protegidas das idéias da maioria acerca da sacralidade da vida. Nesses casos, é importante que o público participe da decisão; não porque a comunidade deve chegar à decisão apoiada pela maioria, mas por um motivo muito diferente, que Hand evidenciou: que o próprio respeito do cidadão por si mesmo exige que ele participe, como sócio de um empreendimento comum, dos debates morais acerca das leis que regem sua vida. A distinção feita por Hand no trecho citado é essencial: a distinção entre o *poder* do cidadão sobre a decisão coletiva, que num país grande é necessariamente insignificante, e o *papel* desse cidadão, que, na qualidade de agente moral, participa do seu próprio Estado. Esse papel, às vezes, fica mais bem protegido quando os mecanismos de decisão não são, em última análise, majoritários.

Isso porque, embora o debate público que preceda um plebiscito ou uma decisão legislativa sobre uma questão de princípios possa ser um debate de alta qualidade, travado no campo do raciocínio, o fato é que, na prática, isso raramente acontece. Com triste freqüência – como nos debates sobre a moralidade do controle dos armamentos, por exemplo –, o processo é dominado por alianças políticas que se formam em torno de um único assunto e usam a tática familiar dos grupos de pressão para subornar ou fazer chantagem com os legisladores a fim de que eles votem como se deseja. O grande debate moral que Hand considerava essencial para o espírito da liberdade nem sequer chega a começar. Além disso, a política comum geralmente tem por objetivo uma solução de meio-termo que dê a todos os grupos poderosos uma certa medida daquilo que eles querem para que não se sintam insatisfeitos; e os argumentos racionais que desenvolvem princípios morais implícitos raramente fazem parte dessas soluções de meio-termo. Na verdade, são incompatíveis com elas.

Entretanto, quando se verifica que uma determinada questão tem caráter constitucional e se consigna a sua resolução a tribunais que apliquem princípios constitucionais de natureza geral, a qualidade do debate público freqüentemente melhora, pois o argumento já se concentra desde o início em questões de moralidade política. Os legisladores se sentem obrigados a provar não só a popularidade, mas também a constitucionalidade das medidas que apóiam, e o Presidente ou os Governadores que vetam uma lei arrolam argumentos constitucionais para justificar sua decisão. Quando uma questão constitucional é decidida pela Suprema Corte e é importante a ponto de poder vir ainda a ser explicada, ampliada, reduzida ou mesmo revertida por decisões futuras, começa então um debate nacional contínuo, nos jornais e em outros meios de comunicação, nas faculdades de direito e nas salas de aula, nas reuniões públicas e nas salas de jantar. Esse é um debate que, por dar ênfase a questões de princípio, se aproxima mais da concepção de

Hand de governo republicano do que qualquer coisa que o processo legislativo possa produzir por si mesmo.

Os grandes debates nacionais sobre justiça racial, que se intensificaram na década de 1950, ilustram essa minha afirmação. O mesmo se pode dizer dos debates sobre o aborto que começaram vinte anos depois, em seguida à decisão da Suprema Corte em *Roe vs. Wade*. A controvérsia a respeito do aborto tem sido extremamente violenta e tem dividido o povo norte-americano num grau raramente igualado por outras controvérsias. (Pode ser que a mesma coisa tivesse acontecido se a lei não tivesse sido determinada por uma decisão da Suprema Corte, mas por batalhas políticas travadas isoladamente em cada estado.) Porém, apesar da violência, também é certo que a discussão pública desse assunto nos Estados Unidos envolveu um número muito maior de pessoas, e conseguiu identificar com mais precisão a larga variedade de questões morais envolvidas, do que em outros países que chegaram à sua solução por meio de acordos políticos. Na França, por exemplo, a solução teve mais o objetivo de evitar uma discussão pública intensa do que de incorporar uma tal discussão; e, na Irlanda, o grupo político dominante impôs diretamente a sua vontade, sufocando todo debate efetivo. Os norte-americanos compreendem melhor, por exemplo, a distinção que existe entre as questões de saber se o aborto é permitido do ponto de vista ético ou moral, de um lado, e de saber se o Estado tem o direito de proibi-lo, de outro; também compreendem melhor a idéia mais geral, e importantíssima do ponto de vista constitucional, sobre a qual se baseia uma tal distinção: a idéia de que os indivíduos podem ser dotados de direitos que contrariam a vontade geral, o interesse coletivo ou o bem comum.

Tenho de tomar cuidado para não exagerar. Não estou querendo dizer que só os tribunais devem resolver as questões de princípios morais, nem que todas as questões de princípios morais devem ser consideradas questões constitucionais, nem ainda que os juízes devem reverter qualquer decisão legislativa que lhes pareça moralmente errônea. Existem muitos argumentos em favor da limitação dos poderes constitucionais dos juízes (e muitos outros em favor da expansão desses poderes), argumentos que não considerei aqui[61]. Só quis dizer que as principais razões de Hand para negar qualquer poder aos juízes, apesar da instrução direta da Constituição de que a atividade do Estado seja limitada por princípios morais, podem na verdade ser aduzidas para provar o contrário do que ele mesmo concluiu.

De qualquer modo, porém, os benefícios cívicos da discussão pública que descrevi só podem efetivar-se quando os juízes e o público cooperam para que eles existam. Quando Hand começou a se preocupar com os efeitos de um Judiciário forte sobre o espírito da liberdade, muitos juízes tratavam os assuntos constitucionais mais como questões conceituais do que como questões morais, e poucas vezes os argumentos morais figuravam explicitamente em seus votos. De lá para cá, a jurisprudência constitucional melhorou, e os acórdãos da Suprema Corte apresentam seus argumentos morais de modo mais explícito. É verdade que o grande público não toma conhecimento desses acórdãos. Porém, entre os mais importantes, muito são redigidos agora numa linguagem menos técnica, de tal modo que passam a ser acessíveis não somente aos especialistas, mas também aos jornalistas; e essa mudança facilitou – e refletiu – a atenção que eles vêm recebendo dos meios de comunicação, atenção que vem aumentando constantemente[62].

O processo de nomeação dos juízes da Suprema Corte e de outros juízes federais está mais aberto do que no passado, e também isto faculta ao público uma participação mais efetiva, uma compreensão melhor dos assuntos constitucionais e, através de sua reação a esses procedimentos e

---

61. Ver o cap. 5 do meu livro *Life's Dominion* (Knopf, 1993) e meu artigo "Equality, Democracy, and the Constitution: We the People in Court", *Alberta Law Review*, vol. 28, nº 2 (1990), p. 324.

62. Ver Christopher L. Eisgruber, "Is the Supreme Court an Educative Institution?", *New York University Law Review*, vol. 67, nº 5 (1992), p. 961.

de sua participação neles, o exercício de uma influência maior sobre as decisões. O processo político que culminou no voto do Senado que rejeitou a indicação de Bork proporcionou, para muita gente, uma introdução crucial à teoria do direito constitucional; e a decisão passada pelo público, embora informal, pode ter tido importantes conseqüências jurídicas. Pode ter sido, por exemplo, uma das causas históricas do impressionante argumento de princípios que, em 1992, determinou a decisão tomada pela Corte em *Planned Parenthood vs. Casey*, que confirmou sua decisão anterior em *Roe vs. Wade*, mas levou em conta, e refletiu, o prolongado debate público que aquela mesma decisão anterior havia desencadeado.

Isso significa que nós, as "ovelhas" de Hand, de fato participamos de um empreendimento constitucional comum. Sem dúvida, é um empreendimento diferente do que seria se todas as grandes decisões de princípios fossem tomadas pelo voto da maioria. Porém, pode ser um empreendimento melhor – mais adequado ao desenvolvimento de um senso nacional de justiça e à conservação da chama do nosso espírito de liberdade –, pois participamos dele na qualidade de agentes morais que deliberam e justificam seus pontos de vista, e não de simples números numa contagem política. Não posso afirmar com certeza que Hand teria mudado de idéia se vivesse para ver os acontecimentos que descrevi. Porém, a estrutura do seu argumento – sua insistência na necessidade de se fazer uma escolha drástica entre diversas filosofias constitucionais, e sua ênfase na importância dessa escolha para o autogoverno do povo – é ainda mais importante hoje em dia do que era em 1958, quando ele proferiu suas corajosas Palestras Holmes diante de uma platéia de admiradores atônitos.

Para terminar, porém, quero deixar de lado o pensamento e a obra de Hand e falar do seu caráter, porque, embora fosse ele um grande juiz, era como ser humano que eu o amava. Naquela época, os assistentes normalmente recebiam férias pagas de um mês no final do seu período de estágio. Mas, quando falei com Hand sobre o assunto, ele me disse que não aprovava esse costume e deplorava ainda mais a idéia de que o povo pagasse um mês de férias especificamente a mim, uma vez que, na época, ele já estava tecnicamente aposentado e só julgava as causas que queria, e visto que tínhamos passado a maior parte do nosso tempo discutindo as Palestras Holmes que ele então estava escrevendo. Por isso, ele sentia muito, mas eu não teria minhas férias pagas.

Isso quase não me surpreendeu: eu sabia que Hand era um defensor veemente da economia nos gastos públicos e que, no final de um dia de trabalho, ele apagava todas as lâmpadas acesas, não só no seu escritório como também nos de outros juízes. Poucos dias depois de sair daquele emprego, casei-me com a mulher que ficara tão impressionada com meu chefe cinco meses antes. O presente de casamento de Hand foi um cheque, assinado por ele mesmo, no valor do salário de um mês.

11 de agosto de 1994

Publicações originais

Capítulo 1
Publicado originalmente com o título de "The Great Abortion Case" em *The New York Review of Books*, 29 de junho de 1989.

Capítulo 2
Publicado originalmente com o título de "The Future of Abortion" em *The New York Review of Books*, 28 de setembro de 1989.

Capítulo 3
Publicado originalmente com o título de "Unenumerated Rights: Whether and How *Roe* Should Be Overruled" em *University of Chicago Law Review*, vol. 59 (1992).

Capítulo 4
Publicado originalmente com o título de "The Center Holds!" em *The New York Review of Books*, 13 de agosto de 1992, p. 29.

Capítulo 5
Publicado originalmente com o título de "The Right to Death" em *The New York Review of Books*, 31 de janeiro de 1991. O adendo foi originalmente publicado com o título de "When Is It Right to Die" no *New York Times*, 17 de maio de 1994.

Capítulo 6
Publicado originalmente com o título de "The Reagan Revolution and the Supreme Court" em *The New York Review of Books*, 18 de julho de 1991.

Capítulo 7
Publicado originalmente em *The New York Review of Books*, 26 de fevereiro de 1987.

Capítulo 8
Publicado originalmente com o título de "The Coming Battles over Free Speech" em *The New York Review of Books*, 11 de junho de 1992.

Capítulo 9
Publicado originalmente com o título de "Liberty and Pornography" em *The New York Review of Books*, 15 de agosto de 1991. O adendo foi originalmente publicado com o título de "The Unbearable Cost of Liberty" em *Index on Censorship*, vol. 24, nº 3 (maio/junho de 1995), p. 43.

Capítulo 10
Publicado originalmente com o título de "Women and Pornography" em *The New York Review of Books*, 21 de outubro de 1993. O adendo foi originalmente publicado como uma carta ao editor de *The New York Review of Books*, 3 de março de 1994.

Capítulo 11
Publicado com o título de "We Need a New Interpretation of Academic Freedom" em Louis Menand, org., *Academic Freedom and Its Future* (Chicago: University of Chicago Press, 1996).

Capítulo 12
Publicado originalmente com o título de "The Bork Nomination" em *The New York Review of Books*, 13 de agosto de 1987.

Capítulo 13
Publicado originalmente com o título de "From Bork to Kennedy" em *The New York Review of Books*, 17 de dezembro de 1987.

Capítulo 14
Publicado originalmente com o título de "Bork's Jurisprudence" em *University of Chicago Law Review*, vol. 57 (1990).

Capítulo 15
Publicado originalmente com o título de "Justice for Clarence Thomas" em *The New York Review of Books*, 7 de novembro de 1991.

Capítulo 16
Publicado originalmente com o título de "One Year Later, the Debate Goes On" em *The New York Times Book Review*, 25 de outubro de 1992.

Capítulo 17
Publicado originalmente com o título de "Mr. Liberty" em *The New York Review of Books*, 11 de agosto de 1994.

Índice remissivo

Aborto, 1, 66, 135-89, 238-9, 258; argumentos pró e contra, 135-50, 495-6, 550-1; e o catolicismo, 147n; opiniões conservadoras sobre o, 67-8, 494, 503-4; e a contracepção, 78-80, 86-7, 105n, 111n, 204, 244; e o movimento feminista, 363; informações sobre o, 106n, 236, 335-6, 401; e o valor intrínseco da vida, 196, 227n, 233; e o período de espera obrigatório, 199-200; e os direitos naturais, 507-8; consentimento dos pais ao, 108n44, 192; pesquisas de opinião sobre o, 68; direito ao, 7, 18, 56, 103n, 125-6, 141, 204, 494; e os estados, 70n6, 72n, 73-6, 89-109, 107n, 111n, 136, 140-5, 150, 155-6, 183, 195-200, 198n, 204-5, 224, 236, 245-6, 492, 497; estatísticas sobre o, 88n25, 188n123; tecnologia e o, 188, 246; e a viabilidade do feto, 87n23, 87n24, 88, 95n, 103-5, 107n, 148n, 183-4, 186, 201, 205; *versus* adoção, 74n10, 142n. *Ver também* Direito: de escolha; Direito: à vida; Direito: à privacidade; *Roe vs. Wade*; *Webster vs. Missouri Reproductive Services*

Aborto, clínicas de, 67, 188n124, 199
Abrams, caso, 315, 319, 322

Acadêmicos, 396-8, 402-6, 519-21, 523-4; negros, 519-24; Constitucionalistas, 12, 17, 21, 22n, 23, 25, 27-8, 54, 74n9, 126-9, 179, 236, 252, 302, 317, 462-5, 485. *Ver também* Liberdade acadêmica

Ação afirmativa, 1, 22n, 47, 66, 252; e os juízes, 17-8, 56-7, 117-8, 130-2, 134n; e os direitos naturais, 507-8; oposição à, 491-2, 504, 506-7, 520; e o sistema de quotas, 471-2, 478-80; e os programas de reserva, 252-3, 255-6, 507; e a Suprema Corte, 133, 425-7; opiniões dos negros sobre a, 519

Ação coletiva: estatística ou comunitária, 30-5, 41-3

Acusado, O (filme), 330

Adams, John Quincy, 508

Adams, Sam, 284, 294-5

Adarand Constructors, Inc. vs. Pena, 66

Adler, Renata, 267, 280n4, 281n, 283n, 301, 305n, 310; *Reckless Disregard*, 269-71, 295

Administração Bush, 64, 69, 78, 83, 94, 107n, 192, 334

Administração Reagan, 69, 192, 241-2, 247, 401; e a Suprema Corte, 66, 244n150, 256-8, 333, 491

Alemanha, 30, 36, 358-60

Althans, Ewald, 360

American Enterprise Institute, 438
Angelou, Maya, 522
Antiaborto, grupos, 70, 521; e *Roe vs. Wade*, 67-70, 68n, 111n, 156-8; e as legislaturas estaduais, 110; e o caso *Webster*, 93-4
Aquino, Santo Tomás de, 505
Aristóteles, 45
Assédio: racial, 376; sexual, 376-7, 420, 489, 498, 514-6, 527-8
Associação Médica Norte-Americana, 69, 89, 97
Autodeterminação, 32-4
Autogoverno, 34-6, 38-9, 42, 49
Autores da Constituição norte-americana, 12-5, 22n, 128, 301n, 502, 503n43, 548; e o aborto, 103n; e a pena capital, 481-2; e a Primeira Emenda, 298-9, 317-8, 432n; intenções jurídicas dos, 426n, 467-8; intenções lingüísticas dos, 456, 465-6. *Ver também* Intenção original, teoria da

Bakke, caso, 249
Bar, Thomas, 268
Begin, Menachem, 277
Bell Curve, The (Herrnstein e Murray), 362
Bell, Griffin, 446
Berenson, Bernard, 529, 540
Berlin, Isaiah, 32, 348; "Dois conceitos de liberdade" (aula), 344-6, 355-8
Bernstein, Carl, 282
Bickel, Alexander, 461, 463
Biden, Joseph, 444, 499, 507, 514
Bird, Rose, 444
Black, Hugo, 302, 316n25
Blackmun, Harry, 193n129, 199, 208, 213, 452; e *Roe vs. Wade*, 64-5, 68n, 78, 89-90, 96n34, 97-9, 107n, 136, 187-9, 193n129, 197, 221, 496n; e a separação entre Igreja e Estado, 191n127; e o caso *Webster*, 94, 109

Black Scholar, The, 519
Blackstone, William, 130n65, 222, 314, 318
Boies, David, 268, 291-2
Bork, Robert, 128, 167, 423-88, 462n; sobre *Brown vs. Board of Education*, 22n, 547-8; e os direitos civis, 443n; derrota de, 9, 113, 440-58, 446n, 511, 513, 520, 553; sobre a Primeira Emenda, 322, 322n27, 432n, 433n8, 445n; sobre a Décima Quarta Emenda, 445n; e a liberdade de expressão, 443n; sobre o caso *Lochner*, 493-4; indicação de, 20, 78n14, 419-20, 441-2; oposição a, 443-6, 449-50, 460n, 498; e a teoria da intenção original, 121, 238-9; filosofia de, 128n60, 449-51, 490-1, 502-3; sobre o direito à privacidade, 443n, 495; partidários de, 446; *The Tempting of America*, 238, 459-88
Bowers vs. Hardwick, 80n, 101n, 123, 132, 243, 451, 542n
Boyd, Melba Joyce, 526
Brandeis, Louis, 315, 320-1, 321n27, 323, 534, 545
Brandenburg vs. Ohio, 325
Bray, Rosemary L., 527
Brennan, William, 7, 208, 340n58; sobre o direito à privacidade, 80, 166, 204n; sobre o direito de morrer, 211n, 212-4; e *Roe vs. Wade*, 65, 68n, 97-9; e a decisão do caso *Sullivan*, 253n, 312-9, 316n25, 322-5, 327, 331-3, 335-9, 341-3
Brewin, Bob, 291
Breyer, Stephen, 9
Brown vs. Board of Education, 25, 452n, 541-5, 547-8; e a Décima Quarta Emenda, 19-21, 83, 203, 427-8, 430, 474; e a teoria da intenção original, 433-4, 476-7, 480, 483, 503n43
Bryant, Bear, 338
Buckley vs. Valeo, 28, 28n

Bunker, Ellsworth, 285
Burger, Warren, 248, 441n, 446
Burnett, Carol, 304
Bush, George, 190, 251n, 259, 333n50, 502; indicação de Clarence Thomas, 8-9, 420, 498-9, 516-8, 521-2; e *Roe vs. Wade*, 7, 63-5, 67-9, 94, 111, 192-3
Butts, Wally, 338
Byrd, Robert, 454

Calabresi, Guido, 498
Cameron, Deborah, 370
Capital Legal Foundation, 268
Capitol Games (Phelps e Winternitz), 515-6
Cardozo, Benjamin, 534
Carey vs. Population Services International, 78n14
Carswell, G. Harold, 441n
Carver, George, 285
Casey vs. Planned Parenthood of Pennsylvania, 65-6, 157, 157n91, 158n, 190, 207-8; e *Roe vs. Wade*, 191n125, 204, 231, 553; e a legislação estadual, 192-3, 193n128
Censura, 323n31, 324-5, 330-1, 361, 544; argumentos em favor da, 265, 315, 367-78, 382, 386, 389, 406; no Canadá, 389; e a igualdade, 412; na Alemanha, 358-62; e o ressentimento, 362; e a justiça, 412; e a liberdade negativa, 345-51, 357. *Ver também* Liberdade de expressão; Pornografia; Regulamentos de expressão
Central Intelligence Agency (CIA), 284-5, 289
Centro Médico Truman (Kansas City), 90
Chafee, Zechariah, 315
Chaplinsky vs. New Hampshire, 316
Chrisman, Robert, 519
City of Richmond vs. Croson, 252, 253n, 255

Cleland, John, 349
Comedimento do judiciário, 424, 429, 540, 542-3, 542n, 547
Comissão de Diretrizes Sentenciárias, 242
Comissão Kahan, 276, 278, 282-3, 310
Comissão Meese, 368n
Comissão Nacional de Estudos da Obscenidade e da Pornografia, 368n
Comissão para a Igualdade de Oportunidades de Emprego, 489, 491, 514
Comissão Williams (Reino Unido, 1979), 352, 368n
Compassion in Dying vs. State of Washington, 230
Comunidade, 29, 44-53; política, 36-40, 45-7, 51
Conferência Sulista da Liderança Cristã, 523
Conformidade, 156-8; e coação, 159-64
Congresso norte-americano, 2; e o aborto, 67-70, 333n50; nomeação de promotores especiais, 241-2; e a segregação, 13; e a Suprema Corte, 237, 342, 419-20, 425-7
Conservadores: e o aborto, 67, 240; e a liberdade acadêmica, 390; e a Constituição, 5-6, 8, 23, 462; e a liberdade negativa, 347-8; e a pornografia, 363-4; e a imprensa, 263-4; no governo Reagan, 241-2; e a Suprema Corte, 423, 490-2, 511; contra os liberais, 423, 502, 506, 532
Constant, Benjamin, 32
Constitucionalismo: e a liberdade, 32-40, 100
Constituição norte-americana, 1-2, 10, 49, 67, 194; Artigo II da, 11; como carta de princípios, 202-8, 436-7, 451-3, 487; emendas da Guerra Civil, 10, 115, 430; e a igualdade, 379; e a Lei da

Espionagem, 538; interpretação da, 6, 11-5, 17-23, 49-54, 58-9, 85, 103n, 110, 117-8, 166, 169, 190-1, 211-3, 238-40, 247, 265, 423-4, 449-50, 453, 463, 469-70, 474-6, 482-4, 500-4, 505n, 518, 540, 547; intenções jurídicas na, 465-70; intenções lingüísticas na, 465-7; leitura moral da, 2-17, 20-3, 22n, 28, 34, 44, 48, 52, 55-9, 65-6, 240-1, 419-21; e o direito natural, 504-5; e os estados, 211-7, 220-1, 228-9, 244-5, 302-3. *Ver também* Declaração de Direitos; Autores da Constituição norte-americana; Intenção original, teoria da

Constituições: leitura moral das, 2-3

Controle de natalidade, 78-9. *Ver também* Direito: de usar contraceptivos

Convenção Européia dos Direitos Humanos, 113n

Conversões para a confirmação, 445, 494

Cooley, Russell, 294-6

Coolidge, Calvin, 531

Court of Appeal, 517, 521-2, 525-7

Cravath, Swaine e Moore, 268-9, 271, 298

Criacionismo, 361, 372, 377, 397-8, 414

Crile, George, 274-5, 284-6, 288, 290, 295

Croly, Herbert: *The Promise of American Life*, 531

Cruzan, caso, 1, 65, 209-29, 212n, 222n, 232

Cultura: da conformidade, 403; da independência, 403-4, 414, 415; jurídica, 461

Cuomo, Mario, 212n

Danforth, senador, 251n

Dan, Uri: *Against All Odds*, 279n, 280n4, 280n5

Darwin, Charles, 361

Davidson, Donald, 486

Davidson, Philip, 285

Décima Quarta Emenda, 10, 116, 253n, 478n, 540, 541n54; e o aborto, 75n11, 82, 103n, 231; e a ação afirmativa, 57; artigo do devido processo, 10, 19n, 78, 78n15, 82-3, 100-1, 103n, 106, 116-7, 121-2, 125-6, 131, 145, 169-70, 178, 194, 203, 205, 237, 481, 493, 500, 506, 531, 538, 542n; artigo da igualdade de proteção, 10-21, 19n, 73-4, 78n15, 116-7, 124-6, 179-80, 203, 206, 237, 244, 252, 254, 367, 375, 387, 427, 430, 434, 445n, 448, 470, 472, 473n, 474, 478, 480, 500, 503, 537; e a Primeira Emenda, 117, 170, 302n, 375; autores da, 12-5; interpretação da, 239

Deckert, Guenter, 358-9, 362

Declaração da Independência, 504, 508

Declaração de Direitos, 32, 53, 56, 115-7, 179, 237, 318; interpretação da, 19-20, 19n, 124, 129-30, 169, 179-80, 239, 518, 541; e os juízes, 117-9, 537, 547-8; leitura moral da, 10-2, 17-20, 419; leitura natural da, 116-8. *Ver também* Direitos; *emendas específicas*

Democracia: equilíbrio de autoridade na, 467-8; concepção comunitária da, 112-3; concepções de, 120, 128n60, 264, 475, 500, 518; concepção constitucional da, 26, 29, 31, 36-9, 49-50, 65; concepção majoritária da, 9-11, 23-9, 31-3, 35-8, 40-1, 43-5, 48-51, 110, 112-3, 113n, 239-40, 258, 549; sentido da, 24-5, 28, 48-9, 239-40; e a leitura moral, 23; e a liberdade positiva, 345-6; e a política de um único assunto, 110-1

Dennis, caso, 539-41, 548

Desigualdade econômica, 346

Devlin, Patrick, 439, 439n

ÍNDICE REMISSIVO

Direita, 191, 258, 302, 359-60, 389, 494; religiosa, 364, 414; e a Suprema Corte, 423-4, 439, 444-6, 454, 498, 511, 520; e as universidades, 390
Direito: ao aborto, 74n9, 125, 127, 136, 157, 201, 207, 229; de associação, 122, 127; de escolha, 18, 100, 151, 185-7, 194-5, 197, 242-3; de morrer, 209-34, 406; à vida, 136-40, 492; à privacidade, 12, 32, 78-81, 80n, 85, 101n, 107n43, 122, 125, 127-8, 165-6, 165n, 177n117, 179, 204, 221, 242, 245, 247, 444, 448, 450-2, 495, 497, 511; à autonomia na procriação, 165-9, 165n, 182, 189; de locomoção, 122, 127; ao uso de contraceptivos, 21, 64, 73, 78n14, 79, 80n, 83, 85, 101n, 104n, 134n, 166-7, 179, 194n, 223, 227, 242-3, 244n150, 244n151, 348, 450, 452, 503n43
Direito constitucional, 51-2, 54, 115-7, 154, 209, 229-30, 484-5, 534-5; mudanças no, 95, 467; desenvolvimento do, 174, 448-9; e a expressão de ódio, 264n, 351, 355, 357-8, 409-10, 413-4; integridade do, 16-7, 168, 170, 202, 206, 437, 510; necessidade de interpretação do, 484-5, 505-10; e as práticas costumeiras, 223; e o relativismo moral, 461-2; e direito natural, 494-5, 504-7; e a moralidade política, 2, 2n, 5-7, 240, 470, 486, 503; e a política, 90; e a ação punitiva, 218; e os interesses dos estados, 221-2. *Ver também* Juristas e advogados: constitucionais; Direitos; Acadêmicos: especialistas em direito constitucional
Direito natural, 492, 494-5, 504-10, 505n
Direito penal, 424
Direito, professores de, 460-3, 465

Direitos: constitucionais, 1, 32, 52, 71-3, 72n, 82-3, 89-92, 103n, 112, 117, 123, 129, 140-5, 203, 206, 210-2, 235, 425; das empresas, 143-4; econômicos, 494, 504; dos fetos, 72n, 75n11, 138-46, 149-51, 170-1, 197, 204, 244, 492, 494n, 506; e a liberdade, 3; individuais, 10, 21, 23, 25, 71, 98, 112, 117, 137, 191, 194, 197, 235, 239, 253-4, 257, 424, 434, 436, 455-6, 508, 544-5, 551; à propriedade, 3, 59, 492, 494; não enumerados *vs.* enumerados, 1, 83, 115, 119, 122-9; das mulheres, 72n, 77, 101n, 110, 113n, 124-5, 136, 168-9, 185-7, 195, 245, 381. *Ver também* Direitos civis
Direitos civis, 47, 63, 253, 302, 427, 443, 494, 520
Direitos reprodutivos. *Ver* Aborto; *Roe vs. Wade*
Discriminação racial, 206, 236, 247-8, 348, 375-6, 410-1, 415, 430-1, 448, 455; subjetiva *vs.* estrutural, 247-55
Discriminação sexual, 124-5, 127, 206, 249, 375-6, 411, 435, 437-9, 456-7, 471-2, 478, 480
Discurso político, 320, 432n; *vs.* discurso comercial, 326
Dorsen, David, 292-3
Douglas, William O., 302, 316n24
Dow, Louis, 534
Dred Scott, decisão, 59
Dronenberg, caso, 456
Duke, David, 520-1
Duncan, Richard, 272, 281n
Dworkin, Andrea, 366, 384, 387, 389
Dworkin, Ronald, 461

Easterbrook, Frank, 328-9, 350, 354-5, 385, 387
Eastman, Max, 538
Educação, 403-5
Eisenhower, Dwight, 7, 208
Eisenstadt vs. Baird, 78n14, 80, 204n

Eleições, 38, 41-2, 48, 71-3, 379
Ely, John Hart, 6, 6n5, 72n, 120, 461
Epstein, Richard, 493
Escravidão, 180, 362, 430, 505, 525
Eutanásia, 1, 65, 136, 152, 160, 230-4
Expressão política, 380

Federalist Papers, 504, 508
Feminists for Free Expression, 330n41
Filosofia política, 344-6
Fingerhood, Shirley, 312n
Fish, Stanley, 327-8, 328n36
Ford, Gerald, 446
Fortas, Abe, 441n
Frankfurter, Felix, 533, 541n54, 542, 542n, 545
Franklin, Benjamin, 346
Fraser, Elizabeth, 370
Fried, Charles, 69, 75, 75n11, 78-81, 92, 133n70, 239-59; *Order and Law: Arguing the Reagan Revolution*, 237, 240-59, 244n150, 244n151, 252n157, 253n
Friedman, Milton, 178
Fuller, Lon, 505
Fundação Heritage, 492
Furet, François, 113

Galbraith, John Kenneth, 34
Gattozzi, Bernard, 294-6
Gemayel, Bashir, 267, 275-8
Gertz, caso, 338
Gideon vs. Wainwright, 317
Gillette, caso, 176
Ginsburg, Douglas H., 440, 454
Ginsburg, Ruth Bader, 9
Goldberg, Arthur, 302, 316n25
Gould, Milton, 268
Governo: interesses derivados *vs.* interesses destacados, 136-40, 152-3; e a liberdade de expressão, 318-20, 322-4, 334-5; do Judiciário, 63; interesses legítimos do, 154-8, 183-6, 221-2; poder do, 160n, 176n114, 299-300; e os tributos, 177-8

Governo Clinton, 402
Grassley, Charles, 501
Greenhouse, Linda, 191n126
Grey, Thomas, 461
Griggs vs. Duke Power Co., 248-51, 251n, 256
Griswold, Erwin, 258
Griswold vs. Connecticut, 78-9, 78n14, 131, 134n, 194n, 202, 242n, 244n150, 503n43, 511; opinião de Robert Bork sobre, 78n16, 167, 445n, 449-51, 456-7; cumprimento da decisão, 79-81, 166-7; e o juiz White, 81n, 101n; e os estados, 78n14, 111n, 222-4, 226, 242. *Ver também* Direito: de usar contraceptivos
Grunwald, Henry, 281n, 282
Guerra Civil, 10, 115, 180, 430, 447, 530
Gunther, Gerald: *Learned Hand*, 529-43

Habermas, 484
Habinger, Padre Matthew, 233
Halevy, David, 272, 274-9, 281n, 282-3, 309
Hand, Frances, 533-4
Hand, Learned, 21, 34, 120, 421, 428, 529-54, 542n; direito marítimo, julgamento de causas de, 535-7; sobre *Brown vs. Board of Education*, 19, 541-3, 541n54; defesa da liberdade de expressão, 314-5, 323, 539, 541n53; sobre o espírito da liberdade, 532, 546, 552
Hankins, Michael, 294-6
Harding, Warren, 531
Hare, Julia, 525
Hare, Nathan, 525
Harlan, John, 166, 194n, 207, 242n, 336
Harper's, 284
Hart, Herbert, 57
Harvard, faculdade de direito de, 530, 535, 538

ÍNDICE REMISSIVO 565

Harvard, Universidade, 529-30, 533, 540
Hatch, Orrin G., 514, 518, 525
Hawkins, Gains, 285, 291, 293-4
Haynsworth, Clement F., 441n
Heflin, Howell, 442
Helms, Jesse, 520
Herbert vs. Lando, 303, 339
Herrnstein, Richard, 362
Hill, Anita, 420-1, 489-90, 513-6, 521, 523-8
Hitler, Adolph, 36, 360
Holmes, Oliver Wendell, 130n65, 314-5, 319, 322, 327, 407, 503, 542-5; prova do perigo evidente e imediato, 316, 445n, 539-40, 544; e Learned Hand, 533-6, 538-9, 542n, 544-5
Holocausto, 265, 325; negação do, 359-62, 397
Homossexualidade, 1, 244-5, 348, 378, 383, 389, 410-4; e os direitos constitucionais, 13, 22n, 80n, 101n, 425, 431-4, 439, 450-3, 455-7, 471-2, 480, 542n. *Ver também Bowers vs. Hardwick*
Hooks, Bell, 389
Hooks, Benjamin, 516
Hoover, Herbert, 531
Hudnut, caso, 384-7
Human Life International, 233

Igualdade, 29, 32, 40-4; e o aborto, 63-4, 201; de cidadania, 472, 480, 508, 537; e a Primeira Emenda, 379-80, 382; e os autores da Constituição, 121-2, 430, 476-9; e a liberdade de expressão, 264-6, 377, 379, 383, 412; entre os sexos, 13, 364, 367-8, 389, 392, 412, 430-1; de influência, 42; liberal, 134; e a liberdade, 44, 116-7, 376-7, 379; política, 41-4, 380-1; racial, 180, 233-4, 412, 447, 472, 479-80
Iluminismo, 112
Império do direito, O (Dworkin), 129

Individualismo ético, 400-6, 414
Integridade constitucional, 15-6, 134n, 458, 510
Intenção original, teoria da, 238-9, 258, 426n, 502-3, 548; argumentos de Robert Bork em favor da, 128n60, 425-39, 432n, 441-3, 447-8, 449n, 457-60, 462-88, 474n36, 478n; e o Juiz Kennedy, 454-7; e o direito à privacidade, 242. *Ver também* Bork, Robert; Autores da Constituição norte-americana; Direitos: não enumerados *vs.* enumerados
Interesses: dos fetos, 146-51, 147n, 154-6, 162-3, 170-1, 183-7; individuais, 137-8, 144
Irã-Contras, escândalo, 241, 300
Irving, David, 360

Jackson, Jacquelyne Johnson, 525
Jefferson, Thomas, 314, 457, 531
John Birch Society, 338
Johnson, Lyndon, 284-6, 288, 368n, 441n
Jourdain, Rose, 516
Joyce, James, 349
Juízes, 43-4, 238-9, 268, 419-21; indicação dos, 7-8, 67, 131-2, 235; confirmação dos, 131; consciência dos, 65, 79, 134n, 195-6, 213, 400; conservadores *vs.* liberais, 3-4, 56-8, 235, 436, 439; integridade dos, 133-4, 134n; e a interpretação da Constituição, 134n, 239, 317-8, 419-20, 449, 460-5, 469-71, 477, 478n, 481-8, 506-10; e a leitura moral da Constituição, 2-10, 14-7, 34, 420; e a intenção original, 435-6, 439; poder dos, 118, 537-8, 540-1, 552; e os direitos, 1, 83-5, 117-20, 122-3, 129-30
Juristas e advogados, 206, 258, 302, 309, 339, 351, 462, 537; britânicos, 24-5; conservadores, 8, 130, 237-9, 494n; constitucionais, 4-5, 11-2, 17, 21-2, 27-8, 52-7, 64, 122,

127-8, 156, 238, 264, 317-8, 447-8, 486; nomeados pelo tribunal, 317; de direita, 235, 426, 483
Justiça, 39, 163, 171, 193-4; e a comunidade, 546; econômica, 56; e a lei, 449-50; racial, 528, 551; teorias da, 163n

Kahan, Yitzhak, 276-8, 282-3, 310
Kalven, Harry, 332
Katz, Leanne, 330
Kelly, Harry, 279
Kennan, George, 370
Kennedy, Anthony, 68n, 206-7, 210, 454-8, 455n23; sobre o aborto, 99, 103, 107-8, 190, 192-4, 202, 496n; confirmação de, 9, 491, 511; indicação de, 440, 454, 499; sobre o direito à privacidade, 495; e o caso *Webster*, 94
Kennedy, John, 530
Kennedy, Ted, 442
Kevorkian, dr. Jack, 222n, 230, 232
Kohl, Herbert, 501
Ku Klux Klan, 355

Langdell, Chistopher Columbus, 530
Lawrence, D. H., 349, 367
Lee, Rex E., 241
Lee vs. Weisman, 191n127
Lehrman, Lewis, 492, 494-5, 497
"Leda e o Cisne" (Yeats), 349
Lei: nos Estados Unidos, 419; contra o suicídio assistido, 230; contra a pornografia, 329-30; de blasfêmia, 361; britânica, 337; de contrato, 3, 391, 531, 537, 542n; Primeira Emenda, 311-3, 317-8, 321-2; dos representantes jurídicos independentes, 241, 491, 496; e a justiça, 449; sobre a calúnia, 269-70, 274, 286, 298-300, 302-10, 305n16, 312-3, 312n, 316-7, 322, 329, 335-43, 428-9, 434; do salário mínimo, 316n25, 531; e a moral, 545; de imprensa, 270; soberania da, 453

Lei da Espionagem (1917), 315, 538
Lei de Controle do Aborto (Pensilvânia), 192
Lei de Direitos Civis, 247-8, 253, 438
Lei de Discriminação Sexual (Inglaterra, 1975), 249
Lei de Liberdade de Escolha, 191n125
Lei de Relações Raciais (Reino Unido), 249, 326, 351, 355
Lei de Sedição, 314
Lei Smith, 539
Leis: antiaborto, 70n, 74n9, 76, 76n, 78n15, 82, 82n22, 103n, 141n; discriminatórias contra os negros, 14, 345, 542n; nazistas, 505; sociais, 531
Leuchter, Fred, 359
Leval, Pierre, 268, 298, 305-6, 305n, 340n57, 341n
Levi, Edward, 446
Lewis, Anthony, 321n27, 323n31, 341n, 451, 499; *Gideon's Trumpet*, 317; *Make No Law*, 312-5, 317-8, 323, 338-43
Líbano, 267, 276, 283
Liberais: e o aborto, 153, 181-3; e a liberdade acadêmica, 390, 399-400; e a idéia de comunidade, 381; e a Constituição, 6, 55-9; e a liberdade negativa, 347-8; e a pornografia, 364-5, 382; e o papel da Suprema Corte, 423, 454, 499; *vs.* conservadores, 423, 532
Liberdade, 29; de escolha, 100, 151, 185, 187, 191, 191n125, 195, 197, 243; e os direitos civis, 438; e o constitucionalismo, 32-40; de contrato, 542n; preço da, 362; econômica, 177; de expressão, 331, 372; positiva *vs.* negativa, 32, 345-51, 353-6; de imprensa, 116-7, 263-4, 269, 271, 282, 298-302, 305-7, 311-2, 312n, 316, 318, 339. *Ver também* Liberdade acadêmica; Liberdade de expressão

ÍNDICE REMISSIVO

Liberdade acadêmica, 266, 390-415; e a decência, 406, 408; e a igualdade, 406; função ética da, 399-400; e a liberdade de expressão, 394-7, 400; e a insensibilidade, 390, 409, 411; e o insulto intencional ou por negligência, 407, 410; e as legislaturas, 392n, 393-4; e os professores, 402, 410-1, 415; questionamento relativista da, 393

Liberdade de expressão, 1-2, 4, 32, 38, 91, 236, 311-43, 537, 539; e a liberdade acadêmica, 394-7, 399-400, 413; e a democracia, 263-5, 355; e a igualdade, 265, 375-7, 379, 383, 386; na Alemanha, 359-60; e o dinheiro do governo, 236, 334; no Reino Unido, 24-5; história da, 313-5, 363; limitações da, 130n65, 299, 302, 350, 379, 414, 432n, 538-41; negativa, 350; e a restrição prévia, 130n65, 314-5, 318; e o racismo, 318, 327-9, 363; direito à, 10, 72n, 116-7, 125, 145, 263, 312-5, 328n36, 372-3; e o sexismo, 318, 326-8, 410-1, 415; teoria da, 27-8; dois tipos de justificação da, 320-35, 320n, 323n31. *Ver também* Primeira Emenda; Pornografia

Liberdades pessoais, 19, 63-5, 76, 100, 154, 194, 500

Lincoln, Abraham, 430, 506-7

Lippman, Walter, 532

Lochner vs. New York, 118, 132, 203, 334, 492

Los Angeles Times, 68

Luker, Kristin, 152

Macaulay, Thomas Babington, 17

Macedo, Stephen, 492-3, 494n, 495

MacKinnon, Catharine, 328, 349, 368n, 369n; *Only Words*, 265, 365-9

Madison, James, 314-5, 319, 322, 324-5

Maher vs. Roe, 90-1
Malveaux, Julianne, 526
Marable, Manning, 523
Marbury vs. Madison, 51
Marchall, Thurgood, 5, 65, 68n, 213, 324, 336, 498, 518, 520
Marshall, John, 51, 98
Masses, caso, 315, 544
Masses, The, 538, 540
McCarthy, Joseph, 347, 390, 403, 453, 532
McChristian, Joseph A., 285, 291-2
McConnell, Mitch, 329
Meese, Edwin, 238, 299, 426, 448
Meiklejohn, Alexander, 323n31
Memórias de uma mulher de prazeres (Cleland), 349, 366
Mercador de Veneza, O (Shakespeare), 378
Metzenbaum, Howard, 496
Michelman, Frank, 328, 356-8, 461
Michigan, Universidade de: regulamento de expressão, 391, 410
Mill, John Stuart, 364, 382, 397, 404, 438; *Sobre a liberdade*, 320
Miller vs. Califórnia, 385
Milton, John: *Areopagítica*, 314, 432n7
Ministério da Educação norte-americano, 489
Mohr, James, 76n12
Mordaça, lei da. *Ver* Aborto: informações sobre o
Morris, Charles, 285
Morrison, Toni, 517, 523, 525
Movimento feminista, 363; e a direita religiosa, 364
Movimento progressista, 531
Mulheres: e o aborto, 63, 69-70, 76-7, 85-9, 151, 159-61, 195-6; e a ação afirmativa, 66; negras, 523-8; direitos constitucionais das, 77, 431, 434; e o artigo de igualdade de proteção, 431; e a Primeira Emenda, 372, 408; e a discriminação sexual, 124-5, 349,

415; desigualdade das, 352, 355, 364, 375, 386, 389; leis para mulheres que trabalham fora, 530-1; e a cultura popular, 354; e a pornografia, 328-32, 331n, 348-55, 363-5, 371n77, 375-6, 385-7, 388-9; direitos das, 72n, 74n9, 78-9, 109-10, 113n, 124, 136-7, 168-9, 185-7, 195-6, 245, 382. *Ver também* Igualdade: entre os sexos; Discriminação sexual
Murray, Charles, 362

National Association for the Advancement of Colored People (NAACP), 516
National Enquirer, 304
Neonazistas, 359-60, 363, 379-80, 397
New Deal, 59, 493, 543
New Republic, 531
New Yorker, 269, 281n
New York Post, 424
New York Review of Books, 266
New York Times, 157, 191n125, 191n126, 211, 425, 499, 523, 526-7
New York Times vs. Sullivan, 300-2, 301n, 327, 329, 331-3, 335-6; e a liberdade de expressão, 1, 264-6, 311, 315-8, 322-3; regra da malícia efetiva em, 268, 286, 298, 303-6, 308, 311, 335, 338, 339-42
Newsday, 515
Newsweek, 515
Nixon, Richard, 208, 248, 438, 441n, 448, 502
Noonan, John, 66
North, Oliver, 445

Objeção de consciência, 160, 175-6
Obscenidade, 316, 328, 330n40, 332-3, 349, 363, 534-5; e o crime de estupro, 352, 386
O'Connor, Sandra Day, 191n127, 198, 202, 206-8, 236, 255; sobre o direto de morrer, 211n; sobre *Roe vs. Wade*, 68n, 81, 88-9, 94-7, 95n, 99n36, 105n, 190, 192-5; e o caso *Webster*, 93n, 99n36, 157n91, 158n
Oitava Emenda, 19n, 143n78, 466, 476, 481-2, 506
"O inimigo não computado" (documentário para a TV), 267, 274, 284-5, 287, 292, 294, 300
Ordem do Advogados, 528
Originalismo *vs.* leitura moral da Constituição, 19-22, 22n, 28, 58-9
Orwell, George, 119, 403

Pacific Research Institute, 492
Palestras Holmes (Universidade Harvard), 540, 541n54, 546-7, 553-4
Palmer, Dave Richard, 295
Partido Nazista Norte-Americano, 355
Patterson, Orlando, 526
Peck, Gregory, 443
Pemberton, Gayle, 525
Pena capital. *Ver* Pena de morte
Pena de morte, 143n78, 160, 236n146, 425-6, 476, 481
Pentagon Papers, 325
People for the American Way, 443
Perot, Ross, 42
Phelps, Timothy M., 515
Pike, Otis, 284
Plessy vs. Ferguson, 203, 542n
Poelker vs. Doe, 90-1
Poe vs. Ullman, 194n, 242n
Politicamente correto, 266, 327-8, 367, 383, 461
Pornografia, 1, 56, 328-32, 347-58, 363-4, 397; infantil, 372-5; e a confirmação de Clarence Thomas, 514-5; e a economia, 373-4; e a igualdade, 265, 375-8, 386; e a Primeira Emenda, 2, 318, 323n31, 432n; justificação da, 332n44, 370n76, 376n; vínculos com a violência, 329-31, 329n, 330n39, 352n66, 367-9, 368n, 371n77, 375-6, 383-4; e o estupro, 330n40, 352n65, 368-70, 369n, 372, 375,

385, 387; na Iugoslávia, 370. *Ver também* MacKinnon, Catharine
Posner, Richard, 65, 115, 126, 128, 128n60, 130-2, 130n65, 134n, 144-5, 177, 179
Powell, Lewis, 243, 423-4, 436, 455n23, 542n
Presidência: requisitos para a, 11, 21
Primeira Emenda, 2, 116-7, 130n65, 263-4, 311-3, 317-8, 321n27, 331-2, 540; e o aborto, 65, 173n, 178, 334; e a liberdade acadêmica, 394, 396-7, 407-9, 413; aplicação desta aos estados, 302n; e a queima da bandeira, 124-7; e seus autores, 314-5, 429; e os protestos políticos, 4, 124; e a política, 57, 379-80; e a pornografia, 350-1, 355-7, 367, 375-6, 385-8; proteção do direito de associação, 13; e a religião, 45, 79, 162, 171-4, 173n, 177, 191n127, 496; banalização da, 271, 284, 298. *Ver também* Liberdade: de expressão; Liberdade: de imprensa; Liberdade de expressão

Queima da bandeira, 4, 49, 56, 125-7
Quinta Emenda, 10, 117, 481-2, 540

Race-ing Justice, En-gendering Power, 517, 521-3, 525
R.A.V. vs. St. Paul, 326, 329, 332
Rawls, John, 163n, 484
Reagan, Ronald, 235-8, 368n, 502; indicações para a Suprema Corte, 64, 67-8, 68n, 190, 238, 420, 423, 425, 429, 441-4, 441n, 446n, 448, 454-5; e *Roe vs. Wade*, 7
Regan, Donald, 74n9, 74n10, 141n, 142n
Regulamentos de expressão, 376-8, 390-1, 408-12, 410n
Rehnquist, William, 237, 302, 498, 510; sua decisão no caso *Casey*, 191-2, 193n129, 203-4; decisões de, 340n58; e a lei dos representantes jurídicos independentes, 491; indicação para a presidência da Suprema Corte, 441n; e o direito de morrer, 210-30; e *Roe vs. Wade*, 68n, 96n35, 97-102, 99n36, 103n, 104n, 107n, 145, 245, 496n; e o caso *Webster*, 94, 96-7, 99-107, 109-10
Reino Unido: constituição do, 24-7; sistema eleitoral no, 41
Religião, 227n, 348, 496, 505n; e o aborto, 63, 161-3, 167, 170-7, 173n, 178n, 181; a liberdade econômica como uma, 177; liberdade de, 11, 19, 116-7, 154, 170-2, 179, 191; e o direito de morrer, 213, 217-8, 223-4, 226; e a separação entre Igreja e Estado, 171, 191n127
Republicanos, 66, 111
Revisão judicial das normas, 46-8, 50, 113n
Revisionismo constitucional, 118-22
Revolução Reagan, 235-59, 440-1
Richards, David, 461
Richmond vs. J. A. Croson Co., 480
Rockwell, Norman, 414
Roe vs. Wade, 1, 67-92, 68n, 109, 111, 131, 179, 230; e a controvérsia em torno do aborto, 551; alteração de, 70n6, 157; os argumentos em, 47, 78n15, 141-2, 150, 196, 227n, 244n150, 245-7; tentativas de revogar, 63-5, 94, 98-9, 99n36, 109, 188-9, 192, 204, 241-2, 243, 257, 491, 496; e a decisão do caso *Casey*, 190, 192-3, 231, 553; doutrina central de, 193, 200-1, 227n; e a indicação de Clarence Thomas, 490-2, 495-7, 517-8, 521-2; e a Constituição, 240, 425; pareceres discordantes em, 68n, 101, 136; parecer da maioria em, 68n; adversários de, 7, 68n, 145, 192, 242, 247, 491-2; reavaliada, 182-9; reversão de, 89n27, 201-3, 208, 246-7; e o direito à

privacidade, 107n, 495; e os interesses estaduais, 100, 103, 105-6, 111n, 136-7, 139-40, 144, 153, 159, 193n128, 220-1; e o caso *Webster*, 64, 89n27, 90, 103, 109, 157, 496n
Rogers, William, 446
Roosevelt, Franklin D., 59, 447, 531
Roosevelt, Theodore, 531
Rorty, Richard, 544
Ross, Andrew, 525
Rostow, Walt W., 286
Roth, Patricia, 275, 293, 297
Rothstein, Barbara, 230-1
Rousseau, Jean-Jacques, 31
Rushdie, Salman, 361
Rust vs. Sullivan, 236-7, 257, 333, 333n50

Sacco e Vanzetti, caso, 545
Saturday Evening Post, 338
Sauter, Van Gordon, 287
Scalia, Antonin, 19, 19n, 304, 429, 441n; sua decisão no caso *Casey*, 190-3, 193n129, 203-6; e Clarence Thomas, 521-4; e o direito de morrer, 212-3, 222, 224-5; e *Roe vs. Wade*, 68n, 94-5, 95n, 99n36; e a separação entre Igreja e Estado, 191n127; e o caso *Webster*, 94, 98, 496n
Schiro, caso, 386
Schiro, Thomas, 370
Schumer, Charles, 342
Segregação racial, 429-34; e a igualdade de proteção, 19, 22n, 117, 203, 427-8, 470-4, 483, 537-8; e os autores da Constituição, 13, 434-5, 476-7, 481-2, 503n43. *Ver também Brown vs. Board of Education*
Senado norte-americano: sabatinas do, 7-9, 421, 423-4, 444, 490, 498-9, 513; comissão de justiça do, 421, 439, 443, 489-90, 498-9, 513
Separação de poderes, 241, 457

Sharon, Ariel, 264, 267-8, 275-80, 279n, 280n5, 281n, 282-3, 304, 309-10, 339
Sharon vs. Time, 267-75, 279n, 280n4, 280n5, 281n, 283n, 302-4, 305n, 306-7, 309-10, 339
Shawn, William, 269
Shaw, Sydney, 291
Shelby, Richard, 517
Simon, Paul, 501, 521, 524, 528; *Advise and Consent*, 513
Simpson, Alan, 514, 518
Skokie, Illinois, caso de, 325, 379
Smith, William, 277
Smolla, Rodney, 290, 294, 297n
Sofaer, Abraham, 268, 275, 277, 279, 305n, 306
Souter, David, 190, 192-4, 202, 206-8, 324, 499; confirmação de, 9, 65, 491, 511; decisões de, 191n127, 211n, 496n; sobre o direito à privacidade, 495
Specter, Arlen, 444, 464, 498, 514, 518
Spielberg, Steven: *A lista de Schindler*, 360
Stanford, Universidade: regulamento de expressão da, 391, 409-10, 410n
Stare decisis, 201
Stevens, John Paul, 117, 191n127, 193n129, 213, 250; sobre o direito ao aborto, 195, 204, 207n, 496n; e *Roe vs. Wade*, 68n, 96n35, 97-8, 190
Stewart, Potter, 81, 332
Suicídio, 138, 151, 160, 222, 224; assistido, 66, 222-4, 222n, 230, 232
Sullivan, L. B., 313
Suprema Corte do Canadá, 113n, 330-1
Suprema Corte norte-americana, 4, 7-8, 66; apelos à, 68-9, 192, 210, 304, 313; nomeações para a, 189, 453-4, 533-4; argumentos baseados nos precedentes da, 81, 133, 206, 242-3, 423; composição

ÍNDICE REMISSIVO

da, 64, 68; e o Congresso, 419;
decisões da, 1, 18-20, 24, 51, 55,
59, 63-4, 89-90, 93-4, 106, 156-8,
167-9, 187-9, 205-6, 210, 215, 218,
231-3, 235, 237-9, 244-5, 251-2,
259, 264, 301-3, 311-4, 316, 318,
322, 325, 333, 401, 474, 491, 501,
531, 541, 543-4; e os votos
divergentes, 107n, 316, 320; juízes
da, 3, 7-8, 117-8; erros da, 542n; e
a tese da neutralidade, 499-504,
509; indicações para a, 8, 19-20,
78n16, 113, 167, 208, 238,
489-512, 552-3; e a política, 110-2,
202, 208; posições da, 133, 264;
qualificações para se pertencer à,
490-1; papel da, 64, 69, 73-5,
492-3; padrões da, 100-4; e os
tribunais estaduais, 316. *Ver
também* Constituição norte-
americana

Tavoulareas, William, 304
Televisão, 28n, 443-4
Terceira Emenda, 11-2, 21, 115
Testamento relativo à vida, 211-4,
216, 224, 233
Thayer, James Bradley, 538, 542-3,
546
Thomas, Clarence, 191, 208, 324,
420, 489-528; confirmação de,
132, 494, 513-5; suas opiniões
sobre o direito natural, 504-10;
indicação de, 8, 65, 489;
adversários de, 490; sobre a
doutrina da intenção original, 503,
503n43, 509; qualificações de, 420,
490; partidários de, 489; suas
opiniões sobre o aborto, 492, 494;
suas idéias sobre os direitos
econômicos, 492-4
Thomson, Judith Jarvis, 74n9, 141n
Thurmond, Strom, 501, 520
Ticiano: *Danae* (pintura), 367
Totenberg, Nina, 515
Tribe, Laurence, 72n, 147n, 157n90,
461

Tribunal de Justiça (Comunidade
Européia), 249
TV Guide, 285, 287

Ulisses (James Joyce), 349
"Uma pessoa, um voto", princípio
de, 425-6
United States vs. Seeger, 173-5

Valores familiares, 348, 412
Vietnã, Guerra do, 267, 284-5,
288-90, 292, 297
Viktora, caso, 327
Viktora, Robert, 326-7

Wallace, Mike, 284
Wall Street Journal, 446n
Walters, Ronald W., 522
Wards Cove Packing Co. vs. Alioto, 250
Warren, corte, 3
Warren, Earl, 7, 208, 448, 532,
541n54
Washington Post, 191n127, 211, 304,
449
Watergate, 282, 312
*Webster vs. Missouri Reproductive
Services*, 76n, 81n, 89, 93-7, 99n36,
110, 220-1; e a Décima Quarta
Emenda, 82; e as pesquisas de
opinião pública, 112-3; e *Roe vs.
Wade*, 64, 68, 89n27, 90, 96-7, 103,
109, 157, 496n
Wechsler, Herbert, 316, 428, 548
Wedtech, escândalo, 241
Wenz, Peter, 173n
Westmoreland vs. CBS, 267-75, 297n,
305n, 306-7, 309, 339, 341n
Westmoreland, William, 264, 268,
284-97, 304-6, 309, 339
White, Byron, 75, 107-8, 250, 301n,
306-8; e *Bowers vs. Hardwick*, 80n,
123, 243, 451-2; e a decisão do
caso *Casey*, 190-3; e o caso
Cruzan, 210; e o caso *Griswold*,
101n; e o caso *Webster*, 94; e *Roe
vs. Wade*, 68n, 81n, 101n, 103, 192,
496n

Whitney, Anita, 315
Whitney, caso, 315, 320, 323
Williams, Linda, 376n
Williams vs. Lee Optical, 493
Winternitz, Helen, 515

Wittgenstein, Ludwig, 283, 486
Woodward, Bob, 282
Wright, Angela, 514, 516

Yale Law Journal, 252